TABLES OF HIGHER FUNCTIONS

JAHNKE-EMDE-LÖSCH

TABLES OF HIGHER FUNCTIONS

Sixth Edition

Revised by

Dr. rer. nat. FRIEDRICH LÖSCH

o. Professor, Stuttgart Technical College

With 189 Figures · 1960

McGRAW-HILL BOOK COMPANY, INC.

New York Toronto London

B. G. TEUBNER VERLAGSGESELLSCHAFT · STUTTGART

Vertrieb des Werkes

durch McGRAW-HILL BOOK COMPANY, INC., New York, Toronto, London
in Nord- und Südamerika, im United Kingdom, im Commonwealth
(Australien, Ceylon, Indien, Kanada, Neuseeland, Südafrikanische
Union, Ghana, Malaischer Bund, Pakistan, Njassaland, Rhodesien),

auf den Philippinen und in Japan,

durch B. G. TEUBNER VERLAGSGESELLSCHAFT, Stuttgart
in allen anderen Ländern

Distribution through McGRAW-HILL BOOK COMPANY, INC., New York, Toronto, London
in North and South America, in the United Kingdom, in the Commonwealth
(Australia, Ceylon, India, Canada, New Zealand, South African
Union, Ghana, Malayan Union, Pakistan, Njassaland, Rhodesia),
and the Philippines and Japan,

through B. G. TEUBNER VERLAGSGESELLSCHAFT, Stuttgart
in all other countries

Library of Congress Catalog Card Number: 60-13611

32245

Printed in the United States of America.

Vorwort

Die vorliegende 6. Auflage der „Tafeln höherer Funktionen" stellt eine vollständige Neubearbeitung dar. Bei der großen Verbreitung und Anerkennung, die die Tafeln überall gefunden haben, stand diese Bearbeitung unter einer hohen Verpflichtung. Ich habe mich bemüht, den so außerordentlich bewährten Charakter des Buches nicht anzutasten, es dabei aber doch weiter auszubauen und dem Benutzer seinen Gebrauch nach Möglichkeit zu erleichtern.

In diesem Bestreben habe ich den Stoff vielfach neu geordnet. Der Erklärung der Funktionen und der Bezeichnungen habe ich etwas breiteren Raum gegönnt, als dies bisher der Fall war. Bei der Wahl der im Bereich der höheren Funktionen immer noch uneinheitlichen Bezeichnungen habe ich mich im allgemeinen für diejenigen entschieden, die sich heute in der Literatur überwiegend durchgesetzt haben. Um die Zuverlässigkeit der Zahlentafeln zu sichern, wurden sie sämtlich sorgfältig überprüft. Als wesentliche Hilfe für den Rechner wurden sie größtenteils mit Differenzen versehen, die die lineare oder quadratische Interpolation in bequemer Weise gestatten (vgl. dazu die Vorbemerkungen über die Einrichtung der Tafeln). Weiter ist das Literaturverzeichnis erneuert worden. Es befindet sich am Ende des Buchs (S. 300 bis 314); die Verweisung auf einen darin enthaltenen Titel erfolgt durch Angabe des Abschnitts und der zugehörigen Nummer (z. B. IX [17]). Da sowohl die Zahl der Lehrbücher als auch der Formelsammlungen und Tafeln über höhere Funktionen in den letzten Jahrzehnten stark angeschwollen ist, so mußten dabei die Angaben auf einige der wichtigsten Werke beschränkt werden. Das konnte umso eher geschehen, als für eine vollständige Orientierung über die einschlägige Literatur besondere Verzeichnisse existieren (vgl. S. 300).

Die in den früheren Auflagen getroffene Auswahl des Stoffes hat sich so gut bewährt, daß an ihr im großen und ganzen festgehalten werden konnte. Doch wurde der Bedeutung, die immer neue Klassen von höheren Funktionen für die Anwendungen gewinnen, durch zahlreiche Erweiterungen und Ergänzungen Rechnung getragen. Dies betrifft fast alle Abschnitte des Buches, es sei daher nur auf einige der wesentlichsten Erweiterungen hingewiesen: 1. Für die in Wahrscheinlichkeitsrechnung und Statistik heute meist verwendete standardisierte Form der Fehlerfunktion und ihre Ableitung sind neue Tafeln aufgenommen worden. 2. Die Tafeln der Fresnelschen Integrale sind erweitert worden. 3. In dem Abschnitt über Elliptische Funktionen ist die Tafel der Funktion $\log q$ unter Zugrundelegung der Dezimalteilung des Grades neu berechnet worden. Der Tafel der Thetafunktionen ist, entsprechend einem Vorschlag von Herrn F. G. Tricomi, eine Hilfstafel beigefügt worden, die bis in die Nähe von $\alpha = 90°$ eine bequeme Entnahme der Funktionswerte gestattet. 4. Die bisher an verschiedenen Stellen eingestreuten Ausführungen über Hermitesche und Laguerresche Polynome wurden in erweiterter Form in einem Abschnitt über Orthogonale Polynome zusammengefaßt und durch entsprechende Ausführungen über Tschebyscheffsche Polynome ergänzt. 5. Zahlreiche Änderungen hat der Abschnitt über Zylinderfunktionen erfahren. Unter anderem wurde den modifizierten Zylinderfunktionen eine gesonderte Darstellung gewidmet. Die Tafel der Wurzeln von $J_\nu(x)\,N_\nu(kx) - J_\nu(kx)\,N_\nu(x) = 0$ ist neu berechnet worden. Ferner wurde die Tafel der Struveschen Funktionen, die in den beiden letzten Auflagen fortgefallen war, vielfachen Wünschen entsprechend wieder aufgenommen. 6. Der Abschnitt über Konfluente hypergeometrische Funktionen ist im Anschluß an die bekannten Tricomischen Arbeiten neu gestaltet worden. 7. Ein Abschnitt über Besondere Funktionen bringt neben der Planckschen Strahlungsfunktion, der Langevinschen Funktion und den Quellenfunktionen der Wärmeleitung, die bisher in den „Tafeln elementarer Funktionen" behandelt waren, neu berechnete Tafeln der für die physikalische Chemie wichtigen Planck-Einsteinschen und Debyeschen Funktionen.

Der Wunsch, den Umfang des Buches nicht zu erhöhen und damit seinen Preis in erträglichen Grenzen zu halten, machte es notwendig, die vorgenommenen Erweiterungen durch Kürzungen an anderen Stellen auszugleichen. So sind gegenüber der letzten Auflage die Tafeln für die Nachwirkungsfunktion und für die Induktivität von Spulen, die inzwischen von der zuständigen Fachliteratur aufgenommen worden sind, weggefallen. Ferner ist eine größere Anzahl von Tafeln durch Verdoppelung des Tafelschritts gekürzt worden; dank der Aufnahme der auf den Argumentschritt 1 umgerechneten Differenzen entstand dadurch keine Unbequemlichkeit für den Benutzer.

Bei der Neubearbeitung der Funktionentafeln durfte ich mich vielfacher Hilfe erfreuen. Den Herren W. Bader (Stuttgart), E. Beck (Stuttgart), L. Collatz (Hamburg), O. Emersleben (Berlin), R. Grammel (Stuttgart), K. Schäfer (Heidelberg), G. Schulz (Stuttgart) und F. G. Tricomi (Torino) danke ich für wertvolle Anregungen und Hinweise. Herrn F. G. Tricomi habe ich überdies für die Überlassung der von ihm berichtigten Tafel der Laguerreschen Funktionen zu danken.

Herrn Professor H. LaBorde (Cincinnati) bin ich zu großem Dank dafür verpflichtet, daß er mir bei der Abfassung des englischen Textes seine freundliche Unterstützung geliehen hat. Herrn G. Fauth (Stuttgart) und Herrn U. Schauer (Stuttgart) habe ich für ihre Hilfe bei den Korrekturen und für wertvolle Hinweise zu danken. Ganz besonderen Dank schulde ich meiner Frau, die einen großen Teil der mühsamen Rechenarbeit übernommen, das Manuskript geschrieben und alle Korrekturen mitgelesen hat.

Schließlich ist es mir eine angenehme Pflicht, auch dem Teubner-Verlag meinen herzlichen Dank dafür auszusprechen, daß er meine Arbeit in jeder Hinsicht unterstützt und dem Buch eine ausgezeichnete Ausstattung gegeben hat.

Stuttgart, im Februar 1960 FRIEDRICH LÖSCH

Preface

The present sixth edition of "Table of Higher Functions" is a thoroughly revised work. With respect to the wide spread usage and acceptance which the tables have found everywhere this revision had to be effected with a deep feeling of obligation. I have endeavoured not to touch the much approved features of the book, on the other hand to enlarge it, and to facilitate its usage as much as possible.

In this effort I have frequently rearranged the material. I have allotted somewhat more space than was the case before for explaining the functions and notations. In choosing the notations which in the field of higher functions are still not uniform I have in general decided in favor of those ones which today in the literature mostly have forced their acceptance. To ensure their reliability all tables were carefully examined. As an essential aid to the computor the tables have been provided for the most part with differences allowing linear or quadratic interpolation in easy manner (cf. the remarks about the arrangement of the tables). Furthermore the bibliography has been renewed. It is at the end of the book (p. 300 to 314); the reference to a title contained in it is made in giving the section and the corresponding number (e. g. IX [17]). Since the number of textbooks as well as collections of formulas and tables about higher functions has greatly expanded in the past decades the listing thereby had to be limited to some of the most important works. This could be done all the better since for complete information about the pertinent literature special compilations exist (cf. p. 300).

The choice of the material made in the former editions has proved itself so well that it could be preserved on the whole. However the importance which further new classes of higher functions always gain in applications was taken into consideration by numerous extensions and supplements. This concerns almost all sections of the book, therefore only some of the most essential enlargements are mentioned: 1. For the standard form of the Error Function and its derivative most used today in probability theory and statistics new tables are appended. 2. The tables of Fresnel Integrals have been enlarged. 3. In the section on Elliptic Functions the table of the function log q has been newly calculated using the decimal partition of degrees. To the table of Theta Functions according to a proposal of Mr. F. G. Tricomi has been added an auxiliary table which allows an easy extraction of the function values up to the neighbourhood of $\alpha = 90°$. 4. The expositions on Laguerre and Hermite polynomials till now scattered about at different places now in enlarged form are collected in a section on Orthogonal Polynomials and supplemented by corresponding expositions on Tschebyscheff polynomials. 5. The section on Bessel Functions has undergone numerous alterations. Among others a special chapter was devoted to the modified Bessel functions. The table of the roots of $J_\nu(x)\,N_\nu(k\,x) - J_\nu(k\,x)\,N_\nu(x) = 0$ has been newly calculated. Further the table of Struve functions which in the two preceding editions had been omitted, according to numerous wishes has again been taken up. 6. The section on Confluent Hypergeometric Functions has newly been written using the well-known works of Tricomi. 7. A section on Special Functions gives besides the Planck radiation function, the Langevin function and the source functions of heat conduction, till now treated in the "Tables of Elementary Functions," newly calculated tables of the Planck-Einstein and Debye functions.

The wish not to increase the size of the book and therewith to keep the price within reasonable bounds made it necessary to compensate for the enlargements undertaken by abbreviations at other places. Thus comparing with the last edition the tables for the after effect function and for the inductance of coils which meanwhile have been taken up by the pertinent technical literature have been omitted. Further a great number of tables have been shortened through the duplication of the difference of entries; thereby thanks to the taking up of the differences reduced to the argument difference 1 no inconvenience to the user has arisen.

Much help was rendered me in the revision of the Function Tables. Messrs. W. Bader (Stuttgart), E. Beck (Stuttgart), L. Collatz (Hamburg), O. Emersleben (Berlin), R. Grammel (Stuttgart), K. Schäfer (Heidelberg), G. Schulz (Stuttgart), and F. G. Tricomi (Torino) I thank for valuable hints and suggestions. Mr. F. G. Tricomi I have in addition to thank for the turning over of the table of Laguerre polynomials checked by him.

To Professor H. LaBorde (Cincinnati) I am under great obligation in that he has given me his friendly help in the composition of the English text. Mr. G. Fauth (Stuttgart) and Mr. U. Schauer (Stuttgart) I have to thank for their help with the proofreading and for valuable suggestions. My warmest thanks go to my wife who has undertaken a great deal of the laborious calculations, written the manuscript and has read all proofs.

Finally I am obligated to the Teubner-Verlag in that it has supported my work in every aspect and has given to the book an excellent format.

Stuttgart, February 1960 FRIEDRICH LÖSCH

Inhaltsverzeichnis

Contents

Vorbemerkungen über die Einrichtung der Tafeln . . . 1

I. Die Gammafunktionen . . . 4
Definitionen und Bezeichnungen . . . 4

A. Die Gammafunktion $\Gamma(z)$ . . . 4
1. Darstellungen . . . 4
2. Besondere Werte . . . 7
3. Funktionalgleichungen . . . 9
4. Einige Integralformeln . . . 9

B. Die logarithmische Ableitung $\psi(z) = \Gamma'(z)/\Gamma(z)$ . . . 11
1. Darstellungen . . . 11
2. Besondere Werte . . . 11
3. Funktionalgleichungen . . . 11
4. Die Ableitung $\psi'(z)$ . . . 12

C. Die unvollständigen Gammafunktionen $\Gamma(a, z), \gamma(a, z)$ . . . 13

II. Die Integralexponentielle und verwandte Funktionen . . . 17

1. Die Integralexponentielle und der Integrallogarithmus . . . 17
2. Integralsinus und Integralcosinus . . . 18
3. Einige Integralformeln . . . 22

III. Die Fehlerfunktion und verwandte Funktionen 26

1. Die Fehlerfunktion $\Phi(z)$ . . . 26
2. Die Fresnelschen Integrale $C(z), S(z)$ . . . 28

IV. Die Riemannsche Zetafunktion . . . 37

1. Definition und Darstellung . . . 37
2. Besondere Werte . . . 40
3. Funktionalgleichungen . . . 40

V. Elliptische Integrale . . . 43
Definitionen und Bezeichnungen . . . 43

A. Zurückführung elliptischer Integrale auf die Normalform . . . 44
1. Allgemeine Bemerkungen . . . 44
2. Reelle Reduktion auf $F(\varphi, k)$, $E(\varphi, k)$ . . . 44
3. Reduktion einiger spezieller Integrale . 45

Preliminary Remarks on the Arrangement of the Tables . . . 1

I. The Gamma Functions . . . 4
Definitions and Notations . . . 4

A. The Gamma Function $\Gamma(z)$ . . . 4
1. Representations . . . 4
2. Special Values . . . 7
3. Functional Equations . . . 9
4. Some Integral Formulas . . . 9

B. The Logarithmic Derivative $\psi(z) = \Gamma'(z)/\Gamma(z)$ . . . 11
1. Representations . . . 11
2. Special Values . . . 11
3. Functional Equations . . . 11
4. The Derivative $\psi'(z)$ . . . 12

C. The Incomplete Gamma Functions $\Gamma(a, z), \gamma(a, z)$ . . . 13

II. The Exponential Integral and related Functions . . . 17

1. The Exponential Integral and the Logarithmic Integral . . . 17
2. Sine and Cosine Integrals . . . 18
3. Some Integral Formulas . . . 22

III. The Error Function and related Functions . . 26

1. The Error Function $\Phi(z)$ . . . 26
2. The Fresnel Integrals $C(z), S(z)$ . . . 28

IV. The Riemann Zeta Function . . . 37

1. Definition and Representation . . . 37
2. Special Values . . . 40
3. Functional Equations . . . 40

V. Elliptic Integrals . . . 43
Definitions and Notations . . . 43

A. Reduction of Elliptic Integrals to the Normal Form . . . 44
1. General Remarks . . . 44
2. Real Reduction to $F(\varphi, k)$, $E(\varphi, k)$ . . . 44
3. Reduction of some special Integrals . . 45

B. Unvollständige Normalintegrale 47
1. Darstellungen 48
2. Funktionalgleichungen 49
3. Tafeln 49

C. Vollständige Normalintegrale 62
1. Darstellungen 62
2. Funktionalgleichungen 64
3. Tafeln 66

VI. Elliptische Funktionen 72
Definitionen und Bezeichnungen 72

A. Jacobische elliptische Funktionen 72
1. Die Jacobische Amplitude 72
2. Die Jacobischen Funktionen sn u, cn u, dn u 73
3. Besondere Werte 74
4. Funktionalgleichungen 75
5. Die Jacobische Zetafunktion 79

B. Weierstraßsche elliptische Funktionen . . 79
1. Die Weierstraßschen Funktionen $\wp u$, ζu, σu 79
2. Darstellungen 80
3. Funktionalgleichungen 81
4. Der Zusammenhang zwischen Jacobischen und Weierstraßschen Funktionen 81

C. Die Thetafunktionen. 82
1. Definition und Darstellung 82
2. Besondere Werte 82
3. Funktionalgleichungen 85
4. Zusammenhang mit elliptischen Funktionen und elliptischen Integralen. Modulfunktion 86

VII. Orthogonale Polynome 96

A. Die Tschebyscheffschen Polynome . . . 96

B. Die Laguerreschen Polynome 98

C. Die Hermiteschen Polynome (Funktionen des parabolischen Zylinders) 101

VIII. Die Kugelfunktionen 110

1. Definitionen und Bezeichnungen. 110
2. Legendresche Funktionen 1. und 2. Art . 111
3. Zugeordnete Legendresche Funktionen 1. und 2. Art 114
4. Integraldarstellungen 118
5. Besondere Werte. Asymptotisches Verhalten 118
6. Funktionalgleichungen 119

B. Incomplete Normal Integrals 47
1. Representations 48
2. Functional Equations 49
3. Tables 49

C. Complete Normal Integrals 62
1. Representations 62
2. Functional Equations 64
3. Tables 66

VI. Elliptic Functions 72
Definitions and Notations 72

A. Jacobi Elliptic Functions 72
1. The Jacobi Amplitude 72
2. The Jacobi Functions sn u, cn u, dn u . . 73
3. Special Values 74
4. Functional Equations 75
5. The Jacobi Zeta Function 79

B. Weierstrass Elliptic Functions. 79
1. The Weierstrass Functions $\wp u$, ζu, σu . 79
2. Representations 80
3. Functional Equations 81
4. The Relation between Jacobi and Weierstrass Functions 81

C. The Theta Functions. 82
1. Definition and Representation 82
2. Special Values 82
3. Functional Equations 85
4. Relations with Elliptic Functions and Elliptic Integrals. Modular Function . . 86

VII. Orthogonal Polynomials 96

A. The Tschebyscheff Polynomials 96

B. The Laguerre Polynomials 98

C. The Hermite Polynomials (Functions of the parabolic Cylinder) 101

VIII. The Legendre Functions 110

1. Definitions and Notations 110
2. Legendre Functions of the 1st and 2nd Kinds 111
3. Legendre associated Functions of the 1st and 2nd Kinds 114
4. Integral Representations 118
5. Special Values. Asymptotic Behaviour . . 118
6. Functional Equations. 119

Inhaltsverzeichnis

IX. Die Zylinderfunktionen 131

A. Zylinderfunktionen 1., 2. und 3. Art . . . 131

1. Definitionen und Bezeichnungen . . . 131
2. Darstellung durch Reihen 134
3. Darstellung durch Integrale 145
4. Asymptotische Darstellungen 146
5. Nullstellen 152
6. Funktionalgleichungen 154
7. Einige Differentialgleichungen, die auf Zylinderfunktionen führen 156

B. Modifizierte Zylinderfunktionen 207
1. Definitionen und Bezeichnungen . . . 207
2. Die Funktionen $I_\nu(z)$, $K_\nu(z)$ 207
3. Die Kelvinschen Funktionen 210

C. Verwandte Funktionen 251
1. Anger-Webersche Funktionen 251
2. Struvesche Funktionen 253

X. Die Mathieuschen Funktionen 263

1. Definitionen und Bezeichnungen 263
2. Näherungen für die Eigenwerte 264
3. Darstellung durch Fouriersche Reihen . . 266
4. Nullstellen 267
5. Funktionalgleichungen. Zugeordnete Mathieusche Funktionen 267

XI. Die konfluenten hypergeometrischen Funktionen 276

1. Die Funktion $\Phi(a, c;\ z) = M(a, c; z)$ . . 276
2. Die Funktion $\Psi(a, c;\ z)$ 277
3. Die Funktionen $M_{\varkappa,\mu}(z)$, $W_{\varkappa,\mu}(z)$ 278
4. Spezialfälle 278

XII. Besondere Funktionen 286

A. Die Plancksche Strahlungsfunktion . . . 286

B. Die Langevinsche Funktion 288

C. Die Planck-Einsteinschen und Debyeschen Funktionen 290
1. Planck-Einsteinsche Funktionen 290
2. Debyesche Funktionen 290

D. Die Quellenfunktionen der Wärmeleitung 295

Literatur 300

Sachverzeichnis 315

Contents

IX. The Bessel Functions 131

A. Bessel Functions of the 1st, 2nd and 3rd Kinds 131
1. Definitions and Notations 131
2. Representation by Series 134
3. Representation by Integrals 145
4. Asymptotic Representations 146
5. Zeros 152
6. Functional Equations 154
7. Some Differential Equations that give Bessel Functions 156

B. Modified Bessel Functions 207
1. Definitions and Notations 207
2. The Functions $I_\nu(z)$, $K_\nu(z)$ 207
3. The Kelvin Functions 210

C. Related Functions 251
1. Anger-Weber Functions 251
2. Struve Functions 253

X. The Mathieu Functions 263

1. Definitions and Notations 263
2. Approximations of the Eigenvalues . . . 264
3. Representation by Fourier series 266
4. Zeros 267
5. Functional Equations. Associated Mathieu Functions 267

XI. The confluent hypergeometric Functions . . 276

1. The Function $\Phi(a, c;\ z) = M(a, c; z)$ . . 276
2. The Function $\Psi(a, c;\ z)$ 277
3. The Functions $M_{\varkappa,\mu}(z)$, $W_{\varkappa,\mu}(z)$ 278
4. Special Cases 278

XII. Special Functions 286

A. The Planck Radiation Function 286

B. The Langevin Function 288

C. The Planck-Einstein and Debye Functions 290

1. Planck-Einstein Functions 290
2. Debye Functions 290

D. Source Functions of Heat Conduction . . 295

Bibliography 300

General Index 317

Tafelverzeichnis

I. Die Gammafunktionen
1. Die Gammafunktion $\Gamma(x) = (x-1)!$ . . 15
2. Die Funktionen $\psi(x), \psi'(x)$ 15
3. Die reziproke Gammafunktion $1/\Gamma(1+x) = 1/x!$, $1/\Gamma(1-x) = 1/(-x)!$ 16

II. Die Integralexponentielle und verwandte Funktionen
4. Die Integralexponentielle $\mathrm{Ei}^*(x)$, $-\mathrm{Ei}(-x)$ 23
5. Integralsinus und Integralcosinus $\mathrm{Si}(x)$, $\mathrm{Ci}(x)$ 24
6. Max., Min. von $\mathrm{Ci}(x)$, $\mathrm{si}(x)$ 25

III. Die Fehlerfunktion und verwandte Funktionen
7. Die Fehlerfunktion $\Phi(x) = \frac{2}{\sqrt{\pi}} \int_0^x e^{-t^2} dt$ 31
7a. $e^{x^2}[1 - \Phi(x)]$ 32
7b. e^{-x^2} 32
8. Die Funktion $y = \int_0^x e^{t^2} dt = -i \frac{\sqrt{\pi}}{2} \Phi(ix)$ 32
9. Die Fehlerfunktion $\Phi(x) = \frac{1}{\sqrt{2\pi}} \int_{-\infty}^x e^{-t^2/2} dt$ und ihre Ableitung $\varphi(x) = \frac{1}{\sqrt{2\pi}} e^{-x^2/2}$ 33
10. Die Fresnelschen Integrale $C(x), S(x)$ . . 34
11. Die Fresnelschen Integrale $C\left(\frac{\pi}{2}x^2\right)$, $S\left(\frac{\pi}{2}x^2\right)$ 35

IV. Die Riemannsche Zetafunktion
12. Die Riemannsche Zetafunktion $\zeta(x)$ . . 41
13. Nullstellen $1/2 + i\alpha_n$ von $\zeta(x)$ 42

V. Elliptische Integrale
14. Elliptisches Integral 1. Gattung $F(\varphi, k)$ . . 54
15. Elliptisches Integral 2. Gattung $E(\varphi, k)$. . 57
16. Vollständige elliptische Integrale $\mathbf{K}(\sin\alpha)$, $\mathbf{E}(\sin\alpha)$. 69
17. Vollständige elliptische Integrale $\mathbf{K}(k)$, $\mathbf{E}(k)$ und $\mathbf{B}(k)$, $\mathbf{C}(k)$, $\mathbf{D}(k)$ 70
17a. Hilfstafel für $\mathbf{K}(k)$, $\mathbf{C}(k)$, $\mathbf{D}(k)$ 71

VI. Elliptische Funktionen
18. Thetafunktionen 90
18a. Hilfstafel für die Thetafunktionen . . . 91
19. Die Funktion $\log q$ 92

VII. Orthogonale Polynome
20. Die Laguerreschen Funktionen $l_n(x)$. . . 105
21. Die Funktionen des parabolischen Zylinders $\varphi_n(x)$. 107

VIII. Die Kugelfunktionen
22. Legendresche Polynome $P_n(x)$ 122
23. Legendresche Polynome $P_n(\cos\vartheta)$ . . . 124
24. Ableitungen der Legendreschen Polynome $dP_n(\cos\vartheta)/d\vartheta$ 126
25. Legendresche Funktionen 2. Art $Q_n(x)$. 128

Index of Tables

I. The Gamma Functions
1. The Gamma Function $\Gamma(x) = (x-1)!$ . . 15
2. The Functions $\psi(x), \psi'(x)$ 15
3. The reciprocal Gamma Function $1/\Gamma(1+x) = 1/x!$, $1/\Gamma(1-x) = 1/(-x)!$ 16

II. The Exponential Integral and related Functions
4. The Exponential Integral $\mathrm{Ei}^*(x)$, $-\mathrm{Ei}(-x)$ 23
5. Sine and Cosine Integrals $\mathrm{Si}(x)$, $\mathrm{Ci}(x)$ 24
6. Max., Min. of $\mathrm{Ci}(x)$, $\mathrm{si}(x)$ 25

III. The Error Function and related Functions
7. The Error Function $\Phi(x) = \frac{2}{\sqrt{\pi}} \int_0^x e^{-t^2} dt$ 31
7a. $e^{x^2}[1 - \Phi(x)]$ 32
7b. e^{-x^2} 32
8. The Function $y = \int_0^x e^{t^2} dt = -i \frac{\sqrt{\pi}}{2} \Phi(ix)$ 32
9. The Error Function $\Phi(x) = \frac{1}{\sqrt{2\pi}} \int_{-\infty}^x e^{-t^2/2} dt$ and its Derivative $\varphi(x) = \frac{1}{\sqrt{2\pi}} e^{-x^2/2}$ . . 33
10. The Fresnel Integrals $C(x), S(x)$ 34
11. The Fresnel Integrals $C\left(\frac{\pi}{2}x^2\right)$, $S\left(\frac{\pi}{2}x^2\right)$ 35

IV. The Riemann Zeta Function
12. The Riemann Zeta Function $\zeta(x)$ . . . 41
13. Zeros $1/2 + i\alpha_n$ of $\zeta(x)$ 42

V. Elliptic Integrals
14. Elliptic Integral of the 1st Kind $F(\varphi, k)$ . . 54
15. Elliptic Integral of the 2nd Kind $E(\varphi, k)$. 57
16. Complete Elliptic Integrals $\mathbf{K}(\sin\alpha)$, $\mathbf{E}(\sin\alpha)$. 69
17. Complete Elliptic Integrals $\mathbf{K}(k)$, $\mathbf{E}(k)$ and $\mathbf{B}(k)$, $\mathbf{C}(k)$, $\mathbf{D}(k)$ 70
17a. Auxiliary Table for $\mathbf{K}(k)$, $\mathbf{C}(k)$, $\mathbf{D}(k)$. 71

VI. Elliptic Functions
18. Theta Functions 90
18a. Auxiliary Table for the Theta Functions 91
19. The Function $\log q$ 92

VII. Orthogonal Polynomials
20. The Laguerre Functions $l_n(x)$ 105
21. The Functions of the parabolic Cylinder $\varphi_n(x)$ 107

VIII. The Legendre Functions
22. Legendre Polynomials $P_n(x)$ 122
23. Legendre Polynomials $P_n(\cos\vartheta)$ 124
24. Derivatives of Legendre Polynomials $dP_n(\cos\vartheta)/d\vartheta$ 126
25. Legendre Functions of the 2nd Kind $Q_n(x)$ 128

IX. Die Zylinderfunktionen
26. Besselsche Funktionen $J_0(x), J_1(x)$ 158
27. Die Funktionen $\Lambda_n(x) = n!(x/2)^{-n}J_n(x)$ 164
28. Besselsche Funktionen $J_{n/2}(x)$ 174
29. Besselsche Funktionen $J_{n/3}(x), J_{n/4}(x)$ . . 176
30. Besselsche Funktionen $J_\nu(n)$ 178
31. Neumannsche Funktionen $N_0(x), N_1(x)$ 186
32a. Nullstellen $j_{0,s}$ von $J_0(x)$ und die zugehörigen Werte von $J_1(x)$ 192
32b. Nullstellen $j_{1,s}$ von $J_1(x)$ und Maxima und Minima von $J_0(x)$ 193
32c. Nullstellen $j_{n,s}$ von $J_n(x)$ 194
33. Die beiden ersten Nullstellen $j_{\nu,1}, j_{\nu,2}$ von $J_\nu(x)$ als Funktionen von ν 195
34. Die ersten sechs Wurzeln $x_{\nu,s}$ von $J_\nu(x)N_\nu(kx) - J_\nu(kx)N_\nu(x) = 0$ 198
35. Modifizierte Besselsche Funktionen $I_0(x) = J_0(\mathrm{i}x), I_1(x) = -\mathrm{i}\,J_1(\mathrm{i}x)$ . . . 216
36. Modifizierte Besselsche Funktionen $I_n(x) = (-\mathrm{i})^n J_n(\mathrm{i}x)$ 220
37. Modifizierte Hankelsche Funktionen $\frac{2}{\pi}K_0(x), \frac{2}{\pi}K_1(x)$ 222
38. Modifizierte Funktionen $I_\nu(x), \frac{2}{\pi}K_\nu(x)$ für $\nu = 1/3, 2/3$ 228
39. Die ersten Wurzeln $x_{n,s}$ von $I_n(x)J_n'(x) - J_n(x)I_n'(x) = 0$ 229
40. Die Funktionen ber x, bei x 232
41. Die Funktionen ber'x, bei'x 234
42. Die Funktionen her x, hei x 236
43. Die Funktionen her'x, hei'x 238
44. Die Funktionen ber x, bei x usw., Fortsetzung 240
45. Die Funktionen $J_n(r\sqrt{\mathrm{i}}) = b_n \mathrm{e}^{\mathrm{i}\beta_n}$, $H_n^{(1)}(r\sqrt{\mathrm{i}}) = h_n \mathrm{e}^{\mathrm{i}\eta_n}$ $(n = 1, 2)$ 244
46. Die Funktionen $J_0(r\sqrt{\mathrm{i}}) : J_1(r\sqrt{\mathrm{i}})$, $H_0^{(1)}(r\sqrt{\mathrm{i}}) : H_1^{(1)}(r\sqrt{\mathrm{i}})$ 246
47. Lommel-Webersche Funktionen $\mathbf{E}_0(x), \mathbf{E}_1(x)$ und Struvesche Funktionen $\mathbf{H}_0(x), \mathbf{H}_1(x)$ 254
48. Unvollständige Angersche Funktion . . . 262
49. Unvollständige Webersche Funktion . . 262

XII. Besondere Funktionen
50. Die Plancksche Strahlungsfunktion . . . 287
51. Die Langevinsche Funktion $L(x) = \coth x - 1/x$ 289
52a. Die Planck-Einsteinschen Funktionen $C_v, \frac{U-U_0}{T}$ 291
52b. Die Planck-Einsteinschen Funktionen $-\frac{F-F_0}{T}, S$ 292
53a. Die Debyeschen Funktionen $C_v, \frac{U-U_0}{T}$ 293
53b. Die Debyeschen Funktionen $-\frac{F-F_0}{T}, S$ 294
54. Einige Konstanten 298
55. Hilfstafel für quadratische Interpolation 299

IX. The Bessel Functions
26. Bessel Functions $J_0(x), J_1(x)$ 158
27. The Functions $\Lambda_n(x) = n!(x/2)^{-n}J_n(x)$ . . 164
28. Bessel Functions $J_{n/2}(x)$ 174
29. Bessel Functions $J_{n/3}(x), J_{n/4}(x)$ 176
30. Bessel Functions $J_\nu(n)$ 178
31. Neumann Functions $N_0(x), N_1(x)$ 186
32a. Zeros $j_{0,s}$ of $J_0(x)$ and the corresponding Values of $J_1(x)$ 192
32b. Zeros $j_{1,s}$ of $J_1(x)$ and Maxima and Minima of $J_0(x)$ 193
32c. Zeros $j_{n,s}$ of $J_n(x)$ 194
33. The two first Zeros $j_{\nu,1}, j_{\nu,2}$ of $J_\nu(x)$ as Functions of ν 195
34. The first six Roots $x_{\nu,s}$ of $J_\nu(x)N_\nu(kx) - J_\nu(kx)N_\nu(x) = 0$ 198
35. Modified Bessel Functions $I_0(x) = J_0(\mathrm{i}x), I_1(x) = -\mathrm{i}\,J_1(\mathrm{i}x)$ . . . 216
36. Modified Bessel Functions $I_n(x) = (-\mathrm{i})^n J_n(\mathrm{i}x)$ 220
37. Modified Hankel Functions $\frac{2}{\pi}K_0(x), \frac{2}{\pi}K_1(x)$ 222
38. Modified Functions $I_\nu(x), \frac{2}{\pi}K_\nu(x)$ for $\nu = 1/3, 2/3$ 228
39. The first Roots $x_{n,s}$ of $I_n(x)J_n'(x) - J_n(x)I_n'(x) = 0$ 229
40. The Functions ber x, bei x 232
41. The Functions ber'x, bei'x 234
42. The Functions her x, hei x 236
43. The Functions her'x, hei'x 238
44. The Functions ber x, bei x a. s. o., Continuation 240
45. The Functions $J_n(r\sqrt{\mathrm{i}}) = b_n \mathrm{e}^{\mathrm{i}\beta_n}$, $H_n^{(1)}(r\sqrt{\mathrm{i}}) = h_n \mathrm{e}^{\mathrm{i}\eta_n}$ $(n = 1, 2)$ 244
46. The Functions $J_0(r\sqrt{\mathrm{i}}) : J_1(r\sqrt{\mathrm{i}})$, $H_0^{(1)}(r\sqrt{\mathrm{i}}) : H_1^{(1)}(r\sqrt{\mathrm{i}})$ 246
47. Lommel-Weber Functions $\mathbf{E}_0(x), \mathbf{E}_1(x)$ and Struve Functions $\mathbf{H}_0(x), \mathbf{H}_1(x)$ . . . 254
48. Incomplete Anger Function 262
49. Incomplete Weber Function 262

XII. Special Functions
50. The Planck Radiation Function 287
51. The Langevin Function $L(x) = \coth x - 1/x$ 289
52a. The Planck-Einstein Functions $C_v, \frac{U-U_0}{T}$ 291
52b. The Planck-Einstein Functions $-\frac{F-F_0}{T}, S$ 292
53a. The Debye Functions $C_v, \frac{U-U_0}{T}$ . . . 293
53b. The Debye Functions $-\frac{F-F_0}{T}, S$ . . 294
54. Some Constants 298
55. Auxiliary Table for quadratic Interpolation 299

TABLES OF HIGHER FUNCTIONS

Vorbemerkungen über die Einrichtung der Tafeln
Preliminary Remarks on the Arrangement of the Tables

Die in den folgenden Zahlentafeln enthaltenen Funktionswerte sind durchweg in der üblichen Weise durch Ab- oder Aufrundung aus höherstelligen Werten entstanden, und zwar wurde die letzte Dezimalstelle um 1 erhöht, wenn der Beitrag der folgenden Ziffern $^1/_2$ Einheit der letzten Stelle übersteigt. Die Tafelwerte weisen daher im allgemeinen höchstens einen Fehler von $^1/_2$ Einheit der letzten Stelle auf. Nur in einigen wenigen Tafeln (17, 18, 21, 28, 30, 33, 46, 48, 49, 50, 51) sind Fehler von 1 Einheit in der letzten Dezimale möglich.

Stimmen für alle Tafelwerte einer Spalte eine oder mehrere Anfangsstellen überein, so wurden diese abgetrennt und in Fettdruck über und unter die betreffende Spalte gesetzt. In derselben Weise wurde auch dann verfahren, wenn die abgetrennten Anfangsstellen in der betreffenden Spalte nur eine Änderung um eine Einheit ihrer letzten Stelle erfahren. Es ist dann derjenige Tafelwert, bei dem die Änderung eintritt, durch einen *Stern* (*) gekennzeichnet.

Der Tafelschritt beträgt stets 1, 2 oder 5 Einheiten der letzten Stelle des Tafelarguments. Meist werden die benötigten Funktionswerte nicht unmittelbar der Tafel zu entnehmen sein; sie müssen dann durch Interpolation ermittelt werden. Die Tafeln sind fast durchweg für lineare oder quadratische Interpolation eingerichtet, wobei angenommen ist, daß ein Interpolationsfehler von höchstens 2 Einheiten der letzten Stelle statthaft ist. Die für die Interpolation notwendigen Differenzen 1. bzw. 2. Ordnung sind dann den Tafeln beigegeben; sie sind stets in Einheiten der letzten Stelle zu verstehen. In einigen wenigen Fällen sind Differenzen 1. Ordnung mit Warnungszeichen (!) versehen. An diesen Stellen überschreitet der Fehler der linearen Interpolation möglicherweise 2 Einheiten, keinesfalls jedoch 5 Einheiten der letzten Dezimale; bei höheren Genauigkeitsansprüchen ist hier quadratische Interpolation anzuwenden.

The function values contained in the following tables arose from more exact values by rounding off in the customary way, precisely the last decimal was increased by 1 if the contribution of the following digits exceeds $^1/_2$ of the last decimal. The table values therefore have in general an error of at most $^1/_2$ of the last decimal. Only in some few tables (17, 18, 21, 28, 30, 33, 46, 48, 49, 50, 51) unit errors in the last decimal place are possible.

If for all table values of a column one or more initial digits are the same, these digits were cut off and in bold-faced type put above and below the respective column. We proceeded in the same way if the initial digits cut off only differ in the respective column by one unit in the last place. The table value for which the change occurs then is marked by an *asterisk* (*).

The difference in entries is always 1, 2 or 5 units in the last place of the table argument. Mostly the function values needed are not to be taken directly from the table; they then must be obtained through interpolation. The tables almost always are arranged for linear or quadratic interpolation, where it is supposed that an error of at most 2 units in the last place is allowed. The differences of the 1st and 2nd order necessary for interpolation there are adjoined to the tables; they always must be understood in units of the last place. In some few cases the differences of the 1st order are provided with a warning signal (!). At these places the error in linear interpolation possibly exceeds 2 units, in no case however 5 units of the last decimal; for a greater degree of accuracy quadratic interpolation is to be used.

Lineare Interpolation

Die der linearen Interpolation dienenden 1. Differenzen sind in gerader Schrift gesetzt und stehen *zwischen den Tafelzeilen.* Zur Bequemlichkeit des Rechners sind sie stets auf den Argumentschritt 1 (in Einheiten der letzten Stelle des Tafelarguments) umgerechnet. Für einen im Tafelintervall $\langle x_0, x_1\rangle$ gelegenen Argumentwert x wird daher der Funktionswert $y=f(x)$ einfach dadurch erhalten, daß dem

Linear Interpolation

The 1st differences serving for linear interpolation are put in normal type and stand *between the table lines.* For the convenience of the calculator they always are reduced to the argument difference 1 (in units of the last place of the table argument). For an argument value x lying in the table interval $\langle x_0, x_1\rangle$ the function value $y=f(x)$ therefore is obtained from the table value $y_0=f(x_0)$ by adding

Tafelwert $y_0 = f(x_0)$ das Produkt aus der Argumentdifferenz $x - x_0$ (in Einheiten der letzten Stelle des Tafelarguments) und der zu $\langle x_0, x_1 \rangle$ gehörigen Tafeldifferenz zugeschlagen wird.

the product of the argument difference $x - x_0$ (in units of the last place of the table argument) and the table difference belonging to $\langle x_0, x_1 \rangle$.

Beispiele:

Examples:

1) *Der Tafel 22 (Tafelschritt 1) entnehme man* P_3 (0,6635). Man findet

1) *From table 22 (difference in entries 1) is to be taken* P_3 (0,6635). One finds

$$x_0 = 0{,}66 \qquad f(x_0) = -0{,}2713 \qquad \begin{matrix}\text{Tafeldifferenz}\\ \text{table difference}\end{matrix} = 182$$

und erhält mit $x - x_0 = 0{,}35$

and gets with $x - x_0 = 0{,}35$

$$P_3\,(0{,}6635) = f(x) = -0{,}2713 + 0{,}35 \cdot 182 \cdot 10^{-4} = -0{,}2649.$$

Der genaue Wert ist $-0{,}2650$.

The exact value is $-0{,}2650$.

2) *Der Tafel 1 (Tafelschritt 2) entnehme man* $\Gamma(1{,}234)$. Man findet

2) *From table 1 (difference in entries 2) is to be taken* $\Gamma(1{,}234)$. One finds

$$x_0 = 1{,}22 \qquad f(x_0) = 0{,}9131 \qquad \begin{matrix}\text{Tafeldifferenz}\\ \text{table difference}\end{matrix} = -23$$

und erhält mit $x - x_0 = 1{,}4$

and gets with $x - x_0 = 1{,}4$

$$\Gamma(1{,}234) = f(x) = 0{,}9131 - 1{,}4 \cdot 23 \cdot 10^{-4} = 0{,}9099.$$

Der genaue Wert ist 0,9098.

The exact value is 0,9098.

3) *Der Tafel 51 (Tafelschritt 5) entnehme man* $L(3{,}126)$. Man findet

3) *From table 51 (difference in entries 5) is to be taken* $L(3{,}126)$. One finds

$$x_0 = 3{,}10 \qquad f(x_0) = 0{,}6815 \qquad \begin{matrix}\text{Tafeldifferenz}\\ \text{table difference}\end{matrix} = 9{,}4$$

und erhält mit $x - x_0 = 2{,}6$

and gets with $x - x_0 = 2{,}6$

$$L(3{,}126) = f(x) = 0{,}6815 + 2{,}6 \cdot 9{,}4 \cdot 10^{-4} = 0{,}6839.$$

Der genaue Wert ist 0,6840.

The exact value is 0,6840.

Quadratische Interpolation

Die der quadratischen Interpolation dienenden 2. Differenzen sind in *schräger Schrift* gesetzt und *stehen auf den Tafelzeilen*. Unter Verwendung der Bezeichnungen

Quadratic Interpolation

The 2nd differences serving for quadratic interpolation are put in *cursive type* and *stand on the table lines*. Using the notations

Tafelargumente table arguments	Tafelwerte table values	2. Differenzen 2nd differences
x_0	$y_0 = f(x_0)$	$\delta^2 y_0$
x_1	$y_1 = f(x_1)$	$\delta^2 y_1$

errechnet man für den Argumentwert x den Funktionswert $y = f(x)$ nach der Formel von Everett-Laplace:

for the argument value x one calculates the function value $y = f(x)$ by using the formula of Everett-Laplace:

$$y = \begin{matrix}(1-t)\,y_0 + E_0^2 \cdot \delta^2 y_0 \\ + t y_1 + E_1^2 \cdot \delta^2 y_1\end{matrix} \quad \begin{matrix}\text{mit}\\ \text{with}\end{matrix} \quad t = \frac{x - x_0}{x_1 - x_0}, \quad E_0^2 = -\binom{t}{3}, \quad E_1^2 = \binom{t+1}{3}.$$

Die Werte der Koeffizienten E_0^2, E_1^2 sind aus Tafel 55 zu entnehmen.

The values of the coefficients E_0^2, E_1^2 are to be taken from table 55.

Eine Verbesserung der Formel von Everett-Laplace erhält man, wenn hierin die 2. Differenzen ersetzt werden durch die modifizierten 2. Differenzen

An improvement of the formula of Everett-Laplace is obtained if in it the 2nd differences are replaced by the modified 2nd differences

$$\hat{\delta}^2 y = \delta^2 y - 0{,}184\, \delta^4 y.$$

Soweit ein Einfluß der 4. Differenzen auf die berücksichtigte Dezimalenzahl vorliegt, sind in den Tafeln an Stelle der 2. Differenzen die modifizierten 2. Differenzen aufgenommen.

As long as an influence of the 4th differences on the decimals taken in consideration exists, in the table instead of the 2nd differences the modified 2nd differences are given.

Beispiele: / Examples:

1) *Der Tafel 5 entnehme man* Si(12,2). Man findet

1) *From table 5 is to be taken* Si(12,2). One finds

$$x_0 = 12{,}0 \quad y_0 = 1{,}5050 \quad \hat{\delta}^2 y_0 = 190 \qquad x_1 = 12{,}5 \quad y_1 = 1{,}4923 \quad \hat{\delta}^2 y_1 = 205$$

$t = 0{,}4$ dazu aus Tafel 55 / thereto from table 55 $E_0^2 = -\,0{,}064 \quad E_1^2 = -\,0{,}056$

und damit / and with that

$$y = \mathrm{Si}\,(12{,}2) = \begin{matrix} 0{,}6 \cdot 1{,}5050 - 0{,}064 \cdot 190 \cdot 10^{-4} \\ +0{,}4 \cdot 1{,}4923 - 0{,}056 \cdot 205 \cdot 10^{-4} \end{matrix} = 1{,}4976.$$

Der genaue Wert ist 1,4975.

The exact value is 1,4975.

2) *Der Tafel 25 entnehme man* Q_1(0,8835). Man findet

2) *From table 25 is to be taken* Q_1(0,8835). One finds

$$x_0 = 0{,}88 \quad y_0 = 0{,}21068 \quad \hat{\delta}^2 y_0 = 391 \qquad x_1 = 0{,}89 \quad y_1 = 0{,}26551 \quad \hat{\delta}^2 y_1 = 460$$

$t = 0{,}35$ dazu aus Tafel 55 / thereto from table 55 $E_0^2 = -\,0{,}0626 \quad E_1^2 = -\,0{,}0512$

und damit / and with that

$$y = Q_1\,(0{,}8835) = \begin{matrix} 0{,}65 \cdot 0{,}21068 - 0{,}0626 \cdot 391 \cdot 10^{-5} \\ +0{,}35 \cdot 0{,}26551 - 0{,}0512 \cdot 460 \cdot 10^{-5} \end{matrix} = 0{,}22939.$$

Der genaue Wert ist 0,22939.

The exact value is 0,22939.

I. Die Gammafunktionen
I. The Gamma Functions

Definitionen und Bezeichnungen

Definitions and Notations

Die *Legendresche Gammafunktion* $\Gamma(z)$ ist eine Lösung der Funktionalgleichung

Legendre's gamma function $\Gamma(z)$ is a solution of the functional equation

$$\Gamma(z+1) = z\,\Gamma(z) \quad \begin{matrix}\text{mit}\\\text{with}\end{matrix} \quad \Gamma(1) = 1 .$$

Sie ist eine *meromorphe Funktion* von $z = x + iy$ mit einfachen Polen in den Punkten $z = -n$, $(n = 0, 1, 2, \ldots)$. Unter allen analytischen Lösungen der Funktionalgleichung ist sie dadurch ausgezeichnet, daß sie für positives reelles Argument $z = x$ positiv reell ist und der Ungleichung

It is a *meromorphic function* of $z = x + iy$ with simple poles at the points $z = -n$, $(n = 0, 1, 2, \ldots)$. Among all analytic solutions of this equation it is distinguished by the fact that for real positive argument $z = x$ it is positive real and satisfies the inequality

$$\left(\Gamma'(x)\right)^2 < \Gamma(x)\,\Gamma''(x)$$

genügt, die ihre *logarithmische Konvexität* zum Ausdruck bringt.

which expresses its *logarithmic convexity*.

Die Bezeichnung für die *logarithmische Ableitung* von $\Gamma(z)$ ist

The *logarithmic derivative* of $\Gamma(z)$ is denoted by

$$\psi(z) = \frac{d \ln \Gamma(z)}{dz} = \frac{\Gamma'(z)}{\Gamma(z)} .$$

Gauß und das britische Committee on mathematical tables benutzen für die Funktionen andere Zeichen:

Gauß and the British Committee on mathematical tables use other signs for the functions:

$$\Gamma(z+1) = \Pi(z) = z!, \quad \psi(z+1) = \Psi(z) = \frac{d \ln \Pi(z)}{dz} = \frac{d \ln z!}{dz} .$$

Die Definition der *unvollständigen Gammafunktionen* $\Gamma(a, z)$, $\gamma(a, z)$ wird in C (S. 13) gegeben.

The definition of the *incomplete gamma functions* $\Gamma(a, z)$, $\gamma(a, z)$ is given in C (p. 13).

A. Die Gammafunktion $\Gamma(z)$ *)
A. The Gamma Function $\Gamma(z)$ *)

1. Darstellungen

1. Representations

1.1 *Produkte und Reihen*:

1.1 *Products and series*:

Für $z \neq 0, -1, -2, \ldots$ ist

For $z \neq 0, -1, -2, \ldots$ we have

$$\Gamma(z) = \lim_{n \to \infty} \frac{n!\, n^z}{z\,(z+1)\ldots(z+n)},$$

$$\Gamma(z) = \frac{1}{z} \prod_{n=1}^{\infty} \left(1 + \frac{1}{n}\right)^z \left(1 + \frac{z}{n}\right)^{-1} = \frac{1}{z}\, e^{-Cz} \prod_{n=1}^{\infty} e^{\frac{z}{n}} \left(1 + \frac{z}{n}\right)^{-1} \quad \left(C \begin{matrix}\text{Eulersche Konstante, vgl. S. 298}\\\text{Euler's constant, cf. p. 298}\end{matrix}\right).$$

Setzt man $z = x + iy$ und

Putting $z = x + iy$ and

$$1 + \frac{iy}{x+n} = r_n\, e^{i\varphi_n} \quad (r_n > 0;\ n = 0, 1, 2, \ldots),$$

so ist
we get

$$\Gamma(z) = h\, e^{i\eta} \quad \begin{matrix}\text{mit}\\\text{with}\end{matrix} \quad h = \Gamma(x) \prod_{n=0}^{\infty} \frac{1}{r_n},\ \eta = y\,\psi(x) + \sum_{n=0}^{\infty} (\tan \varphi_n - \varphi_n).$$

*) Figuren 1 bis 6; Tafeln 1 und 3

*) Figures 1 to 6; tables 1 and 3

Für $|z| \ll 1$ gilt

For $|z| \ll 1$ we have

$$\Gamma(z+1) = \sqrt{\frac{\pi z}{\sin \pi z} \frac{1-z}{1+z}}\, e^{\Lambda} \quad \text{mit / with} \quad \Lambda = C_1 z - C_3 z^3 - C_5 z^5 - \cdots,$$

$$C_1 = 0{,}422784335 \qquad C_5 = 0{,}007385551 \qquad C_9 = 0{,}000223155$$
$$C_3 = 0{,}067352301 \qquad C_7 = 0{,}001192754 \qquad C_{11} = 0{,}000044926.$$

Setzt man $z = x + iy = r e^{i\varphi}$, so folgt

Putting $z = x + iy = r e^{i\varphi}$, it follows that

$$\Gamma(z+1) = h e^{i\eta} \quad \text{mit / with} \quad \begin{cases} h^4 = \dfrac{\pi^2 (x^2+y^2)}{\sin^2 \pi x + \sinh^2 \pi y} \dfrac{(1-x)^2 + y^2}{(1+x)^2 + y^2} e^{4\Lambda_1}, \\ 2\eta = \varphi - \sigma - \psi - \chi + 2\Lambda_2, \quad \Lambda_1 + i\Lambda_2 = C_1 z - C_3 z^3 - C_5 z^5 - \cdots, \\ \tan \sigma = \dfrac{\tanh y}{\tan x}, \quad \tan \psi = \dfrac{y}{1-x}, \quad \tan \chi = \dfrac{y}{1+x}. \end{cases}$$

1.2 *Integrale*:

1.2 *Integrals*:

Es ist für $\mathrm{Re}(z) > 0$

We get for $\mathrm{Re}(z) > 0$

$$\Gamma(z) = \int_0^{+\infty} e^{-t} t^{z-1}\, dt = \int_0^1 \left(\ln \frac{1}{t}\right)^{z-1} dt \qquad (\operatorname{arc} t = 0),$$

(Eulersches Integral 2. Gattung),

(Euler's integral of the 2nd kind),

für / for $z \neq 0, \pm 1, \pm 2, \ldots$

$$\Gamma(z) = \frac{1}{e^{2\pi i z} - 1} \int_{+\infty}^{(0+)} e^{-t} t^{z-1}\, dt \qquad (0 \leqq \operatorname{arc} t \leqq 2\pi),$$

für alle z / for all z

$$\frac{1}{\Gamma(z)} = \frac{1}{2\pi i} \int_{-\infty}^{(0+)} e^{t} t^{-z}\, dt \qquad (-\pi \leqq \operatorname{arc} t \leqq \pi),$$

(Hankelsches Schleifenintegral)

(Hankel's loop integral).

1.3 *Asymptotische Entwicklungen*:

1.3 *Asymptotic expansions*:

In $|\operatorname{arc} z| \leqq \pi - \varepsilon$, $(\varepsilon > 0)$, gilt für $|z| \gg 1$:

In $|\operatorname{arc} z| \leqq \pi - \varepsilon$, $(\varepsilon > 0)$, we have for $|z| \gg 1$:

$$\ln \Gamma(z) \approx \left(z - \frac{1}{2}\right) \ln z - z + \frac{1}{2} \ln 2\pi + \sum_{n=1}^{\infty} \frac{B_{2n}}{2n(2n-1)} \frac{1}{z^{2n-1}}$$

(B_{2n} Bernoullische Zahlen, vgl. S. 298). Für $z = x > 0$ ist der Fehler kleiner als das erste vernachlässigte Glied und hat dessen Vorzeichen. – Hieraus folgt

(B_{2n} Bernoulli's numbers, cf. p. 298). For $z = x > 0$ the error is smaller than the first neglected term and has the sign of this term. – It follows that

$$\Gamma(z) = \sqrt{2\pi/z}\, e^{-z} z^z H(z)$$

mit / with

$$H(z) \approx 1 + \frac{1}{12z} + \frac{1}{288z^2} - \frac{139}{51840z^3} - \frac{571}{2488320z^4} - \cdots.$$

Weiter gilt / Further we get

$$\Gamma(z) = \sqrt{2\pi/e}\, \frac{e^{-z}}{z} [z(z+1)]^{\frac{1}{2}\left(z+\frac{1}{2}\right)} \left(1 + \frac{1}{z}\right)^{\frac{1}{12}} e^{\lambda}$$

mit / with

$$\lambda \approx \frac{1}{180}\left(\frac{1}{z^2} - \frac{1}{(z+1)^2}\right) - \frac{1}{840}\left(\frac{1}{z^4} - \frac{1}{(z+1)^4}\right) + \cdots.$$

Für $z = iy$, $y \gg 1$ gilt

For $z = iy$, $y \gg 1$ we have

$$\Gamma(iy) = h e^{i\eta} \quad \text{mit / with} \quad \begin{cases} h \approx \sqrt{2\pi/y}\, e^{-\frac{\pi}{2} y} \\ \eta \approx -\dfrac{\pi}{4} + y(\ln y - 1) - \dfrac{1}{12y} - \dfrac{1}{360y^3} - \dfrac{1}{1260y^5} - \dfrac{1}{1680y^7} - \dfrac{1}{1188y^9} - \cdots. \end{cases}$$

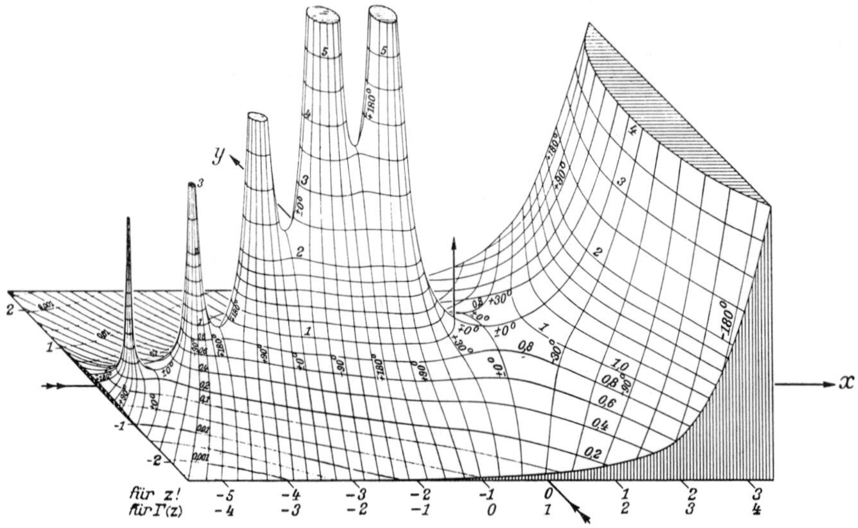

Fig. 1 Relief der Gammatunktion $\Gamma(z)$
Fig. 1 Relief of the gamma function $\Gamma(z)$

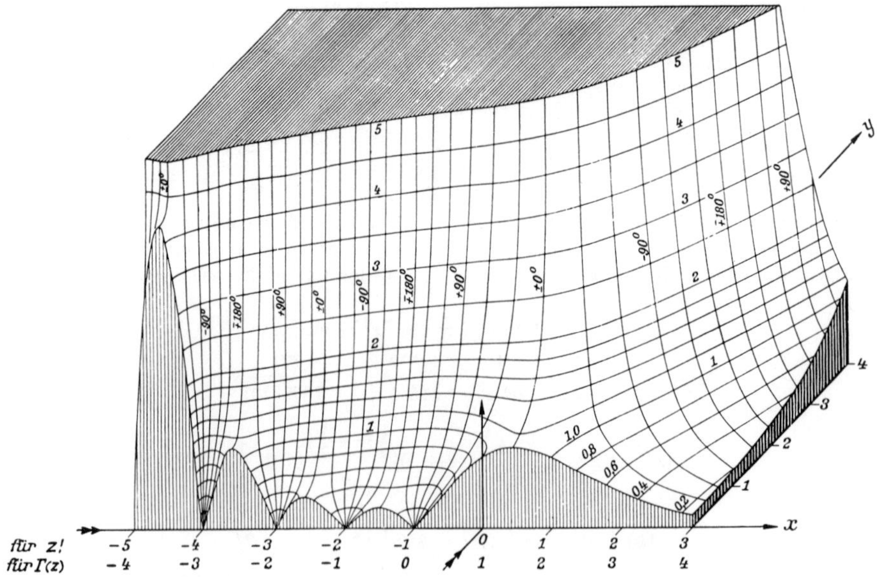

Fig. 2 Relief der reziproken Gammafunktion $1/\Gamma(z)$
Fig. 2 Relief of the reciprocal gamma function $1/\Gamma(z)$

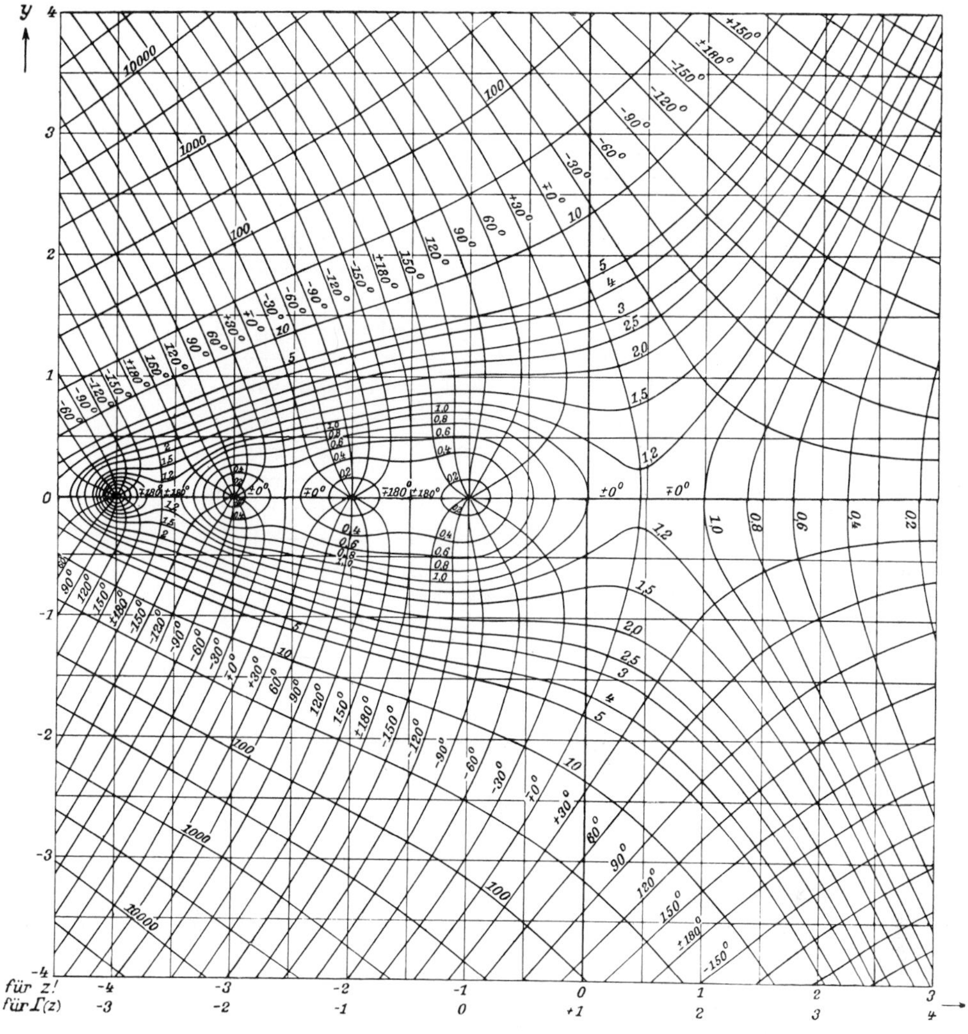

Fig. 3 Höhenkarte zum Relief der reziproken Gammafunktion $1/\Gamma(z)$
Fig. 3 Altitude chart of the relief of the reciprocal gamma function $1/\Gamma(z)$

2. Besondere Werte

2. Special Values

$$\Gamma(1) = 1, \quad \Gamma(n) = (n-1)! = 1 \cdot 2 \cdot 3 \ldots (n-1) \quad (n = 2, 3, \ldots),$$

$-n$ einfacher Pol, simple pole, Residuum residue $= \dfrac{(-1)^n}{n!}$ $(n = 0, 1, 2, \ldots)$,

$$\Gamma(1/2) = \sqrt{\pi} = 1{,}772\,453\,850 \ldots,$$

$$\Gamma\left(n + \frac{1}{2}\right) = \sqrt{\pi}\,\frac{1 \cdot 3 \cdot 5 \ldots (2n-1)}{2^n}, \quad \Gamma\left(-n + \frac{1}{2}\right) = \sqrt{\pi}\,\frac{(-2)^n}{1 \cdot 3 \cdot 5 \ldots (2n-1)} \quad (n = 1, 2, \ldots).$$

$$\min_{x>0} \Gamma(x) = \Gamma(1{,}46163\ldots) = 0{,}88560\ldots.$$

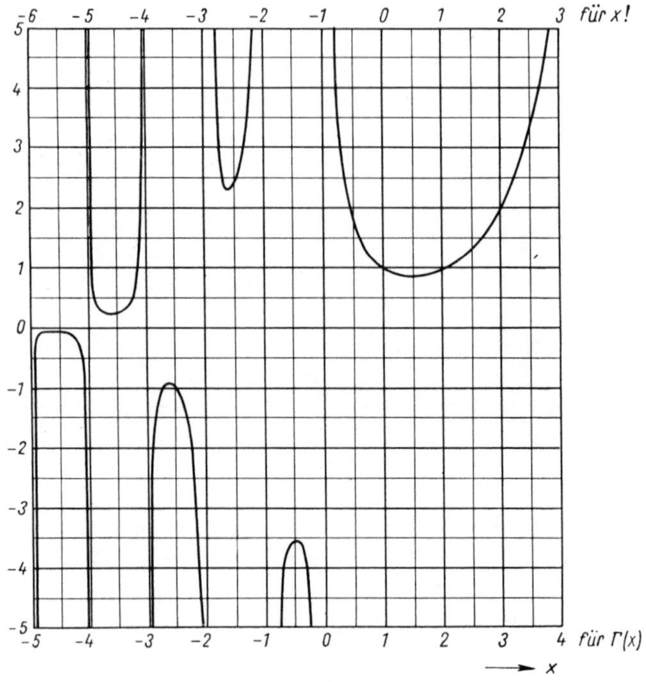

Fig. 4 Die Gammafunktion $\Gamma(x)$
Fig. 4 The gamma function $\Gamma(x)$

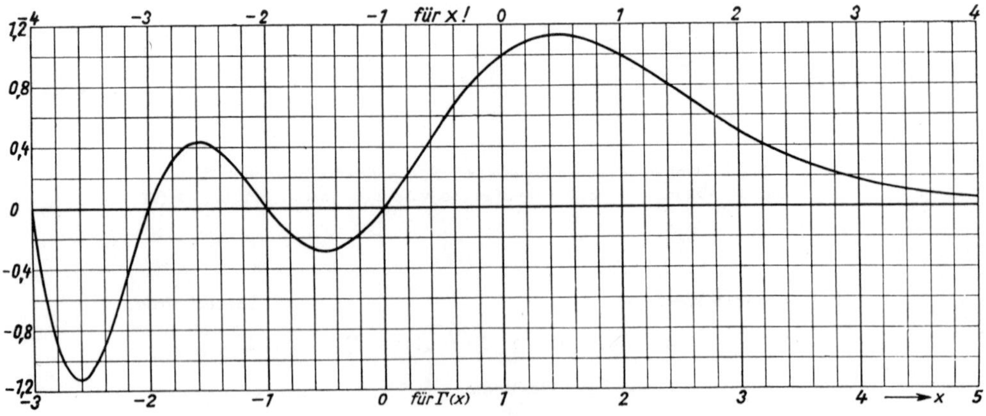

Fig. 5 Die reziproke Gammafunktion $1/\Gamma(x)$
Fig. 5 The reciprocal gamma function $1/\Gamma(x)$

3. Funktionalgleichungen

3. Functional Equations

3.1 *Rekursionsformel*:

3.1 *Recursion formula*:

$$\Gamma(z+1) = z\Gamma(z), \qquad \Gamma(z+n) = z(z+1)\cdots(z+n-1)\,\Gamma(z),$$

$$\Gamma(z-1) = \frac{1}{z-1}\Gamma(z), \qquad \Gamma(z-n) = \frac{\Gamma(z)}{(z-1)(z-2)\cdots(z-n)}, \qquad (n = 1, 2, \ldots).$$

3.2 *Ergänzungssätze*:

3.2 *Supplementary theorems*:

$$\Gamma(z)\,\Gamma(-z) = \frac{-\pi}{z\sin\pi z}, \qquad \Gamma(z)\,\Gamma(1-z) = \frac{\pi}{\sin\pi z},$$

$$\Gamma\left(\frac{1}{2}+z\right)\Gamma\left(\frac{1}{2}-z\right) = \frac{\pi}{\cos\pi z}, \qquad \Gamma(1+z)\,\Gamma(1-z) = \frac{\pi z}{\sin\pi z}.$$

Setzt man

If we put

$$P_0(z) = 1, \quad P_n(z) = -z^2(1-z^2)(4-z^2)\cdots[(n-1)^2-z^2],$$

$$Q_0(z) = 1, \quad Q_n(z) = \left(\frac{1}{4}-z^2\right)\left(1\cdot 2+\frac{1}{4}-z^2\right)\cdots\left[(n-1)\,n+\frac{1}{4}-z^2\right], \qquad (n = 1, 2, \ldots),$$

so ist allgemein

we further have

$$\Gamma(n+z)\,\Gamma(n-z) = \frac{-\pi P_n(z)}{z\sin\pi z}, \qquad \Gamma(-n+z)\,\Gamma(-n-z) = \frac{\pi z}{P_{n+1}(z)\sin\pi z},$$

$$\Gamma\left(n+\frac{1}{2}+z\right)\Gamma\left(n+\frac{1}{2}-z\right) = \frac{\pi Q_n(z)}{\cos\pi z}, \qquad \Gamma\left(-n+\frac{1}{2}+z\right)\Gamma\left(-n+\frac{1}{2}-z\right) = \frac{\pi}{Q_n(z)\cos\pi z},$$

$$(n = 0, 1, 2, \ldots).$$

Für rein imaginäres $z = iy$ werden diese vier Ausdrücke reell und bedeuten das Quadrat des Betrags jedes der beiden konjugiert komplexen Faktoren auf der linken Seite.

For pure imaginary $z = iy$ these four expressions become real and denote the square of the modulus of each of the two conjugate complex factors on the left-hand sides.

3.3 *Multiplikationssatz*:

3.3 *Multiplication theorem*:

$$\Gamma(z)\,\Gamma\left(z+\frac{1}{n}\right)\cdots\Gamma\left(z+\frac{n-1}{n}\right) = \sqrt{(2\pi)^{n-1}\,n}\;\frac{\Gamma(nz)}{n^{nz}}.$$

Speziell für $n = 2$ erhält man die *Verdopplungsformel*:

In particular for $n = 2$ we get the *duplication formula*:

$$\Gamma(2z) = \frac{1}{\sqrt{\pi}}\,2^{2z-1}\,\Gamma(z)\,\Gamma\left(z+\frac{1}{2}\right).$$

4. Einige Integralformeln

4. Some Integral Formulas

Für $\mathrm{Re}(z) > 0$, $\mathrm{Re}(w) > 0$ ist

For $\mathrm{Re}(z) > 0$, $\mathrm{Re}(w) > 0$ we have

$$\int_0^1 t^{z-1}(1-t)^{w-1}\,dt = \frac{\Gamma(z)\,\Gamma(w)}{\Gamma(z+w)} \qquad (\mathrm{arc}\,t = 0).$$

Durch dieses Integral *(Eulersches Integral 1. Gattung)* wird die *Betafunktion* $B(z, w)$ erklärt.

By this integral (*Euler's integral of the 1st kind*) the *beta function* $B(z, w)$ is defined.

Weiter ist

Further

$$\int_0^{+\infty} \frac{t^{z-1}}{(1+t)^w}\,dt = \frac{\Gamma(z)\,\Gamma(w-z)}{\Gamma(w)} \qquad \left(\begin{matrix}\mathrm{Re}(w) > \mathrm{Re}(z) > 0 \\ \mathrm{arc}\,t = 0\end{matrix}\right)$$

$$\int_0^{+\infty} e^{-wt^n} t^{z-1}\,dt = \frac{\Gamma(z/n)}{n\,w^{z/n}} \qquad \left(\begin{matrix}\mathrm{Re}(w) > 0,\ \mathrm{Re}(z) > 0;\ n = 1, 2, \ldots \\ \operatorname{arc} t = 0\end{matrix}\right)$$

$$\int_0^1 \frac{dt}{\sqrt[n]{1-t^m}} = \frac{\Gamma\left(1+\frac{1}{m}\right)\Gamma\left(1-\frac{1}{n}\right)}{\Gamma\left(1+\frac{1}{m}-\frac{1}{n}\right)} \qquad (m = 1, 2, \ldots;\ n = 2, 3, \ldots)$$

$$\int_0^1 \frac{dt}{\sqrt{1-t^m}} = \sqrt{\pi}\,\frac{\Gamma\left(1+\frac{1}{m}\right)}{\Gamma\left(\frac{1}{2}+\frac{1}{m}\right)} = \sqrt[m]{4}\,\frac{\Gamma^2\left(1+\frac{1}{m}\right)}{\Gamma\left(1+\frac{2}{m}\right)} \qquad (m = 1, 2, \ldots)$$

$$\int_0^{\frac{\pi}{2}} \sin^\alpha \varphi \cos^\beta \varphi \, d\varphi = \frac{\pi}{2^{\alpha+\beta+1}} \frac{\Gamma(\alpha+1)\,\Gamma(\beta+1)}{\Gamma\left(\frac{\alpha}{2}+1\right)\Gamma\left(\frac{\beta}{2}+1\right)\Gamma\left(\frac{\alpha+\beta}{2}+1\right)} = \frac{\Gamma\left(\frac{\alpha+1}{2}\right)\Gamma\left(\frac{\beta+1}{2}\right)}{2\Gamma\left(\frac{\alpha+\beta}{2}+1\right)}$$

$(\mathrm{Re}\,\alpha > -1, \quad \mathrm{Re}\,\beta > -1).$

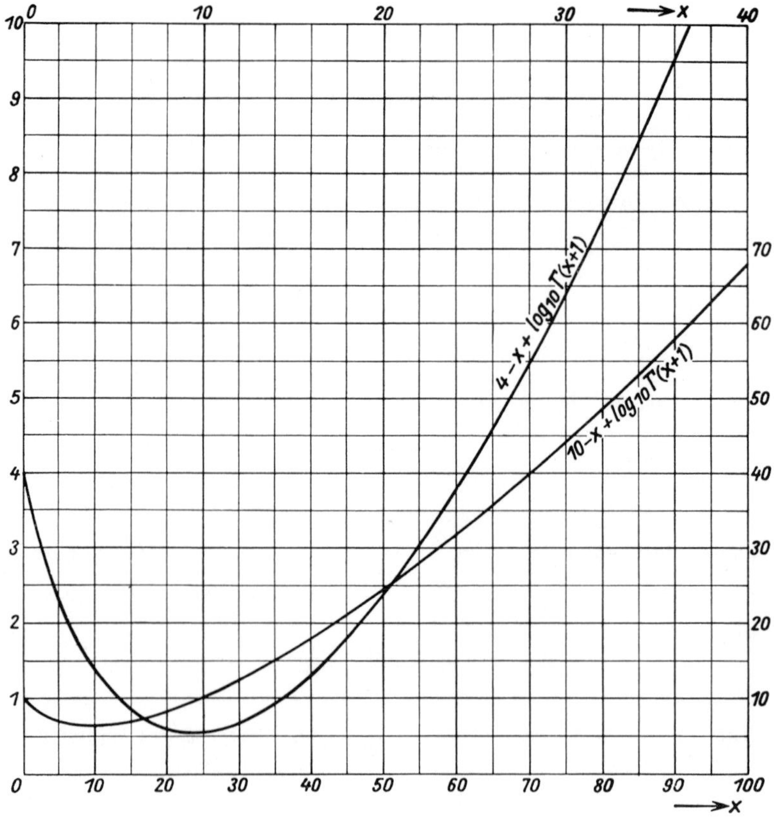

Fig. 6 $\Gamma(x)$ für große x

Fig. 6 $\Gamma(x)$ for x large

B. Die logarithmische Ableitung $\psi(z) = \Gamma'(z)/\Gamma(z)$ *)

B. The Logarithmic Derivative $\psi(z) = \Gamma'(z)/\Gamma(z)$ *)

1. Darstellungen

1. Representations

1.1 *Reihen*: Für $z \neq 0, -1, -2, \ldots$ ist

1.1 *Series*: For $z \neq 0, -1, -2, \ldots$ we get

$$\psi(z) = \frac{d \ln \Gamma(z)}{dz} = \frac{\Gamma'(z)}{\Gamma(z)} = -C + \sum_{k=0}^{\infty} \left(\frac{1}{k+1} - \frac{1}{z+k} \right)$$

und

and

$$\psi(z) = \ln z - \sum_{k=0}^{\infty} \left[\frac{1}{z+k} - \ln\left(1 + \frac{1}{z+k}\right) \right].$$

1.2 *Integrale*: Für $\mathrm{Re}(z) > 0$ ist

1.2 *Integrals*: For $\mathrm{Re}(z) > 0$ we have

$$\psi(z) = \int_0^{+\infty} \left[\frac{e^{-t}}{t} - \frac{e^{-zt}}{1 - e^{-t}} \right] dt = \int_0^1 \left[\frac{-1}{\ln t} - \frac{t^{z-1}}{1-t} \right] dt \qquad (\mathrm{arc}\, t = 0),$$

$$\psi(z) = -C + \int_0^1 \frac{1 - t^{z-1}}{1-t} dt \qquad (\mathrm{arc}\, t = 0).$$

1.3 *Asymptotische Entwicklung*: In $|\mathrm{arc}\, z| \leqq \pi - \varepsilon$, $(\varepsilon > 0)$, gilt für $|z| \gg 1$

1.3 *Asymptotic expansion*: In $|\mathrm{arc}\, z| \leqq \pi - \varepsilon$, $(\varepsilon > 0)$, we get for $|z| \gg 1$

$$\psi(z) \approx \ln z - \frac{1}{2z} - \sum_{n=1}^{\infty} \frac{B_{2n}}{2n \cdot z^{2n}} = \ln z - \frac{1}{2z} - \frac{1}{12z^2} + \frac{1}{120 z^4} - + \cdots,$$

$$\psi(z) \approx \frac{1}{2} \ln z(z+1) - \frac{1}{z} + \sum_{n=1}^{\infty} \frac{B_{2n}}{2n-1} \left\{ \frac{1}{z^{2n-1}} - \frac{1}{(z+1)^{2n-1}} \right\},$$

(B_{2n} Bernoullische Zahlen, vgl. S. 298).

(B_{2n} Bernoulli's numbers, cf. p. 298).

2. Besondere Werte

2. Special Values

$$\psi(1) = -C, \qquad \psi(n) = -C + 1 + \frac{1}{2} + \cdots + \frac{1}{n-1} \qquad (n = 2, 3, \ldots),$$

$-n$ einfacher Pol, simple pole, Residuum residue $= -1$ $\qquad (n = 0, 1, 2, \ldots)$,

$$\psi\left(\frac{1}{2}\right) = -C - 2\ln 2 = -\ln 4\gamma = -1{,}9635100260\ldots,$$

$$\psi\left(\frac{1}{2} \pm n\right) = -\ln 4\gamma + 2\left(1 + \frac{1}{3} + \frac{1}{5} + \cdots + \frac{1}{2n-1}\right) \qquad (n = 1, 2, \ldots),$$

(C Eulersche Konstante, $\gamma = e^C$, vgl. S. 298).

(C Euler's constant, $\gamma = e^C$, cf. p. 298).

3. Funktionalgleichungen

3. Functional Equations

3.1 *Rekursionsformel*:

3.1 *Recursion formula*:

$$\psi(z+1) = \psi(z) + \frac{1}{z}, \qquad \psi(z+n) = \psi(z) + \frac{1}{z} + \frac{1}{z+1} + \cdots + \frac{1}{z+n-1},$$

$$\psi(z-1) = \psi(z) - \frac{1}{z-1}, \qquad \psi(z-n) = \psi(z) - \frac{1}{z-1} - \frac{1}{z-2} - \cdots - \frac{1}{z-n},$$

*) Figur 7; Tafel 2

*) Figure 7; table 2

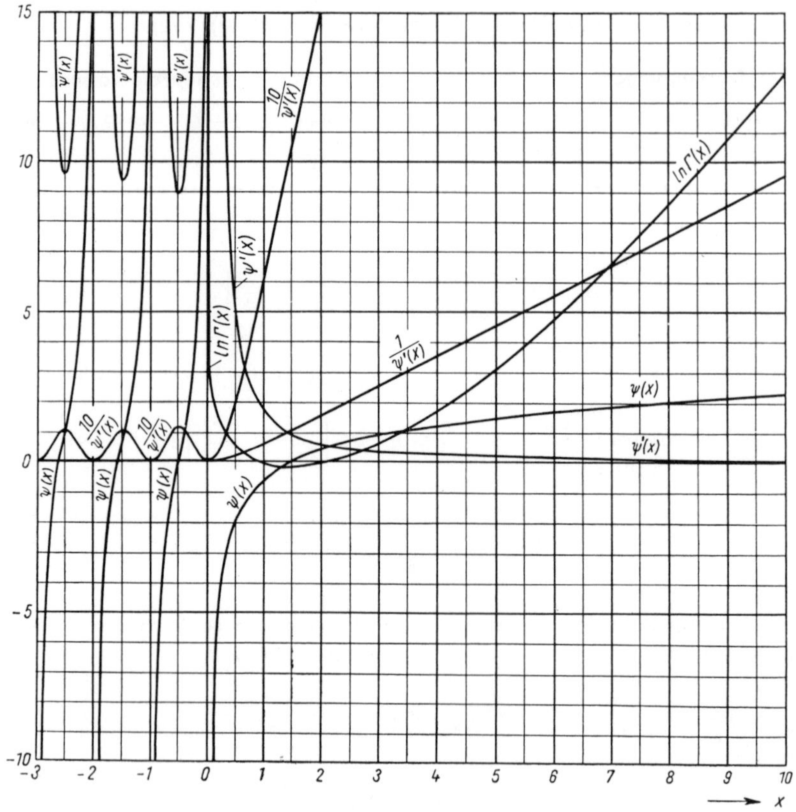

Fig. 7 Der Logarithmus der Gammafunktion und seine Ableitungen

Fig. 7 The logarithm of the gamma function and its derivatives

3.2 *Ergänzungssätze:*

$$\psi(z)-\psi(-z)=-\pi\cot\pi z-\frac{1}{z},$$

$$\psi\left(\frac{1}{2}+z\right)-\psi\left(\frac{1}{2}-z\right)=\pi\tan\pi z,$$

Ferner gilt

$$\psi\left(-n+\frac{3}{4}\right)=\psi\left(n+\frac{1}{4}\right)+\pi,$$

3.2 *Supplementary theorems:*

$$\psi(z)-\psi(1-z)=-\pi\cot\pi z,$$

$$\psi(1+z)-\psi(1-z)=\frac{1}{z}-\pi\cot\pi z.$$

Further

$$\psi\left(-n+\frac{1}{4}\right)=\psi\left(n+\frac{3}{4}\right)-\pi \qquad (n=1,2,\dots).$$

3.3 *Multiplikationssatz:* / 3.3 *Multiplication theorem:*

$$\psi(n z)=\frac{1}{n}\sum_{k=0}^{n-1}\psi\left(z+\frac{k}{n}\right)+\ln n \qquad (n=2,3,\dots).$$

4. Die Ableitung $\psi'(z)$

4. The Derivative $\psi'(z)$

4.1 *Darstellung:* Für $z \neq 0,-1,-2,\dots$ ist

4.1 *Representation:* For $z \neq 0,-1,-2,\dots$ we have

$$\psi'(z)=\sum_{k=0}^{\infty}\frac{1}{(z+k)^2}.$$

In $|\arc z|\leqq\pi-\varepsilon$, $(\varepsilon>0)$, gilt für $|z|\gg 1$

In $|\arc z|\leqq\pi-\varepsilon$, $(\varepsilon>0)$, we get for $|z|\gg 1$

$$\psi'(z)\approx\frac{1}{z}+\frac{1}{2z^2}+\sum_{n=1}^{\infty}\frac{B_{2n}}{z^{2n+1}}=\frac{1}{z}+\frac{1}{2z^2}+\frac{1}{6z^3}-\frac{1}{30z^5}+-\cdots.$$

4.2 *Spezielle Werte* sind

4.2 *Special values* are

$$\psi'(1)=\frac{\pi^2}{6}=1{,}6449340668\ldots,\qquad \psi'(n)=\frac{\pi^2}{6}-\left(\frac{1}{1^2}+\frac{1}{2^2}+\cdots+\frac{1}{(n-1)^2}\right),$$

$$\psi'\left(\frac{1}{2}\right)=\frac{\pi^2}{2}=4{,}9348022005\ldots,\qquad \psi'\left(\frac{1}{2}\pm n\right)=\frac{\pi^2}{2}\mp 4\left(1+\frac{1}{3^2}+\cdots+\frac{1}{(2n-1)^2}\right),\qquad (n=1,2,\ldots),$$

$$\lim_{n\to\infty}\psi'\left(n+\frac{1}{2}\right)=0,\qquad \lim_{n\to\infty}\psi'\left(\frac{1}{2}-n\right)=\pi^2.$$

4.3 *Funktionalgleichungen:*

4.3 *Functional equations:*

$$\psi'(z+1)=\psi'(z)-\frac{1}{z^2},$$

$$\psi'(z)+\psi'(1-z)=\left(\frac{\pi}{\sin\pi z}\right)^2,\qquad \psi'\left(\frac{1}{2}+z\right)+\psi'\left(\frac{1}{2}-z\right)=\left(\frac{\pi}{\cos\pi z}\right)^2.$$

C. Die unvollständigen Gammafunktionen $\Gamma(a,z)$, $\gamma(a,z)$ *)

C. The Incomplete Gamma Functions $\Gamma(a,z)$, $\gamma(a,z)$ *)

Ausgehend von der Darstellung der Gammafunktion durch das Eulersche Integral 2. Gattung definiert man die *unvollständigen Gammafunktionen* durch

Beginning with the representation of the gamma function by Euler's integral of the 2nd kind one defines the *incomplete gamma functions* by

$$\Gamma(a,z)=\int_z^\infty e^{-t}\,t^{a-1}\,dt,\qquad \gamma(a,z)=\Gamma(a)-\Gamma(a,z).$$

Der Integrationsweg ist dabei so zu wählen, daß er den Nullpunkt meidet und daß bei seiner Durchlaufung arc t eine stetige Änderung von arc $t=$ arc z am Anfang zu $\lim\limits_{t\to\infty}$ arc $t=\beta$ mit $|\beta|<\frac{\pi}{2}$ am Ende des Wegs erfährt. Für $\mathrm{Re}(a)>0$ ist

The path of integration is to be chosen in such a manner that it does not include the zero point and that in running over the path arc t changes continuously from arc $t=$ arc z at the beginning to $\lim\limits_{t\to\infty}$ arc $t=\beta$ with $|\beta|<\frac{\pi}{2}$ at the end of the path. For $\mathrm{Re}(a)>0$ we have

$$\gamma(a,z)=\int_0^z e^{-t}\,t^{a-1}\,dt,$$

wobei der Integrationsweg beliebig wählbar ist.

where the path of integration may be arbitrarily chosen.

Die Funktionen lassen sich als Funktionen der beiden Veränderlichen a, z auffassen. Für geeignete feste Werte von a führen sie in ihrer Abhängigkeit von z auf praktisch wichtige Funktionen wie Integralexponentielle, Integrallogarithmus, Integralsinus und -cosinus, Fehlerfunktion und Fresnelsche Integrale.

The functions may be considered as functions of the two variables a, z. For suitably chosen fixed values of a in their dependence on z they lead to functions of practical importance such as the exponential integral, the logarithmic integral, sine and cosine integrals, the error function and Fresnel integrals.

In der Literatur sind teilweise *andere Bezeichnungen* für die Funktionen üblich. Nach N. Nielsen werden $\gamma(a,z)$, $\Gamma(a,z)$ mit $P(a,z)$, $Q(a,z)$ bezeichnet. Im Anschluß an die Bezeichnung $\Gamma(z)=(z-1)!$ wird $\gamma(a,z)=(a-1,z)!$ gesetzt. In der Astrophysik und in der Kernphysik verwendet man die Bezeichnung

In the literature sometimes *other notations* for the functions are used. According to N. Nielsen $\gamma(a,z)$, $\Gamma(a,z)$ are denoted by $P(a,z)$, $Q(a,z)$. With regard to the notation $\Gamma(z)=(z-1)!$ one puts $\gamma(a,z)=(a-1,z)!$. In astrophysics and nuclear physics one uses the notation

$$E_n(z)=z^{n-1}\,\Gamma(1-n,z)=\int_1^\infty e^{-zt}\,t^{-n}\,dt.$$

Beide Funktionen sind bei festem a, wobei für $\gamma(a,z)$ die Werte $a=0,-1,-2,\ldots$ auszunehmen sind, in z analytisch. Abgesehen von dem Fall, daß a eine

Both functions for fixed a, where the values $a=0,-1,-2,\ldots$ are excluded for $\gamma(a,z)$, are analytic with respect to z. Except for the case in

*) Figur 8

*) Figure 8

natürliche Zahl ist, sind sie mehrdeutig mit $z = 0$ als einzigem endlichem *Windungspunkt* und besitzen keine anderen endlichen Singularitäten. Für $a \neq 0, -1, -2, \ldots$ gelten die *Potenzreihenentwicklungen*

which a is a natural number they are many valued with $z = 0$ as the only finite *branch point* and have no other finite singularities. For $a \neq 0, -1, -2, \ldots$ we have the *power series*

$$z^{-a}\gamma(a, z) = \sum_{n=0}^{\infty} \frac{(-1)^n z^n}{n!\,(a+n)} = e^{-z} \sum_{n=0}^{\infty} \frac{z^n}{a(a+1)\cdots(a+n)}.$$

In jedem Sektor $-\frac{3\pi}{2} + \varepsilon \leqq \operatorname{arc} z \leqq \frac{3\pi}{2} - \varepsilon$, $(\varepsilon > 0)$, gilt für $|z| \gg 1$ die *asymptotische Darstellung*

In each sector $-\frac{3\pi}{2} + \varepsilon \leqq \operatorname{arc} z \leqq \frac{3\pi}{2} - \varepsilon$, $(\varepsilon > 0)$, there is for $|z| \gg 1$ the *asymptotic representation*

$$\gamma(a, z) \approx \Gamma(a) - z^{a-1} e^{-z}\left[1 + \sum_{n=1}^{\infty} \frac{(a-1)(a-2)\cdots(a-n)}{z^n}\right].$$

Bezüglich a gelten die *Differenzengleichungen*

With respect to a we get the *difference equations*

$$\gamma(a+1, z) = a\,\gamma(a, z) - z^a e^{-z}, \qquad \Gamma(a+1, z) = a\,\Gamma(a, z) + z^a e^{-z}.$$

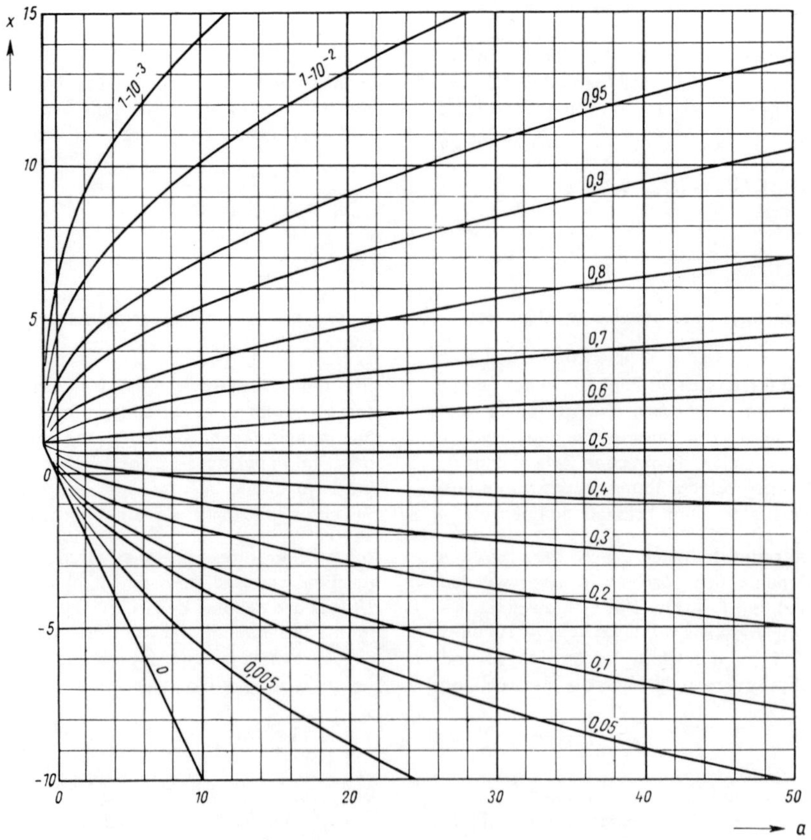

Fig. 8 $\dfrac{\gamma(a+1,\ a+x)}{\Gamma(a+1)} = \text{const}$ in der a, x-Ebene / in the a, x-plane

Tafel 1. Die Gammafunktion
Table 1. The Gamma Function

$\Gamma(x) = (x-1)!$

x	$\Gamma(x)$		x	$\Gamma(x)$		x	$\Gamma(x)$		x	$\Gamma(x)$	
				+1,							
1,00	1,0000	−56	2,00	0000	+43	3,00	2,000	+18,5	4,00	6,000	+76,5
02	0,9888	52	02	0086	45	02	2,037	19,5	02	6,153	79
04	0,9784	48,5	04	0176	46,5	04	2,076	19,5	04	6,311	81
06	0,9687	45	06	0269	48	06	2,115	20,5	06	6,473	83,5
08	0,9597	41,5	08	0365	50	08	2,156	21	08	6,640	86,5
1,10	0,9514	−39	2,10	0465	+51,5	3,10	2,198	+21	4,10	6,813	+88,5
12	0,9436	36	12	0568	53,5	12	2,240	22	12	6,990	91,5
14	0,9364	33	14	0675	55,5	14	2,284	23	14	7,173	94,5
16	0,9298	30,5	16	0786	57	16	2,330	23	16	7,362	97
18	0,9237	27,5	18	0900	59	18	2,376	24	18	7,556	100,5
1,20	0,9182	−25,5	2,20	1018	+61	3,20	2,424	+24,5	4,20	7,757	+103
22	0,9131	23	22	1140	63	22	2,473	25,5	22	7,963	106,5
24	0,9085	20,5	24	1266	64,5	24	2,524	25,5	24	8,176	110
26	0,9044	18,5	26	1395	67	26	2,575	27	26	8,396	113
28	0,9007	16	28	1529	69	28	2,629	27	28	8,622	116,5
1,30	0,8975	−14,5	2,30	1667	+71	3,30	2,683	+28,5	4,30	8,855	+120,5
32	0,8946	12	32	1809	73,5	32	2,740	29	32	9,096	124
34	0,8922	10	34	1956	75,5	34	2,798	29,5	34	9,344	128
36	0,8902	8,5	36	2107	77,5	36	2,857	30,5	36	9,600	132
38	0,8885	6	38	2262	80	38	2,918	31,5	38	9,864	136
1,40	0,8873	−4,5	2,40	2422	+82	3,40	2,981	+32,5	4,40	10,136	+140,5
42	0,8864	3	42	2586	85	42	3,046	33	42	10,417	145
44	0,8858	−1	44	2756	87	44	3,112	34,5	44	10,707	149
46	0,8856	+0,5	46	2930	89,5	46	3,181	35	46	11,005	154,5
48	0,8857	2,5	48	3109	92	48	3,251	36	48	11,314	159
1,50	0,8862	+4	2,50	3293	+95	3,50	3,323	+37,5	4,50	11,632	+164
52	0,8870	6	52	3483	97,5	52	3,398	38	52	11,960	169,5
54	0,8882	7	54	3678	100	54	3,474	39,5	54	12,299	174,5
56	0,8896	9	56	3878	103	56	3,553	40,5	56	12,648	180,5
58	0,8914	10,5	58	4084	106	58	3,634	41,5	58	13,009	186
1,60	0,8935	+12	2,60	4296	+109	3,60	3,717	+43	4,60	13,381	+192,5
62	0,8959	13,5	62	4514	112	62	3,803	44	62	13,766	198
64	0,8986	15,5	64	4738	115	64	3,891	45	64	14,162	205
66	0,9017	16,5	66	4968	118	66	3,981	47	66	14,572	211,5
68	0,9050	18	68	5204	121,5	68	4,075	48	68	14,995	218
1,70	0,9086	+20	2,70	5447	+124,5	3,70	4,171	+49	4,70	15,431	+225,5
72	0,9126	21	72	5696	128,5	72	4,269	51	72	15,882	233
74	0,9168	23	74	5953	131,5	74	4,371	52,5	74	16,348	240,5
76	0,9214	24	76	6216	135,5	76	4,476	53,5	76	16,829	248
78	0,9262	26	78	6487	139	78	4,583	55,5	78	17,325	256,5!
1,80	0,9314	+27	2,80	6765	+143	3,80	4,694	+57	4,80	17,84	+26,5
82	0,9368	29	82	7051	146,5	82	4,808	59	82	18,37	27
84	0,9426	30,5	84	7344	151	84	4,926	60,5	84	18,91	28,5
86	0,9487	32	86	7646	154,5	86	5,047	62	86	19,48	29
88	0,9551	33,5	88	7955	159,5	88	5,171	64	88	20,06	30,5
1,90	0,9618	+35	2,90	8274	+163	3,90	5,299	+66	4,90	20,67	+31
92	0,9688	36,5	92	8600	168	92	5,431	68	92	21,29	32,5
94	0,9761	38	94	8936	172,5	94	5,567	70	94	21,94	33
96	0,9837	40	96	9281	177,5	96	5,707	72	96	22,60	34,5
98	0,9917	41,5	98	9636	182	98	5,851	74,5	98	23,29	35,5
2,00	1,0000		3,00	*0000		4,00	6,000		5,00	24,00	
				+2,							

Tafel 2. Die Funktionen
Table 2. The Functions

$\psi(x), \psi'(x)$

x	$\psi(x)$		$\psi'(x)$	
	−0,		+1,	
1,00	5772	+162	6449	−234!
02	5448	157,5	5981	222!
04	5133	153,5	5537	211!
06	4826	149	5115	200!
08	4528	145	4715	191!
1,10	4238	+141,5	4333	−181,5
12	3955	138	3970	173,5
14	3679	134,5	3623	165,5
16	3410	131,5	3292	158
18	3147	128,5	2976	151
1,20	2890	+125	2674	−144,5
22	2640	122,5	2385	139
24	2395	120	2107	132,5
26	2155	117	1842	127,5
28	1921	114,5	1587	122
1,30	1692	+112,5	1343	−117,5
32	1467	109,5	1108	113
34	1248	108	0882	109
36	1032	105,5	0664	104,5
38	0821	103,5	0455	100,5
1,40	0614	+101,5	0254	−97,5
42	0411	100	0059	93,5
44	0211	97,5	*9872	90,5
46	0016	96	9691	87
48	*0176	94,5	9517	84,5
1,50	0365	+92,5	9348	−81,5
52	0550	91	9185	79
54	0732	89,5	9027	76
56	0911	88	8875	74
58	1087	86,5	8727	71,5
1,60	1260	+85,5	8584	−69
62	1431	83,5	8446	67
64	1598	82,5	8312	65,5
66	1763	81,5	8181	63
68	1926	79,5	8055	61,5
1,70	2085	+79	7932	−59,5
72	2243	77,5	7813	57,5
74	2398	76,5	7698	56,5
76	2551	75	7585	54,5
78	2701	74,5	7476	53
1,80	2850	+73	7370	−52
82	2996	72,5	7266	50
84	3141	71	7166	49
86	3283	70	7068	47,5
88	3423	69,5	6973	46,5
1,90	3562	+68,5	6880	−45,5
92	3699	67	6789	44
94	3833	67	6701	43
96	3967	65,5	6615	42
98	4098	65	6531	41
2,00	4228		6449	
	+0,		+0,	

Tafel 3. Die reziproke Gammafunktion
Table 3. The reciprocal Gamma Function $\frac{1}{\Gamma(1+x)} = \frac{1}{x!}, \quad \frac{1}{\Gamma(1-x)} = \frac{1}{(-x)!}$

x	$1/\Gamma(1+x)$		$1/\Gamma(1-x)$		x	$1/\Gamma(1+x)$		$1/\Gamma(1-x)$		x	$1/\Gamma(1+x)$		$1/\Gamma(1-x)$	
	+1,		**+1,**			**+1,**		**−0,**			**+0,**		**+0,**	
0,00	0000	+ 56,5	00000	− 52	1,00	00000	− 427,5!	00000	+ 46	2,00	50000	− 459	00000	+ 34
02	0113	53,5	*98819	52	02	*99145	436!	01976	49	02	49082	454,5	02016	28
04	0220	51,5	97587	52	04	98273	445!	03903	52	04	48173	449,5	04060	22
06	0323	48,5	96302	52	06	97383	452,5	05778	56	06	47274	445	06125	15
08	0420	45,5	94965	51	08	96478	460	07597	59	08	46384	440	08205	8
0,10	0511	+ 43,5	93578	− 51	1,10	95558	− 467,5	09358	+ 62	2,10	45504	− 435	10294	+ 1
12	0598	40,5	92140	50	12	94623	473,5	11057	65	12	44634	430	12384	− 6
14	0679	38	90652	50	14	93676	480,5	12691	67	14	43774	425	14468	13
16	0755	35,5	89114	49	16	92715	486	14258	70	16	42924	420	16540	20
18	0826	32,5	87528	48	18	91743	491,5	15755	73	18	42084	414,5	18591	28
0,20	0891	+ 30,5	85894	− 47	1,20	90760	− 496,5	17179	+ 76	2,20	41255	− 409,5	20614	− 35
22	0952	27,5	84213	46	22	89767	501	18527	78	22	40436	404,5	22603	43
24	1007	25	82485	45	24	88765	505	19797	81	24	39627	398,5	24548	51
26	1057	22,5	80713	44	26	87755	509,5	20985	83	26	38830	394	26442	59
28	1102	20	78897	43	28	86736	512,5	22091	85	28	38042	388	28277	67
0,30	1142	+ 18	77038	− 42	1,30	85711	− 516	23111	+ 88	2,30	37266	− 383	30045	− 75
32	1178	15	75138	40	32	84679	518,5	24044	90	32	36500	377,5	31738	83
34	1208	13	73198	39	34	83642	521	24887	92	34	35745	372,5	33349	91
36	1234	10	71219	37	36	82600	523	25639	93	36	35000	367	34869	99
38	1254	8,5	69202	36	38	81554	525	26297	95	38	34266	361,5	36290	107
0,40	1271	+ 5,5	67150	− 34	1,40	80504	− 526	26860	+ 96	2,40	33543	− 356	37604	− 114
42	1282	3,5	65065	32	42	79452	527,5	27327	98	42	32831	350,5	38805	122
44	1289	+ 1,5	62947	30	44	78397	528	27697	99	44	32130	345,5	39883	129
46	1292	− 1	60799	28	46	77341	529	27967	100	46	31439	340	40832	137
48	1290	3	58622	26	48	76283	529	28139	100	48	30759	334,5	41645	144
0,50	1284	− 5,5	56419	− 24	1,50	75225	− 528,5	28209	+ 101	2,50	30090	− 329	42314	− 150
52	1273	7	54192	22	52	74168	529	28180	101	52	29432	324	42833	157
54	1259	9	51942	20	54	73110	527,5	28049	101	54	28784	319	43195	163
56	1241	11,5	49672	18	56	72055	527,5	27817	101	56	28146	313	43394	169
58	1218	13	47385	15	58	71000	526	27483	101	58	27520	308,5	43424	174
0,60	1192	− 15	45082	− 13	1,60	69948	− 524,5	27049	+ 100	2,60	26903	− 303	43279	− 180
62	1162	17	42767	10	62	68899	523	26515	99	62	26297	297,5	42955	184
64	1128	18,5	40441	8	64	67853	521	25882	98	64	25702	292,5	42447	188
66	1091	20,5	38107	5	66	66811	519,5	25151	97	66	25117	287,5	41750	192
68	1050	22,5	35769	− 2	68	65772	517	24323	95	68	24542	282,5	40862	195
0,70	1005	− 23,5	33427	0	1,70	64738	− 514,5	23399	+ 93	2,70	23977	− 277,5	39778	− 198
72	0958	25,5	31086	+ 3	72	63709	512	22382	91	72	23422	272	38497	200
74	0907	27	28748	6	74	62685	509	21274	89	74	22878	267,5	37016	201
76	0853	28,5	26417	9	76	61667	506,5	20077	86	76	22343	262,5	35335	202
78	0796	29,5	24094	12	78	60654	503	18793	83	78	21818	257,5	33452	202
0,80	0737	− 31,5	21782	+ 15	1,80	59648	− 499,5	17426	+ 80	2,80	21303	− 252,5	31367	− 201
82	0674	32,5	19486	18	82	58649	496	15979	77	82	20798	248	29081	199
84	0609	34	17208	21	84	57657	493	14455	73	84	20302	243,5	26597	197
86	0541	35,5	14951	24	86	56671	488,5	12858	69	86	19815	238,5	23915	194
88	0470	36	12717	27	88	55694	485	11191	65	88	19338	234	21040	190
0,90	0398	− 38	10511	+ 30	1,90	54724	− 481	09460	+ 60	2,90	18870	− 229	17974	− 185
92	0322	38,5	08336	34	92	53762	476,5	07669	56	92	18412	225	14724	180
94	0245	40	06194	37	94	52809	472,5	05822	51	94	17962	220,5	11295	173
96	0165	40,5	04088	40	96	51864	468,5	03925	45	96	17521	215,5	07692	165
98	0084	42	02023	43	98	50927	463,5	01982	40	98	17090	211,5	03925	157
1,00	0000		00000	+ 46	2,00	50000		00000	+ 34	3,00	16667		00000	− 148
	+1,		**+0,**			**+0,**		**−0,**			**+0,**		**+0,**	

II. Die Integralexponentielle und verwandte Funktionen *)

II. The Exponential Integral and related Functions *)

1. Die Integralexponentielle und der Integrallogarithmus

1.1 Die *Integralexponentielle (das Exponentialintegral)* wird erklärt als

$$\mathrm{Ei}(z) = -\Gamma(0, z\,e^{-\pi i}) = -\int_z^{\infty} \frac{e^t}{t}\,dt,$$

wo der Integrationsweg so von z nach ∞ zu führen ist, daß $\lim\limits_{t\to\infty} \operatorname{arc} t = \beta$ mit $\frac{\pi}{2} \leqq \beta \leqq \frac{3\pi}{2}$ gilt und $\mathrm{Re}\,t$ nach rechts beschränkt bleibt. Die Funktion ist eine unendlich vieldeutige analytische Funktion von z, deren einziger endlicher *Windungspunkt* in $z=0$ liegt. Die *Umlaufsrelation* für den Windungspunkt lautet

$$\mathrm{Ei}\left(z\,e^{2m\pi i}\right) = \mathrm{Ei}(z) + 2m\pi i \qquad (m = 0, \pm 1, \pm 2, \ldots).$$

Die für $z \neq 0$ geltende *Reihenentwicklung*

$$\mathrm{Ei}(z) = C - \pi i + \ln z + \sum_{n=1}^{\infty} \frac{z^n}{n \cdot n!}$$

(C Eulersche Konstante, vgl. S. 298) läßt eine logarithmische Singularität erkennen.

Eine *reelle Bestimmung* von $\mathrm{Ei}(z)$ erhält man für $z = -x$, wenn x positiv reell gewählt wird, in

$$\mathrm{Ei}(-x) = C + \ln x + \sum_{n=1}^{\infty} (-1)^n \frac{x^n}{n \cdot n!}.$$

Ferner besitzt die Funktion $\mathrm{Ei}^*(z) = \mathrm{Ei}(z) + \pi i$, die auch mit $\overline{\mathrm{Ei}}(z)$ bezeichnet wird, für positives reelles x die reelle Bestimmung

$$\mathrm{Ei}^*(x) = C + \ln x + \sum_{n=1}^{\infty} \frac{x^n}{n \cdot n!}.$$

Beide Funktionen lassen reelle *Integraldarstellungen* zu:

$$\mathrm{Ei}(-x) = \int_{-\infty}^{-x} \frac{e^t}{t}\,dt, \qquad \mathrm{Ei}^*(x) = \int_{-\infty}^{x} \frac{e^t}{t}\,dt,$$

wobei das letztere Integral als Cauchyscher Hauptwert aufzufassen ist:

$$\int_{-\infty}^{x} = \lim_{\varepsilon\to 0} \left[\int_{-\infty}^{-\varepsilon} + \int_{\varepsilon}^{x}\right].$$

*) Figuren 9 bis 12; Tafeln 4 bis 6

1. The Exponential Integral and the Logarithmic Integral

1.1 The *exponential integral* is defined by

where the path of integration is to be taken from z to ∞ in such a manner that $\lim\limits_{t\to\infty} \operatorname{arc} t = \beta$ with $\frac{\pi}{2} \leqq \beta \leqq \frac{3\pi}{2}$ and $\mathrm{Re}\,t$ remains bounded on the right. The function is an infinitely many-valued function of z, whose only finite *branch point* is $z = 0$. The *circuit relation* for the branch point is

The *series*

(C Euler's constant, cf. p. 298) valid for $z \neq 0$ displays a logarithmic singularity.

A *real branch* of $\mathrm{Ei}(z)$ is obtained from the following for $z = -x$, where x is positive real:

Further the function $\mathrm{Ei}^*(z) = \mathrm{Ei}(z) + \pi i$, also denoted by $\overline{\mathrm{Ei}}(z)$, for real positive x has the real branch

Both functions admit real *integral representations:*

where by the last integral is to be understood Cauchy's principal value:

*) Figures 9 to 12; tables 4 to 6

Für $x \gg 1$ gelten die *asymptotischen Darstellungen*

For $x \gg 1$ we get the *asymptotic representations*

$$\mathrm{Ei}(-x) \approx \frac{e^{-x}}{-x}\left(1 - \frac{1!}{x} + \frac{2!}{x^2} - \frac{3!}{x^3} + - \cdots\right),$$

$$\mathrm{Ei}^*(x) \approx \frac{e^{x}}{x}\left(1 + \frac{1!}{x} + \frac{2!}{x^2} + \frac{3!}{x^3} + \cdots\right).$$

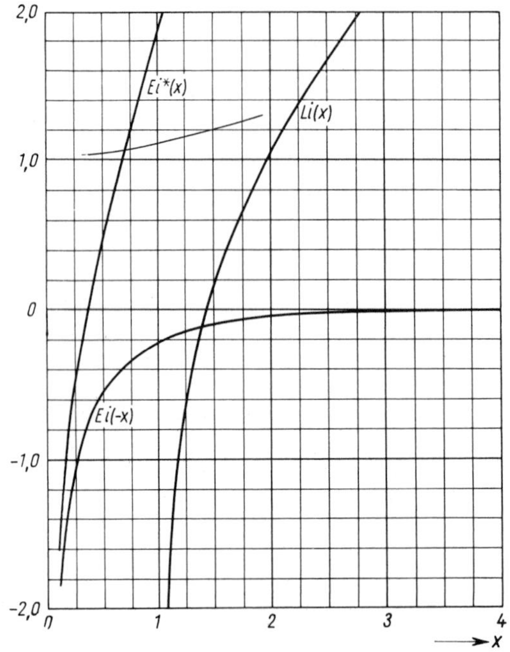

Fig. 9 Integralexponentielle und Integrallogarithmus
Fig. 9 Exponential integral and logarithmic integral

Ferner gilt für $x > 2$ (vgl. II [13])

Further we have for $x > 2$ (cf. II [13])

$$\mathrm{Ei}(-x) = \frac{e^{-x}}{-x}\Big\{0{,}9999965 - 0{,}9989710\,\frac{1}{x} + 1{,}9487646\,\frac{1}{x^2} - 4{,}9482092\,\frac{1}{x^3} + 11{,}7850792\,\frac{1}{x^4}$$

$$- 20{,}4523840\,\frac{1}{x^5} + 21{,}1491469\,\frac{1}{x^6} - 9{,}5240410\,\frac{1}{x^7} \pm 0{,}35 \cdot 10^{-5}\Big\}.$$

1.2 Der *Integrallogarithmus* ist definiert durch

1.2 The *logarithmic integral* is defined by

$$\mathrm{li}(z) = \int_0^z \frac{dt}{\ln t}.$$

Er ist mit Ei(z) verknüpft durch

It is related to Ei(z) through

$$\mathrm{li}(z) = \mathrm{Ei}(\ln z), \qquad \mathrm{Ei}(z) = \mathrm{li}(e^z).$$

Insbesondere ist für positiv reelles Argument $z = x$ die *reelle Bestimmung*

In particular for real positive argument $z = x$ the *real definition*

$$\mathrm{Li}(x) = \begin{matrix} \mathrm{li}(x) & = \mathrm{Ei}(\ln x) & \text{für} & 0 < x < 1 \\ \mathrm{li}(x) + \pi i & = \mathrm{Ei}^*(\ln x) & \text{for} & x > 1 \end{matrix}$$

möglich.

is possible.

2. Integralsinus und Integralcosinus

2. Sine and Cosine Integrals

2.1 Aus der Integralexponentiellen erhält man den *Integralsinus* si(z) und den *Integralcosinus* ci(z) durch

2.1 From the exponential integral we get the *sine integral* si(z) and the *cosine integral* ci(z) by

$$\mathrm{si}(z) = \frac{1}{2i}[\mathrm{Ei}(iz) - \mathrm{Ei}(-iz)] = \int_\infty^z \frac{\sin t}{t}\,dt, \qquad \mathrm{ci}(z) = \frac{1}{2}[\mathrm{Ei}(iz) + \mathrm{Ei}(-iz)] = \int_\infty^z \frac{\cos t}{t}\,dt.$$

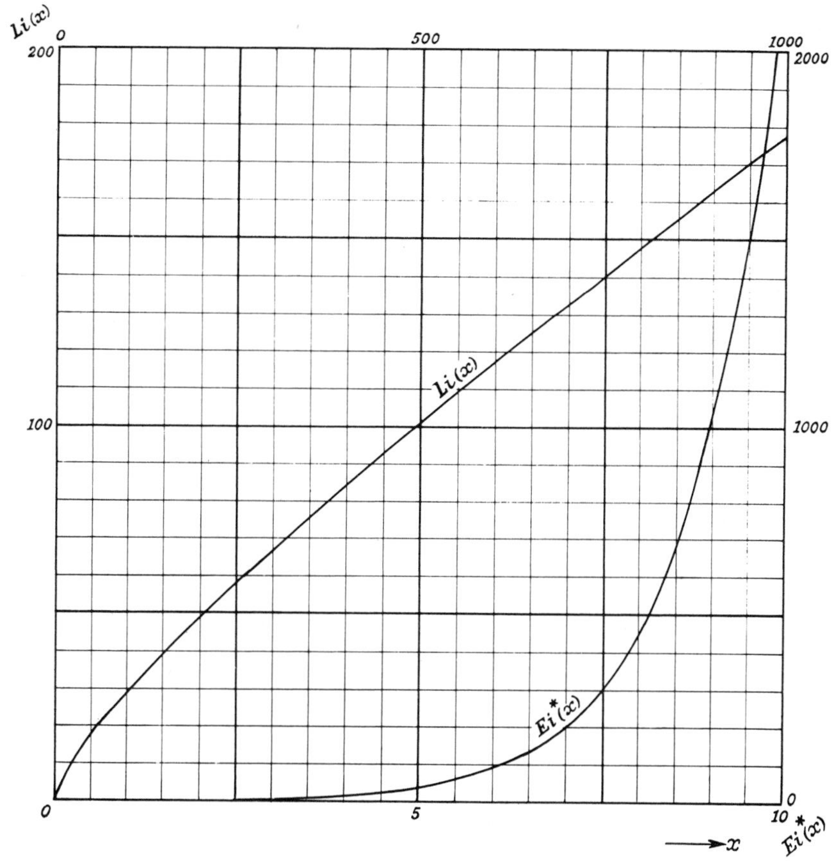

Fig. 10 Ei*(x) und Li (x) Fig. 10 Ei*(x) and Li(x)

An Stelle von si(z), ci(z) sind auch die Bezeichnungen

Besides si(z), ci(z) the notations

$$\mathrm{Si}(z) = \mathrm{si}(z) + \frac{\pi}{2} = \int_0^z \frac{\sin t}{t}\, dt, \qquad \mathrm{Ci}(z) = \mathrm{ci}(z)$$

üblich. Dabei ist in den ersten Integralen der Integrationsweg so zu führen, daß für seinen Anfang $\lim_{t\to\infty} \operatorname{arc} t = 0$ gilt und $\operatorname{Im}(t)$ beschränkt bleibt.

are also used. In the first integrals the path of integration is to be chosen in such a manner, that we have $\lim_{t\to\infty} \operatorname{arc} t = 0$ at the beginning of the path and $\operatorname{Im}(t)$ remains bounded.

Die Funktion si(z) ist eine ganze Funktion von z; dagegen ist ci(z) eine unendlich vieldeutige analytische Funktion von z, deren einziger endlicher *Verzweigungspunkt* in $z=0$ liegt. Die *Umlaufsrelation* für ci(z) lautet

The function si(z) is an entire function of z; on the other hand ci(z) is an infinitely many-valued analytic function of z, whose only finite *branch point* is $z=0$. The *circuit relation* for ci(z) is

$$\mathrm{ci}\left(z\, e^{m\pi i}\right) = \mathrm{ci}(z) + m\pi i \qquad (m = 0, \pm 1, \pm 2, \ldots).$$

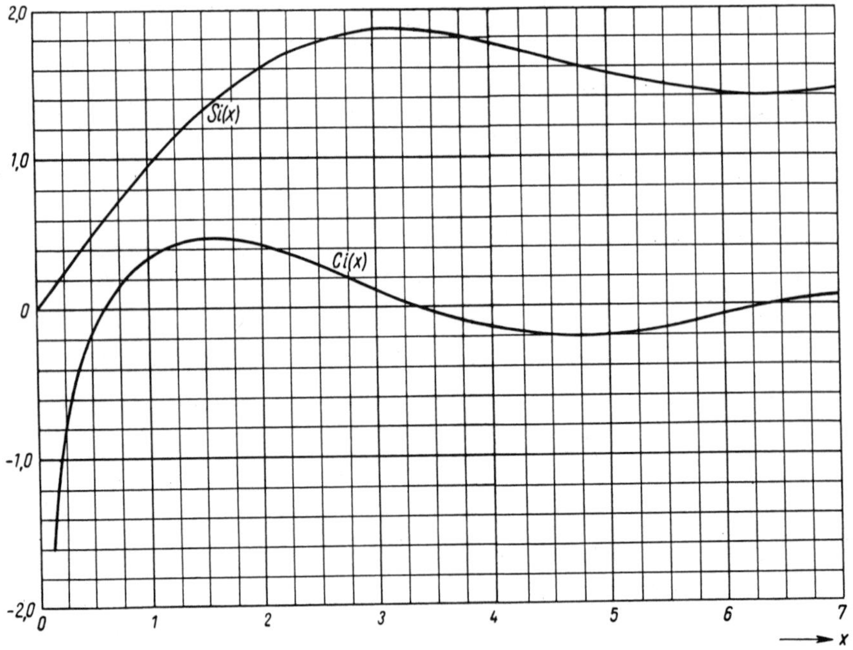

Fig. 11 Integralsinus und Integralcosinus Fig. 11 Sine and cosine integrals

Es gelten die *Darstellungen* We have the *representations*

$$\mathrm{si}(z) = -\frac{\pi}{2} + \sum_{n=0}^{\infty} (-1)^n \frac{z^{2n+1}}{(2n+1)\cdot(2n+1)!}, \qquad \mathrm{ci}(z) = \ln \gamma z + \sum_{n=1}^{\infty} (-1)^n \frac{z^{2n}}{(2n)\cdot(2n)!},$$

($\gamma = e^C$, C Eulersche Konstante, vgl. S. 298). Danach ist ($\gamma = e^C$, C Euler's constant, cf. p. 298). Hence

$$\mathrm{ci}(z) - \ln \gamma z = \int_0^z \frac{\cos t - 1}{t}\, dt$$

eine ganze Funktion von z. is an entire function of z.

Eine *reelle Bestimmung* si(x), ci(x) ist bei si(x) für alle reellen x, bei ci(x) für $x > 0$ möglich. Sie ergibt sich, wenn in den definierenden Integralen vom Anfangspunkt $+\infty$ aus entlang der rellen Achse integriert wird. Es ist

A *real definition* si(x), ci(x) is possible for si(x) when x is real, for ci(x) when $x > 0$. It is obtained when in the defining integrals the path of integration is taken along the real axis, beginning at $+\infty$. We have

$$\mathrm{si}(-x) = -\mathrm{si}(x) - \pi, \qquad \mathrm{Si}(-x) = -\mathrm{Si}(x).$$

Das *asymptotische Verhalten* für $x \gg 1$ wird gegeben durch The *asymptotic behaviour* for $x \gg 1$ is given by

$$\mathrm{si}(x) \approx -\frac{\cos x}{x}\left(1 - \frac{2!}{x^2} + \frac{4!}{x^4} - \cdots\right) - \frac{\sin x}{x}\left(\frac{1!}{x} - \frac{3!}{x^3} + \frac{5!}{x^5} - \cdots\right),$$

$$\mathrm{ci}(x) \approx \frac{\sin x}{x}\left(1 - \frac{2!}{x^2} + \frac{4!}{x^4} - \cdots\right) - \frac{\cos x}{x}\left(\frac{1!}{x} - \frac{3!}{x^3} + \frac{5!}{x^5} - \cdots\right),$$

in erster Näherung also durch and consequently as a first approximation by

$$\mathrm{si}(x) \approx -\frac{\cos x}{x}, \qquad \mathrm{ci}(x) \approx \frac{\sin x}{x}.$$

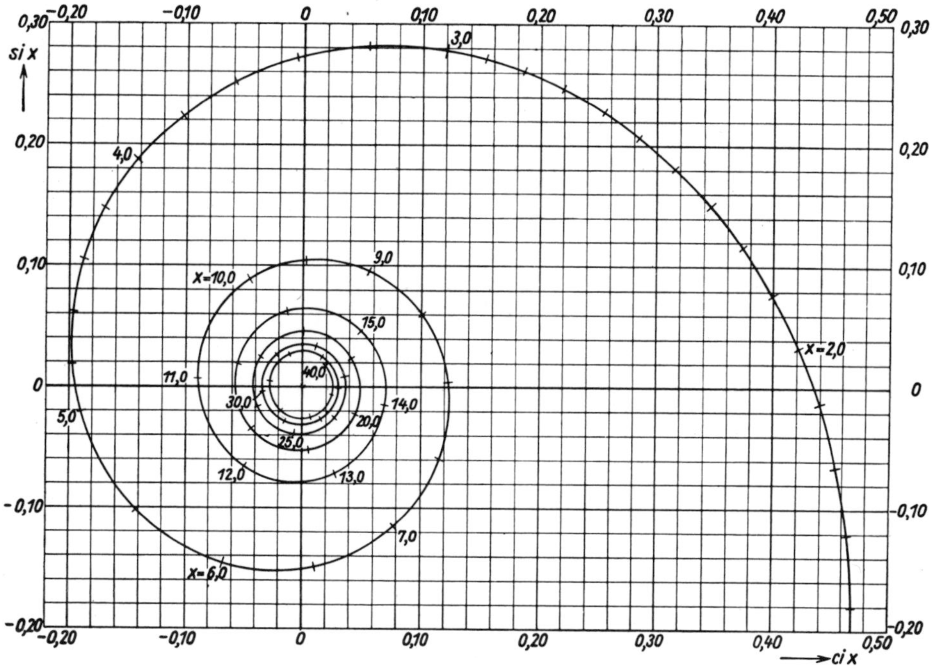

Fig. 12 Sici-Spirale

Fig. 12 Sici spiral

In einem rechtwinkligen c, s-Koordinatensystem stellt die Kurve

$$c = \mathrm{ci}(x), \quad s = \mathrm{si}(x)$$

(x reeller Parameter) die sogenannte *Sici-Spirale* dar (Fig. 12). Die vom Anfangspunkt ($x=0$) bis zum Punkt x gemessene Bogenlänge ist gleich $\ln x$, während die Krümmung $\varkappa$ im Punkt x den Wert $\varkappa = x$ hat. Die Krümmung wächst also exponentiell mit der Bogenlänge. Solche Spiralen eignen sich als Profile von Kurvenlinealen. (Vgl. II [14].)

In a rectangular coordinate system c, s the curve (x a real parameter) represents the so-called *sici spiral* (fig. 12). The length of the arc taken from the starting point ($x=0$) to the point x is equal to $\ln x$, while the curvature $\varkappa$ at the point x has the value $\varkappa = x$. The curvature increases exponentially with the length of the arc. Such spirals are suitable as profiles of French curves. (Cf. II [14].)

2.2 Neben $\mathrm{si}(z)$, $\mathrm{ci}(z)$ führt man die als *hyperbolischer Integralsinus* $\mathrm{Shi}(z)$ und *-cosinus* $\mathrm{Chi}(z)$ bezeichneten Funktionen ein:

2.2 Besides $\mathrm{si}(z)$, $\mathrm{ci}(z)$ one introduces the functions $\mathrm{Shi}(z)$, $\mathrm{Chi}(z)$, called *the hyperbolic sine integral* and *cosine integral*:

$$\mathrm{Shi}(z) = \int_0^z \frac{\sinh t}{t}\,dt = -i\,\mathrm{Si}(iz), \qquad \mathrm{Chi}(z) = C + \ln z + \int_0^z \frac{\cosh t - 1}{t}\,dt = \mathrm{Ci}(iz) - \frac{i\pi}{2}.$$

Dabei hat $\mathrm{Shi}(z)$ für alle reellen, $\mathrm{Chi}(z)$ für positive reelle Werte $z=x$ des Arguments eine *reelle Bestimmung*. Für $x>0$ gilt

Here $\mathrm{Shi}(z)$ has for all real, $\mathrm{Chi}(z)$ for real positive values $z=x$ of the argument a *real definition*. For $x>0$ we have

$$\mathrm{Shi}(x) = \frac{\mathrm{Ei}^*(x) - \mathrm{Ei}(-x)}{2}, \qquad \mathrm{Chi}(x) = \frac{\mathrm{Ei}^*(x) + \mathrm{Ei}(-x)}{2}.$$

3. Einige Integralformeln — 3. Some Integral Formulas

$$\int_x^{+\infty} \frac{e^{-mt}}{a+t}\,dt = -e^{ma}\,\mathrm{Ei}\,[-m\,(a+x)] \qquad (m>0,\ a>0,\ x+a>0)$$

$$\int_x^{+\infty} \frac{e^{im(b+t)}}{a+t}\,dt = -e^{im(b-a)}\,\mathrm{Ei}\,[im\,(a+x)] \qquad \begin{pmatrix} m>0,\ a>0,\ x+a>0 \\ \mathrm{arc}\,[im\,(a+x)] = \pi/2 \end{pmatrix}$$

$$\int_0^{+\infty} \frac{t-ai}{t^2+a^2}\,e^{imt}\,dt = -e^{ma}\,\mathrm{Ei}\,(-ma)$$

$$(m>0,\ a>0)$$

$$\int_0^{+\infty} \frac{t+ai}{t^2+a^2}\,e^{imt}\,dt = -e^{-ma}\,[\mathrm{Ei}^*(ma) - \pi i]$$

$$\int_0^{x} \mathrm{Ei}\,(-mt)\,dt = x\,\mathrm{Ei}\,(-mx) - \frac{1-e^{-mx}}{m} \qquad (m>0,\ x>0)$$

$$\int_0^{x} \mathrm{Ei}\,(imt)\,dt = x\,\mathrm{Ei}\,(imx) + \frac{1-e^{imx}}{im} \qquad \begin{pmatrix} m>0,\ x>0 \\ \mathrm{arc}\,(imt) = \mathrm{arc}\,(imx) = \pi|2 \end{pmatrix}$$

$$\int_0^{+\infty} e^{-pt}\,\mathrm{ci}\,(qt)\,dt = -\frac{1}{2p}\ln\left(1+\frac{p^2}{q^2}\right)$$

$$(p>0,\ q>0)$$

$$\int_0^{+\infty} e^{-pt}\,\mathrm{si}\,(qt)\,dt = -\frac{1}{p}\arctan\frac{p}{q}$$

$$\int_0^{+\infty} \cos t\,\mathrm{ci}\,t\,dt = \int_0^{+\infty} \sin t\,\mathrm{si}\,t\,dt = -\frac{\pi}{4}$$

$$\int_0^{+\infty} \mathrm{ci}^2(t)\,dt = \int_0^{+\infty} \mathrm{si}^2(t)\,dt = \frac{\pi}{2}, \qquad \int_0^{+\infty} \mathrm{ci}(t)\,\mathrm{si}(t)\,dt = -\ln 2.$$

Tafel 4. Die Integralexponentielle Ei*(x), —Ei(—x)*)
Table 4. The Exponential Integral Ei*(x), —Ei(—x)*)

x	Ei*(x)	— Ei (— x)	x	Ei*(x)	— Ei (— x)	x	Ei*(x)	— Ei (— x)
				+ 0,	+ 0,			+ 0,
0,00	— ∞	+ ∞	0,50	4542 + 328	5598 — 120	1,0	+ 1,8951 + 1	21938 + 729
01	4,0179	4,0379	51	4870 325	5478 116	1	2,1674 25	18599 573
02	3,3147	3,3547	52	5195 322	5362 112	2	2,4421 46	15841 457
03	2,8991	2,9591	53	5517 319	5250 110	3	2,7214 65	13545 369
04	2,6013	2,6813	54	5836 317	5140 106	4	3,0072 83	11622 300
0,05	— 2,3679 — 387	+ 2,4679 + 387	0,55	6153 + 314	5034 — 104	1,5	+ 3,3013 + 100	10002 + 247
06	2,1753 272	2,2953 272	56	6467 311	4930 100	6	3,6053 116	08631 204
07	2,0108 201	2,1508 201	57	6778 309	4830 98	7	3,9210 133	07465 170
08	1,8669 154	2,0269 154	58	7087 307	4732 96	8	4,2499 149	06471 142
09	1,7387 122	1,9187 122	59	7394 305	4636 92	9	4,5937 167	05620 120
0,10	— 1,6228 — 99	+ 1,8229 + 99	0,60	7699 + 303	4544 — 90	2,0	+ 4,9542 + 185	04890 + 101
11	1,5170 82	1,7371 82	61	8002 300	4454 88	1	5,3332 204	04261 86
12	1,4193 69	1,6595 69	62	8302 299	4366 86	2	5,7326 224	03719 73
13	1,3287 58	1,5889 58	63	8601 297	4280 83	3	6,1544 245	03250 62
14	1,2438 50	1,5241 50	64	8898 296	4197 82	4	6,6007 268	02844 53
0,15	— 1,1641 — 44	+ 1,4645 + 44	0,65	9194 + 294	4115 — 79	2,5	+ 7,0738 + 292	02491 + 46
16	1,0887 38	1,4092 39	66	9488 292	4036 77	6	7,5761 318	02185 39
17	1,0172 34	1,3578 34	67	9780 291	3959 76	7	8,1103 347	01918 34
18	0,9491 30	1,3098 30	68	*0071 290	3883 73	8	8,6793 377	01686 29
19	0,8841 27	1,2649 27	69	0361 288	3810 72	9	9,2860 410	01482 25
0,20	— 0,8218 — 24	+ 1,2227 + 25	0,70	0649 + 287	3738 — 70	3,0	+ 9,9338 + 446	013048 + 221
21	0,7619 22	1,1829 22	71	0936 286	3668 69	1	10,6263 485	011494 192
22	0,7042 20	1,1454 20	72	1222 285	3599 67	2	11,3673 527	010133 167
23	0,6485 18	1,1099 18	73	1507 284	3532 65	3	12,1610 572	008939 145
24	0,5947 17	1,0762 17	74	1791 282	3467 64	4	13,0121 622	007891 127
0,25	— 0,5425 — 15 + 506	+ 1,0443 + 16 — 305	0,75	2073 + 282	3403 — 62	3,5	+ 13,9254 + 675	006970 + 111
26	0,4919 492	1,0139 290	76	2355 281	3341 61	6	14,9063 734	006160 97
27	0,4427 478	0,9849 276	77	2636 280	3280 59	7	15,9606 797	005448 85
28	0,3949 467	0,9573 264	78	2916 279	3221 58	8	17,0948 866	004820 74
29	0,3482 455	0,9309 252	79	3195 279	3163 57	9	18,3157 941	004267 65
0,30	— 0,3027 + 445	+ 0,9057 — 242	0,80	3474 + 278	3106 — 56	4,0	+ 19,6309 + 1023	003779 + 57
31	0,2582 435	0,8815 232	81	3752 277	3050 54	1	21,0485 1112	003349 50
32	0,2147 426	0,8583 222	82	4029 277	2996 53	2	22,5774 1209	002969 44
33	0,1721 417	0,8361 214	83	4306 276	2943 52	3	24,2274 1314	002633 39
34	0,1304 410	0,8147 205	84	4582 275	2891 51	4	26,0090 1429	002336 34
0,35	— 0,0894 + 401	+ 0,7942 — 197	0,85	4857 + 275	2840 — 50	4,5	+ 27,9337 + 1555	002073 + 30
36	0,0493 395	0,7745 191	86	5132 275	2790 48	6	30,0141 1691	001841 27
37	— 0,0098 388	0,7554 183	87	5407 274	2742 48	7	32,2639 1840	001635 23
38	+ 0,0290 382	0,7371 177	88	5681 274	2694 47	8	34,6979 2003	001453 21
39	0,0672 376	0,7194 170	89	5955 273	2647 45	9	37,3325 2180	001291 18
0,40	+ 0,1048 + 370	+ 0,7024 — 165	0,90	6228 + 273	2602 — 45	5,0	40,1853 + 2373	001148 + 16
41	0,1418 365	0,6859 159	91	6501 273	2557 44	6	+ 85,9898	3601 (—3)
42	0,1783 360	0,6700 154	92	6774 273	2513 43	7	191,505	1155 (—3)
43	0,2143 355	0,6546 149	93	7047 272	2470 41	8	440,380	3767 (—4)
44	0,2498 351	0,6397 144	94	7319 272	2429 42	9	1037,88	1245 (—4)
0,45	+ 0,2849 + 346	+ 0,6253 — 139	0,95	7591 + 273	2387 — 40	10	2492,23	4157 (—5)
46	0,3195 342	0,6114 135	96	7864 272	2347 39	11	+ 6071,41	1400 (—5)
47	0,3537 339	0,5979 131	97	8136 271	2308 39	12	14959,5	4751 (—6)
48	0,3876 335	0,5848 127	98	8407 272	2269 38	13	37197,7	1622 (—6)
49	0,4211 331	0,5721 123	99	8679 272	2231 37	14	93192,5	5566 (—7)
0,50	+ 0,4542	+ 0,5598	1,00	8951	2194	15	234956	1918 (—7)
				+ 1,	+ 0,			+ 0,

*) In Klammern beigefügte Zahlen (−n) besagen, daß der Tafelwert mit dem Faktor 10^{-n} zu multiplizieren ist.
Numbers (−n) added in parenthesis mean that the table value is to be multiplied by the factor 10^{-n}.

Tafel 5. Integralsinus und Integralcosinus Si(*x*), Ci(*x*)
Table 5. Sine and Cosine Integrals Si(*x*), Ci(*x*)

x	Si(*x*)		Ci(*x*)	
	+0,			
0,00	000000		−∞	
01	010000		4,0280	
02	020000		3,3349	
03	029999		2,9296	
04	039996		2,6421	
0,05	04999	+1000	−2,4191	−388
06	05999	999	2,2371	273
07	06998	999	2,0833	202
08	07997	999	1,9501	155
09	08996	998	1,8328	123
0,10	09994	+999	−1,7279	−100
11	10993	997	1,6331	83
12	11990	998	1,5466	70
13	12988	997	1,4672	59
14	13985	996	1,3938	51
0,15	14981	+996	−1,3255	−45
16	15977	996	1,2618	39
17	16973	995	1,2020	35
18	17968	994	1,1457	31
19	18962	994	1,0925	28
0,20	1996	+99	−1,0422	−25
21	2095	99	0,9944	23
22	2194	99	0,9490	21
23	2293	99	0,9057	19
24	2392	99	0,8643	18
0,25	2491	+99	−0,8247	−16 +380
26	2590	99	0,7867	364
27	2689	99	0,7503	350
28	2788	98	0,7153	337
29	2886	99	0,6816	324
0,30	2985	+98	−0,6492	+313
31	3083	99	0,6179	302
32	3182	98	0,5877	292
33	3280	98	0,5585	281
34	3378	98	0,5304	273
0,35	3476	+98	−0,5031	+264
36	3574	98	0,4767	256
37	3672	98	0,4511	248
38	3770	97	0,4263	241
39	3867	98	0,4022	234
0,40	3965	+97	−0,3788	+227
41	4062	97	0,3561	220
42	4159	97	0,3341	215
43	4256	97	0,3126	208
44	4353	97	0,2918	203
0,45	4450	+96	−0,2715	+198
46	4546	97	0,2517	192
47	4643	96	0,2325	187
48	4739	96	0,2138	182
49	4835	96	0,1956	178
0,50	4931		−0,1778	
	+0,			

x	Si(*x*)		Ci(*x*)	
	+0,		−0,	
0,50	4931	+96	1778	+173
51	5027	96	1605	169
52	5123	95	1436	165
53	5218	95	1271	161
54	5313	95	1110	157
0,55	5408	+95	0953	+153
56	5503	95	0800	150
57	5598	95	0650	146
58	5693	94	0504	142
59	5787	94	0362	139
0,60	5881	+94	0223	+136
61	5975	94	0087	133
62	6069	94	*0046	130
63	6163	93	0176	127
64	6256	93	0303	123
0,65	6349	+93	0426	+122
66	6442	93	0548	118
67	6535	93	0666	116
68	6628	92	0782	113
69	6720	92	0895	110
0,70	6812	+92	1005	+108
71	6904	92	1113	106
72	6996	91	1219	103
73	7087	92	1322	101
74	7179	91	1423	99
0,75	7270	+90	1522	+96
76	7360	91	1618	94
77	7451	90	1712	93
78	7541	90	1805	90
79	7631	90	1895	88
0,80	7721	+90	1983	+86
81	7811	89	2069	84
82	7900	89	2153	82
83	7989	89	2235	81
84	8078	88	2316	78
0,85	8166	+88	2394	+77
86	8254	88	2471	75
87	8342	88	2546	73
88	8430	88	2619	72
89	8518	87	2691	70
0,90	8605	+87	2761	+68
91	8692	86	2829	67
92	8778	87	2896	65
93	8865	86	2961	63
94	8951	85	3024	62
0,95	9036	+86	3086	+61
96	9122	85	3147	59
97	9207	85	3206	57
98	9292	85	3263	56
99	9377	84	3319	55
1,00	9461		3374	
	+0,		+0,	

x	Si(*x*)		Ci(*x*)	
	+0,			
1,0	9461	−121	+0,3374	−541
2	*1080	138	0,4205	406
4	2562	153	0,4620	314
6	3892	164	0,4717	244
8	5058	171	0,4568	187
2,0	6054	−175	+0,4230	−140
2	6876	174	0,3751	98
4	7525	170	0,3173	61
6	8004	163	0,2533	−28
8	8321	152	0,1865	+1
3,0	8487	−139	+0,1196	+26
2	8514	123	+0,0553	47
4	8419	105	−0,0045	64
6	8219	86	0,0580	77
8	7934	66	0,1038	87
4,0	7582	−46	−0,1410	+92
2	7184	27	0,1690	94
4	6758	−8	0,1877	93
6	6325	+9	0,1970	89
8	5900	25	0,1976	82
5,0	5499	+38	−0,19003	+724
2	5137	49	0,17525	612
4	4823	58	0,15439	486
6	4567	64	0,12867	352
8	4374	67	0,09944	215
6,0	4247	+67	−0,06806	+79
2	4187	65	0,03587	−51
4	4192	61	−0,00418	171
6	4258	55	+0,02582	278
8	4379	47	0,05308	368
7,0	4546	+38	+0,07670	−439
2	4751	28	0,09596	490
4	4983	17	0,11036	520
6	5233	+6	0,11960	529
8	5489	−4	0,12359	518
8,0	5742	−14	+0,12243	−487
2	5981	22	0,11644	440
4	6198	30	0,10607	379
6	6386	36	0,09194	306
8	6538	40	0,07476	224
9,0	6650	−43	+0,05535	−138
2	6720	44	0,03455	−51
4	6747	43	+0,01325	+35
6	6732	40	−0,00771	116
8	6676	37	0,02752	189
10,0	6583	−32	−0,04546	+252
	+1,			

Tafel 5. Integralsinus und Integralcosinus Si (*x*), Ci (*x*) (Fortsetzung)
Table 5. Sine and Cosine Integrals Si (*x*), Ci (*x*) (Continuation)

x	Si (*x*)		Ci (*x*)		*x*	Si (*x*)	Ci (*x*)	*x*	Si (*x*)	Ci (*x*)
	+ 1,					+ 1,			+ 1,	
10,0	6583	— 200	— 0,04546	+ 1614	25	5315	— 0,00685	75	5586	— 0,00533
10,5	6229	— 94	— 0,07828	+ 2256	26	5449	+ 0,02830	80	5723	— 0,01240
11,0	5783	+ 23	— 0,08956	+ 2323	27	5803	+ 0,03572	85	5824	— 0,001935
11,5	5357	+ 125	— 0,07857	+ 1849	28	6047	+ 0,01087	90	5757	+ 0,009986
12,0	5050	+ 190	— 0,04978	+ 987	29	5973	— 0,02195	95	5630	+ 0,007110
12,5	4923	+ 205	— 0,01141	— 35	30	5668	— 0,03303	100	5622	— 0,005149
13,0	4994	+ 172	+ 0,02676	— 970	31	5418	— 0,01395	110	5799	— 0,000320
13,5	5229	+ 101	+ 0,05576	— 1609	32	5442	+ 0,01639	120	5640	+ 0,004781
14,0	5562	+ 11	+ 0,06940	— 1828	33	5703	+ 0,03026	130	5737	— 0,007132
14,5	5907	— 74	+ 0,06554	— 1604	34	5953	+ 0,01626	140	5722	+ 0,007011
15,0	6182	— 137	+ 0,04628	— 1019	35	5969	— 0,01148	150	5662	— 0,004800
15,5	6326	— 164	+ 0,01719	— 232	36	5751	— 0,02741	160	5769	+ 0,001409
16,0	6313	— 150	— 0,01420	+ 560	37	5506	— 0,01792	170	5653	+ 0,002010
16,5	6156	— 102	— 0,04031	+ 1172	38	5455	+ 0,00713	180	5741	— 0,004432
17,0	5901	— 33	— 0,05524	+ 1472	39	5633	+ 0,02451	190	5704	+ 0,005250
17,5	5615	+ 41	— 0,05610	+ 1407	40	5870	+ 0,01902	200	5684	— 0,004378
18,0	5366	+ 100	— 0,04348	+ 1013	41	5949	— 0,00328	300	5709	— 0,003332
18,5	5213	+ 133	— 0,02111	+ 400	42	5808	— 0,02157	400	5721	— 0,002124
19,0	5186	+ 132	+ 0,00515	— 275	43	5583	— 0,01962	500	5726	— 0,0009320
19,5	5286	+ 100	+ 0,02883	— 850	44	5481	— 0,00011	600	5725	+ 0,0000764
20,0	5482	+ 46	+ 0,04442	— 1195	45	5587	+ 0,01863	700	5720	+ 0,0007788
20,5	5723	— 16	+ 0,04859	— 1239	46	5798	+ 0,01979	800	5714	+ 0,001118
21,0	5949	— 72	+ 0,04089	— 986	47	5918	+ 0,00307	900	5707	+ 0,001109
21,5	6106	— 108	+ 0,02373	— 510	48	5845	— 0,01571	10^3	5702	+ 0,000826
22,0	6161	— 116	+ 0,00164	+ 65	49	5651	— 0,01957	10^4	5709	— 0,0000306
22,5	6104	— 97	— 0,01986	+ 600	50	5516	— 0,00563	10^5	5708	+ 0,0000004
23,0	5955	— 55	— 0,03566	+ 968	55	5707	— 0,01817	10^6	5708	— 0,0000004
23,5	5752	— 2	— 0,04221	+ 1089	60	5867	— 0,00481	10^7	5708	+ 0,0000000
24,0	5547	+ 49	— 0,03833	+ 946	65	5792	+ 0,01285		+ 1,	
24,5	5390	+ 87	— 0,02539	+ 582	70	5616	+ 0,01092	∞	$\pi/2$	0
25,0	5315	+ 102	— 0,00685	+ 93	75	5586	— 0,00533			
	+ 1,					+ 1,				

Tafel 6. Max., Min. von Ci (*x*), si (*x*)
Table 6. Max., Min. of Ci (*x*), si (*x*)

$\frac{x}{\pi}$	Max. / Min. Ci (*x*)	$\frac{x}{\pi}$	Max. / Min. si (*x*)	$\frac{x}{\pi}$	Max. / Min. si (*x*)
0,5	+ 0,47200	1	+ 0,28114	16	— 0,019879
1,5	— 0,19841	2	— 0,15264	17	+ 0,018711
2,5	+ 0,12377	3	+ 0,10396	18	— 0,017673
3,5	— 0,089564	4	— 0,078635	19	+ 0,016744
4,5	+ 0,070065	5	+ 0,063168	20	— 0,015907
5,5	— 0,057501	6	— 0,052762	21	+ 0,015151
6,5	+ 0,048742	7	+ 0,045289	22	— 0,014463
7,5	— 0,042292	8	— 0,039665	23	+ 0,013834
8,5	+ 0,037345	9	+ 0,035280	24	— 0,013258
9,5	— 0,033433	10	— 0,031767		
10,5	+ 0,030260	11	+ 0,028889		
11,5	— 0,027637	12	— 0,026489		
12,5	+ 0,025432	13	+ 0,024456		
13,5	— 0,023552	14	— 0,022713		
14,5	+ 0,021931	15	+ 0,021201		
15,5	— 0,020519				

III. Die Fehlerfunktion und verwandte Funktionen *)

III. The Error Function and related Functions *)

1. Die Fehlerfunktion $\Phi(z)$

1.1 Die *Fehlerfunktion* $\Phi(z)$ wird definiert durch

1. The Error Function $\Phi(z)$

1.1 The *error function* $\Phi(z)$ is defined by

$$\Phi(z) = \frac{1}{\sqrt{\pi}}\gamma\left(\frac{1}{2},\ z^2\right) = \frac{2}{\sqrt{\pi}}\int_0^z e^{-t^2}dt = \int_0^{z^2}\frac{e^{-t}}{\sqrt{\pi t}}dt = \frac{1}{\sqrt{2i}}\int_0^{z^2} H^{(2)}_{-1/2}(-it)\,dt.$$

(Für $\gamma(a, z)$ und $H_\nu^{(2)}(z)$ vgl. I, C und IX, A.) Sie ist eine ganze Funktion von z mit

(For $\gamma(a, z)$ and $H_\nu^{(2)}(z)$ cf. I, C and IX, A.) It is an entire function of z with

$$\Phi(-z) = -\Phi(z).$$

Für reelles Argument $z = x$ nimmt sie reelle Werte an. Speziell ist

For real argument $z = x$ it takes on real values. In particular we have

$$\Phi(0) = 0, \qquad \lim_{x \to +\infty} \Phi(x) = 1.$$

Aus den Darstellungen von $\gamma(a, z)$ ergeben sich für $\Phi(z)$ die *Potenzreihenentwicklungen*

From the representations of $\gamma(a, z)$ we get for $\Phi(z)$ the *power series*

$$\Phi(z) = \frac{2}{\sqrt{\pi}}\sum_{n=0}^{\infty}\frac{(-1)^n}{n!}\frac{z^{2n+1}}{2n+1} = \frac{2}{\sqrt{\pi}}e^{-z^2}\sum_{n=0}^{\infty}\frac{2^n}{1\cdot 3\cdots(2n+1)}z^{2n+1},$$

und für jeden Sektor $-\frac{3\pi}{4} + \varepsilon \leqq \operatorname{arc} z \leqq \frac{3\pi}{4} - \varepsilon$, $(\varepsilon > 0)$, die für $|z| \gg 1$ geltende *asymptotische Reihe*

and for each sector $-\frac{3\pi}{4} + \varepsilon \leqq \operatorname{arc} z \leqq \frac{3\pi}{4} - \varepsilon$, $(\varepsilon > 0)$, the *asymptotic series* valid for $|z| \gg 1$

$$\frac{\sqrt{\pi}}{2}\{1 - \Phi(z)\} \approx \frac{e^{-z^2}}{2z}\left\{1 - \frac{1}{2z^2} + \frac{1\cdot 3}{(2z^2)^2} - \frac{1\cdot 3\cdot 5}{(2z^2)^3} + - \cdots\right\}.$$

Dabei ist für positives reelles Argument $z = x$ der beim Abbrechen der Reihe begangene Fehler kleiner als das erste vernachlässigte Glied und von gleichem Vorzeichen wie dieses.

Here for positive real argument $z = x$ the error introduced in breaking off the series is in absolute value smaller than the first neglected term and of the same sign as this.

Als *Verallgemeinerung* der Fehlerfunktion erhält man die Funktionen $E_n(z)$, die durch

As a *generalization* of the error function we get the functions $E_n(z)$ defined by

$$\Gamma\left(\frac{n+1}{n}\right)E_n(z) = \frac{1}{n}\gamma\left(\frac{1}{n},\ z^n\right) = \frac{1}{n}\int_0^{z^n} e^{-t}\,t^{\frac{1}{n}-1}\,dt = \int_0^z e^{-t^n}\,dt$$

erklärt sind. Es ist $\Phi(z) = E_2(z)$. Auch für die Funktionen $E_n(z)$ lassen sich Potenzreihen und asymptotisches Verhalten den Darstellungen von $\gamma(a, z)$ entnehmen.

We have $\Phi(z) = E_2(z)$. Also for the functions $E_n(z)$ we can get power series and asymptotic behaviour from the representations of $\gamma(a, z)$.

*) Figuren 13 bis 16; Tafeln 7 bis 11

*) Figures 13 to 16; tables 7 to 11

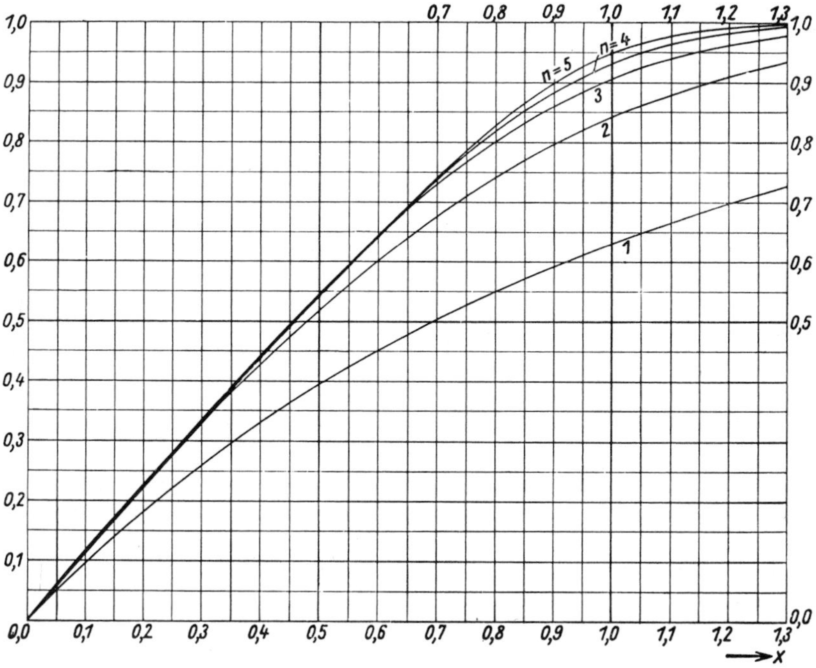

Fig. 13 Die Funktionen $E_n(x)$. $[E_2(x) = \Phi(x)]$
Fig. 13 The functions $E_n(x)$. $[E_2(x) = \Phi(x)]$

1.2 In der *Statistik* ist eine etwas *andere Normierung* der Fehlerfunktion üblich geworden. Man setzt dort (wobei im folgenden zur Unterscheidung von der in 1.1 erklärten Funktion Φ das Funktionssymbol steil gedruckt ist):

1.2 In *statistics* a somewhat *other normalization* of the error function is customary. There one puts (where in the following to distinguish it from the function Φ defined in 1.1 the function symbol is printed in steep type):

$$\mathrm{\Phi}(x) = \frac{1}{\sqrt{2\pi}} \int_{-\infty}^{x} e^{-\frac{1}{2}t^2} dt = \frac{1}{2}\left[1 + \Phi\left(\frac{x}{\sqrt{2}}\right)\right].$$

Die *Ableitung* dieser Funktion ist

The *derivative* of this function is

$$\varphi(x) = \mathrm{\Phi}'(x) = \frac{1}{\sqrt{2\pi}} e^{-\frac{1}{2}x^2}.$$

Ferner gilt
Further

$$\mathrm{\Phi}(0) = \frac{1}{2}, \quad \lim_{x \to +\infty} \mathrm{\Phi}(x) = 1.$$

Als weitere Bezeichnungen werden

Besides these the notations

$$\Theta(x) = H(x) = \Phi(x), \ \mathrm{Erf}\, x = \frac{\sqrt{\pi}}{2} \Phi(x), \ \mathrm{Erfc}\, x = \frac{\sqrt{\pi}}{2}(1 - \Phi(x)), \ \alpha(x) = 2\mathrm{\Phi}(x) - 1$$

verwendet.

are used.

2. Die Fresnelschen Integrale $C(z)$, $S(z)$

Als *Fresnelsche Integrale* bezeichnet man die Funktionen

2. The Fresnel Integrals $C(z)$, $S(z)$

By *Fresnel integrals* one means the functions

$$C(z) = \frac{1}{\sqrt{2\pi}} \int_0^z \frac{\cos t}{\sqrt{t}}\, dt = \sqrt{\frac{2}{\pi}} \int_0^{\sqrt{z}} \cos t^2\, dt,$$

$$S(z) = \frac{1}{\sqrt{2\pi}} \int_0^z \frac{\sin t}{\sqrt{t}}\, dt = \sqrt{\frac{2}{\pi}} \int_0^{\sqrt{z}} \sin t^2\, dt.$$

Sie hängen mit der Fehlerfunktion zusammen durch

They are related to the error function through

$$C(z) + i\,S(z) = \frac{1}{\sqrt{2}}\, e^{i\frac{\pi}{4}}\, \Phi\left(e^{-i\frac{\pi}{4}} \sqrt{z}\right). \quad C(z) - i\,S(z) = \frac{1}{\sqrt{2}}\, e^{-i\frac{\pi}{4}}\, \Phi\left(e^{i\frac{\pi}{4}} \sqrt{z}\right).$$

Ferner ist
Further

$$C\left(\frac{\pi}{2} z^2\right) = \int_0^z \cos \frac{\pi}{2} t^2\, dt, \qquad S\left(\frac{\pi}{2} z^2\right) = \int_0^z \sin \frac{\pi}{2} t^2\, dt.$$

(Vielfach werden in der Literatur diese Funktionen als Fresnelsche Integrale eingeführt und mit $C(z)$, $S(z)$ bezeichnet.)

Beide Funktionen sind analytische Funktionen von z mit $z=0$ als zweiblättrigem *Windungspunkt*. Längs der positiven reellen Achse lassen sie eine *reelle Bestimmung* zu, für die gilt

(Often in the literature these functions are called Fresnel integrals and denoted by $C(z)$, $S(z)$.)

Both functions are analytic functions of z with $z=0$ as a two-sheeted *branch point*. Along the positive real axis they admit to a *real definition*, for which

$$C(0) = S(0) = 0, \qquad \lim_{x\to+\infty} C(x) = \lim_{x\to+\infty} S(x) = \frac{1}{2}.$$

Ihre *Potenzreihenentwicklungen* im Nullpunkt lauten

Their *power series* at the zero point are

$$C(z) = \sqrt{\frac{2}{\pi}}\, z \sum_{k=0}^{\infty} \frac{(-1)^k z^{2k}}{(4k+1)\cdot(2k)!}, \qquad S(z) = \sqrt{\frac{2}{\pi}}\, z \sum_{k=0}^{\infty} \frac{(-1)^k z^{2k+1}}{(4k+3)\cdot(2k+1)!}.$$

Das *asymptotische Verhalten* der Funktionen im Winkelraum $|\arc z| \leqq \pi - \varepsilon$, $(\varepsilon > 0)$, für $|z| \gg 1$ wird gegeben durch

The *asymptotic behaviour* of the functions in the corner $|\arc z| \leqq \pi - \varepsilon$, $(\varepsilon > 0)$, for $|z| \gg 1$ is given by

$$C(z) \approx \frac{1}{2} + \frac{\sin z}{\sqrt{2\pi z}}\left(1 - \frac{1\cdot 3}{(2z)^2} + \frac{1\cdot3\cdot5\cdot7}{(2z)^4} - \cdots\right) - \frac{\cos z}{\sqrt{2\pi z}}\left(\frac{1}{(2z)} - \frac{1\cdot3\cdot5}{(2z)^3} + \cdots\right),$$

$$S(z) \approx \frac{1}{2} - \frac{\cos z}{\sqrt{2\pi z}}\left(1 - \frac{1\cdot 3}{(2z)^2} + \frac{1\cdot3\cdot5\cdot7}{(2z)^4} - \cdots\right) - \frac{\sin z}{\sqrt{2\pi z}}\left(\frac{1}{(2z)} - \frac{1\cdot3\cdot5}{(2z)^3} + \cdots\right),$$

in erster Näherung also durch

and consequently as a first approximation by

$$C(z) \approx \frac{1}{2} + \frac{\sin z}{\sqrt{2\pi z}}, \qquad S(z) \approx \frac{1}{2} - \frac{\cos z}{\sqrt{2\pi z}}.$$

In einem rechtwinkligen C, S-Koordinatensystem stellt die Kurve

In a rectangular coordinate system C, S the curve

$$C = C\left(\frac{\pi}{2} u^2\right), \quad S = S\left(\frac{\pi}{2} u^2\right)$$

(u reeller Parameter) die „*Cornusche Spirale*" dar (Fig. 15), wobei u die von 0 an gemessene Bogenlänge bedeutet. Die Krümmung $\varkappa$ in dem zum Parameterwert u gehörigen Punkt ist $\varkappa = \pi u$, sie ist also zu der Bogenlänge u proportional. –

(u a real parameter) represents the "*Cornu spiral*" (fig. 15), where u denotes the length of the arc from 0 to u. The curvature $\varkappa$ at the point belonging to the value u of the parameter is $\varkappa = \pi u$, hence it is proportional to the length of the arc u.

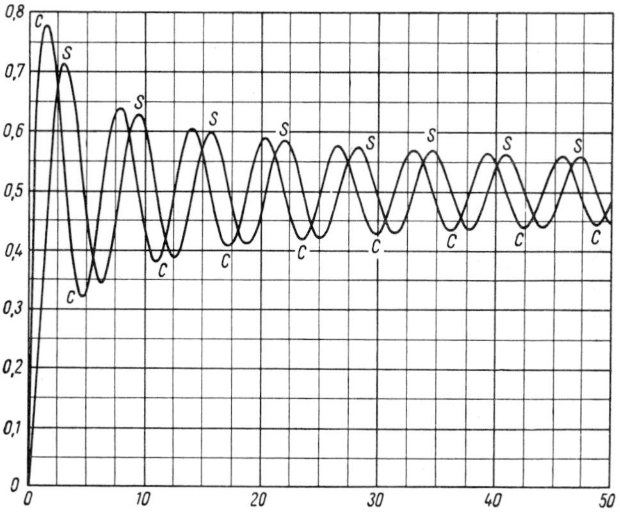

Fig. 14 Die Fresnelschen Integrale $C(x)$, $S(x)$
Fig. 14 The Fresnel integrals $C(x)$, $S(x)$

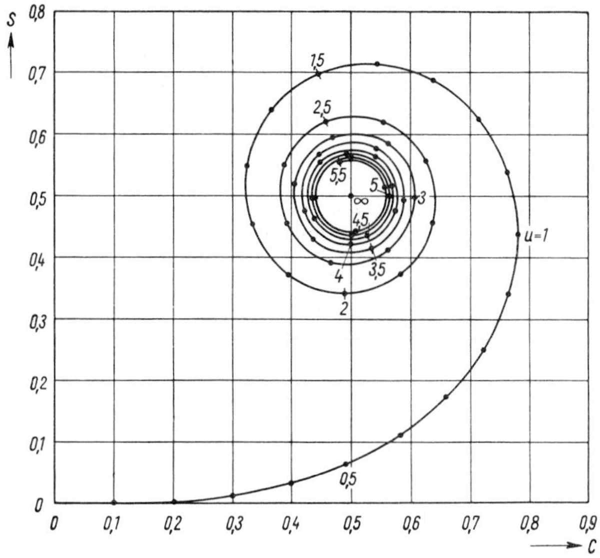

Fig. 15 Die Cornusche Spirale
Fig. 15 The Cornu spiral $C = C\left(\frac{\pi}{2} u^2\right)$, $S = S\left(\frac{\pi}{2} u^2\right)$

Stellt man u, $C\left[\frac{\pi}{2}u^2\right]$, $S\left[\frac{\pi}{2}u^2\right]$ in einem räumlichen rechtwinkligen u, C, S-Koordinatensystem dar, so erhält man eine räumliche Spirale (Fig. 16), deren Projektionen auf die Koordinatenebenen die Cornusche Spirale und die Kurven $C = C\left[\frac{\pi}{2}u^2\right]$, $S = S\left[\frac{\pi}{2}u^2\right]$ sind.

If we represent u, $C\left[\frac{\pi}{2}u^2\right]$, $S\left[\frac{\pi}{2}u^2\right]$ in a rectangular coordinate system u, C, S, we get a spiral in space (fig. 16) whose projections on the three coordinate planes are the Cornu spiral and the curves $C = C\left[\frac{\pi}{2}u^2\right]$, $S = S\left[\frac{\pi}{2}u^2\right]$.

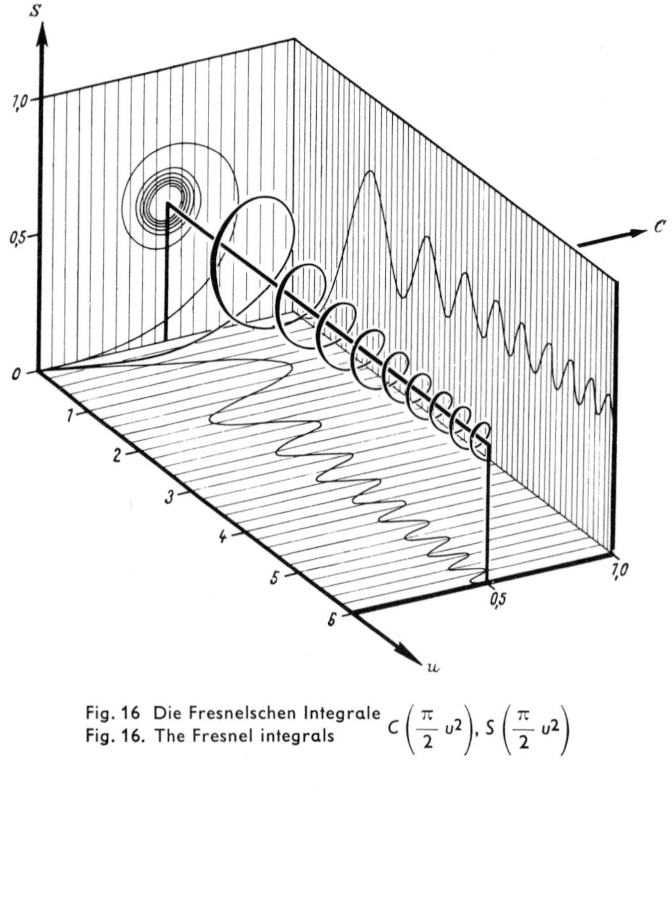

Fig. 16 Die Fresnelschen Integrale $C\left(\frac{\pi}{2}u^2\right)$, $S\left(\frac{\pi}{2}u^2\right)$
Fig. 16. The Fresnel integrals $C\left(\frac{\pi}{2}u^2\right)$, $S\left(\frac{\pi}{2}u^2\right)$

Tafel 7. Die Fehlerfunktion
Table 7. The Error Function

$$\Phi(x) = \frac{2}{\sqrt{\pi}} \int_0^x e^{-t^2}\,dt$$

x	Φ (x)		x	Φ (x)		x	Φ (x)		x	Φ (x)		x	Φ (x)		x	Φ (x)	
	0,			**0,**			**0,**			**0,9**			**0,99**			**0,99**	
0,00	00000	+1128	0,50	52050	+874	1,00	84270	+411	1,50	6611	+117	2,00	5322	+203	2,50	9593	+21
01	01128	1128	51	52924	866	01	84681	403	51	6728	113	01	5525	194	51	9614	21
02	02256	1128	52	53790	856	02	85084	394	52	6841	111	02	5719	187	52	9635	19
03	03384	1127	53	54646	848	03	85478	387	53	6952	107	03	5906	180	53	9654	18
04	04511	1126	54	55494	838	04	85865	379	54	7059	103	04	6086	172	54	9672	17
0,05	05637	+1125	0,55	56332	+830	1,05	86244	+370	1,55	7162	+101	2,05	6258	+165	2,55	9689	+17
06	06762	1124	56	57162	820	06	86614	363	56	7263	97	06	6423	159	56	9706	16
07	07886	1122	57	57982	810	07	86977	356	57	7360	95	07	6582	152	57	9722	14
08	09008	1120	58	58792	802	08	87333	347	58	7455	91	08	6734	146	58	9736	15
09	10128	1118	59	59594	792	09	87680	341	59	7546	89	09	6880	141	59	9751	13
0,10	11246	+1116	0,60	60386	+782	1,10	88021	+332	1,60	7635	+86	2,10	7021	+134	2,60	97640	+127
11	12362	1114	61	61168	773	11	88353	326	61	7721	83	11	7155	129	61	97767	121
12	13476	1111	62	61941	764	12	88679	318	62	7804	80	12	7284	123	62	97888	115
13	14587	1108	63	62705	754	13	88997	311	63	7884	78	13	7407	118	63	98003	109
14	15695	1105	64	63459	744	14	89308	304	64	7962	76	14	7525	114	64	98112	103
0,15	16800	+1101	0,65	64203	+735	1,15	89612	+298	1,65	8038	+72	2,15	7639	+108	2,65	98215	+98
16	17901	1098	66	64938	725	16	89910	290	66	8110	71	16	7747	104	66	98313	93
17	18999	1095	67	65663	715	17	90200	284	67	8181	68	17	7851	100	67	98406	88
18	20094	1090	68	66378	706	18	90484	277	68	8249	66	18	7951	95	68	98494	84
19	21184	1086	69	67084	696	19	90761	270	69	8315	64	19	8046	91	69	98578	79
0,20	22270	+1082	0,70	67780	+687	1,20	91031	+265	1,70	8379	+62	2,20	8137	+87	2,70	98657	+75
21	23352	1078	71	68467	676	21	91296	257	71	8441	59	21	8224	84	71	98732	71
22	24430	1072	72	69143	667	22	91553	252	72	8500	58	22	8308	80	72	98803	67
23	25502	1068	73	69810	658	23	91805	246	73	8558	55	23	8388	76	73	98870	64
24	26570	1063	74	70468	648	24	92051	239	74	8613	54	24	8464	73	74	98934	60
0,25	27633	+1057	0,75	71116	+638	1,25	92290	+234	1,75	8667	+52	2,25	8537	+70	2,75	98994	+57
26	28690	1052	76	71754	628	26	92524	227	76	8719	50	26	8607	67	76	99051	54
27	29742	1046	77	72382	619	27	92751	222	77	8769	48	27	8674	64	77	99105	51
28	30788	1040	78	73001	609	28	92973	217	78	8817	47	28	8738	61	78	99156	48
29	31828	1035	79	73610	600	29	93190	211	79	8864	45	29	8799	58	79	99204	46
0,30	32863	+1028	0,80	74210	+590	1,30	93401	+205	1,80	8909	+43	2,30	8857	+55	2,80	99250	+43
31	33891	1022	81	74800	581	31	93606	201	81	8952	42	31	8912	54	81	99293	41
32	34913	1015	82	75381	571	32	93807	195	82	8994	41	32	8966	50	82	99334	39
33	35928	1008	83	75952	562	33	94002	189	83	9035	39	33	9016	49	83	99373	36
34	36936	1002	84	76514	553	34	94191	185	84	9074	37	34	9065	46	84	99409	34
0,35	37938	+995	0,85	77067	+543	1,35	94376	+180	1,85	9111	+36	2,35	9111	+44	2,85	99443	+33
36	38933	988	86	77610	534	36	94556	175	86	9147	35	36	9155	42	86	99476	31
37	39921	980	87	78144	525	37	94731	171	87	9182	34	37	9197	40	87	99507	29
38	40901	973	88	78669	515	38	94902	165	88	9216	32	38	9237	38	88	99536	27
39	41874	965	89	79184	507	39	95067	162	89	9248	31	39	9275	36	89	99563	26
0,40	42839	+958	0,90	79691	+497	1,40	95229	+156	1,90	9279	+30	2,40	9311	+35	2,90	99589	+24
41	43797	950	91	80188	489	41	95385	153	91	9309	29	41	9346	33	91	99613	23
42	44747	942	92	80677	479	42	95538	148	92	9338	28	42	9379	32	92	99636	22
43	45689	934	93	81156	471	43	95686	144	93	9366	26	43	9411	30	93	99658	21
44	46623	925	94	81627	462	44	95830	140	94	9392	26	44	9441	28	94	99679	19
0,45	47548	+918	0,95	82089	+453	1,45	95970	+135	1,95	9418	+25	2,45	9469	+28	2,95	99698	+18
46	48466	909	96	82542	445	46	96105	132	96	9443	23	46	9497	26	96	99716	17
47	49375	900	97	82987	436	47	96237	128	97	9466	23	47	9523	24	97	99733	17
48	50275	892	98	83423	428	48	96365	125	98	9489	22	48	9547	24	98	99750	15
49	51167	883	99	83851	419	49	96490	121	99	9511	21	49	9571	22	99	99765	14
0,50	52050		1,00	84270		1,50	96611		2,00	9532		2,50	9593		3,00	99779	
	0,			**0,**			**0,**			**0,9**			**0,99**			**0,99**	

Tafel 7a. $e^{x^2}[1-\Phi(x)]$, $\Phi(x)=\frac{2}{\sqrt{\pi}}\int_0^x e^{-t^2}dt$
Table 7a.

x	$e^{x^2}[1-\Phi(x)]$		x	$e^{x^2}[1-\Phi(x)]$		x	$e^{x^2}[1-\Phi(x)]$		x	$e^{x^2}[1-\Phi(x)]$	
	0,1			0,1			0,13			0,12	
3,00	79001	−540,5	3,50	55294	−411,5	4,00	6999	−322	4,50	2485	−259
02	77920	534,5	52	54471	406,5	02	6355	319,5	52	1967	257
04	76851	528	54	53658	403	04	5716	316,5	54	1453	255
06	75795	522	56	52852	399	06	5083	313,5	56	0943	252,5
08	74751	516,5	58	52054	394,5	08	4456	311	58	0438	251
3,10	73718	−510	3,60	51265	−390,5	4,10	3834	−308	4,60	*9936	−248,5
12	72698	504,5	62	50484	387	12	3218	305	62	9439	246,5
14	71689	499	64	49710	383	14	2608	302,5	64	8946	245
16	70691	493,5	66	48944	379	16	2003	300	66	8456	242,5
18	69704	488	68	48186	375,5	18	1403	297,5	68	7971	240,5
3,20	68728	−482,5	3,70	47435	−372	4,20	0808	−294,5	4,70	7490	−239
22	67763	477	72	46691	368	22	0219	292	72	7012	237
24	66809	472	74	45955	364,5	24	*9635	289,5	74	6538	235
26	65865	467	76	45226	361	26	9056	286,5	76	6068	233
28	64931	462	78	44504	357,5	28	8483	284,5	78	5602	231,5
3,30	64007	−456,5	3,80	43789	−354	4,30	7914	−282	4,80	5139	−229
32	63094	452	82	43081	351	32	7350	279,5	82	4681	228,5
34	62190	447,5	84	42379	347,5	34	6791	277,5	84	4224	225,5
36	61295	442	86	41684	344	36	6236	274,5	86	3773	224,5
38	60411	438	88	40996	341	38	5687	272,5	88	3324	222,5
3,40	59535	−433	3,90	40314	−337,5	4,40	5142	−270,5	4,90	2879	−221
42	58669	428,5	92	39639	334,5	42	4601	268	92	2437	219
44	57812	424	94	38970	331,5	44	4065	265,5	94	1999	217,5
46	56964	420	96	38307	328,5	46	3534	263,5	96	1564	215,5
48	56124	415	98	37650	325,5	48	3007	261	98	1133	214
3,50	55294		4,00	36999		4,50	2485		5,00	0705	
	0,1			0,1			0,12			0,11	

Tafel 7b. e^{-x^2} *)
Table 7b.

x	e^{-x^2}
	0,
3,0	1234 098 (−3)
1	0670 548 (−3)
2	0357 128 (−3)
3	1864 374 (−4)
4	0954 016 (−4)
3,5	0478 512 (−4)
6	2352 575 (−5)
7	1133 727 (−5)
8	0535 535 (−5)
9	2479 596 (−6)
4,0	1125 352 (−6)
1	0500 622 (−6)
2	2182 958 (−7)
3	0933 029 (−7)
4	0390 894 (−7)
4,5	1605 228 (−8)
6	0646 143 (−8)
7	2549 382 (−9)
8	0985 951 (−9)
9	0373 757 (−9)
5,0	1388 794 (−10)
	0,

*) In Klammern beigefügte Zahlen $(-n)$ besagen, daß der Tafelwert mit dem Faktor 10^{-n} zu multiplizieren ist.
Numbers $(-n)$ added in parenthesis mean that the table value is to be multiplied by the factor 10^{-n}.

Tafel 8. Die Funktion $y=\int_0^x e^{t^2}dt=-i\frac{\sqrt{\pi}}{2}\Phi(ix)$ *)
Table 8. The Function

x	y		x	y		x	y		x	y		x	y	
	0,			0,			1,							
0,00	0000	+100	0,40	4224	+118,5	0,80	0091	+193	1,20	2,141	+43,5	1,60	5,17	+13,5
02	0200	100	42	4461	120	82	0477	199	22	2,228	45	62	5,44	14,5
04	0400	100,5	44	4701	122,5	84	0875	206	24	2,318	48	64	5,73	15
06	0601	100,5	46	4946	125	86	1287	213	26	2,414	50	66	6,03	16,5
08	0802	100,5	48	5196	127	88	1713	221	28	2,514	53	68	6,36	17
0,10	1003	+101,5	0,50	5450	+129,5	0,90	215	+23	1,30	2,620	+55,5	1,70	6,70	+19
12	1206	101,5	52	5709	132,5	92	261	24	32	2,731	58,5	72	7,08	19,5
14	1409	102,5	54	5974	135,5	94	309	24,5	34	2,848	62	74	7,47	21,5
16	1614	103	56	6245	138,5	96	358	25,5	36	2,972	65,5	76	7,90	23
18	1820	103,5	58	6522	141,5	98	409	27	38	3,103	69	78	8,36	24,5
0,20	2027	+104,5	0,60	6805	+145	1,00	463	+27,5	1,40	3,241	+73	1,80	8,85	+26,5
22	2236	105,5	62	7095	149	02	518	29	42	3,387	77,5	82	9,38	28,5
24	2447	106,5	64	7393	152,5	04	576	30	44	3,542	81,5	84	9,95	31
26	2660	107,5	66	7698	156,5	06	636	31,5	46	3,705	87	86	10,57	33
28	2875	108,5	68	8011	161	08	699	33	48	3,879	92	88	11,23	35,5
0,30	3092	+110,5	0,70	8333	+165,5	1,10	765	+34	1,50	4,063	+98	1,90	11,94	+38,5
32	3313	111,5	72	8664	170,5	12	833	36	52	4,259	104	92	12,71	41,5
34	3536	113	74	9005	175,5	14	905	37,5	54	4,467	110,5	94	13,54	44,5
36	3762	114,5	76	9356	181	16	980	39,5	56	4,688	117,5	96	14,43	48,5
38	3991	116,5	78	9718	186,5	18	*059	41	58	4,923	125,5	98	15,40	52,5
0,40	4224		0,80	*0091		1,20	141		1,60	5,174		2,00	16,45	
	0,			1,			2,							

*) Die Funktion wird auch mit Erfi x bezeichnet.

*) The function is denoted by Erfi x too.

Tafel 9. Die Fehlerfunktion $\Phi(x) = \frac{1}{\sqrt{2\pi}} \int_{-\infty}^{x} e^{-t^2/2} dt$ **und ihre Ableitung** $\varphi(x) = \frac{1}{\sqrt{2\pi}} e^{-x^2/2}$
Table 9. The Error Function **and its Derivative**

x	$\Phi(x)$		$\varphi(x)$		x	$\Phi(x)$		$\varphi(x)$		x	$\Phi(x)$		$\varphi(x)$	
	0,		**0,**			**0,**		**0,**			**0,9**		**0,0**	
0,00	50000	+ 399	39894	— 4	1,00	84134	+ 240	24197	— 242	2,00	7725	+ 53	5399	— 106,5
02	50798	398,5	39886	12	02	84614	234,5	23713	241,5	02	7831	50,5	5186	103
04	51595	398,5	39862	20	04	85083	230	23230	241,5	04	7932	49	4980	100
06	52392	398	39822	27,5	06	85543	225	22747	241	06	8030	47	4780	97
08	53188	397,5	39767	36	08	85993	220	22265	240	08	8124	45	4586	94
0,10	53983	+ 396,5	39695	— 43,5	1,10	86433	+ 215,5	21785	— 239	2,10	8214	+ 43	4398	— 90,5
12	54776	395,5	39608	51,5	12	86864	211	21307	238	12	8300	41	4217	88
14	55567	394,5	39505	59	14	87286	206	20831	237	14	8382	39,5	4041	85
16	56356	393	39387	67	16	87698	201	20357	235,5	16	8461	38	3871	82,5
18	57142	392	39253	74,5	18	88100	196,5	19886	233,5	18	8537	36,5	3706	79,5
0,20	57926	+ 390	39104	— 82	1,20	88493	+ 192	19419	— 232,5	2,20	8610	+ 34,5	3547	— 76,5
22	58706	388,5	38940	89	22	88877	187	18954	230	22	8679	33	3394	74
24	59483	387	38762	97	24	89251	183	18494	228,5	24	8745	32	3246	71,5
26	60257	384,5	38568	103,5	26	89617	178	18037	226	26	8809	30,5	3103	69
28	61026	382,5	38361	111	28	89973	173,5	17585	224	28	8870	29	2965	66
0,30	61791	+ 380,5	38139	— 118	1,30	90320	+ 169	17137	— 221,5	2,30	8928	+ 27,5	2833	— 64
32	62552	377,5	37903	124,5	32	90658	165	16694	219	32	8983	26,5	2705	61,5
34	63307	375,5	37654	131,5	34	90988	160,5	16256	217	34	9036	25	2582	59,5
36	64058	372,5	37391	138	36	91309	156	15822	213,5	36	9086	24	2463	57
38	64803	369,5	37115	144	38	91621	151,5	15395	211	38	9134	23	2349	55
0,40	65542	+ 367	36827	— 150,5	1,40	91924	+ 148	14973	— 208,5	2,40	9180	+ 22	2239	— 52,5
42	66276	363,5	36526	156,5	42	92220	143,5	14556	205	42	9224	21	2134	50,5
44	67003	360,5	36213	162	44	92507	139	14146	202	44	9266	19,5	2033	48,5
46	67724	357,5	35889	168	46	92785	135,5	13742	199	46	9305	19	1936	47
48	68439	353,5	35553	173	48	93056	131,5	13344	196	48	9343	18	1842	44,5
0,50	69146	+ 350,5	35207	— 179	1,50	93319	+ 127,5	12952	— 193	2,50	93790	+ 171 !	1753	— 43
52	69847	346,5	34849	183,5	52	93574	124	12566	189	52	94132	162,5 !	1667	41
54	70540	343	34482	188,5	54	93822	120	12188	186	54	94457	154,5	1585	39,5
56	71226	339	34105	193,5	56	94062	116,5	11816	183	56	94766	147	1506	37,5
58	71904	335,5	33718	198	58	94295	112,5	11450	179	58	95060	139,5	1431	36,5
0,60	72575	+ 331	33322	— 202	1,60	94520	+ 109	11092	— 175,5	2,60	95339	+ 132,5	1358	— 34,5
62	73237	327	32918	206	62	94738	106	10741	172,5	62	95604	125,5	1289	33
64	73891	323	32506	210	64	94950	102	10396	168,5	64	95855	119	1223	31,5
66	74537	319	32086	213,5	66	95154	99	10059	165,5	66	96093	113	1160	30
68	75175	314,5	31659	217	68	95352	95,5	09728	161,5	68	96319	107	1100	29
0,70	75804	+ 310	31225	— 220	1,70	95543	+ 92,5	09405	— 158	2,70	96533	+ 101,5	1042	— 27,5
72	76424	305,5	30785	223	72	95728	89,5	09089	154.5	72	96736	96	0987	26
74	77035	301	30339	226	74	95907	86,5	08780	151	74	96928	91	0935	25
76	77637	296,5	29887	228	76	96080	83	08478	147,5	76	97110	86	0885	24
78	78230	292	29431	231	78	96246	80,5	08183	144	78	97282	81,5	0837	22,5
0,80	78814	+ 287,5	28969	— 232,5	1,80	96407	+ 77,5	07895	— 140,5	2,80	97445	+ 77	0792	— 22
82	79389	283	28504	235	82	96562	75	07614	136,5	82	97599	72,5	0748	20,5
84	79955	278	28034	236	84	96712	72	07341	133,5	84	97744	69	0707	19,5
86	80511	273	27562	238	86	96856	69,5	07074	130	86	97882	65	0668	18,5
88	81057	268,5	27086	238,5	88	96995	66,5	06814	126	88	98012	61	0631	18
0,90	81594	+ 263,5	26609	— 240	1,90	97128	+ 64,5	06562	— 123	2,90	98134	+ 58	0595	— 16,5
92	82121	259	26129	241	92	97257	62	06316	119,5	92	98250	54,5	0562	16
94	82639	254	25647	241,5	94	97381	59,5	06077	116,5	94	98359	51,5	0530	15,5
96	83147	249,5	25164	241,5	96	97500	57,5	05844	113	96	98462	48,5	0499	14,5
98	83646	244	24681	242	98	97615	55	05618	109,5	98	98559	45,5	0470	13,5
1,00	84134		24197		2,00	97725		05399		3,00	98650		0443	
	0,		**0,**			**0,**		**0,**			**0,9**		**0,0**	

Tafel 10. Die Fresnelschen Integrale $C(x), S(x)$
Table 10. The Fresnel Integrals

x	$C(x)$		$S(x)$	
	0,		0,	
0,00	0000		0000	+ 4
02	1128		0008	6,5
04	1596		0021	9
06	1954		0039	10,5
08	2255		0060	12
0,10	2521	+ 119,5!	0084	+ 13
12	2760	110!	0110	14,5
14	2980	101,5!	0139	15,5
16	3183	95,5	0170	16,5
18	3374	90	0203	17
0,20	3554	+ 85	0237	+ 18
22	3724	81	0273	19
24	3886	77,5	0311	20
26	4041	74	0351	20,5
28	4189	71	0392	21
0,30	4331	+ 68,5	0434	+ 22
32	4468	65,5	0478	22,5
34	4599	63,5	0523	23
36	4726	61	0569	24
38	4848	59	0617	24
0,40	4966	+ 57	0665	+ 25
42	5080	55,5	0715	25,5
44	5191	53,5	0766	25,5
46	5298	52	0817	26,5
48	5402	50	0870	27
0,50	5502	+ 49	0924	+ 27
52	5600	47,5	0978	28
54	5695	45,5	1034	28
56	5786	44,5	1090	28,5
58	5875	43,5	1147	29
0,60	5962	+ 41,5	1205	+ 29
62	6045	41	1263	29,5
64	6127	39	1322	30
66	6205	38,5	1382	30,5
68	6282	37	1443	30,5
0,70	6356	+ 36	1504	+ 31
72	6428	34,5	1566	31
74	6497	34	1628	31,5
76	6565	32,5	1691	31,5
78	6630	31,5	1754	32
0,80	6693	+ 30,5	1818	+ 32
82	6754	29,5	1882	32,5
84	6813	28,5	1947	32,5
86	6870	28	2012	32,5
88	6926	26,5	2077	33
0,90	6979	+ 25,5	2143	+ 33
92	7030	25	2209	33
94	7080	23,5	2275	33,5
96	7127	23	2342	33,5
98	7173	22	2409	33,5
1,00	7217		2476	
	0,		0,	

x	$C(x)$		$S(x)$	
	0,		0,	
1,0	7217	− 176	2476	+ 19
2	7563	157	3153	− 4
4	7751	141	3826	25
6	7798	125	4475	43
8	7719	108	5081	59
2,0	7533	− 91	5628	− 73
2	7256	73	6103	83
4	6906	54	6495	91
6	6503	35	6797	95
8	6064	− 16	7005	96
3,0	5610	+ 2	7117	− 94
2	5158	19	7136	89
4	4725	35	7067	81
6	4326	48	6918	70
8	3975	59	6698	58
4,0	3682	+ 67	6421	− 45
2	3456	73	6099	30
4	3302	75	5747	− 15
6	3222	75	5380	0
8	3218	72	5013	+ 14
5,0	3285	+ 67	4659	+ 27
2	3418	59	4333	39
4	3610	49	4045	49
6	3850	38	3805	56
8	4129	26	3621	62
6,0	4433	+ 13	3499	+ 64
2	4750	0	3440	65
4	5067	− 12	3445	62
6	5372	24	3512	58
8	5654	34	3637	51
7,0	5901	− 43	3812	+ 43
2	6106	50	4030	33
4	6261	55	4281	22
6	6362	57	4553	+ 11
8	6406	57	4837	− 1
8,0	6393	− 56	5120	− 12
2	6325	51	5392	22
4	6206	46	5641	32
6	6041	38	5859	39
8	5839	29	6038	46
9,0	5608	− 19	6172	− 50
2	5358	− 9	6256	52
4	5099	+ 2	6289	52
6	4841	12	6270	50
8	4595	21	6200	47
10,0	4370	+ 30	6084	− 41
	0,		0,	

x	$C(x)$		$S(x)$	
	0,		0,	
10,0	4370	+ 30	6084	− 41
2	4174	37	5928	34
4	4015	42	5737	26
6	3898	46	5521	17
8	3827	48	5288	− 7
11,0	3804	+ 48	5048	+ 2
2	3829	46	4810	12
4	3900	43	4584	21
6	4013	38	4378	28
8	4164	31	4201	35
12,0	4346	+ 23	4058	+ 40
2	4550	15	3955	44
4	4769	+ 6	3895	45
6	4994	− 3	3880	45
8	5216	12	3910	43
13,0	5425	− 20	3983	+ 40
2	5615	27	4095	35
4	5777	34	4241	28
6	5906	38	4415	21
8	5997	41	4610	13
14,0	6047	− 43	4818	+ 4
2	6055	42	5030	− 4
4	6021	40	5238	12
6	5947	37	5433	20
8	5836	32	5609	27
15,0	5693	− 26	5758	− 32
2	5525	19	5875	37
4	5338	11	5956	39
6	5140	− 3	5998	40
8	4939	+ 5	5999	40
16,0	4743	+ 13	5961	− 38
2	4560	20	5885	34
4	4396	26	5775	30
6	4258	31	5636	24
8	4152	35	5473	17
17,0	4080	+ 38	5293	− 10
2	4046	39	5103	− 2
4	4050	38	4912	+ 6
6	4091	36	4726	13
8	4169	32	4553	20
18,0	4278	+ 28	4400	+ 26
2	4415	22	4272	31
4	4574	15	4175	34
6	4748	8	4112	36
8	4930	+ 1	4084	37
19,0	5113	− 6	4093	+ 36
2	5290	13	4139	34
4	5453	20	4217	31
6	5597	25	4327	26
8	5715	30	4462	20
20,0	5804	− 33	4616	+ 14
	0,		0,	

Tafel 10. Die Fresnelschen Integrale $C(x)$, $S(x)$ (Fortsetzung)
Table 10. The Fresnel Integrals $C(x)$, $S(x)$ (Continuation)

x	$C(x)$	$S(x)$	x	$C(x)$	$S(x)$	x	$C(x)$	$S(x)$
	0,	0,		0,	0,		0,	0,
20,0	5804	4616	30,0	4279	4900	40,0	5475	5415
20,5	5878	5049	30,5	4420	4570	40,5	5217	5588
21,0	5738	5459	31,0	4700	4350	41,0	4909	5616
21,5	5423	5748	31,5	5048	4291	41,5	4627	5494
22,0	5012	5849	32,0	5379	4406	42,0	4439	5253
22,5	4607	5742	32,5	5613	4663	42,5	4390	4953
23,0	4307	5458	33,0	5694	4999	43,0	4490	4668
23,5	4181	5068	33,5	5605	5329	43,5	4713	4468
24,0	4256	4670	34,0	5370	5575	44,0	5004	4399
24,5	4511	4361	34,5	5049	5677	44,5	5290	4477
25,0	4879	4212	35,0	4720	5613	45,0	5502	4682
25,5	5269	4258	35,5	4464	5401	45,5	5590	4962
26,0	5586	4483	36,0	4342	5094	46,0	5533	5248
26,5	5755	4829	36,5	4382	4769	46,5	5347	5471
27,0	5738	5211	37,0	4571	4504	47,0	5078	5577
27,5	5541	5534	37,5	4863	4363	47,5	4793	5540
28,0	5217	5721	38,0	5184	4380	48,0	4562	5373
28,5	4846	5731	38,5	5456	4547	48,5	4439	5117
29,0	4518	5562	39,0	5613	4822	49,0	4455	4834
29,5	4314	5260	39,5	5620	5137	49,5	4603	4595
30,0	4279	4900	40,0	5475	5415	50,0	4847	4457
	0,	0,		0,	0,		0,	0,

Tafel 11. Die Fresnelschen Integrale $C\left(\frac{\pi}{2}x^2\right), S\left(\frac{\pi}{2}x^2\right)$
Table 11. The Fresnel Integrals $C\left(\frac{\pi}{2}x^2\right), S\left(\frac{\pi}{2}x^2\right)$

x	$C\left(\frac{\pi}{2}x^2\right)$		$S\left(\frac{\pi}{2}x^2\right)$		x	$C\left(\frac{\pi}{2}x^2\right)$		$S\left(\frac{\pi}{2}x^2\right)$		x	$C\left(\frac{\pi}{2}x^2\right)$		$S\left(\frac{\pi}{2}x^2\right)$	
	0,		0,			0,		0,			0,		0,	
0,00	0000	+ 100	0000	0	1,25	6801	— 63	6587	— 76	2,50	4574	+ 12	6192	— 29
05	0500	100	0001	+ 4	30	6386	48	6863	91	52	4396	17	6101	27
10	1000	100	0005	8	35	5923	30	7050	102	54	4235	21	5983	24
15	1500	99,8	0018	12	40	5431	— 7	7135	110	56	4094	25	5842	21
20	1999	99,8	0042	16	45	4933	+ 18	7111	113	58	3978	28	5679	17
0,25	2498	+ 99,2	0082	+ 20	1,50	4453	+ 45	6975	— 110	2,60	3889	+ 30	5500	— 12
30	2994	98,6	0141	23	55	4018	72	6731	99	62	3831	32	5309	7
35	3487	97,6	0224	27	60	3655	97	6389	81	64	3805	33	5111	— 2
40	3975	96	0334	30	65	3388	118	5968	55	66	3812	33	4911	+ 4
45	4455	93,6	0474	34	70	3238	132	5492	— 23	68	3853	32	4715	10
0,50	4923	— 15	0647	+ 36	1,75	3219	+ 138	4994	+ 13	2,70	3925	+ 31	4529	+ 15
55	5377	20	0857	38	80	3336	133	4509	52	72	4028	28	4358	20
60	5811	25	1105	40	85	3584	116	4077	90	74	4158	24	4207	25
65	6219	31	1393	40	90	3945	87	3733	123	76	4313	20	4080	29
70	6597	38	1721	40	95	4391	+ 48	3511	147	78	4487	15	3982	32
0,75	6935	— 46	2089	+ 38	2,00	4883	0	3434	+ 159	2,80	4675	+ 9	3915	+ 34
80	7228	53	2493	34	05	5374	— 51	3513	155	82	4872	+ 3	3883	35
85	7469	61	2932	28	10	5816	100	3743	134	84	5072	— 4	3886	36
90	7648	68	3398	21	15	6159	141	4103	96	86	5268	10	3924	35
95	7760	74	3885	+ 12	20	6363	169	4557	+ 44	88	5454	16	3996	33
1,00	7799	— 79	4383	0	2,25	6401	— 178	5053	— 17	2,90	5624	— 22	4101	+ 29
05	7759	82	4880	— 13	30	6266	164	5532	80	92	5772	27	4235	25
10	7638	82	5365	28	35	5970	128	5931	137	94	5893	31	4394	20
15	7436	79	5821	44	40	5550	— 71	6197	178	96	5983	35	4572	14
20	7154	73	6234	60	45	5061	0	6289	195	98	6038	37	4764	+ 7
1,25	6801	— 63	6587	— 76	2,50	4574	+ 76	6192	— 184	3,00	6057	— 38	4963	0
	0,		0,			0,		0,			0,		0,	

Tafel 11. Die Fresnelschen Integrale $C\left(\frac{\pi}{2}x^2\right), S\left(\frac{\pi}{2}x^2\right)$ (Fortsetzung)
Table 11. The Fresnel Integrals (Continuation)

x	$C\left(\frac{\pi}{2}x^2\right)$		$S\left(\frac{\pi}{2}x^2\right)$		x	$C\left(\frac{\pi}{2}x^2\right)$		$S\left(\frac{\pi}{2}x^2\right)$		x	$C\left(\frac{\pi}{2}x^2\right)$	$S\left(\frac{\pi}{2}x^2\right)$
	0,		0,			0,		0,			0,	0,
3,00	6057	−38	4963	0	4,00	4984	0	4205	+51	5,0	5636	4992
02	6038	37	5162	−7	02	5182	−13	4230	49	1	4998	5624
04	5982	36	5354	14	04	5368	25	4304	45	2	4389	4969
06	5891	32	5531	21	06	5528	35	4422	37	3	5078	4405
08	5767	28	5688	27	08	5654	44	4576	27	4	5572	5140
3,10	5616	−22	5818	−32	4,10	5737	−50	4758	+15	5,5	4784	5537
12	5442	16	5917	36	12	5771	52	4955	+2	6	4517	4700
14	5253	9	5979	39	14	5753	51	5153	−11	7	5385	4595
16	5054	−1	6003	40	16	5684	47	5341	24	8	5298	5460
18	4855	+7	5988	39	18	5570	39	5504	36	9	4486	5163
3,20	4663	+15	5933	−38	4,20	5417	−28	5632	−45	6,0	4995	4470
22	4486	22	5842	34	22	5236	16	5716	51	1	5495	5165
24	4331	29	5716	29	24	5040	−2	5749	54	2	4676	5398
26	4204	34	5562	23	26	4841	+12	5730	52	3	4760	4555
28	4111	38	5385	15	28	4655	26	5658	48	4	5496	4965
3,30	4057	+41	5193	−7	4,30	4494	+38	5540	−39	6,5	4816	5454
32	4043	42	4994	+1	32	4371	47	5383	28	6	4690	4631
34	4071	41	4796	10	34	4295	53	5199	−14	7	5467	4915
36	4139	38	4608	19	36	4270	55	5001	+1	8	4831	5436
38	4246	34	4439	26	38	4301	53	4804	16	9	4732	4624
3,40	4385	+27	4296	+33	4,40	4383	+47	4623	+30	7,0	5455	4997
42	4551	20	4186	38	42	4512	37	4471	42	1	4733	5360
44	4738	11	4114	42	44	4678	24	4360	51	2	4887	4573
46	4935	+2	4084	44	46	4868	+10	4299	56	3	5393	5189
48	5134	−8	4097	43	48	5067	−6	4293	56	4	4601	5161
3,50	5326	−17	4152	+41	4,50	5260	−22	4343	+53	7,5	5160	4607
52	5501	26	4249	36	52	5432	36	4444	45	6	5156	5389
54	5650	33	4381	30	54	5568	47	4590	33	7	4628	4820
56	5767	39	4543	22	56	5658	55	4768	18	8	5395	4896
58	5845	43	4727	13	58	5694	58	4964	+2	9	4760	5323
3,60	5880	−45	4923	+3	4,60	5672	−56	5162	−14	8,0	4998	4602
62	5869	45	5122	−7	62	5595	50	5346	30	1	5228	5320
64	5815	42	5314	18	64	5469	40	5500	43	2	4638	4859
66	5718	38	5489	27	66	5304	26	5611	53	3	5377	4932
68	5584	31	5637	35	68	5114	−9	5670	59	4	4709	5243
3,70	5419	−22	5750	−41	4,70	4914	+8	5671	−59	8,5	5142	4653
72	5233	12	5822	45	72	4723	25	5615	54	6	5025	5369
74	5036	−1	5849	47	74	4557	40	5504	45	7	4827	4677
76	4837	+10	5830	46	76	4431	52	5350	31	8	5280	5229
78	4649	21	5764	43	78	4355	59	5166	−14	9	4661	4886
3,80	4481	+31	5656	−37	4,80	4338	+61	4968	+4	9,0	5354	4999
82	4343	39	5512	29	82	4380	57	4773	22	1	4666	5104
84	4244	45	5338	19	84	4479	48	4600	38	2	5291	4814
86	4189	48	5147	−8	86	4624	35	4464	51	3	4763	5247
88	4182	49	4947	+4	88	4804	+18	4378	59	4	5180	4713
3,90	4223	+47	4752	+16	4,90	5002	−1	4351	+62	9,5	4873	5310
92	4311	42	4573	27	92	5198	20	4384	59	6	5081	4679
94	4439	34	4420	36	94	5375	37	4476	50	7	4955	5325
96	4601	24	4303	44	96	5515	51	4618	37	8	5019	4676
98	4786	13	4230	49	98	5605	60	4795	20	9	4996	5321
4,00	4984	0	4205	+51	5,00	5636	−63	4992	0	10,0	4999	4682
	0,		0,			0,		0,			0,	0,

IV. Die Riemannsche Zetafunktion *)

IV. The Riemann Zeta Function *)

1. Definition und Darstellung

1. Definition and Representation

Im folgenden bedeute n eine ganze Zahl, p eine Primzahl.

In the following let n denote an integer, p a prime number.

Setzt man $z = x + iy$, so kann $\zeta(z)$ für $x > 1$ definiert werden durch

Putting $z = x + iy$ we can define $\zeta(z)$ for $x > 1$ by

$$\zeta(z) = \sum_{n=1}^{\infty} \frac{1}{n^z} = \prod_p (1 - p^{-z})^{-1},$$

wobei das Produkt über sämtliche Primzahlen zu erstrecken ist. Es ist

where the product is to extend over all prime numbers. We have

$$\zeta(z)\,(1 - 2^{-z}) = \frac{1}{1^z} + \frac{1}{3^z} + \frac{1}{5^z} + \frac{1}{7^z} + \cdots \qquad (x > 1),$$

und allgemeiner

and generally

$$\zeta(z)\,(1 - 2^{-z})\,(1 - 3^{-z}) \cdots (1 - p^{-z}) = 1 + {\sum_n}' \frac{1}{n^z} \qquad (x > 1).$$

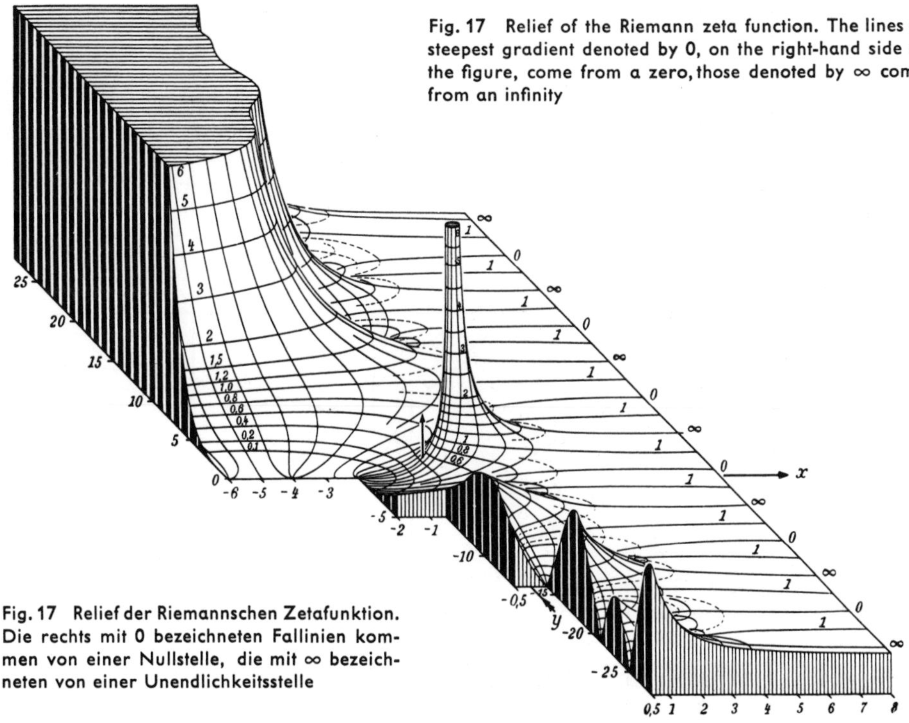

Fig. 17 Relief of the Riemann zeta function. The lines of steepest gradient denoted by 0, on the right-hand side of the figure, come from a zero, those denoted by ∞ come from an infinity

Fig. 17 Relief der Riemannschen Zetafunktion. Die rechts mit 0 bezeichneten Fallinien kommen von einer Nullstelle, die mit ∞ bezeichneten von einer Unendlichkeitsstelle

*) Figuren 17 bis 19; Tafeln 12 und 13

*) Figures 17 to 19; tables 12 and 13

Das Produkt links ist über alle Primzahlen $\leqq p$ zu erstrecken. $\sum'$ bedeutet, daß in der Summe nur die ganzen Zahlen $n\,(> p)$ auftreten, deren sämtliche Primfaktoren $> p$ sind.

Für $x > 0$ gilt die folgende Darstellung:

The product on the left is to extend over all prime numbers $\leqq p$. $\sum'$ denotes that in the summation only those values of $n\,(> p)$ occur whose prime factors are all $> p$.

For $x > 0$ the following representation holds:

$$(1 - 2^{1-z})\,\zeta(z) = 1 - \frac{1}{2^z} + \frac{1}{3^z} - \frac{1}{4^z} + - \cdots = \frac{1}{\Gamma(z)} \int_0^\infty \frac{t^{z-1}}{e^t + 1}\,dt.$$

Für $|z| \ll 1$ eignet sich zur Berechnung besonders gut die Reihe

For $|z| \ll 1$ the following series is very well suited for numerical computation

$$\zeta(z) = \sum_{r=1}^{n} \frac{1}{r^z} + \frac{1}{z-1}\,\frac{1}{n^{z-1}} - \frac{1}{2}\,\frac{1}{n^z} + \frac{1}{12}\,\frac{z}{n^{z+1}} - \frac{1}{720}\,\frac{z(z+1)(z+2)}{n^{z+3}}$$

$$+ \frac{1}{30\,240}\,\frac{z(z+1)\cdots(z+4)}{n^{z+5}} - \frac{1}{1\,209\,600}\,\frac{z(z+1)\cdots(z+6)}{n^{z+7}}$$

$$+ \frac{1}{47\,900\,160}\,\frac{z(z+1)\cdots(z+8)}{n^{z+9}} - \cdots.$$

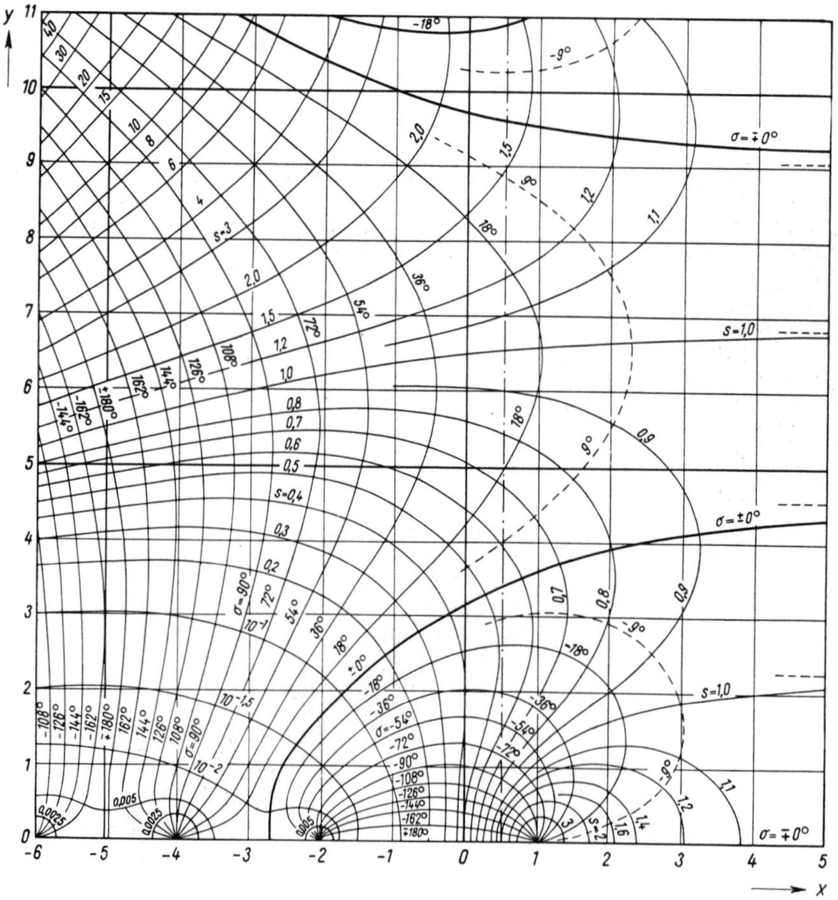

Fig. 18 Höhenkarte der Riemannschen Zetafunktion

Fig. 18 Altitude chart of the Riemann zeta function

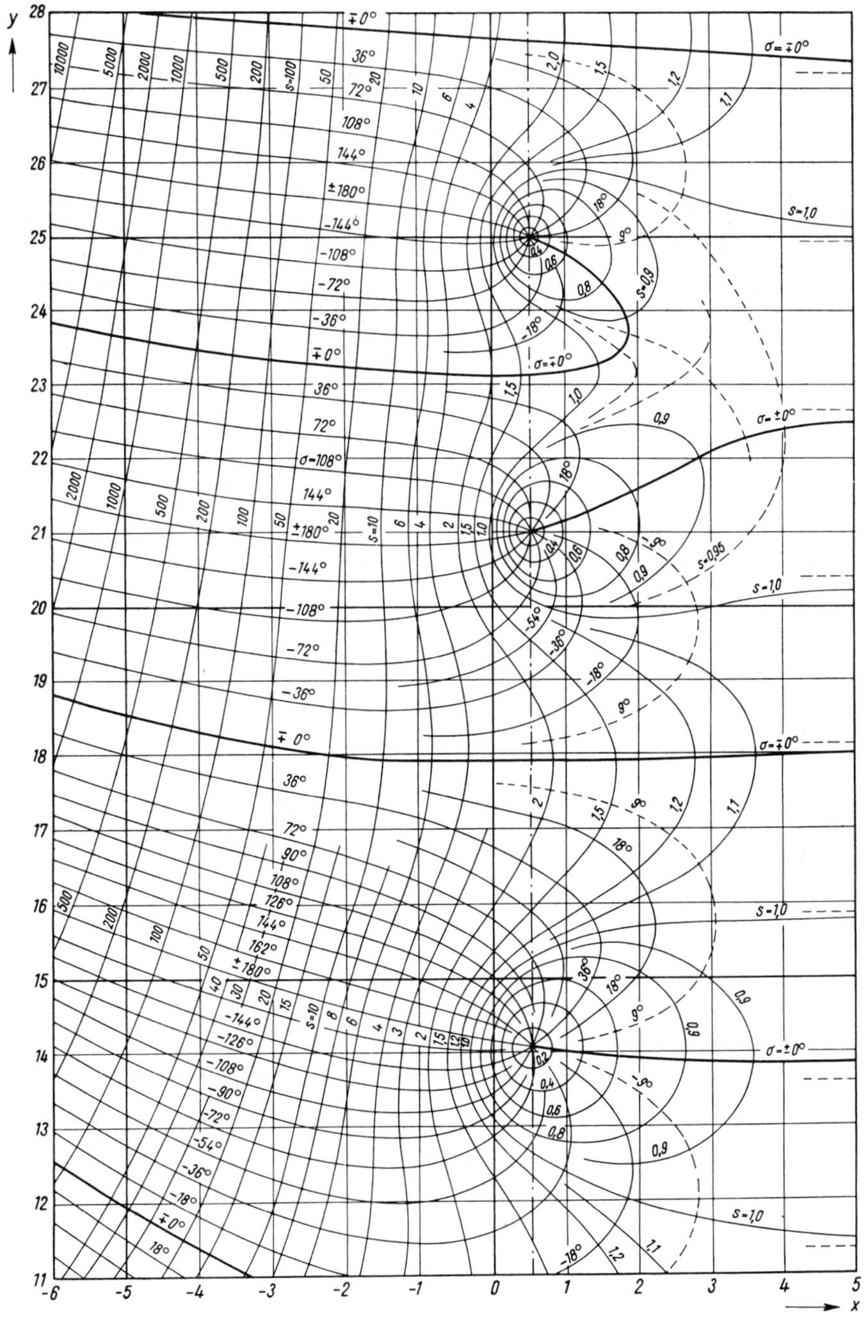

Fig. 19 Fortsetzung von Fig. 18 nach oben

Fig. 19 Continuation of fig. 18 upwards

Setzt man zur Abkürzung

If one puts for brevity

$$z = \frac{1}{2} + i\,t = 2u\,,$$

so wird

the function

$$\Xi(t) = \frac{\Gamma(u+1)\cdot(2u-1)}{\pi^u}\,\zeta(2u) = \Xi(-t)$$

eine gerade Funktion in t, die bei Entwicklung nach steigenden Potenzen von t^2 reelle Koeffizienten hat. (Die nichttrivialen Nullstellen der ζ-Funktion auf der Geraden $x = \frac{1}{2}$ liegen bei der Ξ-Funktion auf der reellen Achse.)

is even with respect to t and has real coefficients if it is expanded in ascending powers of t^2. (The non-trivial zeros of the ζ-function on the straight line $x = \frac{1}{2}$ lie on the real axis for the Ξ-function.)

2. Besondere Werte

2. Special Values

$$\zeta(0) = -\frac{1}{2}, \quad \zeta(1) = \infty, \quad \zeta(-2n) = 0\,,$$

$$\zeta(1-2n) = -\frac{B_{2n}}{2n}, \quad \zeta(2n) = (-1)^{n-1}\,2^{2n-1}\,\frac{\pi^{2n}}{(2n)!}\,B_{2n} \qquad (n = 1, 2, 3, \ldots).$$

Dabei bedeuten B_n die Bernoullischen Zahlen (vgl. S. 298). Speziell ist

Here B_n denotes Bernoulli's numbers (cf. p. 298). Especially we have

$$\zeta(2) = \frac{\pi^2}{6}, \quad \zeta(4) = \frac{\pi^4}{90}, \quad \zeta(6) = \frac{\pi^6}{945}, \quad \zeta(8) = \frac{\pi^8}{9450}.$$

3. Funktionalgleichungen

3. Functional Equations

$$\zeta(1-z) = \frac{2}{(2\pi)^z}\cos\frac{\pi z}{2}\,\Gamma(z)\,\zeta(z)\,,$$

$$z(z+1)\,\frac{\zeta(z+2)\,\zeta(1-z)}{\zeta(z)\,\zeta(-1-z)} = -4\pi^2\,.$$

Tafel 12. Die Riemannsche Zetafunktion $\zeta(x)$
Table 12. The Riemann Zeta Function $\zeta(x)$

x	ζ(x)	Δ	ζ(−x)	x	ζ(x)	Δ	ζ(−x)	x	ζ(x)	Δ	ζ(−x)
					+ 1,0				+1,000		
0,0	− 0,5000		− 0,5000	5,0	369	− 27	− 0,003968	10,0	995	− 68	0,00000
1	0,6030		0,4172	1	342	25	0,003867	1	927	62	+ 0,00199
2	0,7339		0,3497	2	317	24	0,003680	2	865	59	0,00413
3	0,9046		0,2938	3	293	21	0,003414	3	806	54	0,00641
4	1,135		0,2472	4	272	20	0,003076	4	752	51	0,00876
0,5	− 1,460		− 0,2079	5,5	252	− 18	− 0,002671	10,5	701	− 47	+ 0,01115
6	1,953		0,1746	6	234	17	0,002211	6	654	45	0,01349
7	2,778		0,1462	7	217	16	0,001703	7	609	41	0,01574
8	4,438		0,1220	8	201	14	0,001158	8	568	38	0,01781
9	− 9,430		0,1012	9	187	14	− 0,000586	9	530	36	0,01962
1,0	∞		− 0,08333	6,0	1734	− 123	0,000000	11,0	494	− 33	+ 0,02109
1	+ 10,584		0,06798	1	1611	115	+ 0,000590	1	461	31	0,02214
2	5,592		0,05479	2	1496	106	0,001171	2	430	29	0,02268
3	3,932		0,04346	3	1390	98	0,001732	3	401	27	0,02262
4	3,106		0,03376	4	1292	91	0,002261	4	374	25	0,02188
1,5	+ 2,612		− 0,02549	6,5	1201	− 85	+ 0,002747	11,5	349	− 24	+ 0,02040
6	2,286		0,01845	6	1116	78	0,003178	6	325	22	0,01810
7	2,054		0,01251	7	1038	73	0,003545	7	303	20	0,01493
8	1,882		0,00752	8	0965	67	0,003837	8	283	19	0,01086
9	1,750		− 0,00339	9	0898	63	0,004047	9	264	18	+ 0,00588
2,0	+ 1,645	− 85	0,000000	7,0	0835	− 58	+ 0,004167	12,0	2461	− 166	0,00000
1	1,560	69	+ 0,002729	1	0777	54	0,004191	1	2295	154	− 0,00675
2	1,491	59	0,004879	2	0723	50	0,004115	2	2141	144	0,01431
3	1,432	49	0,006519	3	0673	47	0,003936	3	1997	134	0,02256
4	1,383	42	0,007713	4	0626	43	0,003654	4	1863	125	0,03137
2,5	+ 1,341	− 36	+ 0,008517	7,5	0583	− 41	+ 0,003269	12,5	1738	− 117	− 0,04057
6	1,305	31	0,008982	6	0542	37	0,002785	6	1621	109	0,04994
7	1,274	27	0,009156	7	0505	35	0,002208	7	1512	102	0,05922
8	1,247	24	0,009081	8	0470	32	0,001544	8	1410	95	0,06811
9	1,223	21	0,008795	9	0438	30	+ 0,000804	9	1315	88	0,07627
3,0	+ 1,202	− 19	+ 0,008333	8,0	0408	− 28	0,000000	13,0	1227	− 82	− 0,08333
1	1,183	16	0,007729	1	0380	26	− 0,000854	1	1145	77	0,08888
2	1,167	15	0,007012	2	0354	25	0,001742	2	1068	72	0,09249
3	1,152	13	0,006209	3	0329	22	0,002645	3	0996	67	0,09371
4	1,139	12	0,005344	4	0307	21	0,003543	4	0929	62	0,09209
3,5	+ 1,127	− 11	+ 0,004441	8,5	0286	− 20	− 0,004416	13,5	0867	− 58	− 0,08718
6	1,116	10	0,003520	6	0266	18	0,005240	6	0809	55	0,07854
7	1,106	8	0,002599	7	0248	17	0,005992	7	0754	50	0,06579
8	1,098	8	0,001696	8	0231	15	0,006648	8	0704	47	0,04861
9	1,090	8	+ 0,000825	9	0216	15	0,007183	9	0657	45	− 0,02672
4,0	+ 1,0823	− 66	0,000000	9,0	02008	− 136	− 0,007576	14,0	0612	− 41	0,0000
1	1,0757	59	− 0,000768	1	01872	128	0,007802	1	0571	38	+ 0,0316
2	1,0698	55	0,001469	2	01744	118	0,007842	2	0533	36	0,0679
3	1,0643	50	0,002094	3	01626	111	0,007677	3	0497	33	0,1087
4	1,0593	46	0,002637	4	01515	102	0,007291	4	0464	31	0,1533
4,5	+ 1,0547	− 42	− 0,003092	9,5	01413	− 96	− 0,006672	14,5	0433	− 29	+ 0,2012
6	1,0505	38	0,003455	6	01317	90	0,005813	6	0404	27	0,2512
7	1,0467	36	0,003725	7	01227	83	0,004710	7	0377	26	0,3021
8	1,0431	32	0,003900	8	01144	77	0,003367	8	0351	23	0,3524
9	1,0399	30	0,003980	9	01067	72	− 0,001792	9	0328	22	0,4001
5,0	+ 1,0369		− 0,003968	10,0	00995		0,000000	15,0	0306		+ 0,4433
					+ 1,0				+1,000		

Tafel 12. Die Riemannsche Zetafunktion $\zeta(x)$ (Fortsetzung)
Table 12. The Riemann Zeta Function $\zeta(x)$ (Continuation)

x	$\zeta(x)$		$\zeta(-x)$	x	$\zeta(x)$		$\zeta(-x)$	x	$\zeta(x)$		$\zeta(-x)$
	1,0000				**1,00000**				**1,000000**		
15,0	306	— 21	+ 0,4433	18,0	382	— 26	0,000	21,0	477	— 32	— 281,5
1	285	19	0,4793	1	356	24	+ 1,525	1	445	30	314,5
2	266	18	0,5057	2	332	22	3,359	2	415	28	342,7
3	248	16	0,5193	3	310	21	5,505	3	387	26	363,5
4	232	16	0,5173	4	289	19	7,955	4	361	24	373,9
15,5	216	— 14	+ 0,4963	18,5	270	— 18	+ 10,69	21,5	337	— 22	— 370,3
6	202	14	0,4531	6	252	17	13,66	6	315	21	349,0
7	188	12	0,3846	7	235	16	16,82	7	294	20	305,8
8	176	12	0,2879	8	219	14	20,08	8	274	18	236,2
9	164	11	+ 0,1604	9	205	14	23,34	9	256	18	— 135,7
16,0	1528	— 102	0,0000	19,0	1908	— 128	+ 26,46	22,0	2385	— 160	0,0
1	1426	96	— 0,1945	1	1780	119	29,27	1	2225	149	+ 175,2
2	1330	89	0,4236	2	1661	111	31,59	2	2076	139	393,4
3	1241	83	0,6865	3	1550	104	33,19	3	1937	130	657,3
4	1158	78	0,9810	4	1446	97	33,81	4	1807	121	968,3
16,5	1080	— 72	— 1,303	19,5	1349	— 90	+ 33,17	22,5	1686	— 113	+ 1326
6	1008	68	1,648	6	1259	84	30,96	6	1573	105	1728
7	0940	63	2,006	7	1175	79	26,87	7	1468	99	2168
8	0877	58	2,369	8	1096	74	20,56	8	1369	91	2638
9	0819	55	2,723	9	1022	68	+ 11,71	9	1278	86	3123
17,0	0764	— 51	— 3,054	20,0	0954	— 64	0,00	23,0	1192	— 80	+ 3608
1	0713	48	3,343	1	0890	60	— 14,83	1	1112	74	4066
2	0665	45	3,569	2	0830	55	33,00	2	1038	70	4471
3	0620	41	3,710	3	0775	52	54,63	3	0968	65	4784
4	0579	39	3,739	4	0723	48	79,75	4	0903	60	4964
17,5	0540	— 36	— 3,630	20,5	0675	— 46	— 108,2	23,5	0843	— 56	+ 4960
6	0504	34	3,353	6	0629	42	139,7	6	0787	53	4715
7	0470	31	2,880	7	0587	39	173,7	7	0734	49	4167
8	0439	30	2,181	8	0548	37	209,5	8	0685	46	3246
9	0409	27	— 1,229	9	0511	34	245,9	9	0639	43	+ 1882
18,0	0382		0,000	21,0	0477		— 281,5	24,0	0596		0
	1,0000				**1,00000**				**1,000000**		

Tafel 13. Nullstellen $\frac{1}{2} + i\alpha_n$ von $\zeta(x)$
Table 13. Zeros $\frac{1}{2} + i\,\alpha_n$ of $\zeta(x)$

n	α_n	n	α_n	n	α_n
1	14,134725	11	52,970	21	79,337
2	21,022040	12	56,446	22	82,910
3	25,010856	13	59,347	23	84,734
4	30,424878	14	60,833	24	87,426
5	32,935057	15	65,113	25	88,809
6	37,586176	16	67,080	26	92,494
7	40,918720	17	69,546	27	94,651
8	43,327073	18	72,067	28	95,871
9	48,005150	19	75,705	29	98,831
10	49,773832	20	77,145		

V. Elliptische Integrale
V. Elliptic Integrals

Definitionen und Bezeichnungen

Definitions and Notations

Als *elliptische Integrale* bezeichnet man die Integrale der Form

An *elliptic integral* is an integral of the form

$$\int R(z, w)\, dz,$$

wo R eine rationale Funktion und

where R is a rational function and

$$w^2 = a_0 z^4 + a_1 z^3 + a_2 z^2 + a_3 z + a_4$$

ein Polynom 3. oder 4. Grades ohne mehrfache Nullstellen bedeutet.

a polynomial of the 3rd or 4th degree without multiple zeros.

Die speziellen elliptischen Integrale

The special elliptic integrals

$$\int_0^z \frac{dt}{\sqrt{(1 - t^2)(1 - k^2 t^2)}}\,, \quad \int_0^z \sqrt{\frac{1 - k^2 t^2}{1 - t^2}}\, dt, \quad \int_0^z \frac{dt}{(1 + n t^2)\sqrt{(1 - t^2)(1 - k^2 t^2)}}$$

oder in trigonometrischer Form ($z = \sin \varphi$, $t = \sin \psi$)

or in trigonometric form ($z = \sin \varphi$, $t = \sin \psi$)

$$F(\varphi, k) = \int_0^\varphi \frac{d\psi}{\sqrt{1 - k^2 \sin^2 \psi}}\,, \quad E(\varphi, k) = \int_0^\varphi \sqrt{1 - k^2 \sin^2 \psi}\, d\psi\,, \quad \Pi(\varphi, n, k) = \int_0^\varphi \frac{d\psi}{(1 + n \sin^2 \psi)\sqrt{1 - k^2 \sin^2 \psi}}$$

heißen die *Legendreschen Normalintegrale erster, zweiter und dritter Gattung.* Daneben wird noch besonders eingeführt

are called *Legendre normal integrals of the first, second and third kind.* Besides these one introduces

$$D(\varphi, k) = \frac{F(\varphi, k) - E(\varphi, k)}{k^2} = \int_0^\varphi \frac{\sin^2 \psi}{\sqrt{1 - k^2 \sin^2 \psi}}\, d\psi\,.$$

Die Zahl k heißt der *Modul* der Integrale, die Zahl n der *Parameter* des Integrals dritter Gattung. Zur Abkürzung setzt man

The number k is called the *modulus* of the integrals, the number n the *parameter* of the integral of the third kind. For brevity we put

$$\Delta(\psi, k) = \sqrt{1 - k^2 \sin^2 \psi}$$

($\Delta(\psi, k) = 1$ im Anfangspunkt $\psi = 0$ des Integrationsweges) und

($\Delta(\psi, k) = 1$ at the beginning $\psi = 0$ of the path of integration) and

$$k' = \sqrt{1 - k^2}\,;$$

k' heißt der zu k komplementäre Modul.

k' is called the *complementary modulus* of k.

Für die Grenzen 0 und $\pi/2$ ergeben sich die *vollständigen elliptischen Normalintegrale.* Man setzt

For the limits 0 and $\pi/2$ we get the *complete elliptic normal integrals.* We set

$$\mathbf{K}(k) = F\left[\frac{\pi}{2}, k\right] = \int_0^{\pi/2} \frac{d\psi}{\Delta(\psi, k)} = \int_0^1 \frac{dt}{\sqrt{(1 - t^2)(1 - k^2 t^2)}}\,,$$

$$\mathbf{E}(k) = E\left[\frac{\pi}{2}, k\right] = \int_0^{\pi/2} \Delta(\psi, k)\, d\psi = \int_0^1 \sqrt{\frac{1 - k^2 t^2}{1 - t^2}}\, dt,$$

$$\mathbf{D}(k) = \frac{\mathbf{K} - \mathbf{E}}{k^2} = D\left[\frac{\pi}{2}, k\right] = \int_0^{\pi/2} \frac{\sin^2 \psi}{\Delta(\psi, k)}\, d\psi = \int_0^1 \frac{t^2}{\sqrt{(1 - t^2)(1 - k^2 t^2)}}\, dt.$$

Die zum komplementären Modul k' gehörigen vollständigen Normalintegrale bezeichnet man mit

The complete normal integrals of the complementary modulus k' are denoted by

$$\mathbf{K}'(k) = \mathbf{K}(k'), \quad \mathbf{E}'(k) = \mathbf{E}(k').$$

A. Zurückführung elliptischer Integrale auf die Normalform

A. Reduction of Elliptic Integrals to the Normal Form

1. Allgemeine Bemerkungen

Jedes elliptische Integral läßt sich als Linearkombination von elementar auswertbaren Integralen und Legendreschen Normalintegralen erster, zweiter und dritter Gattung darstellen. Dabei kann für *reelle elliptische Integrale* die Reduktion so vorgenommen werden, daß der in den Normalintegralen auftretende Modul k und die in den Normalintegralen dritter Gattung auftretenden Parameter n reell sind und daß $0 < k < 1$ gilt; die obere Grenze φ der Integrale kann dabei auf das Intervall $-\frac{\pi}{2} \leqq \varphi \leqq \frac{\pi}{2}$ eingeschränkt werden.

Die für die verschiedenen möglichen Fälle erforderlichen zahlreichen Formeln findet man für Zahlenrechnungen bequem zusammengestellt in V [5], [6], [7] und VI [3].

1. General Remarks

Every elliptic integral can be represented as a linear combination of elementary integrals and Legendre normal integrals of the first, second and third kinds. Moreover the reduction for *real elliptic integrals* can be effected in such a manner that the modulus k in the normal integrals and the parameters n in the normal integrals of the third kind be real and that $0 < k < 1$. The upper limit φ of the integrals can thereby be restricted to the interval $-\frac{\pi}{2} \leqq \varphi \leqq \frac{\pi}{2}$.

The numerous formulas needed for the different possible cases can be found collected in a manner convenient for numerical calculations in V [5], [6], [7] and VI [3].

2. Reelle Reduktion auf $F(\varphi,k)$, $E(\varphi, k)$

Führt man ein *reelles elliptisches Integral*

2. Real Reduction to $F(\varphi, k)$, $E(\varphi, k)$

If one transforms a *real elliptic integral*

$$\int R\left(x, \sqrt{a_0 x^4 + a_1 x^3 + a_2 x^2 + a_3 x + a_4}\right) dx$$

durch eine (passend zu wählende) Substitution

by a (suitably chosen) substitution

$$x = (p + q\,t)/(1 + t) \quad \begin{pmatrix}\text{für} \\ \text{for}\end{pmatrix} a_0 \neq 0 \Big) \qquad \begin{matrix}\text{oder} \\ \text{or}\end{matrix} \qquad x = t^2 - r \quad \begin{pmatrix}\text{für} \\ \text{for}\end{pmatrix} a_0 = 0 \Big)$$

zunächst in ein solches der Form

first of all to the form

$$\int R^*\left(t, \sqrt{\pm (t^2 - \lambda)(t^2 - \mu)}\right) dt$$

über, so läßt sich seine Reduktion auf Normalintegrale in vielen Fällen an Hand der nachfolgenden Tabelle durchführen. Sie gibt in der ersten und letzten Spalte elliptische Integrale, die gleich $\frac{1}{c} F(\varphi, k)$ bzw. $m E(\varphi, k)$ sind, wobei der Parameter $k = a/c$ ist und die Werte von φ und m den mittleren Spalten zu entnehmen sind, ferner a, b, c verknüpft sind durch $a^2 + b^2 = c^2$.

then the reduction to the normal integrals can be effected in many cases by using the following table. It gives in the first and last columns elliptic integrals equal to $\frac{1}{c} F(\varphi, k)$ and $m E(\varphi, k)$ respectively, where the parameter $k = a/c$ and the values of φ and m are to be taken from the middle columns and whereby further a, b, c are related by $a^2 + b^2 = c^2$.

$$a^2 + b^2 = c^2, \quad k = a/c, \quad k' = b/c.$$

$\frac{1}{c} F(\varphi, k)$	φ	m	$m E(\varphi, k)$
$\int_0^x \frac{dt}{\sqrt{(b^2+t^2)(c^2+t^2)}}$	$\tan\varphi = \frac{x}{b}$	$\frac{c}{b^2}$	$\int_0^x \sqrt{\frac{c^2+t^2}{(b^2+t^2)^3}}\,dt$
$\int_x^{+\infty} \frac{dt}{\sqrt{(b^2+t^2)(c^2+t^2)}}$	$\cot\varphi = \frac{x}{c}$	$\frac{1}{c}$	$\int_x^{+\infty} \sqrt{\frac{b^2+t^2}{(c^2+t^2)^3}}\,dt$
$\int_0^x \frac{dt}{\sqrt{(a^2-t^2)(b^2+t^2)}}$	$\frac{\sin\varphi}{\Delta(\varphi,k)} = \frac{cx}{ab}$	$\frac{1}{b^2 c}$	$\int_0^x \frac{dt}{\sqrt{(a^2-t^2)(b^2+t^2)^3}}$
$\int_x^a \frac{dt}{\sqrt{(a^2-t^2)(b^2+t^2)}}$	$\cos\varphi = \frac{x}{a}$	c	$\int_x^a \sqrt{\frac{b^2+t^2}{a^2-t^2}}\,dt$
$\int_b^x \frac{dt}{\sqrt{(t^2+a^2)(t^2-b^2)}}$	$\cos\varphi = \frac{b}{x}$	$\frac{c}{b^2}$	$\int_b^x \sqrt{\frac{t^2+a^2}{t^2-b^2}}\,\frac{dt}{t^2}$
$\int_x^{+\infty} \frac{dt}{\sqrt{(t^2+a^2)(t^2-b^2)}}$	$\frac{\Delta(\varphi,k)}{\sin\varphi} = \frac{x}{c}$	$\frac{1}{c}$	$\int_x^{+\infty} \frac{t^2\,dt}{\sqrt{(t^2+a^2)^3(t^2-b^2)}}$
$\int_0^x \frac{dt}{\sqrt{(a^2-t^2)(c^2-t^2)}}$	$\sin\varphi = \frac{x}{a}$	c	$\int_0^x \sqrt{\frac{c^2-t^2}{a^2-t^2}}\,dt$
$\int_x^a \frac{dt}{\sqrt{(a^2-t^2)(c^2-t^2)}}$	$\frac{\cos\varphi}{\Delta(\varphi,k)} = \frac{x}{a}$	$\frac{1}{b^2 c}$	$\int_x^a \frac{dt}{\sqrt{(a^2-t^2)(c^2-t^2)^3}}$
$\int_b^x \frac{dt}{\sqrt{(t^2-b^2)(c^2-t^2)}}$	$\Delta(\varphi,k) = \frac{b}{x}$	$\frac{1}{b^2 c}$	$\int_b^x \frac{dt}{t^2\sqrt{(t^2-b^2)(c^2-t^2)}}$
$\int_x^c \frac{dt}{\sqrt{(t^2-b^2)(c^2-t^2)}}$	$\Delta(\varphi,k) = \frac{x}{c}$	c	$\int_x^c \frac{t^2\,dt}{\sqrt{(t^2-b^2)(c^2-t^2)}}$
$\int_c^x \frac{dt}{\sqrt{(t^2-a^2)(t^2-c^2)}}$	$\frac{\Delta(\varphi,k)}{\cos\varphi} = \frac{x}{c}$	$\frac{c}{b^2}$	$\int_c^x \frac{t^2\,dt}{\sqrt{(t^2-a^2)^3(t^2-c^2)}}$
$\int_x^{+\infty} \frac{dt}{\sqrt{(t^2-a^2)(t^2-c^2)}}$	$\sin\varphi = \frac{c}{x}$	$\frac{1}{c}$	$\int_x^{+\infty} \sqrt{\frac{t^2-a^2}{t^2-c^2}}\,\frac{dt}{t^2}$

3. Reduktion einiger spezieller Integrale

3.1 Die erste Spalte der folgenden Tabelle enthält einige *spezielle elliptische Integrale, die sämtlich gleich* $mF(\varphi, k)$ *sind*, wobei die Werte von φ, k und m den weiteren Spalten zu entnehmen sind:

3. Reduction of some special Integrals

3.1 The first column of the following table gives *some special elliptic integrals, all of which are equal to* $mF(\varphi, k)$, where the values of φ, k and m are to be taken from the appropriate columns:

$mF(\varphi, k)$	φ	k	m
$\int_x^{+\infty} \frac{dt}{\sqrt{t^3-1}}$	$\cos\varphi = \frac{x-1-\sqrt{3}}{x-1+\sqrt{3}}$	$\frac{\sqrt{2-\sqrt{3}}}{2} = 0{,}258\,8190 = \sin 15°$	$\frac{1}{\sqrt[4]{3}} = 0{,}759\,8357$
$\int_1^{x} \frac{dt}{\sqrt{t^3-1}}$	$\cos\varphi = \frac{\sqrt{3}+1-x}{\sqrt{3}-1+x}$		
$\int_x^{1} \frac{dt}{\sqrt{1-t^3}}$	$\cos\varphi = \frac{\sqrt{3}-1+x}{\sqrt{3}+1-x}$	$\frac{\sqrt{2+\sqrt{3}}}{2} = 0{,}965\,9258 = \sin 75°$	
$\int_{\infty}^{x} \frac{dt}{\sqrt{1-t^3}}$	$\cos\varphi = \frac{1-x-\sqrt{3}}{1-x+\sqrt{3}}$		
$\int_x^{1} \frac{dt}{\sqrt{1+t^4}}$	$\tan\varphi = (\sqrt{2}+1)\frac{1-x}{1+x}$	$2(\sqrt{2}-1)\sqrt[4]{2} = 0{,}985\,1714 = \sin 80°{,}12070$	$2-\sqrt{2} = 0{,}585\,7864$
$\int_x^{+\infty} \frac{dt}{\sqrt{1+t^4}}$	$\cos\varphi = \frac{x^2-1}{x^2+1}$	$\frac{1}{\sqrt{2}} = 0{,}707\,1068 = \sin 45°$	$\frac{1}{2}$
$\int_0^{x} \frac{dt}{\sqrt{1+t^4}}$	$\cos\varphi = \frac{1-x^2}{1+x^2}$		
$\int_1^{x} \frac{dt}{\sqrt{t^4-1}}$	$\cos\varphi = \frac{1}{x}$		$\frac{1}{\sqrt{2}}$
$\int_x^{1} \frac{dt}{\sqrt{1-t^4}}$	$\cos\varphi = x$		

3.2 Andere Integrale, die sich durch F, E und D (Argumente durchweg φ, k) ausdrücken lassen, sind

3.2 Other integrals which can be expressed by F, E and D (with arguments always φ, k) are

$$\int_0^{\varphi} \frac{\cos^2\psi}{\Delta(\psi, k)}\,d\psi = F - D, \quad \int_0^{\varphi} \frac{\tan^2\psi}{\Delta(\psi, k)}\,d\psi = \frac{\Delta(\varphi, k)\tan\varphi - E}{k'^2},$$

$$\int_0^{\varphi} \frac{d\psi}{\Delta(\psi, k)\cos^2\psi} = \frac{\Delta(\varphi, k)\tan\varphi + k^2(D-F)}{k'^2}, \quad \int_0^{\varphi} \frac{d\psi}{\Delta^3(\psi, k)} = \frac{E}{k'^2} - \frac{k^2}{k'^2}\,\frac{\sin\varphi\cos\varphi}{\Delta(\varphi, k)},$$

$$\int_0^{\varphi} \frac{\sin^2\psi}{\Delta^3(\psi, k)}\,d\psi = \frac{F-D}{k'^2} - \frac{\sin\varphi\cos\varphi}{k'^2\,\Delta(\varphi, k)}, \quad \int_0^{\varphi} \frac{\cos^2\psi}{\Delta^3(\psi, k)}\,d\psi = D + \frac{\sin\varphi\cos\varphi}{\Delta(\varphi, k)},$$

$$\int_0^{\varphi} \Delta(\psi, k)\tan^2\psi\,d\psi = \Delta(\varphi, k)\tan\varphi + F - 2E.$$

B. Unvollständige Normalintegrale*)

B. Incomplete Normal Integrals*)

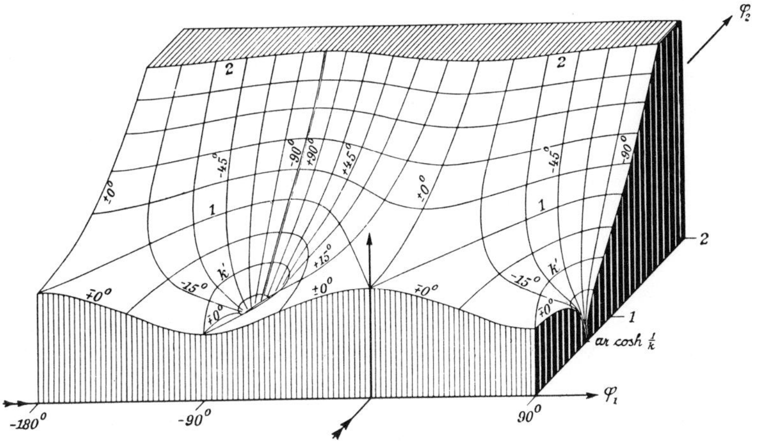

Fig. 20 Relief von / Relief of $\Delta(\varphi, k)$ mit / with $k = 0{,}8$. $(\varphi = \varphi_1 + i\,\varphi_2)$. Verzweigungspunkte: / Branch-points: $\pm \frac{\pi}{2} \pm i \operatorname{ar\,cosh} \frac{1}{k}$

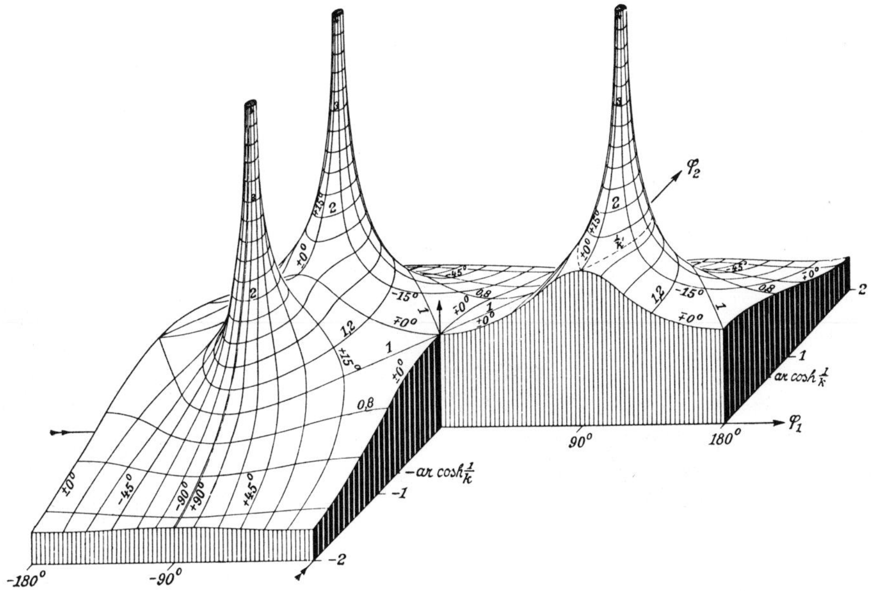

Fig. 21 Relief von / Relief of $\frac{1}{\Delta(\varphi, k)}$ mit / with $k = 0{,}8$. $(\varphi = \varphi_1 + i\,\varphi_2)$. Verzweigungspunkte: / Branch-points: $\pm \frac{\pi}{2} \pm i \operatorname{ar\,cosh} \frac{1}{k}$

---

*) Figuren 20 bis 34; Tafeln 14 und 15

*) Figures 20 to 34; tables 14 and 15

1. Darstellungen

1. Representations

1.1 $F(\varphi, k)$ und $E(\varphi, k)$ lassen die Darstellungen zu:

1.1 $F(\varphi, k)$ and $E(\varphi, k)$ admit to the following representations:

$$F(\varphi, k) = \int_0^{\sin\varphi} \frac{dt}{\sqrt{(1-t^2)(1-k^2 t^2)}} = \int_{\cos\varphi}^{1} \frac{dt}{\sqrt{(1-t^2)(k'^2 + k^2 t^2)}} = \frac{1}{2}\int_0^{\sin^2\varphi} \frac{dt}{\sqrt{t}\,\sqrt{(1-t)(1-k^2 t)}}$$

$$= \int_0^{\tan^2\frac{\varphi}{2}} \frac{dt}{\sqrt{t}\,\sqrt{1+t^2+2(k'^2-k^2)t}} = \int_1^{\tan^2\left(\frac{\pi}{4}+\frac{\varphi}{2}\right)} \frac{dt}{\sqrt{t}\,\sqrt{k'^2(1+t^2)+2(1+k^2)t}} = \int_{\tan^2\left(\frac{\pi}{4}-\frac{\varphi}{2}\right)}^{1} \frac{dt}{\sqrt{t}\,\sqrt{k'^2(1+t^2)+2(1+k^2)t}},$$

$$E(\varphi, k) = \int_0^{\sin\varphi} \sqrt{\frac{1-k^2t^2}{1-t^2}}\,dt = \int_{\cos\varphi}^{1} \sqrt{\frac{k'^2+k^2t^2}{1-t^2}}\,dt = \int_0^{\tan^2\frac{\varphi}{2}} \frac{\sqrt{1+t^2+2(k'^2-k^2)t}}{(1+t)^2\sqrt{t}}\,dt$$

$$= \int_1^{\tan^2\left(\frac{\pi}{4}+\frac{\varphi}{2}\right)} \sqrt{2(1+k^2)+k'^2\left(t+\frac{1}{t}\right)}\,\frac{dt}{(1+t)^2} = \int_{\tan^2\left(\frac{\pi}{4}-\frac{\varphi}{2}\right)}^{1} \sqrt{2(1+k^2)+k'^2\left(t+\frac{1}{t}\right)}\,\frac{dt}{(1+t)^2}.$$

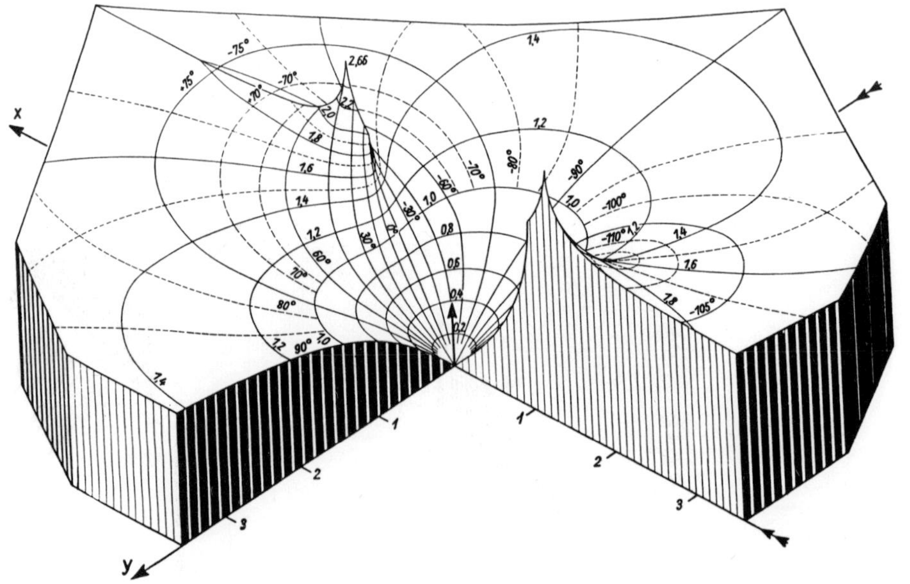

Fig. 22 Relief von $F(\varphi, k)$ mit $k = 0{,}8$ über der Ebene $x + iy = \sin\varphi$

Fig. 22 Relief of $F(\varphi, k)$ with $k = 0{,}8$ against the plane $x + iy = \sin\varphi$

1.2 Es ist

1.2 We have

$$F(\mathrm{i}\chi, k) = \mathrm{i}F(\mathrm{gd}\,\chi, k')^{*)}$$

$$F\left(\frac{\pi}{2} + \mathrm{i}\chi, k\right) = \mathbf{K}(k) + \mathrm{i}F\left(\arcsin\frac{\tanh\chi}{k'}, k'\right) \qquad (1 < \cosh\chi \leqq 1/k),$$

$$F\left(\frac{\pi}{2} + \mathrm{i}\chi, k\right) = F\left(\arcsin\frac{1}{k\cosh\chi}, k\right) + \mathrm{i}\mathbf{K}'(k) \qquad (1/k \leqq \cosh\chi < \infty)$$

und speziell

and in particular

$$F(+\mathrm{i}\infty, k) = \mathrm{i}\mathbf{K}'(k), \quad F\left(\frac{\pi}{2} + \mathrm{i}\,\mathrm{ar}\cosh\frac{1}{k}, k\right) = \mathbf{K}(k) + \mathrm{i}\mathbf{K}'(k).$$

2. Funktionalgleichungen

2. Functional Equations

$$F(-\varphi, k) = -F(\varphi, k), \qquad F(n\pi \pm \varphi, k) = 2n\,\mathbf{K}(k) \pm F(\varphi, k),$$

$$E(-\varphi, k) = -E(\varphi, k), \qquad E(n\pi \pm \varphi, k) = 2n\,\mathbf{E}(k) \pm E(\varphi, k).$$

Ferner gilt für die *Differentiation und Integration nach dem Modul k*

Further for *differentiation and integration with respect to the modulus k* we get

$$\frac{\partial F}{\partial k} = \frac{k}{k'^2}\left(F - D - \frac{\sin\varphi\cos\varphi}{\Delta(\varphi, k)}\right), \qquad \frac{\partial E}{\partial k} = -kD,$$

$$\frac{\partial D}{\partial k} = \frac{1}{k\,k'^2}\left(F - D - \frac{\sin\varphi\cos\varphi}{\Delta(\varphi, k)}\right) - \frac{D}{k},$$

$$\int F\,k\,dk = E - k'^2 F - [1 - \Delta(\varphi, k)]\cot\varphi, \qquad \int D\,k\,dk = -E,$$

(Argumente durchweg φ, k).

(with arguments always φ, k).

3. Tafeln

3. Tables

In den Tafeln 14 und 15 (S. 54–59) für die reellen Normalintegrale $F(\varphi, k)$, $E(\varphi, k)$ sind als Argumente φ und α gewählt, wobei

In tables 14 and 15 (p. 54–59) for the real normal integrals $F(\varphi, k)$, $E(\varphi, k)$ as arguments are chosen φ and α, whereby

$$k = \sin\alpha, \quad k' = \cos\alpha \qquad (0^\circ \leqq \alpha^\circ \leqq 90^\circ).$$

Liegen φ und α beide sehr nahe an 90°, so stützt man sich bei der Entnahme von $F(\varphi, k)$ zweckmäßig auf die Formel

If φ and α both are very near to 90°, in evaluating $F(\varphi, k)$ it is suitable to use the formula

$$F(\varphi, k) = \mathbf{K}(k) - F(\varphi^*, k) \quad \text{für / for} \quad k'\tan\varphi\tan\varphi^* = 1,$$

wobei $\mathbf{K}(k)$ einer Tafel für vollständige Normalintegrale zu entnehmen ist (vgl. C).

where $\mathbf{K}(k)$ is to be taken from a table of complete normal integrals (cf. C).

*) gd χ bedeutet die Hyperbelamplitude (= $\mathfrak{Amp}\,\chi$ in früher üblicher Bezeichnung).

*) gd χ denotes the hyperbolic amplitude.

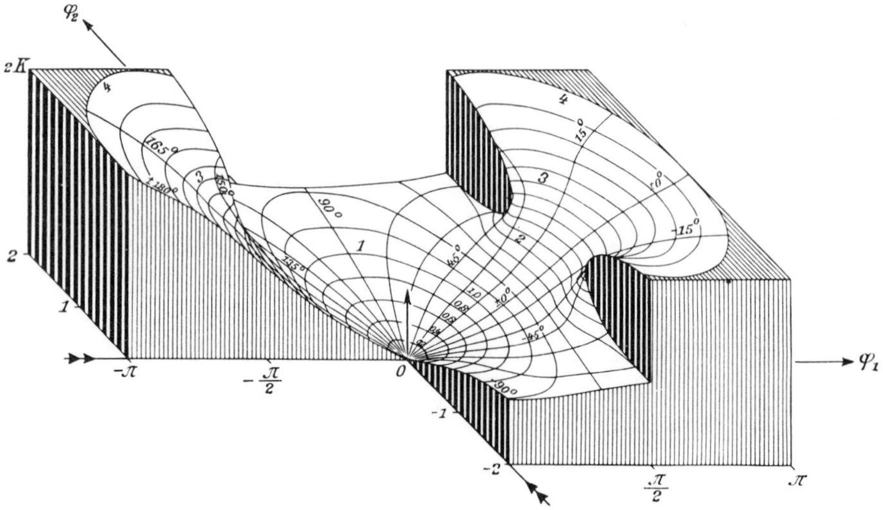

Fig. 23 Relief des 1. Zweiges der Funktion $F(\varphi, k)$ mit $k = 0{,}8$. $(\varphi = \varphi_1 + i\varphi_2)$

Fig. 23 Relief of the 1st branch of the function $F(\varphi, k)$ with $k = 0{,}8$. $(\varphi = \varphi_1 + i\varphi_2)$

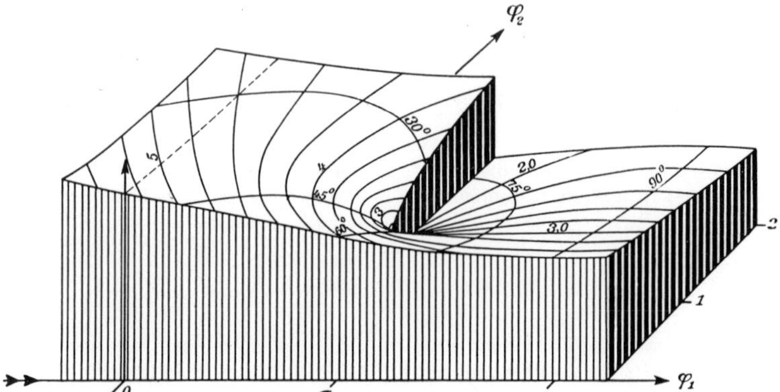

Fig. 24 Relief des 2. Zweiges der Funktion $F(\varphi, k)$ mit $k = 0{,}8$. $(\varphi = \varphi_1 + i\varphi_2)$

Fig. 24 Relief of the 2nd branch of the function $F(\varphi, k)$ with $k = 0{,}8$. $(\varphi = \varphi_1 + i\varphi_2)$

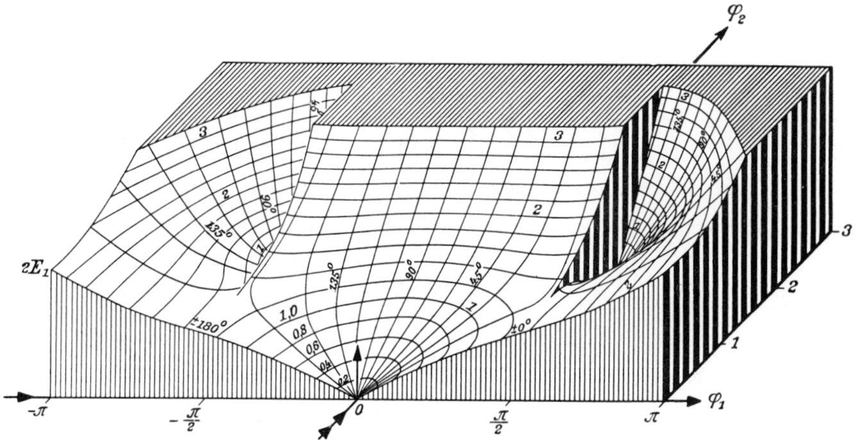

Fig. 25 Relief des 1. Zweiges der Funktion $E(\varphi, k)$ mit $k = 0{,}8$. ($\varphi = \varphi_1 + i\,\varphi_2$)

Fig. 25 Relief of the 1st branch of the function $E(\varphi, k)$ with $k = 0{,}8$. ($\varphi = \varphi_1 + i\,\varphi_2$)

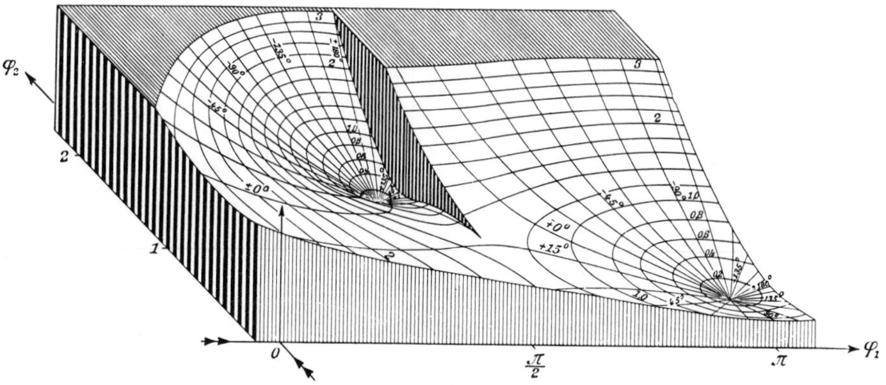

Fig. 26 Relief des 2. Zweiges der Funktion $E(\varphi, k)$ mit $k = 0{,}8$. ($\varphi = \varphi_1 + i\,\varphi_2$)

Fig. 26 Relief of the 2nd branch of the function $E(\varphi, k)$ with $k = 0{,}8$. ($\varphi = \varphi_1 + i\,\varphi_2$)

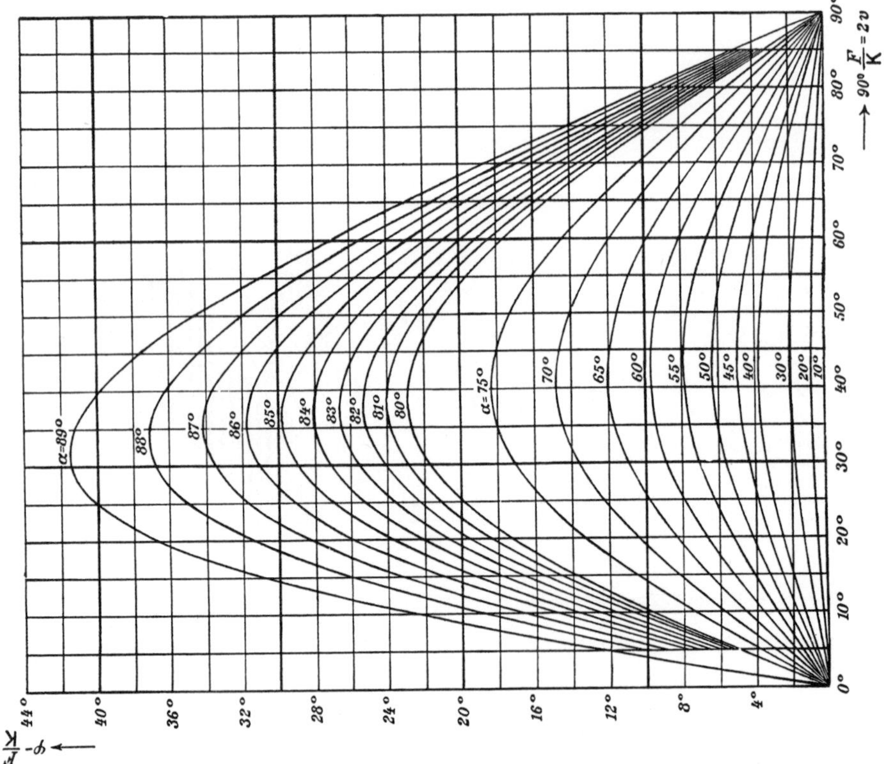

Fig. 28 $\varphi = 90° \frac{F}{\mathbf{K}} +$ periodische Funktion / periodic function

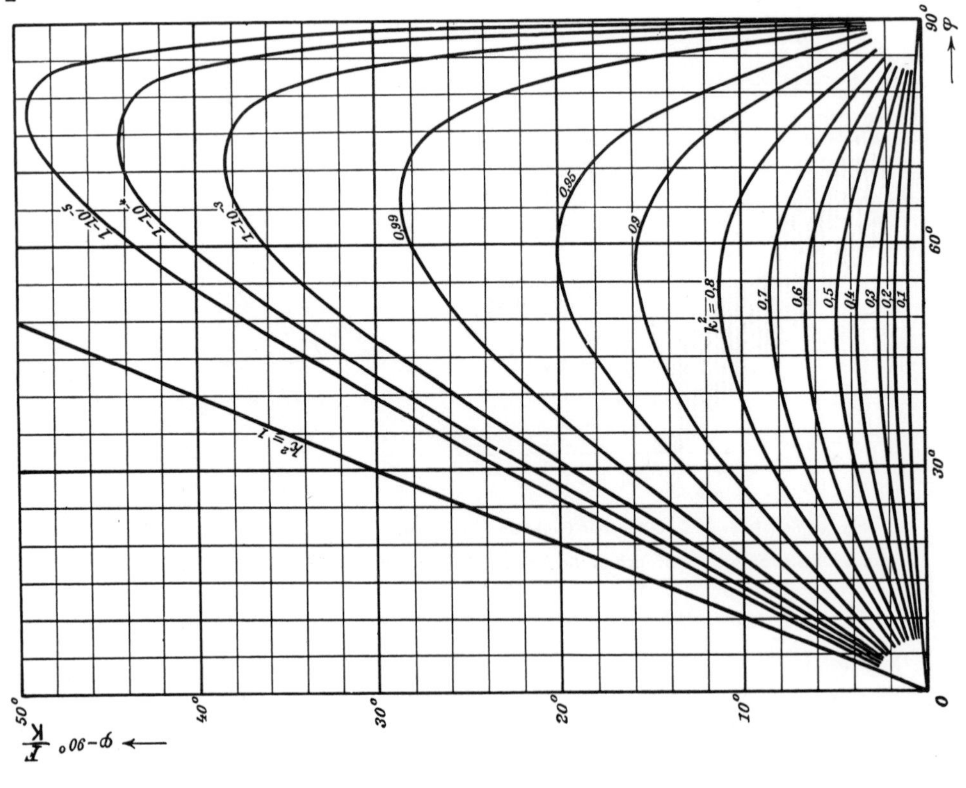

Fig. 27 $90° \frac{F}{\mathbf{K}} = \varphi -$ periodische Funktion / periodic function

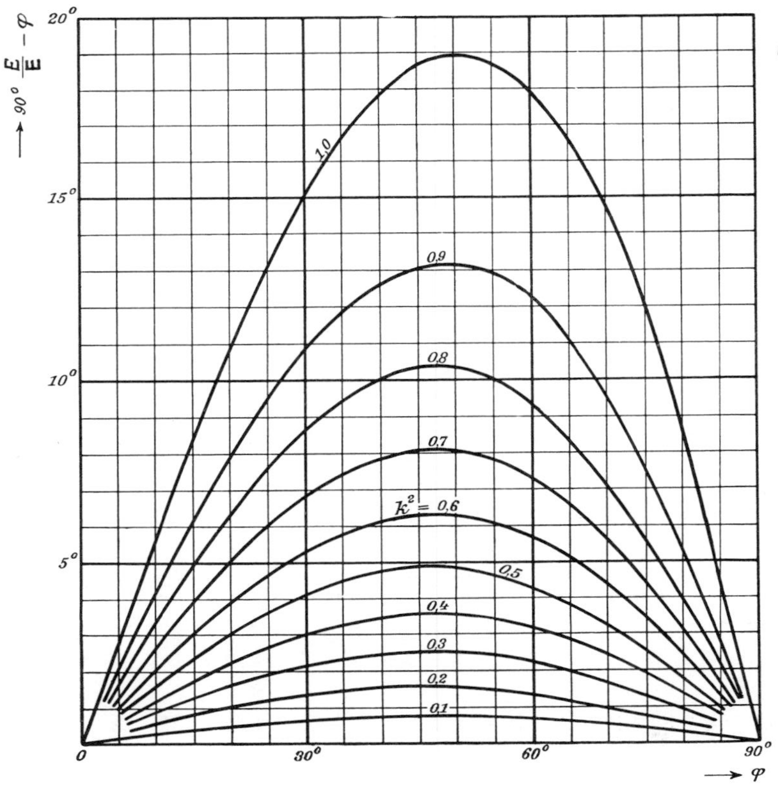

Fig. 29 $90° \frac{E}{\mathbf{E}} = \varphi +$ periodische Funktion / periodic function

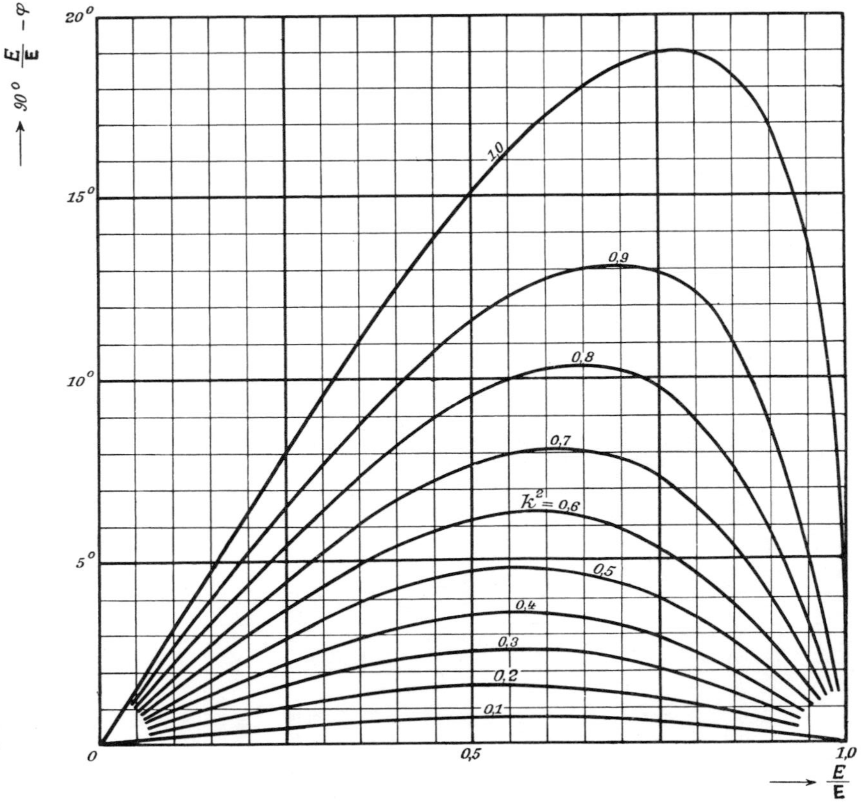

Fig. 30 $\varphi = 90° \frac{E}{\mathbf{E}} -$ periodische Funktion / periodic function

Tafel 14. Elliptisches Integral erster Gattung $F(\varphi, k)$
Table 14. Elliptic Integral of the first Kind $F(\varphi, k)$

φ	$\alpha = 0°$		$\alpha = 5°$		$\alpha = 10°$		$\alpha = 15°$		$\alpha = 20°$		$\alpha = 25°$		$\alpha = 30°$	
	0,		0,		0,		0,		0,		0,		0,	
0°	00000	+ 1745,5	00000	+ 1745,5	00000	+ 1745,5	00000	+ 1745,5	00000	+ 1745,5	00000	+ 1745,5	00000	+ 1745,5
2°	03491	1745	03491	1745	03491	1745	03491	1745,5	03491	1745,5	03491	1745,5	03491	1746
4°	06981	1745,5	06981	1745,5	06981	1746	06982	1745,5	06982	1746	06982	1746,5	06983	1747
6°	10472	1745,5	10472	1745,5	10473	1745,5	10473	1746,5	10474	1747	10475	1748	10477	1748,5
8°	13963	1745	13963	1745,5	13964	1746	13966	1746,5	13968	1748	13971	1749	13974	1750,5
10°	1745	+ 174,5	1745	+ 175	1746	+ 174,5	1746	+ 174,5	1746	+ 175	1747	+ 175	1748	+ 175
12°	2094	174,5	2095	174,5	2095	174,5	2095	175	2096	175	2097	175,5	2098	176
14°	2443	175	2444	174,5	2444	175	2445	175	2446	175,5	2448	175,5	2450	176
16°	2793	174,5	2793	174,5	2794	174,5	2795	175	2797	175,5	2799	176	2802	176
18°	3142	174,5	3142	174,5	3143	175	3145	175	3148	175,5	3151	176	3154	177
20°	3491	+ 174,5	3491	+ 174,5	3493	+ 174,5	3495	+ 175,5	3499	+ 176	3503	+ 176,5	3508	+ 177,5
22°	3840	174,5	3840	175	3842	175	3846	175,5	3851	176	3856	177	3863	178
24°	4189	174,5	4190	174,5	4192	175	4197	175,5	4203	176,5	4210	177,5	4219	178,5
26°	4538	174,5	4539	174,5	4542	175,5	4548	175,5	4556	176,5	4565	178	4576	179
28°	4887	174,5	4888	175	4893	175	4899	176	4909	177	4921	178	4934	180
30°	5236	+ 174,5	5238	+ 174,5	5243	+ 175	5251	+ 176	5263	+ 177	5277	+ 179	5294	+ 181
32°	5585	174,5	5587	175	5593	175,5	5603	176,5	5617	178	5635	179,5	5656	181
34°	5934	174,5	5937	174,5	5944	175,5	5956	176,5	5973	178	5994	179,5	6018	182,5
36°	6283	174,5	6286	175	6295	175,5	6309	176,5	6329	178	6353	180,5	6383	183
38°	6632	174,5	6636	174,5	6646	175,5	6662	177	6685	179	6714	181	6749	183,5
40°	6981	+ 174,5	6985	+ 175	6997	+ 175,5	7016	+ 177	7043	+ 179	7076	+ 182	7116	+ 185
42°	7330	174,5	7335	175	7348	176	7370	177,5	7401	179,5	7440	182	7486	185,5
44°	7679	175	7685	174,5	7700	176	7725	177,5	7760	180	7804	183	7857	186,5
46°	8029	174,5	8034	175	8052	175,5	8080	178	8120	180	8170	183,5	8230	188
48°	8378	174,5	8384	175	8403	176,5	8436	178	8480	181	8537	184	8606	188
50°	8727	+ 174,5	8734	+ 175	8756	+ 176	8792	+ 178	8842	+ 181	8905	+ 185	8982	+ 189,5
52°	9076	174,5	9084	175	9108	176	9148	178,5	9204	181,5	9275	185,5	9361	190,5
54°	9425	174,5	9434	175	9460	176,5	9505	178,5	9567	181,5	9646	186	9742	191,5
56°	9774	174,5	9784	175	9813	176,5	9862	178,5	9930	182,5	*0018	186,5	*0125	192
58°	*0123	174,5	*0134	175	*0166	176,5	*0219	179	*0295	182,5	0391	187,5	0509	193,5
60°	0472	+ 174,5	0484	+ 175	0519	+ 176,5	0577	+ 179,5	0660	+ 183	0766	+ 187,5	0896	+ 194
62°	0821	174,5	0834	175	0872	176,5	0936	179,5	1026	183	1141	188,5	1284	195
64°	1170	174,5	1184	175	1225	177	1295	179,5	1392	183,5	1518	189	1674	195,5
66°	1519	174,5	1534	175	1579	176,5	1654	179,5	1759	184	1896	189,5	2065	196,5
68°	1868	174,5	1884	175	1932	177	2013	180	2127	184	2275	190	2458	197,5
70°	2217	+ 174,5	2234	+ 175,5	2286	+ 177	2373	+ 180	2495	+ 184,5	2655	+ 190,5	2853	+ 198
72°	2566	174,5	2585	175	2640	177	2733	180	2864	185	3036	190,5	3249	199
74°	2915	175	2935	175	2994	177	3093	180,5	3234	184,5	3417	191,5	3647	199
76°	3265	174,5	3285	175,5	3348	177	3454	180	3603	185,5	3800	191,5	4045	200
78°	3614	174,5	3636	175	3702	177	3814	180,5	3974	185	4183	191,5	4445	200,5
80°	3963	+ 174,5	3986	+ 175	4056	+ 177,5	4175	+ 180,5	4344	+ 185,5	4566	+ 192	4846	+ 200,5
82°	4312	174,5	4336	175,5	4411	177	4536	180,5	4715	185,5	4950	192,5	5247	201
84°	4661	174,5	4687	175	4765	177,5	4897	181	5086	185,5	5335	192,5	5649	201,5
86°	5010	174,5	5037	175,5	5120	177	5259	180,5	5457	186	5720	192,5	6052	201
88°	5359	174,5	5388	175	5474	177	5620	180,5	5829	185,5	6105	192,5	6454	202
90°	5708		5738		5828		5981		6200		6490		6858	
	1,		1,		1,		1,		1,		1,		1,	

Tafel 14. Elliptisches Integral erster Gattung $F(\varphi, k)$ (Fortsetzung)
Table 14. Elliptic Integral of the first Kind $F(\varphi, k)$ (Continuation)

φ	$\alpha = 35°$		$\alpha = 40°$		$\alpha = 45°$		$\alpha = 50°$		$\alpha = 55°$		$\alpha = 60°$	
	0,		**0,**		**0,**		**0,**					
0°	00000	+ 1745,5	00000	+ 1745,5	00000	+ 1745,5	00000	+ 1745,5	0,00000	+ 1745,5	0,00000	+ 1745,5
2°	03491	1746	03491	1746,5	03491	1746,5	03491	1747	0,03491	1747	0,03491	1747,5
4°	06983	1747,5	06984	1748	06984	1749	06985	1749	0,06985	1750	0,06986	1750
6°	10478	1750	10480	1750,5	10482	1751,5	10483	1753	0,10485	1754	0,10486	1755,5
8°	13978	1752	13981	1754,5	13985	1756,5	13989	1758	0,13993	1760	0,13997	1761,5
10°	1748	+ 175,5	1749	+ 176	1750	+ 176	1751	+ 176	0,1751	+ 177	0,1752	+ 177
12°	2099	176	2101	176	2102	177	2103	177,5	0,2105	177,5	0,2106	178
14°	2451	176,5	2453	177,5	2456	177,5	2458	178	0,2460	178,5	0,2462	179
16°	2804	177,5	2808	177,5	2811	178	2814	179	0,2817	180	0,2820	180,5
18°	3159	177,5	3163	178,5	3167	179,5	3172	180,5	0,3177	181	0,3181	182
20°	3514	+ 178,5	3520	+ 179,5	3526	+ 180,5	3533	+ 181,5	0,3539	+ 182,5	0,3545	+ 183,5
22°	3871	179	3879	180	3887	181,5	3896	182,5	0,3904	184	0,3912	185,5
24°	4229	179,5	4239	181,5	4250	183	4261	184,5	0,4272	186,5	0,4283	187,5
26°	4588	181	4602	182,5	4616	184,5	4630	186,5	0,4645	188	0,4658	190
28°	4950	181,5	4967	183,5	4985	185,5	5003	188	0,5021	190	0,5038	192
30°	5313	+ 183	5334	+ 185	5356	+ 187,5	5379	+ 190	0,5401	+ 192,5	0,5422	+ 195
32°	5679	183,5	5704	186,5	5731	189	5759	192	0,5786	195	0,5812	198
34°	6046	185	6077	187,5	6109	191	6143	194	0,6176	197,5	0,6208	201
36°	6416	186	6452	189,5	6491	193	6531	197	0,6571	201	0,6610	204,5
38°	6788	187	6831	191	6877	195	6925	199	0,6973	203,5	0,7019	208,5
40°	7162	+ 188,5	7213	+ 192,5	7267	+ 197	7323	+ 202	0,7380	+ 207	0,7436	+ 212
42°	7539	189,5	7598	194	7661	199	7727	204,5	0,7794	210,5	0,7860	216,5
44°	7918	191	7986	196	8059	201,5	8136	208	0,8215	214	0,8293	220,5
46°	8300	192,5	8378	197,5	8462	204	8552	210,5	0,8643	218	0,8734	225,5
48°	8685	193,5	8773	200	8870	206,5	8973	214	0,9079	222	0,9185	231
50°	9072	+ 195	9173	+ 201	9283	+ 209	9401	+ 217	0,9523	+ 226,5	0,9647	+ 235,5
52°	9462	196,5	9575	203,5	9701	211,5	9835	221	0,9976	230,5	1,0118	242
54°	9855	197,5	9982	205,5	*0124	214	*0277	224	1,0437	235,5	1,0602	247,5
56°	*0250	199	*0393	207	0552	216,5	0725	227,5	1,0908	240,5	1,1097	254
58°	0648	200,5	0807	209,5	0985	219,5	1180	231,5	1,1389	245	1,1605	260,5
60°	1049	+ 201,5	1226	+ 211	1424	+ 222	1643	+ 235	1,1879	+ 250	1,2126	+ 267,5
62°	1452	203,5	1648	212,5	1868	225	2113	239	1,2379	255,5	1,2661	274
64°	1859	204	2073	215	2318	227,5	2591	242,5	1,2890	260,5	1,3209	282
66°	2267	205,5	2503	216,5	2773	229,5	3076	246	1,3411	265,5	1,3773	289
68°	2678	207	2936	218	3232	232,5	3568	250	1,3942	271	1,4351	296,5
70°	3092	+ 207,5	3372	+ 220	3697	+ 235	4068	+ 253	1,4484	+ 276	1,4944	+ 304
72°	3507	208,5	3812	221	4167	236,5	4574	256,5	1,5036	280,5	1,5552	311,5
74°	3924	210	4254	223	4640	239	5087	259,5	1,5597	285,5	1,6175	318,5
76°	4344	210,5	4700	223,5	5118	241	5606	262	1,6168	290	1,6812	325
78°	4765	211	5147	225	5600	242,5	6130	265	1,6748	293,5	1,7462	331,5
80°	5187	+ 212	5597	+ 226	6085	+ 243,5	6660	+ 266,5	1,7335	+ 297	1,8125	+ 337
82°	5611	212	6049	226,5	6572	245	7193	269	1,7929	299,5	1,8799	341,5
84°	6035	213	6502	227,5	7062	246	7731	270	1,8528	302	1,9482	345
86°	6461	212,5	6957	227,5	7554	246,5	8271	271	1,9132	303,5	2,0172	347,5
88°	6886	213	7412	228	8047	247	8813	271,5	1,9739	304	2,0867	349
90°	7312		7868		8541		9356		2,0347		2,1565	
	1,		**1,**		**1,**		**1,**					

Tafel 14. Elliptisches Integral erster Gattung $F(\varphi, k)$ (Fortsetzung)
Table 14. Elliptic Integral of the first Kind $F(\varphi, k)$ (Continuation)

φ	$\alpha = 65°$		$\alpha = 70°$		$\alpha = 75°$		$\alpha = 80°$		$\alpha = 85°$		$\alpha = 89°$		$\alpha = 90°$	
0°	0,00000	+1745,5	0,00000	+1745,5	0,00000	+1745,5	0,00000	+1745,5	0,00000	+1745,5	0,00000	+1745,5	0,00000	+1745,5
2°	0,03491	1747,5	0,03491	1747,5	0,03491	1748	0,03491	1748	0,03491	1748	0,03491	1748	0,03491	1748
4°	0,06986	1751	0,06986	1751,5	0,06987	1751,5	0,06987	1752	0,06987	1752	0,06987	1752	0,06987	1752
6°	0,10488	1756	0,10489	1757	0,10490	1757,5	0,10491	1758	0,10491	1758,5	0,10491	1758,5	0,10491	1758,5
8°	0,14000	1763	0,14003	1764,5	0,14005	1766!	0,14007	1766,5!	0,14008	1767!	0,14008	1767,5!	0,14008	1767,5!
10°	0,1753	+177	0,1753	+177,5	0,1754	+177,5	0,1754	+177,5	0,1754	+178	0,1754	+178	0,1754	+178
12°	0,2107	178,5	0,2108	178,5	0,2109	178,5	0,2109	179	0,2110	179	0,2110	179	0,2110	179
14°	0,2464	179,5	0,2465	180	0,2466	180,5	0,2467	180,5	0,2468	180,5	0,2468	181	0,2468	181
16°	0,2823	181	0,2825	181,5	0,2827	182	0,2828	182,5	0,2829	182,5	0,2830	182,5	0,2830	182,5
18°	0,3185	182,5	0,3188	183,5	0,3191	184	0,3193	184	0,3194	184,5	0,3195	184,5	0,3195	184,5
20°	0,3550	+184,5	0,3555	+185,5	0,3559	+186	0,3561	+187	0,3563	+187	0,3564	+187	0,3564	+187
22°	0,3919	186,5	0,3926	187,5	0,3931	188,5	0,3935	189	0,3937	189,5	0,3938	189,5	0,3938	189,5
24°	0,4292	189	0,4301	190	0,4308	191	0,4313	192	0,4316	192,5	0,4317	192,5	0,4317	192,5
26°	0,4670	191,5	0,4681	193	0,4690	194,5	0,4697	195	0,4701	195,5	0,4702	196	0,4702	196
28°	0,5053	194,5	0,5067	196	0,5079	197,5	0,5087	198,5	0,5092	199,5	0,5094	199,5	0,5094	199,5
30°	0,5442	+197,5	0,5459	+199,5	0,5474	+201	0,5484	+202,5	0,5491	+203,5	0,5493	+203,5	0,5493	+203,5
32°	0,5837	200,5	0,5858	203,5	0,5876	205,5	0,5889	207	0,5898	207,5	0,5900	208	0,5900	208,5
34°	0,6238	204,5	0,6265	207	0,6287	209,5	0,6303	211,5	0,6313	213	0,6316	213,5	0,6317	213
36°	0,6647	208	0,6679	211,5	0,6706	214,5	0,6726	216,5	0,6739	218	0,6743	218,5	0,6743	218,5
38°	0,7063	212,5	0,7102	216,5	0,7135	220	0,7159	222,5	0,7175	224	0,7180	224,5	0,7180	224,5
40°	0,7488	+217	0,7535	+222	0,7575	+12	0,7604	+13	0,7623	+13	0,7629	+13	0,7629	+13
42°	0,7922	222,5	0,7979	227	0,8026	13	0,8062	14	0,8084	15	0,8091	15	0,8092	15
44°	0,8367	227	0,8433	233,5	0,8490	14	0,8533	15	0,8560	16	0,8569	16	0,8569	16
46°	0,8821	233	0,8900	240,5	0,8968	15	0,9019	17	0,9052	18	0,9062	18	0,9063	18
48°	0,9287	239,5	0,9381	247,5	0,9461	17	0,9523	19	0,9561	20	0,9574	20	0,9575	20
50°	0,9766	+13	0,9876	+16	0,9971	+18	1,0044	+21	1,0091	+22	1,0106	+23	1,0107	+23
52°	1,0258	14	1,0387	17	1,0499	20	1,0587	23	1,0642	25	1,0661	25	1,0662	25
54°	1,0764	15	1,0915	19	1,1048	22	1,1152	25	1,1219	28	1,1241	28	1,1242	28
56°	1,1285	16	1,1462	20	1,1619	25	1,1743	28	1,1823	31	1,1849	32	1,1851	32
58°	1,1822	17	1,2030	22	1,2215	27	1,2362	32	1,2458	35	1,2490	37	1,2492	37
60°	1,2376	+18	1,2619	+24	1,2837	+30	1,3014	+36	1,3129	+40	1,3168	+42	1,3170	+42
62°	1,2949	19	1,3231	26	1,3490	33	1,3701	41	1,3841	46	1,3888	49	1,3890	49
64°	1,3541	20	1,3870	28	1,4175	37	1,4429	46	1,4599	54	1,4657	57	1,4659	57
66°	1,4153	21	1,4536	30	1,4898	41	1,5203	53	1,5411	63	1,5482	67	1,5485	67
68°	1,4786	22	1,5232	32	1,5661	45	1,6030	60	1,6287	74	1,6376	80	1,6379	80
70°	1,5441	+22	1,5959	+33	1,6468	+49	1,6918	+70	1,7237	+89	1,7349	+97	1,7354	+97
72°	1,6118	23	1,6720	35	1,7326	54	1,7876	81	1,8277	108	1,8421	120	1,8427	120
74°	1,6818	22	1,7516	36	1,8237	59	1,8915	93	1,9427	133	1,9614	152	1,9623	153
76°	1,7540	22	1,8347	37	1,9207	63	2,0047	108	2,0711	168	2,0962	198	2,0973	199
78°	1,8284	21	1,9215	36	2,0240	66	2,1288	124	2,2164	215	2,2513	268	2,2528	270
80°	1,9048	+19	2,0119	+34	2,1339	+67	2,2653	+140	2,3836	+282	2,4340	+381	2,4362	+386
82°	1,9831	16	2,1057	30	2,2504	64	2,4157	152	2,5795	377	2,6566	578	2,6603	589
84°	2,0630	13	2,2024	25	2,3731	56	2,5811	151	2,8136	507	2,9421		2,9487	
86°	2,1442	9	2,3017	18	2,5013	42	2,7612	129	3,0978	630	3,3396		3,3547	
88°	2,2263	5	2,4026	9	2,6336	23	2,9537	76	3,4412		3,9911		4,0481	
90°	2,3088	0	2,5046	0	2,7681	0	3,1534	0	3,8317		5,4349		∞	

Tafel 15. Elliptisches Integral zweiter Gattung $E(\varphi, k)$
Table 15. Elliptic Integral of the second Kind $E(\varphi, k)$

φ	$\alpha = 0°$		$\alpha = 5°$		$\alpha = 10°$		$\alpha = 15°$		$\alpha = 20°$		$\alpha = 25°$		$\alpha = 30°$	
	0,		0,		0,		0,		0,		0,		0,	
0°	00000	+ 1745,5	00000	+ 1745,5	00000	+ 1745,5	00000	+ 1745,5	00000	+ 1745,5	00000	+ 1745,5	00000	+ 1745
2°	03491	1745	03491	1745	03491	1745	03491	1745	03491	1745	03491	1744,5	03490	1745
4°	06981	1745,5	06981	1745,5	06981	1745	06981	1745	06981	1744,5	06980	1744,5	06980	1743,5
6°	10472	1745,5	10472	1745	10471	1745	10471	1744,5	10470	1743,5	10469	1743	10467	1742
8°	13963	1745	13962	1745,5	13961	1745	13960	1743,5	13957	1743	13955	1741,5	13951	1740
10°	1745	+ 174,5	1745	+ 174,5	1745	+ 174,5	1745	+ 174	1744	+ 174,5	1744	+ 174	1743	+ 174
12°	2094	174,5	2094	174,5	2094	174,5	2093	174,5	2093	174	2092	173,5	2091	173
14°	2443	175	2443	174,5	2443	174	2442	174	2441	173,5	2439	173,5	2437	173,5
16°	2793	174,5	2792	174,5	2791	174,5	2790	174	2788	174	2786	173,5	2784	172,5
18°	3142	174,5	3141	174,5	3140	174,5	3138	174	3136	173,5	3133	172,5	3129	172
20°	3491	+ 174,5	3490	+ 174,5	3489	+ 174	3486	+ 174	3483	+ 173	3478	+ 172,5	3473	+ 172
22°	3840	174,5	3839	174,5	3837	174	3834	173,5	3829	173	3823	172,5	3817	171
24°	4189	174,5	4188	174,5	4185	174	4181	173,5	4175	172,5	4168	171,5	4159	170,5
26°	4538	174,5	4537	174,5	4533	174	4528	173	4520	172,5	4511	171,5	4500	170
28°	4887	174,5	4886	174	4881	174	4874	173,5	4865	172	4854	170,5	4840	169,5
30°	5236	+ 174,5	5234	+ 174,5	5229	+ 174	5221	+ 173	5209	+ 172	5195	+ 170,5	5179	+ 168,5
32°	5585	174,5	5583	174,5	5577	173,5	5567	172,5	5553	171,5	5536	170	5516	168
34°	5934	174,5	5932	174	5924	174	5912	173	5896	171	5876	169	5852	167
36°	6283	174,5	6280	174,5	6272	173,5	6258	172	6238	171	6214	169	6186	166,5
38°	6632	174,5	6629	174	6619	173,5	6602	172,5	6580	170,5	6552	168	6519	166
40°	6981	+ 174,5	6977	+ 174,5	6966	+ 173,5	6947	+ 172	6921	+ 170	6888	+ 168	6851	+ 164,5
42°	7330	174,5	7326	174	7313	173	7291	171,5	7261	169,5	7224	167	7180	164
44°	7679	175	7674	174,5	7659	173,5	7634	171,5	7600	169,5	7558	166,5	7508	163,5
46°	8029	174,5	8023	174	8006	173	7977	171,5	7939	169	7891	166	7835	162,5
48°	8378	174,5	8371	174	8352	173	8320	171,5	8277	168,5	8223	165,5	8160	161,5
50°	8727	+ 174,5	8719	+ 174,5	8698	+ 173	8663	+ 170,5	8614	+ 168,5	8554	+ 165	8483	+ 161
52°	9076	174,5	9068	174	9044	172,5	9004	171	8951	168	8884	164	8805	160
54°	9425	174,5	9416	174	9389	173	9346	170,5	9287	167,5	9212	164	9125	159
56°	9774	174,5	9764	174	9735	172,5	9687	170,5	9622	167	9540	163	9443	158,5
58°	*0123	174,5	*0112	174	*0080	173	*0028	170	9956	167	9866	162,5	9760	158
60°	0472	+ 174,5	0460	+ 174	0426	+ 172,5	0368	+ 170	*0290	+ 166,5	*0191	+ 162,5	*0076	+ 156,5
62°	0821	174,5	0808	174	0771	172	0708	170	0623	166	0516	161,5	0389	156,5
64°	1170	174,5	1156	174	1115	172,5	1048	169,5	0955	166	0839	161,5	0702	155,5
66°	1519	174,5	1504	174	1460	172,5	1387	169,5	1287	165,5	1162	160,5	1013	155
68°	1868	174,5	1852	174	1805	172	1726	169,5	1618	165,5	1483	160,5	1323	154,5
70°	2217	+ 174,5	2200	+ 174	2149	+ 172	2065	+ 169	1949	+ 165,5	1804	+ 160	1632	+ 153,5
72°	2566	174,5	2548	174	2493	172,5	2403	169,5	2280	164,5	2124	159,5	1939	153,5
74°	2915	175	2896	174	2838	172	2742	169	2609	165	2443	159,5	2246	153
76°	3265	174,5	3244	174	3182	172	3080	168,5	2939	164,5	2762	159	2552	152
78°	3614	174,5	3592	173,5	3526	172	3417	169	3268	164,5	3080	159	2856	152,5
80°	3963	+ 174,5	3939	+ 174	3870	+ 172	3755	+ 169	3597	+ 164	3398	+ 158,5	3161	+ 151,5
82°	4312	174,5	4287	174	4214	172	4093	168,5	3925	164,5	3715	158,5	3464	151,5
84°	4661	174,5	4635	174	4558	171,5	4430	168,5	4254	164	4032	158	3767	151,5
86°	5010	174,5	4983	173,5	4901	172	4767	168,5	4582	164	4348	158,5	4070	151
88°	5359	174,5	5330	174	5245	172	5104	169	4910	164	4665	158	4372	151,5
90°	5708		5678		5589		5442		5238		4981		4675	
	1,		1,		1,		1,		1,		1,		1,	

Tafel 15. Elliptisches Integral zweiter Gattung $E(\varphi, k)$ (Fortsetzung)
Table 15. Elliptic Integral of the second Kind $E(\varphi, k)$ (Continuation)

φ	$\alpha = 35°$		$\alpha = 40°$		$\alpha = 45°$		$\alpha = 50°$		$\alpha = 55°$		$\alpha = 60°$	
	0,		**0,**		**0,**		**0,**		**0,**		**0,**	
0°	00000	+ 1745	00000	+ 1745	00000	+ 1745	00000	+ 1745	00000	+ 1745	00000	+ 1745
2°	03490	1744,5	03490	1744,5	03490	1744	03490	1744	03490	1744	03490	1743,5
4°	06979	1743,5	06979	1742,5	06978	1742	06978	1741,5	06978	1740,5	06977	1740,5
6°	10466	1741	10464	1740	10462	1739	10461	1737,5	10459	1736,5	10458	1735,5
8°	13948	1738	13944	1736,5	13940	1734,5	13936	1732,5	13932	1731	13929	1729
10°	1742	+ 173,5	1742	+ 173	1741	+ 173	1740	+ 172,5	1739	+ 172,5	1739	+ 172
12°	2089	173,5	2088	172,5	2087	172	2085	172	2084	171,5	2083	171
14°	2436	172,5	2433	172,5	2431	172	2429	171	2427	170,5	2425	170
16°	2781	172	2778	171,5	2775	170,5	2771	170,5	2768	169,5	2765	169
18°	3125	171,5	3121	170,5	3116	170	3112	169	3107	168,5	3103	167,5
20°	3468	+ 170,5	3462	+ 170	3456	+ 168,5	3450	+ 167,5	3444	+ 166,5	3438	+ 166
22°	3809	170,5	3802	168,5	3793	168	3785	166,5	3777	165,5	3770	164
24°	4150	169	4139	168	4129	166,5	4118	165,5	4108	164	4098	162,5
26°	4488	168,5	4475	167	4462	165,5	4449	163,5	4436	162	4423	160,5
28°	4825	168	4809	166	4793	163,5	4776	162	4760	160	4744	158,5
30°	5161	+ 166,5	5141	+ 164,5	5120	+ 163	5100	+ 160,5	5080	+ 158	5061	+ 156
32°	5494	166	5470	163,5	5446	161	5421	158,5	5396	156,5	5373	154
34°	5826	164,5	5797	162,5	5768	159,5	5738	156,5	5709	154	5681	151,5
36°	6155	164	6122	161	6087	158	6051	155	6017	152	5984	149
38°	6483	162,5	6444	159,5	6403	156	6361	153	6321	149,5	6282	146,5
40°	6808	+ 162	6763	+ 158	6715	+ 154,5	6667	+ 151	6620	+ 147	6575	+ 143,5
42°	7132	160,5	7079	157	7024	153	6969	148,5	6914	145	6862	141
44°	7453	159,5	7393	155,5	7330	151,5	7266	147	7204	142	7144	137,5
46°	7772	158,5	7704	154	7633	149	7560	144,5	7488	140	7419	135,5
48°	8089	157,5	8012	152,5	7931	148	7849	142,5	7768	137	7690	132
50°	8404	+ 156	8317	+ 151,5	8227	+ 145,5	8134	+ 140	8042	+ 134,5	7954	+ 129
52°	8716	155	8620	149,5	8518	144	8414	138	8311	132	8212	126
54°	9026	154,5	8919	148,5	8806	142,5	8690	136	8575	129,5	8464	123
56°	9335	153	9216	147	9091	140,5	8962	134	8834	127	8710	120
58°	9641	152	9510	145,5	9372	139	9230	131,5	9088	124	8950	117
60°	9945	+ 150,5	9801	+ 144,5	9650	+ 137	9493	+ 129,5	9336	+ 122	9184	+ 114
62°	*0246	150,5	*0090	143	9924	135,5	9752	127,5	9580	119	9412	111
64°	0547	149	0376	142	*0195	134	*0007	125,5	9818	117	9634	108
66°	0845	148	0660	140,5	0463	132,5	0258	124	*0052	114,5	9850	105,5
68°	1141	147,5	0941	140	0728	131	0506	122	0281	112,5	*0061	102,5
70°	1436	+ 146,5	1221	+ 138,5	0990	+ 130	0750	+ 120,5	0506	+ 110,5	0266	+ 100,5
72°	1729	146	1498	137,5	1250	128,5	0991	118,5	0727	108,5	0467	97,5
74°	2021	145,5	1773	137	1507	127,5	1228	117,5	0944	107	0662	96
76°	2312	144,5	2047	136	1762	126,5	1463	116	1158	105	0854	93,5
78°	2601	144,5	2319	135,5	2015	125,5	1695	115,5	1368	104	1041	92
80°	2890	+ 143,5	2590	+ 134,5	2266	+ 125	1926	+ 114	1576	+ 102,5	1225	+ 90,5
82°	3177	143,5	2859	134,5	2516	124,5	2154	113,5	1781	101,5	1406	89
84°	3464	143,5	3128	134	2765	123,5	2381	112,5	1984	101	1584	88,5
86°	3751	143	3396	134	3012	124	2606	112,5	2186	100	1761	87,5
88°	4037	143	3664	133,5	3260	123	2831	112	2386	100,5	1936	87,5
90°	4323		3931		3506		3055		2587		2111	
	1,		**1,**		**1,**		**1,**		**1,**		**1,**	

Tafel 15. Elliptisches Integral zweiter Gattung $E(\varphi, k)$ (Fortsetzung)
Table 15. Elliptic Integral of the second Kind $E(\varphi, k)$ (Continuation)

φ	$\alpha = 65°$		$\alpha = 70°$		$\alpha = 75°$		$\alpha = 80°$		$\alpha = 85°$		$\alpha = 90°$	
	0,		0,		0,		0,		0,		0,	
0°	00000	+ 1745	00000	+ 1745	00000	+ 1745	00000	+ 1745	00000	+ 1745	00000	+ 1745
2°	03490	1743,5	03490	1743	03490	1743	03490	1743	03490	1743	03490	1743
4°	06977	1739,5	06976	1739,5	06976	1739	06976	1738,5	06976	1738,5	06976	1738,5
6°	10456	1734,5	10455	1734	10454	1733	10453	1733	10453	1732,5	10453	1732
8°	13925	1728	13923	1726	13920	1725,5	13919	1724!	13918	1723,5!	13917	1724!
10°	1738	+ 172	1738	+ 171,5	1737	+ 171,5	1737	+ 171,5	1737	+ 171	1736	+ 171,5
12°	2082	171	2081	170,5	2080	170,5	2080	170	2079	170	2079	170
14°	2424	169,5	2422	169,5	2421	169	2420	168,5	2419	169	2419	168,5
16°	2763	168	2761	167,5	2759	167,5	2757	167,5	2757	167	2756	167
18°	3099	167	3096	166,5	3094	165,5	3092	165	3091	165	3090	165
20°	3433	+ 165	3429	+ 164	3425	+ 163,5	3422	+ 163,5	3421	+ 163	3420	+ 163
22°	3763	163,5	3757	162,5	3752	162	3749	161	3747	160,5	3746	160,5
24°	4090	161	4082	160	4076	159	4071	159	4068	158,5	4067	158,5
26°	4412	159	4402	158	4394	157	4389	156	4385	155,5	4384	155,5
28°	4730	157	4718	155,5	4708	154	4701	153	4696	153	4695	152,5
30°	5044	+ 154	5029	+ 152,5	5016	+ 151,5	5007	+ 150,5	5002	+ 149,5	5000	+ 149,5
32°	5352	152	5334	150	5319	148,5	5308	147,5	5301	147	5299	146,5
34°	5656	149	5634	147	5616	145,5	5603	144	5595	143	5592	143
36°	5954	146,5	5928	144	5907	142	5891	140,5	5881	139,5	5878	139,5
38°	6247	143	6216	140,5	6191	138,5	6172	137	6160	136	6157	135,5
40°	6533	+ 140,5	6497	+ 137,5	6468	+ 135	6446	+ 133	6432	+ 132,5	6428	+ 131,5
42°	6814	137	6772	134	6738	131	6712	129,5	6697	128	6691	128
44°	7088	134	7040	130,5	7000	127,5	6971	125	6953	123,5	6947	123
46°	7356	131	7301	127	7255	123,5	7221	121,5	7200	120	7193	119
48°	7618	127	7555	123	7502	119,5	7464	116,5	7440	115	7431	114,5
50°	7872	+ 124	7801	+ 119	7741	+ 115,5	7697	+ 112,5	7670	+ 110,5	7660	+ 110
52°	8120	120,5	8039	115,5	7972	111	7922	107,5	7891	105,5	7880	105
54°	8361	117	8270	111,5	8194	107	8137	103,5	8102	101	8090	100
56°	8595	113,5	8493	107	8408	102	8344	98	8304	96	8290	95
58°	8822	110	8707	103,5	8612	98	8540	94	8496	90,5	8480	90
60°	9042	+ 106	8914	+ 99,5	8808	+ 93,5	8728	+ 88,5	8677	+ 86	8660	+ 84,5
62°	9254	103	9113	95,5	8995	89	8905	83,5	8849	80	8829	79,5
64°	9460	99,5	9304	91,5	9173	84	9072	79	9009	75	8988	73,5
66°	9659	96,5	9487	87,5	9341	80	9230	73,5	9159	70	9135	68,5
68°	9852	93	9662	84	9501	75,5	9377	68,5	9299	64	9272	62,5
70°	*0038	+ 90	9830	+ 80	9652	+ 71	9514	+ 64	9427	+ 58,5	9397	+ 57
72°	0218	87	9990	76,5	9794	67	9642	58,5	9544	53	9511	51
74°	0392	84,5	*0143	73,5	9928	62,5	9759	54	9650	47,5	9613	45
76°	0561	81,5	0290	70	*0053	59	9867	49	9745	42	9703	39
78°	0724	80	0430	67,5	0171	55,5	9965	44,5	9829	36,5	9781	33,5
80°	0884	+ 78	0565	+ 65	0282	+ 52,5	*0054	+ 40,5	9902	+ 31,5	9848	+ 27,5
82°	1040	76	0695	63	0387	49,5	0135	37	9965	26	9903	21
84°	1192	75	0821	61,5	0486	47,5	0209	34	*0017	21,5	9945	15,5
86°	1342	74,5	0944	60	0581	46	0277	31,5	0060	17,5	9976	9
88°	1491	73,5	1064	60	0673	45,5	0340	30,5	0095	16	9994	3
90°	1638		1184		0764		0401		0127		*0000	
	1,		1,		1,		1,		1,		1,	

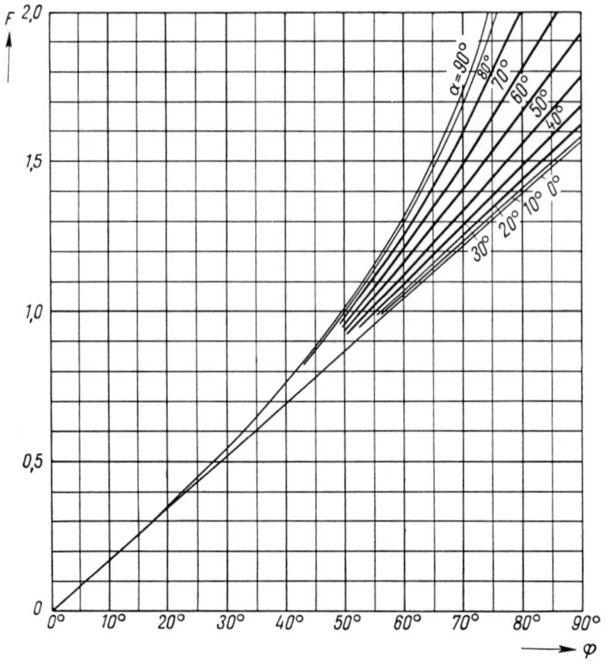

Fig. 31 $F(\varphi, \sin \alpha)$, $\alpha = \text{const}$

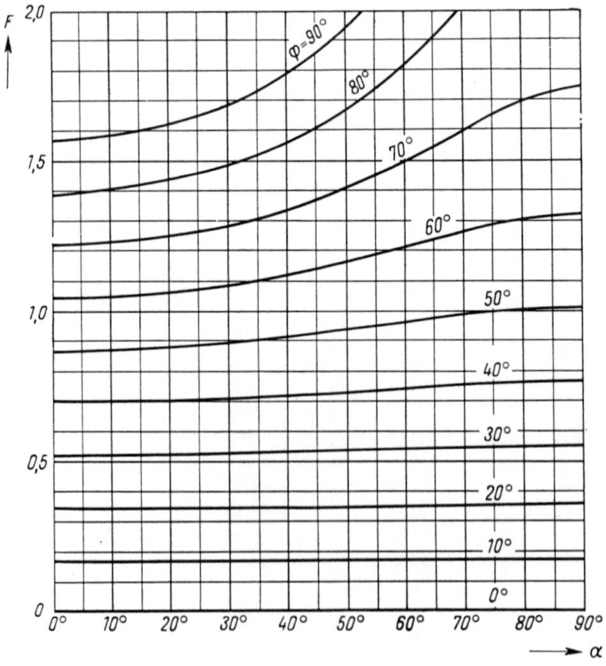

Fig. 32 $F(\varphi, \sin \alpha)$, $\varphi = \text{const}$

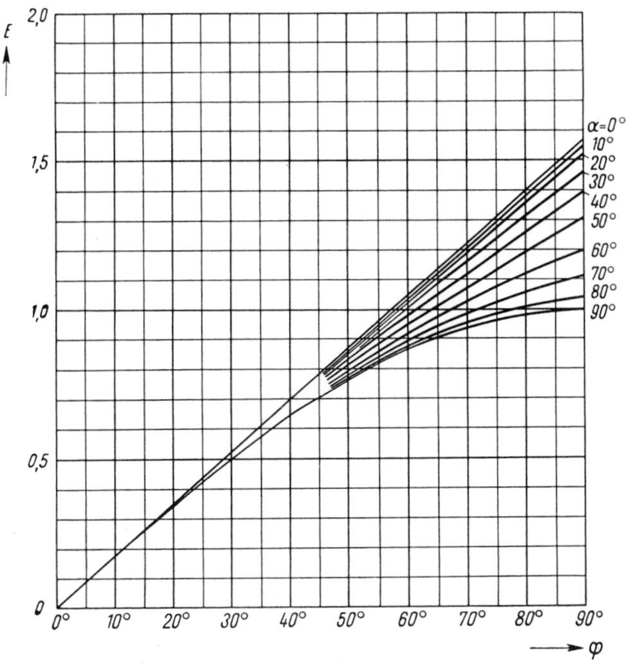

Fig. 33 $E(\varphi, \sin\alpha)$, $\alpha = \text{const}$

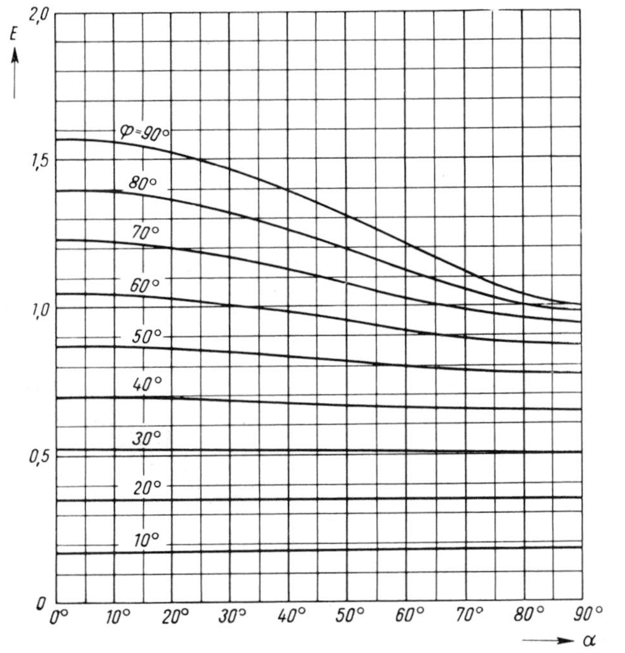

Fig. 34 $E(\varphi, \sin\alpha)$, $\varphi = \text{const}$

C. Vollständige Normalintegrale*)
C. Complete Normal Integrals*)

1. Darstellungen

1.1 *Reihenentwicklungen:* Die für $k^2 \ll 1$ brauchbaren Potenzreihenentwicklungen von **K**, **E** und **D** lauten:

1. Representations

1.1 *Series:* The power series of **K**, **E** and **D** useful for $k^2 \ll 1$ are

$$\frac{2}{\pi}\mathbf{K} = 1 + \sum_{n=1}^{\infty}\left[\frac{(2n-1)!!}{2^n \cdot n!}\right]^2 k^{2n} = 1 + 2\frac{k^2}{8} + 9\left(\frac{k^2}{8}\right)^2 + 50\left(\frac{k^2}{8}\right)^3 + \frac{1225}{4}\left(\frac{k^2}{8}\right)^4 + \cdots,$$

$$\frac{2}{\pi}\mathbf{E} = 1 - \sum_{n=1}^{\infty}\left[\frac{(2n-1)!!}{2^n \cdot n!}\right]^2 \frac{k^{2n}}{2n-1} = 1 - 2\frac{k^2}{8} - 3\left(\frac{k^2}{8}\right)^2 - 10\left(\frac{k^2}{8}\right)^3 - \frac{175}{4}\left(\frac{k^2}{8}\right)^4 - \cdots,$$

$$\frac{4}{\pi}\mathbf{D} = 4\sum_{n=1}^{\infty}\left[\frac{(2n-1)!!}{2^n \cdot n!}\right]^2 \frac{n}{2n-1}\, k^{2n-2} = 1 + 3\frac{k^2}{8} + 15\left(\frac{k^2}{8}\right)^2 + \frac{175}{2}\left(\frac{k^2}{8}\right)^3 + \frac{2205}{4}\left(\frac{k^2}{8}\right)^4 + \cdots$$

mit
with

$$(2n-1)!! = 1\cdot 3\cdot 5 \ldots \cdot (2n-1).$$

Für $k^2 \approx 1$, also $k'^2 \ll 1$ verwendet man

For $k^2 \approx 1$, hence $k'^2 \ll 1$ one employs

$$\mathbf{K} = \Lambda + \frac{\Lambda - 1}{4}k'^2 + \frac{9}{64}\left(\Lambda - \frac{7}{6}\right)k'^4 + \frac{25}{256}\left(\Lambda - \frac{37}{30}\right)k'^6 + \cdots,$$

$$\mathbf{E} = 1 + \frac{1}{2}\left(\Lambda - \frac{1}{2}\right)k'^2 + \frac{3}{16}\left(\Lambda - \frac{13}{12}\right)k'^4 + \frac{15}{128}\left(\Lambda - \frac{6}{5}\right)k'^6 + \cdots,$$

$$\mathbf{D} = \Lambda - 1 + \frac{3}{4}\left(\Lambda - \frac{4}{3}\right)k'^2 + \frac{45}{64}\left(\Lambda - \frac{41}{30}\right)k'^4 + \frac{175}{256}\left(\Lambda - \frac{289}{210}\right)k'^6 + \cdots$$

mit
with

$$\Lambda = \ln\frac{4}{k'} \quad \text{oder / or} \quad k' = 4e^{-\Lambda}.$$

Weitere Reihendarstellungen von **K** und **E** erhält man mit Hilfe der Null-Thetas (vgl. dazu S. 86).

Further series for **K** and **E** one gets with the help of the zero-thetas (cf. p. 86).

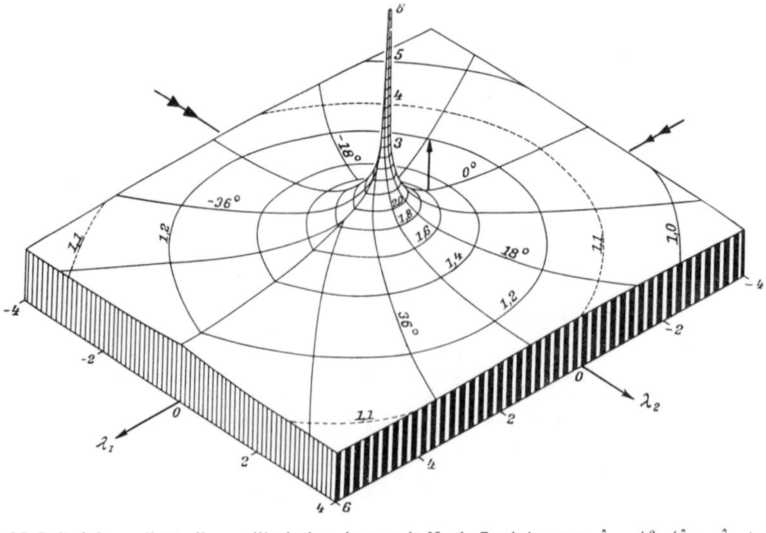

Fig. 35 Relief des vollständigen elliptischen Integrals **K** als Funktion von $\lambda = k^2$. $(\lambda = \lambda_1 + i\lambda_2)$

Fig. 35 Relief of the complete elliptic integral **K** as function of $\lambda = k^2$. $(\lambda = \lambda_1 + i\lambda_2)$

*) Figuren 35 bis 41; Tafeln 16 und 17

*) Figures 35 to 41; tables 16 and 17

1.2 Für das *vollständige Normalintegral dritter Gattung* erhält man für *große Werte des Moduls*, genauer für $k'/\lambda' \ll 1$ (vgl. V [13], [14]):

1.2 For the *complete normal integral of the third kind* one gets for *large values of the modulus*, more exactly for $k'/\lambda' \ll 1$ (cf. V [13], [14]):

$$\left(1+\frac{k^2}{\lambda^2}\right)\Pi\left(\frac{\pi}{2},\lambda^2,k\right)-\frac{k^2}{\lambda^2}\mathbf{K}(k)=\int_0^{\frac{\pi}{2}}\frac{\sqrt{\cos^2\psi+k'^2\sin^2\psi}}{\cos^2\psi+\lambda'^2\sin^2\psi}\,d\psi=\sqrt{\lambda'^2-k'^2}\left(\frac{\arccos\frac{1}{\lambda'}}{\lambda'\sqrt{\lambda'^2-1}}+R\right),$$

wo / where

$$R=\frac{k'^2}{2}\left(\Lambda+\frac{1}{2}\right)\frac{1}{\lambda'^3}+\frac{k'^4}{16}\left[-1+\left(\Lambda+\frac{1}{4}\right)\frac{1}{\lambda'^3}\left(1+\frac{6}{\lambda'^2}\right)\right]$$

$$+\frac{k'^6}{16}\left[-\frac{7}{16}-\frac{1}{\lambda'^2}+\left(\Lambda+\frac{1}{6}\right)\frac{1}{\lambda'^3}\left(\frac{3}{8}+\frac{1}{\lambda'^2}+\frac{5}{\lambda'^4}\right)\right]$$

$$+\frac{15\,k'^8}{256}\left[-\frac{37}{144}-\frac{21}{40\,\lambda'^2}-\frac{1}{\lambda'^4}+\left(\Lambda+\frac{1}{8}\right)\frac{1}{\lambda'^3}\left(\frac{5}{24}+\frac{9}{20\,\lambda'^2}+\frac{1}{\lambda'^4}+\frac{14}{3\,\lambda'^6}\right)\right]+\cdots,$$

mit / with

$$\lambda'^2=1+\lambda^2,\quad \Lambda=\ln\frac{4}{k'},\quad k'\approx 4e^{-\Lambda}.$$

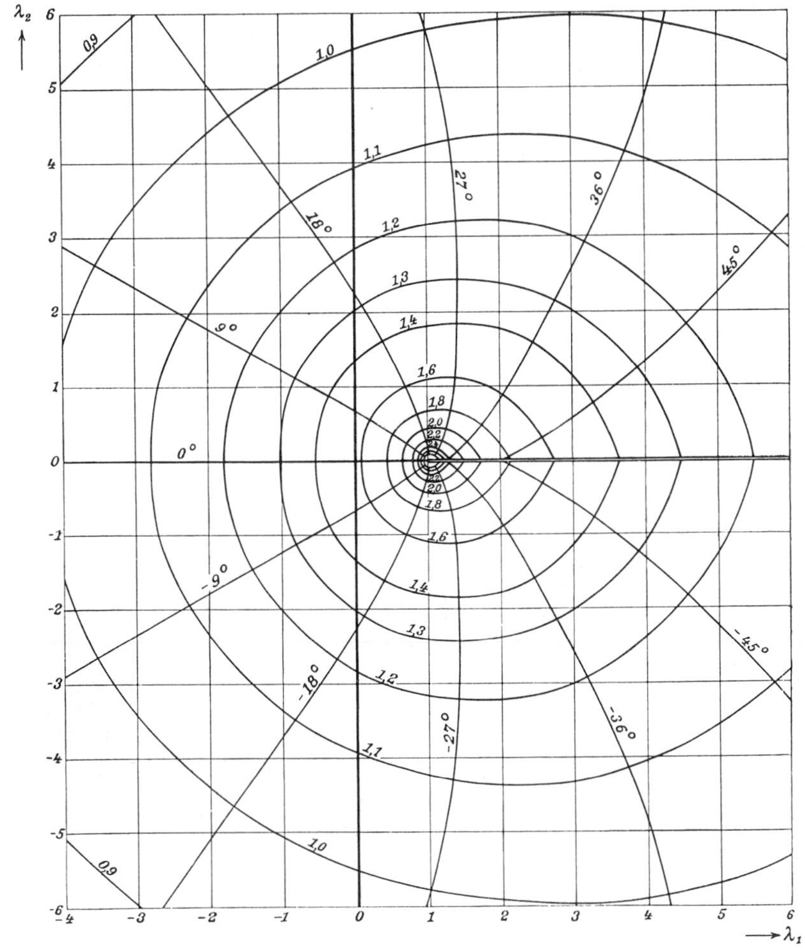

Fig. 36 Höhenkarte des vollständigen elliptischen Integrals **K** als Funktion von $\lambda = k^2$. ($\lambda = \lambda_1 + i\lambda_2$)

Fig. 36 Altitude chart of the complete elliptic integral **K** as function of $\lambda = k^2$. ($\lambda = \lambda_1 + i\lambda_2$)

2. Funktionalgleichungen

2. Functional Equations

2.1 *Legendresche Relation:*

2.1 *Legendre relation:*

$$\mathbf{E}(k)\,\mathbf{K}'(k) + \mathbf{E}'(k)\,\mathbf{K}(k) - \mathbf{K}(k)\,\mathbf{K}'(k) = \frac{\pi}{2}.$$

2.2 *Transformationsformeln:*

2.2 *Transformation formulas:*

$$\mathbf{K}\left(\frac{1-k'}{1+k'}\right) = \frac{1+k'}{2}\,\mathbf{K}(k), \qquad \mathbf{E}\left(\frac{1-k'}{1+k'}\right) = \frac{1}{1+k'}\,[\mathbf{E}(k) + k'\,\mathbf{K}(k)],$$

$$\mathbf{K}\left(\frac{2\sqrt{k}}{1+k}\right) = (1+k)\,\mathbf{K}(k), \qquad \mathbf{E}\left(\frac{2\sqrt{k}}{1+k}\right) = \frac{1}{1+k}\,[2\mathbf{E}(k) - k'^2\,\mathbf{K}(k)],$$

$$\mathbf{K}\left(i\frac{k}{k'}\right) = k'\,\mathbf{K}(k), \qquad \mathbf{K}'\left(i\frac{k}{k'}\right) = k'\,[\mathbf{K}'(k) - i\,\mathbf{K}(k)], \qquad \mathbf{K}\left(\frac{1}{k}\right) = k\,\mathbf{K}(k) + i\,\mathbf{K}'(k).$$

2.3 *Differential- und Integralformeln:*

2.3 *Derivatives and Integrals:*

$$\int_0^1 \mathbf{K}(k)\,dk = 2\left(\frac{1}{1^2} - \frac{1}{3^2} + \frac{1}{5^2} - + \cdots\right) = 2G$$

$$G = 0{,}915\,965\,594\cdots$$ (*Catalansche Konstante*). (*Catalan's constant*).

Betrachtet man die Integrale **K**, **E** als Funktionen des Arguments

Considering the integrals **K**, **E** as functions of the argument

$$x = k^2,$$

so gelten (unter Weglassung des Arguments) die Formeln:

we get (omitting the argument) the formulas:

$$2\frac{d\mathbf{K}}{dx} = \frac{\mathbf{E}}{x(1-x)} - \frac{\mathbf{K}}{x}, \qquad 2\frac{d\mathbf{E}}{dx} = \frac{\mathbf{E}-\mathbf{K}}{x},$$

$$\int \mathbf{K}\,dx = 2\,[\mathbf{E} - (1-x)\,\mathbf{K}] = 2x\,(\mathbf{K} - \mathbf{D}), \qquad \int \mathbf{E}\,dx = \frac{2}{3}\,[(1+x)\,\mathbf{E} - (1-x)\,\mathbf{K}], \qquad \int \mathbf{D}\,dx = -2\mathbf{E},$$

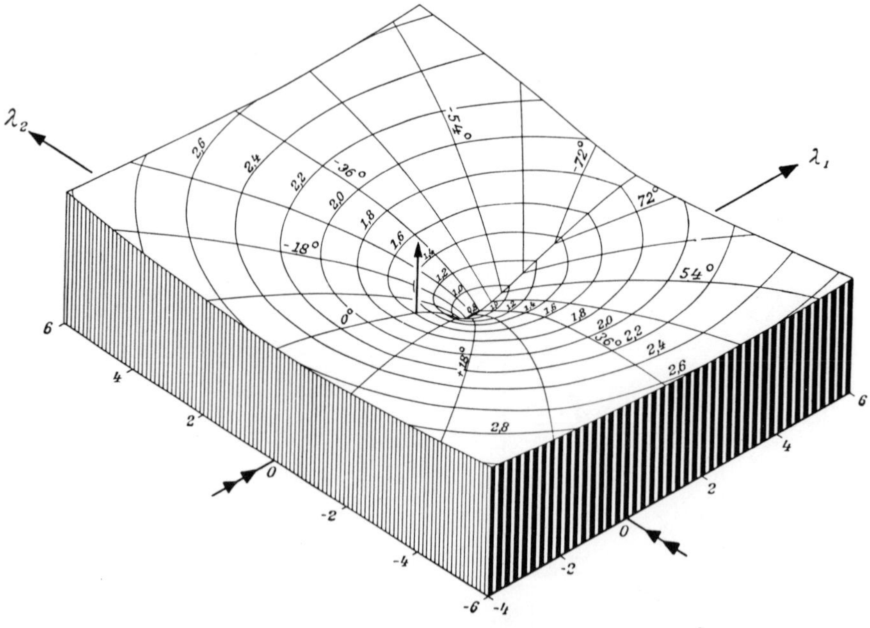

Fig. 37 Relief des vollständigen elliptischen Integrals **E** als Funktion von $\lambda = k^2$. $(\lambda = \lambda_1 + i\lambda_2)$

Fig. 37 Relief of the complete elliptic integral **E** as function of $\lambda = k^2$. $(\lambda = \lambda_1 + i\lambda_2)$

$$\int \mathbf{K}\, x\, dx = \frac{2}{9}\left[(4+x)\,\mathbf{E} + (3x^2 + x - 4)\,\mathbf{K}\right],$$

$$\int \mathbf{E}\, x\, dx = \frac{2}{45}\left[(9x^2 + x + 4)\,\mathbf{E} + (3x^2 + x - 4)\,\mathbf{K}\right],$$

$$(2n+3)^2 \int \mathbf{K}\, x^{n+1}\, dx - 4\,(n+1)^2 \int \mathbf{K}\, x^n\, dx = 2x^{n+1}\left[\mathbf{E} - (2n+3)\,(1-x)\,\mathbf{K}\right],$$

$$4\,(n+1)^2 \int \mathbf{E}\, x^n\, dx - (2n+3)\,(2n+5) \int \mathbf{E}\, x^{n+1}\, dx = 2x^{n+1}\{[(2n+1) - (2n+3)\,x]\,\mathbf{E} + (1-x)\,\mathbf{K}\},$$

$$(n = 0, 1, 2, \ldots),$$

$$\int \frac{\mathbf{K}}{x\sqrt{x}}\, dx = -2\,\frac{\mathbf{E}}{\sqrt{x}}, \qquad \int \frac{\mathbf{D}}{\sqrt{x}}\, dx = 2\sqrt{x}\,(\mathbf{K} - \mathbf{D}),$$

$$\int \frac{\mathbf{E}}{x\sqrt{x}}\, dx = -\frac{2}{\sqrt{x}}\,[2\mathbf{E} + (x-1)\,\mathbf{K}], \qquad \int \frac{\mathbf{E}}{x^2\sqrt{x}}\, dx = -\frac{2}{9x\sqrt{x}}\,[(4-2x)\,\mathbf{E} + (x-1)\,\mathbf{K}],$$

$$\int \frac{\mathbf{E}}{1-x}\, dx = 2\,(\mathbf{K} - \mathbf{E}) = 2x\,\mathbf{D}, \qquad \int \frac{\mathbf{E}}{(1-x)\sqrt{x}}\, dx = 2\sqrt{x}\,\mathbf{K},$$

$$\int (\mathbf{K} + \mathbf{D})\, dx = -2\,(1-x)\,\mathbf{K}.$$

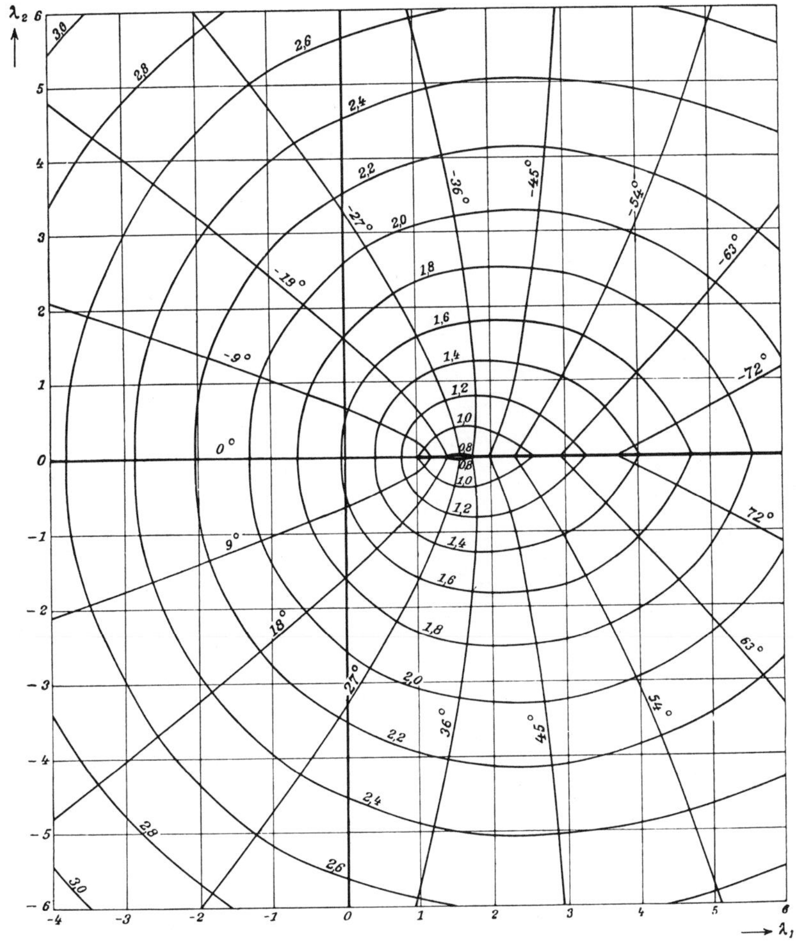

Fig. 38 Höhenkarte des vollständigen elliptischen Integrals **E** als Funktion von $\lambda = k^2$. ($\lambda = \lambda_1 + i\lambda_2$)

Fig. 38 Altitude chart of the complete elliptic integral **E** as function of $\lambda = k^2$. ($\lambda = \lambda_1 + i\lambda_2$)

2.4 **K**, **E** und **D** genügen (unter Beibehaltung der Bezeichnung in 2.3) den *hypergeometrischen Differentialgleichungen*

2.4 **K**, **E** and **D** satisfy (with the same notation as in 2.3) the *hypergeometric differential equations*

$$\frac{1}{4}\mathbf{K}=\frac{d}{dx}\left[x(1-x)\frac{d\mathbf{K}}{dx}\right],\qquad x(1-x)\frac{d^2\mathbf{K}}{dx^2}+(1-2x)\frac{d\mathbf{K}}{dx}-\frac{1}{4}\mathbf{K}=0,$$

$$-\frac{1}{4}\mathbf{E}=(1-x)\frac{d}{dx}\left(x\frac{d\mathbf{E}}{dx}\right),\qquad x(1-x)\frac{d^2\mathbf{E}}{dx^2}+(1-x)\frac{d\mathbf{E}}{dx}+\frac{1}{4}\mathbf{E}=0,$$

$$-\frac{1}{4}\mathbf{D}=\frac{d}{dx}\left[(1-x)\frac{dx\mathbf{D}}{dx}\right],\qquad x(1-x)\frac{d^2\mathbf{D}}{dx^2}+(2-3x)\frac{d\mathbf{D}}{dx}-\frac{3}{4}\mathbf{D}=0.$$

3. Tafeln

3.1 Die Tafeln für die vollständigen elliptischen Normalintegrale geben **K**, **E** einerseits (Tafel 16, S. 69) in Abhängigkeit von dem Argument α mit $k=\sin\alpha$, andrerseits (Tafel 17, S. 70) in Abhängigkeit von dem Argument k^2.

3. Tables

3.1 The tables of the complete elliptic normal integrals give **K**, **E** on the one hand (table 16, p. 69) dependent on the argument α with $k=\sin\alpha$, on the other hand (table 17, p. 70) directly dependent on the argument k^2.

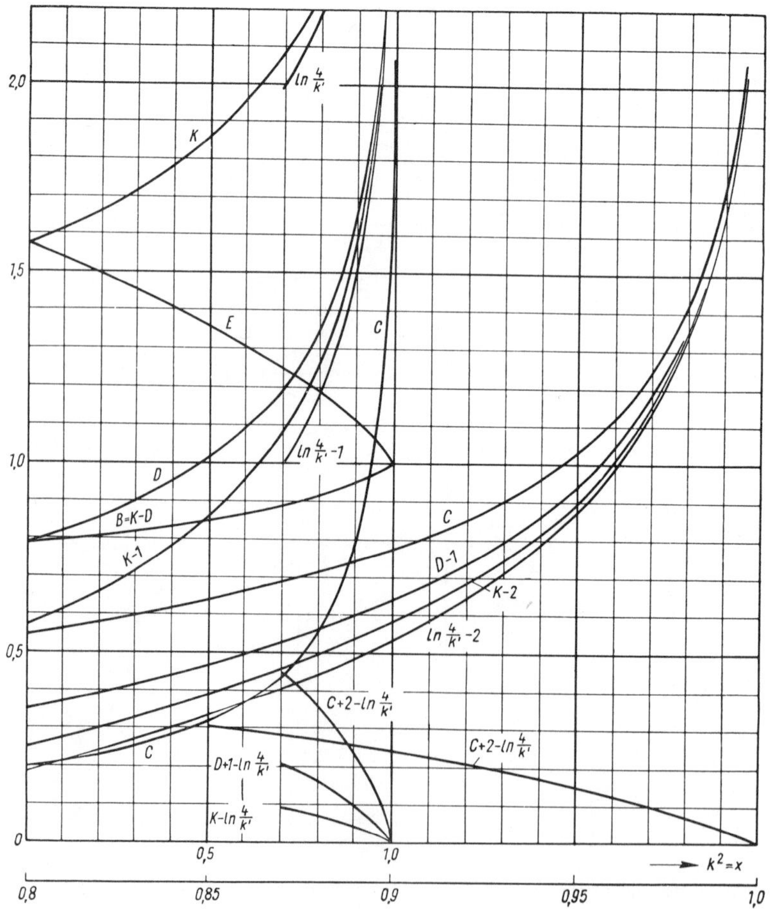

Fig. 39 Vollständige elliptische Integrale

Fig. 39 Complete elliptic integrals

Der durch das Unendlichwerden von $\mathbf{K}(k)$ für $k \to 1$ entstehenden Schwierigkeit ist in der ersten Tafel dadurch Rechnung getragen, daß in der Nähe von $\alpha = 90°$ der Tafelschritt klein gewählt ist. Der zweiten Tafel ist eine Hilfstafel (Tafel 17a, S. 71) für

The difficulty arising out of $\mathbf{K}(k) \to \infty$ as $k \to 1$ is taken into account in the first table by choosing a small difference of argument near $\alpha = 90°$. To the second table is appended an auxiliary table (table 17a, p. 71) for

$$\mathbf{h}(k) = \mathbf{K}(k) - \ln \frac{4}{k'}$$

beigegeben, aus der $\mathbf{h}(k)$ bequem abzulesen ist. Die Ermittlung von $\mathbf{K}(k)$ erfolgt dann ohne große Mühe so, daß man $\ln(4/k')$ einer Logarithmentafel entnimmt und die Zuschlagsgröße $\mathbf{h}(k)$ addiert.

from which $\mathbf{h}(k)$ is easily evaluated. The evaluation of $\mathbf{K}(k)$ then results without effort from taking $\ln(4/k')$ out of a logarithmic table and adding the value $\mathbf{h}(k)$.

3.2 Bei Zahlenrechnungen empfiehlt sich manchmal (insbesondere um Ungenauigkeiten durch das Auftreten von Differenzen annähernd gleicher Zahlen zu vermeiden) neben **K** und **E** noch die Verwendung von **D** und den weiteren Integralen

3.2 For calculations sometimes it is advantageous (especially in order to avoid loss of accuracy through differences of nearly equal numbers) to use besides **K** and **E** also **D** and the further integrals

$$\mathbf{B}(k) = \int_0^{\frac{\pi}{2}} \frac{\cos^2\psi}{\Delta(\psi, k)}\, d\psi, \qquad \mathbf{C}(k) = \int_0^{\frac{\pi}{2}} \frac{\sin^2\psi \cos^2\psi}{[\Delta(\psi, k)]^3}\, d\psi.$$

(Vgl. V [15].) **B**, **C** sind mit **K**, **E**, **D** verknüpft durch

(Cf. V [15].) **B**, **C** are related to **K**, **E**, **D** through

$$\mathbf{K} = \mathbf{D} + \mathbf{B}, \qquad 2\mathbf{D} = \mathbf{K} + k^2\,\mathbf{C}, \qquad \mathbf{E} = (1 + k'^2)\,\mathbf{B} + k'^2 k^2\,\mathbf{C},$$

$$\mathbf{K} = 2\mathbf{B} + k^2\,\mathbf{C}, \qquad \mathbf{E} = k'^2\,\mathbf{D} + \mathbf{B}, \qquad (1 + k'^2)\,\mathbf{K} = 2\mathbf{E} + k^4\,\mathbf{C},$$

$$\mathbf{D} = \mathbf{B} + k^2\,\mathbf{C}, \qquad \mathbf{E} = k'^2\,\mathbf{K} + k^2\,\mathbf{B}, \qquad (1 + k'^2)\,\mathbf{D} = \mathbf{E} + k^2\,\mathbf{C}.$$

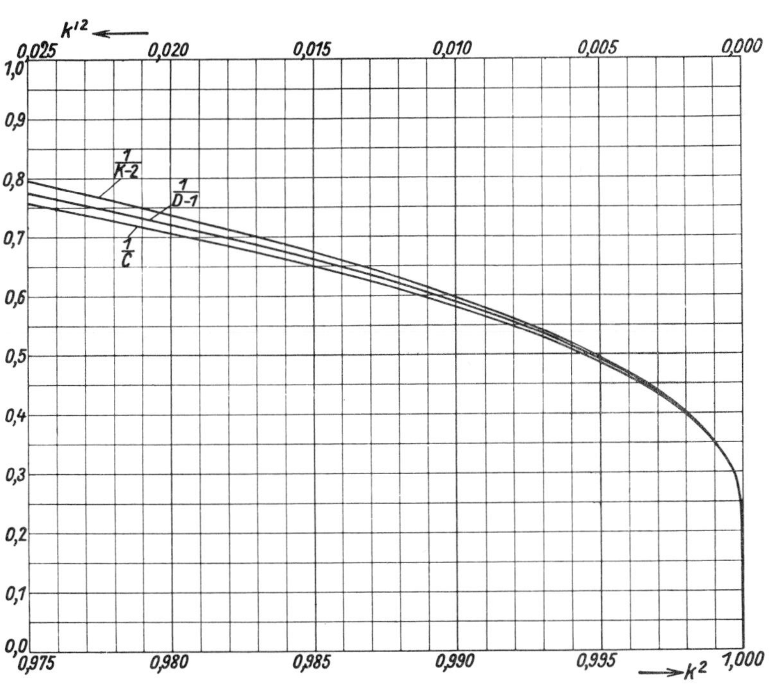

Fig. 40 Große Werte von **K**, **D**, **C**

Fig. 40 Large values of **K**, **D**, **C**

Der Tafel 17 (S. 70) für $\mathbf{C}(k)$, $\mathbf{D}(k)$, ist eine Hilfstafel 17a (S. 71) für

To the table 17 (p. 70) for $\mathbf{C}(k)$, $\mathbf{D}(k)$ is appended an auxiliary table 17a (p. 71) for

$$\mathbf{c}(k) = \mathbf{C}(k) + 2 - \ln\frac{4}{k'}, \quad \mathbf{d}(k) = \mathbf{D}(k) + 1 - \ln\frac{4}{k'}$$

beigegeben, die die Ermittlung von $\mathbf{C}(k)$, $\mathbf{D}(k)$ in der Nähe von $k=1$ ermöglicht (vgl. 3.1 für $\mathbf{K}(k)$).

which allows the evaluation of $\mathbf{C}(k)$, $\mathbf{D}(k)$ near $k=1$ (cf. 3.1 for $\mathbf{K}(k)$).

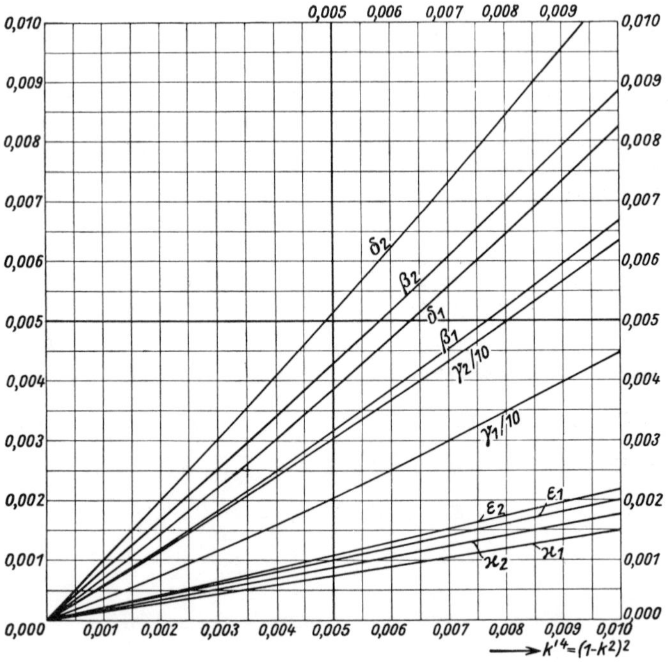

Fig. 41. $\mathbf{E} - 1 = (0{,}5k'^2 + \varepsilon_1)\ln\frac{4}{k'} - (0{,}25k'^2 + \varepsilon_2)$, $1 - \mathbf{B} = (0{,}5k'^2 + \beta_1)\ln\frac{4}{k'} - (0{,}75k'^2 + \beta_2)$,

$$\mathbf{h} = (0{,}25k'^2 + \varkappa_1)\ln\frac{4}{k'} - (0{,}25k'^2 + \varkappa_2),$$

$$\mathbf{d} = (0{,}75k'^2 + \delta_1)\ln\frac{4}{k'} - (k'^2 + \delta_2), \quad \mathbf{c} = (2{,}25k'^2 + \gamma_1)\ln\frac{4}{k'} - (3{,}75k'^2 + \gamma_2)$$

Tafel 16. Vollständige Elliptische Integrale **K** (sin α), **E** (sin α)
Table 16. Complete Elliptic Integrals **K** (sin α), **E** (sin α)

α	K	Δ	E	Δ	α	K	Δ	E	Δ	α	K	Δ	E	Δ
	1,		1,					1,					1,	
0°	5708	+ 1	5708	— 1	50°	1,9356	+ 183	3055	— 92	82°,0	3,3699	+ 123,5	0278	— 5,5
1°	5709	4	5707	4	51°	1,9539	190	2963	93	82°,2	3,3946	126,5	0267	5,5
2°	5713	6	5703	6	52°	1,9729	198	2870	94	82°,4	3,4199	130,5	0256	5,5
3°	5719	8	5697	8	53°	1,9927	206	2776	95	82°,6	3,4460	134	0245	5,5
4°	5727	11	5689	11	54°	2,0133	214	2681	94	82°,8	3,4728	138	0234	5,5
5°	5738	+ 13	5678	— 13	55°	2,0347	+ 224	2587	— 95	83°,0	3,5004	+ 142	0223	— 5
6°	5751	16	5665	16	56°	2,0571	233	2492	95	83°,2	3,5288	146,5	0213	5,5
7°	5767	18	5649	17	57°	2,0804	243	2397	96	83°,4	3,5581	151,5	0202	5
8°	5785	20	5632	21	58°	2,1047	253	2301	95	83°,6	3,5884	156	0192	5
9°	5805	23	5611	22	59°	2,1300	265	2206	95	83°,8	3,6196	161,5	0182	5
10°	5828	+ 26	5589	— 25	60°	2,1565	+ 277	2111	— 96	84°,0	3,6519	+ 166,5	0172	— 4,5
11°	5854	28	5564	27	61°	2,1842	290	2015	95	84°,2	3,6852	173	0163	5
12°	5882	31	5537	30	62°	2,2132	303	1920	94	84°,4	3,7198	179,5	0153	4,5
13°	5913	33	5507	31	63°	2,2435	319!	1826	94	84°,6	3,7557	186,5	0144	4,5
14°	5946	35	5476	34	64°	2,2754	334!	1732	94	84°,8	3,7930	193,5	0135	4
15°	5981	+ 39	5442	— 37	65°	2,3088	+ 351!	1638	— 93	85°,0	3,8317	+ 16	0127	— 4,5
16°	6020	41	5405	38	66°	2,3439	370!	1545	92	85°,2	3,8721	17	0118	4
17°	6061	44	5367	41	67°	2,3809	389!	1453	91	85°,4	3,9142	19	0110	4
18°	6105	46	5326	43	68°	2,4198	412!	1362	90	85°,6	3,9583	21	0102	4
19°	6151	49	5283	45	69°	2,4610	436!	1272	88	85°,8	4,0044	23	0094	4
20°	6200	+ 52	5238	— 47	70°	2,5046	+ 45,4	1184	— 8,8	86°,0	4,0528	+ 25	0086	— 3,5
21°	6252	55	5191	50	70°,5	2,5273	46,8	1140	8,8	86°,2	4,1037	28	0079	3,5
22°	6307	58	5141	51	71°	2,5507	48,4	1096	8,6	86°,4	4,1574	31	0072	3,5
23°	6365	61	5090	53	71°,5	2,5749	49,8	1053	8,4	86°,6	4,2142	35	0065	3
24°	6426	64	5037	56	72°	2,5998	51,6	1011	8,6	86°,8	4,2744	39	0059	3
25°	6490	+ 67	4981	— 57	72°,5	2,6256	+ 53,0	0968	— 8,2	87°,0	4,3387	+ 44	0053	— 3
26°	6557	70	4924	60	73°	2,6521	55,0	0927	8,4	87°,2	4,4073	51	0047	3
27°	6627	74	4864	61	73°,5	2,6796	57,0	0885	8,2	87°,4	4,4811	59	0041	2,5
28°	6701	76	4803	63	74°	2,7081	58,8	0844	8,0	87°,6	4,5609	69	0036	2,5
29°	6777	81	4740	65	74°,5	2,7375	61,2	0804	8,0	87°,8	4,6477	82	0031	2,5
30°	6858	+ 83	4675	— 67	75°	2,7681	+ 63,4	0764	— 7,8	88°,0	4,7427	+ 100	0026	— 2,5
31°	6941	87	4608	69	75°,5	2,7998	65,8	0725	7,8	88°,2	4,8478	123	0021	2
32°	7028	91	4539	70	76°	2,8327	68,4	0686	7,6	88°,4	4,9654	155	0017	1,5
33°	7119	95	4469	72	76°,5	2,8669	71,4	0648	7,4	88°,6	5,0988	201	0014	2
34°	7214	98	4397	74	77°	2,9026	74,2!	0611	7,4	88°,8	5,2527	273	0010	1
35°	7312	+ 103	4323	— 75	77°,5	2,9397	+ 77,8!	0574	— 7,2	89°,0	5,4349	+ 388	0008	— 2
36°	7415	107	4248	77	78°	2,9786	81,2!	0538	7,2	89°,1	5,5402		0006	1
37°	7522	111	4171	79	78°,5	3,0192	85,0!	0502	6,8	89°,2	5,6579		0005	1
38°	7633	115	4092	79	79°	3,0617	89,4!	0468	6,8	89°,3	5,7914		0004	1
39°	7748	120	4013	82	79°,5	3,1064	94,0!	0434	6,6	89°,4	5,9455		0003	1
40°	7868	+ 124	3931	— 82	80°,0	3,1534	+ 97,5	0401	— 6,5	89°,5	6,1278		0002	— 1
41°	7992	130	3849	84	80°,2	3,1729	99,5	0388	6,5	89°,6	6,3509		0001	0
42°	8122	134	3765	85	80°,4	3,1928	102	0375	6	89°,7	6,6385		0001	1
43°	8256	140	3680	86	80°,6	3,2132	104	0363	6,5	89°,8	7,0440		0000	0
44°	8396	145	3594	88	80°,8	3,2340	106,5	0350	6	89°,9	7,7371		0000	0
45°	8541	+ 150	3506	— 88	81°,0	3,2553	+ 109	0338	— 6	90°	∞		0000	
46°	8691	157	3418	89	81°,2	3,2771	112	0326	6				1,	
47°	8848	163	3329	91	81°,4	3,2995	114	0314	6					
48°	9011	169	3238	91	81°,6	3,3223	117,5	0302	6					
49°	9180	176	3147	92	81°,8	3,3458	120,5	0290	6					
50°	9356		3055		82°,0	3,3699		0278						
	1,		1,					1,						

Tafel 17. Vollständige Elliptische Integrale K (k), E (k) und B (k), C (k), D (k)
Table 17. Complete Elliptic Integrals K (k), E (k) and B (k), C (k), D (k)

k^2	K		E		k^2	K		E	
	1,		1,					1,	
0,00	5708	+ 39,5	5708	— 39,5	0,50	1,8541	+ 86,5	3506	— 50,5
02	5787	41	5629	39,5	52	1,8714	90,5	3405	51,5
04	5869	41,5	5550	40	54	1,8895	95	3302	52
06	5952	42,5	5470	40,5	56	1,9085	100	3198	53
08	6037	43,5	5389	40,5	58	1,9285	105,5	3092	54
0,10	6124	+ 45	5308	— 41	0,60	1,9496	+ 111	2984	— 54,5
12	6214	46	5226	41,5	62	1,9718	117,5	2875	56
14	6306	47	5143	42	64	1,9953	125	2763	56,5
16	6400	48,5	5059	42	66	2,0203	133 !	2650	57,5
18	6497	49,5	4975	42,5	68	2,0469	142,5 !	2535	59
0,20	6596	+ 51,5	4890	— 42,5	0,70	2,0754		2417	— 60,5
22	6699	52,5	4805	43,5	72	2,1059		2296	61,5
24	6804	54	4718	43,5	74	2,1390		2173	63
26	6912	56	4631	44	76	2,1748		2047	64,5
28	7024	57,5	4543	44,5	78	2,2140		1918	66,5
0,30	7139	+ 59,5	4454	— 45	0,80	2,2572		1785	— 68,5
32	7258	61,5	4364	45,5	82	2,3052		1648	70,5
34	7381	63,5	4273	46	84	2,3593		1507	73,5
36	7508	65,5	4181	46,5	86	2,4209		1360	76,5
38	7639	68	4088	47	88	2,4926		1207	79,5
0,40	7775	+ 71	3994	— 47,5	0,90	2,5781		1048	— 84,5
42	7917	73	3899	48	92	2,6836		0879	89,5
44	8063	76,5	3803	49	94	2,8208		0700	97,5 !
46	8216	79,5	3705	49,5	96	3,0161		0505	109,5 !
48	8375	83	3606	50	98	3,3541		0286	
0,50	8541		3506		1,00	∞		0000	
	1,		1,					1,	

k^2	B		C		D		k^2	B		C		D	
	0,		0,		0,			0,					
0,00	7854	+ 10	19635	+ 149,5	7854	+ 29,5	0,50	8472	+ 16	0,3193	+ 43	1,0069	+ 70,5
02	7874	10	19934	154,5	7913	31	52	8504	16,5	0,3279	45,5	1,0210	74
04	7894	10	20243	159,5	7975	31,5	54	8537	17	0,3370	48,5	1,0358	78
06	7914	10,5	20562	165	8038	32	56	8571	18	0,3467	52	1,0514	82
08	7935	10,5	20892	170,5	8102	33	58	8607	18,5	0,3571	55,5	1,0678	87
0,10	7956	+ 10,5	21233	+ 176,5	8168	+ 34,5	0,60	8644	+ 18,5	0,3682	+ 59,5	1,0852	+ 92,5
12	7977	11	21586	182,5	8237	35	62	8681	19	0,3801	64	1,1037	98,5
14	7999	11	21951	189,5	8307	36	64	8719	20,5	0,3929	69	1,1234	104,5
16	8021	11,5	22330	196,5	8379	37	66	8760	20,5	0,4067	75	1,1443	112,5 !
18	8044	11,5	22723	204	8453	38	68	8801	21,5	0,4217	81,5	1,1668	121 !
0,20	8067	+ 11,5	23131	+ 212	8529	+ 39,5	0,70	8844	+ 22	0,4380		1,1910	
22	8090	12	23555	220	8608	41	72	8888	23,5	0,4559		1,2171	
24	8114	12	23995	229 !	8690	42	74	8935	24	0,4757		1,2455	
26	8138	12,5	24453	239 !	8774	43,5	76	8983	25,5	0,4975		1,2765	
28	8163	12,5	24931	249 !	8861	45	78	9034	27	0,5219		1,3106	
0,30	8188	+ 13	2543	+ 26	8951	+ 46,5	0,80	9088	+ 28	0,5495		1,3484	
32	8214	13	2595	27	9044	48,5	82	9144	30,5	0,5809		1,3908	
34	8240	13,5	2649	28,5	9141	50	84	9205	31,5	0,6171		1,4388	
36	8267	13,5	2706	29,5	9241	52	86	9268	34	0,6596		1,4941	
38	8294	14	2765	31,5	9345	54	88	9336	37,5	0,7106		1,5590	
0,40	8322	+ 14	2828	+ 33	9453	+ 56,5	0,90	9411	+ 40,5	0,7733		1,6370	
42	8350	15	2894	34,5	9566	58,5	92	9492	45,5	0,8535		1,7344	
44	8380	15	2963	36	9683	61,5	94	9583	51,5	0,9620		1,8625	
46	8410	15,5	3035	38,5	9806	64	96	9686	57,5	1,1239		2,0475	
48	8441	15,5	3112	40,5	9934	67,5	98	9811		1,4203		2,3730	
0,50	8472		3193		*0069		1,00	*0000		∞		∞	
	0,		0,		1,			1,					

Tafel 17a. Hilfstafel für $K(k)$, $C(k)$, $D(k)$ (Vgl. S. 67/68)
Table 17a. Auxiliary Table for $K(k)$, $C(k)$, $D(k)$ (Cf. p. 67/68)

$$h = K - \ln\frac{4}{k'} \qquad c = C + 2 - \ln\frac{4}{k'} \qquad d = D + 1 - \ln\frac{4}{k'}$$

k^2	h		c		d		k^2	h		c		d	
	0,0		0,		0,2			0,0		0,		0,1	
0,70	871	— 20	4497	— 81	027	— 41	0,85	542	— 26	3027	— 125	306	— 59
71	851	19	4416	85	*986	43	86	516	27	2902	127	247	59
72	832	20	4331	85	943	43	87	489	27	2775	133	188	62
73	812	21	4246	87	900	43	88	462	28	2642	139	126	65
74	791	20	4159	90	857	45	89	434	29	2503	146	061	67
0,75	771	— 21	4069	— 93	812	— 46	0,90	405	— 30	236	— 16	*994	— 70
76	750	22	3976	93	766	46	91	375	31	220	16	924	72
77	728	21	3883	98	720	48	92	344	33	204	17	852	76
78	707	23	3785	98	672	48	93	311	33	187	18	776	81
79	684	22	3687	102	624	50	94	278	36	169	20	695	86
0,80	662	— 23	3585	— 106	574	— 51	0,95	242	— 38	149	— 21	609	— 91
81	639	24	3479	107	523	52	96	204	41	128	23	518	100
82	615	24	3372	112	471	54	97	163	45	105	27	418	111!
83	591	24	3260	115	417	55	98	118	50!	078	32	307	
84	567	25	3145	118	362	56	99	068		046		178	
0,85	542		3027		306		1,00	000		000		000	
	0,0		0,		0,1			0,0		0,		0,0	

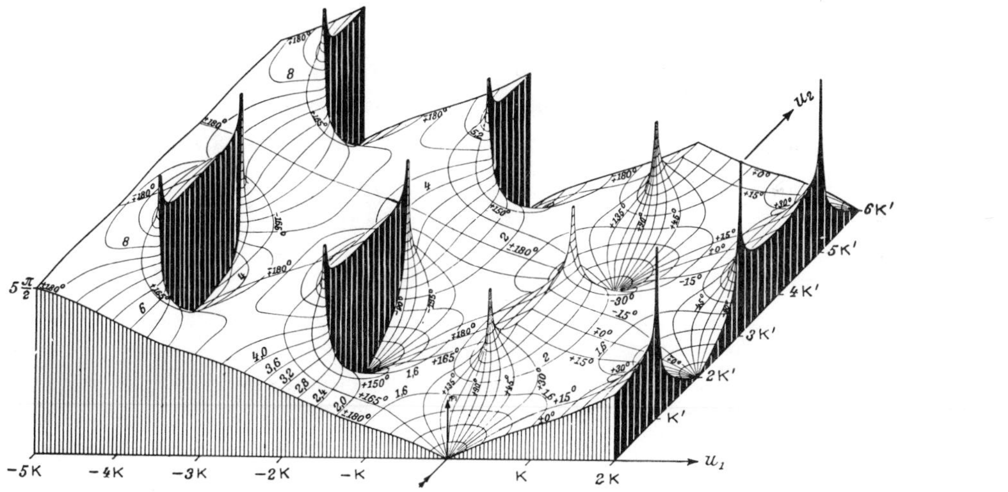

Fig. 42 Relief der Funktion $\varphi = \text{am}\, u$ für $k = 0{,}8$. ($u = u_1 + i u_2$). Die vier schwarzen Flächen links sind Verzweigungsschnitte

Fig. 42. Relief of the function $\varphi = \text{am}\, u$ for $k = 0{,}8$. ($u = u_1 + i u_2$). The four black surfaces on the left-hand side are branch-lines

VI. Elliptische Funktionen
VI. Elliptic Functions

Definitionen und Bezeichnungen

Die *elliptischen Funktionen* ergeben sich als Umkehrfunktionen der elliptischen Integrale. Sie sind *doppeltperiodische meromorphe Funktionen* $f(u)$ einer komplexen Veränderlichen u. Stellen sich alle *Perioden* in der Form

Definitions and Notations

Elliptic functions arise as the inverse functions of elliptic integrals. They are *doubly periodic meromorphic functions* $f(u)$ of a complex variable u. If all *periods* are representable in the form

$$2m\,\omega_1 + 2n\,\omega_2 \qquad \left(m, n \begin{array}{c}\text{ganz}\\ \text{integers}\end{array}\right)$$

dar, so heißt $2\omega_1$, $2\omega_2$ ein *primitives Periodenpaar*. Dabei ist das *Periodenverhältnis* $\tau = \omega_2/\omega_1$ komplex, und es kann $\operatorname{Im}(\tau) > 0$ angenommen werden. Ausgehend von einem beliebigen Punkt u_0 läßt sich die Ebene mit einem Netz von *Periodenparallelogrammen* überziehen mit den Ecken

$2\omega_1$, $2\omega_2$ is called a *pair of primitive periods*. Here the *quotient of the periods* $\tau = \omega_2/\omega_1$ is complex and we may put $\operatorname{Im}(\tau) > 0$. Arising from an arbitrary point u_0 the plane can be covered with a net of *periodic parallelograms* whose vertices are

$$u_0 + 2m\,\omega_1 + 2\,n\,\omega_2 \qquad \left(m, n \begin{array}{c}\text{ganz}\\ \text{integers}\end{array}\right).$$

Wegen ihrer Periodizität nimmt die Funktion in entsprechenden (homologen) Punkten aller Periodenparallelogramme denselben Wert an.

Because of its periodicity the function takes the same values in corresponding (homologous) points of all periodic parallelograms.

A. Jacobische elliptische Funktionen *)
A. Jacobi Elliptic Functions *)

1. Die Jacobische Amplitude

1. The Jacobi Amplitude

Wenn
If

$$u = F(\varphi, k) = \int_0^{\varphi} \frac{d\psi}{\Delta(\psi, k)}$$

(vgl. für die Bezeichnungen S. 43) ist, so heißt φ die *Amplitude* von u:

(cf. for the notations p. 43), then φ is called the *amplitude* of u:

$$\varphi = \operatorname{am}(u, k)\,.$$

Sie ist eine unendlich vieldeutige periodische Funktion von u mit den *Verzweigungspunkten*

It is an infinitely many-valued periodic function of u with the *branch points*

$$u = 2m\,\mathbf{K} + (2n+1)\,\mathbf{K}'i\,, \qquad \left(m, n \begin{array}{c}\text{ganz}\\ \text{integers}\end{array}\right)$$

und mit der *Periode* $4\mathbf{K}'i$:

and with the *period* $4\mathbf{K}'i$:

$$\operatorname{am}(u + 4\,\mathbf{K}'i, k) = \operatorname{am}(u, k)\,.$$

Weiter gilt

Further we get

$$\operatorname{am}(u + 2\mathbf{K}, k) = \pi + \operatorname{am}(u, k), \quad \operatorname{am}(u + 2\,\mathbf{K}'i, k) = \pi - \operatorname{am}(u, k), \quad \operatorname{am}(-u, k) = -\operatorname{am}(u, k)$$

und
and

$$\operatorname{am}(i\,\mathbf{K}' - i\,u, k) \approx i \ln \frac{2}{k\,u} \qquad \begin{array}{c}\text{für}\\ \text{for}\end{array}\ u \to 0.$$

*) Figuren 42 bis 50

*) Figures 42 to 50

2. Die Jacobischen Funktionen sn u, cn u, dn u

Die *Jacobischen doppeltperiodischen Funktionen* ergeben sich aus $\varphi = \text{am}\,(u, k)$ vermöge

$$\text{sn}\,(u, k) = \sin \varphi = \sin \text{am}\,(u, k)\,,$$

$$\text{cn}\,(u, k) = \cos \varphi = \cos \text{am}\,(u, k)\,,$$

$$\text{dn}\,(u, k) = \Delta(\varphi, k) = \sqrt{1 - k^2 \sin^2 \text{am}\,(u, k)},$$

Werden die Funktionen nur in Abhängigkeit von u unter Festhaltung des Moduls k betrachtet, so wird kürzer sn u, cn u, dn u geschrieben. Für die *Darstellung der Funktionen durch Thetareihen* vgl. C 4.3, S. 89.

2. The Jacobi Functions sn u, cn u, dn u

The *Jacobi doubly periodic functions* arise from $\varphi = \text{am}\,(u, k)$ through

Perioden:
Periods:

$$4\mathbf{K},\ 2\mathbf{K}'i,$$
$$4\mathbf{K},\ 2\mathbf{K} + 2\mathbf{K}'i,$$
$$2\mathbf{K},\ 4\mathbf{K}'i\,.$$

If the functions are considered dependent on u alone with the modulus k held constant we write more briefly sn u, cn u, dn u. For the *representation of the functions by theta series* cf. C 4.3, p. 89.

Ausartungen: *Degenerations:*

$$k = 0,\ k' = 1: \quad \text{sn}\,u = \sin u, \quad \text{cn}\,u = \cos u, \quad \text{dn}\,u = 1,$$

$$\mathbf{K} = \frac{\pi}{2}, \quad \mathbf{K}' = \infty, \quad \lim_{k \to 0} \frac{1}{k^2} e^{-\pi \mathbf{K}'/\mathbf{K}} = \frac{1}{16}.$$

$$k = 1,\ k' = 0: \quad \varphi = \text{gd}\,u, \quad \text{sn}\,u = \tanh u, \quad \text{cn}\,u = \text{dn}\,u = 1/\cosh u,$$

$$\mathbf{K} = \infty, \quad \mathbf{K}' = \frac{\pi}{2}, \quad \lim_{k \to 1} \frac{1}{1 - k^2} e^{-\pi \mathbf{K}/\mathbf{K}'} = \frac{1}{16}.$$

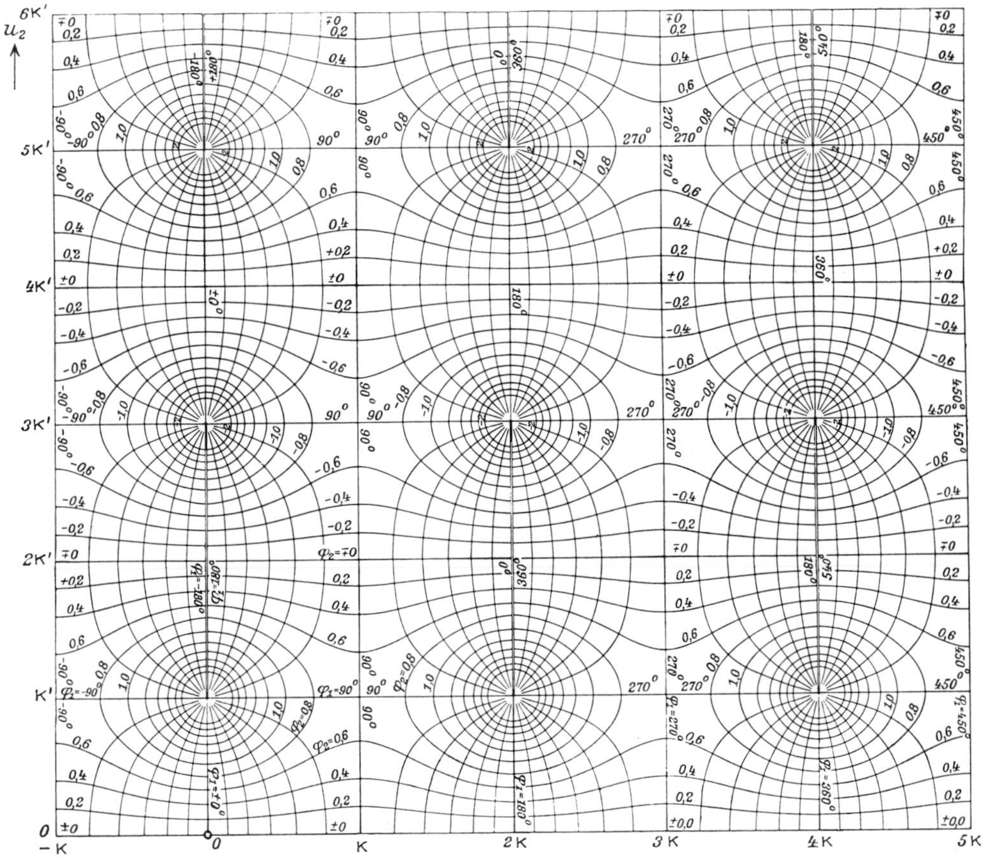

Fig. 43 $\varphi + i\varphi_2 = \text{am}\,(u_1 + i u_2)$ mit / with $k = 0{,}8$; $\mathbf{K} = 2{,}00$; $\mathbf{K}' = 1{,}75$.

Man beachte die Verzweigungsschnitte!
Notice the branch-lines!

3. Besondere Werte — 3. Special Values

	Nullstellen Zeros	Pole Poles	Residuen Residues
sn u	$2m\,\mathbf{K} + 2n\,\mathbf{K}'\mathrm{i}$	$2m\,\mathbf{K} + (2n+1)\,\mathbf{K}'\mathrm{i}$	$(-1)^m\,1/k$
cn u	$(2m+1)\,\mathbf{K} + 2n\,\mathbf{K}'\mathrm{i}$	$2m\,\mathbf{K} + (2n+1)\,\mathbf{K}'\mathrm{i}$	$(-1)^{m+n-1}\,\mathrm{i}/k$
dn u	$(2m+1)\,\mathbf{K} + (2n+1)\,\mathbf{K}'\mathrm{i}$	$2m\,\mathbf{K} + (2n+1)\,\mathbf{K}'\mathrm{i}$	$(-1)^{n-1}\,\mathrm{i}$

$$\left|\operatorname{sn}\left(\frac{1}{2}\mathbf{K}'\mathrm{i} + u_1 + 0\,\mathrm{i}\right)\right| = 1/\sqrt{k}, \qquad \left|\operatorname{dn}\left(\frac{1}{2}\mathbf{K} + 0 + u_2\,\mathrm{i}\right)\right| = \sqrt{k'}, \qquad \left(\begin{matrix} u = u_1 + u_2\,\mathrm{i} \\ k > 0 \end{matrix}\right),$$

$$\operatorname{sn}(0) = 0, \quad \operatorname{cn}(0) = 1, \quad \operatorname{dn}(0) = 1\,.$$

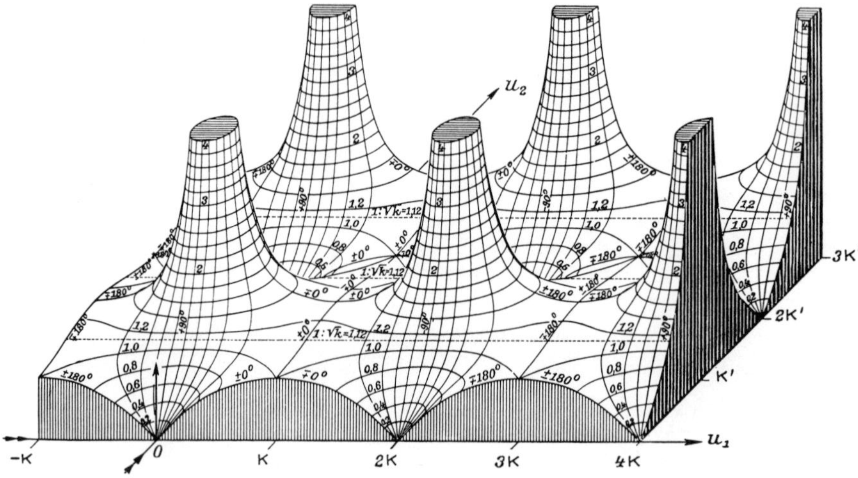

Fig. 44 Relief der doppeltperiodischen Funktion sn u für $k = 0{,}8$. ($u = u_1 + \mathrm{i}u_2$)

Fig. 44 Relief of the doubly periodic function sn u for $k = 0{,}8$. ($u = u_1 + \mathrm{i}u_2$)

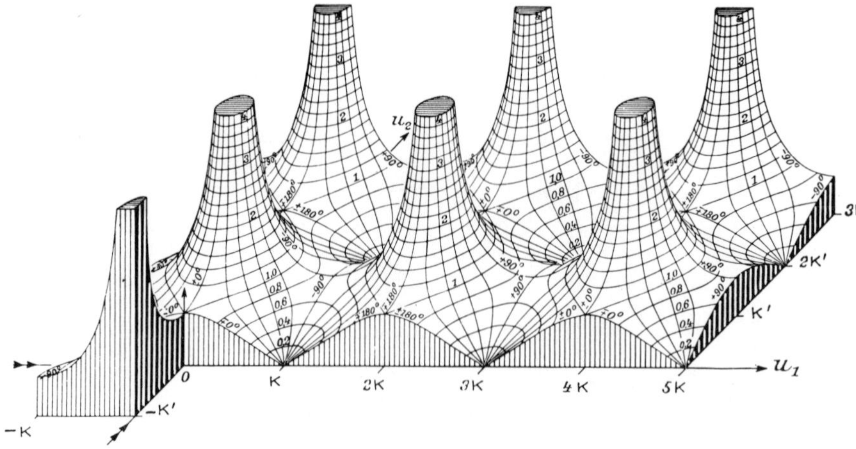

Fig. 45 Relief der doppeltperiodischen Funktion cn u für $k = 0{,}8$. ($u = u_1 + \mathrm{i}u_2$)

Fig. 45 Relief of the doubly periodic function cn u for $k = 0{,}8$. ($u = u_1 + \mathrm{i}u_2$)

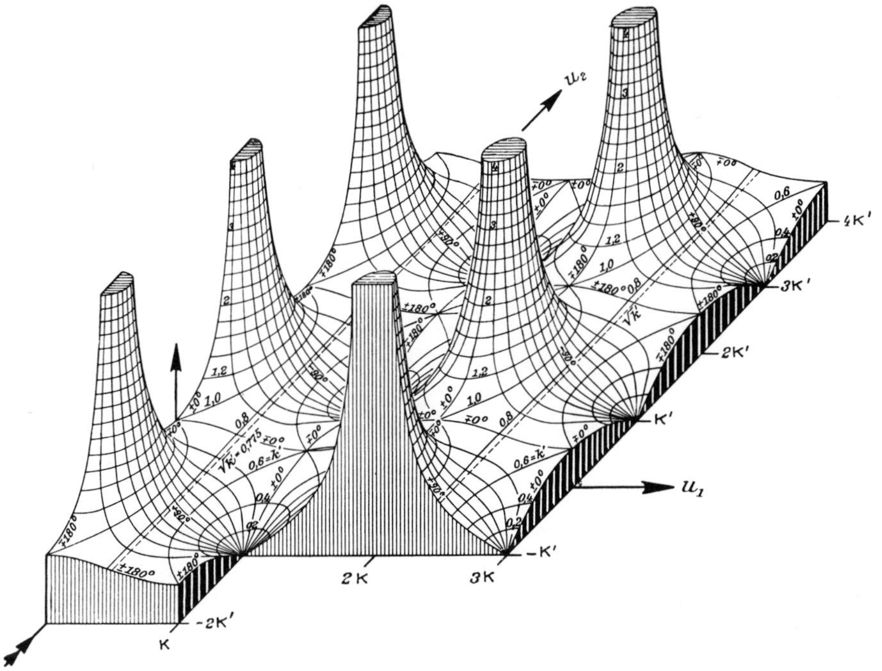

Fig. 46 Relief der doppeltperiodischen Funktion dn u für $k = 0{,}8$. ($u = u_1 + i u_2$)

Fig. 46 Relief of the doubly periodic function dn u for $k = 0{,}8$. ($u = u_1 + i u_2$)

4. Funktionalgleichungen

4. Functional Equations

4.1 Es ist

4.1 We have

$$\operatorname{sn}(-u) = -\operatorname{sn} u, \quad \operatorname{cn}(-u) = \operatorname{cn} u, \quad \operatorname{dn}(-u) = \operatorname{dn} u,$$

$$\operatorname{sn}^2 u + \operatorname{cn}^2 u = 1, \quad \operatorname{dn}^2 u = 1 - k^2 \operatorname{sn}^2 u = k'^2 + k^2 \operatorname{cn}^2 u = \operatorname{cn}^2 u + k'^2 \operatorname{sn}^2 u,$$

$$\operatorname{sn}^2 u = \frac{1 - \operatorname{cn} 2u}{1 + \operatorname{dn} 2u}, \quad \operatorname{cn}^2 u = \frac{\operatorname{cn} 2u + \operatorname{dn} 2u}{1 + \operatorname{dn} 2u}, \quad \operatorname{dn}^2 u = \frac{\operatorname{dn} 2u + k^2 \operatorname{cn} 2u + k'^2}{1 + \operatorname{dn} 2u},$$

$$\operatorname{sn}(u \pm v) = \frac{\operatorname{sn} u \operatorname{cn} v \operatorname{dn} v \pm \operatorname{sn} v \operatorname{cn} u \operatorname{dn} u}{1 - k^2 \operatorname{sn}^2 u \operatorname{sn}^2 v}, \qquad \operatorname{sn}(iu, k) = i \frac{\operatorname{sn}(u, k')}{\operatorname{cn}(u, k')},$$

$$\operatorname{cn}(u \pm v) = \frac{\operatorname{cn} u \operatorname{cn} v \mp \operatorname{sn} u \operatorname{sn} v \operatorname{dn} u \operatorname{dn} v}{1 - k^2 \operatorname{sn}^2 u \operatorname{sn}^2 v}, \qquad \operatorname{cn}(iu, k) = \frac{1}{\operatorname{cn}(u, k')},$$

$$\operatorname{dn}(u \pm v) = \frac{\operatorname{dn} u \operatorname{dn} v \mp k^2 \operatorname{sn} u \operatorname{sn} v \operatorname{cn} u \operatorname{cn} v}{1 - k^2 \operatorname{sn}^2 u \operatorname{sn}^2 v}, \qquad \operatorname{dn}(iu, k) = \frac{\operatorname{dn}(u, k')}{\operatorname{cn}(u, k')},$$

$$(1 - k^2 \operatorname{sn}^2 u \operatorname{sn}^2 v) \cdot \begin{cases} \operatorname{sn}(u + v) \operatorname{sn}(u - v) = \operatorname{sn}^2 u - \operatorname{sn}^2 v, \\ \operatorname{cn}(u + v) \operatorname{cn}(u - v) = \operatorname{cn}^2 u - \operatorname{sn}^2 v \operatorname{dn}^2 u, \\ \operatorname{dn}(u + v) \operatorname{dn}(u - v) = \operatorname{dn}^2 u - k^2 \operatorname{sn}^2 v \operatorname{cn}^2 u. \end{cases}$$

4.2 Die Änderung der Funktionen bei der *Vermehrung des Arguments u um Viertel- und Halbperioden* entnimmt man den folgenden Tabellen (in denen zur Abkürzung s, c, d statt sn u, cn u, dn u geschrieben ist):

4.2 The change of the functions by an *increase of a quarter- and halfperiod in the argument u* is taken from the following tables (in which for brevity we write s, c, d for sn u, cn u, dn u):

$\operatorname{sn}(m\mathbf{K} + n\mathbf{K}'\mathrm{i} + u)$

	$-\mathbf{K}$	0	$+\mathbf{K}$	$\pm 2\mathbf{K}$
$\pm\mathrm{i}\mathbf{K}'$	$\frac{-\mathrm{d}}{k\,\mathrm{c}}$	$\frac{1}{k\,\mathrm{s}}$	$\frac{\mathrm{d}}{k\,\mathrm{c}}$	$\frac{-1}{k\,\mathrm{s}}$
0	$-\frac{\mathrm{c}}{\mathrm{d}}$	s	$\frac{\mathrm{c}}{\mathrm{d}}$	$-\mathrm{s}$

$\operatorname{cn}(m\mathbf{K} + n\mathbf{K}'\mathrm{i} + u)$

	$-\mathbf{K}$	0	$+\mathbf{K}$	$\pm 2\mathbf{K}$
$+\mathrm{i}\mathbf{K}'$	$\frac{\mathrm{i}k'}{k\,\mathrm{c}}$	$\frac{\mathrm{d}}{\mathrm{i}k\,\mathrm{s}}$	$\frac{k'}{\mathrm{i}k\,\mathrm{c}}$	$\frac{\mathrm{i}\,\mathrm{d}}{k\,\mathrm{s}}$
0	$k'\frac{\mathrm{s}}{\mathrm{d}}$	c	$-k'\frac{\mathrm{s}}{\mathrm{d}}$	$-\mathrm{c}$
$-\mathrm{i}\mathbf{K}'$	$\frac{k'}{\mathrm{i}k\,\mathrm{c}}$	$\frac{\mathrm{i}\,\mathrm{d}}{k\,\mathrm{s}}$	$\frac{\mathrm{i}k'}{k\,\mathrm{c}}$	$\frac{\mathrm{d}}{\mathrm{i}k\,\mathrm{s}}$

$\operatorname{dn}(m\mathbf{K} + n\mathbf{K}'\mathrm{i} + u)$

	0	$\pm\mathbf{K}$
$\pm 2\mathrm{i}\mathbf{K}'$	$-\mathrm{d}$	$-\frac{k'}{\mathrm{d}}$
$+\mathrm{i}\mathbf{K}'$	$\frac{\mathrm{c}}{\mathrm{i}\,\mathrm{s}}$	$\mathrm{i}k'\frac{\mathrm{s}}{\mathrm{c}}$
0	d	$\frac{k'}{\mathrm{d}}$
$-\mathrm{i}\mathbf{K}'$	$\frac{\mathrm{i}\,\mathrm{c}}{\mathrm{s}}$	$\frac{k'\mathrm{s}}{\mathrm{i}\,\mathrm{c}}$

4.3 Die Funktionen $\operatorname{cn} u$, $\operatorname{dn} u$ drücken sich durch $\operatorname{sn} u$ aus vermöge

4.3 The functions $\operatorname{cn} u$, $\operatorname{dn} u$ are expressed in terms of $\operatorname{sn} u$ by

$$\operatorname{cn}(u, k) = \operatorname{sn}(k'\mathbf{K} + k'u, \mathrm{i}k/k'), \quad \operatorname{dn}(u, k) = k' \operatorname{sn}(\mathbf{K}' - \mathrm{i}\mathbf{K} + \mathrm{i}u, k').$$

(Vgl. Fig. 44–46.) Weiter gilt für den *Übergang zu einem anderen Modul* die Tabelle (in der zur Abkürzung s, c, d, für $\operatorname{sn}(u, k)$, $\operatorname{cn}(u, k)$, $\operatorname{dn}(u, k)$ gesetzt ist):

(Cf. fig. 44–46.) Moreover for *changing to another modulus* we have the table (in which for brevity we put s, c, d for $\operatorname{sn}(u, k)$, $\operatorname{cn}(u, k)$, $\operatorname{dn}(u, k)$):

u_1	k_1	$\operatorname{sn}(u_1, k_1)$	$\operatorname{cn}(u_1, k_1)$	$\operatorname{dn}(u_1, k_1)$
$k u$	$1/k$	$k\,\mathrm{s}$	d	c
$\mathrm{i}u$	k'	$\mathrm{i}\,\mathrm{s}/\mathrm{c}$	$1/\mathrm{c}$	d/c
$k'u$	$\mathrm{i}k/k'$	$k'\mathrm{s}/\mathrm{d}$	c/d	$1/\mathrm{d}$
$\mathrm{i}k u$	$\mathrm{i}k'/k$	$\mathrm{i}k\,\mathrm{s}/\mathrm{d}$	$1/\mathrm{d}$	c/d
$\mathrm{i}k'u$	$1/k'$	$\mathrm{i}k'\mathrm{s}/\mathrm{c}$	d/c	$1/\mathrm{c}$
$(1+k)u$	$\frac{2\sqrt{k}}{1+k}$	$\frac{(1+k)\,\mathrm{s}}{1+k\,\mathrm{s}^2}$	$\frac{\mathrm{c}\,\mathrm{d}}{1+k\,\mathrm{s}^2}$	$\frac{1-k\,\mathrm{s}^2}{1+k\,\mathrm{s}^2}$
$(1+k')u$	$\frac{1-k'}{1+k'}$	$(1+k')\frac{\mathrm{s}\,\mathrm{c}}{\mathrm{d}}$	$\frac{1-(1+k')\,\mathrm{s}^2}{\mathrm{d}}$	$\frac{1-(1-k')\,\mathrm{s}^2}{\mathrm{d}}$
$\frac{(1+\sqrt{k'})^2 u}{2}$	$\left(\frac{1-\sqrt{k'}}{1+\sqrt{k'}}\right)^2$	$\frac{k^2\,\mathrm{s}\,\mathrm{c}}{\sqrt{k_1}\,(1+\mathrm{d})(k'+\mathrm{d})}$	$\frac{\mathrm{d}-\sqrt{k'}}{1-\sqrt{k'}}\sqrt{\frac{2}{1+\mathrm{d}}\,\frac{1+k'}{k'+\mathrm{d}}}$	$\frac{\sqrt{1+k_1}\,(\mathrm{d}+\sqrt{k'})}{\sqrt{1+\mathrm{d}}\,\sqrt{k'+\mathrm{d}}}$

4.4 *Ableitungen und Differentialgleichungen:*

4.4 *Derivatives and differential equations:*

$$\frac{\mathrm{d}\,\operatorname{am} u}{\mathrm{d}u} = \operatorname{dn} u$$

$$\frac{\mathrm{d}\,\operatorname{sn} u}{\mathrm{d}u} = \operatorname{cn} u \operatorname{dn} u, \quad \frac{\mathrm{d}\,\operatorname{cn} u}{\mathrm{d}u} = -\operatorname{sn} u \operatorname{dn} u, \quad \frac{\mathrm{d}\,\operatorname{dn} u}{\mathrm{d}u} = -k^2 \operatorname{sn} u \operatorname{cn} u$$

$$\left(\frac{\mathrm{d}\,\operatorname{sn} u}{\mathrm{d}u}\right)^2 = (1-\operatorname{sn}^2 u)(1-k^2\operatorname{sn}^2 u), \quad \left(\frac{\mathrm{d}\,\operatorname{cn} u}{\mathrm{d}u}\right)^2 = (1-\operatorname{cn}^2 u)(k'^2 + k^2\operatorname{cn}^2 u),$$

$$\left(\frac{\mathrm{d}\,\operatorname{dn} u}{\mathrm{d}u}\right)^2 = (1-\operatorname{dn}^2 u)(\operatorname{dn}^2 u - k'^2).$$

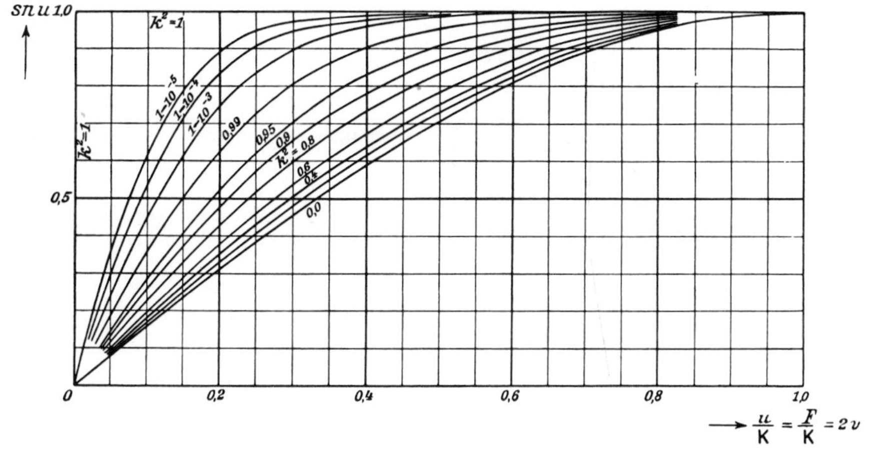

Fig. 47 sn (**K** · 2v) als Funktion von 2v

Fig. 47 sn (**K** · 2v) as function of 2v

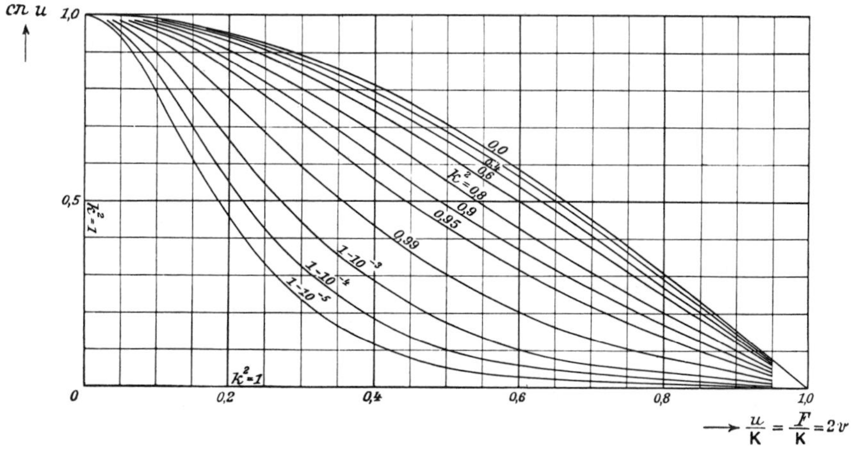

Fig. 48 cn (**K** · 2v) als Funktion von 2v

Fig. 48 cn (**K** · 2v) as function of 2v

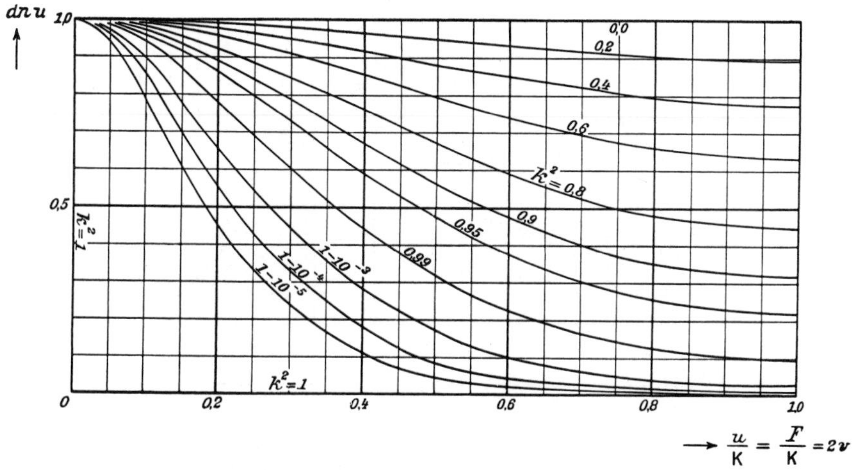

Fig. 49 dn (**K** · 2v) als Funktion von 2v

Fig. 49 dn (**K** · 2v) as function of 2v

4.5 *Integralformeln:*

4.5 *Integral formulas:*

$$k\int_0^u \operatorname{sn} u\,du = \ln\frac{\operatorname{dn} u - k\operatorname{cn} u}{1-k} = -\ln\frac{\operatorname{dn} u + k\operatorname{cn} u}{1+k} = \operatorname{ar\,cosh}\left(\frac{\operatorname{dn} u - k^2\operatorname{cn} u}{1-k^2}\right) = \operatorname{ar\,cosh}\frac{1}{k'} - \operatorname{ar\,cosh}\frac{d}{k'}$$

$$= \operatorname{ar\,sinh}\left(k\,\frac{\operatorname{dn} u - \operatorname{cn} u}{1-k^2}\right) = \operatorname{ar\,sinh}\frac{k}{k'} - \operatorname{ar\,sinh}\frac{k\operatorname{cn} u}{k'},$$

$$k\int_0^u \operatorname{cn} u\,du = \arccos(\operatorname{dn} u) = \arcsin(k\operatorname{sn} u), \qquad \int_0^u \operatorname{dn} u\,du = \arcsin(\operatorname{sn} u) = \operatorname{am} u.$$

$$\int_u^{\mathbf{K}} \frac{du}{\operatorname{sn} u} = \ln\frac{\operatorname{cn} u + \operatorname{dn} u}{k'\operatorname{sn} u}, \qquad k'\int_0^u \frac{du}{\operatorname{cn} u} = \ln\frac{\operatorname{dn} u + k'\operatorname{sn} u}{\operatorname{cn} u},$$

$$k'\int_0^u \frac{du}{\operatorname{dn} u} = \arccos\left(\frac{\operatorname{cn} u}{\operatorname{dn} u}\right) = \arcsin\left(k'\,\frac{\operatorname{sn} u}{\operatorname{dn} u}\right).$$

$$k'\int_0^u \frac{\operatorname{sn} u}{\operatorname{cn} u}\,du = \ln\frac{\operatorname{dn} u + k'}{(1+k')\operatorname{cn} u}, \qquad \int_0^u \frac{\operatorname{dn} u}{\operatorname{cn} u}\,du = \ln\frac{1+\operatorname{sn} u}{\operatorname{cn} u},$$

$$\int_u^{\mathbf{K}} \frac{\operatorname{cn} u}{\operatorname{sn}^2 u}\,du = \frac{\operatorname{dn} u}{\operatorname{sn} u} - k', \qquad k'^2\int_0^u \frac{\operatorname{sn} u}{\operatorname{cn}^2 u}\,du = \frac{\operatorname{dn} u}{\operatorname{cn} u} - 1, \qquad k'^2\int_0^u \frac{\operatorname{sn} u}{\operatorname{dn}^2 u}\,du = 1 - \frac{\operatorname{cn} u}{\operatorname{dn} u},$$

$$\int_u^{\mathbf{K}} \frac{\operatorname{dn} u}{\operatorname{sn}^2 u}\,du = \frac{\operatorname{cn} u}{\operatorname{sn} u}, \qquad \int_0^u \frac{\operatorname{dn} u}{\operatorname{cn}^2 u}\,du = \frac{\operatorname{sn} u}{\operatorname{cn} u}, \qquad \int_0^u \frac{\operatorname{cn} u}{\operatorname{dn}^2 u}\,du = \frac{\operatorname{sn} u}{\operatorname{dn} u},$$

$$\int_0^u \operatorname{dn}^2 u\,du = E(\operatorname{am} u, k).$$

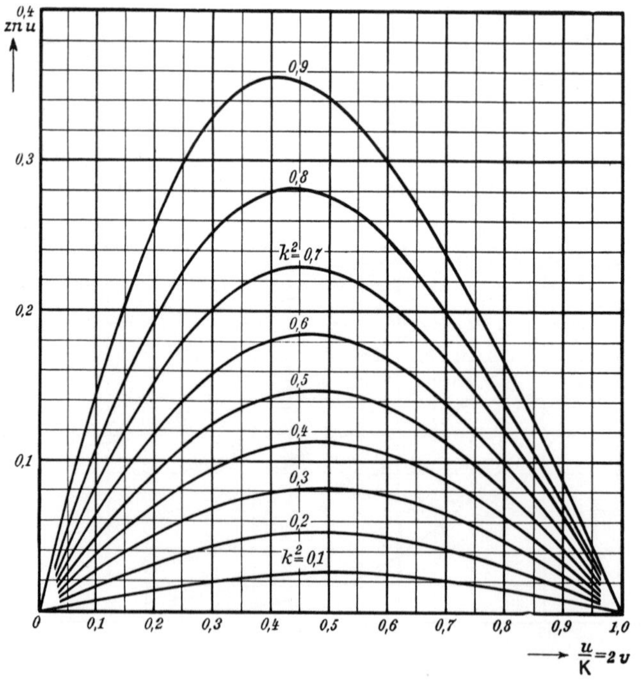

Fig. 50 Die Jacobische Zetafunktion zn ($\mathbf{K}\cdot 2v$) als Funktion von $2v$

Fig. 50 The Jacobi zeta-function zn ($\mathbf{K}\cdot 2v$) as function of $2v$

5. Die Jacobische Zetafunktion

Die *Jacobische Zetafunktion* (Fig. 50) ist definiert durch

5. The Jacobi Zeta-Function

The *Jacobi zeta-function* (fig. 50) is defined by

$$\operatorname{zn}(u,k) = E(\operatorname{am} u, k) - \frac{\mathbf{E}}{\mathbf{K}}\,u = \int_0^u \operatorname{dn}^2(u,k)\,du - \frac{\mathbf{E}}{\mathbf{K}}\,u\,.$$

$\operatorname{zn}(u, k)$ ist eine einfach-periodische meromorphe Funktion von u mit der *Periode* $2\,\mathbf{K}$:

$\operatorname{zn}(u, k)$ is a simply periodic meromorphic function of u with *period* $2\,\mathbf{K}$:

$$\operatorname{zn} u = -\operatorname{zn}(-u) = \operatorname{zn}(2\mathbf{K} + u) = -\operatorname{zn}(2\mathbf{K} - u)\,.$$

Die *Nullstellen* liegen in den Punkten $n\,\mathbf{K}$, $(n=0, \pm 1, \ldots)$. Für ihre *Darstellung durch Thetareihen* vgl. C 4.3, S. 89.

The *zeros* lie in the points $n\mathbf{K}$, $(n=0, \pm 1, \ldots)$. For its *representation by theta-series* cf. C 4.3, p. 89.

B. Weierstraßsche elliptische Funktionen *)

B. Weierstrass Elliptic Functions *)

1. Die Weierstraßschen Funktionen $\wp u, \zeta u, \sigma u$

Die durch Umkehrung des elliptischen Integrals 1. Gattung in der *Weierstraßschen Normalform*

1. The Weierstrass Functions $\wp u, \zeta u, \sigma u$

The function arising from the inversion of the elliptic integral of the first kind in *Weierstrass' normal form*

$$u = \int_s^\infty \frac{ds}{\sqrt{S}}\,, \quad S = 4s^3 - g_2 s - g_3 = 4\,(s - e_1)\,(s - e_2)\,(s - e_3)$$

entstehende Funktion heißt

is denoted by

$$s = \wp\, u = \wp(u; g_2, g_3).$$

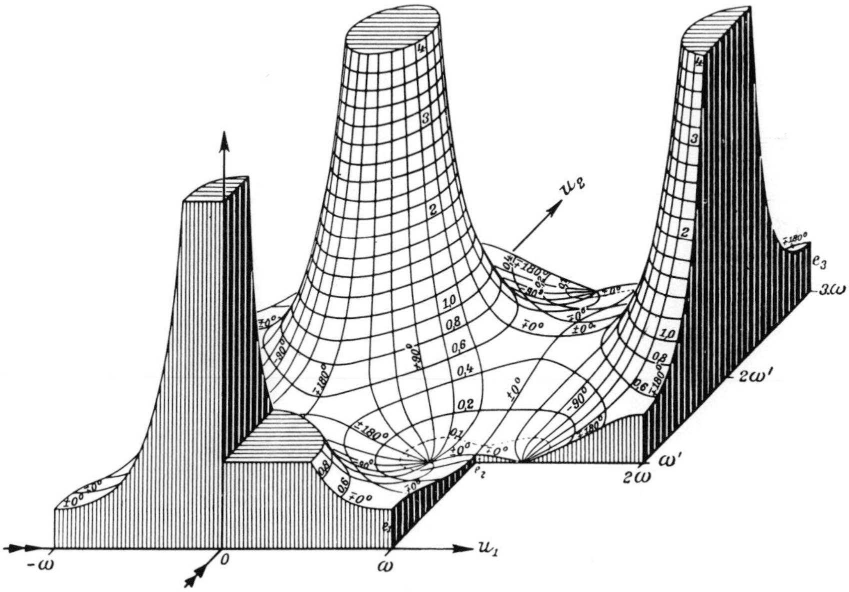

Fig. 51 Relief von / Relief of $s = \wp u.\ (u = u_1 + i u_2)$

$\omega = \mathbf{K} = 2{,}00$; $\omega' = i\mathbf{K}' = 1{,}75\,i$. $k = 0{,}8$; $k' = 0{,}6$

$e_1 = 0{,}453 = 1 + e_3$; $e_2 = 0{,}093$; $e_3 = -0{,}546$. $g_2 = 1{,}026$; $g_3 = -0{,}092$

*) Figur 51

*) Figure 51

Sie ist eine elliptische Funktion mit *primitiven Perioden* 2ω, $2\omega'$, die für reelle $e_1 > e_2 > e_3$ gegeben sind durch

It is an elliptic function with *primitive periods* $2\omega, 2\omega'$ which for real $e_1 > e_2 > e_3$ are given by

$$2\omega = 2\int_{e_1}^{+\infty} \frac{ds}{\sqrt{S}}, \qquad 2\omega' = 2i\int_{-\infty}^{e_3} \frac{ds}{\sqrt{-S}}.$$

g_2, g_3 heißen die *Invarianten* der Funktion. Die Invarianten, die Nullstellen des Polynoms S und die Perioden sind verknüpft durch

g_2, g_3 are called the *invariants* of the function. The invariants, the zeros of the polynomial S and the periods are related through

$$g_2 = -4(e_2 e_3 + e_3 e_1 + e_1 e_2) = 60 \sum{}' \frac{1}{w^4},$$

$$g_3 = 4 e_1 e_2 e_3 = 140 \sum{}' \frac{1}{w^6},$$

wo $\sum'$ über alle von 0 verschiedenen Perioden $w = 2m\omega + 2n\omega'$ $(m, n = 0, \pm 1, \ldots)$ zu erstrecken ist. Weiter gilt

where $\sum'$ is to extend over all periods $w = 2m\omega + 2n\omega'$ $(m, n = 0, \pm 1, \ldots)$ different from zero. Further we get

$$e_1 = \wp(\omega), \quad e_2 = \wp(\omega + \omega'), \quad e_3 = \wp(\omega'), \quad e_1 + e_2 + e_3 = 0.$$

Die Funktionen ζu und σu sind definiert durch

The functions ζu and σu are defined by

$$\wp u = -\frac{d\zeta u}{du} = -\frac{d^2 \ln \sigma u}{du^2},$$

$$\zeta u = \frac{1}{u} - \int_0^u \left(\wp u - \frac{1}{u^2}\right) du, \qquad \sigma u = u\, e^{\int_0^u \left(\zeta u - \frac{1}{u}\right) du}.$$

Ausartungen: Für reelle Nullstellen

Degenerations: For real zeros

$$e_1 \geqq e_2 \geqq e_3$$

des Polynoms S sind die Ausartungen möglich:

of the polynomial S the degenerations are possible:

$$\underset{(>0)}{e_1 = e_2} = -\frac{e_3}{2} : \begin{cases} g_2 = 3e_3^2, & \omega = \infty, \\ g_3 = e_3^3, & \omega' = \pi i / \sqrt{12 e_1}, \end{cases}$$

$$\wp u = -2e_1 + 3e_1 \coth^2(\sqrt{3e_1}\, u),$$
$$\zeta u = -e_1 u + \sqrt{3e_1} \coth(\sqrt{3e_1}\, u),$$
$$\sigma u = \frac{1}{\sqrt{3e_1}} e^{-e_1 u^2/2} \sinh(\sqrt{3e_1}\, u).$$

$$\underset{(<0)}{e_2 = e_3} = -\frac{e_1}{2} : \begin{cases} g_2 = 3e_1^2, & \omega = \pi / \sqrt{6e_1} \\ g_3 = e_1^3, & \omega' = \infty, \end{cases}$$

$$\wp u = e_1 + \frac{3}{2} e_1 \cot^2\left(\sqrt{\frac{3}{2} e_1}\, u\right),$$
$$\zeta u = \frac{1}{2} e_1 u + \sqrt{\frac{3}{2} e_1} \cot\left(\sqrt{\frac{3}{2} e_1}\, u\right)$$
$$\sigma u = \frac{1}{\sqrt{3 e_1/2}} e^{e_1 u^2/4} \sin\left(\sqrt{\frac{3}{2} e^1}\, u\right).$$

$$e_1 = e_2 = e_3 = 0 : \; g_2 = g_3 = 0, \; \omega = \omega' = \infty, \qquad \wp u = \frac{1}{u^2}, \quad \zeta u = \frac{1}{u}, \quad \sigma u = u.$$

2. Darstellungen

2. Representations

Für die Umgebung von $u = 0$ erhält man die *Potenzreihen*

In a neighbourhood of $u = 0$ we have the *power series*

$$\wp' u = -\frac{2}{u^3} + \frac{g_2 u}{10} + \frac{g_3 u^3}{7} + \frac{g_2^2 u^5}{200} + \frac{3 g_2 g_3 u^7}{770} + \cdots,$$

$$\wp u = \frac{1}{u^2} + \frac{g_2 u^2}{20} + \frac{g_3 u^4}{28} + \frac{g_2^2 u^6}{1200} + \frac{3 g_2 g_3 u^8}{6160} + \cdots,$$

$$\zeta u = \frac{1}{u} - \frac{g_2 u^3}{60} - \frac{g_3 u^5}{140} - \frac{g_2^2 u^7}{8400} - \cdots,$$

$$\sigma u = u - \frac{g_2 u^5}{240} - \frac{g_3 u^7}{840} - \frac{g_2^2 u^9}{161280} - \cdots.$$

3. Funktionalgleichungen

3. Functional Equations

3.1 *Integralformeln:*

3.1 *Integral formulas:*

$$\int \wp u \, du = -\zeta u, \qquad \int \wp^2 u \, du = \frac{1}{6} \wp' u + \frac{1}{12} g_2 u,$$

$$\int \wp^3 u \, du = \frac{1}{120} \wp''' u - \frac{3}{20} g_2 \cdot \zeta u + \frac{1}{10} g_3 u,$$

$$\wp' v \int \frac{du}{\wp u - \wp v} = 2u \cdot \zeta v + \ln \frac{\sigma(u-v)}{\sigma(u+v)},$$

$$\frac{1}{2} [\wp' v]^2 \int \frac{du}{[\wp u - \wp v]^2} + \frac{1}{2} \wp'' v \int \frac{du}{\wp u - \wp v} + u \cdot \wp v = -\frac{1}{2} \zeta(u-v) - \frac{1}{2} \zeta(u+v),$$

$$\int \frac{\alpha \wp u + \beta}{\gamma \wp u + \delta} du = \frac{\alpha u}{\gamma} - \frac{\alpha \delta - \beta \gamma}{\gamma^2 \wp' v} \left[\ln \frac{\sigma(u-v)}{\sigma(u+v)} + 2u \cdot \zeta v \right] \qquad \left(\wp v = -\frac{\delta}{\gamma} \right).$$

3.2 *Differentialgleichungen*, die auf Weierstraßsche Funktionen führen:

3.2 *Differential equations* which give Weierstrass functions:

$$\left(\frac{dx}{du}\right)^2 = 4x^3 - g_2 x - g_3, \qquad x = \wp(u; g_2, g_3)$$

$$\left(\frac{dx}{du}\right)^3 = x^2 (x-a)^2, \qquad x = \frac{a}{2} + \frac{27}{16} \wp'\left(\frac{u}{2}; 0, g_3\right), \quad g_3 = -\frac{64}{729} a^2$$

$$\left(\frac{dx}{du}\right)^3 = (x^3 - 3ax^2 + 3x)^2, \qquad x = \frac{2}{a - 3\wp'(u; 0, g_3)}, \quad g_3 = \frac{4 - 3a^2}{27}$$

$$\left(\frac{dx}{du}\right)^4 = \frac{128}{3} (x+a)^2 (x+b)^3, \qquad x = 6\wp^2(u; g_2, 0) - b, \quad g_2 = -\frac{2}{3}(a-b).$$

4. Der Zusammenhang zwischen Jacobischen und Weierstraßschen Funktionen

4. The Relation between Jacobi and Weierstrass Functions

Die Jacobischen Funktionen, die zu dem Modul

The Jacobi functions belonging to the modulus

$$k^2 = (e_2 - e_3)/(e_1 - e_3), \qquad \left(0 < k^2 < 1 \text{ für reelle / for real } e_1 > e_2 > e_3\right)$$

gehören, lassen sich durch $\wp u$ ausdrücken:

can be expressed by $\wp u$:

$$\operatorname{sn}\left(u\sqrt{e_1 - e_3}\right) = \frac{\sqrt{e_1 - e_3}}{\sqrt{\wp u - e_3}}, \quad \operatorname{cn}\left(u\sqrt{e_1 - e_3}\right) = \frac{\sqrt{\wp u - e_1}}{\sqrt{\wp u - e_3}}, \quad \operatorname{dn}\left(u\sqrt{e_1 - e_3}\right) = \frac{\sqrt{\wp u - e_2}}{\sqrt{\wp u - e_3}}$$

und umgekehrt:

and inversely:

$$\wp u = e_3 + \frac{e_1 - e_3}{\operatorname{sn}^2\left(u\sqrt{e_1 - e_3}\right)}.$$

Für die Perioden gilt

For the periods we get

$$\omega = \mathbf{K}/\sqrt{e_1 - e_3}, \quad \omega' = i\,\mathbf{K}'/\sqrt{e_1 - e_3}, \quad \tau = \omega'/\omega = i\mathbf{K}'/\mathbf{K}.$$

C. Die Thetafunktionen*)
C. The Theta Functions*)

1. Definition und Darstellung

Für eine komplexe Veränderliche v und einen komplexen Parameter $\varkappa$ mit $\mathrm{Re}(\varkappa) > 0$ definiert man die *Thetafunktionen* durch die Reihen

1. Definition and Representation

For a complex variable v and a complex parameter $\varkappa$ with $\mathrm{Re}(\varkappa) > 0$ one defines *theta functions* by the series

$$\vartheta_1(v,\varkappa) = 2q^{\frac{1}{4}}(\sin\pi v - q^2\sin 3\pi v + q^6\sin 5\pi v - \cdots) = i\sum_{n=-\infty}^{+\infty}(-1)^n q^{\left(n-\frac{1}{2}\right)^2} e^{(2n-1)\pi v i}$$

$$\vartheta_2(v,\varkappa) = 2q^{\frac{1}{4}}(\cos\pi v + q^2\cos 3\pi v + q^6\cos 5\pi v + \cdots) = \sum_{n=-\infty}^{+\infty} q^{\left(n-\frac{1}{2}\right)^2} e^{(2n-1)\pi v i}$$

$$\vartheta_3(v,\varkappa) = 1 + 2(q\cos 2\pi v + q^4\cos 4\pi v + q^9\cos 6\pi v + \cdots) = \sum_{n=-\infty}^{+\infty} q^{n^2} e^{2n\pi v i}$$

$$\vartheta_4(v,\varkappa) = 1 - 2(q\cos 2\pi v - q^4\cos 4\pi v + q^9\cos 6\pi v - \cdots) = \sum_{n=-\infty}^{+\infty}(-1)^n q^{n^2} e^{2n\pi v i}$$

wobei / where

$$q = e^{-\pi\varkappa}$$

ist (und unter $q^{1/4}$ der eindeutig bestimmte Wert $e^{-\pi\varkappa/4}$ zu verstehen ist), wofür wir auch schreiben:

(and where by $q^{1/4}$ is understood the uniformly determined value $e^{-\pi\varkappa/4}$), for which we also write:

$$q = e^{i\pi\tau} \quad \text{mit / with} \quad \tau = \tau_1 + i\tau_2 = i\varkappa \qquad (\tau_2 > 0).$$

Bei Festhaltung des Parameters $\varkappa$ wird an Stelle von $\vartheta_n(v,\varkappa)$ kürzer $\vartheta_n(v)$ geschrieben. $\vartheta_4(v)$ wird auch mit $\vartheta(v)$ oder $\vartheta_0(v)$ bezeichnet. Die Thetafunktionen sind ganze transzendente Funktionen von v. Ihre *logarithmischen Ableitungen* nach v lauten:

When the parameter $\varkappa$ is held constant we write instead of $\vartheta_n(v,\varkappa)$ more briefly $\vartheta_n(v)$. $\vartheta_4(v)$ is also denoted by $\vartheta(v)$ or $\vartheta_0(v)$. The theta functions are transcendental entire functions of v. Their *logarithmic derivatives* with respect to v are:

$$\left.\begin{array}{l}\dfrac{1}{2\pi}\dfrac{d\ln\vartheta_3(v)}{dv}\\[2mm] \dfrac{1}{2\pi}\dfrac{d\ln\vartheta_4(v)}{dv}\end{array}\right\} = \mp\frac{\sin 2\pi v}{\sinh\pi\varkappa} + \frac{\sin 4\pi v}{\sinh 2\pi\varkappa} \mp \frac{\sin 6\pi v}{\sinh 3\pi\varkappa} + \cdots$$

$$\left.\begin{array}{l}\dfrac{1}{2\pi}\dfrac{d\ln\vartheta_2}{dv} + \dfrac{1}{2}\tan\pi v\\[2mm] \dfrac{1}{2\pi}\dfrac{d\ln\vartheta_1}{dv} - \dfrac{1}{2}\cot\pi v\end{array}\right\} = \mp q\frac{\sin 2\pi v}{\sinh\pi\varkappa} + q^2\frac{\sin 4\pi v}{\sinh 2\pi\varkappa} \mp q^3\frac{\sin 6\pi v}{\sinh 3\pi\varkappa} + \cdots.$$

2. Besondere Werte

2.1 Die *Nullstellen* der Thetafunktionen sind

2. Special Values

2.1 The *zeros* of theta functions are

$\vartheta_1(v,\varkappa)$	$\vartheta_2(v,\varkappa)$	$\vartheta_3(v,\varkappa)$	$\vartheta_4(v,\varkappa)$
$m + n\varkappa i$	$m + \frac{1}{2} + n\varkappa i$	$m + \frac{1}{2} + \left(n + \frac{1}{2}\right)\varkappa i$	$m + \left(n + \frac{1}{2}\right)\varkappa i$

(m, n ganz). / (m, n integers).

2.2 Die *Nullwerte* der Thetafunktionen $\vartheta_n(v)$ und ihrer Ableitungen $\vartheta'_n(v)$ nach v, d. h. die Werte an der Stelle $v = 0$, werden durch Fortlassen des Arguments gekennzeichnet:

2.2 The *zero-values* of the theta functions $\vartheta_n(v)$ and of their derivatives $\vartheta'_n(v)$ with respect to v, i.e. the values at the point $v = 0$, are denoted by omitting the argument:

$$\vartheta_n(0) = \vartheta_n, \qquad \vartheta'_n(0) = \vartheta'_n.$$

*) Figuren 52 bis 59; Tafeln 18 und 19

*) Figures 52 to 59; tables 18 and 19

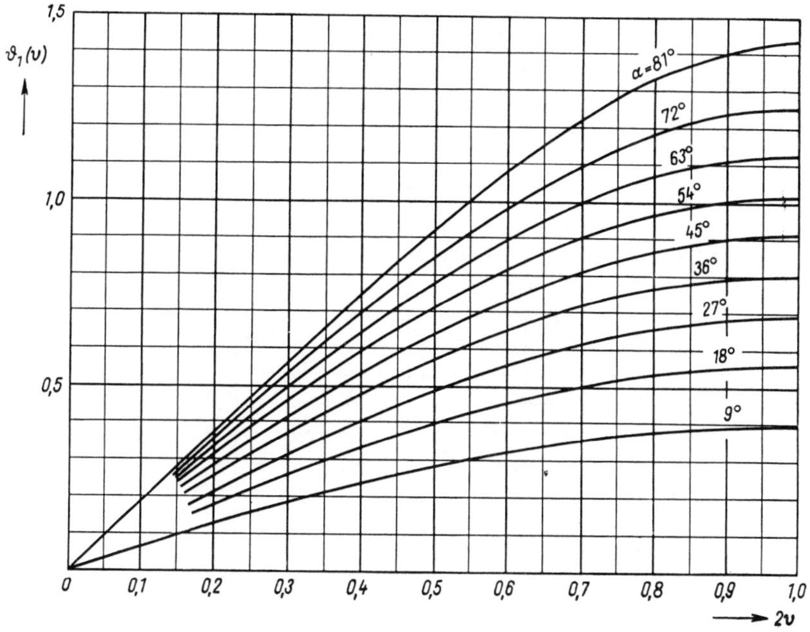

Fig. 52 $\vartheta_1(v) = \vartheta_2(v_1), \quad 2v + 2v_1 = 1$

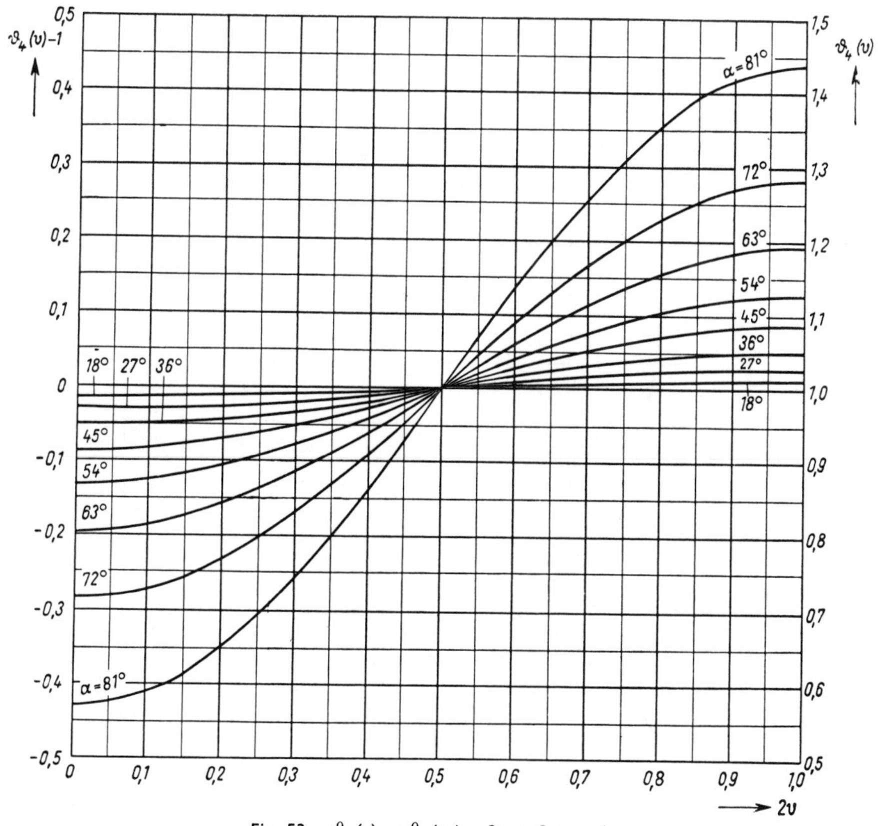

Fig. 53 $\vartheta_4(v) = \vartheta_3(v_1), \quad 2v + 2v_1 = 1$

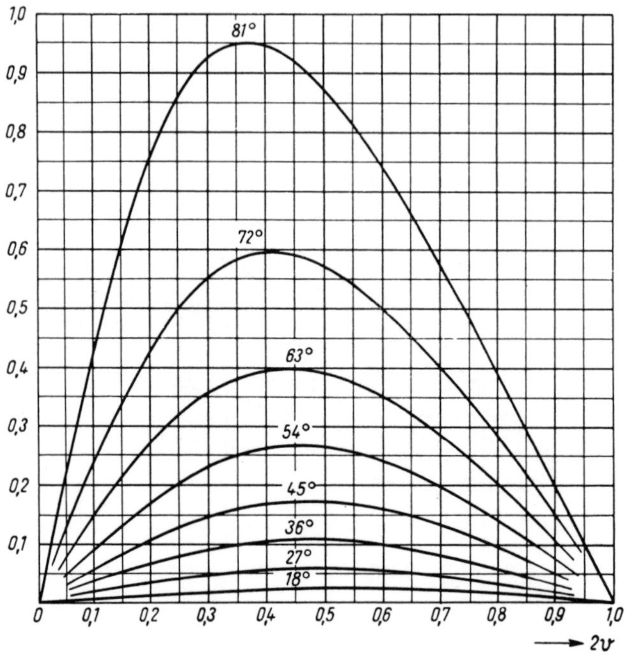

Fig. 54 $\frac{1}{\pi}\frac{d \ln \vartheta_4(v)}{dv} = -\frac{1}{\pi}\frac{d \ln \vartheta_3(v_1)}{dv_1}, \quad 2v + 2v_1 = 1$

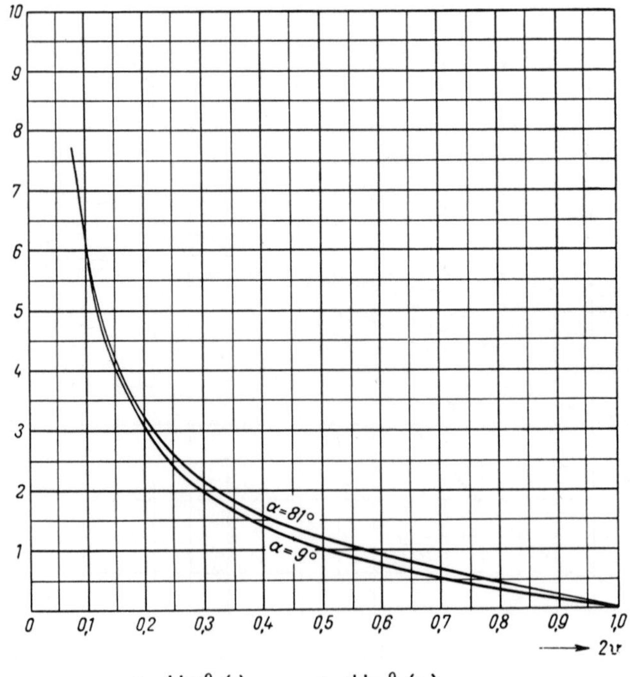

Fig. 55 $\frac{1}{\pi}\frac{d \ln \vartheta_1(v)}{dv} = -\frac{1}{\pi}\frac{d \ln \vartheta_2(v_1)}{dv_1}, \quad 2v + 2v_1 = 1$

Es ist

We get

$$\vartheta_1' = 2\pi q^{\frac{1}{4}}(1-3q^2+5q^6-7q^{12}+\cdots), \quad \vartheta_3 = 1+2q+2q^4+2q^9+\cdots,$$

$$\vartheta_2 = 2q^{\frac{1}{4}}(1+q^2+q^6+q^{12}+\cdots), \quad \vartheta_4 = 1-2q+2q^4-2q^9+\cdots,$$

$$\vartheta_2^4+\vartheta_4^4=\vartheta_3^4, \quad \frac{\vartheta_1'''}{\vartheta_1'} = \frac{\vartheta_2''}{\vartheta_2}+\frac{\vartheta_3''}{\vartheta_3}+\frac{\vartheta_4''}{\vartheta_4}, \quad \vartheta_1' = \pi\vartheta_2\vartheta_3\vartheta_4,$$

$$-\frac{\vartheta_1'''}{\vartheta_1'} = \pi^2\frac{1-3^3q^2+5^3q^6-+\cdots}{1-3q^2+5q^6-+\cdots}, \quad -\frac{\vartheta_3''}{\vartheta_3} = 8\pi^2\frac{q+4q^4+9q^9+\cdots}{1+2q+2q^4+2q^9+\cdots},$$

$$-\frac{\vartheta_2''}{\vartheta_2} = \pi^2\frac{1+3^2q^2+5^2q^6+\cdots}{1+q^2+q^6+\cdots}, \quad +\frac{\vartheta_4''}{\vartheta_4} = 8\pi^2\frac{q-4q^4+9q^9-+\cdots}{1-2q+2q^4-2q^9+-\cdots}.$$

3. Funktionalgleichungen

3. Functional Equations

3.1 Die Thetafunktionen genügen den *Symmetriebeziehungen*

3.1 The theta functions satisfy the *symmetry relations*

$$\vartheta_1(-v) = -\vartheta_1(v), \quad \vartheta_n(-v) = \vartheta_n(v) \quad \text{für/for} \quad n=2,3,4.$$

3.2 Die Thetafunktionen sind periodisch mit der *Periode* 1 oder 2. Setzt man

3.2 The theta functions are periodic with the *period* 1 or 2. If we put

$$\frac{1}{M} = q^{\frac{1}{4}}e^{\pi v i}, \quad \frac{1}{N} = q\,e^{2\pi v i},$$

so gilt genauer die folgende Tabelle:

we have more precisely the following table:

v_1	$\vartheta_3(v_1)$	$\vartheta_4(v_1)$	$\vartheta_2(v_1)$	$\vartheta_1(v_1)$
$-v$	$\vartheta_3(v)$	$\vartheta_4(v)$	$\vartheta_2(v)$	$-\vartheta_1(v)$
$v\pm 1/2$	$\vartheta_4(v)$	$\vartheta_3(v)$	$\mp\vartheta_1(v)$	$\pm\vartheta_2(v)$
$v+i\varkappa/2$	$M\vartheta_2(v)$	$iM\vartheta_1(v)$	$M\vartheta_3(v)$	$iM\vartheta_4(v)$
$v+1/2+i\varkappa/2$	$iM\vartheta_1(v)$	$M\vartheta_2(v)$	$-iM\vartheta_4(v)$	$M\vartheta_3(v)$
$v\pm 1$	$\vartheta_3(v)$	$\vartheta_4(v)$	$-\vartheta_2(v)$	$-\vartheta_1(v)$
$v+i\varkappa$	$N\vartheta_3(v)$	$-N\vartheta_4(v)$	$N\vartheta_2(v)$	$-N\vartheta_1(v)$
$v-1-i\varkappa$	$N\vartheta_3(v)$	$-N\vartheta_4(v)$	$-N\vartheta_2(v)$	$-N\vartheta_1(v)$

3.3 Mit den Bezeichnungen

3.3 With the notations

$$F = \varkappa^{1/2}e^{\pi v^2/\varkappa}, \quad G = \varkappa^{1/2}e^{\pi v^2/(\varkappa+i)}$$

bestehen für die Thetafunktionen als Funktionen von v und $\varkappa$ die *Transformationsformeln:*

theta functions as functions of v and $\varkappa$ satisfy the *transformation formulas:*

v_1	$\varkappa_1$	$\vartheta_3(v_1,\varkappa_1)$	$\vartheta_4(v_1,\varkappa_1)$	$\vartheta_2(v_1,\varkappa_1)$	$\vartheta_1(v_1,\varkappa_1)$
$\frac{v}{\varkappa i}$	$\frac{1}{\varkappa}$	$F\vartheta_3(v,\varkappa)$	$F\vartheta_2(v,\varkappa)$	$F\vartheta_4(v,\varkappa)$	$-iF\vartheta_1(v,\varkappa)$
$\frac{v}{1-i\varkappa}$	$\frac{\varkappa}{1-i\varkappa}$	$G\vartheta_2(v,\varkappa)$	$\sqrt{i}\,G\vartheta_4(v,\varkappa)$	$G\vartheta_3(v,\varkappa)$	$\sqrt{i}\,G\vartheta_1(v,\varkappa)$
v	$1+i\varkappa$	$\vartheta_4(v,\varkappa)$	$\vartheta_3(v,\varkappa)$	$\sqrt{i}\,\vartheta_2(v,\varkappa)$	$\sqrt{i}\,\vartheta_1(v,\varkappa)$

3.4 Die Thetafunktionen sind Lösungen der partiellen Differentialgleichung

3.4 The theta functions are solutions of the partiall differential equation

$$\frac{\partial^2 \vartheta_n(v,\varkappa)}{\partial v^2} = 4\pi \frac{\partial \vartheta_n(v,\varkappa)}{\partial \varkappa}.$$

4. Zusammenhang mit elliptischen Funktionen und elliptischen Integralen. Modulfunktion

4. Relations with Elliptic Functions and Elliptic Integrals. Modular Function

4.1 Zwischen dem Modul k und dem Verhältnis $\mathbf{K}'/\mathbf{K}$ der zugehörigen vollständigen Normalintegrale $\mathbf{K}'(k)$, $\mathbf{K}(k)$ besteht ein Zusammenhang, der mittels der Theta-Nullwerte gegeben ist durch

4.1 Between the modulus k and the quotient $\mathbf{K}'/\mathbf{K}$ of the corresponding complete normal integrals $\mathbf{K}'(k)$, $\mathbf{K}(k)$ is a relation, which with the help of the theta zero-values is given by

$$k^2 = \frac{\vartheta_2^4}{\vartheta_3^4} \quad \text{für / for} \quad q = e^{-\pi\varkappa}, \quad \varkappa = \mathbf{K}'/\mathbf{K}.$$

Man bezeichnet diese Funktion nach Einführung von $\tau = i\varkappa$ als *elliptische Modulfunktion*

One denotes this function after the substitution $\tau = i\varkappa$ as the *elliptic modular function*

$$k^2 = \lambda(\tau).$$

Es ist für $|q| \ll 1$

For $|q| \ll 1$ we get

$$k^2 \approx 16\,q\,\frac{1+4q^2}{1+8q+24q^2}.$$

Die *Berechnung von* $\varkappa$ zu gegebenem Modul k kann über die zugehörigen Normalintegrale $\mathbf{K}$, $\mathbf{K}'$ erfolgen (Tafeln 16 und 17, S. 69/70). Den zu k gehörigen Wert q erhält man auch unmittelbar aus der Reihe

The *calculation of* $\varkappa$ for a given modulus k can be effected by means of the corresponding normal integrals $\mathbf{K}$, $\mathbf{K}'$ (tables 16 and 17, p. 69/70). Or directly we get the corresponding value of q from the series

$$q = \varepsilon + 2\varepsilon^5 + 15\varepsilon^9 + 150\varepsilon^{13} + 1707\varepsilon^{17} + \cdots$$

mit / with

$$2\varepsilon = \frac{1-\sqrt{k'}}{1+\sqrt{k'}} = \frac{1-\sqrt{\cos\alpha}}{1+\sqrt{\cos\alpha}}, \quad (k = \sin\alpha,\ k' = \cos\alpha)$$

(Tafel 19, S. 92/94).

(table 19, p. 92/94).

n Tafel 18 (S. 90) sind die Thetafunktionen direkt als Funktionen von α ($k = \sin\alpha$) gegeben. Aus den ersten Gliedern der Reihen in **1.** erhält man Näherungen, die mit Hilfe von Tafel 19 und einer Tafel für die trigonometrischen Funktionen auszuwerten sind. Die zugehörigen Korrekturen sind in Tafel 18a (S. 91) gegeben, in der lineare Interpolation möglich ist.

In table 18 (p. 90) the theta functions are given directly as functions of α ($k = \sin\alpha$). From the first terms of the series in **1.** we get approximations which can be evaluated with the help of table 19 and a table of the trigonometric functions. The corresponding corrections are given in table 18a (p. 91) which allows linear interpolation.

4.2 Die *vollständigen elliptischen Normalintegrale* lassen sich durch Null-Thetas darstellen, wobei q zu dem gegebenen Modul k gemäß 4.1 zu ermitteln ist. Für $k^2 < 1/2$ ist

4.2 The *complete elliptic normal integrals* can be represented by zero-thetas, whereby for a given value of the modulus k the value of q is to be calculated according to 4.1. For $k^2 < 1/2$ we get

$$\frac{2}{\pi}\mathbf{K} = \vartheta_3^2 \approx 1+4q, \quad \frac{2}{\pi}k\,\mathbf{K} = \vartheta_2^2 \approx 4\sqrt{q}, \quad \frac{2}{\pi}k'\,\mathbf{K} = \vartheta_4^2 \approx 1-4q,$$

$$\frac{2}{\pi}\mathbf{E} = -\frac{1}{\pi^2}\frac{\vartheta_2''}{\vartheta_2}\frac{1}{\vartheta_3^2} = \frac{1+9q^2+25q^6+\cdots}{(1+q^2+q^6+\cdots)(1+2q+2q^4+\cdots)^2} \approx 1-4q,$$

$$\frac{4}{\pi}\mathbf{D} = \frac{2}{\pi^2}\frac{\vartheta_3^2}{\vartheta_2^4}\frac{\vartheta_4''}{\vartheta_4} = \frac{(1+2q+2q^4+\cdots)^2(1-4q^3+9q^8-\cdots)}{(1+q^2+q^6+\cdots)^4(1-2q+2q^4-\cdots)} \approx 1+6q.$$

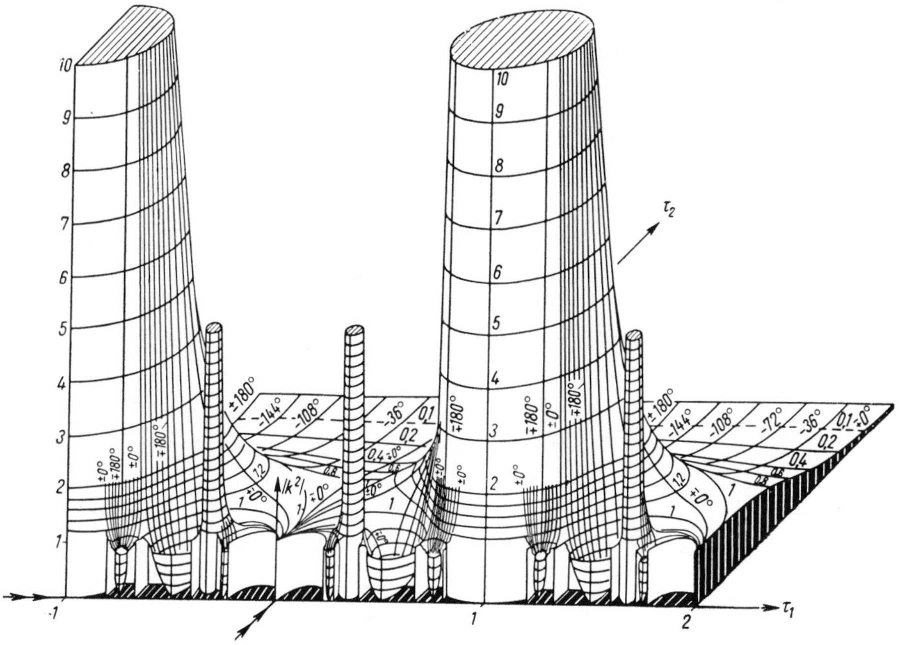

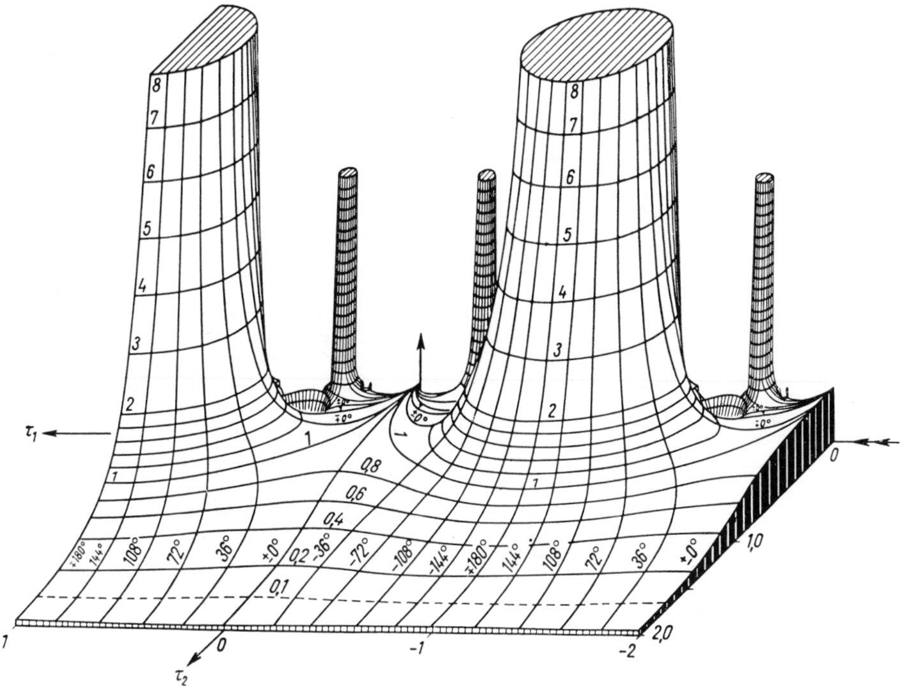

Fig. 56 und 57 Relief der elliptischen Modulfunktion $k^2 = \lambda(\tau)$. $(\tau = \tau_1 + i\tau_2)$

Fig. 56 and 57 Relief of the elliptic modular function $k^2 = \lambda(\tau)$. $(\tau = \tau_1 + i\tau_2)$

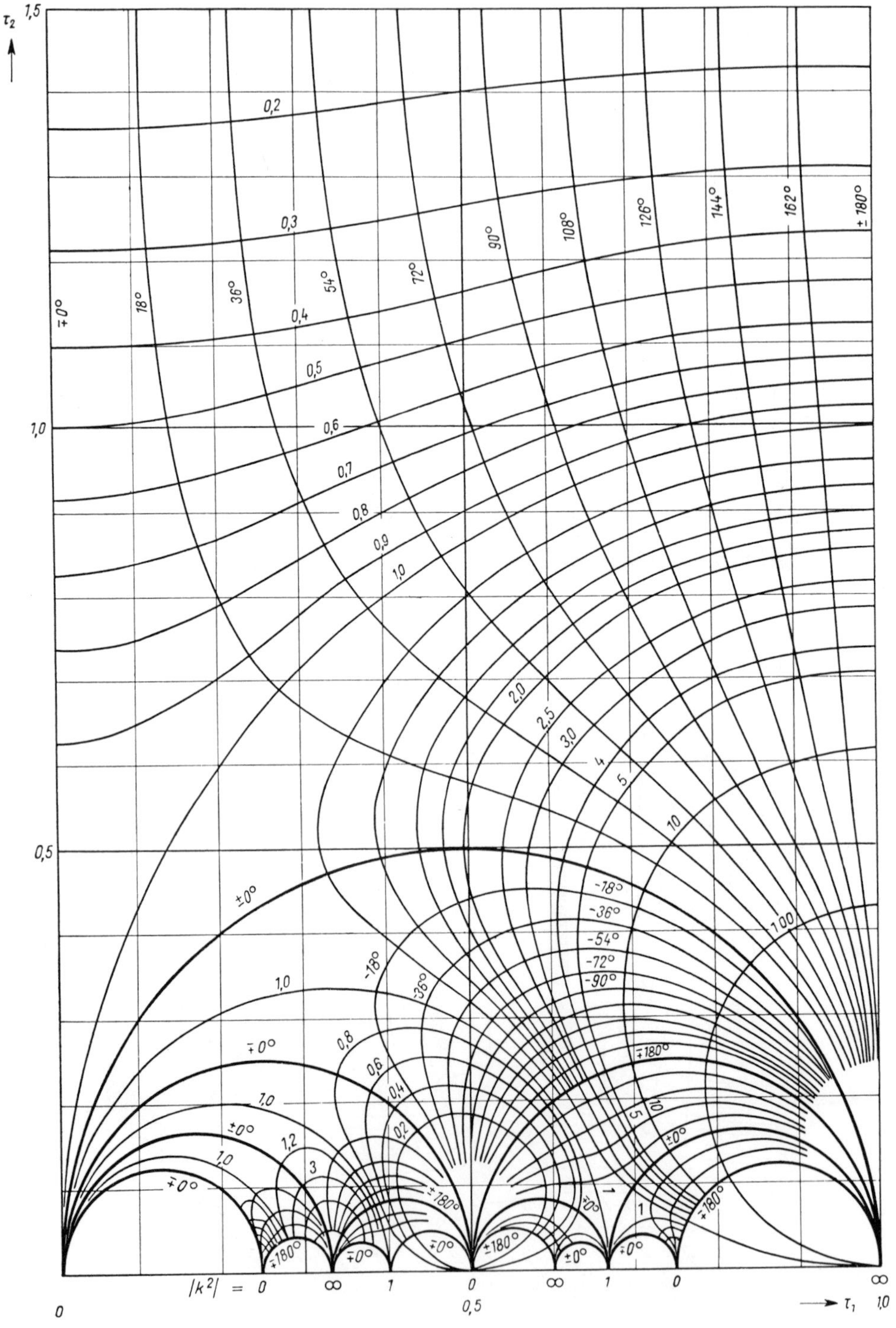

Fig. 58 Höhenkarte der elliptischen Modulfunktion $k^2 = \lambda(\tau)$. $(\tau = \tau_1 + i\tau_2)$

Fig. 58 Altitude chart of the elliptic modular function $k^2 = \lambda(\tau)$. $(\tau = \tau_1 + i\tau_2)$

Für $k^2 > 1/2$ bestimme man q zum Modul k' und setze $-\ln q = \Lambda$. Dann erhält man mit den zugehörigen Thetawerten

For $k^2 > 1/2$ compute q for the modulus k' and put $-\ln q = \Lambda$. Then with the corresponding theta values we get

$$\mathbf{K} = \frac{\Lambda}{2}\vartheta_3^2, \quad \mathbf{E} = \frac{1}{\vartheta_3^2}\left(1 + \frac{\Lambda}{2}\frac{1}{\pi^2}\frac{\vartheta_4''}{\vartheta_4}\right), \quad \mathbf{D} = \frac{\vartheta_3^2}{\vartheta_4^4}\left[-1 + \frac{\Lambda}{2}\left(\vartheta_3^4 - \frac{1}{\pi^2}\frac{\vartheta_4''}{\vartheta_4}\right)\right].$$

4.3 Die Jacobischen elliptischen Funktionen lassen sich durch Thetafunktionen darstellen, wobei $q = e^{-\pi\varkappa}$ mit $\varkappa = \mathbf{K}'/\mathbf{K}$ zu wählen ist:

4.3 The Jacobi elliptic functions can be represented by theta functions, where q is to be chosen according to $q = e^{-\pi\varkappa}$ with $\varkappa = \mathbf{K}'/\mathbf{K}$:

$$\operatorname{sn} u = \frac{1}{\sqrt{k}}\frac{\vartheta_1(v)}{\vartheta_4(v)}, \quad \operatorname{cn} u = \sqrt{\frac{k'}{k}}\frac{\vartheta_2(v)}{\vartheta_4(v)}, \quad \operatorname{dn} u = \sqrt{k'}\frac{\vartheta_3(v)}{\vartheta_4(v)}, \quad (v = u/2\mathbf{K}).$$

Setzt man $u = u_1 + u_2 i$ und wählt bei reellen $\mathbf{K}, \mathbf{K}'$ erstens $-2\mathbf{K}' < u_2 < 2\mathbf{K}'$, zweitens $u_2 = 0$, so gelten für kleine q die Näherungen

If we put $u = u_1 + u_2 i$ and for real $\mathbf{K}, \mathbf{K}'$ firstly choose $-2\mathbf{K}' < u_2 < 2\mathbf{K}'$, secondly $u_2 = 0$, for small q we get the approximations

$$\operatorname{sn} u \approx \sin y \frac{1 - 4q^2\cos^2 y}{1 - 4q(1-2q)\cos^2 y} \approx \sin y \cdot (1 + 4q\cos^2 y),$$

$$\operatorname{cn} u \approx \cos y \frac{1 - 4q^2\sin^2 y}{1 - 4q(1+2q)\sin^2 y} \approx \cos y \cdot (1 - 4q\sin^2 y), \qquad \left(y = \frac{\pi u}{2\mathbf{K}}\right).$$

$$\operatorname{dn} u \approx \frac{1 - 4q(1-2q)\sin^2 y}{1 + 4q(1+2q)\sin^2 y} \approx 1 - 8q\sin^2 y,$$

Für $\operatorname{zn}(u, k)$ gilt entsprechend

Similarly for $\operatorname{zn}(u, k)$ we get

$$\operatorname{zn} u = \frac{1}{\vartheta_3^2}\frac{d\ln\vartheta_4}{dy} \approx \frac{4q\sin 2y}{1 + 2q(2 - \cos 2y) + 4q^2(1 - 2\cos 2y)}, \qquad \left(y = \frac{\pi u}{2\mathbf{K}}\right).$$

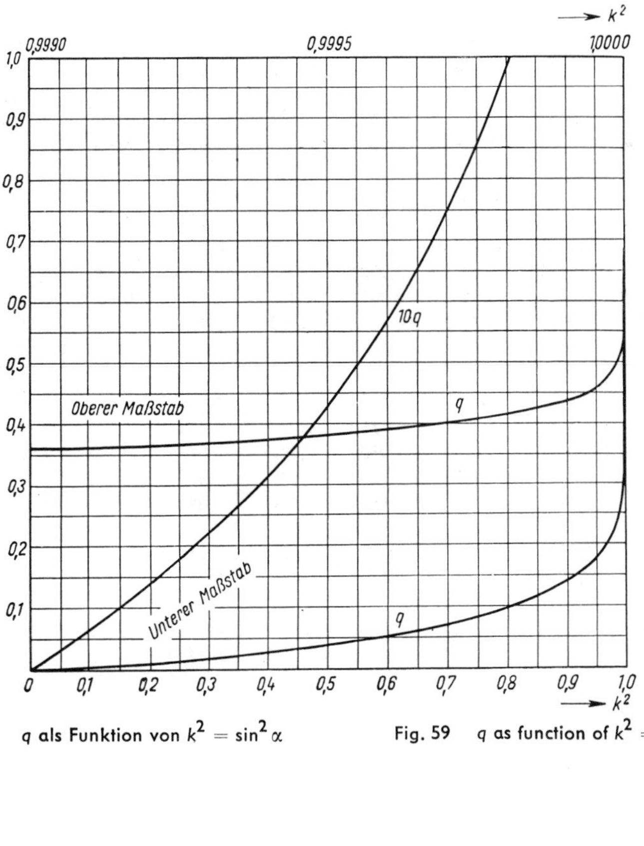

Fig. 59 q als Funktion von $k^2 = \sin^2\alpha$

Fig. 59 q as function of $k^2 = \sin^2\alpha$

Tafel 18. Thetafunktionen
Table 18. Theta Functions

$\vartheta_4(v) = \vartheta_3(v_1)$

$2v$	$\alpha = 0°$	9°	18°	27°	36°	45°	54°	63°	72°	81°	$2v_1$
0,0	1,0000	0,9970	0,9874	0,9712	0,9471	0,9135	0,8680	0,8052	0,7152	0,5694	1,0
1	1,0000	0,9970	0,9881	0,9725	0,9497	0,9178	0,8744	0,8147	0,7290	0,5898	0,9
2	1,0000	0,9975	0,9899	0,9766	0,9572	0,9300	0,8931	0,8424	0,7691	0,6494	0,8
3	1,0000	0,9982	0,9927	0,9831	0,9689	0,9493	0,9223	0,8853	0,8318	0,7429	0,7
4	1,0000	0,9991	0,9961	0,9911	0,9836	0,9732	0,9592	0,9397	0,9110	0,8619	0,6
0,5	1,0000	1,0000	1,0000	1,0000	1,0000	1,0000	1,0000	0,9999	0,9992	0,9956	0,5
6	1,0000	1,001	1,004	1,009	1,016	1,027	1,041	1,060	1,088	1,131	0,4
7	1,0000	1,002	1,007	1,017	1,031	1,051	1,078	1,115	1,168	1,254	0,3
8	1,0000	1,003	1,010	1,023	1,043	1,070	1,107	1,158	1,231	1,353	0,2
9	1,0000	1,003	1,012	1,028	1,050	1,082	1,126	1,186	1,272	1,417	0,1
1,0	1,0000	1,003	1,013	1,029	1,053	1,086	1,132	1,195	1,286	1,439	0,0

$\vartheta_1(v) = \vartheta_2(v_1)$

$2v$	$\alpha = 0°$	9°	18°	27°	36°	45°	54°	63°	72°	81°	$2v_1$
0,0	0,0000	0,0000	0,0000	0,0000	0,0000	0,0000	0,0000	0,0000	0,0000	0,0000	1,0
1	0,0000	0,06206	0,08804	0,1084	0,1260	0,1419	0,1566	0,1700	0,1810	0,1843	0,9
2	0,0000	0,1226	0,1739	0,2140	0,2488	0,2804	0,3098	0,3368	0,3597	0,3698	0,8
3	0,0000	0,1801	0,2555	0,3145	0,3657	0,4123	0,4560	0,4968	0,5335	0,5563	0,7
4	0,0000	0,2332	0,3308	0,4073	0,4736	0,5343	0,5917	0,6467	0,6989	0,7413	0,6
0,5	0,0000	0,2805	0,3980	0,4900	0,5700	0,6436	0,7139	0,7827	0,8517	0,9200	0,5
6	0,0000	0,3210	0,4553	0,5607	0,6524	0,7372	0,8188	0,9007	0,9870	1,085	0,4
7	0,0000	0,3535	0,5015	0,6176	0,7188	0,8129	0,9041	0,9972	1,100	1,227	0,3
8	0,0000	0,3773	0,5353	0,6592	0,7675	0,8682	0,9669	1,069	1,184	1,337	0,2
9	0,0000	0,3918	0,5559	0,6847	0,7973	0,9022	1,005	1,113	1,237	1,407	0,1
1,0	0,0000	0,3967	0,5629	0,6933	0,8074	0,9135	1,018	1,128	1,255	1,431	0,0

$\frac{d \ln \vartheta_4(v)}{\pi\, dv} = -\frac{d \ln \vartheta_3(v_1)}{\pi\, dv_1}$

$2v$	$\alpha = 0°$	9°	18°	27°	36°	45°	54°	63°	72°	81°	$2v_1$
0,0	0,0000	0,0000	0,0000	0,0000	0,0000	0,0000	0,0000	0,0000	0,0000	0,0000	1,0
1	0,0000	0,001920	0,007845	0,01833	0,03444	0,05806	0,09324	0,1473	0,2401	0,4380	0,9
2	0,0000	0,003650	0,01490	0,03471	0,06502	0,1092	0,1737	0,2712	0,4333	0,7614	0,8
3	0,0000	0,005020	0,02045	0,04747	0,08839	0,1473	0,2315	0,3555	0,5527	0,9247	0,7
4	0,0000	0,005897	0,02396	0,05536	0,1024	0,1689	0,2618	0,3942	0,5947	0,9469	0,6
0,5	0,0000	0,006194	0,02509	0,05769	0,1059	0,1729	0,2642	0,3899	0,5719	0,8742	0,5
6	0,0000	0,005883	0,02377	0,05438	0,09906	0,1601	0,2415	0,3502	0,5011	0,7411	0,4
7	0,0000	0,005002	0,02015	0,04589	0,08306	0,1331	0,1984	0,2836	0,3980	0,5748	0,3
8	0,0000	0,003632	0,01460	0,03314	0,05968	0,09500	0,1404	0,1985	0,2748	0,3906	0,2
9	0,0000	0,001909	0,007661	0,01735	0,03115	0,04945	0,07260	0,1020	0,1400	0,1972	0,1
1,0	0,0000	0,0000	0,0000	0,0000	0,0000	0,0000	0,0000	0,0000	0,0000	0,0000	0,0

$\frac{d \ln \vartheta_1(v)}{\pi\, dv} = -\frac{d \ln \vartheta_2(v_1)}{\pi\, dv_1}$

$2v$	$\alpha = 0°$	9°	18°	27°	36°	45°	54°	63°	72°	81°	$2v_1$
0,0	∞	∞	∞	∞	∞	∞	∞	∞	∞	∞	1,0
1	6,3138	6,314	6,314	6,314	6,314	6,316	6,320	6,326	6,340	6,384	0,9
2	3,0777	3,078	3,078	3,078	3,080	3,082	3,088	3,100	3,128	3,218	0,8
3	1,9626	1,962	1,963	1,963	1,965	1,969	1,977	1,994	2,031	2,132	0,7
4	1,3764	1,376	1,377	1,377	1,379	1,384	1,393	1,413	1,457	1,570	0,6
0,5	1,0000	1,0000	1,0000	1,001	1,003	1,007	1,017	1,038	1,083	1,198	0,5
6	0,7265	0,7266	0,7268	0,7273	0,7293	0,7337	0,7432	0,7628	0,8048	0,9099	0,4
7	0,5095	0,5096	0,5097	0,5102	0,5118	0,5156	0,5236	0,5403	0,5753	0,6619	0,3
8	0,3249	0,3249	0,3250	0,3254	0,3266	0,3293	0,3351	0,3473	0,3723	0,4336	0,2
9	0,1584	0,1584	0,1584	0,1586	0,1593	0,1607	0,1638	0,1700	0,1831	0,2148	0,1
1,0	0,0000	0,0000	0,0000	0,0000	0,0000	0,0000	0,0000	0,0000	0,0000	0,0000	0,0
$2v$	$\alpha = 0°$	9°	18°	27°	36°	45°	54°	63°	72°	81°	$2v_1$

Tafel 18a. Hilfstafel für die Thetafunktionen (vgl. S. 86)
Table 18a. Auxiliary Table for the Theta Functions (cf. p. 86)

$$\vartheta_4^*(v) = \vartheta_3^*(v_1)$$

2v	α=63°	72°	75°	78°	81°	82°	83°	84°	85°	86°	87°	87,5°	88°	88,5°	89°	2v₁
0,00	+0,2	+0,8	+1,4	+2,5	+4,5	+5,6	+7,0	+8,8	+11,5	+15,2	+21	+25	+31	+39	+52	1,00
05	0,2	0,8	1,3	2,3	4,3	5,3	6,6	8,4	10,9	14,5	20	24	29	37	50	0,95
10	0,1	0,7	1,1	2,0	3,6	4,5	5,6	7,2	9,3	12,3	17	20	25	32	42	90
15	0,1	0,5	0,8	1,4	2,6	3,3	4,1	5,2	6,7	9,0	12	15	18	23	31	85
20	+0,1	+0,3	+0,4	+0,8	+1,4	+1,7	+2,2	+2,7	+ 3,5	+ 4,7	+ 7	+ 8	+10	+12	+17	80
0,25	0,0	0,0	0,0	0,0	0,0	0,0	0,0	0,0	0,0	0,0	0	0	0	0	0	0,75
30	−0,1	−0,3	−0,4	−0,8	−1,4	−1,7	−2,1	−2,7	− 3,5	− 4,7	− 6	− 8	− 9	−12	−16	70
35	0,1	0,5	0,8	1,4	2,6	3,3	4,1	5,2	6,7	8,9	12	15	18	23	31	65
40	0,1	0,7	1,1	2,0	3,6	4,5	5,6	7,2	9,3	12,3	17	20	25	32	42	60
45	0,2	0,8	1,3	2,3	4,3	5,3	6,6	8,4	10,9	14,5	20	24	30	37	50	55
0,50	−0,2	−0,8	−1,4	−2,5	−4,5	−5,6	−7,0	−8,9	−11,5	−15,2	−21	−25	−31	−39	−53	0,50
55	0,2	0,8	1,3	2,3	4,3	5,3	6,6	8,4	10,9	14,5	20	24	30	38	51	45
60	0,1	0,7	1,1	2,0	3,6	4,5	5,6	7,2	9,3	12,4	17	21	25	32	43	40
65	0,1	0,5	0,8	1,4	2,6	3,3	4,1	5,2	6,8	9,0	12	15	18	23	32	35
70	−0,1	−0,3	−0,4	−0,8	−1,4	−1,7	−2,2	−2,7	− 3,6	− 4,7	− 7	− 8	−10	−12	−17	30
0,75	0,0	0,0	0,0	0,0	0,0	0,0	0,0	0,0	0,0	0,0	0	0	0	0	0	0,25
80	+0,1	+0,3	+0,4	+0,8	+1,4	+1,7	+2,2	+2,7	+ 3,5	+ 4,7	+ 6	+ 8	+10	+12	+16	20
85	0,1	0,5	0,8	1,4	2,6	3,3	4,1	5,2	6,7	9,0	12	15	18	23	31	15
90	0,1	0,7	1,1	2,0	3,6	4,5	5,6	7,2	9,3	12,4	17	21	25	32	43	10
95	0,2	0,8	1,3	2,3	4,3	5,3	6,6	8,4	10,9	14,5	20	24	30	38	51	05
1,00	+0,2	+0,8	+1,4	+2,5	+4,5	+5,6	+7,0	+8,9	+11,5	+15,3	+21	+25	+31	+40	+53	0,00

$$\vartheta_1^*(v) = \vartheta_2^*(v_1)$$

2v	α=54°	63°	72°	75°	78°	81°	82°	83°	83,5°	84°	84,5°	85°	85,5°	86°	86,5°	87°	2v₁
0,00	0	0	0	0	0	0	0	0	0	0	0	0	0	0	0	0	1,00
05	−1	− 2	− 6	− 8	−11	−15	−17	−19	−21	−22	− 24	− 25	− 27	− 30	− 32	− 35	0,95
10	2	5	11	15	21	29	33	37	40	43	46	49	53	58	63	69	90
15	3	7	16	22	30	42	47	54	57	61	66	71	76	83	90	99	85
20	4	9	20	27	37	52	59	67	71	76	82	88	95	103	112	123	80
0,25	−4	−10	−23	−31	−43	−60	−67	−76	−81	−87	− 94	−101	−109	−118	−129	−141	0,75
30	4	10	25	33	46	64	72	82	87	93	100	108	117	126	138	151	70
35	4	11	25	34	46	64	73	82	88	94	101	109	118	128	140	153	65
40	4	10	24	32	44	61	69	79	84	90	97	104	113	122	134	147	60
45	4	9	21	29	39	55	62	71	76	81	87	94	101	110	120	132	55
0,50	−3	− 8	−18	−24	−33	−46	−52	−59	−63	−67	− 72	− 78	− 84	− 92	−100	−110	0,50
55	2	6	13	18	24	34	38	44	47	50	54	58	63	68	75	82	45
60	−1	3	8	10	14	20	23	26	28	30	32	35	37	41	45	49	40
65	0	− 1	− 2	− 3	− 4	− 5	− 6	− 7	− 7	− 8	− 8	− 9	− 10	− 11	− 12	− 14	35
70	+1	+ 2	+ 4	+ 5	+ 7	+10	+11	+13	+14	+15	+ 16	+ 17	+ 18	+ 19	+ 21	+ 23	30
0,75	+2	+ 4	+10	+13	+18	+25	+28	+32	+34	+36	+ 39	+ 42	+ 45	+ 49	+ 53	+ 58	0,25
80	3	6	15	20	27	38	43	49	52	56	60	64	70	76	83	91	20
85	3	8	19	26	35	49	56	63	67	72	78	84	90	98	107	118	15
90	4	9	22	30	41	58	65	74	79	85	91	98	106	115	126	139	10
95	4	10	24	33	45	63	71	81	86	93	99	107	116	126	138	152	05
1,00	+4	+11	+25	+34	+46	+65	+73	+83	+89	+95	+102	+110	+119	+130	+142	+156	0,00

$$\vartheta_1(v) = 2q^{1/4}\sin\pi v + 10^{-3}\vartheta_1^*(v), \qquad \vartheta_2(v_1) = 2q^{1/4}\cos\pi v_1 + 10^{-3}\vartheta_2^*(v_1),$$

$$\vartheta_4(v) = 1 - 2q\cos 2\pi v + 10^{-3}\vartheta_4^*(v), \qquad \vartheta_3(v_1) = 1 + 2q\cos 2\pi v_1 + 10^{-3}\vartheta_3^*(v_1).$$

Tafel 19. Die Funktion log q
Table 19. The Function log q

α	log q		α	log q		α	log q		α	log q		α	log q		α	log q	
				$\bar{4}$,			$\bar{3}$,			$\bar{3}$,			$\bar{3}$,			$\bar{2}$,	
0°,0	$-\infty$		5°,0	6781	+ 172	10°,0	2818	+ 87	15°,0	6368	+ 59	20°,0	8907	+ 44	25°,0	0897	+ 36
1	$\bar{7}$,2796		1	6953	169	1	2905	86	1	6427	58	1	8951	44	1	0933	36
2	$\bar{7}$,8817		2	7122	166	2	2991	86	2	6485	57	2	8995	44	2	0969	35
3	$\bar{6}$,2339		3	7288	163	3	3077	84	3	6542	58	3	9039	44	3	1004	36
4	$\bar{6}$,4838		4	7451	159	4	3161	84	4	6600	57	4	9083	43	4	1040	35
0°,5	$\bar{6}$,6776	— 337	5°,5	7610	+ 157	10°,5	3245	+ 82	15°,5	6657	+ 56	20°,5	9126	+ 43	25°,5	1075	+ 35
6	$\bar{6}$,8359	237	6	7767	154	6	3327	82	6	6713	56	6,	9169	43	6	1110	35
7	$\bar{6}$,9698	175	7	7921	151	7	3409	82	7	6769	56	7	9212	43	7	1145	35
8	$\bar{5}$,0858	134	8	8072	149	8	3491	80	8	6825	56	8	9255	43	8	1180	35
9	$\bar{5}$,1881	106	9	8221	146	9	3571	80	9	6881	55	9	9298	42	9	1215	35
1°,0	$\bar{5}$,2797	— 86	6°,0	8367	+ 144	11°,0	3651	+ 79	16°,0	6936	+ 55	21°,0	9340	+ 42	26°,0	1250	+ 34
1	$\bar{5}$,3624	71	1	8511	142	1	3730	79	1	6991	54	1	9382	42	1	1284	35
2	$\bar{5}$,4380	60	2	8653	139	2	3809	77	2	7045	54	2	9424	42	2	1319	34
3	$\bar{5}$,5076	51	3	8792	137	3	3886	77	3	7099	54	3	9466	42	3	1353	34
4	$\bar{5}$,5719	44	4	8929	135	4	3963	77	4	7153	54	4	9508	41	4	1387	34
1°,5	$\bar{5}$,6319	— 38	6°,5	9064	+ 133	11°,5	4040	+ 75	16°,5	7207	+ 53	21°,5	9549	+ 42	26°,5	1421	+ 34
6	$\bar{5}$,6879	34	6	9197	131	6	4115	75	6	7260	53	6	9591	41	6	1455	34
7	$\bar{5}$,7406	30	7	9328	129	7	4190	75	7	7313	53	7	9632	41	7	1489	34
8	$\bar{5}$,7903	27	8	9457	127	8	4265	74	8	7366	52	8	9673	40	8	1523	34
9	$\bar{5}$,8372	24	9	9584	125	9	4339	73	9	7418	52	9	9713	41	9	1557	33
2°,0	$\bar{5}$,8818	— 22	7°,0	9709	+ 124	12°,0	4412	+ 73	17°,0	7470	+ 52	22°,0	9754	+ 40	27°,0	1590	+ 33
1	$\bar{5}$,9242	20	1	9833	121	1	4485	72	1	7522	51	1	9794	41	1	1623	34
2	$\bar{5}$,9646	18	2	9954	121	2	4557	71	2	7573	51	2	9835	40	2	1657	33
3	$\bar{4}$,0032	16	3	*0075	118	3	4628	71	3	7624	51	3	9875	40	3	1690	33
4	$\bar{4}$,0402	15	4	0193	117	4	4699	70	4	7675	51	4	9915	39	4	1723	33
2°,5	$\bar{4}$,0757	— 14 + 340	7°,5	0310	+ 115	12°,5	4769	+ 70	17°,5	7726	+ 50	22°,5	9954	+ 40	27°,5	1756	+ 33
6	$\bar{4}$,1097	328	6	0425	114	6	4839	69	6	7776	50	6	9994	39	6	1789	32
7	$\bar{4}$,1425	316	7	0539	113	7	4908	69	7	7826	50	7	*0033	40	7	1821	33
8	$\bar{4}$,1741	305	8	0652	111	8	4977	68	8	7876	49	8	0073	39	8	1854	33
9	$\bar{4}$,2046	295	9	0763	109	9	5045	68	9	7925	49	9	0112	39	9	1887	32
3°,0	$\bar{4}$,2341	+ 285	8°,0	0872	+ 109	13°,0	5113	+ 67	18°,0	7974	+ 49	23°,0	0151	+ 38	28°,0	1919	+ 32
1	$\bar{4}$,2626	276	1	0981	106	1	5180	67	1	8023	49	1	0189	39	1	1951	33
2	$\bar{4}$,2902	267	2	1087	106	2	5247	66	2	8072	48	2	0228	38	2	1984	32
3	$\bar{4}$,3169	259	3	1193	105	3	5313	65	3	8120	49	3	0266	39	3	2016	32
4	$\bar{4}$,3428	252	4	1298	103	4	5378	66	4	8169	47	4	0305	38	4	2048	31
3°,5	$\bar{4}$,3680	+ 245	8°,5	1401	+ 102	13°,5	5444	+ 64	18°,5	8216	+ 48	23°,5	0343	+ 38	28°,5	2079	+ 32
6	$\bar{4}$,3925	238	6	1503	100	6	5508	65	6	8264	48	6	0381	38	6	2111	32
7	$\bar{4}$,4163	232	7	1603	100	7	5573	63	7	8312	47	7	0419	37	7	2143	32
8	$\bar{4}$,4395	226	8	1703	99	8	5636	64	8	8359	47	8	0456	38	8	2175	31
9	$\bar{4}$,4621	220	9	1802	97	9	5700	63	9	8406	46	9	0494	37	9	2206	31
4°,0	$\bar{4}$,4841	+ 215	9°,0	1899	+ 97	14°,0	5763	+ 62	19°,0	8452	+ 47	24°,0	0531	+ 37	29°,0	2237	+ 32
1	$\bar{4}$,5056	209	1	1996	95	1	5825	62	1	8499	46	1	0568	37	1	2269	31
2	$\bar{4}$,5265	205	2	2091	94	2	5887	62	2	8545	46	2	0605	37	2	2300	31
3	$\bar{4}$,5470	200	3	2185	93	3	5949	61	3	8591	46	3	0642	37	3	2331	31
4	$\bar{4}$,5670	195	4	2278	93	4	6010	61	4	8637	45	4	0679	37	4	2362	31
4°,5	$\bar{4}$,5865	+ 191	9°,5	2371	+ 91	14°,5	6071	+ 60	19°,5	8682	+ 46	24°,5	0716	+ 36	29°,5	2393	+ 31
6	$\bar{4}$,6056	187	6	2462	91	6	6131	60	6	8728	45	6	0752	37	6	2424	30
7	$\bar{4}$,6243	183	7	2553	89	7	6191	59	7	8773	45	7	0789	36	7	2454	31
8	$\bar{4}$,6426	180	8	2642	89	8	6250	60	8	8818	44	8	0825	36	8	2485	31
9	$\bar{4}$,6606	175	9	2731	87	9	6310	58	9	8862	45	9	0861	36	9	2516	30
5°,0	$\bar{4}$,6781		10°,0	2818		15°,0	6368		20°,0	8907		25°,0	0897		30°,0	2546	
				$\bar{3}$,			$\bar{3}$,			$\bar{3}$,			$\bar{2}$,			$\bar{2}$,	

Tafel 19. Die Funktion log *q* (Fortsetzung)
Table 19. The Function log *q* (Continuation)

α	log q		α	log q		α	log q		α	log q		α	log q		α	log q	
	$\bar{2}$,			$\bar{2}$,			$\bar{2}$,			$\bar{2}$,			$\bar{2}$,			$\bar{2}$,	
30°,0	2546	+ 30	35°,0	3965	+ 26	40°,0	5220	+ 24	45°,0	6356	+ 22	50°,0	7405	+ 20	55°,0	8391	+ 19
1	2576	31	1	3991	27	1	5244	23	1	6378	22	1	7425	21	1	8410	20
2	2607	30	2	4018	26	2	5267	24	2	6400	21	2	7446	20	2	8430	19
3	2637	30	3	4044	26	3	5291	24	3	6421	22	3	7466	20	3	8449	19
4	2667	30	4	4070	27	4	5315	23	4	6443	22	4	7486	20	4	8468	19
30°,5	2697	+ 30	35°,5	4097	+ 26	40°,5	5338	+ 24	45°,5	6465	+ 21	50°,5	7506	+ 20	55°,5	8487	+ 19
6	2727	30	6	4123	26	6	5362	23	6	6486	22	6	7526	21	6	8506	19
7	2757	29	7	4149	26	7	5385	24	7	6508	21	7	7547	20	7	8525	19
8	2786	30	8	4175	26	8	5409	23	8	6529	22	8	7567	20	8	8544	20
9	2816	30	9	4201	26	9	5432	24	9	6551	21	9	7587	20	9	8564	19
31°,0	2846	+ 29	36°,0	4227	+ 26	41°,0	5456	+ 23	46°,0	6572	+ 22	51°,0	7607	+ 20	56°,0	8583	+ 19
1	2875	29	1	4253	26	1	5479	23	1	6594	21	1	7627	20	1	8602	19
2	2904	30	2	4279	26	2	5502	23	2	6615	21	2	7647	20	2	8621	19
3	2934	29	3	4305	25	3	5525	24	3	6636	22	3	7667	20	3	8640	19
4	2963	29	4	4330	26	4	5549	23	4	6658	21	4	7687	20	4	8659	19
31°,5	2992	+ 29	36°,5	4356	+ 26	41°,5	5572	+ 23	46°,5	6679	+ 21	51°,5	7707	+ 20	56°,5	8678	+ 19
6	3021	29	6	4382	25	6	5595	23	6	6700	21	6	7727	19	6	8697	19
7	3050	29	7	4407	26	7	5618	23	7	6721	22	7	7746	20	7	8716	19
8	3079	29	8	4433	25	8	5641	23	8	6743	21	8	7766	20	8	8735	19
9	3108	29	9	4458	25	9	5664	23	9	6764	21	9	7786	20	9	8754	19
32°,0	3137	+ 28	37°,0	4483	+ 26	42°,0	5687	+ 23	47°,0	6785	+ 21	52°,0	7806	+ 20	57°,0	8773	+ 18
1	3165	29	1	4509	25	1	5710	22	1	6806	21	1	7826	20	1	8791	19
2	3194	28	2	4534	25	2	5732	23	2	6827	21	2	7846	19	2	8810	19
3	3222	29	3	4559	25	3	5755	23	3	6848	21	3	7865	20	3	8829	19
4	3251	28	4	4584	26	4	5778	23	4	6869	21	4	7885	20	4	8848	19
32°,5	3279	+ 29	37°,5	4610	+ 25	42°,5	5801	+ 22	47°,5	6890	+ 21	52°,5	7905	+ 19	57°,5	8867	+ 19
6	3308	28	6	4635	25	6	5823	23	6	6911	21	6	7924	20	6	8886	19
7	3336	28	7	4660	24	7	5846	23	7	6932	21	7	7944	20	7	8905	19
8	3364	28	8	4684	25	8	5869	22	8	6953	21	8	7964	19	8	8924	18
9	3392	28	9	4709	25	9	5891	23	9	6974	20	9	7983	20	9	8942	19
33°,0	3420	+ 28	38°,0	4734	+ 25	43°,0	5914	+ 22	48°,0	6994	+ 21	53°,0	8003	+ 20	58°,0	8961	+ 19
1	3448	28	1	4759	25	1	5936	23	1	7015	21	1	8023	19	1	8980	19
2	3476	27	2	4784	24	2	5959	22	2	7036	21	2	8042	20	2	8999	18
3	3503	28	3	4808	25	3	5981	22	3	7057	20	3	8062	19	3	9017	19
4	3531	28	4	4833	25	4	6003	23	4	7077	21	4	8081	20	4	9036	19
33°,5	3559	+ 27	38°,5	4858	+ 24	43°,5	6026	+ 22	48°,5	7098	+ 21	53°,5	8101	+ 19	58°,5	9055	+ 19
6	3586	28	6	4882	24	6	6048	22	6	7119	20	6	8120	20	6	9074	18
7	3614	27	7	4906	25	7	6070	23	7	7139	21	7	8140	19	7	9092	19
8	3641	27	8	4931	24	8	6093	22	8	7160	21	8	8159	20	8	9111	19
9	3668	28	9	4955	25	9	6115	22	9	7181	20	9	8179	19	9	9130	18
34°,0	3696	+ 27	39°,0	4980	+ 24	44°,0	6137	+ 22	49°,0	7201	+ 21	54°,0	8198	+ 19	59°,0	9148	+ 19
1	3723	27	1	5004	24	1	6159	22	1	7222	20	1	8217	20	1	9167	19
2	3750	27	2	5028	24	2	6181	22	2	7242	21	2	8237	19	2	9186	18
3	3777	27	3	5052	24	3	6203	22	3	7263	20	3	8256	19	3	9204	19
4	3804	27	4	5076	24	4	6225	22	4	7283	21	4	8275	20	4	9223	19
34°,5	3831	+ 27	39°,5	5100	+ 24	44°,5	6247	+ 22	49°,5	7304	+ 20	54°,5	8295	+ 19	59°,5	9242	+ 18
6	3858	27	6	5124	24	6	6269	22	6	7324	20	6	8314	19	6	9260	19
7	3885	26	7	5148	24	7	6291	22	7	7344	21	7	8333	20	7	9279	18
8	3911	27	8	5172	24	8	6313	21	8	7365	20	8	8353	19	8	9297	19
9	3938	27	9	5196	24	9	6334	22	9	7385	20	9	8372	19	9	9316	19
35°,0	3965		40°,0	5220		45°,0	6356		50°,0	7405		55°,0	8391		60°,0	9335	
	$\bar{2}$,			$\bar{2}$,			$\bar{2}$,			$\bar{2}$,			$\bar{2}$,			$\bar{2}$,	

Tafel 19. Die Funktion log *q* (Fortsetzung)
Table 19. The Function log *q* (Continuation)

α	log q		α	log q		α	log q		α	log q		α	log q		α	log q	
	$\bar{2}$,			$\bar{1}$,			$\bar{1}$,			$\bar{1}$,			$\bar{1}$,			$\bar{1}$,	
60°,0	9335	+18	65°,0	0255	+19	70°,0	1175	+18	75°,0	2123	+19	80°,0	3152	+22	85°,0	4396	+30
1	9353	19	1	0274	18	1	1193	19	1	2142	20	1	3174	22	1	4426	29
2	9372	18	2	0292	18	2	1212	18	2	2162	19	2	3196	22	2	4455	30
3	9390	19	3	0310	19	3	1230	19	3	2181	20	3	3218	22	3	4485	31
4	9409	18	4	0329	18	4	1249	19	4	2201	20	4	3240	22	4	4516	31
60°,5	9427	+19	65°,5	0347	+18	70°,5	1268	+18	75°,5	2221	+19	80°,5	3262	+23	85°,5	4547	+31
6	9446	18	6	0365	19	6	1286	19	6	2240	20	6	3285	22	6	4578	31
7	9464	19	7	0384	18	7	1305	19	7	2260	20	7	3307	23	7	4609	32
8	9483	18	8	0402	18	8	1324	18	8	2280	20	8	3330	23	8	4641	32
9	9501	19	9	0420	18	9	1342	19	9	2300	20	9	3353	23	9	4673	32
61°,0	9520	+18	66°,0	0438	+19	71°,0	1361	+19	76°,0	2320	+20	81°,0	3376	+22	86°,0	4705	+33
1	9538	19	1	0457	18	1	1380	18	1	2340	19	1	3398	23	1	4738	34
2	9557	18	2	0475	18	2	1398	19	2	2359	20	2	3421	24	2	4772	34
3	9575	19	3	0493	19	3	1417	19	3	2379	20	3	3445	23	3	4806	34
4	9594	18	4	0512	18	4	1436	18	4	2399	20	4	3468	23	4	4840	35
61°,5	9612	+19	66°,5	0530	+18	71°,5	1454	+19	76°,5	2419	+20	81°,5	3491	+23	86°,5	4875	+35
6	9631	18	6	0548	19	6	1473	19	6	2439	21	6	3514	24	6	4910	36
7	9649	19	7	0567	18	7	1492	19	7	2460	20	7	3538	24	7	4946	36
8	9668	18	8	0585	18	8	1511	19	8	2480	20	8	3562	23	8	4982	37
9	9686	19	9	0603	19	9	1530	18	9	2500	20	9	3585	24	9	5019	38
62°,0	9705	+18	67°,0	0622	+18	72°,0	1548	+19	77°,0	2520	+20	82°,0	3609	+24	87°,0	5057	+38
1	9723	18	1	0640	19	1	1567	19	1	2540	21	1	3633	24	1	5095	39
2	9741	19	2	0659	18	2	1586	19	2	2561	20	2	3657	24	2	5134	40
3	9760	18	3	0677	18	3	1605	19	3	2581	21	3	3681	25	3	5174	41
4	9778	19	4	0695	19	4	1624	19	4	2602	20	4	3706	24	4	5215	41
62°,5	9797	+18	67°,5	0714	+18	72°,5	1643	+19	77°,5	2622	+21	82°,5	3730	+25	87°,5	5256	+43
6	9815	18	6	0732	18	6	1662	19	6	2643	20	6	3755	24	6	5299	43
7	9833	19	7	0750	19	7	1681	19	7	2663	21	7	3779	25	7	5342	45
8	9852	18	8	0769	18	8	1700	19	8	2684	20	8	3804	25	8	5387	46
9	9870	18	9	0787	18	9	1719	19	9	2704	21	9	3829	26	9	5433	47
63°,0	9888	+19	68°,0	0805	+19	73°,0	1738	+19	78°,0	2725	+21	83°,0	3855	+25	88°,0	5480	+48
1	9907	18	1	0824	18	1	1757	19	1	2746	21	1	3880	25	1	5528	50
2	9925	19	2	0842	19	2	1776	19	2	2767	20	2	3905	26	2	5578	52
3	9944	18	3	0861	18	3	1795	19	3	2787	21	3	3931	26	3	5630	53
4	9962	18	4	0879	19	4	1814	19	4	2808	21	4	3957	26	4	5683	55
63°,5	9980	+19	68°,5	0898	+18	73°,5	1833	+19	78°,5	2829	+21	83°,5	3983	+26	88°,5	5738	+58
6	9999	18	6	0916	18	6	1852	19	6	2850	21	6	4009	26	6	5796	60
7	*0017	18	7	0934	19	7	1871	19	7	2871	22	7	4035	27	7	5856	63
8	0035	19	8	0953	18	8	1890	20	8	2893	21	8	4062	26	8	5919	67
9	0054	18	9	0971	19	9	1910	19	9	2914	21	9	4088	27	9	5986	70
64°,0	0072	+18	69°,0	0990	+18	74°,0	1929	+19	79°,0	2935	+21	84°,0	4115	+27	89°,0	6056	+75
1	0090	19	1	1008	19	1	1948	19	1	2956	22	1	4142	28	1	6131	81
2	0109	18	2	1027	18	2	1967	20	2	2978	21	2	4170	27	2	6212	87
3	0127	18	3	1045	19	3	1987	19	3	2999	22	3	4197	28	3	6299	96
4	0145	19	4	1064	18	4	2006	20	4	3021	21	4	4225	28	4	6395	107
64°,5	0164	+18	69°,5	1082	+19	74°,5	2026	+19	79°,5	3042	+22	84°,5	4253	+28	89°,5	6502	
6	0182	18	6	1101	18	6	2045	19	6	3064	22	6	4281	28	6	6625	
7	0200	19	7	1119	19	7	2064	20	7	3086	22	7	4309	29	7	6772	
8	0219	18	8	1138	18	8	2084	19	8	3108	22	8	4338	29	8	6957	
9	0237	18	9	1156	19	9	2103	20	9	3130	22	9	4367	29	9	7230	
65°,0	0255		70°,0	1175		75°,0	2123		80°,0	3152		85°,0	4396		90°,0	*0000	
	$\bar{1}$,			$\bar{1}$,			$\bar{1}$,			$\bar{1}$,			$\bar{1}$,			0,	

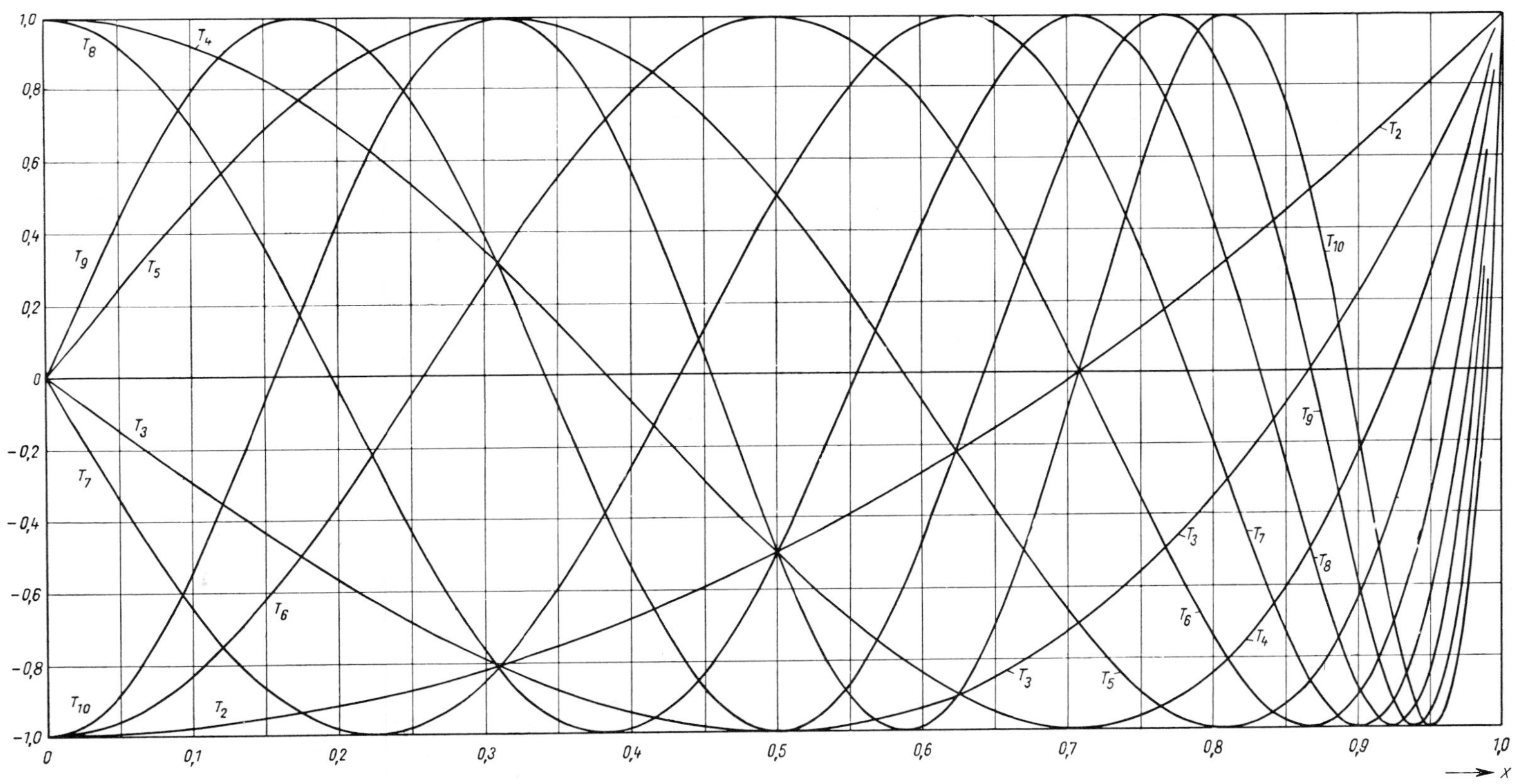

Fig. 60 Die Tschebyscheffschen Polynome $T_n(x)$. $[T_n(\cos\vartheta) = \cos n\vartheta]$

Fig. 60 The Tschebyscheff polynomials $T_n(x)$. $[T_n(\cos\vartheta) = \cos n\vartheta]$

VII. Orthogonale Polynome
VII. Orthogonal Polynomials

A. Die Tschebyscheffschen Polynome*)
A. The Tschebyscheff Polynomials*)

Als *Tschebyscheffsche Polynome erster Art* $T_n(z)$ und *zweiter Art* $U_n(z)$ definiert man

As *Tschebyscheff polynomials of the first kind* $T_n(z)$ and of the *second kind* $U_n(z)$ one takes

$$T_n(z) = \cos(n \arccos z) = \frac{1}{2}\left[\left(z + i\sqrt{1-z^2}\right)^n + \left(z - i\sqrt{1-z^2}\right)^n\right],$$

$$U_n(z) = \sin(n \arccos z) = \frac{1}{2i}\left[\left(z + i\sqrt{1-z^2}\right)^n - \left(z - i\sqrt{1-z^2}\right)^n\right].$$

Sie geben linear unabhängige Lösungen der *Differentialgleichung*

They are linearly independent solutions of the *differential equation*

$$(1-z^2)\frac{d^2w}{dz^2} - z\frac{dw}{dz} + n^2 z = 0.$$

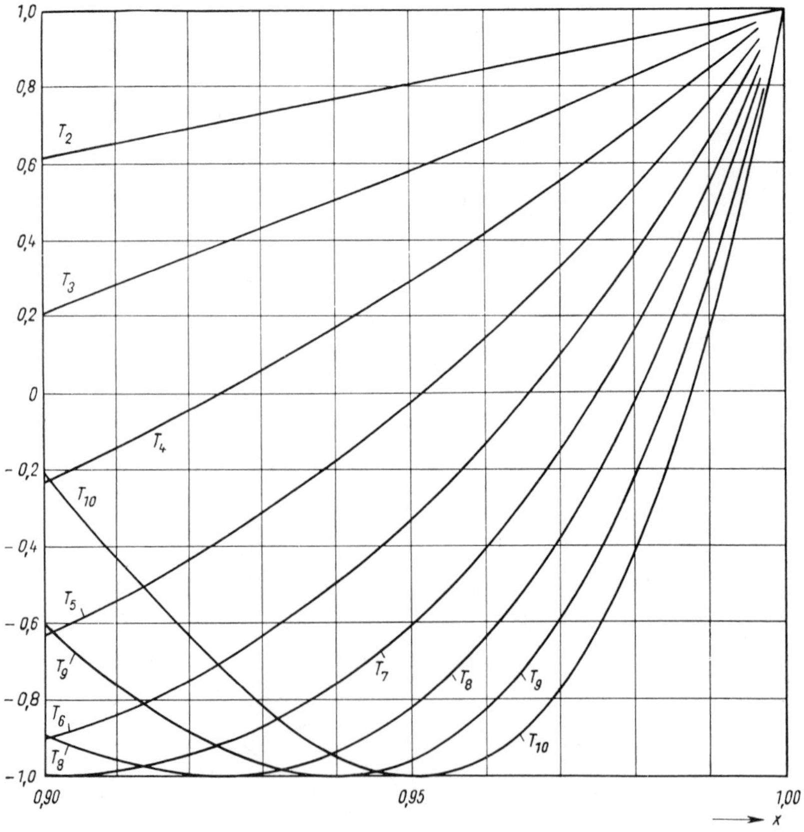

Fig. 61 Die Tschebyscheffschen Polynome $T_n(x)$. $[T_n(\cos\vartheta) = \cos n\vartheta]$

Fig. 61 The Tschebyscheff polynomials $T_n(x)$. $[T_n(\cos\vartheta) = \cos n\vartheta]$

*) Figuren 60 bis 62

*) Figures 60 to 62

Weitere *Darstellungen:*

Further *representations:*

$$T_n(z) = z^n - \binom{n}{2} z^{n-2}(1-z^2) + \binom{n}{4} z^{n-4}(1-z^2)^2 - \cdots = (-1)^n \frac{\sqrt{1-z^2}}{1\cdot 3\cdot 5\cdots(2n-1)} \frac{d^n}{dz^n}(1-z^2)^{n-1/2},$$

$$U_n(z) = \sqrt{1-z^2}\left[\binom{n}{1} z^{n-1} - \binom{n}{3} z^{n-3}(1-z^2) + \binom{n}{5} z^{n-5}(1-z^2)^2 - \cdots\right]$$

$$= (-1)^{n-1} \frac{n}{1\cdot 3\cdot 5\cdots(2n-1)} \frac{d^{n-1}}{dz^{n-1}}(1-z^2)^{n-1/2}.$$

Erzeugende Funktionen:

Generating functions:

$$\frac{1-t^2}{1-2tz+t^2} = T_0(z) + 2\sum_{n=1}^{\infty} T_n(z)\,t^n, \qquad \frac{1}{1-2tz+t^2} = \frac{1}{\sqrt{1-z^2}} \sum_{n=0}^{\infty} U_{n+1}(z)\,t^n.$$

Rekursionsformeln:

Recursion formulas:

$$T_{n+1}(z) - 2z\,T_n(z) + T_{n-1}(z) = 0,$$

$$U_{n+1}(z) - 2z\,U_n(z) + U_{n-1}(z) = 0.$$

$U_n(z)$ verschwindet in -1 und $+1$. Davon abgesehen haben $T_n(z)$ und $U_n(z)$ nur reelle einfache Nullstellen, die in dem Intervall $-1 < z < 1$ gelegen sind. *Spezielle Werte* sind

$U_n(z)$ vanishes at -1 and $+1$. Except for this $T_n(z)$ and $U_n(z)$ have only real simple zeros, which lie in the interval $-1 < z < 1$. *Special values* are

$$T_n(1) = 1, \quad T_n(-1) = (-1)^n, \quad T_{2n}(0) = (-1)^n, \quad T_{2n+1}(0) = 0,$$

$$U_n(1) = 0, \quad U_n(-1) = 0, \quad U_{2n}(0) = 0, \quad U_{2n+1}(0) = (-1)^n.$$

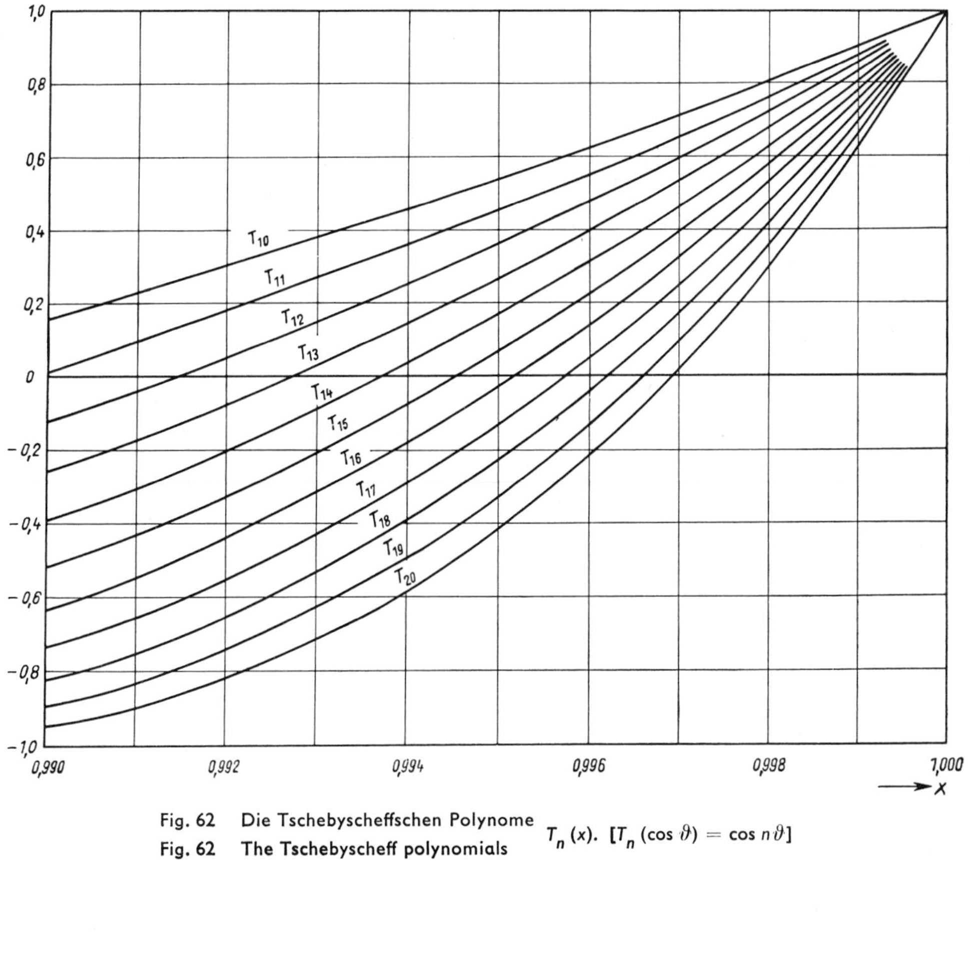

Fig. 62 Die Tschebyscheffschen Polynome $T_n(x)$. $[T_n(\cos\vartheta) = \cos n\vartheta]$

Fig. 62 The Tschebyscheff polynomials $T_n(x)$. $[T_n(\cos\vartheta) = \cos n\vartheta]$

Für *reelles Argument* $z=x$ sind die Funktionen $T_n(x)$ durchweg, die Funktionen $U_n(z)$ in $-1 \leqq x \leqq +1$ reell. Für dieses Intervall gelten die *Orthogonalitätsrelationen*

For *real argument* $z=x$ the functions $T_n(x)$ are real for all x, the functions $U_n(z)$ are real for $-1 \leqq x \leqq +1$. In this interval we have the *orthogonality relations*

$$\int_{-1}^{+1} \frac{T_m(x)\,T_n(x)}{\sqrt{1-x^2}}\,dx = \begin{cases} 0, \\ \pi/2, \\ \pi, \end{cases} \qquad \int_{-1}^{+1} \frac{U_m(x)\,U_n(x)}{\sqrt{1-x^2}}\,dx = \begin{cases} 0 \\ \pi/2 \\ 0 \end{cases} \quad \begin{matrix} \text{für} \\ \text{for} \end{matrix} \quad \begin{matrix} m \neq n, \\ m = n \neq 0, \\ m = n = 0. \end{matrix}$$

Unter allen Polynomen n. Grades mit dem höchsten Koeffizienten 1 ist $\frac{1}{2^{n-1}} T_n(x)$ dadurch ausgezeichnet, daß es in $-1 \leqq x \leqq +1$ möglichst wenig von 0 abweicht.

Among all polynomials of nth degree with highest coefficient 1 the polynomial $\frac{1}{2^{n-1}} T_n(x)$ is distinguished by the fact that in $-1 \leqq x \leqq +1$ it differs least from zero.

Tschebyscheffsche Polynome niedrigsten Grads:

Tschebyscheff polynomials of lowest degrees:

$$\begin{aligned} T_0(z) &= 1, & U_0(z) &= 0, \\ T_1(z) &= z, & U_1(z) &= \sqrt{1-z^2}, \\ T_2(z) &= 2z^2 - 1, & U_2(z) &= \sqrt{1-z^2}\cdot 2z, \\ T_3(z) &= 4z^3 - 3z, & U_3(z) &= \sqrt{1-z^2}\,[4z^2 - 1], \\ T_4(z) &= 8z^4 - 8z^2 + 1, & U_4(z) &= \sqrt{1-z^2}\,[8z^3 - 4z], \\ T_5(z) &= 16z^5 - 20z^3 + 5z, & U_5(z) &= \sqrt{1-z^2}\,[16z^4 - 12z^2 + 1]. \end{aligned}$$

B. Die Laguerreschen Polynome *)
B. The Laguerre Polynomials *)

Die *Laguerreschen Polynome* $L_n^{(\alpha)}(z)$ sind Lösungen der *Differentialgleichung*

Laguerre polynomials $L_n^{(\alpha)}(z)$ are solutions of the *differential equation*

$$z\frac{d^2w}{dz^2} + (\alpha + 1 - z)\frac{dw}{dz} + n\,w = 0,$$

wobei $n = 0, 1, 2, \ldots$ und α beliebig komplex sein soll. Es ist

where $n = 0, 1, 2, \ldots$ and α arbitrary complex. We have

$$L_n^{(\alpha)}(z) = \frac{e^z z^{-\alpha}}{n!}\frac{d^n}{dz^n}(e^{-z} z^{n+\alpha}),$$

speziell

in particular

$$L_n(z) = L_n^{(0)}(z) = 1 - \binom{n}{1}\frac{z}{1!} + \binom{n}{2}\frac{z^2}{2!} - \cdots + (-1)^n \binom{n}{n}\frac{z^n}{n!}.$$

Erzeugende Funktionen:

Generating functions:

$$\frac{e^{-zt/(1-t)}}{(1-t)^{\alpha+1}} = \sum_{n=0}^{\infty} L_n^{(\alpha)}(z)\cdot t^n, \qquad e^{-zt}(1+t)^{\alpha} = \sum_{n=0}^{\infty} L_n^{(\alpha-n)}(z)\cdot t^n, \qquad (|t| < 1).$$

Rekursionsformeln:

Recursion formulas:

$$n\,L_n^{(\alpha)}(z) = (2n + \alpha - 1 - z)\,L_{n-1}^{(\alpha)}(z) - (n + \alpha - 1)\,L_{n-2}^{(\alpha)}(z), \qquad (n = 2, 3, \ldots).$$

$$z\frac{dL_n^{(\alpha)}(z)}{dz} = n\,L_n^{(\alpha)}(z) - (n+\alpha)\,L_{n-1}^{(\alpha)}(z) = -z\,L_{n-1}^{(\alpha+1)}(z),$$

*) Figuren 63 und 64; Tafel 20

*) Figures 63 and 64; table 20

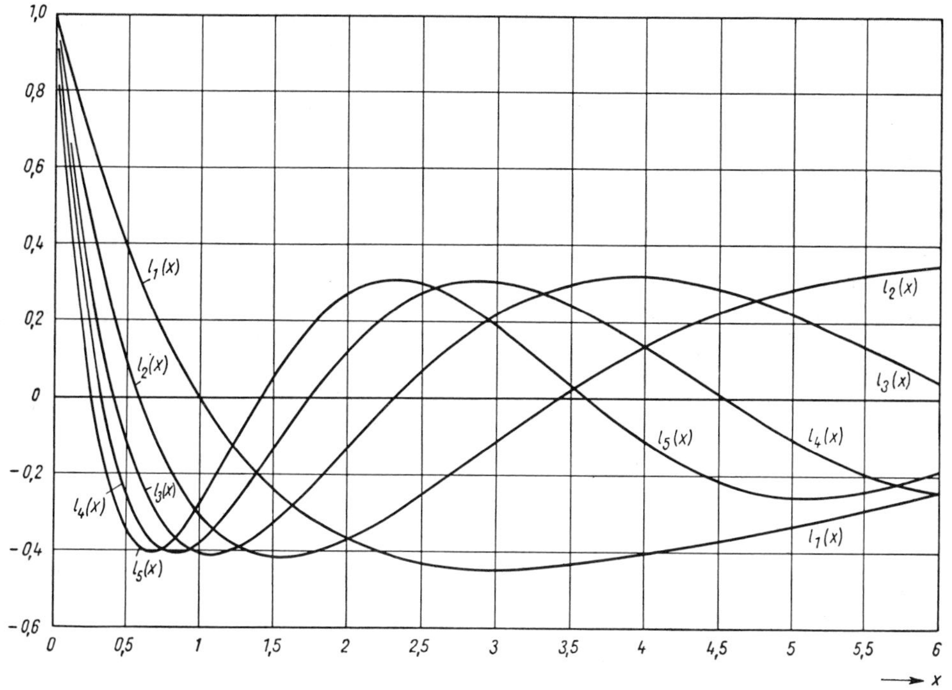

Fig. 63 Die Laguerreschen Funktionen $l_n(x) = e^{-x/2} L_n(x)$

Fig. 63 The Laguerre functions $l_n(x) = e^{-x/2} L_n(x)$

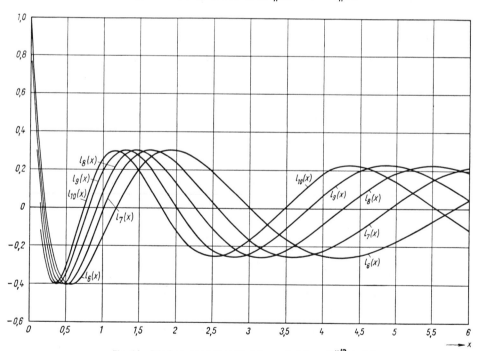

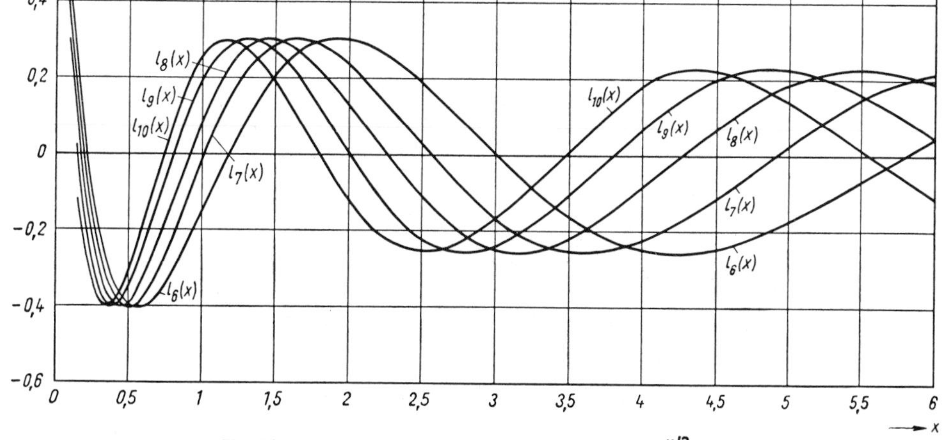

Fig. 64 Die Laguerreschen Funktionen $l_n(x) = e^{-x/2} L_n(x)$

Fig. 64 The Laguerre functions $l_n(x) = e^{-x/2} L_n(x)$

Additionstheoreme:

Addition theorems:

$$L_n^{(\alpha)}(z_1+z_2) = e^{z_2}\sum_{k=0}^{\infty}\frac{(-1)^k}{k!}\, z_2^k\, L_n^{(\alpha+k)}(z_1),$$

$$L_n^{(\alpha_1+\alpha_2+\cdots\alpha_m+m-1)}(z_1+z_2+\cdots+z_m) = \sum_{k_1+k_2+\cdots+k_m=n} L_{k_1}^{(\alpha_1)}(z_1)\, L_{k_2}^{(\alpha_2)}(z_2)\cdots L_{k_m}^{(\alpha_m)}(z_m).$$

Ist α reell und >-1, so sind die *Nullstellen* von $L_n^{(\alpha)}(z)$ sämtlich einfach und positiv reell.

Ist α reell, so besitzen die Funktionen $L_n^{(\alpha)}(z)$ für *positives reelles Argument* $z=x$ eine reelle Bestimmung $L_n^{(\alpha)}(x)$. Im Falle $\alpha>-1$ gilt dafür die *Orthogonalitätsrelation*

For real $\alpha>-1$ the *zeros* of $L_n^{(\alpha)}(z)$ are all simple and real positive.

For real α the functions $L_n^{(\alpha)}(z)$ have for *real positive argument* $z=x$ a real definition $L_n^{(\alpha)}(x)$. For $\alpha>-1$ we have the *orthogonality relation*

$$\int_0^{+\infty} e^{-x}x^{\alpha} L_m^{(\alpha)}(x)\, L_n^{(\alpha)}(x)\, dx = \begin{cases} 0 & \text{für } m \neq n, \\ \Gamma(1+\alpha)\binom{n+\alpha}{n} & \text{for } m = n. \end{cases}$$

Für die Funktionen

For the functions

$$l_n(x) = e^{-x/2} L_n(x)$$

(vgl. Tafel 20, S. 105/106) gilt folglich

(cf. table 20, p. 105/106) hence we have

$$\int_0^{+\infty} l_m(x)\, l_n(x)\, dx = \begin{cases} 0 & \text{für } m \neq n, \\ 1 & \text{for } m = n. \end{cases}$$

Laguerresche Polynome niedrigsten Grades für $\alpha=0$:

Laguerre polynomials of lowest degrees for $\alpha=0$:

$$L_0(z) = 1, \qquad L_3(z) = 1-3z+\frac{3}{2}z^2-\frac{1}{6}z^3,$$

$$L_1(z) = 1-z, \qquad L_4(z) = 1-4z+3z^2-\frac{2}{3}z^3+\frac{1}{24}z^4,$$

$$L_2(z) = 1-2z+\frac{1}{2}z^2, \qquad L_5(z) = 1-5z+5z^2-\frac{5}{3}z^3+\frac{5}{24}z^4-\frac{1}{120}z^5.$$

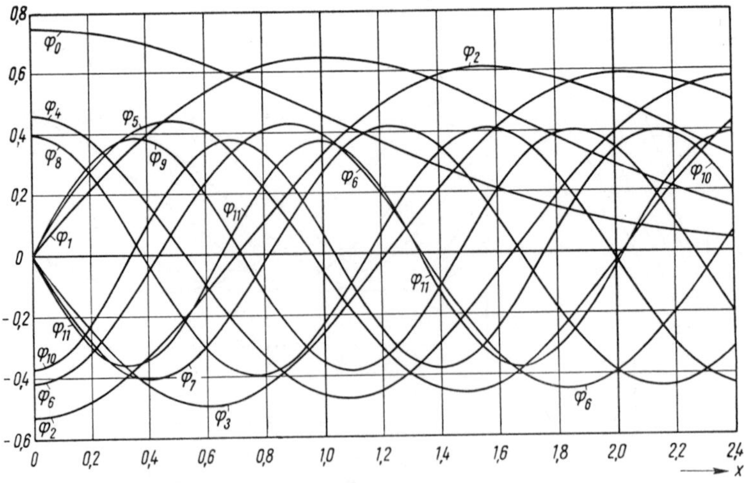

Fig. 65 Die Funktionen des parabolischen Zylinders $\varphi_n(x) = \dfrac{D_n(x\sqrt{2})}{\sqrt{n!\sqrt{\pi}}}$

Fig. 65 The functions of the parabolic cylinder

C. Die Hermiteschen Polynome*)
(Funktionen des parabolischen Zylinders)

C. The Hermite Polynomials*)
(Functions of the parabolic Cylinder)

Die *Hermiteschen Polynome* $H_n(z)$ sind Lösungen der *Differentialgleichung*

Hermite polynomials $H_n(z)$ are solutions of the *differential equation*

$$\frac{d^2w}{dz^2} - 2z\frac{dw}{dz} + 2n\,w = 0,$$

wobei $n = 0, 1, 2, \ldots$ sein soll. Es ist

where $n = 0, 1, 2, \ldots$. We have

$$H_n(z) = (-1)^n e^{z^2} \frac{d^n}{dz^n}(e^{-z^2}),$$

oder
or

$$H_n(z) = 2^n z^n - 2^{n-1}\binom{n}{2} z^{n-2} + 2^{n-2}\cdot 1\cdot 3\cdot\binom{n}{4} z^{n-4} - 2^{n-3}\cdot 1\cdot 3\cdot 5\cdot\binom{n}{6} z^{n-6} + \cdots.$$

Anstelle von $H_n(z)$ werden auch die Polynome $2^{-\frac{n}{2}} H_n\left(\frac{z}{\sqrt{2}}\right)$ als Hermitesche Polynome bezeichnet.

Instead of $H_n(z)$ also the polynomials $2^{-\frac{n}{2}} H_n\left(\frac{z}{\sqrt{2}}\right)$ are called Hermite polynomials.

Die Hermiteschen Polynome sind mit den Laguerreschen Polynomen $L_n^{(\alpha)}(z)$ verknüpft durch

Hermite polynomials are connected to Laguerre polynomials $L_n^{(\alpha)}(z)$ by

$$H_{2m}(z) = (-1)^m 2^{2m} m!\, L_m^{(-1/2)}(z^2), \quad H_{2m+1}(z) = (-1)^m 2^{2m+1} m!\, z\, L_m^{(1/2)}(z^2).$$

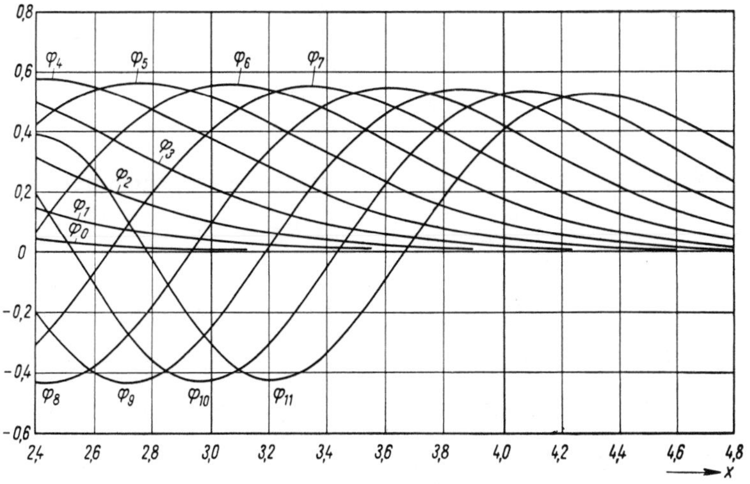

Fig. 66 Die Funktionen des parabolischen Zylinders
Fig. 66 The functions of the parabolic cylinder $\varphi_n(x) = \dfrac{D_n(x\sqrt{2})}{\sqrt{n!\sqrt{\pi}}}$

*) Figuren 65 bis 67; Tafel 21

*) Figures 65 to 67; table 21

Erzeugende Funktion: / *Generating function:*

$$e^{2zt-t^2} = \sum_{n=0}^{\infty} H_n(z)\,\frac{t^n}{n!}.$$

Rekursionsformeln: / *Recursion formulas:*

$$H_{n+1}(z) = 2z\,H_n(z) - 2n\,H_{n-1}(z),$$

$$\frac{dH_n(z)}{dz} = 2n\,H_{n-1}(z).$$

Additionstheorem: / *Addition theorem:*

$$2^{\frac{n}{2}}\,H_n(z_1+z_2) = \sum_{k=0}^{n}\binom{n}{k} H_k(z_1\sqrt{2})\,H_{n-k}(z_2\sqrt{2}),$$

$$\frac{\left(a_1^2+a_2^2+\cdots+a_m^2\right)^{\frac{n}{2}}}{n!}\,H_n\left(\frac{a_1 z_1 + a_2 z_2 + \cdots + a_m z_m}{\sqrt{a_1^2+a_2^2+\cdots+a_m^2}}\right)$$

$$= \sum_{k_1+k_2+\cdots+k_m=n} \frac{a_1^{k_1}\,a_2^{k_2}\cdots a_m^{k_m}}{k_1!\,k_2!\cdots k_m!}\,H_{k_1}(z_1)\cdots H_{k_m}(z_m).$$

Die *Nullstellen* der Hermiteschen Polynome sind sämtlich reell und einfach. Für *reelles Argument* $z=x$ sind die Hermiteschen Polynome reell und es gilt bezüglich der reellen Achse die *Orthogonalitätsrelation*

The *zeros* of Hermite polynomials are all real and simple. For *real argument* $z=x$ Hermite polynomials are real and with respect to the real axis we have the *orthogonality relation*

$$\int_{-\infty}^{+\infty} e^{-x^2} H_m(x)\,H_n(x)\,dx = \begin{cases} 0 & \text{für} \quad m \neq n, \\ 2^n\sqrt{\pi}\cdot n! & \text{for} \quad m = n. \end{cases}$$

Danach sind die Funktionen (Tafel 21, S. 107/109)

Hence the functions (table 21, p. 107/109)

$$\varphi_n(z) = \frac{e^{-\frac{z^2}{2}}\,H_n(z)}{\sqrt{n!\,2^n\sqrt{\pi}}}$$

in $(-\infty, +\infty)$ orthogonal und normiert:

are orthogonal and normalized in $(-\infty, +\infty)$:

$$\int_{-\infty}^{+\infty} \varphi_m(x)\,\varphi_n(x)\,dx = \begin{cases} 0 & \text{für} \quad m \neq n, \\ 1 & \text{for} \quad m = n. \end{cases}$$

Hermitesche Polynome niedrigsten Grads:

Hermite polynomials of lowest degrees:

$$H_0(z) = 1, \quad H_2(z) = 4z^2 - 2, \quad H_4(z) = 16z^4 - 48z^2 + 12,$$

$$H_1(z) = 2z, \quad H_3(z) = 8z^3 - 12z, \quad H_5(z) = 32z^5 - 160z^3 + 120z.$$

Die Hermiteschen Polynome hängen eng zusammen mit den *Funktionen* $D_\nu(z)$ *des parabolischen Zylinders*. Die Funktionen $D_\nu(z)$ sind Lösungen der Differentialgleichung

Hermite polynomials are closely connected to the *functions* $D_\nu(z)$ *of the parabolic cylinder*. The functions $D_\nu(z)$ are solutions of the differential equation

$$\frac{d^2w}{dz^2} + \left(\nu + \frac{1}{2} - \frac{1}{4}z^2\right)w = 0,$$

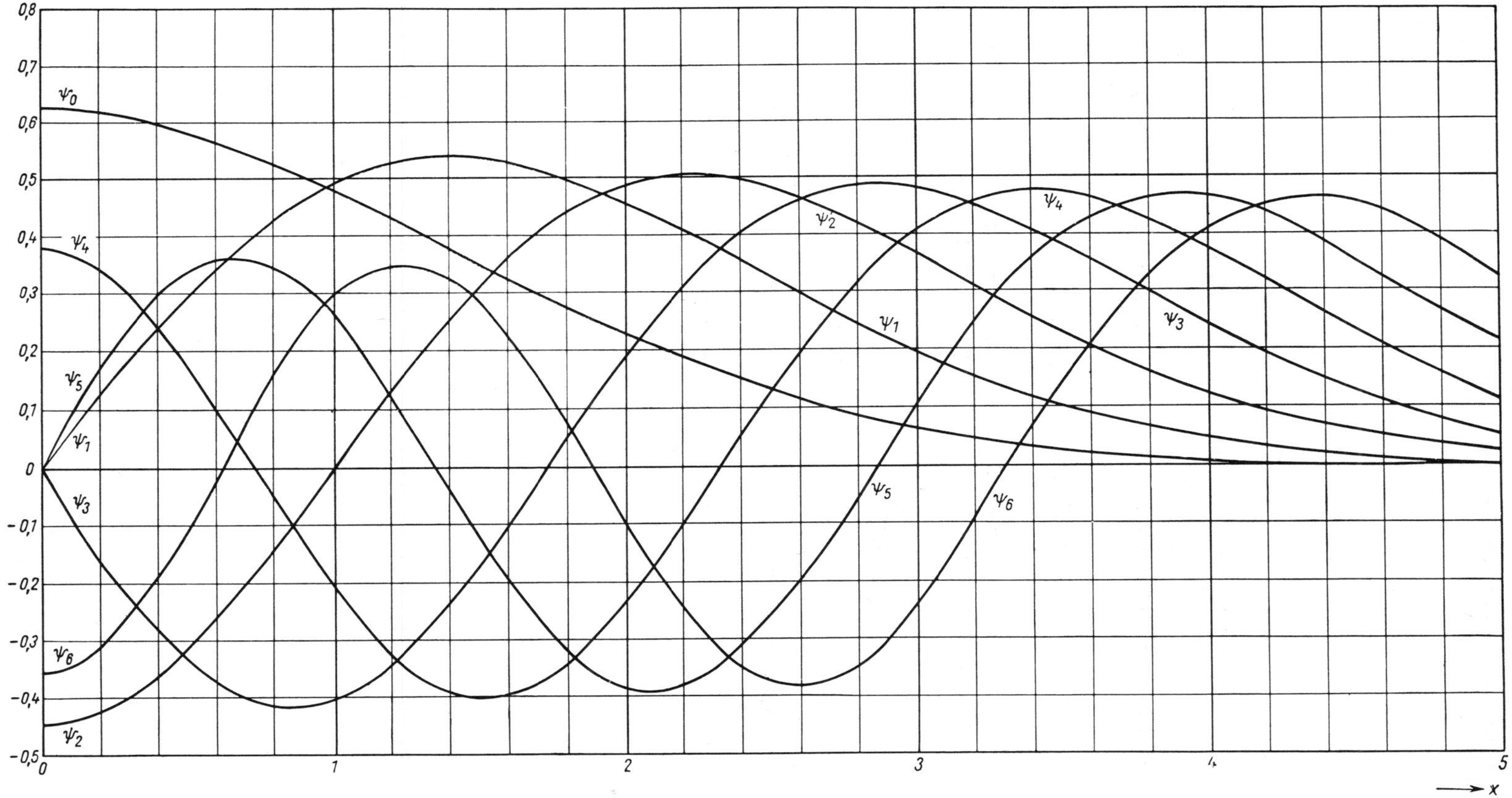

Fig. 67 Die Funktionen des parabolischen Zylinders

Fig. 67 The functions of the parabolic cylinder

$$\psi_n(x) = \frac{D_n(x)}{\sqrt{n!\sqrt{2\pi}}}$$

wo ν einen beliebigen Parameter bedeutet. Für ganzzahlige Parameterwerte $n=0, 1, 2, \ldots$ ist

where ν is an arbitrary parameter. For integral values $n=0, 1, 2, \ldots$ of the parameter we get

$$D_n(z) = 2^{-\frac{n}{2}} e^{-\frac{z^2}{4}} H_n\left(\frac{z}{\sqrt{2}}\right) = \sqrt{n!\sqrt{\pi}}\, \varphi_n\left(\frac{z}{\sqrt{2}}\right).$$

Setzt man

Putting

$$D_n(z) = \sqrt{n!\sqrt{2\pi}}\, \psi_n(z), \qquad \psi_n(z) = \frac{1}{\sqrt[4]{2}} \varphi_n\left(\frac{z}{\sqrt{2}}\right) = \frac{e^{-\frac{z^2}{4}} H_n\left(\frac{z}{\sqrt{2}}\right)}{\sqrt{n!\, 2^n \sqrt{2\pi}}},$$

so sind die Funktionen $\psi_n(x)$ orthogonal und normiert:

the functions $\psi_n(x)$ are orthogonal and normalized:

$$\int_{-\infty}^{+\infty} \psi_m(x)\, \psi_n(x)\, dx = \begin{cases} 0 & \text{für} \quad m \neq n, \\ 1 & \text{for} \quad m = n. \end{cases}$$

$D_n(z)$ besitzt die (auch für beliebigen Parameter $\nu \neq -1, -2, \ldots$ gültige) *Integraldarstellung*

$D_n(z)$ admits to the *integral representation* (also valid for an arbitrary parameter $\nu \neq -1, -2, \ldots$)

$$D_n(z) = \frac{\Gamma(n+1)}{2\pi i} e^{-\frac{1}{4}z^2} \int_{-\infty}^{(0+)} e^{zt - \frac{1}{2}t^2} t^{-n-1}\, dt.$$

In $-3\pi/4 + \delta \leqq \operatorname{arc} z \leqq 3\pi/4 - \delta$, $(\delta > 0)$, gilt für $|z| \to \infty$ die *asymptotische Darstellung*

In $-3\pi/4 + \delta \leqq \operatorname{arc} z \leqq 3\pi/4 - \delta$, $(\delta > 0)$, we get the *asymptotic representation*

$$D_n(z) \approx e^{-\frac{1}{4}z^2} z^n \left(1 - \frac{n(n-1)}{2z^2} + \frac{n(n-1)(n-2)(n-3)}{2!\,(2z^2)^2} - \cdots\right).$$

Tafel 20. Die Laguerreschen Funktionen
Table 20. The Laguerre Functions

$$l_n(x) = e^{-x/2} L_n(x) = \frac{e^{x/2}}{n!} \frac{d^n}{dx^n} \left(e^{-x} x^n\right) \quad {}^{*)}$$

x	$l_0(x)$	$l_1(x)$	$l_2(x)$	$l_3(x)$	$l_4(x)$	$l_5(x)$
0,00	+ 1,0000	+ 1,0000	+ 1,0000	+ 1,0000	+ 1,0000	+ 1,0000
0,10	0,9512	0,8561	0,7657	0,6800	0,5986	0,5216
0,20	0,9048	0,7239	0,5610	0,4150	0,2848	+ 0,1692
0,30	0,8607	0,6025	0,3830	0,1984	+ 0,4505 (— 1)	— 0,8033 (— 1)
0,40	0,8187	0,4912	0,2292	+ 0,2402 (— 1)	— 0,1323	0,2468
0,50	+ 0,7788	+ 0,3894	+ 0,9735 (— 1)	— 0,1136	— 0,2576	— 0,3470
0,60	0,7408	0,2963	— 0,1482 (— 1)	0,2193	0,3397	0,3953
0,70	0,7047	0,2114	0,1092	0,2975	0,3866	0,4038
0,80	0,6703	0,1341	0,1877	0,3521	0,4051	0,3826
0,90	0,6376	+ 0,6376 (— 1)	0,2519	0,3867	0,4009	0,3400
1,00	+ 0,6065	0,0000	— 0,3033	— 0,4044	— 0,3791	— 0,2830
1,25	0,5353	— 0,1338	0,3847	0,3917	0,2745	— 0,1121
1,50	0,4724	0,2362	0,4133	0,3248	0,1365	+ 0,5499 (— 1)
1,75	0,4169	0,3126	0,4038	0,2291	— 0,2239 (— 2)	0,1865
2,00	+ 0,3679	— 0,3679	— 0,3679	— 0,1226	+ 0,1226	+ 0,2698
2,25	0,3247	0,4058	0,3145	— 0,1775 (— 1)	0,2148	0,3042
2,50	0,2865	0,4298	0,2507	+ 0,7760 (— 1)	0,2753	0,2958
2,75	0,2528	0,4425	0,1817	0,1587	0,3049	0,2542
3,00	+ 0,2231	— 0,4463	— 0,1116	+ 0,2231	+ 0,3068	+ 0,1897
3,25	0,1969	0,4431	— 0,4307 (— 1)	0,2702	0,2857	0,1123
3,50	0,1738	0,4344	+ 0,2172 (— 1)	0,3005	0,2466	+ 0,3091 (— 1)
3,75	0,1534	0,4217	+ 0,8147 (— 1)	0,3151	0,1949	— 0,4742 (— 1)
4,00	+ 0,1353	— 0,4060	+ 0,1353	+ 0,3158	+ 0,1353	— 0,1173
4,25	0,1194	0,3882	0,1829	0,3045	0,7218 (— 1)	0,1750
4,50	0,1054	0,3689	0,2240	0,2833	+ 0,9058 (— 2)	0,2185
4,75	0,9301 (— 1)	0,3488	0,2587	0,2541	— 0,5109 (— 1)	0,2467
5,00	+ 0,8208 (— 1)	— 0,3283	+ 0,2873	+ 0,2189	— 0,1060	— 0,2599
5,25	0,7244 (— 1)	0,3079	0,3101	0,1794	0,1541	0,2591
5,50	0,6393 (— 1)	0,2877	0,3276	0,1372	0,1943	0,2457
5,75	0,5642 (— 1)	0,2680	0,3403	0,9359 (— 1)	0,2259	0,2217
6	+ 0,4979 (— 1)	— 0,2489	+ 0,3485	+ 0,4979 (— 1)	— 0,2489	— 0,1892
7	0,3020 (— 1)	0,1812	0,3473	— 0,1107	0,2605	— 0,1560 (— 1)
8	0,1832 (— 1)	0,1282	0,3114	0,2259	0,1771	+ 0,1453
9	0,1111 (— 1)	0,8887 (— 1)	0,2611	0,2888	— 0,5138 (— 1)	0,2311
10	+ 0,6738 (— 2)	— 0,6064 (— 1)	+ 0,2089	— 0,3077	+ 0,7412 (— 1)	+ 0,2313
11	0,4087 (— 2)	0,4087 (— 1)	0,1614	0,2956	0,1745	0,1667
12	0,2479 (— 2)	0,2727 (— 1)	0,1215	0,2652	0,2404	+ 0,6792 (— 1)
13	0,1503 (— 2)	0,1804 (— 1)	0,8945 (— 1)	0,2265	0,2727	— 0,3693 (— 1)
14	0,9119 (— 3)	0,1185 (— 1)	0,6474 (— 1)	0,1863	0,2775	0,1285
16	+ 0,3355 (— 3)	— 0,5032 (— 2)	+ 0,3254 (— 1)	— 0,1160	+ 0,2365	— 0,2383
18	0,1234 (— 3)	0,2098 (— 2)	0,1567 (— 1)	0,6652 (— 1)	0,1712	0,2549
20	0,4540 (— 4)	0,8626 (— 3)	0,7309 (— 2)	0,3597 (— 1)	0,1114	0,2164
22	0,1670 (— 4)	0,3507 (— 3)	0,3324 (— 2)	0,1860 (— 1)	0,6726 (— 1)	0,1600
24	0,6144 (— 5)	0,1413 (— 3)	0,1481 (— 2)	0,9284 (— 2)	0,3835 (— 1)	0,1076
26	+ 0,2260 (— 5)	— 0,5651 (— 4)	+ 0,6487 (— 3)	— 0,4503 (— 2)	+ 0,2090 (— 1)	— 0,6747 (— 1)
28	0,8315 (— 6)	0,2245 (— 4)	0,2802 (— 3)	0,2133 (— 2)	0,1099 (— 1)	0,4006 (— 1)
30	0,3059 (— 6)	0,8871 (— 5)	0,1196 (— 3)	0,9908 (— 3)	0,5607 (— 2)	0,2276 (— 1)
32	0,1125 (— 6)	0,3489 (— 5)	0,5053 (— 4)	0,4524 (— 3)	0,2790 (— 2)	0,1247 (— 1)
34	0,4140 (— 7)	0,1366 (— 5)	0,2116 (— 4)	0,2036 (— 3)	0,1358 (— 2)	0,6629 (— 2)

*) In Klammern beigefügte Zahlen (—n) besagen, daß der Tafelwert mit dem Faktor 10^{-n} zu multiplizieren ist.
Numbers (—n) added in parenthesis mean that the table value is to be multiplied by the factor 10^{-n}.

 Tafel 20. Die Laguerreschen Funktionen $l_n(x) = e^{-x/2} L_n(x) = \frac{e^{x/2}}{n!} \frac{d^n}{dx^n}(e^{-x} x^n)$ (Fortsetzung)
Table 20. The Laguerre Functions (Continuation)

x	$l_6(x)$	$l_7(x)$	$l_8(x)$	$l_9(x)$	$l_{10}(x)$
0,00	+ 1,0000	+ 1,0000	+ 1,0000	+ 1,0000	+ 1,0000
0,10	+ 0,4487	+ 0,3798	+ 0,3148	+ 0,2535	+ 0,1958
0,20	+ 0,6725 (— 1)	— 0,2207 (— 1)	— 0,9967 (— 1)	— 0,1664	— 0,2232
0,30	— 0,1808	0,2592	0,3180	0,3597	0,3865
0,40	0,3257	0,3748	0,3990	0,4027	0,3900
0,50	— 0,3926	— 0,4037	— 0,3881	— 0,3527	— 0,3032
0,60	0,4021	0,3735	0,3204	0,2519	0,1751
0,70	0,3710	0,3058	0,2220	0,1302	— 0,3851 (— 1)
0,80	0,3128	0,2173	0,1120	— 0,8407 (— 2)	+ 0,8548 (— 1)
0,90	0,2383	0,1205	— 0,3837 (— 2)	+ 0,1002	0,1849
1,00	— 0,1558	— 0,2455 (— 1)	+ 0,9340 (— 1)	+ 0,1879	+ 0,2541
1,25	+ 0,4653 (— 1)	+ 0,1742	0,2587	0,2979	0,2959
1,50	0,2008	0,2828	0,3015	0,2679	0,1975
1,75	0,2856	0,2992	0,2456	0,1503	+ 0,3811 (— 1)
2,00	+ 0,3025	+ 0,2441	+ 0,1320	+ 0,2985 (— 2)	— 0,1137
2,25	0,2646	0,1456	+ 0,5606 (— 3)	— 0,1285	0,2158
2,50	0,1897	+ 0,3093 (— 1)	— 0,1176	0,2170	0,2522
2,75	+ 0,9541 (— 1)	— 0,7816 (— 1)	0,2032	0,2522	0,2270
3,00	— 0,2789 (— 2)	— 0,1666	— 0,2474	— 0,2368	— 0,1562
3,25	0,9298 (— 1)	0,2258	0,2502	0,1816	— 0,6085 (— 1)
3,50	0,1669	0,2530	0,2176	0,1016	+ 0,3842 (— 1)
3,75	0,2197	0,2497	0,1589	— 0,1196 (— 1)	0,1248
4,00	— 0,2496	— 0,2204	— 0,8464 (— 1)	+ 0,7366 (— 1)	+ 0,1867
4,25	0,2571	0,1713	— 0,5254 (— 2)	0,1448	0,2183
4,50	0,2442	0,1093	+ 0,7024 (— 1)	0,1947	0,2191
4,75	0,2144	— 0,4123 (— 1)	0,1348	0,2201	0,1923
5,00	— 0,1716	+ 0,2671 (— 1)	+ 0,1835	+ 0,2210	+ 0,1442
5,25	0,1199	0,8936 (— 1)	0,2138	0,1997	0,8217 (— 1)
5,50	0,6336 (— 1)	0,1427	0,2250	0,1606	+ 0,1429 (— 1)
5,75	— 0,5728 (— 2)	0,1841	0,2179	0,1087	— 0,5207 (— 1)
6	+ 0,4979 (— 1)	+ 0,2120	+ 0,1949	+ 0,4979 (— 1)	— 0,1107
7	0,2066	0,1905	+ 0,9683 (— 2)	— 0,1586	0,1990
8	0,2202	+ 0,3274 (— 1)	— 0,1640	0,1931	— 0,6481 (— 1)
9	+ 0,1198	— 0,1296	0,2020	— 0,6441 (— 1)	+ 0,1174
10	— 0,2321 (— 1)	— 0,2082	— 0,1098	+ 0,9967 (— 1)	+ 0,1886
11	0,1454	0,1844	+ 0,3506 (— 1)	0,1873	+ 0,1183
12	0,2117	— 0,8846 (— 1)	0,1521	0,1631	— 0,2268 (— 1)
13	0,2149	+ 0,3166 (— 1)	0,1786	+ 0,5896 (— 1)	0,1410
14	— 0,1670	0,1340	+ 0,1629	— 0,6478 (— 1)	0,1790
16	+ 0,1528 (— 2)	+ 0,2036	— 0,2679 (— 1)	— 0,1840	— 0,3108 (— 1)
18	0,1547	+ 0,1080	0,1759	— 0,7642 (— 1)	+ 0,1506
20	0,2317	— 0,4623 (— 1)	0,1738	+ 0,9904 (— 1)	+ 0,1465
22	0,2373	0,1679	— 0,6068 (— 1)	0,1830	— 0,2839 (— 3)
24	0,2012	0,2239	+ 0,7588 (— 1)	0,1400	0,1383
26	+ 0,1513	— 0,2231	+ 0,1744	+ 0,2391	— 0,1767
28	0,1043	0,1892	0,2162	— 0,9606 (— 1)	— 0,1081
30	0,6740 (— 1)	0,1442	0,2113	0,1771	+ 0,4628 (— 2)
32	0,4132 (— 1)	0,1015	0,1795	0,2089	0,1101
34	0,2428 (— 1)	0,6715 (— 1)	0,1382	0,2014	0,1777

Tafel 21. Die Funktionen des parabolischen Zylinders
Table 21. The Functions of the parabolic Cylinder

$$\varphi_n(x) = \frac{e^{x^2/2}}{\sqrt{n!\,2^n\sqrt{\pi}}}\left(-\frac{d}{dx}\right)^n e^{-x^2}$$

x	$\varphi_0(x)$	$\varphi_1(x)$	$\varphi_2(x)$	$\varphi_3(x)$	$\varphi_4(x)$	$\varphi_5(x)$
	+ 0,	+ 0,	— 0,	— 0,		
0,00	75113	00000	53113	00000	+ 0,45997	+ 0,00000
04	75052	42456 (— 1)	52900	51942 (— 1)	0,45667	0,58011 (— 1)
08	74873	84709 (— 1)	52265	10330	0,44678	0,11500
12	74574	12656	51214	15351	0,43049	0,16998
16	74157	16780	49753	20200	0,40803	0,22198
0,20	73625	20824	47897	24824	+ 0,37970	+ 0,27007
24	72980	24770	45661	29172	0,34592	0,31343
28	72225	28600	43064	33197	0,30721	0,35132
32	71364	32296	40127	36854	0,26412	0,38308
36	70400	35841	36876	40104	0,21728	0,40817
0,40	69338	39223	33339	42914	+ 0,16735	+ 0,42617
44	68183	42427	29544	45255	0,11506	0,43680
48	66940	45440	25522	47104	0,61153 (— 1)	0,43988
52	65614	48252	21305	48443	+ 0,63840 (— 2)	0,43539
56	64212	50853	16927	49261	— 0,48473 (— 1)	0,42343
0,60	62739	53235	12422	49552	— 0,10266	+ 0,40426
64	61202	55394	78245 (— 1)	49318	0,15543	0,37821
68	59608	57324	31698 (— 1)	48564	0,20606	0,34575
72	57962	59019	*15083 (— 1)	47302	0,25388	0,30747
76	56271	60479	61754 (— 1)	45550	0,29827	0,26404
0,80	54543	61706	10799	43330	— 0,33864	+ 0,21622
84	52783	62705	15347	40671	0,37448	0,16482
88	50998	63470	19790	37602	0,40536	0,11071
92	49195	64006	24100	34158	0,43091	+ 0,54782 (— 1)
96	47379	64325	28251	30378	0,45085	— 0,20325 (— 2)
1,00	45558	64431	32215	26303	— 0,46499	— 0,58816 (— 1)
10	41017	63809	41186	15109	0,47419	0,19476
20	36561	62046	48603	30396 (— 1)	0,44671	0,31184
30	32265	59321	54300	*92024 (— 1)	0,38565	0,39939
40	28190	55816	58206	20963	0,29656	0,45009
1,50	24385	51730	60352	31678	— 0,18666	— 0,46042
60	20884	47255	60840	40899	— 0,64185 (— 1)	0,43076
70	17708	42572	59850	48316	+ 0,62475 (— 1)	0,36498
80	14865	37840	57601	53758	0,18541	0,26976
90	12355	33196	54337	57189	0,29778	0,15369
2,00	10166	28752	50316	58690	+ 0,39425	— 0,26247 (— 1)
10	82812 (—1)	24594	45791	58436	0,47115	+ 0,10310
20	66792 (— 1)	20781	40995	56671	0,52657	0,22579
30	53334 (— 1)	17348	36130	53683	0,56019	0,33472
40	42164 (— 1)	14311	31366	49778	0,57313	0,42472
2,50	33002 (— 1)	11668	26836	45253	+ 0,56755	+ 0,49263
60	25574 (— 1)	94036 (— 1)	22641	40386	0,54641	0,53728
70	19620 (— 1)	74921 (— 1)	18841	35418	0,51303	0,55927
80	14903 (— 1)	59013 (— 1)	15470	30549	0,47086	0,56060
90	11208 (— 1)	45964 (— 1)	12537	25933	0,42321	0,54426
3,00	83443 (— 2)	35402 (— 1)	10031	21679	+ 0,37301	+ 0,51384
10	61507 (— 2)	26965 (— 1)	79244 (— 1)	17856	0,32278	0,47314
20	44887 (— 2)	20314 (— 1)	61831 (— 1)	14496	0,27447	0,42580
30	32432 (— 2)	15136 (— 1)	47655 (— 1)	11605	0,22951	0,37522
40	23200 (— 2)	11155 (— 1)	36289 (— 1)	91630 (— 1)	0,18887	0,32417
3,50	16431 (— 2)	81326 (— 2)	27303 (— 1)	71384 (— 1)	+ 0,15302	+ 0,27489
	+ 0,	+ 0,	+ 0,	+ 0,		

 Tafel 21. Die Funktionen des parabolischen Zylinders $\varphi_n(x) = \frac{e^{x^2/2}}{\sqrt{n!\,2^n\sqrt{\pi}}}\left(-\frac{d}{dx}\right)^n e^{-x^2}$ (Forts.)
Table 21. The Functions of the parabolic Cylinder (Cont.)

x	$\varphi_6(x)$	$\varphi_7(x)$	$\varphi_8(x)$	$\varphi_9(x)$	$\varphi_{10}(x)$	$\varphi_{11}(x)$
0,00	— 0,41989	— 0,00000	+ 0,39277	+ 0,00000	— 0,37262	— 0,00000
04	0,41552	0,62592 (— 1)	0,38744	0,66320 (— 1)	0,36637	0,69480 (— 1)
08	0,40254	0,12367	0,37159	0,13063	0,34786	0,13641
12	0,38119	0,18182	0,34566	0,19097	0,31769	0,19834
16	0,35195	0,23563	0,31038	0,24554	0,27689	0,25300
0,20	— 0,31542	— 0,28378	+ 0,26666	+ 0,29268	— 0,22681	— 0,29839
24	0,27235	0,32513	0,21574	0,33094	0,16916	0,33285
28	0,22365	0,35873	0,15898	0,35920	0,10584	0,35513
32	0,17033	0,38380	0,97924 (— 1)	0,37662	— 0,39002 (— 1)	0,36443
36	0,11351	0,39974	+ 0,34225 (— 1)	0,38268	+ 0,29143 (— 1)	0,36041
0,40	— 0,54348 (— 1)	— 0,40618	— 0,30398 (— 1)	+ 0,37722	+ 0,96317 (— 1)	— 0,34323
44	+ 0,59254 (— 2)	0,40300	0,94202 (— 1)	0,36041	0,16028	0,31356
48	0,66077 (— 1)	0,39029	0,15548	0,33279	0,21894	0,27249
52	0,12489	0,36838	0,21260	0,29520	0,27034	0,22152
56	0,18116	0,33780	0,26404	0,24878	0,31279	0,16251
0,60	+ 0,23375	— 0,29930	— 0,30844	+ 0,19494	+ 0,34493	— 0,97624 (— 1)
64	0,28163	0,25381	0,34466	0,13531	0,36569	— 0,29210 (— 1)
68	0,32385	0,20239	0,37175	0,71650 (— 1)	0,37445	+ 0,40260 (— 1)
72	0,35959	0,14628	0,38901	+ 0,58762 (— 2)	0,37094	0,10828
76	0,38816	0,86783 (— 1)	0,39606	— 0,60071 (— 1)	0,35530	0,17242
0,80	+ 0,40901	— 0,25288 (— 1)	— 0,39270	— 0,12426	+ 0,32810	+ 0,23039
84	0,42179	+ 0,36788 (— 1)	0,37910	0,18480	0,29022	0,28015
88	0,42630	0,98025 (— 1)	0,35562	0,23995	0,24295	0,31995
92	0,42248	0,15704	0,32294	0,28813	0,18782	0,34840
96	0,41044	0,21250	0,28193	0,32794	0,12668	0,36453
1,00	+ 0,39050	+ 0,26319	— 0,23369	— 0,35830	+ 0,61463 (— 1)	+ 0,36784
10	0,30919	0,36211	— 0,90060 (— 1)	0,38810	— 0,10548	0,32056
20	0,19174	0,41169	+ 0,67662 (— 1)	0,34987	0,25195	0,20467
30	+ 0,52287 (— 1)	0,40609	0,21505	0,25108	0,34998	+ 0,45390 (— 1)
40	— 0,93080 (— 1)	0,34704	0,33000	— 0,10941	0,38156	— 0,12346
1,50	— 0,22833	+ 0,24319	+ 0,39598	+ 0,50714 (— 1)	— 0,34164	— 0,26686
60	0,33933	+ 0,10860	0,40429	0,20255	0,23862	0,35588
70	0,41527	— 0,39433 (— 1)	0,35493	0,32161	— 0,92202 (— 1)	0,37347
80	0,44960	0,18283	0,25602	0,38966	+ 0,70747 (— 1)	0,31726
90	0,44043	0,30501	+ 0,12222	0,39704	0,22141	0,19930
2,00	— 0,39021	— 0,39285	— 0,27844 (— 1)	+ 0,34413	+ 0,33421	— 0,43146 (— 1)
10	0,30509	0,43792	0,17443	0,24020	0,39106	+ 0,12115
20	0,19390	0,43705	0,29938	+ 0,10157	0,38395	0,26334
30	— 0,66902 (— 1)	0,39214	0,38838	— 0,51381 (— 1)	0,31560	0,35851
40	+ 0,65318 (— 1)	0,30942	0,43240	0,19749	0,19825	0,39118
2,50	+ 0,19294	— 0,19825	— 0,42830	— 0,31784	+ 0,50964 (— 1)	+ 0,35738
60	0,30772	— 0,69767 (— 1)	0,37855	0,39819	0,10388	0,26450
70	0,40350	+ 0,64541 (— 1)	0,29030	0,43035	0,24423	+ 0,12916
80	0,47642	0,19403	0,17402	0,41262	0,35159	— 0,26351 (— 1)
90	0,52493	0,30982	— 0,41793 (— 1)	0,34923	0,41328	0,17807
3,00	+ 0,54949	+ 0,40541	+ 0,94123 (— 1)	— 0,24911	— 0,42352	— 0,30424
10	0,55216	0,47695	0,22277	— 0,12416	0,38340	0,38840
20	0,53613	0,52280	0,33497	+ 0,12502 (— 1)	0,29995	0,42121
30	0,50537	0,54403	0,42491	0,14819	0,18447	0,40089
40	0,40393	0,54303	0,48916	0,27206	— 0,50381 (— 1)	0,33246
3,50	+ 0,41576	+ 0,52334	+ 0,52694	+ 0,37599	+ 0,88619 (— 1)	— 0,22623

Tafel 21. Die Funktionen des parabolischen Zylinders $\varphi_n(x) = \frac{e^{x^2/2}}{\sqrt{n!2^n\sqrt{\pi}}}\left(-\frac{d}{dx}\right)^n e^{-x^2}$ (Forts.)
Table 21. The Functions of the parabolic Cylinder (Cont.)

x	$\varphi_0(x)$	$\varphi_1(x)$	$\varphi_2(x)$	$\varphi_3(x)$	$\varphi_4(x)$	$\varphi_5(x)$
	+ 0,	+ 0,	+ 0,	+ 0,	+ 0,	+ 0,
3,50	16431 (— 2)	81326 (— 2)	27303 (— 1)	71384 (— 1)	15302	27489
60	11521 (— 2)	58652 (— 2)	20301 (— 1)	54883 (— 1)	12213	22898
70	79980 (— 3)	41849 (— 2)	14919 (— 1)	41653 (— 1)	96057 (— 1)	18753
80	54967 (— 3)	29540 (— 2)	10836 (— 1)	31210 (— 1)	74477 (— 1)	15108
90	37403 (— 3)	20629 (— 2)	77810 (— 2)	23093 (— 1)	56944 (— 1)	11979
4,00	25197 (— 3)	14254 (— 2)	55234 (— 2)	16876 (— 1)	42950 (— 1)	93556 (— 1)
20	11098 (— 3)	65918 (— 3)	26901 (— 2)	86867 (— 2)	23469 (— 1)	54570 (— 1)
40	46962 (— 4)	29222 (— 3)	12526 (— 2)	42613 (— 2)	12173 (— 1)	30065 (— 1)
60	19093 (— 4)	12421 (— 3)	55787 (— 3)	19939 (— 2)	60022 (— 2)	15679 (— 1)
80	74583 (— 5)	50629 (— 4)	23774 (— 3)	89043 (— 3)	28163 (— 2)	77533 (— 2)
5,00	27992 (— 5)	19793 (— 4)	96986 (— 4)	37979 (— 3)	12588 (— 2)	36408 (— 2)
20	10094 (— 5)	74230 (— 5)	37885 (— 4)	15478 (— 3)	53636 (— 3)	16241 (— 2)
40	34970 (— 6)	26706 (— 5)	14174 (— 4)	60314 (— 4)	21764 (— 3)	68935 (— 3)
60	11641 (— 6)	92188 (— 6)	50802 (— 5)	22477 (— 4)	84600 (— 4)	27953 (— 3)
80	37229 (— 7)	30537 (— 6)	17448 (— 5)	80135 (— 5)	31354 (— 4)	10785 (— 3)
6,00	11440 (— 7)	97069 (— 7)	57433 (— 6)	27343 (— 5)	11104 (— 4)	39689 (— 4)
20	33774 (— 8)	29613 (— 7)	18121 (— 6)	89316 (— 6)	37587 (— 5)	13941 (— 4)
40	95799 (— 9)	86706 (— 8)	54815 (— 7)	27937 (— 6)	12168 (— 5)	46753 (— 5)
60	26108 (— 9)	24369 (— 8)	15899 (— 7)	83688 (— 7)	37679 (— 6)	14980 (— 5)
80	68364 (— 10)	65743 (— 9)	44222 (— 8)	24016 (— 7)	11165 (— 6)	45873 (— 6)
7,00	17199 (— 10)	17026 (— 9)	11797 (— 8)	66034 (— 8)	31664 (— 7)	13428 (— 6)
50	45833 (— 12)	48613 (— 11)	36135 (— 10)	21732 (— 9)	11212 (— 8)	50501 (— 8)
8,00	95123 (— 14)	10762 (— 12)	85424 (— 12)	54920 (— 11)	30331 (— 10)	14853 (— 9)
	+ 0,	+ 0,	+ 0,	+ 0,	+ 0,	+ 0,

x	$\varphi_6(x)$	$\varphi_7(x)$	$\varphi_8(x)$	$\varphi_9(x)$	$\varphi_{10}(x)$	$\varphi_{11}(x)$
	+ 0,	+ 0,	+ 0,	+ 0,	+ 0,	— 0,
3,50	41576	52334	52694	37599	88619 (— 1)	22623
60	36443	48928	53981	45479	22009	95779 (— 1)
70	31290	44525	53101	50633	33410	*44335 (— 1)
80	26346	39528	50458	53120	42404	18060
90	21777	34288	46491	53211	48668	30198
4,00	17685	29151	41759	51258	52076	39949
20	11090	19845	31301	43263	51566	51099
40	65262 (— 1)	12565	21539	32830	44166	51561
60	36160 (— 1)	74396 (— 1)	13729	22756	33789	44578
80	18916 (— 1)	41354 (— 1)	81555 (— 1)	14555	23507	34235
5,00	93611 (— 2)	21648 (— 1)	45363 (— 1)	86512 (— 1)	15041	23819
20	43865 (— 2)	10689 (— 1)	23688 (— 1)	47988 (— 1)	89124 (— 1)	15186
40	19505 (— 2)	49918 (— 2)	11653 (— 1)	24958 (— 1)	49216 (— 1)	89530 (— 1)
60	82652 (— 3)	22152 (— 2)	54296 (— 2)	12245 (— 1)	25523 (— 1)	49252 (— 1)
80	33252 (— 3)	93103 (— 3)	23889 (— 2)	56538 (— 2)	12400 (— 1)	25274 (— 1)
6,00	12735 (— 3)	37168 (— 3)	99360 (— 3)	24665 (— 2)	56734 (— 2)	12163 (— 1)
20	46468 (— 4)	14109 (— 3)	39392 (— 3)	10183 (— 2)	24497 (— 2)	55058 (— 2)
40	16165 (— 4)	50970 (— 4)	14797 (— 3)	39841 (— 3)	99993 (— 3)	23489 (— 2)
60	53640 (— 5)	17537 (— 4)	52853 (— 4)	14791 (— 3)	38642 (— 3)	94647 (— 3)
80	16991 (— 5)	57511 (— 5)	17964 (— 4)	52164 (— 4)	14159 (— 3)	36080 (— 3)
7,00	51377 (— 6)	17980 (— 5)	58123 (— 5)	17485 (— 4)	49223 (— 4)	13025 (— 3)
50	20844 (— 7)	79255 (— 7)	27770 (— 6)	90715 (— 6)	27791 (— 5)	80228 (— 5)
8,00	65836 (— 9)	26778 (— 8)	10095 (— 7)	35547 (— 7)	11760 (— 6)	36726 (— 6)
	+ 0,	+ 0,	+ 0,	+ 0,	+ 0,	+ 0,

VIII. Die Kugelfunktionen *)
VIII. The Legendre Functions *)

1. Definitionen und Bezeichnungen

1. Definitions and Notations

Als *Kugelfunktionen* (auch *Legendresche Funktionen*) bezeichnet man die Lösungen der Differentialgleichung

By *Legendre functions* one means the solutions of the differential equation

$$(1 - z^2) \frac{d^2 w}{dz^2} - 2z \frac{dw}{dz} + \left[\nu (\nu + 1) - \frac{\mu^2}{1 - z^2} \right] w = 0 \,.$$

Dabei wird z als komplexe Veränderliche aufgefaßt. Ebenso dürfen die als *Indizes* bezeichneten Konstanten ν, μ beliebige komplexe Zahlen sein. Wir werden jedoch im folgenden die Indizes als ganze Zahlen ≥ 0 voraussetzen und bringen dies durch die Bezeichnung $\nu = n$, $\mu = m$ zum Ausdruck.

In dem Sonderfall $m = 0$ handelt es sich um die Lösungen der *Legendreschen Differentialgleichung*

Here z is to be a complex variable. Likewise the constants ν, μ called *indices*, may be arbitrary complex numbers. However in the following the indices are assumed to be integers ≥ 0 and we express this by the notation $\nu = n$, $\mu = m$.

In the special case $m = 0$ we have to deal with the solutions of *Legendre's differential equation*

$$(1 - z^2) \frac{d^2 w}{dz^2} - 2z \frac{dw}{dz} + n (n + 1) w = 0 \,.$$

Sie besitzt stets eine Polynomlösung $P_n(z$, die als *Legendresches Polynom* (auch als *Legendrescher Koeffizient, Legendresche Funktion 1. Art* oder *zonale Kugelfunktion 1. Art*) bezeichnet wird. Eine zweite, davon unabhängige Lösung $Q_n(z)$ wird als *Legendresche Funktion 2. Art* (oder *zonale Kugelfunktion 2. Art*) bezeichnet. Sie ist eine unendlich vieldeutige analytische Funktion von z, deren *Verzweigungspunkte* in ± 1 liegen. Diese Funktion läßt im Intervall $-1 < x < 1$ der reellen Achse eine eindeutige *reelle Bestimmung* zu, die wir weiterhin mit $Q_n(x)$ bezeichnen. Sie läßt ferner in der von -1 bis $+1$ längs der reellen Achse aufgeschnittenen Ebene eine eindeutige Bestimmung zu, die auf dem Halbstrahl $x > 1$ reell ist; diese Bestimmung der Funktion wird weiterhin mit $\mathfrak{Q}_n(z)$ bezeichnet.

It has a polynomial solution $P_n(z)$ which is denoted as *Legendre's polynomial* (or as *Legendre's coefficient, Legendre's function of the 1st kind, zonal surface harmonic of the 1st kind*). A second solution $Q_n(z)$, independent of it, is denoted as *Legendre's function of the 2nd kind* (or *zonal surface harmonic of the 2nd kind*). It is an infinitely many-valued analytic function of z, whose *branch points* are ± 1. In the interval $-1 < x < 1$ of the real axis this function admits to a one-valued *real definition*, which in the following we denote by $Q_n(x)$. Further in the plane cut along the real axis from -1 to $+1$ it admits to a one-valued definition, which along the ray $x > 1$ is real; this branch of the function is in the following denoted by $\mathfrak{Q}_n(z)$.

Für beliebige komplexe Indizes ν hat die Legendresche Differentialgleichung zwei Lösungen $P_\nu(z)$, $Q_\nu(z)$, die bezüglich ν analytisch sind und für $\nu = n$ in $P_n(z)$, $Q_n(z)$ übergehen. Ferner ist $P_{-n-1}(z) = P_n(z)$. Davon abgesehen sind $P_\nu(z)$, $Q_\nu(z)$ unendlich vieldeutige Funktionen. Die Verzweigungspunkte von $P_\nu(z)$ sind -1 und ∞, diejenigen von $Q_\nu(z)$ sind ± 1 und ∞. Fig. 68 veranschaulicht $P_\nu(x)$ für reelle ν und x.

For arbitrary complex indices ν Legendre's differential equation has two solutions $P_\nu(z)$, $Q_\nu(z)$ which are analytic with respect to ν and turn to $P_n(z)$, $Q_n(z)$ for $\nu = n$. Further we have $P_{-n-1}(z) = P_n(z)$. Besides this $P_\nu(z)$, $Q_\nu(z)$ are infinitely many-valued functions. The branch points of $P_\nu(z)$ are -1 and ∞, those of $Q_\nu(z)$ are ± 1 and ∞. Fig. 68 shows $P_\nu(x)$ for real ν and x.

---

*) Figuren 68 bis 76; Tafeln 22 bis 25

---

*) Figures 68 to 76; tables 22 to 25

Der Fall $m \neq 0$ kann für $m = 1, 2, \ldots, n$ auf den Fall $m = 0$ zurückgeführt werden. Man erhält als Lösungen der Differentialgleichung die *zugeordneten Legendreschen Funktionen 1. Art* $P_n^m(z)$ und *2. Art* $Q_n^m(z)$. Dabei heißt n der *Grad* und m die *Ordnung* der Funktion. Beide Funktionen besitzen längs der reellen Strecke $-1 < x < 1$ *reelle Bestimmungen*, die mit $P_n^m(x)$, $Q_n^m(x)$ bezeichnet werden. Ebenso lassen sich in der von -1 bis $+1$ aufgeschnittenen Ebene eindeutige und auf dem Halbstrahl $x > 1$ der reellen Achse reelle Zweige der Funktionen festlegen; sie werden mit $\mathfrak{P}_n^m(z)$, $\mathfrak{Q}_n^m(z)$ bezeichnet.

The case $m \neq 0$ can be reduced to the case $m = 0$ for $m = 1, 2, \ldots, n$. We get as solutions of the differential equation *Legendre's associated functions of the 1st kind* $P_n^m(z)$ and *of the 2nd kind* $Q_n^m(z)$. Thereby n is called the *degree* and m the *order* of the function. Both functions have *real definitions* along the range $-1 < x < 1$ which we denote by $P_n^m(x)$, $Q_n^m(x)$. Likewise in the plane cut from -1 to $+1$ we can fix one-valued branches of the functions, real along the ray $x > 1$ of the real axis; they are denoted by $\mathfrak{P}_n^m(z)$, $\mathfrak{Q}_n^m(z)$.

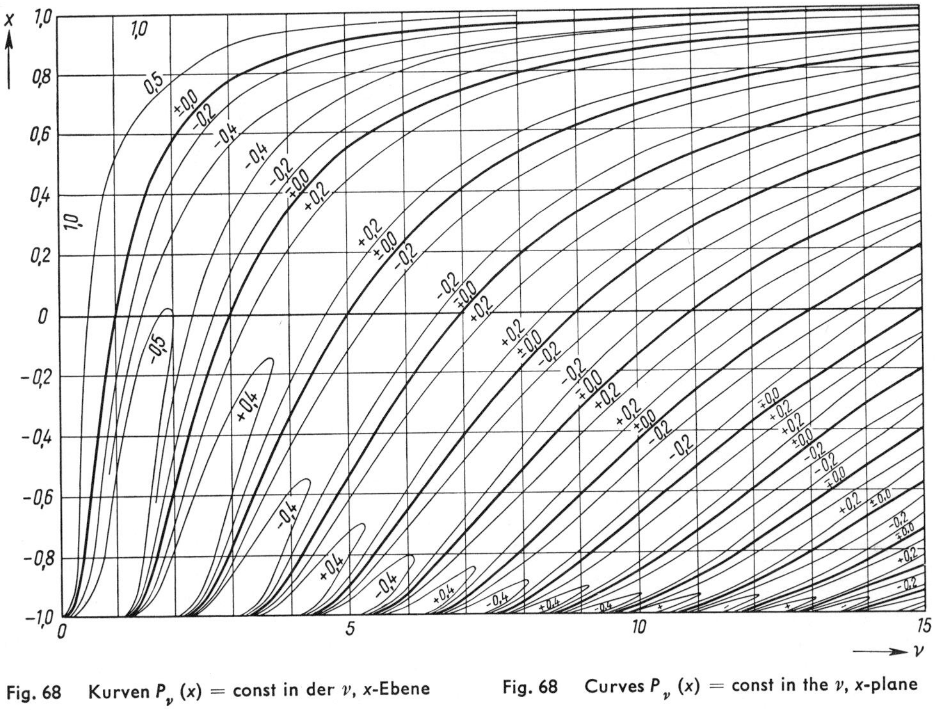

Fig. 68 Kurven $P_\nu(x) = \text{const}$ in der ν, x-Ebene

Fig. 68 Curves $P_\nu(x) = \text{const}$ in the ν, x-plane

2. Legendresche Funktionen 1. und 2. Art

2.1 Das *Legendresche Polynom n. Grades* $P_n(z)$ läßt sich definieren durch

2. Legendre Functions of the 1st and 2nd kinds

2.1 The *Legendre polynomial* $P_n(z)$ *of* n^{th} *degree* may be defined by

$$P_n(z) = \frac{1}{2^n\, n!} \frac{d^n}{dz^n} (z^2 - 1)^n .$$

Mittels der *erzeugenden Funktion* $[1 - 2zr + r^2]^{-1/2}$ ergeben sich die Legendreschen Polynome aus der (für $|r| < \min|z \pm \sqrt{z^2-1}|$ geltenden) Entwicklung

By means of the *generating function* $[1 - 2zr + r^2]^{-1/2}$ Legendre polynomials are obtained from the development (valid for $|r| < \min|z \pm \sqrt{z^2-1}|$)

$$[1 - 2zr + r^2]^{-1/2} = \sum_{n=0}^{\infty} P_n(z)\, r^n$$

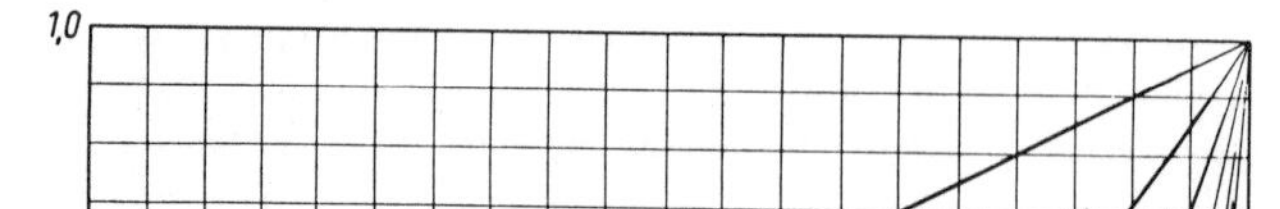

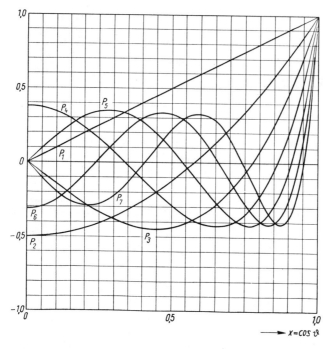

Fig. 69
Die Kugelfunktionen 1. Art $P_n(x)$

Fig. 69
Legendre functions of the 1st kind $P_n(x)$

oder aus der (für $|r| > \max|z \pm \sqrt{z^2-1}|$ geltenden) Entwicklung

or from the development (valid for $|r| > \max|z \pm \sqrt{z^2-1}|$)

$$[1 - 2zr + r^2]^{-1/2} = \sum_{n=0}^{\infty} P_n(z) \cdot \frac{1}{r^{n+1}}.$$

Nach Potenzen von z geordnet ist

Ordered according to powers of z we get

$$P_n(z) = \frac{1\cdot 3\cdot 5\cdots(2n-1)}{n!}\left[z^n - \frac{n(n-1)}{2(2n-1)}z^{n-2} + \frac{n(n-1)(n-2)(n-3)}{2\cdot 4\cdot(2n-1)(2n-3)}z^{n-4} - \cdots\right].$$

Für reelles Argument $x = \cos\vartheta$ gilt die *trigonometrische Darstellung*

For real argument $x = \cos\vartheta$ we have the *trigonometric representation*

$$P_n(\cos\vartheta) = 2\cdot\frac{1\cdot 3\cdot 5\cdots(2n-1)}{2^n\cdot n!}\left[\cos n\vartheta + \frac{1}{1}\cdot\frac{n}{2n-1}\cos(n-2)\vartheta\right.$$

$$\left. + \frac{1\cdot 3}{1\cdot 2}\cdot\frac{n(n-1)}{(2n-1)(2n-3)}\cos(n-4)\vartheta + \frac{1\cdot 3\cdot 5}{1\cdot 2\cdot 3}\,\frac{n(n-1)(n-2)}{(2n-1)(2n-3)(2n-5)}\cos(n-6)\vartheta + \cdots\right].$$

Für ungerade n geht diese Reihe bis $\cos\vartheta$, für gerade n bis $\cos(0\cdot\vartheta)$ und dem Koeffizienten von $\cos(0\cdot\vartheta)$ ist der Faktor 1/2 beizufügen. Die Polynome niedrigsten Grades lauten

If n is an odd integer the series terminates at $\cos\vartheta$, if n is an even integer at $\cos(0\cdot\vartheta)$ and the coefficient of $\cos(0\cdot\vartheta)$ will be multiplied by the factor 1/2. The polynomials of the lowest degrees are

$$P_0(x) = 1$$

$$P_1(x) = x = \cos\vartheta$$

$$P_2(x) = \frac{1}{2}(3x^2 - 1) = \frac{1}{4}(3\cos 2\vartheta + 1)$$

$$P_3(x) = \frac{1}{2}(5x^3 - 3x) = \frac{1}{8}(5\cos 3\vartheta + 3\cos\vartheta)$$

$$P_4(x) = \frac{1}{8}(35x^4 - 30x^2 + 3) = \frac{1}{64}(35\cos 4\vartheta + 20\cos 2\vartheta + 9)$$

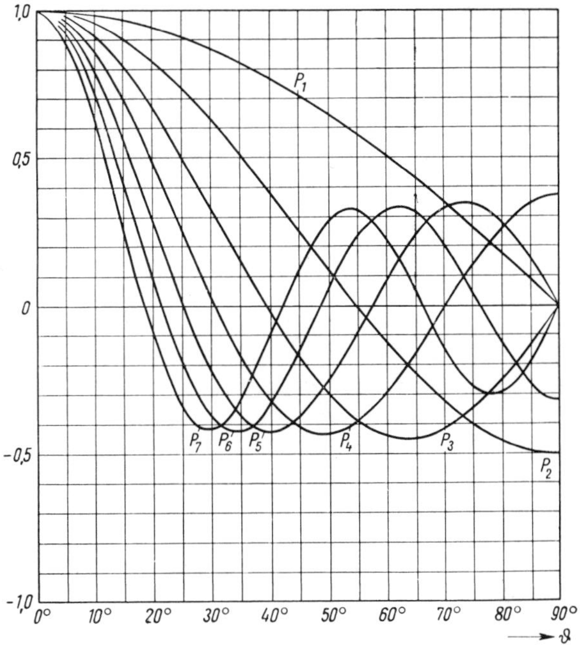

Fig. 70
Die Kugelfunktionen 1. Art $P_n(\cos\vartheta)$

Fig. 70
Legendre functions of the 1st kind $P_n(\cos\vartheta)$

$$P_5(x) = \frac{1}{8}(63x^5 - 70x^3 + 15x) = \frac{1}{128}(63\cos 5\vartheta + 35\cos 3\vartheta + 30\cos\vartheta)$$

$$P_6(x) = \frac{1}{16}(231x^6 - 315x^4 + 105x^2 - 5) = \frac{1}{512}(231\cos 6\vartheta + 126\cos 4\vartheta + 105\cos 2\vartheta + 50).$$

2.2 Die *Legendresche Funktion 2. Art* läßt sich bei den in 1. getroffenen Festsetzungen über ihre Bestimmung für $-1 < x < 1$ darstellen durch

2.2 *Legendre's function of the 2nd kind* with the assumptions made in 1. about their definition may for $-1 < x < 1$ be represented by

$$Q_n(x) = P_n(x)\,\mathrm{ar\,tanh}\,x - W_{n-1}(x) = \frac{1}{2}P_n(x)\ln\frac{1+x}{1-x} - W_{n-1}(x),$$

für komplexes z außerhalb der Strecke $-1 \leq x \leq 1$ durch

for complex z outside the range $-1 \leq x \leq 1$ by

$$\mathfrak{Q}_n(z) = P_n(z)\,\mathrm{ar\,coth}\,z - W_{n-1}(z) = \frac{1}{2}P_n(z)\ln\frac{z+1}{z-1} - W_{n-1}(z),$$

wo $W_{n-1}(z)$ das folgende Polynom bedeutet:

where $W_{n-1}(z)$ is the polynomial

$$W_{n-1}(z) = \sum_{m=1}^{n}\frac{1}{m}P_{m-1}(z)P_{n-m}(z) = \frac{1\cdot3\cdot5\ldots(2n-1)}{1\cdot2\cdot3\ldots n}\left\{z^{n-1} + z^{n-3}\left(\frac{1}{3} - \frac{n(n-1)}{2(2n-1)}\right)\right.$$
$$\left. + z^{n-5}\left(\frac{1}{5} - \frac{1}{3}\frac{n(n-1)}{2(2n-1)} + \frac{n(n-1)(n-2)(n-3)}{2\cdot4\cdot(2n-1)(2n-3)}\right) + \cdots\right\}.$$

$W_{n-1}(z)$ bricht für gerade n mit dem Glied z^1, für ungerade n mit dem Glied z^0 ab.
Bezeichnet man die Bestimmungen von $\mathfrak{Q}_n(z)$ am oberen und unteren Rande des Verzweigungsschnitts $-1 < x < 1$ mit $\mathfrak{Q}_n(x + 0\cdot i)$ und $\mathfrak{Q}_n(x - 0\cdot i)$, so ist

When n is even, $W_{n-1}(z)$ ends with the term z^1, when n is odd with the term z^0.
If we denote the values of $\mathfrak{Q}_n(z)$ at the upper and lower edges of the cut $-1 < x < 1$ by $\mathfrak{Q}_n(x + 0\cdot i)$ and $\mathfrak{Q}_n(x - 0\cdot i)$, we get

$$Q_n(x) = \frac{1}{2}\{\mathfrak{Q}_n(x+0\cdot i) + \mathfrak{Q}_n(x-0\cdot i)\}, \quad \mathfrak{Q}_n(x \pm 0\cdot i) = Q_n(x) \mp \frac{1}{2}\pi i P_n(x).$$

Für $|z| > 1$ gilt

For $|z| > 1$ we have

$$\mathfrak{Q}_n(z) = \frac{n!}{1\cdot3\cdot5\ldots(2n+1)}\left\{\frac{1}{z^{n+1}} + \frac{(n+1)(n+2)}{2\cdot(2n+3)}\cdot\frac{1}{z^{n+3}} + \frac{(n+1)(n+2)(n+3)(n+4)}{2\cdot4\cdot(2n+3)(2n+5)}\cdot\frac{1}{z^{n+5}} + \cdots\right\}$$

und entsprechend für reelles Argument $x=\cos\vartheta$, $(0<\vartheta<\pi)$,

and likewise for real argument $x=\cos\vartheta$, $(0<\vartheta<\pi)$,

$$Q_n(\cos\vartheta) = 2\cdot\frac{2\cdot4\cdots2n}{3\cdot5\cdots(2n+1)}\left\{\cos(n+1)\vartheta+\frac{1\cdot(n+1)}{1\cdot(2n+3)}\cos(n+3)\vartheta + \frac{1\cdot3\cdot(n+1)(n+2)}{1\cdot2\cdot(2n+3)(2n+5)}\cos(n+5)\vartheta+\cdots\right\}.$$

Es ist speziell

In particular we have

$$Q_0(x) = \frac{1}{2}\ln\frac{1+x}{1-x} = \operatorname{ar\,tanh} x\,,$$

$$Q_1(x) = x\,Q_0(x) - 1\,,$$

$$Q_2(x) = P_2(x)\,Q_0(x) - \frac{3}{2}x\,,$$

$$Q_3(x) = P_3(x)\,Q_0(x) - \frac{5}{2}x^2 + \frac{2}{3}\,,$$

$$Q_4(x) = P_4(x)\,Q_0(x) - \frac{35}{8}x^3 + \frac{55}{24}x\,,$$

$$Q_5(x) = P_5(x)\,Q_0(x) - \frac{63}{8}x^4 + \frac{49}{8}x^2 - \frac{8}{15}\,.$$

Die entsprechenden Ausdrücke für $\mathfrak{Q}_n(z)$ erhält man, indem man ar tanh x durch ar coth z ersetzt.

The corresponding formulas for $\mathfrak{Q}_n(z)$ we get in replacing ar tanh x by ar coth z.

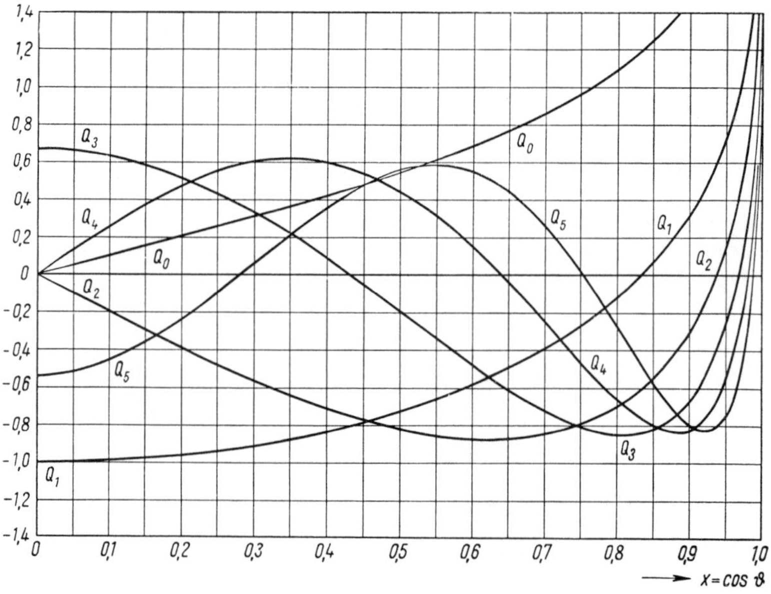

Fig. 71 Die Kugelfunktionen 2. Art $Q_n(x)$

Fig. 71 Legendre functions of the 2nd kind $Q_n(x)$

3. Zugeordnete Legendresche Funktionen 1. und 2. Art

3. Legendre associated Functions of the 1st and 2nd Kinds

3.1 Die *zugeordneten Legendreschen Funktionen 1. Art* ergeben sich bei den in 1. über ihre Bestimmung getroffenen Festsetzungen für $-1<x<1$ oder $x=\cos\vartheta$ mit $0<\vartheta<\pi$ als

3.1 *Legendre associated functions of the 1st kind* with the assumptions made in 1. about their definition are obtained for $-1<x<1$ or for $x=\cos\vartheta$ with $0<\vartheta<\pi$ by

$$P_n^m(x) = (1-x^2)^{\frac{m}{2}}\frac{d^m P_n(x)}{dx^m} = \frac{(1-x^2)^{m/2}}{2^n n!}\frac{d^{n+m}}{dx^{n+m}}(x^2-1)^n = \sin^m\vartheta\,\frac{d^m P_n(\cos\vartheta)}{(d\cos\vartheta)^m}\,.$$

Ausführlich geschrieben ist

Written more in detail we get

$$P_n^m(x) = \frac{(2n)!}{2^n\, n!\,(n-m)!}(1-x^2)^{\frac{m}{2}}\Big\{x^{n-m} - \frac{(n-m)(n-m-1)}{2\cdot(2n-1)}x^{n-m-2} + \frac{(n-m)(n-m-1)(n-m-2)(n-m-3)}{2\cdot4\cdot(2n-1)(2n-3)}x^{n-m-4} - + \cdots\Big\}$$

oder

or

$$P_n^m(x) = \frac{(n+m)!}{2^m\, m!\,(n-m)!}(1-x^2)^{\frac{m}{2}}\Big\{1 - \frac{(n-m)(n+m+1)}{1\cdot(m+1)}\,\frac{1-x}{2} + \frac{(n-m)(n-m-1)(n+m+1)(n+m+2)}{1\cdot2\cdot(m+1)(m+2)}\left(\frac{1-x}{2}\right)^2 - + \cdots\Big\}.$$

Speziell ist

In particular we have

$$P_n^n(x) = \frac{(2n)!}{2^n n!}(1-x^2)^{\frac{n}{2}} = 1\cdot3\ldots(2n-1)(1-x^2)^{\frac{n}{2}},$$

$$P_1^1(x) = (1-x^2)^{\frac{1}{2}} = \sin\vartheta,$$

$$P_2^1(x) = 3(1-x^2)^{\frac{1}{2}}x = \frac{3}{2}\sin 2\vartheta,$$

$$P_2^2(x) = 3(1-x^2) = \frac{3}{2}(1-\cos 2\vartheta),$$

$$P_3^1(x) = \frac{3}{2}(1-x^2)^{\frac{1}{2}}(5x^2-1) = \frac{3}{8}(\sin\vartheta + 5\sin 3\vartheta),$$

$$P_3^2(x) = 15(1-x^2)x = \frac{15}{4}(\cos\vartheta - \cos 3\vartheta),$$

$$P_3^3(x) = 15(1-x^2)^{\frac{3}{2}} = \frac{15}{4}(3\sin\vartheta - \sin 3\vartheta),$$

$$P_4^1(x) = \frac{5}{2}(1-x^2)^{\frac{1}{2}}(7x^3-3x) = \frac{5}{16}(2\sin 2\vartheta + 7\sin 4\vartheta),$$

$$P_4^2(x) = \frac{15}{2}(1-x^2)(7x^2-1) = \frac{15}{16}(3 + 4\cos 2\vartheta - 7\cos 4\vartheta),$$

$$P_4^3(x) = 105(1-x^2)^{\frac{3}{2}}x = \frac{105}{8}(2\sin 2\vartheta - \sin 4\vartheta),$$

$$P_4^4(x) = 105(1-x^2)^2 = \frac{105}{8}(3 - 4\cos 2\vartheta + \cos 4\vartheta).$$

In der von -1 nach $+1$ aufgeschlitzten komplexen Ebene werden die zugeordneten Legendreschen Funktionen 1. Art definiert durch

In the complex plane cut from -1 to $+1$ the Legendre associated functions of the 1st kind are defined by

$$\mathfrak{P}_n^m(z) = (z^2-1)^{\frac{m}{2}}\frac{d^m P_n(z)}{dz^m}.$$

Die den vorangehenden Formeln für $P_n^m(x)$ entsprechenden Ausdrücke für $\mathfrak{P}_n^m(z)$ erhält man, wenn man in diesen Formeln durchweg $(1-x^2)^{m/2}$ durch $(z^2-1)^{m/2}$ und im übrigen x durch z ersetzt.

Für die Werte von $\mathfrak{P}_n^m(z)$ am oberen und unteren Rande des Verzweigungsschnitts gilt

The expressions for $\mathfrak{P}_n^m(z)$ corresponding to the preceding formulas for $P_n^m(x)$ are obtained by replacing in these formulas throughout $(1-x^2)^{m/2}$ by $(z^2-1)^{m/2}$ and further x by z.

For the values of $\mathfrak{P}_n^m(z)$ at the upper and lower edges of the cut we have

$$\mathfrak{P}_n^m(x \pm 0\cdot i) = e^{\pm i\frac{\pi}{2}m}P_n^m(x).$$

3.2 Für die *zugeordneten Legendreschen Funktionen 2. Art* erhält man für $-1<x<1$ oder $x=\cos\vartheta$ mit $0<\vartheta<\pi$

3.2 For the *Legendre associated functions of the second kind* we obtain for $-1<x<1$ or $x=\cos\vartheta$ with $0<\vartheta<\pi$

$$Q_n^m(x) = (1-x^2)^{\frac{m}{2}}\frac{d^m Q_n(x)}{dx^m} = \sin^m\vartheta\,\frac{d^m Q_n(\cos\vartheta)}{(d\cos\vartheta)^m}$$

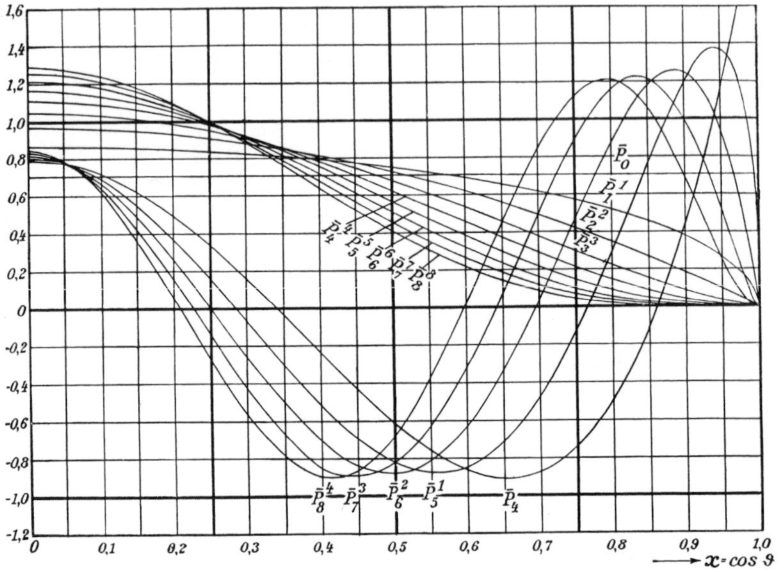

Fig. 72 Die zugeordneten normierten Kugelfunktionen 1. Art $\overline{P_n^n}(x)$ und $\overline{P_{n+4}^n}(x)$

Fig. 72 The associated normalized Legendre functions of the 1st kind $\overline{P_n^n}(x)$ and $\overline{P_{n+4}^n}(x)$

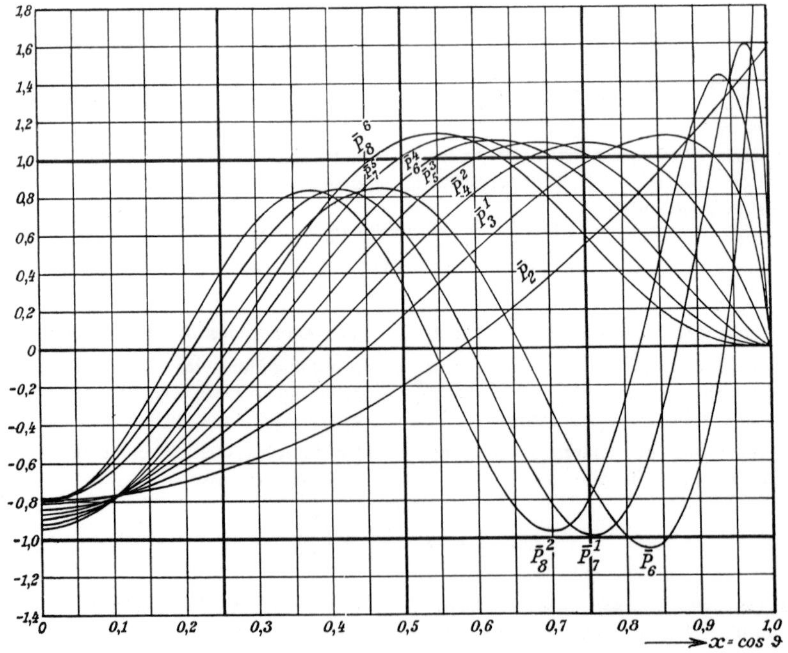

Fig. 73 Die zugeordneten normierten Kugelfunktionen 1. Art $\overline{P_{n+2}^n}(x)$ und $\overline{P_{n+6}^n}(x)$

Fig. 73 The associated normalized Legendre functions of the 1st kind $\overline{P_{n+2}^n}(x)$ and $\overline{P_{n+6}^n}(x)$

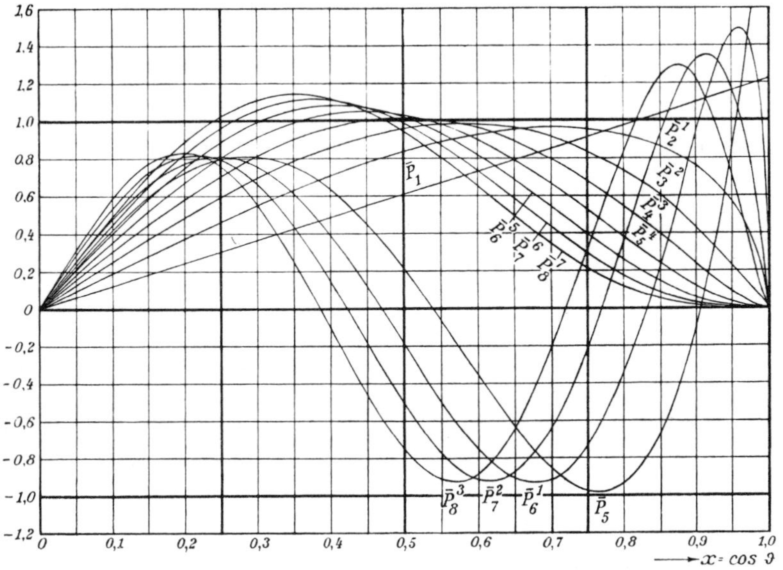

Fig. 74 Die zugeordneten normierten Kugelfunktionen 1. Art $\overline{P^n_{n+1}}(x)$ und $\overline{P^n_{n+5}}(x)$

Fig. 74 The associated normalized Legendre functions of the 1st kind $\overline{P^n_{n+1}}(x)$ and $\overline{P^n_{n+5}}(x)$

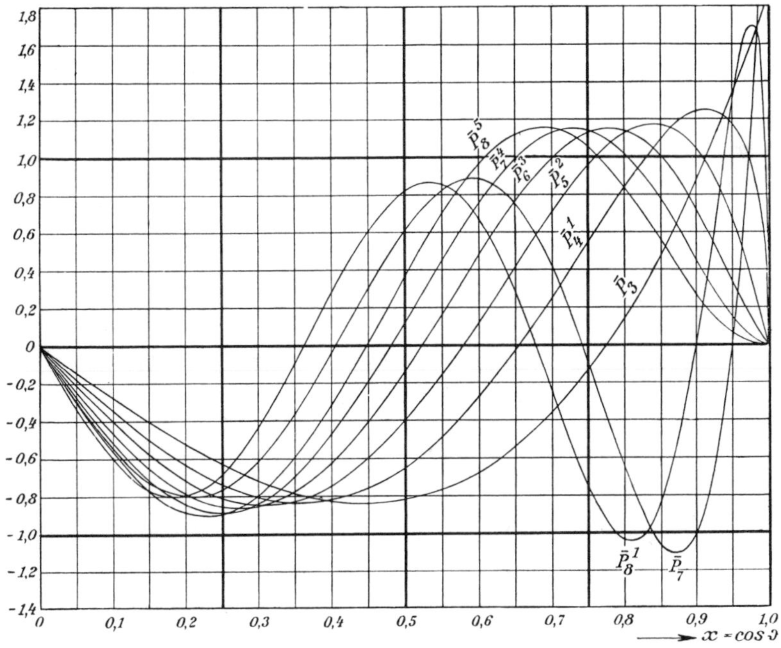

Fig. 75 Die zugeordneten normierten Kugelfunktionen 1. Art $\overline{P^n_{n+3}}(x)$ und $\overline{P^n_{n+7}}(x)$

Fig. 75 The associated normalized Legendre functions of the 1st kind $\overline{P^n_{n+3}}(x)$ and $\overline{P^n_{n+7}}(x)$

und entsprechend in der von —1 nach +1 aufgeschnittenen Ebene

and likewise in the plane cut from —1 to +1

$$\mathfrak{Q}_n^m(z) = (z^2-1)^{\frac{m}{2}} \frac{d^m \mathfrak{Q}_n(z)}{dz^m}.$$

In $|z|>1$ ist

In $|z|>1$ we have

$$\mathfrak{Q}_n^m(z) = (-1)^m \frac{2^n n!\,(n+m)!}{(2n+1)!} (z^2-1)^{\frac{m}{2}} \left\{ \frac{1}{z^{n+m+1}} + \frac{(n+m+1)(n+m+2)}{2(2n+3)} \frac{1}{z^{n+m+3}} + \cdots \right\}.$$

Ferner gilt
Further

$$Q_n^m(x) = \frac{1}{2}\left\{ e^{-i\frac{\pi}{2}m} \mathfrak{Q}_n^m(x+0\cdot i) + e^{i\frac{\pi}{2}m} \mathfrak{Q}_n^m(x-0\cdot i) \right\},$$

$$\mathfrak{Q}_n^m(x \pm 0\cdot i) = e^{\pm i\frac{\pi}{2}m} \left\{ Q_n^m(x) \mp i\frac{\pi}{2} P_n^m(x) \right\}.$$

In abweichender Bezeichnung werden häufig die Funktionen $(-1)^m P_n^m(x)$, $(-1)^m Q_n^m(x)$ mit $P_n^m(x)$, $Q_n^m(x)$ bezeichnet.

In a different notation frequently the functions $(-1)^m P_n^m(x)$, $(-1)^m Q_n^m(x)$ are called $P_n^m(x)$, $Q_n^m(x)$.

4. Integraldarstellungen — 4. Integral Representations

$$P_n(z) = \frac{1}{\pi}\int_0^\pi \frac{d\varphi}{(z \pm \sqrt{z^2-1}\cos\varphi)^{n+1}} = \frac{1}{\pi}\int_0^\pi (z \pm \sqrt{z^2-1}\cos\varphi)^n\, d\varphi, \qquad \text{(Laplace)}$$

$$P_n(\cos\vartheta) = \frac{\sqrt{2}}{\pi}\int_0^\vartheta \frac{\cos\left(n+\frac{1}{2}\right)\varphi}{\sqrt{\cos\varphi-\cos\vartheta}}\, d\varphi = \frac{\sqrt{2}}{\pi}\int_\vartheta^\pi \frac{\sin\left(n+\frac{1}{2}\right)\varphi}{\sqrt{\cos\vartheta-\cos\varphi}}\, d\varphi, \qquad (0<\vartheta<\pi), \qquad \text{(Mehler)}$$

$$\mathfrak{P}_n^m(z) = \frac{(n+m)!}{\pi\, n!}\int_0^\pi (z+\sqrt{z^2-1}\cos\varphi)^n \cos m\varphi\, d\varphi, \qquad \left[\operatorname{arc}(z^2-1)=0 \text{ für/for } z>1\right],$$

$$\mathfrak{Q}_n(z) = \frac{1}{2}\int_{-1}^{+1} \frac{P_n(t)}{z-t}\, dt, \qquad \text{(Neumann)}$$

$$\mathfrak{Q}_n(z) = \int_0^\infty \frac{d\psi}{(z+\sqrt{z^2-1}\cosh\psi)^{n+1}} = \int_0^{\psi_0} (z-\sqrt{z^2-1}\cosh\psi)^n\, d\psi \qquad \text{(Heine)}$$

$$\left(\psi_0 = \frac{1}{2}\ln\frac{z+1}{z-1},\quad \coth\psi_0 = z;\ \operatorname{arc}(z^2-1)=0 \text{ für/for } z>1\right),$$

$$\mathfrak{Q}_n^m(z) = (-1)^m \frac{n!}{(n-m)!}\int_0^\infty \frac{\cosh m\psi}{(z+\sqrt{z^2-1}\cosh\psi)^{n+1}}\, d\psi, \qquad \left[\operatorname{arc}(z^2-1)=0 \text{ für/for } z>1\right].$$

5. Besondere Werte. Asymptotisches Verhalten — 5. Special Values. Asymptotic Behaviour

5.1 Es ist

5.1 We have

$$P_n(1)=1,\quad P_n(-1)=(-1)^n,\quad P_{2n+1}(0)=0,\quad P_{2n}(0) = (-1)^n \frac{1\cdot 3\ldots(2n-1)}{2\cdot 4\ldots 2n},$$

$$Q_{2n}(0)=0,\quad Q_{2n+1}(0) = (-1)^{n+1}\frac{2\cdot 4\ldots 2n}{1\cdot 3\ldots(2n+1)},$$

$$\lim_{x\to\pm 1} |Q_n(x)| = \infty, \qquad \lim_{z\to\pm 1} |\mathfrak{Q}_n(z)| = \infty.$$

5.2 Die n *Nullstellen* des Polynoms $P_n(z)$ sind reell und verschieden; sie liegen im Intervall $-1<z<1$. Die Nullstellen von $P_n(z)$ und $P_{n+1}(z)$ trennen sich gegenseitig. Die zugeordnete Funktion $P_n^m(z)$ hat genau $n-m$ einfache Nullstellen in $-1<z<1$. Die Funktion $Q_n(x)$ besitzt genau $n+1$ Nullstellen im Intervall $-1<x<1$.

5.2 The n *zeros* of the polynomial $P_n(z)$ are real and distinct; they lie in the interval $-1<z<1$. The zeros of $P_n(z)$ and $P_{n+1}(z)$ separate each other. The associated function $P_n^m(z)$ has exactly $n-m$ simple zeros in $-1<z<1$. The function $Q_n(x)$ has exactly $n+1$ zeros in the interval $-1<x<1$.

5.3 Für $|z|\gg 1$ ist in *erster Näherung*

5.3 For $|z|\gg 1$ we get as a *first approximation*

$$\frac{(n-m)!}{\Gamma(n+1/2)}\,\mathfrak{P}_n^m(z)\approx\frac{(2z)^n}{\sqrt{\pi}},\qquad \frac{\Gamma(n+3/2)}{(n+m)!}\,\mathfrak{Q}_n^m(z)\approx(-1)^m\frac{\sqrt{\pi}}{(2z)^{n+1}}.$$

5.4 In $\varepsilon\leqq\vartheta\leqq\pi-\varepsilon$, $(\varepsilon>0)$, gilt für $n\gg 1$, $n\gg 1/\varepsilon$ die *asymptotische Darstellung*

5.4 In $\varepsilon\leqq\vartheta\leqq\pi-\varepsilon$, $(\varepsilon>0)$, we have for $n\gg 1$, $n\gg 1/\varepsilon$ the *asymptotic representation*

$$P_n(\cos\vartheta)\approx\sqrt{\frac{2}{\pi n\sin\vartheta}}\left[\left(1-\frac{1}{4n}\right)\sin\varphi-\frac{1}{8n}\cot\vartheta\cos\varphi\right]$$
$$Q_n(\cos\vartheta)\approx\sqrt{\frac{\pi}{2n\sin\vartheta}}\left[\left(1-\frac{1}{4n}\right)\cos\varphi+\frac{1}{8n}\cot\vartheta\sin\varphi\right]$$
mit / with $\varphi=\left(n+\frac{1}{2}\right)\vartheta+\frac{\pi}{4}$,

und für $n\gg 1$, $n\gg m$, $n\gg 1/\varepsilon$

and for $n\gg 1$, $n\gg m$, $n\gg 1/\varepsilon$

$$P_n^m(\cos\vartheta)\approx(-n)^m\sqrt{\frac{2}{\pi n\sin\vartheta}}\sin\left(\varphi+\frac{m\pi}{2}\right)$$
$$Q_n^m(\cos\vartheta)\approx(-n)^m\sqrt{\frac{\pi}{2n\sin\vartheta}}\cos\left(\varphi+\frac{m\pi}{2}\right)$$
mit / with $\varphi=\left(n+\frac{1}{2}\right)\vartheta+\frac{\pi}{4}$.

6. Funktionalgleichungen

6. Functional Equations

6.1 Es ist

6.1 We have

$$P_n(-x)=(-1)^nP_n(x),\qquad Q_n(-x)=(-1)^{n+1}Q_n(x),$$
$$P_n^m(-x)=(-1)^{n-m}P_n^m(x),\qquad Q_n^m(-x)=(-1)^{n+m+1}Q_n^m(x).$$

Diese Gleichungen gelten auch noch, wenn P durch $\mathfrak{P}$ und Q durch $\mathfrak{Q}$ ersetzt wird.

These equations remain true, if we write $\mathfrak{P}$ and $\mathfrak{Q}$ in place of P and Q.

6.2 *Additionstheorem:* Es sei α der Abstand zweier Punkte auf der Einheitskugel mit den Koordinaten (ϑ,φ) und (ϑ',φ'). Dann ist

6.2 *Addition theorem:* Let α be the distance between two points on the unit sphere with the coordinates (ϑ,φ) and (ϑ',φ'). Then we have

$$\cos\alpha=\cos\vartheta\cos\vartheta'+\sin\vartheta\sin\vartheta'\cos(\varphi-\varphi'),$$

und es wird

and obtain

$$P_n(\cos\alpha)=P_n(\cos\vartheta)P_n(\cos\vartheta')+2\sum_{m=1}^{n}\frac{(n-m)!}{(n+m)!}P_n^m(\cos\vartheta)P_n^m(\cos\vartheta')\cos m(\varphi-\varphi')$$

oder / or

$$\frac{2n+1}{2}P_n(\cos\alpha)=\sum_{m=-n}^{+n}\overline{P_n^m}(\cos\vartheta)\,\overline{P_n^m}(\cos\vartheta')\,e^{im(\varphi-\varphi')},$$

wo die $\overline{P_n^m}$ die normierten Funktionen bedeuten (vgl. 6.6).

where $\overline{P_n^m}$ denote the normalized functions (cf. 6.6).

6.3 *Beziehungen zwischen P und Q* ($\mathfrak{P}$ und $\mathfrak{Q}$):

6.3 *Relations between P and Q* ($\mathfrak{P}$ and $\mathfrak{Q}$):

$$P_nQ_{n-1}-P_{n-1}Q_n=\frac{1}{n},\qquad P_nQ_{n-2}-P_{n-2}Q_n=\frac{(2n-1)x}{n(n-1)},$$

$$\frac{Q_n}{P_n} = Q_0 - \left\{ \frac{1}{n P_n P_{n-1}} + \frac{1}{(n-1) P_{n-1} P_{n-2}} + \cdots + \frac{1}{P_1 P_0} \right\},$$

$$(1-x^2)\left[P_n Q_n' - Q_n P_n'\right] = 1,$$

$$P_{n-1}^m Q_n^m - Q_{n-1}^m P_n^m = P_{n-2}^m Q_{n-1}^m - Q_{n-2}^m P_{n-1}^m .$$

Hier ist das Argument stets gleich x. Sämtliche Gleichungen gelten auch, wenn x durch z und P durch $\mathfrak{P}$, Q durch $\mathfrak{Q}$ ersetzt wird.

Here the argument is always equal to x. All equations remain true if we replace x by z and P by $\mathfrak{P}$, Q by $\mathfrak{Q}$.

6.4 Im folgenden bedeute K eine beliebige Kugelfunktion, und zwar $K_n(x)$ entweder $P_n(x)$ oder $Q_n(x)$, $K_n(z)$ entweder $\mathfrak{P}_n(z)$ oder $\mathfrak{Q}_n(z)$ und K_n entweder $K_n(x)$ oder $K_n(z)$. Das Entsprechende gilt für $K_n^m(x)$, $K_n^m(z)$ und K_n^m. Für ξ kann x oder z gesetzt werden. Dann gelten die *Rekursionsformeln*

6.4 In the following let K denote an arbitrary Legendre function, viz. $K_n(x)$ either $P_n(x)$ or $Q_n(x)$, $K_n(z)$ either $\mathfrak{P}_n(z)$ or $\mathfrak{Q}_n(z)$ and K_n either $K_n(x)$ or $K_n(z)$. The corresponding holds for $K_n^m(x)$, $K_n^m(z)$ and K_n^m. For ξ can be put x or z. Then we have the *recursion formulas*

$$n K_n + (n-1) K_{n-2} - (2n-1)\,\xi K_{n-1} = 0$$

$$K_n^{m+2}(z) + 2(m+1)\frac{z}{\sqrt{z^2-1}} K_n^{m+1}(z) - (n-m)(n+m+1) K_n^m(z) = 0$$

$$K_n^{m+2}(x) - 2(m+1)\frac{x}{\sqrt{1-x^2}} K_n^{m+1}(x) + (n-m)(n+m+1) K_n^m(x) = 0$$

$$(2n+1)\,\xi K_n^m - (n-m+1) K_{n+1}^m - (n+m) K_{n-1}^m = 0.$$

6.5 *Differentialbeziehungen:*

6.5 *Differential equations:*

$$(\xi^2-1) K_n' = n(\xi K_n - K_{n-1}) = -(n+1)(\xi K_n - K_{n+1})$$

$$n K_n = \xi K_n' - K_{n-1}' \qquad (n+1) K_n = -\xi K_n' + K_{n+1}'$$

$$(2n+1) K_n = K_{n+1}' - K_{n-1}'$$

$$(\xi^2-1)(K_n^m)' - (n-m+1) K_{n+1}^m + (n+1)\,\xi K_n^m = 0.$$

Mit $x = \cos\vartheta$ gilt für die *Ableitungen* der Legendreschen Polynome $P_n(\cos\vartheta)$ *nach* ϑ:

Putting $x = \cos\vartheta$ we get for the *derivatives* of Legendre polynomials $P_n(\cos\vartheta)$ *with respect to* ϑ:

$$\frac{dP_{n+1}(\cos\vartheta)}{d\vartheta} = \frac{dP_{n-1}(\cos\vartheta)}{d\vartheta} - (2n+1) P_n(\cos\vartheta)\cdot\sin\vartheta$$

und speziell
and in particular

$$\frac{dP_0(\cos\vartheta)}{d\vartheta} = 0, \quad \frac{dP_1(\cos\vartheta)}{d\vartheta} = -\sin\vartheta, \quad \frac{dP_2(\cos\vartheta)}{d\vartheta} = -\frac{3}{2}\sin 2\vartheta,$$

$$\frac{dP_3(\cos\vartheta)}{d\vartheta} = -6\sin\vartheta + \frac{15}{2}\sin^3\vartheta, \quad \frac{dP_4(\cos\vartheta)}{d\vartheta} = -5\sin 2\vartheta + \frac{35}{4}\sin^2\vartheta\sin 2\vartheta,$$

$$\frac{dP_5(\cos\vartheta)}{d\vartheta} = -15\sin\vartheta + \frac{105}{2}\sin^3\vartheta - \frac{315}{8}\sin^5\vartheta,$$

$$\frac{dP_6(\cos\vartheta)}{d\vartheta} = -\frac{21}{2}\sin 2\vartheta + \frac{189}{4}\sin^2\vartheta\sin 2\vartheta - \frac{693}{16}\sin^4\vartheta\sin 2\vartheta,$$

$$\frac{dP_7(\cos\vartheta)}{d\vartheta} = -28\sin\vartheta + 189\sin^3\vartheta - \frac{693}{2}\sin^5\vartheta + \frac{3003}{16}\sin^7\vartheta.$$

6.6 *Integralformeln:*

6.6 *Integral formulas:*

$$\int_{-1}^{+1} P_n(x)\,P_l(x)\,dx = 0 \quad \text{für/for} \quad l \neq n,$$

$$\int_{-1}^{+1} [P_n(x)]^2\,dx = \frac{2}{2n+1},$$

$$\int_{-1}^{+1} P_n^m(x)\,P_l^m(x)\,dx = 0 \quad \text{für/for} \quad l \neq n,$$

$$\int_{-1}^{+1} [P_n^m(x)]^2\,dx = \frac{2}{2n+1}\,\frac{(n+m)!}{(n-m)!}.$$

Daraus erhält man als *normierte Funktionen* 1. Art:

From this we obtain the *normalized functions* of the first kind:

$$\overline{P}_n(x) = \sqrt{\frac{2n+1}{2}}\,P_n(x) \quad \text{und/and} \quad \overline{P_n^m}(x) = \sqrt{\frac{2n+1}{2}\,\frac{(n-m)!}{(n+m)!}}\,P_n^m(x).$$

Ferner ist:

Further:

$$\int_{-1}^{+1} P_n^m(x)\,P_n^l(x)\,\frac{dx}{1-x^2} = 0 \quad \text{für/for} \quad l \neq m, \qquad \int_{-1}^{+1} [P_n'(x)]^2\,dx = n(n+1),$$

$$(2n+1)\int_1^{\infty} [\mathfrak{Q}_n(z)]^2\,dz = \frac{1}{(n+1)^2} + \frac{1}{(n+2)^2} + \cdots,$$

$$(2n+1)\int_0^1 [Q_n(x)]^2\,dx = \frac{\pi^2}{4} - \frac{1}{(n+1)^2} - \frac{1}{(n+2)^2} - \cdots.$$

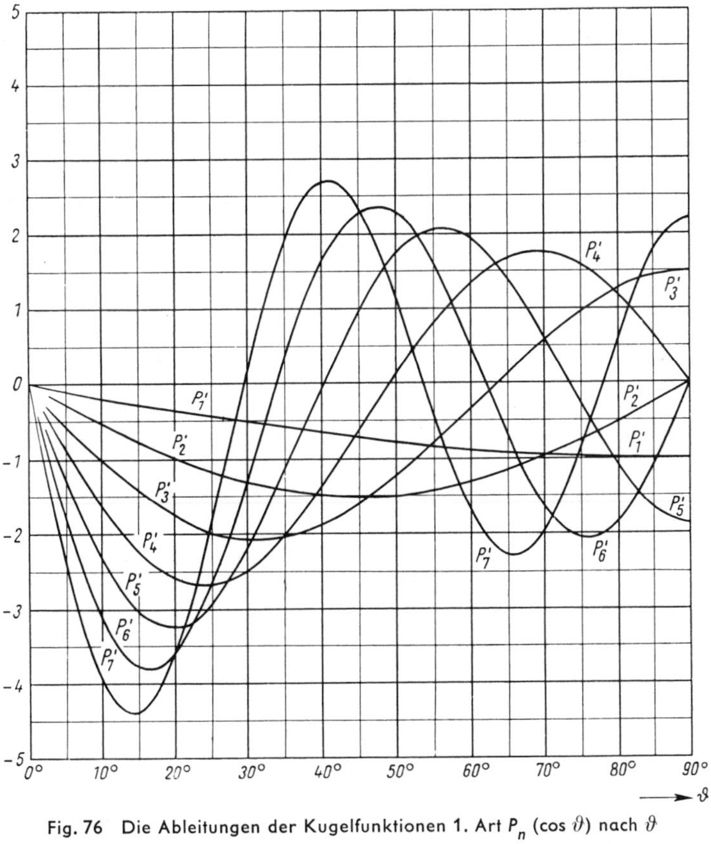

Fig. 76 Die Ableitungen der Kugelfunktionen 1. Art $P_n(\cos\vartheta)$ nach ϑ

Fig. 76 The derivatives by ϑ of Legendre functions of the 1st kind $P_n(\cos\vartheta)$

Tafel 22. Legendresche Polynome $P_n(x)$
Table 22. Legendre Polynomials $P_n(x)$

$x = P_1(x)$	$P_2(x)$	Δ	$P_3(x)$	Δ	$P_4(x)$	Δ	$P_5(x)$	Δ	$P_6(x)$	Δ	$P_7(x)$	Δ
	— 0,		— 0,		+ 0,		+ 0,		— 0,		— 0,	
0,00	5000	+ 2	0000	— 150	3750	— 4	0000	+ 187	3125	+ 7	0000	— 219
01	4998	4	0150	150	3746	11	0187	187	3118	19	0219	217
02	4994	8	0300	149	3735	19	0374	186	3099	33	0436	215
03	4986	10	0449	149	3716	26	0560	184	3066	45	0651	211
04	4976	14	0598	149	3690	33	0744	183	3021	59	0862	207
0,05	4962	+ 16	0747	— 148	3657	— 41	0927	+ 179	2962	+ 71	1069	— 201
06	4946	20	0895	146	3616	49	1106	177	2891	83	1270	194
07	4926	22	1041	146	3567	55	1283	172	2808	95	1464	187
08	4904	26	1187	145	3512	63	1455	169	2713	107	1651	177
09	4878	28	1332	143	3449	70	1624	164	2606	118	1828	167
0,10	4850	+ 32	1475	— 142	3379	— 76	1788	+ 159	2488	+ 128	1995	— 156
11	4818	34	1617	140	3303	84	1947	154	2360	140	2151	144
12	4784	38	1757	138	3219	90	2101	147	2220	149	2295	132
13	4746	40	1895	136	3129	97	2248	141	2071	158	2427	118
14	4706	44	2031	135	3032	104	2389	134	1913	167	2545	104
0,15	4662	+ 46	2166	— 132	2928	— 109	2523	+ 127	1746	+ 174	2649	— 89
16	4616	50	2298	129	2819	116	2650	119	1572	183	2738	74
17	4566	52	2427	127	2703	122	2769	111	1389	188	2812	58!
18	4514	56	2554	125	2581	128	2880	102	1201	195	2870	41!
19	4458	58	2679	121	2453	133	2982	93	1006	200	2911	24!
0,20	4400	+ 62	2800	— 118	2320	— 139	3075	+ 84	0806	+ 205	2935	— 8!
21	4338	64	2918	116	2181	144	3159	75	0601	207	2943	+ 10!
22	4274	68	3034	112	2037	148	3234	65	0394	211	2933	27!
23	4206	70	3146	108	1889	154	3299	54	0183	212	2906	45!
24	4136	74	3254	105	1735	158	3353	44	*0029	214	2861	62!
0,25	4062	+ 76	3359	— 102	1577	— 162	3397	+ 34	0243	+ 213	2799	+ 79!
26	3986	80	3461	97	1415	166	3431	22	0456	213	2720	95!
27	3906	82	3558	93	1249	170	3453	+ 12	0669	210	2625	113
28	3824	86	3651	89	1079	173	3465	0	0879	208	2512	128
29	3738	88	3740	85	0906	177	3465	— 11	1087	205	2384	143
0,30	3650	+ 92	3825	— 80	0729	— 179	3454	— 23	1292	+ 200	2241	+ 159
31	3558	94	3905	76	0550	181	3431	34	1492	194	2082	172
32	3464	98	3981	71	0369	184	3397	46	1686	187	1910	186
33	3366	100	4052	65	0185	185	3351	57	1873	180	1724	197
34	3266	104	4117	61	*0000	187	3294	69	2053	172	1527	209
0,35	3162	+ 106	4178	— 56	0187	— 188	3225	— 81	2225	+ 163	1318	+ 220
36	3056	110	4234	50	0375	189	3144	93	2388	152	1098	228
37	2946	112	4284	44	0564	189	3051	103	2540	141	0870	235
38	2834	116	4328	39	0753	189	2948	115	2681	129	0635	242
39	2718	118	4367	33	0942	188	2833	127	2810	116	0393	247
0,40	2600	+ 122	4400	— 27	1130	— 187	2706	— 137	2926	— 14	0146	+ 250
41	2478	124	4427	21	1317	187	2569	148	3029	14	*0104	252
42	2354	128	4448	14	1504	184	2421	158	3118	15	0356	252
43	2226	130	4462	8	1688	182	2263	168	3191	16	0608	251
44	2096	134	4470	— 2	1870	180	2095	178	3249	16	0859	247
0,45	1962	+ 136	4472	+ 5	2050	— 176	1917	— 187	3290	— 17	1106	+ 242
46	1826	140	4467	13	2226	173	1730	196	3314	17	1348	236
47	1686	142	4454	19	2399	169	1534	204	3321	18	1584	227
48	1544	146	4435	26	2568	164	1330	212	3310	18	1811	216
49	1398	148	4409	34	2732	159	1118	220	3280	19	2027	204
0,50	1250		4375		2891		0898		3232	— 19	2231	
	— 0,		— 0,		— 0,		+ 0,		+ 0,		+ 0,	

Tafel 22. Legendresche Polynome $P_n(x)$ (Fortsetzung)
Table 22. Legendre Polynomials $P_n(x)$ (Continuation)

$x = P_1(x)$	$P_2(x)$		$P_3(x)$		$P_4(x)$		$P_5(x)$		$P_6(x)$		$P_7(x)$	
0,50	−0,1250	+152	−0,4375	+41	−0,2891	−153	+0,0898	−225	+0,3232	−19	+0,2231	−14
51	0,1098	154	0,4334	49	0,3044	147	0,0673	232	0,3166	19	0,2422	16
52	0,0944	158	0,4285	57	0,3191	141	0,0441	237	0,3080	19	0,2596	18
53	0,0786	160	0,4228	65	0,3332	133	+0,0204	241	0,2975	19	0,2753	19
54	0,0626	164	0,4163	72	0,3465	125	−0,0037	245	0,2851	19	0,2891	21
0,55	−0,0462	+166	−0,4091	+81	−0,3590	−117	−0,0282	−247	+0,2708	−19	+0,3007	−22
56	0,0296	170	0,4010	90	0,3707	108	0,0529	250	0,2546	18	0,3102	24
57	−0,0126	172	0,3920	98	0,3815	99	0,0779	249	0,2366	18	0,3172	25
58	+0,0046	175	0,3822	106	0,3914	88	0,1028	250	0,2168	17	0,3217	27
59	0,0221	179	0,3716	116	0,4002	78	0,1278	248	0,1953	17	0,3235	28
0,60	+0,0400	+181	−0,3600	+125	−0,4080	−66	−0,1526	−246	+0,1721	−16	+0,3226	−29
61	0,0581	185	0,3475	133	0,4146	54	0,1772	242	0,1473	15	0,3188	29
62	0,0766	187	0,3342	143	0,4200	42	0,2014	237	0,1211	14	0,3121	30
63	0,0953	191	0,3199	153	0,4242	28	0,2251	231	0,0935	12	0,3023	30
64	0,1144	193	0,3046	162	0,4270	14	0,2482	223	0,0646	11	0,2895	31
0,65	+0,1337	+197	−0,2884	+171	−0,4284	+15	−0,2705	−214	+0,0347	−9	+0,2737	−30
66	0,1534	199	0,2713	182	0,4284	15	0,2919	203	+0,0038	8	0,2548	30
67	0,1733	203	0,2531	192	0,4268	16	0,3122	191	−0,0279	6	0,2329	29
68	0,1936	205	0,2339	202	0,4236	17	0,3313	177	0,0601	4	0,2081	28
69	0,2141	209	0,2137	212	0,4187	17	0,3490	162	0,0926	−1	0,1805	27
0,70	+0,2350	+211	−0,1925	+223	−0,4121	+18	−0,3652	+17	−0,1253	+1	+0,1502	−25
71	0,2561	215	0,1702	233	0,4036	19	0,3796	19	0,1578	4	0,1173	23
72	0,2776	217	0,1469	244	0,3933	20	0,3922	21	0,1899	7	0,0822	20
73	0,2993	221	0,1225	256	0,3810	20	0,4026	23	0,2214	10	0,0450	17
74	0,3214	223	0,0969	266	0,3666	21	0,4107	25	0,2518	14	+0,0061	14
0,75	+0,3437	+227	−0,0703	+277	−0,3501	+22	−0,4164	+27	−0,2808	+17	−0,0342	−10
76	0,3664	229	0,0426	289	0,3314	23	0,4193	29	0,3081	21	0,0754	−5
77	0,3893	233	−0,0137	301	0,3104	24	0,4193	31	0,3333	25	0,1171	0
78	0,4126	235	+0,0164	312	0,2871	24	0,4162	34	0,3559	30	0,1588	+6
79	0,4361	239	0,0476	324	0,2613	25	0,4097	36	0,3756	34	0,1999	13
0,80	+0,4600	+241	+0,0800	+336	−0,2330	+26	−0,3995	+39	−0,3918	+39	−0,2397	+20
81	0,4841	245	0,1136	348	0,2021	27	0,3855	41	0,4041	45	0,2774	28
82	0,5086	247	0,1484	361	0,1685	28	0,3674	44	0,4119	50	0,3124	37
83	0,5333	251	0,1845	373	0,1321	29	0,3449	46	0,4147	56	0,3437	46
84	0,5584	253	0,2218	385	0,0928	30	0,3177	49	0,4120	62	0,3703	57
0,85	+0,5837	+257	+0,2603	+398	−0,0506	+30	−0,2857	+52	−0,4030	+68	−0,3913	+68
86	0,6094	259	0,3001	412	−0,0053	31	0,2484	55	0,3872	75	0,4055	80
87	0,6353	263	0,3413	424	+0,0431	32	0,2056	58	0,3638	82	0,4116	94
88	0,6616	265	0,3837	437	0,0947	33	0,1570	61	0,3322	90	0,4083	108
89	0,6881	269	0,4274	451	0,1496	34	0,1023	64	0,2916	98	0,3942	123
0,90	+0,7150	+271	+0,4725	+464	+0,2079	+35	−0,0411	+68	−0,2412	+106	−0,3678	+140
91	0,7421	275	0,5189	478	0,2698	36	+0,0268	71	0,1802	114	0,3274	157
92	0,7696	277	0,5667	492	0,3352	37	0,1017	74	0,1077	123	0,2713	176
93	0,7973	281	0,6159	506	0,4044	38	0,1842	78	−0,0229	133	0,1975	196
94	0,8254	283	0,6665	519	0,4773	39	0,2744	81	+0,0751	142	−0,1040	218
0,95	+0,8537	+287	+0,7184	+534	+0,5541	+40	+0,3727	+85	+0,1875	+153	+0,0112	+241
96	0,8824	289	0,7718	549	0,6349	41	0,4796	89	0,3151	163	0,1506	265
97	0,9113	293	0,8267	563	0,7198	42	0,5954	93	0,4590	174	0,3165	291
98	0,9406	295	0,8830	577	0,8089	43	0,7204	97	0,6204	186	0,5115	318
99	0,9701	299	0,9407	593	0,9022	44	0,8552	101	0,8003	198	0,7384	347
1,00	+1,0000		+1,0000		+1,0000	+45	+1,0000	+105	+1,0000	+210	+1,0000	+378

Tafel 23. Legendresche Polynome $P_n(\cos\vartheta)$
Table 23. Legendre Polynomials $P_n(\cos\vartheta)$

ϑ	$P_1(\cos\vartheta)$		$P_2(\cos\vartheta)$		$P_3(\cos\vartheta)$		$P_4(\cos\vartheta)$		$P_5(\cos\vartheta)$		$P_6(\cos\vartheta)$		$P_7(\cos\vartheta)$	
	+ 1,		+ 1,											
0°	0000	— 2	0000	— 5	+ 1,0000	— 9!	+ 1,0000	— 30	+ 1,0000	— 46	+ 1,0000	— 64	+ 1,0000	— 85
1°	*9998	4	*9995	13	0,9991	28!	0,9985	30	0,9977	46	0,9968	64	0,9957	85
2°	9994	8	9982	23	0,9963	45!	0,9939	30	0,9909	45	0,9872	63	0,9830	83
3°	9986	10	9959	32	0,9918	64!	0,9863	30	0,9795	44	0,9714	61	0,9620	81
4°	9976	14	9927	41	0,9854	81!	0,9758	29	0,9638	43	0,9495	59	0,9329	77
5°	9962	— 17	9886	— 50	+ 0,9773	— 99!	+ 0,9623	— 29	+ 0,9437	— 42	+ 0,9216	— 57	+ 0,8962	— 72
6°	9945	20	9836	59	0,9674	117!	0,9459	28	0,9194	40	0,8881	53	0,8522	67
7°	9925	22	9777	68	0,9557	134!	0,9267	27	0,8911	38	0,8492	50	0,8016	60
8°	9903	26	9709	76	0,9423	150!	0,9048	26	0,8589	36	0,8054	46	0,7449	53
9°	9877	29	9633	85	0,9273	167!	0,8803	25	0,8232	34	0,7570	41	0,6830	46
10°	9848	— 32	9548	— 94	+ 0,9106	— 183	+ 0,8532	— 24	+ 0,7840	— 31	+ 0,7045	— 36	+ 0,6164	— 37
11°	9816	35	9454	102	0,8923	199	0,8238	23	0,7417	29	0,6483	31	0,5462	29
12°	9781	37	9352	111	0,8724	213	0,7920	21	0,6966	26	0,5891	26	0,4731	20
13°	9744	41	9241	119	0,8511	228	0,7582	20	0,6489	22	0,5273	20	0,3980	11
14°	9703	44	9122	127	0,8283	241	0,7224	18	0,5990	19	0,4635	14	0,3218	— 1
15°	9659	— 46	8995	— 135	+ 0,8042	— 255	+ 0,6847	— 17	+ 0,5471	— 16	+ 0,3983	— 8	+ 0,2455	+ 8
16°	9613	50	8860	142	0,7787	268	0,6454	15	0,4937	12	0,3323	— 2	0,1700	17
17°	9563	52	8718	150	0,7519	279	0,6046	13	0,4391	9	0,2661	+ 4	0,0961	25
18°	9511	56	8568	158	0,7240	290	0,5624	11	0,3836	5	0,2002	10	+ 0,0248	33
19°	9455	58	8410	165	0,6950	301	0,5192	9	0,3276	— 1	0,1353	15	— 0,0433	41
20°	9397	— 61	8245	— 171	+ 0,6649	— 311	+ 0,4750	— 8	+ 0,2715	+ 2	+ 0,0719	+ 21	— 0,1072	+ 48
21°	9336	64	8074	179	0,6338	319	0,4300	6	0,2156	6	+ 0,0106	26	0,1664	54
22°	9272	67	7895	185	0,6019	327	0,3845	4	0,1602	9	— 0,0481	31	0,2202	60
23°	9205	70	7710	192	0,5692	335	0,3386	— 2	0,1057	13	0,1038	35	0,2680	64
24°	9135	72	7518	197	0,5357	341	0,2926	0	0,0525	16	0,1558	40	0,3094	68
25°	9063	— 75	7321	— 204	+ 0,5016	— 346	+ 0,2465	+ 2	+ 0,0009	+ 19	— 0,2040	+ 43	— 0,3441	+ 70
26°	8988	78	7117	209	0,4670	351	0,2007	4	— 0,0489	22	0,2478	47	0,3717	72
27°	8910	81	6908	214	0,4319	355	0,1553	6	0,0964	25	0,2869	49	0,3922	73
28°	8829	83	6694	220	0,3964	357	0,1105	8	0,1415	27	0,3212	52	0,4053	72
29°	8746	86	6474	224	0,3607	359	0,0665	10	0,1839	30	0,3502	53	0,4113	71
30°	8660	— 88	6250	— 229	+ 0,3248	— 361	+ 0,0234	+ 11	— 0,2233	+ 32	— 0,3740	+ 54	— 0,4102	+ 69
31°	8572	92	6021	233	0,2887	360	— 0,0185	13	0,2595	34	0,3924	55	0,4022	65
32°	8480	93	5788	237	0,2527	360	0,0591	15	0,2923	35	0,4053	55	0,3877	61
33°	8387	97	5551	241	0,2167	358	0,0982	16	0,3216	37	0,4127	54	0,3671	56
34°	8290	98	5310	245	0,1809	355	0,1357	18	0,3473	38	0,4147	53	0,3409	51
35°	8192	— 102	5065	— 247	+ 0,1454	— 352	— 0,1714	+ 19	— 0,3691	+ 39	— 0,4114	+ 51	— 0,3096	+ 44
36°	8090	104	4818	251	0,1102	347	0,2052	20	0,3871	39	0,4031	49	0,2738	38
37°	7986	106	4567	253	0,0755	342	0,2370	22	0,4011	39	0,3898	46	0,2343	30
38°	7880	109	4314	255	0,0413	336	0,2666	23	0,4112	39	0,3719	43	0,1918	23
39°	7771	111	4059	257	+ 0,0077	329	0,2940	24	0,4174	39	0,3497	40	0,1470	15
40°	7660	— 113	3802	— 258	— 0,0252	— 322	— 0,3190	+ 24	— 0,4197	+ 38	— 0,3236	+ 36	— 0,1006	+ 7
41°	7547	116	3544	260	0,0574	313	0,3416	25	0,4181	38	0,2939	31	0,0535	0
42°	7431	117	3284	261	0,0887	304	0,3616	26	0,4128	36	0,2610	27	— 0,0064	— 8
43°	7314	121	3023	261	0,1191	294	0,3791	26	0,4038	35	0,2255	22	+ 0,0398	15
44°	7193	122	2762	262	0,1485	283	0,3940	26	0,3914	33	0,1878	17	0,0846	22
45°	7071		2500		— 0,1768		— 0,4062	+ 27	— 0,3757	+ 31	— 0,1484	+ 12	+ 0,1271	— 29
	+ 0,		+ 0,											

Tafel 23. Legendresche Polynome $P_n(\cos\vartheta)$ (Fortsetzung)
Table 23. Legendre Polynomials $P_n(\cos\vartheta)$ (Continuation)

ϑ	$P_1(\cos\vartheta)$		$P_2(\cos\vartheta)$		$P_3(\cos\vartheta)$		$P_4(\cos\vartheta)$		$P_5(\cos\vartheta)$		$P_6(\cos\vartheta)$		$P_7(\cos\vartheta)$	
	+ 0,		+ 0,		− 0,		− 0,		− 0,				+ 0,	
45°	7071	− 124	2500	− 262	1768	− 272	4062	+ 27	3757	+ 31	− 0,1484	+ 12	1271	− 29
46°	6947	127	2238	261	2040	260	4158	27	3568	29	0,1078	7	1667	35
47°	6820	129	1977	261	2300	247	4227	27	3350	27	0,0665	+ 2	2028	40
48°	6691	130	1716	260	2547	234	4270	26	3105	24	− 0,0251	− 3	2350	45
49°	6561	133	1456	258	2781	221	4286	26	2836	22	+ 0,0161	8	2626	49
50°	6428	− 135	1198	− 257	3002	− 207	4275	+ 26	2545	+ 19	+ 0,0564	− 13	2854	− 52
51°	6293	136	0941	255	3209	192	4239	25	2235	16	0,0954	18	3031	54
52°	6157	139	0686	253	3401	177	4178	24	1910	13	0,1326	22	3154	55
53°	6018	140	0433	251	3578	162	4093	24	1571	10	0,1677	26	3221	56
54°	5878	142	0182	247	3740	146	3984	23	1223	7	0,2002	30	3234	55
55°	5736	− 144	*0065	− 245	3886	− 130!	3852	+ 22	0868	+ 4	+ 0,2297	− 33	3191	− 54
56°	5592	146	0310	241	4016	115!	3698	21	0509	0	0,2560	36	3095	51
57°	5446	147	0551	237	4131	98!	3524	19	0150	− 3	0,2787	38	2947	48
58°	5299	149	0788	233	4229	81!	3331	18	*0206	6	0,2976	40	2752	45
59°	5150	150	1021	229	4310	65!	3119	17	0557	9	0,3125	41	2512	40
60°	5000	− 152	1250	− 224	4375	− 48!	2891	+ 15	0898	− 12	+ 0,3232	− 42	2231	− 35
61°	4848	153	1474	220	4423	32!	2647	14	1229	14	0,3298	43	1916	30
62°	4695	155	1694	214	4455	− 16!	2390	12	1545	17	0,3321	43	1572	24
63°	4540	156	1908	209	4471	+ 1!	2121	10	1844	19	0,3302	42	1203	17
64°	4384	158	2117	204	4470	18!	1841	9	2123	22	0,3240	41	0818	11
65°	4226	− 159	2321	− 197	4452	+ 33	1552	+ 7	2381	− 24	+ 0,3138	− 39	0422	− 4
66°	4067	160	2518	192	4419	49	1256	5	2615	26	0,2997	37	0022	+ 3
67°	3907	161	2710	185	4370	65	0955	4	2824	27	0,2819	35	*0375	9
68°	3746	162	2895	179	4305	80	0651	+ 2	3005	29	0,2606	32	0763	16
69°	3584	164	3074	171	4225	95	0344	0	3158	30	0,2362	29	1135	22
70°	3420	− 164	3245	− 165	4130	+ 109	0038	− 2	3281	− 31	+ 0,2089	− 25	1485	+ 28
71°	3256	166	3410	158	4021	123	*0267	3	3373	31	0,1791	21	1808	33
72°	3090	166	3568	150	3898	137	0568	5	3434	32	0,1472	17	2099	37
73°	2924	168	3718	142	3761	150	0864	7	3463	32	0,1136	13	2352	41
74°	2756	168	3860	135	3611	162	1153	8	3461	32	0,0788	8	2563	45
75°	2588	− 169	3995	− 127	3449	+ 174	1434	− 10	3427	− 31	+ 0,0431	− 4	2730	+ 47
76°	2419	169	4122	119	3275	185	1705	12	3362	30	+ 0,0070	+ 1	2850	49
77°	2250	171	4241	111	3090	196	1964	13	3267	29	− 0,0290	5	2921	50
78°	2079	171	4352	102	2894	206	2211	14	3143	28	0,0644	10	2942	50
79°	1908	172	4454	94	2688	214	2443	16	2990	27	0,0990	14	2913	50
80°	1736	− 172	4548	− 85	2474	+ 223	2659	− 17	2810	− 25	− 0,1321	+ 18	2835	+ 48
81°	1564	172	4633	76	2251	231	2859	18	2606	23	0,1635	22	2708	46
82°	1392	173	4709	68	2020	237	3040	19	2378	21	0,1927	25	2536	43
83°	1219	174	4777	59	1783	244	3203	20	2129	19	0,2193	29	2321	39
84°	1045	173	4836	50	1539	248	3345	21	1861	17	0,2431	32	2067	35
85°	0872	− 174	4886	− 41	1291	+ 253	3468	− 21	1577	− 14	− 0,2638	+ 34	1778	+ 30
86°	0698	175	4927	32	1038	257	3569	22	1278	11	0,2810	36	1460	25
87°	0523	174	4959	23	0781	259	3648	22	0969	9	0,2947	38	1117	19
88°	0349	174	4982	13	0522	260	3704	23	0651	6	0,3045	39	0755	13
89°	0175	175	4995	5	0262	262	3739	23	0327	3	0,3105	40	0381	6
90°	0000		5000		0000		3750	− 23	0000	0	− 0,3125	+ 40	0000	0
	+ 0,		− 0,		− 0,		+ 0,		+ 0,				− 0,	

Tafel 24. Ableitungen der Legendreschen Polynome $\frac{dP_n(\cos\vartheta)}{d\vartheta}$
Table 24. Derivatives of Legendre Polynomials

ϑ	$dP_1(\cos\vartheta)/d\vartheta$		$dP_2(\cos\vartheta)/d\vartheta$		$dP_3(\cos\vartheta)/d\vartheta$		$dP_4(\cos\vartheta)/d\vartheta$		$dP_5(\cos\vartheta)/d\vartheta$		$dP_6(\cos\vartheta)/d\vartheta$		$dP_7(\cos\vartheta)/d\vartheta$	
	— 0,		— 0,											
0°	0000	— 175	0000	— 523	0,0000	0	0,0000	0	0,0000	0	0,0000	0	0,0000	0
1°	0175	174	0523	523	— 0,1047	+ 3	— 0,1744	+ 8	— 0,2615	+ 18	— 0,3659	+ 35	— 0,4877	+ 62
2°	0349	174	1046	522	0,2091	5	0,3480	15	0,5213	35	0,7284	69	0,9692	123
3°	0523	175	1568	520	0,3129	8	0,5201	23	0,7775	52	1,0841	102	1,4384	182
4°	0698	174	2088	517	0,4160	11	0,6899	30	1,0286	69	1,4295	135	1,8896	238
5°	0872	— 173	2605	— 514	— 0,5180	+ 13	— 0,8567	+ 38	— 1,2728	+ 85	— 1,7614	+ 166	— 2,3170	+ 292
6°	1045	174	3119	510	0,6186	16	1,0197	45	1,5085	101	2,0768	195	2,7152	341
7°	1219	173	3629	506	0,7176	19	1,1782	52	1,7341	116	2,3727	223	3,0795	386
8°	1392	172	4135	500	0,8148	21	1,3315	59	1,9481	130	2,6464	248	3,4053	425
9°	1564	172	4635	495	0,9099	24	1,4789	65	2,1492	143	2,8954	270	3,6887	458
10°	1736	— 172	5130	— 489	— 1,0026	+ 26	— 1,6199	+ 71	— 2,3360	+ 155	— 3,1174	+ 290	— 3,9263	+ 485
11°	1908	171	5619	482	1,0928	28	1,7537	77	2,5074	166	3,3104	307	4,1156	506
12°	2079	171	6101	475	1,1801	30	1,8798	82	2,6621	176	3,4729	320	4,2544	519
13°	2250	169	6576	466	1,2643	33	1,9978	87	2,7993	184	3,6034	331	4,3413	526
14°	2419	169	7042	458	1,3453	35	2,1069	92	2,9181	191	3,7008	338	4,3758	525
15°	2588	— 168	7500	— 449	— 1,4229	+ 37	— 2,2069	+ 96	— 3,0178	+ 197	— 3,7646	+ 341	— 4,3580	+ 517
16°	2756	168	7949	439	1,4968	39	2,2973	100	3,0978	202	3,7943	341	4,2885	503
17°	2924	166	8388	429	1,5668	40	2,3777	103	3,1576	205	3,7899	338	4,1688	481
18°	3090	166	8817	418	1,6328	42	2,4478	106	3,1970	206	3,7518	331	4,0012	453
19°	3256	164	9235	407	1,6946	43	2,5073	108	3,2158	206	3,6806	321	3,7884	419
20°	3420	— 164	9642	— 395	— 1,7521	+ 45	— 2,5560	+ 110	— 3,2141	+ 204	— 3,5774	+ 308	— 3,5338	+ 380
21°	3584	162	*0037	383	1,8050	46	2,5937	111	3,1920	201	3,4435	292	3,2413	336
22°	3746	161	0420	370	1,8534	47	2,6203	112	3,1497	197	3,2804	272	2,9153	287
23°	3907	160	0790	357	1,8970	48	2,6358	112	3,0878	191	3,0902	250	2,5607	235
24°	4067	159	1147	344	1,9358	49	2,6400	112	3,0067	184	2,8749	226	2,1827	180
25°	4226	— 158	1491	— 329	— 1,9696	+ 50	— 2,6330	+ 111	— 2,9073	+ 176	— 2,6371	+ 200	— 1,7866	+ 124
26°	4384	156	1820	315	1,9984	51	2,6150	110	2,7903	166	2,3794	171	1,3782	66
27°	4540	155	2135	301	2,0222	51	2,5861	108	2,6568	155	2,1045	142	0,9633	+ 7
28°	4695	153	2436	285	2,0408	52	2,5464	105	2,5077	143	1,8156	110	0,5476	— 50
29°	4848	152	2721	269	2,0542	52	2,4961	102	2,3444	130	1,5155	78	— 0,1369	107
30°	5000	— 150	2990	+ 16	— 2,0625	+ 52	— 2,4357	+ 99	— 2,1680	+ 117	— 1,2077	+ 46	+ 0,2632	— 161
31°	5150	149	3244	16	2,0656	52	2,3654	95	1,9799	102	0,8953	+ 13	0,6472	212
32°	5299	147	3482	16	2,0634	52	2,2855	91	1,7817	87	0,5815	— 19	1,0102	260
33°	5446	146	3703	17	2,0562	51	2,1966	86	1,5748	71	— 0,2697	52	1,3472	303
34°	5592	144	3908	17	2,0437	51	2,0991	81	1,3608	55	+ 0,0370	83	1,6540	342
35°	5736	— 142	4095	+ 17	— 2,0262	+ 50	— 1,9934	+ 76	— 1,1413	+ 38	+ 0,3354	— 113	+ 1,9267	— 375
36°	5878	140	4266	17	2,0037	50	1,8802	70	0,9179	22	0,6225	142	2,1620	402
37°	6018	139	4419	18	1,9761	49	1,7600	64	0,6924	+ 5	0,8955	169	2,3573	423
38°	6157	136	4554	18	1,9438	48	1,6334	57	0,4664	— 12	1,1516	193	2,5103	438
39°	6293	135	4672	18	1,9066	47	1,5011	51	0,2415	28	1,3885	216	2,6196	446
40°	6428	— 133	4772	+ 18	— 1,8648	+ 45	— 1,3637	+ 44	— 0,0194	— 44	+ 1,6038	— 236	+ 2,6845	— 448
41°	6561	130	4854	18	1,8185	44	1,2219	37	+ 0,1983	60	1,7955	253	2,7047	442
42°	6691	129	4918	18	1,7678	42	1,0764	30	0,4100	75	1,9620	268	2,6807	431
43°	6820	127	4963	18	1,7129	41	0,9279	22	0,6142	90	2,1017	279	2,6138	413
44°	6947	124	4991	18	1,6539	39	0,7772	15	0,8094	103	2,2136	287	2,5057	389
45°	7071		5000	+ 18	— 1,5910	+ 37	— 0,6250	+ 8	+ 0,9944	— 116	+ 2,2969	— 292	+ 2,3589	— 360
	— 0,		— 1,											

ϑ	$dP_1(\cos\vartheta)/d\vartheta$		$dP_2(\cos\vartheta)/d\vartheta$		$dP_3(\cos\vartheta)/d\vartheta$		$dP_4(\cos\vartheta)/d\vartheta$		$dP_5(\cos\vartheta)/d\vartheta$		$dP_6(\cos\vartheta)/d\vartheta$		$dP_7(\cos\vartheta)/d\vartheta$	
	−0,		**−1,**											
45°	7071	−122	5000	+18	−1,5910	+37	−0,6250	+8	+0,9944	−116	+2,2969	−292	+2,3589	−360
46°	7193	121	4991	18	1,5244	35	0,4720	0	1,1677	128	2,3510	294	2,1761	325
47°	7314	117	4963	18	1,4542	33	0,3190	−7	1,3282	139	2,3757	292	1,9609	286
48°	7431	116	4918	18	1,3808	31	0,1668	15	1,4749	149	2,3713	288	1,7172	243
49°	7547	113	4854	18	1,3042	29	−0,0160	22	1,6067	157	2,3382	280	1,4491	197
50°	7660	−111	4772	+18	−1,2248	+27	+0,1327	−29	+1,7228	−164	+2,2771	−269	+1,1614	−149
51°	7771	109	4672	18	1,1427	24	0,2784	36	1,8225	170	2,1892	255	0,8588	99
52°	7880	106	4554	18	1,0581	22	0,4205	43	1,9052	175	2,0759	239	0,5463	−47
53°	7986	104	4419	18	0,9714	19	0,5584	49	1,9704	178	1,9387	219	+0,2291	+4
54°	8090	102	4266	17	0,8828	17	0,6914	55	2,0178	180	1,7797	198	−0,0877	55
55°	8192	−98	4095	+17	−0,7925	+14	+0,8188	−61	+2,0473	−180	+1,6008	−175	−0,3990	+104
56°	8290	97	3908	17	0,7007	12	0,9401	67	2,0587	179	1,4046	150	0,7001	151
57°	8387	93	3703	17	0,6078	9	1,0547	72	2,0522	177	1,1934	123	0,9860	196
58°	8480	92	3482	16	0,5140	6	1,1620	77	2,0280	173	0,9699	95	1,2524	237
59°	8572	88	3244	16	0,4196	4	1,2617	82	1,9865	168	0,7369	66	1,4953	273
60°	8660	−86	2990	+16, +269	−0,3248	+1	+1,3532	−86	+1,9283	−162	+0,4973	−37	−1,7109	+306
61°	8746	83	2721	285	0,2299	−2	1,4361	89	1,8538	154	0,2540	−8	1,8960	333
62°	8829	81	2436	301	0,1351	4	1,5101	93	1,7640	145	+0,0098	+21	2,0480	354
63°	8910	78	2135	315	−0,0408	7	1,5748	95	1,6596	136	−0,2321	50	2,1646	370
64°	8988	75	1820	329	+0,0528	10	1,6300	97	1,5418	125	0,4691	78	2,2443	380
65°	9063	−72	1491	+344	+0,1454	−12	+1,6755	−99	+1,4114	−113	−0,6983	+105	−2,2861	+384
66°	9135	70	1147	357	0,2368	15	1,7111	100	1,2698	100	0,9170	131	2,2896	382
67°	9205	67	0790	370	0,3268	17	1,7366	101	1,1183	87	1,1226	154	2,2550	373
68°	9272	64	0420	383	0,4149	20	1,7520	101	0,9580	73	1,3129	176	2,1833	359
69°	9336	61	0037	395	0,5011	22	1,7573	101	0,7905	58	1,4855	196	2,0757	339
70°	9397	−58	*9642	+407	+0,5851	−25	+1,7525	−100	+0,6173	−43	−1,6386	+213	−1,9344	+314
71°	9455	56	9235	418	0,6666	27	1,7377	99	0,4397	28	1,7704	228	1,7617	284
72°	9511	52	8817	429	0,7455	29	1,7131	97	0,2593	−13	1,8794	240	1,5608	249
73°	9563	50	8388	439	0,8214	31	1,6787	95	+0,0776	+3	1,9645	249	1,3350	211
74°	9613	46	7949	449	0,8941	33	1,6349	92	−0,1037	18	2,0248	255	1,0882	169
75°	9659	−44	7500	+458	+0,9636	−35	+1,5819	−89	−0,2833	+33	−2,0596	+258	−0,8245	+125
76°	9703	41	7042	466	1,0295	37	1,5201	85	0,4595	48	2,0687	258	0,5483	80
77°	9744	37	6576	475	1,0918	39	1,4498	81	0,6309	62	2,0520	255	−0,2641	+33
78°	9781	35	6101	482	1,1501	40	1,3714	76	0,7961	76	2,0098	249	+0,0234	−15
79°	9816	32	5619	489	1,2044	42	1,2854	71	0,9536	89	1,9428	240	0,3094	62
80°	9848	−29	5130	+495	+1,2545	−43	+1,1923	−66	−1,1023	+102	−1,8519	+228	+0,5892	−107
81°	9877	26	4635	500	1,3003	45	1,0926	60	1,2407	113	1,7382	214	0,8584	151
82°	9903	22	4135	506	1,3415	46	0,9869	54	1,3679	124	1,6031	197	1,1125	193
83°	9925	20	3629	510	1,3783	47	0,8758	48	1,4827	133	1,4484	178	1,3473	231
84°	9945	17	3119	514	1,4103	48	0,7598	42	1,5842	142	1,2760	156	1,5592	265
85°	9962	−14	2605	+517	+1,4375	−49	+0,6396	−35	−1,6715	+149	−1,0881	+133	+1,7446	−295
86°	9976	10	2088	520	1,4599	49	0,5160	28	1,7439	155	0,8868	108	1,9006	321
87°	9986	8	1568	522	1,4774	50	0,3895	21	1,8009	160	0,6747	82	2,0246	341
88°	9994	4	1046	523	1,4900	50	0,2608	14	1,8420	163	0,4544	55	2,1146	355
89°	9998	2	0523	523	1,4975	50	0,1308	7	1,8667	165	0,2286	28	2,1692	364
90°	*0000		0000		+1,5000	−50	0,0000	0	−1,8750	+166	0,0000	0	+2,1875	−367
	−1,		**−0,**											

Tafel 25. Legendresche Funktionen zweiter Art $Q_n(x)$
Table 25. Legendre Functions of the second Kind $Q_n(x)$

x	$Q_0(x)$		$Q_1(x)$		$Q_2(x)$		$Q_3(x)$		$Q_4(x)$		$Q_5(x)$	
	+ 0,		− 1,		− 0,		+ 0,		+ 0,		− 0,	
0,00	00000	+ 1000	00000	+ 20	00000	− 2000	66667	− 80	00000	0	53333	+ 160
01	01000	1000	*99990	20	02000	1999	66627	80	02666	− 5	53253	160
02	02000	1001	99960	20	03999	1997	66507	80	05327	10	53014	159
03	03001	1001	99910	20	05996	1995	66307	80	07978	14	52615	158
04	04002	1002	99840	20	07991	1992	66027	80	10615	19	52057	157
0,05	05004	+ 1003	99750	+ 20	09983	− 1988	65668	− 79	13233	− 24	51343	+ 155
06	06007	1004	99640	20	11971	1983	65229	79	15827	29	50474	153
07	07011	1006	99509	20	13954	1978	64711	79	18393	33	49452	151
08	08017	1007	99359	20	15932	1971	64115	78	20925	38	48279	148
09	09024	1010	99188	20	17903	1963	63440	78	23419	43	46958	145
0,10	10034	+ 1011	98997	+ 20	19866	− 1956	62687	− 78	25870	− 47	45493	+ 141
11	11045	1013	98785	20	21822	1947	61856	77	28274	52	43887	137
12	12058	1016	98553	21	23769	1937	60948	77	30626	56	42144	133
13	13074	1019	98300	21	25706	1926	59964	76	32921	61	40268	128
14	14093	1021	98027	21	27632	1915	58904	75	35155	65	38264	123
0,15	15114	+ 1025	97733	+ 21	29547	− 1903	57769	− 75	37324	− 70	36137	+ 118
16	16139	1028	97418	21	31450	1889	56559	74	39424	74	33893	112
17	17167	1031	97082	21	33339	1876	55275	73	41449	78	31537	106
18	18198	1036	96724	21	35215	1860	53918	72	43395	83	29075	100
19	19234	1039	96346	22	37075	1845	52490	71	45259	87	26513	93
0,20	20273	+ 1044	95945	+ 22	38920	+ 17	50990	− 70	47037	− 91	23859	+ 86
21	21317	1049	95523	22	40748	18	49420	69	48723	95	21119	79
22	22366	1053	95080	22	42559	18	47781	68	50315	99	18300	71
23	23419	1058	94614	22	44351	19	46074	67	51808	102	15411	63
24	24477	1064	94125	23	46124	20	44301	66	53199	106	12459	55
0,25	25541	+ 1070	93615	+ 23	47876	+ 21	42461	− 64	54484	− 110	09451	+ 46
26	26611	1075	93081	23	49607	22	40558	63	55659	113	06398	38
27	27686	1082	92525	23	51316	23	38591	62	56721	117	03306	29
28	28768	1089	91945	24	53001	24	36563	60	57667	120	00186	20
29	29857	1095	91342	24	54662	25	34474	59	58492	123	*02953	10
0,30	30952	+ 1103	90714	+ 24	56297	+ 26	32328	− 57	59195	− 126	06103	+ 1
31	32055	1110	90063	24	57907	27	30124	55	59772	129	09254	− 9
32	33165	1118	89387	25	59488	29	27864	54	60220	131	12395	19
33	34283	1126	88687	25	61041	30	25552	52	60537	134	15518	29
34	35409	1135	87961	26	62565	31	23187	50	60720	136	18611	39
0,35	36544	+ 1145	87209	+ 26	64057	+ 32	20773	− 48	60766	− 139	21664	− 50
36	37689	1153	86432	26	65518	33	18311	46	60674	141	24668	60
37	38842	1164	85628	27	66945	34	15803	44	60441	143	27611	71
38	40006	1174	84798	27	68338	36	13251	41	60065	144	30484	82
39	41180	1185	83940	28	69695	37	10658	39	59545	146	33274	92
0,40	42365	+ 1196	83054	+ 28	71015	+ 38	08026	− 37	58879	− 147	35972	− 103
41	43561	1208	82140	29	72297	40	05357	34	58066	148	38567	114
42	44769	1221	81197	29	73539	41	02654	32	57105	149	41048	125
43	45990	1233	80224	30	74740	43	*00080	29	55994	150	43404	136
44	47223	1247	79222	31	75898	44	02844	26	54734	150	45624	146
0,45	48470	+ 14	78188	+ 31	77012	+ 46	05634	− 23	53323	− 150	47698	− 157
46	49731	15	77124	32	78081	47	08446	20	51761	150	49615	167
47	51007	15	76027	33	79102	49	11279	17	50050	150	51365	178
48	52298	16	74897	34	80075	51	14129	14	48188	149	52937	188
49	53606	17	73733	35	80997	52	16992	10	46177	148	54322	198
0,50	54931	+ 18	72535	+ 36	81866	+ 54	19865	− 7	44017	− 147	55508	− 208
	+ 0,		− 0,		−0,		− 0,		+ 0,		+ 0,	

Tafel 25. Legendresche Funktionen zweiter Art $Q_n(x)$ (Fortsetzung)
Table 25. Legendre Functions of the second Kind $Q_n(x)$ (Continuation)

x	$Q_0(x)$		$Q_1(x)$		$Q_2(x)$		$Q_3(x)$		$Q_4(x)$		$Q_5(x)$	
0,50	+ 0,54931	+ 18	− 0,72535	+ 36	− 0,81866	+ 54	− 0,19865	− 7	+ 0,44017	− 147	+ 0,55508	− 208
51	0,56273	19	0,71301	37	0,82682	56	0,22745	− 3	0,41711	146	0,56487	217
52	0,57634	20	0,70030	38	0,83441	58	0,25628	+ 1	0,39259	144	0,57249	226
53	0,59015	20	0,68722	39	0,84141	60	0,28510	5	0,36663	141	0,57785	235
54	0,60416	22	0,67376	40	0,84782	63	0,31387	9	0,33926	139	0,58086	243
0,55	+ 0,61838	+ 23	− 0,65989	+ 41	− 0,85360	+ 65	− 0,34254	+ 14	+ 0,31051	− 135	+ 0,58143	− 251
56	0,63283	24	0,64561	42	0,85873	67	0,37107	18	0,28040	132	0,57950	259
57	0,64752	25	0,63091	44	0,86319	70	0,39942	23	0,24897	128	0,57498	265
58	0,66246	26	0,61577	45	0,86695	72	0,42754	28	0,21626	124	0,56781	272
59	0,67767	28	0,60018	47	0,86999	75	0,45537	34	0,18232	118	0,55792	277
0,60	+ 0,69315	+ 29	− 0,58411	+ 49	− 0,87227	+ 78	− 0,48287	+ 39	+ 0,14720	− 113	+ 0,54526	− 282
61	0,70892	31	0,56756	51	0,87378	81	0,50997	45	0,11094	107	0,52979	286
62	0,72501	33	0,55050	53	0,87446	85	0,53662	51	0,07362	100	0,51145	289
63	0,74142	35	0,53291	55	0,87431	88	0,56275	58	+ 0,03530	93	0,49023	291
64	0,75817	37	0,51477	57	0,87326	92	0,58830	65	− 0,00395	85	0,46609	292
0,65	+ 0,77530	+ 39	− 0,49606	+ 60	− 0,87130	+ 96	− 0,61321	+ 72	− 0,04405	− 76	+ 0,43903	− 292
66	0,79281	41	0,47674	63	0,86838	100	0,63739	80	0,08490	66	0,40905	291
67	0,81074	44	0,45680	66	0,86446	105	0,66078	88	0,12642	56	0,37616	288
68	0,82911	47	0,43620	69	0,85948	110	0,68328	97	0,16849	45	0,34039	284
69	0,84796	50	0,41491	73	0,85341	115	0,70481	106	0,21101	32	0,30178	278
0,70	+ 0,86730	+ 54	− 0,39289	+ 77	− 0,84618	+ 121	− 0,72529	+ 116	− 0,25384	− 19	+ 0,26039	− 271
71	0,88718	58	0,37010	81	0,83775	127	0,74460	127	0,29686	− 4	0,21630	261
72	0,90764	62	0,34650	86	0,82804	134	0,76265	138	0,33991	+ 12	0,16960	249
73	0,92873	67	0,32203	92	0,81699	142	0,77931	150	0,38283	30	0,12041	235
74	0,95048	72	0,29665	98	0,80452	150	0,79447	164	0,42546	49	0,06887	218
0,75	+ 0,97296	+ 78	− 0,27028	+ 104	− 0,79055	+ 159	− 0,80799	+ 178	− 0,46758	+ 70	+ 0,01516	− 198
76	0,99622	85	0,24288	112	0,77499	169	0,81973	194	0,50900	93	− 0,04053	175
77	1,02033	93	0,21435	121	0,75774	180	0,82953	211	0,54949	119	0,09797	148
78	1,04537	102	0,18461	130	0,73868	193	0,83721	230	0,58878	147	0,15688	118
79	1,07143	112	0,15357	141	0,71770	207	0,84259	251	0,62660	178	0,21696	82
0,80	+ 1,09861	+ 123	− 0,12111	+ 154	− 0,69464	+ 223	− 0,84544	+ 275	− 0,66264	+ 212	− 0,27785	− 41
81	1,12703	137	0,08711	169	0,66935	241	0,84555	301	0,69656	250	0,33914	+ 6
82	1,15682	153	0,05141	186	0,64164	262	0,84264	331	0,72795	294	0,40035	60
83	1,18814	171	− 0,01385	206	0,61131	287	0,83641	365	0,75641	342	0,46094	123
84	1,22117	193	+ 0,02579	230	0,57810	316	0,82653	404	0,78142	398	0,52029	195
0,85	+ 1,25615	+ 220	+ 0,06773	+ 259	− 0,54172	+ 350	− 0,81259	+ 449	− 0,80244	+ 462	− 0,57766	+ 279
86	1,29334	253	0,11228	294	0,50184	391	0,79415	503	0,81882	536	0,63221	378
87	1,33308	293	0,15978	337	0,45803	441	0,77066	567	0,82981	624	0,68295	494
88	1,37577	344	0,21068	391	0,40979	502	0,74148	644	0,83453	728	0,72872	632
89	1,42193	410	0,26551	460	0,35650	580	0,70582	740	0,83194	854	0,76811	799
0,90	+ 1,47222	+ 495	+ 0,32500	+ 551	− 0,29736	+ 681	− 0,66271	+ 862	− 0,82075	+ 1011	− 0,79944	+ 1004
91	1,52752		0,39005		0,23135		0,61091		0,79936		0,82063	
92	1,58903		0,46190		0,15708		0,54880		0,76575		0,82905	
93	1,65839		0,54230		− 0,07268		0,47419		0,71724		0,82130	
94	1,73805		0,63377		+ 0,02459		0,38399		0,65011		0,79279	
0,95	+ 1,83178		+ 0,74019		+ 0,13888		− 0,27356		− 0,55896		− 0,73697	
96	1,94591		0,86807		0,27707		− 0,13540		0,43528		0,64384	
97	2,09230		1,02953		0,45181		+ 0,04408		0,26403		0,49627	
98	2,29756		1,25161		0,69108		0,29437		− 0,01348		− 0,25926	
99	2,64665		1,62019		1,08265		0,70625		+ 0,41159		+ 0,16845	
1,00	+ ∞		+ ∞		+ ∞		+ ∞		+ ∞		+ ∞	

Tafel 25. Legendresche Funktionen zweiter Art $Q_n(x)$ (Fortsetzung)
Table 25. Legendre Functions of the second Kind $Q_n(x)$ (Continuation)

x	$Q_6(x)$		$Q_7(x)$		x	$Q_6(x)$		$Q_7(x)$	
	−0,		+0,						
0,00	00000	0	45714	−256	0,50	+0,14201	−28	−0,34392	+296
01	03198	+13	45586	255	51	0,18056	50	0,31316	282
02	06383	26	45203	254	52	0,21862	72	0,27958	265
03	09542	38	44567	250	53	0,25595	95	0,24337	245
04	12664	51	43680	246	54	0,29233	119	0,20471	223
0,05	15734	+63	42548	−240	0,55	+0,32752	−143	−0,16383	+198
06	18742	75	41175	233	56	0,36129	167	0,12097	170
07	21674	87	39570	225	57	0,39338	192	0,07642	140
08	24518	99	37739	216	58	0,42355	217	−0,03047	107
09	27264	111	35693	206	59	0,45155	242	+0,01655	72
0,10	29899	+122	33441	−194	0,60	+0,47713	−268	+0,06429	+34
11	32412	132	30996	181	61	0,50003	293	0,11236	−7
12	34793	143	28369	168	62	0,52000	318	0,16036	49
13	37031	153	25575	153	63	0,53680	342	0,20786	94
14	39117	162	22627	138	64	0,55017	366	0,25441	142
0,15	41041	+171	19542	−122	0,65	+0,55989	−390	+0,29955	−191
16	42795	179	16335	105	66	0,56570	412	0,34277	241
17	44370	187	13023	87	67	0,56740	434	0,38358	294
18	45757	194	09625	69	68	0,56476	454	0,42145	347
19	46952	200	06158	50	69	0,55759	472	0,45585	402
0,20	47946	+206	02642	−30	0,70	+0,54570	−489	+0,48622	−457
21	48734	211	*00904	−10	71	0,52893	503	0,51203	511
22	49310	216	04461	+10	72	0,50713	515	0,53273	566
23	49672	219	08008	30	73	0,48017	524	0,54777	619
24	49814	222	11524	51	74	0,44798	530	0,55662	671
0,25	49735	+224	14990	+71	0,75	+0,41050	−532	+0,55877	−720
26	49432	225	18385	92	76	0,36770	530	0,55372	766
27	48904	225	21688	112	77	0,31961	522	0,54101	808
28	48151	225	24879	132	78	0,26631	509	0,52024	844
29	47173	223	27938	152	79	0,20794	489	0,49104	873
0,30	45972	+221	30845	+171	0,80	+0,14469	−461	+0,45312	−894
31	44551	218	33580	190	81	0,07684	425	0,40628	905
32	42912	213	36126	208	82	+0,00477	378	0,35042	903
33	41059	208	38464	225	83	−0,07106	319	0,28556	886
34	38999	202	40577	242	84	0,15006	246	0,21187	850
0,35	36737	+195	42449	+257	0,85	−0,23149	−156	+0,12972	−793
36	34281	187	44063	271	86	0,31444	−46	+0,03969	708
37	31638	177	45407	284	87	0,39780	+89	−0,05735	589
38	28818	167	46466	296	88	0,48022	255	0,16020	429
39	25830	156	47229	306	89	0,56002	460	0,26725	−216
0,40	22687	+144	47686	+315	0,90	−0,63512	+715	−0,37633	+65
41	19399	131	47828	322	91	0,70295		0,48458	
42	15981	117	47649	328	92	0,76020		0,58824	
43	12445	102	47142	331	93	0,80262		0,68227	
44	08808	86	46304	333	94	0,82448		0,75978	
0,45	05085	+69	45133	+332	0,95	−0,81776		−0,81107	
46	01292	52	43631	330	96	0,77043		0,82170	
47	*02552	33	41800	325	97	0,66250		0,76807	
48	06428	+13	39645	318	98	0,45458		0,60511	
49	10318	−7	37172	308	99	−0,03725		−0,21288	
0,50	14201	−28	34392	+296	1,00	+∞		+∞	
	+0,		−0,						

IX. Die Zylinderfunktionen
IX. The Bessel Functions

A. Zylinderfunktionen 1., 2. und 3. Art *)
A. Bessel Functions of the 1st, 2nd and 3rd Kinds *)

1. Definitionen und Bezeichnungen

Als *Zylinderfunktionen* (auch *Besselsche Funktionen*) $Z_\nu(z)$ bezeichnet man die Lösungen der *Besselschen Differentialgleichung*

1. Definitions and Notations

By *Bessel functions* one means the solutions $Z_\nu(z)$ ot *Bessel's differential equation*

$$z^2 \frac{d^2 w}{dz^2} + z \frac{dw}{dz} + (z^2 - \nu^2) w = 0.$$

(Zur Definition der Zylinderfunktionen im Sinne von N. Nielsen vgl. 6.1.) Dabei wird z als komplexe Veränderliche aufgefaßt. Ebenso darf die Zahl ν, die als *Ordnung* (auch *Parameter* oder *Index*) bezeichnet wird, beliebig komplex sein; wird sie als reelle ganze Zahl vorausgesetzt, so wird $\nu = n$ geschrieben.

(For a definition of cylindrical harmonics in the sense of N. Nielsen cf. 6.1.) Here z is to be a complex variable. In like manner the number ν which is called the *order* (also *parameter* or *index*) may be arbitrary complex; if it is taken to be an integer, we put $\nu = n$.

Spezielle (in 2. durch ihre analytische Darstellung erklärte) Zylinderfunktionen sind die *Besselschen Funktionen* $J_\nu(z)$, die *Neumannschen Funktionen* $N_\nu(z)$, für die auch das Zeichen $Y_\nu(z)$ üblich ist, und die *Hankelschen Funktionen* $H_\nu^{(1)}(z)$, $H_\nu^{(2)}(z)$. Sie werden als Zylinderfunktionen 1., 2. und 3. Art bezeichnet. Bei fester Ordnung ν sind diese Funktionen sämtlich in z analytisch; abgesehen von den Funktionen $J_n(z)$ ganzzahliger Ordnung sind sie mehrdeutig und haben $z = 0$ als *Verzweigungspunkt*. Bei festem Argument z sind die Funktionen in Abhängigkeit von der Ordnung ν durchweg (eindeutige) ganze Funktionen.

Special Bessel functions (in 2. defined by their analytic representation) are the *Bessel functions* $J_\nu(z)$, the *Neumann functions* $N_\nu(z)$, for which the notation $Y_\nu(z)$ is frequently used, and the *Hankel functions* $H_\nu^{(1)}(z)$, $H_\nu^{(2)}(z)$. They are called Bessel functions of the 1st, 2nd and 3rd kinds. When the order ν is fixed, all these functions are analytic in z; except for the functions $J_n(z)$ of integral order each is many-valued and has $z = 0$ as a *branch point*. When the argument z is fixed the functions are with respect to the order ν altogether (one-valued) entire functions.

Für beliebige Ordnung ν stellt jedes der beiden Funktionenpaare

For arbitrary order ν each of the pairs of functions

$$J_\nu(z), N_\nu(z) \quad \begin{matrix} \text{und} \\ \text{and} \end{matrix} \quad H_\nu^{(1)}(z), H_\nu^{(2)}(z),$$

für nichtganzzahlige Ordnung ν auch

and also if the order ν is not an integer

$$J_\nu(z), J_{-\nu}(z)$$

ein *Fundamentalsystem von Lösungen* der Besselschen Differentialgleichung dar.

represents a *fundamental system of solutions* of Bessel's differential equation.

Die Definition der *modifizierten* Zylinderfunktionen ist in B, 1 (S. 207), die einiger *verwandter* Funktionen in C, 1 (S. 251) und C, 2 (S. 253) gegeben.

The definition of *modified* Bessel functions is given in B, 1 (p. 207), that of some *related* functions in C, 1 (p. 251) and C, 2 (p. 253).

---

*) Figuren 77 bis 120; Tafeln 26 bis 34

*) Figures 77 to 120; tables 26 to 34

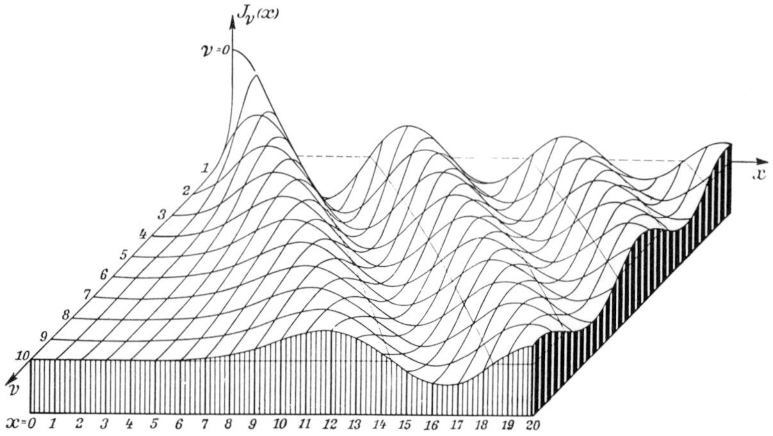

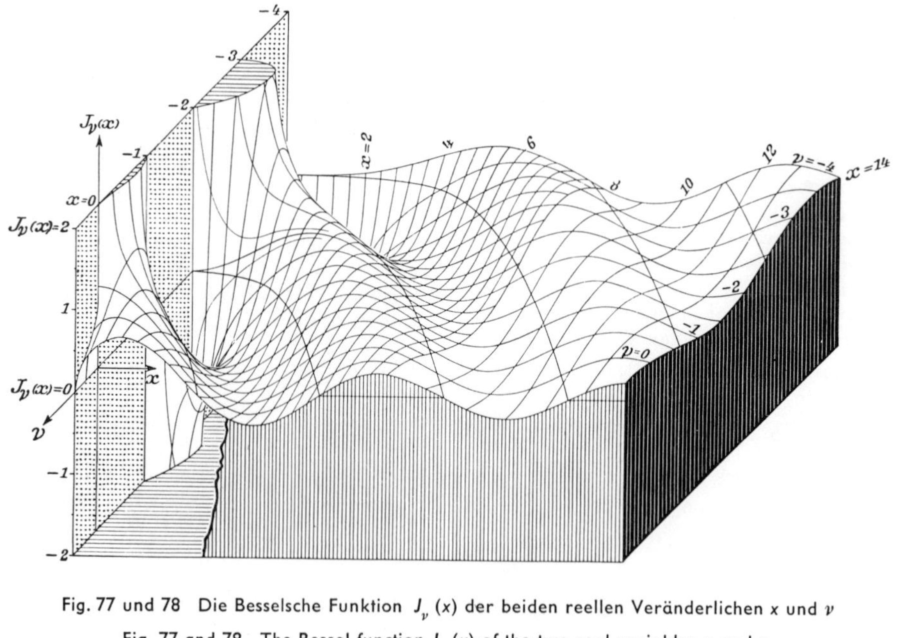

Fig. 77 und 78 Die Besselsche Funktion $J_\nu(x)$ der beiden reellen Veränderlichen x und ν

Fig. 77 and 78 The Bessel function $J_\nu(x)$ of the two real variables x and ν

$(-4 < \nu < 10)$

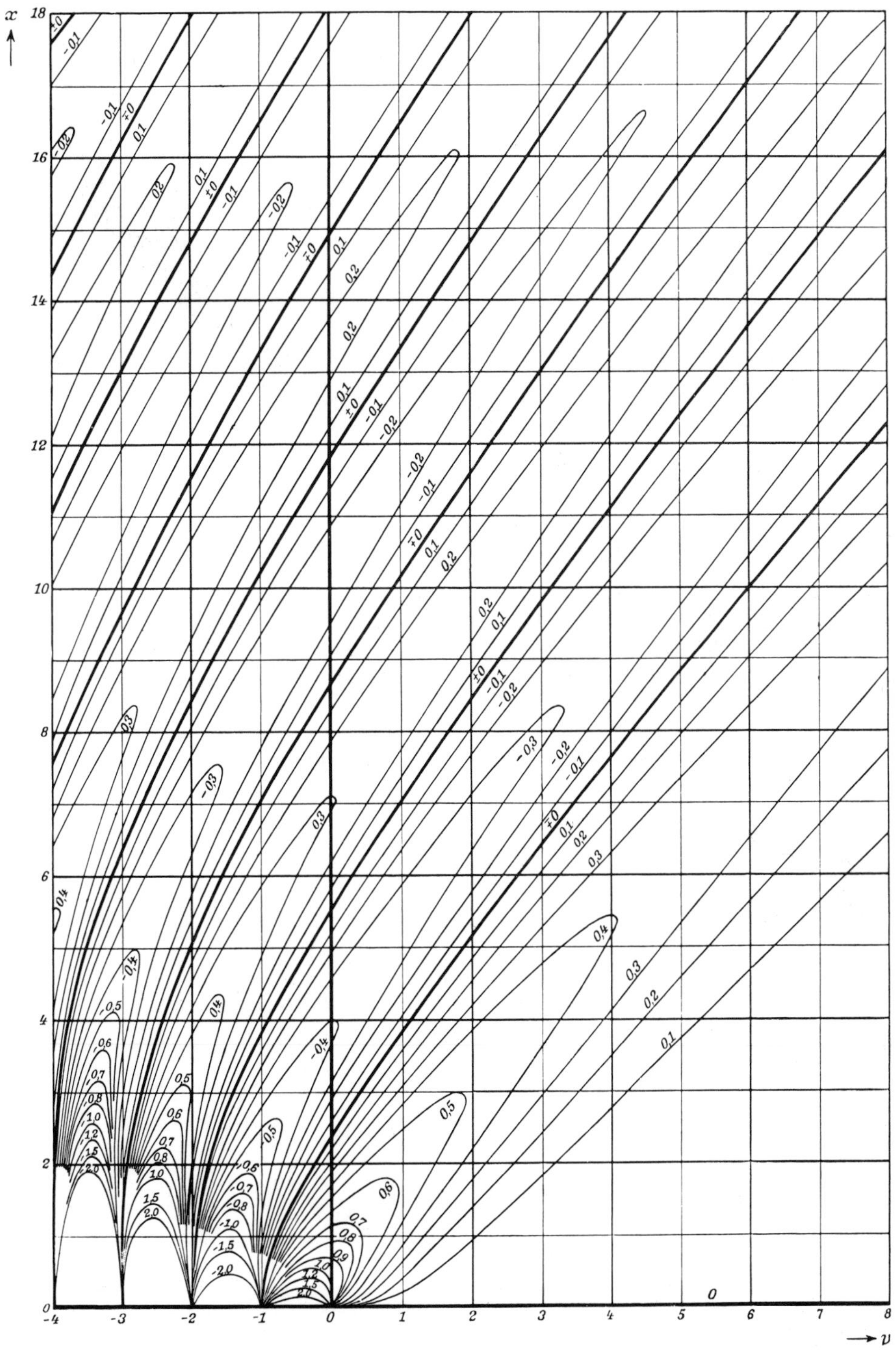

Fig. 79 Kurven $J_\nu(x)$ = const in der Ebene ν, x

Fig. 79 Curves $J_\nu(x)$ = const in the plane ν, x

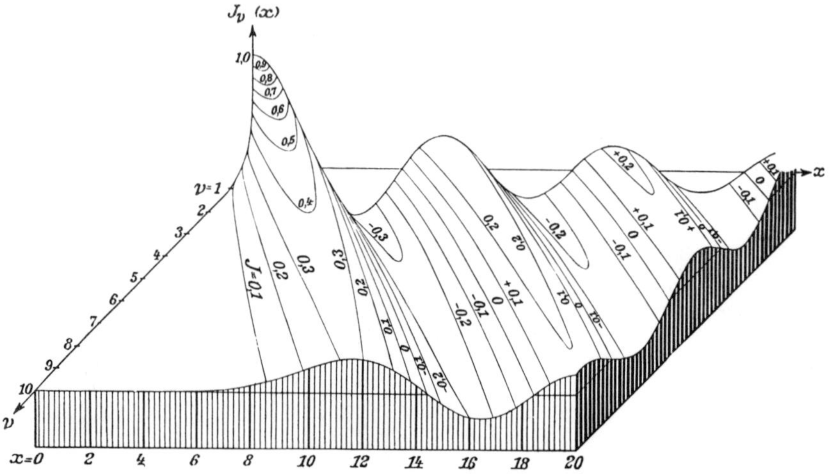

Fig. 80 $J_\nu(x)$ über der Ebene ν, x

Fig. 80 $J_\nu(x)$ against the plane ν, x

2. Darstellung durch Reihen

2.1 Bei ganzzahliger Ordnung $n=0,1,2,\ldots$ ergeben sich die in diesem Falle als *Besselsche Koeffizienten* bezeichneten Funktionen $J_n(z)$ mittels der *erzeugenden Funktion* $e^{z(t-1/t)/2}$ aus der Entwicklung

2. Representation by Series

2.1 When the order is an integer $n=0,1,2,\ldots$ the functions $J_n(z)$, in this case also named *Bessel coefficients*, can be derived by means of the *generating function* $e^{z(t-1/t)/2}$ from the development

$$e^{\frac{z}{2}\left(t-\frac{1}{t}\right)} = J_0(z) + \sum_{n=1}^{\infty} [t^n + (-t)^{-n}]\, J_n(z).$$

Weiter gilt
Further

$$J_{-n}(z) = (-1)^n J_n(z).$$

Bei beliebiger Ordnung ν ist

For arbitrary order ν we have

$$J_\nu(z) = \frac{(z/2)^\nu}{0!\,\Gamma(\nu+1)} - \frac{(z/2)^{\nu+2}}{1!\,\Gamma(\nu+2)} + \frac{(z/2)^{\nu+4}}{2!\,\Gamma(\nu+3)} - \frac{(z/2)^{\nu+6}}{3!\,\Gamma(\nu+4)} + - \cdots.$$

Es ist
We get

$$J_{\bar\nu}(\bar z) = \overline{J_\nu(z)}.$$

Schreibt man

If we write

$$J_\nu(z) = \frac{\left(\frac{z}{2}\right)^\nu}{\Gamma(\nu+1)}\, \Lambda_\nu(z) \quad \text{mit / with} \quad \Lambda_\nu(z) = \sum_{k=0}^{\infty} \frac{1}{k!}\, \frac{\Gamma(\nu+1)}{\Gamma(\nu+k+1)} \left(\frac{iz}{2}\right)^{2k},$$

so ist $\Lambda_\nu(z)$ eine ganze Funktion von z. Für die bei nicht ganzzahligem ν mehrdeutige Funktion $J_\nu(z)$ lautet die *Umlaufsrelation* für den Verzweigungspunkt $z=0$:

$\Lambda_\nu(z)$ is an entire function of z. For the function $J_\nu(z)$, many-valued if ν is not an integer, the *circuit relation* for the branch point $z=0$ is:

$$J_\nu(e^{m\pi i} z) = e^{m\nu\pi i} J_\nu(z) \qquad \left(m \text{ ganz / integer}\right).$$

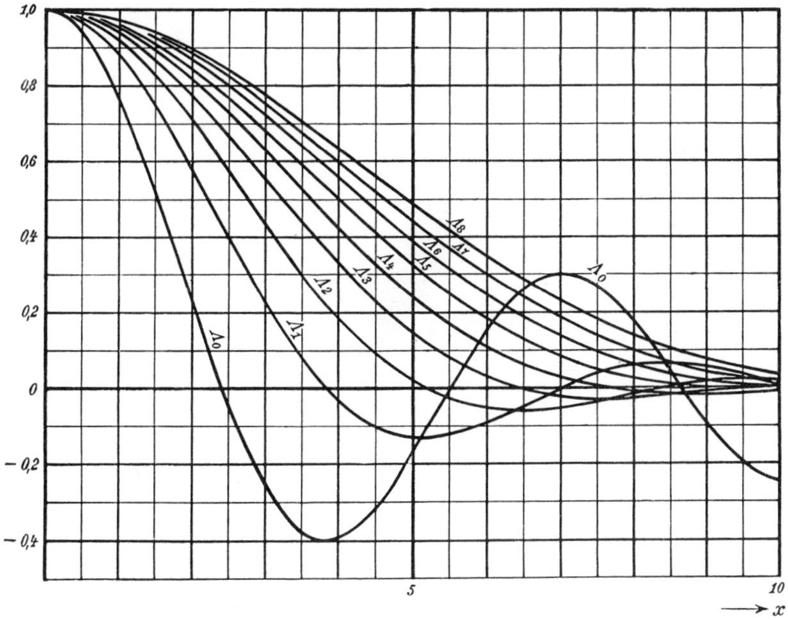

Fig. 81 Die Funktion $\Lambda_\nu(x)$ (vgl. Fig. 97, S. 163)

Fig. 81 The function $\Lambda_\nu(x)$ (cf. fig. 97, p. 163)

Die Funktionen $J_\nu(z)$ mit ganzzahliger Ordnung $\nu = n$ oder nichtganzzahliger Ordnung $\nu > 0$ sind unter allen Zylinderfunktionen dadurch ausgezeichnet, daß sie für $z \to 0$ endlich bleiben. *Das Verhalten von $J_\nu(z)$ mit $\nu \geqq 0$ bestimmt sich für* $|z| \ll 1$ aus

The functions $J_\nu(z)$ for which the order is an integer $\nu = n$ or not an integer $\nu > 0$, among all Bessel functions are distinguished by the fact that they remain finite as $z \to 0$. *The behaviour of $J_\nu(z)$ with $\nu \geqq 0$ for* $|z| \ll 1$ is determined by

$$J_\nu(z) \approx \frac{1}{\Gamma(\nu+1)} \left(\frac{z}{2}\right)^\nu, \qquad \Lambda_\nu(z) \approx 1 - \frac{z^2}{4(\nu+1)}.$$

Ist $\nu = n + \eta$ mit $n \geqq 1$, $0 < \eta < 1$, so gilt

If $\nu = n + \eta$ with $n \geqq 1$, $0 < \eta < 1$, we have

$$(-1)^n \left(\frac{z}{2}\right)^\eta J_{-\nu}(z) = \frac{2}{z} E_{n-1}(z) \frac{\sin \pi \eta}{\pi} + \left(\frac{z}{2}\right)^n F_n(z)$$

mit
with

$$E_m(z) = \sum_{k=0}^{m} \frac{\Gamma(m+\eta-k+1)}{\Gamma(k+1)} \left(\frac{2}{z}\right)^{m-2k}, \qquad F_m(z) = \sum_{k=0}^{\infty} \frac{(i\,z/2)^{2k}}{\Gamma(k-\eta+1)\,\Gamma(m+k+1)}.$$

Das Verhalten von $J_{-\nu}(z)$ mit $\nu = n + \eta > 0$ wird danach für $|z| \ll 1$ bestimmt durch

Hence the behaviour of $J_{-\nu}(z)$ with $\nu = n + \eta > 0$ for $|z| \ll 1$ is determined by

$$J_{-\nu}(z) \approx (-1)^n \Gamma(\nu) \frac{\sin \pi \eta}{\pi} \left(\frac{2}{z}\right)^\nu.$$

Weiter gilt für $|z| \ll 1$

Further for $|z| \ll 1$

$$J_0'(z)/J_0(z) \approx -\frac{z}{2}, \qquad J_\nu'(z)/J_\nu(z) \approx \frac{\nu}{z} \qquad (\nu \neq 0).$$

Bei reeller Ordnung ν haben die Besselschen Funktionen für reelles Argument $x > 0$ eine *reelle Bestimmung $J_\nu(x)$*. Für $x \to +\infty$ strebt $J_\nu(x) \to 0$.

For real order ν Bessel functions with real argument $x > 0$ have a *real definition $J_\nu(x)$*. For $x \to +\infty$ we get $J_\nu(x) \to 0$.

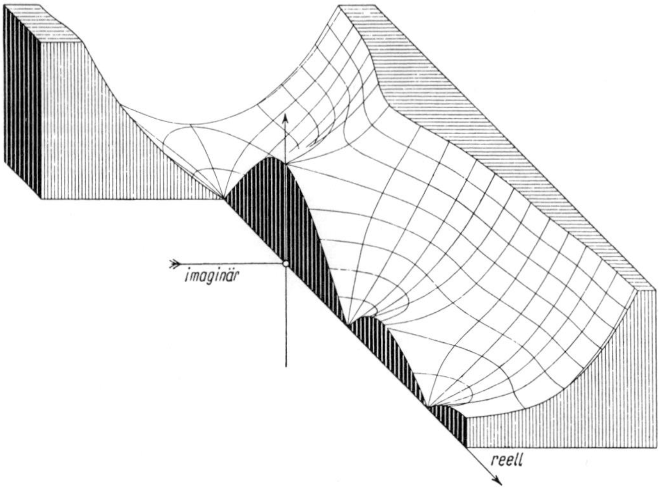

Fig. 82 Relief der Besselschen Funktion $J_0(x + iy)$

Fig. 82 Relief of the Bessel function $J_0(x + iy)$

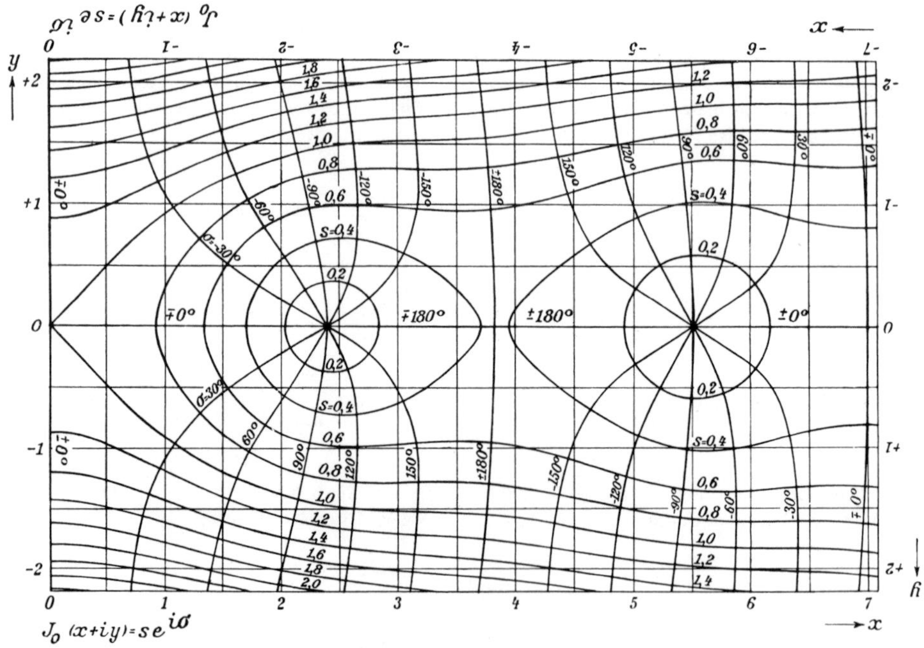

Fig. 83 Höhenkarte der Besselschen Funktion $J_0(x + iy)$

Fig. 83 Altitude chart of the Bessel function $J_0(x + iy)$

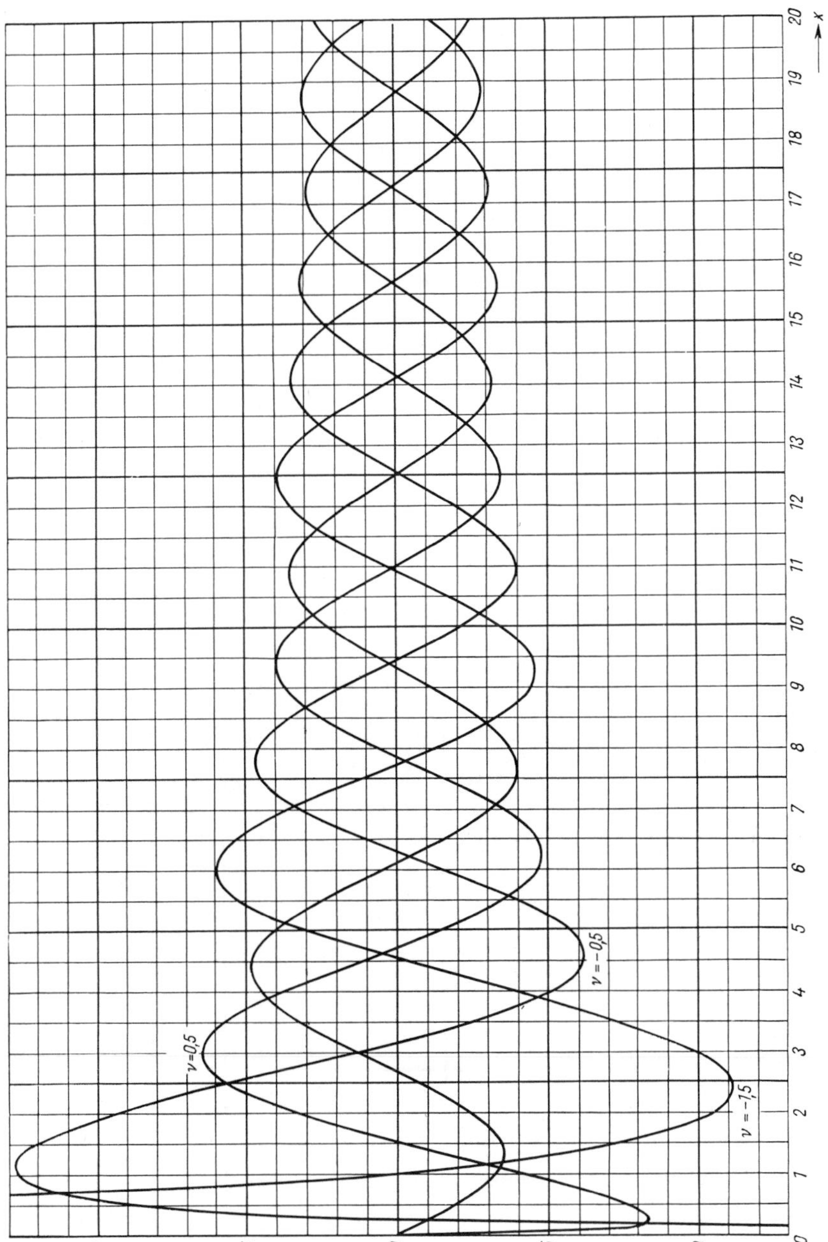

Fig. 84 $\dfrac{\partial J_\nu(x)}{\partial \nu}$ über x against x

2.2 Die Neumannschen Funktionen $N_\nu(z)$ werden für nichtganzzahlige Ordnung ν erklärt durch

2.2 The Neumann functions $N_\nu(z)$ are defined if the order ν is not an integer by

$$N_\nu(z) = \frac{1}{\sin \nu\pi}[J_\nu(z)\cos\nu\pi - J_{-\nu}(z)],$$

für ganzzahlige Ordnung n durch

if the order is an integer n by

$$N_n(z) = \lim_{\nu\to n} N_\nu(z) = \frac{1}{\pi}\left[\frac{\partial}{\partial\nu}J_\nu(z) - (-1)^n \frac{\partial}{\partial\nu}J_{-\nu}(z)\right]_{\nu=n}$$

(vgl. Fig. 84). Es ist

(cf. fig. 84). We get

$$N_n(z) = \frac{2}{\pi}J_n(z)\ln\frac{\gamma z}{2} - \frac{1}{\pi}\left(\frac{z}{2}\right)^n \sum_{k=0}^{\infty}\frac{(-1)^k}{k!\,(n+k)!}\left(\frac{z}{2}\right)^{2k}\left(\sum_{l=1}^{k}\frac{1}{l} + \sum_{l=1}^{k+n}\frac{1}{l}\right) \qquad (n = 0, 1, 2, \ldots),$$
$$-\frac{1}{\pi}\left(\frac{z}{2}\right)^{-n}\sum_{k=0}^{n-1}\frac{(n-k-1)!}{k!}\left(\frac{z}{2}\right)^{2k}$$

($\ln\gamma = C$, vgl. S. 298), und

($\ln\gamma = C$, cf. p. 298), and

$$N_{-n}(z) = (-1)^n N_n(z).$$

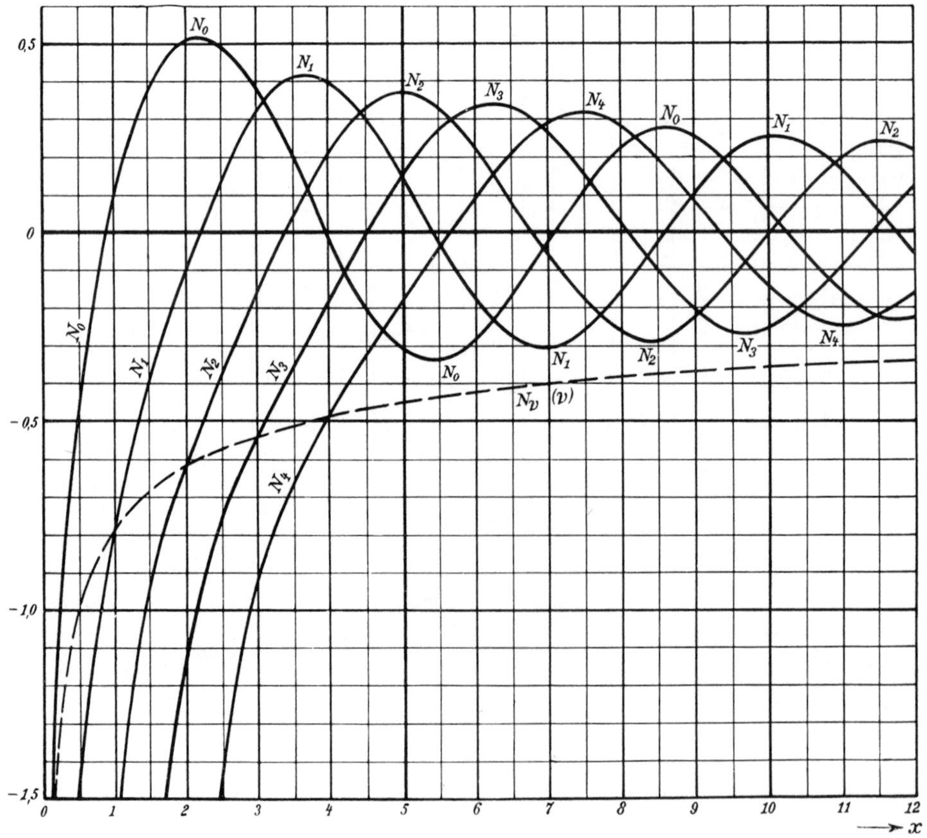

Fig. 85 Die Neumannsche Funktion $N_\nu(x)$

Fig. 85 The Neumann function $N_\nu(x)$

Ferner ist bei beliebigem ν

Further we have for arbitrary ν

$$N_{\bar{\nu}}(\bar{z}) = \overline{N_\nu(z)}\,.$$

Die *Umlaufsrelation* für den Verzweigungspunkt $z=0$ lautet

The *circuit relation* for the branch point $z=0$ is

$$N_\nu(e^{m\pi i}z) = e^{-m\nu\pi i}N_\nu(z) + 2i\,\frac{\sin m\nu\pi}{\sin\nu\pi}\cos\nu\pi\,J_\nu(z), \qquad \left(m\ \begin{matrix}\text{ganz}\\ \text{integer}\end{matrix}\right),$$

speziell für ganzes $\nu = n$

especially for $\nu = n$ integer

$$N_n(e^{m\pi i}z) = (-1)^{mn}\,[N_n(z) + 2imJ_n(z)].$$

Bei reellem $\nu \geqq 0$ wird das *Verhalten von* $N_\nu(z)$ *für* $|z| \ll 1$ bestimmt durch

For real $\nu \geqq 0$ *the behaviour of* $N_\nu(z)$ *for* $|z| \ll 1$ is determined by

$$N_0(z) \approx -\frac{2}{\pi}\ln\frac{2}{\gamma z}, \qquad N_\nu(z) \approx -\frac{\Gamma(\nu)}{\pi}\left(\frac{2}{z}\right)^\nu \quad (\nu > 0).$$

Die Neumannschen Funktionen reeller Ordnung ν haben für reelles Argument $x > 0$ eine *reelle Bestimmung* $N_\nu(x)$. Wie bei den Funktionen $J_\nu(x)$ gilt $N_\nu(x) \to 0$ für $x \to +\infty$.

The Neumann functions of real order ν have for real argument $x > 0$ a *real definition* $N_\nu(x)$. In like manner as for the functions $J_\nu(x)$ we have $N_\nu(x) \to 0$ for $x \to +\infty$.

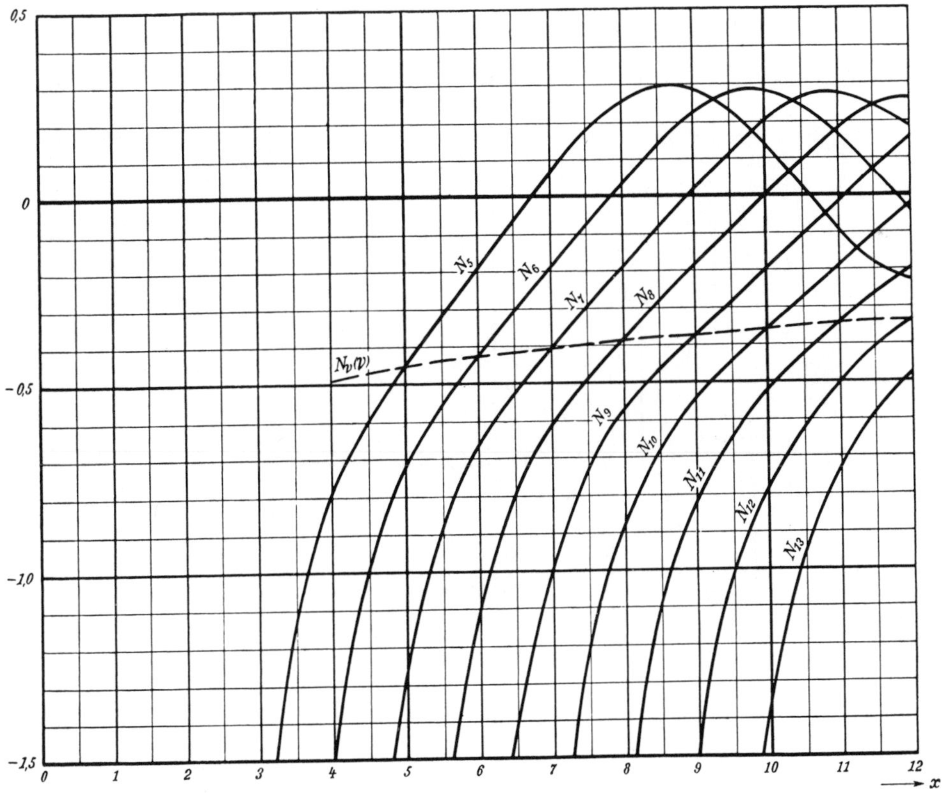

Fig. 86 Die Neumannsche Funktion $N_\nu(x)$

Fig. 86 The Neumann function $N_\nu(x)$

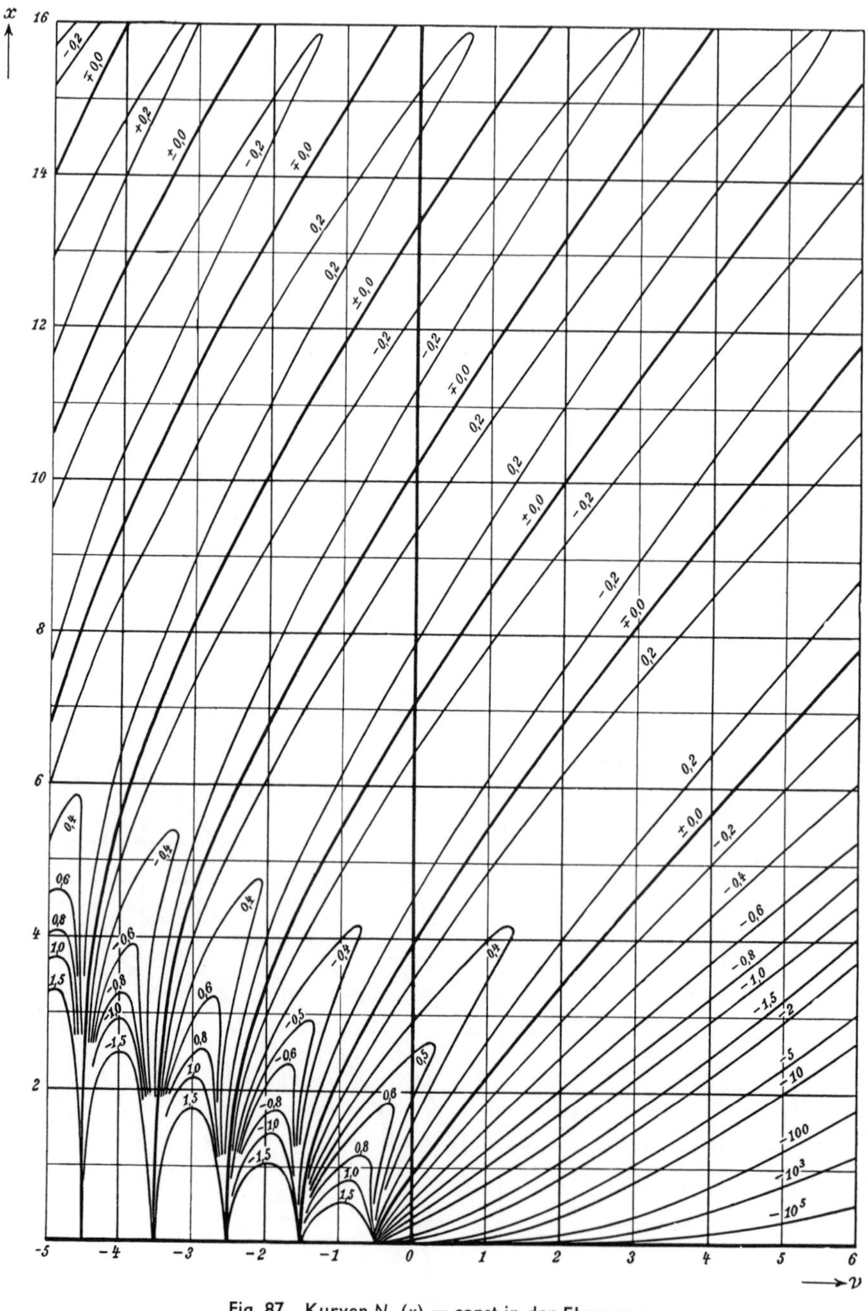

Fig. 87 Kurven $N_\nu(x) = \text{const}$ in der Ebene ν, x

Fig. 87 Curves $N_\nu(x) = \text{const}$ in the plane ν, x

2.3 Die Hankelschen Funktionen $H_\nu^{(1)}(z)$, $H_\nu^{(2)}(z)$ werden definiert durch

2.3 The Hankel functions $H_\nu^{(1)}(z)$, $H_\nu^{(2)}(z)$ are defined by

$$H_\nu^{(1)}(z) = J_\nu(z) + i N_\nu(z), \qquad H_\nu^{(2)}(z) = J_\nu(z) - i N_\nu(z),$$

was für nichtganzzahliges ν gleichbedeutend ist mit

which for non integral ν is the same as

$$H_\nu^{(1)}(z) = \frac{i}{\sin \nu\pi}[e^{-\nu\pi i} J_\nu(z) - J_{-\nu}(z)], \qquad H_\nu^{(2)}(z) = \frac{-i}{\sin \nu\pi}[e^{\nu\pi i} J_\nu(z) - J_{-\nu}(z)].$$

Hieraus folgt

From this it follows that

$$J_\nu(z) = H_\nu^{(1)}(z) - i N_\nu(z) = H_\nu^{(2)}(z) + i N_\nu(z) = \frac{1}{2}[H_\nu^{(2)}(z) + H_\nu^{(1)}(z)],$$

$$N_\nu(z) = i J_\nu(z) - i H_\nu^{(1)}(z) = i H_\nu^{(2)}(z) - i J_\nu(z) = \frac{i}{2}[H_\nu^{(2)}(z) - H_\nu^{(1)}(z)],$$

$$2 J_{-\nu}(z) = e^{\nu\pi i} H_\nu^{(1)}(z) + e^{-\nu\pi i} H_\nu^{(2)}(z).$$

Ferner ist
Further

$$H_{-\nu}^{(1)}(z) = e^{\nu\pi i} H_\nu^{(1)}(z), \qquad H_{-\nu}^{(2)}(z) = e^{-\nu\pi i} H_\nu^{(2)}(z)$$

und
and

$$H_{\bar\nu}^{(1)}(\bar z) = \overline{H_\nu^{(2)}(z)}, \qquad H_{\bar\nu}^{(2)}(\bar z) = \overline{H_\nu^{(1)}(z)}.$$

Die *Umlaufsrelationen* für den Verzweigungspunkt $z = 0$ lauten

The *circuit relations* for the branch point $z = 0$ are

$$H_\nu^{(1)}(e^{m\pi i} z) = -\frac{\sin(m-1)\nu\pi}{\sin \nu\pi} H_\nu^{(1)}(z) - e^{-\nu\pi i}\frac{\sin m\nu\pi}{\sin \nu\pi} H_\nu^{(2)}(z),$$

$$H_\nu^{(2)}(e^{m\pi i} z) = e^{\nu\pi i}\frac{\sin m\nu\pi}{\sin \nu\pi} H_\nu^{(1)}(z) + \frac{\sin(m+1)\nu\pi}{\sin \nu\pi} H_\nu^{(2)}(z), \qquad \left(m \begin{array}{l}\text{ganz}\\ \text{integer}\end{array}\right),$$

speziell für ganzes $\nu = n$

especially for $\nu = n$ integer

$$H_n^{(1)}(e^{m\pi i} z) = (-1)^{mn}[H_n^{(1)}(z) - 2m J_n(z)], \quad H_n^{(2)}(e^{m\pi i} z) = (-1)^{mn}[H_n^{(2)}(z) + 2m J_n(z)].$$

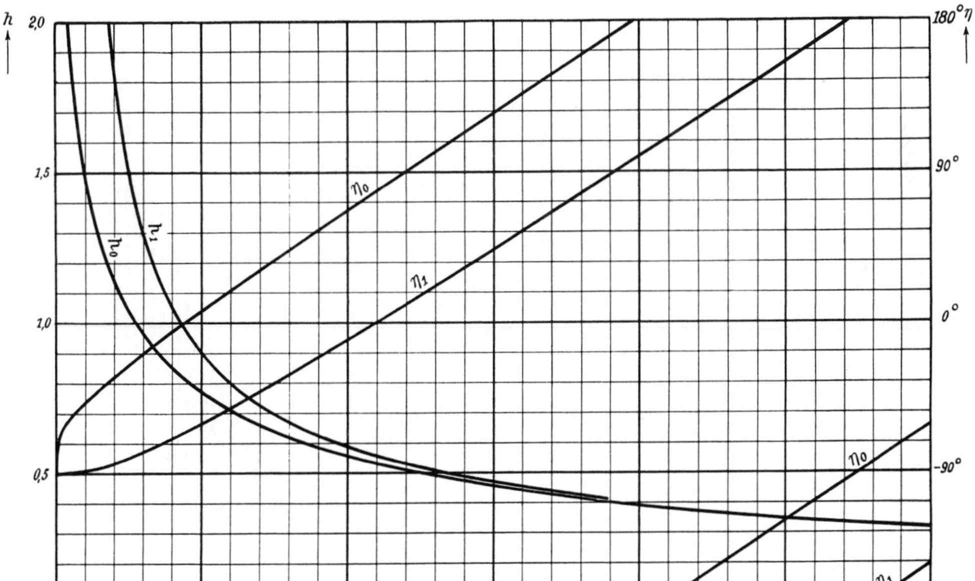

Fig. 88 Die Hankelsche Funktion $H_\nu^{(1)}(x) = h_\nu e^{i\eta_\nu}$, $(\nu = 0, 1)$
Fig. 88 The Hankel function $H_\nu^{(1)}(x) = h_\nu e^{i\eta_\nu}$, $(\nu = 0, 1)$

Im Gegensatz zu $J_\nu(z)$ und $N_\nu(z)$ haben die Hankelschen Funktionen reeller Ordnung ν für reelles Argument $x > 0$ keine reelle Bestimmung (vgl. dazu B). Die Bedeutung der Hankelschen Funktionen für die Anwendungen liegt vor allem darin, *daß unter den Zylinderfunktionen sie allein für unendliches komplexes Argument verschwinden*, und zwar $H_\nu^{(1)}(z)$, wenn der imaginäre Teil des Arguments positiv ist, $H_\nu^{(2)}(z)$, wenn er negativ ist:

Unlike $J_\nu(z)$ and $N_\nu(z)$ the Hankel functions of real order ν have for real argument $x > 0$ no real definition (cf. B). The Hankel functions owe their importance in applications to the fact *that among the Bessel functions they alone vanish for an infinite complex argument*, viz. $H_\nu^{(1)}(z)$ if the imaginary part of the argument is positive, $H_\nu^{(2)}(z)$ if it is negative:

$$\lim_{\varrho \to +\infty} H_\nu^{(1)}(\varrho\, e^{i\varphi}) = 0, \qquad \lim_{\varrho \to +\infty} H_\nu^{(2)}(\varrho\, e^{-i\varphi}) = 0 \quad \text{für / for} \quad 0 < \varphi < \pi.$$

2.4 Die *Zylinderfunktionen von halbzahliger Ordnung* $\nu = n + \frac{1}{2}$, $(n = 0, \pm 1, \ldots)$, sind elementare Funktionen:

2.4 *Bessel functions of order* $\nu = n + \frac{1}{2}$, $(n = 0, \pm 1, \ldots)$, are elementary functions:

$$J_{n+1/2}(z) = \sqrt{\frac{2}{\pi}}\, z^{n+1/2} \left(-\frac{1}{z}\frac{d}{dz}\right)^n \frac{\sin z}{z}, \qquad J_{-n-1/2}(z) = \sqrt{\frac{2}{\pi}}\, z^{n+1/2} \left(\frac{1}{z}\frac{d}{dz}\right)^n \frac{\cos z}{z} \qquad (n = 0, 1, 2, \ldots),$$

$$N_{n+1/2}(z) = (-1)^{n+1} J_{-n-1/2}(z),$$

$$H^{(1)}_{n+1/2}(z) = \sqrt{\frac{2}{\pi z}}\, e^{-\frac{i\pi}{2}(n+1)}\, e^{iz} \sum_{k=0}^{n} (-1)^k \frac{(n+k)!}{k!\,(n-k)!} \frac{1}{(2iz)^k},$$

$$H^{(2)}_{n+1/2}(z) = \sqrt{\frac{2}{\pi z}}\, e^{\frac{i\pi}{2}(n+1)}\, e^{-iz} \sum_{k=0}^{n} \frac{(n+k)!}{k!\,(n-k)!} \frac{1}{(2iz)^k},$$

insbesondere

and especially

$$J_{1/2}(z) = \sqrt{\frac{2}{\pi z}} \sin z, \qquad N_{1/2}(z) = -\sqrt{\frac{2}{\pi z}} \cos z, \qquad H^{(1)}_{1/2}(z) = \sqrt{\frac{2}{\pi z}} \frac{e^{iz}}{i}, \qquad H^{(2)}_{1/2}(z) = \sqrt{\frac{2}{\pi z}} \frac{e^{-iz}}{-i}.$$

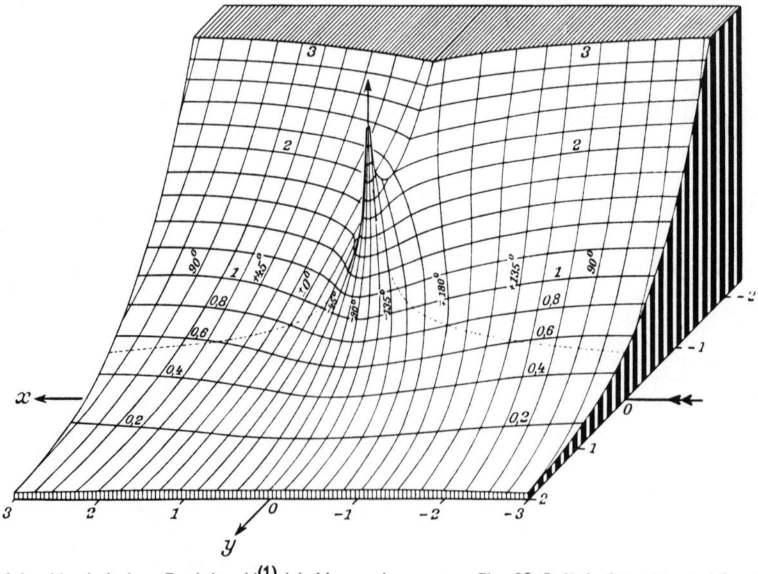

Fig. 89 Relief der Hankelschen Funktion $H_0^{(1)}(z)$. Verzweigungsschnitt entlang der negativen imaginären Achse

Fig. 89 Relief of the Hankel function $H_0^{(1)}(z)$. Branch-line along the negative imaginary axis

$(z = x + iy = re^{i\varphi};\ -90° < \varphi < 270°)$

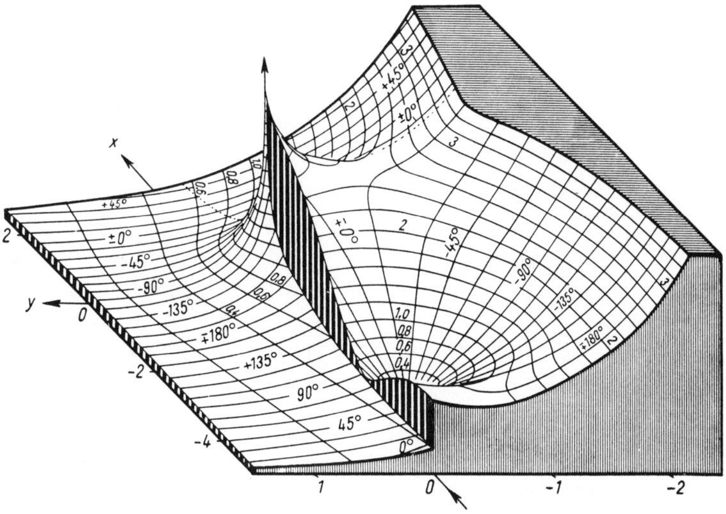

Fig. 90 Relief der Hankelschen Funktion $H_0^{(1)}(z)$

Fig. 90 Relief of the Hankel function $H_0^{(1)}(z)$

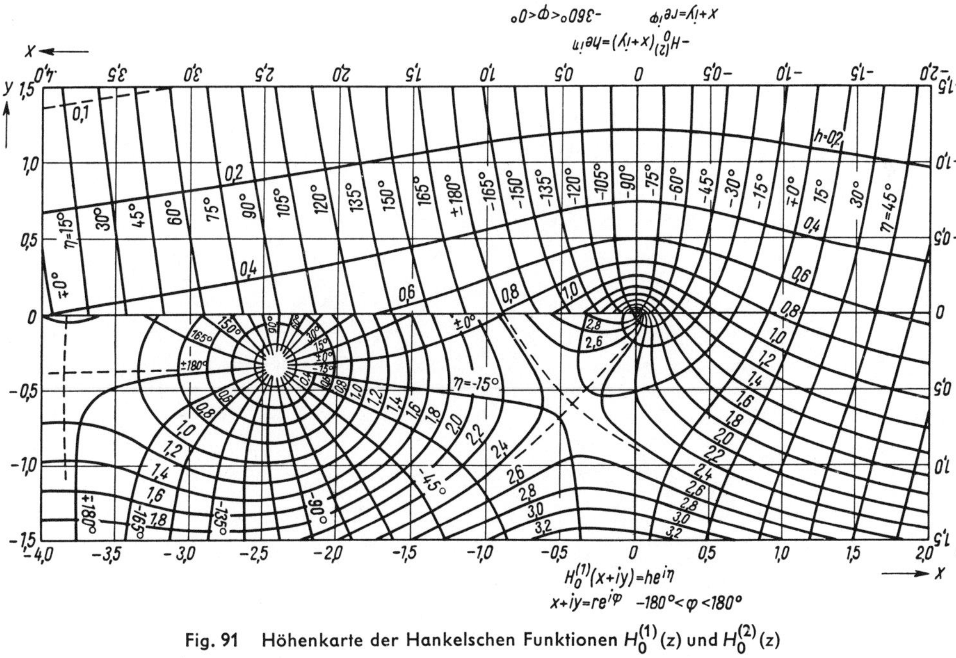

Fig. 91 Höhenkarte der Hankelschen Funktionen $H_0^{(1)}(z)$ und $H_0^{(2)}(z)$

Fig. 91 Altitude chart of the Hankel functions $H_0^{(1)}(z)$ and $H_0^{(2)}(z)$

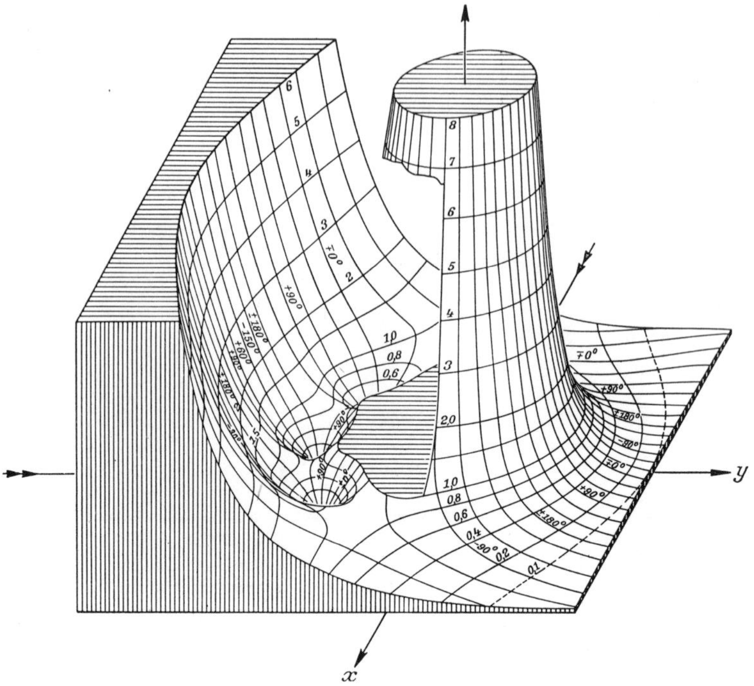

Fig. 92 Relief der Hankelschen Funktion
Fig. 92 Relief of the Hankel function $H^{(1)}_{3,5}(z)$. $(z = x + iy)$

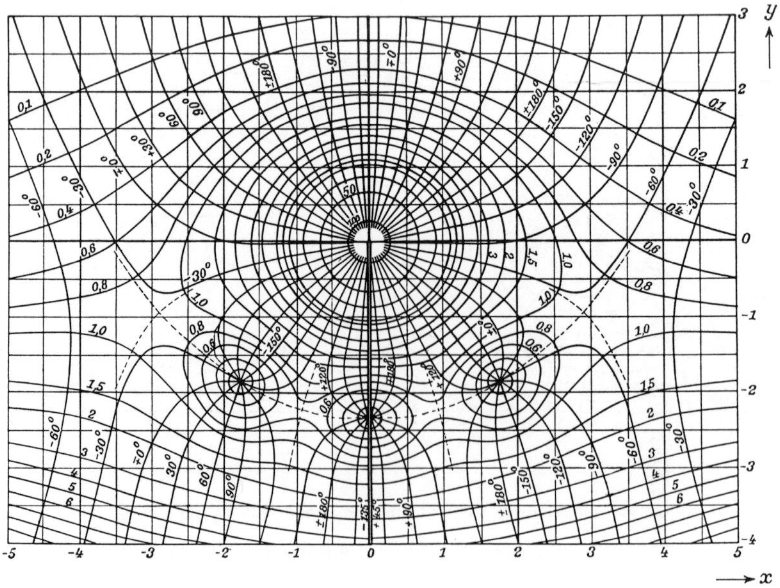

Fig. 93 Höhenkarte der Hankelschen Funktion
Fig. 93 Altitude chart of the Hankel function $H^{(1)}_{3,5}(z)$. $(z = x = iy = re^{i\varphi};\ -90° < \varphi < 270°)$

3. Darstellung durch Integrale

3. Representation by Integrals

3.1 Für $n=0, 1, 2, \ldots$ gilt

3.1 For $n=0, 1, 2, \ldots$ we have

$$J_n(z) = \frac{1}{\pi}\int_0^{\pi} \cos(z \sin t - n t)\, dt = \frac{1}{2\pi}\int_{-\pi}^{+\pi} e^{i(z \sin t - n t)}\, dt \qquad \text{(Bessel).}$$

3.2 Für $\operatorname{Re}(\nu) > -\frac{1}{2}$ gilt

3.2 For $\operatorname{Re}(\nu) > -\frac{1}{2}$ we have

$$J_\nu(z) = \frac{2(z/2)^\nu}{\sqrt{\pi}\,\Gamma\left(\nu+\frac{1}{2}\right)} \int_0^{\frac{\pi}{2}} \cos(z \cos t) \sin^{2\nu} t\, dt,$$

$$N_\nu(z) = \frac{2(z/2)^\nu}{\sqrt{\pi}\,\Gamma\left(\nu+\frac{1}{2}\right)} \left[\int_0^{\frac{\pi}{2}} \sin(z \sin t) \cos^{2\nu} t\, dt - \int_0^{+\infty} e^{-z \sinh t} \cosh^{2\nu} t\, dt\right], \quad (\operatorname{Re} z > 0) \qquad \text{(Poisson),}$$

und für $-\frac{1}{2} < \operatorname{Re}(\nu) < \frac{1}{2}$ bei positivem Argument x

and for $-\frac{1}{2} < \operatorname{Re}(\nu) < \frac{1}{2}$ with positive argument x

$$J_\nu(x) = \frac{2(x/2)^{-\nu}}{\sqrt{\pi}\,\Gamma\left(\frac{1}{2}-\nu\right)} \int_1^{+\infty} \frac{\sin x t}{(t^2-1)^{\nu+1/2}}\, dt, \quad N_\nu(x) = -\frac{2(x/2)^{-\nu}}{\sqrt{\pi}\,\Gamma\left(\frac{1}{2}-\nu\right)} \int_1^{+\infty} \frac{\cos x t}{(t^2-1)^{\nu+1/2}}\, dt, \qquad \binom{\text{Mehler,}}{\text{Sonine}}.$$

3.3 Für beliebiges ν gilt in

3.3 For arbitrary ν in the halfplane

$$\operatorname{Re}(z) > 0, \quad -\frac{\pi}{2} < \operatorname{arc} z < \frac{\pi}{2},$$

die Darstellung durch ein *Schleifenintegral*

we get the representation by a *loop integral*

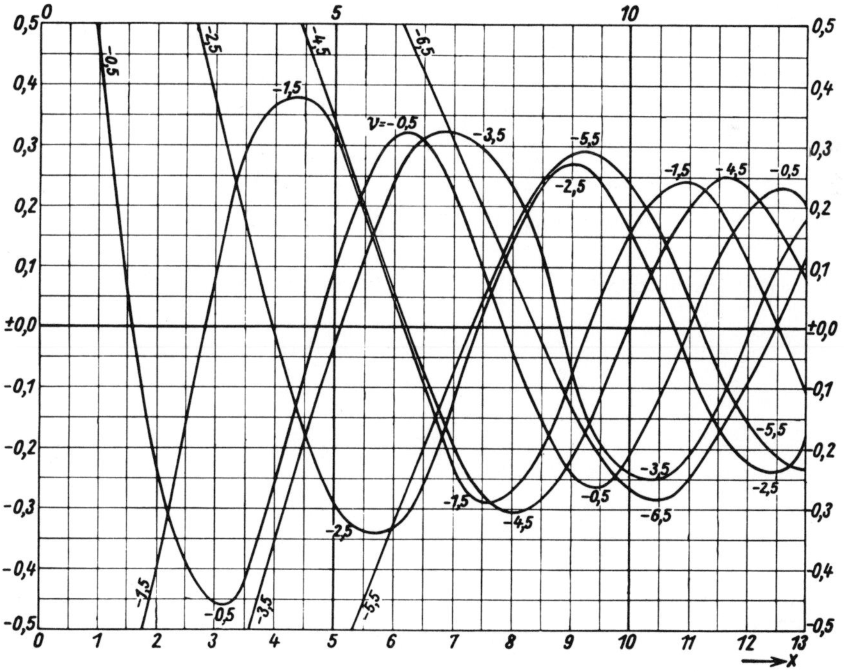

Fig. 94 Die Besselsche Funktion $J_\nu(x)$ mit $\nu = -n - \frac{1}{2}$

Fig. 94 The Bessel function $J_\nu(x)$ with $\nu = -n - \frac{1}{2}$

$$J_\nu(z) = \frac{1}{2\pi i}\int_{-\infty}^{(0+)} e^{\frac{z}{2}\left(t-\frac{1}{t}\right)} t^{-\nu-1}\,dt \qquad \text{(Sonine).}$$

3.4 Für beliebiges ν gilt

3.4 For arbitrary ν we have

$$J_\nu(z) = \frac{1}{2\pi}\int_{\mathfrak{C}_1} e^{i z\cos t} e^{i\nu\left(t-\frac{\pi}{2}\right)}\,dt, \qquad \text{(Sommerfeld).}$$

$$H_\nu^{(1)}(z) = \frac{1}{\pi}\int_{\mathfrak{C}_2} e^{i z\cos t} e^{i\nu\left(t-\frac{\pi}{2}\right)}\,dt, \qquad H_\nu^{(2)}(z) = \frac{1}{\pi}\int_{\mathfrak{C}_3} e^{i z\cos t} e^{i\nu\left(t-\frac{\pi}{2}\right)}\,dt,$$

Dabei sollen für eine positive Zahl η mit $0 \leqq \eta \leqq \pi$ die Integrationswege wie folgt verlaufen:

In this for a positive number η with $0 \leqq \eta \leqq \pi$ the paths of integration shall run as follows:

$\mathfrak{C}_1$ von/from $-\eta + i\infty$ nach/to $2\pi - \eta + i\infty$,

$\mathfrak{C}_2$ von/from $-\eta + i\infty$ nach/to $\eta - i\infty$, $\quad$ $\mathfrak{C}_3$ von/from $\eta - i\infty$ nach/to $2\pi - \eta + i\infty$.

Die Integraldarstellungen gelten dann jeweils im Winkelraum $-\eta < \operatorname{arc} z < \pi - \eta$.

The integral representations then hold in the corner $-\eta < \operatorname{arc} z < \pi - \eta$.

4. Asymptotische Darstellungen

4. Asymptotic Representations

4.1 Die Hankelschen asymptotischen Reihen gelten für große Werte des Arguments: $|z| \gg 1$, $|z| \gg |\nu|$. Es sei

4.1 The Hankel asymptotic series are valid for large values of the argument: $|z| \gg 1$, $|z| \gg |\nu|$. Let

$$(\nu, 0) = 1, \quad (\nu, m) = \frac{(4\nu^2 - 1^2)(4\nu^2 - 3^2)\cdots(4\nu^2 - (2m-1)^2)}{2^{2m}\, m!} \quad \text{für/for } m = 1, 2, 3, \ldots$$

und es seien $P_\nu(z)$, $Q_\nu(z)$, $S_\nu(z)$ Symbole für die folgenden formal gebildeten Reihen:

and let $P_\nu(z)$, $Q_\nu(z)$, $S_\nu(z)$ represent the following formally constructed series:

$$P_\nu(z) \equiv 1 - \frac{(\nu,2)}{(2z)^2} + \frac{(\nu,4)}{(2z)^4} - \cdots, \qquad Q_\nu(z) \equiv \frac{(\nu,1)}{(2z)} - \frac{(\nu,3)}{(2z)^3} + \cdots,$$

$$S_\nu(z) \equiv 1 + \frac{(\nu,1)}{z} + \frac{(\nu,2)}{z^2} + \frac{(\nu,3)}{z^3} + \cdots,$$

woraus sich ebenfalls formal ergibt[1]):

from which likewise formally[1]):

$$S_\nu(\pm i z) \equiv P_\nu\left(\frac{z}{2}\right) \mp i\, Q_\nu\left(\frac{z}{2}\right).$$

Dann gilt

Then we have

$$H_\nu^{(1)}(z) \approx \sqrt{\frac{2}{\pi z}}\, e^{i\left(z - \frac{\nu\pi}{2} - \frac{\pi}{4}\right)} S_\nu(-2iz), \qquad (-\pi < \operatorname{arc} z < 2\pi),$$

$$H_\nu^{(2)}(z) \approx \sqrt{\frac{2}{\pi z}}\, e^{-i\left(z - \frac{\nu\pi}{2} - \frac{\pi}{4}\right)} S_\nu(2iz), \qquad (-2\pi < \operatorname{arc} z < \pi),$$

---

[1]) Für/For $\nu = 0{,}1$ ist/we get

$$S_0(2z) \equiv 1 - \frac{0{,}125}{z} + \frac{0{,}0703125}{z^2} - \frac{0{,}07324219}{z^3} + \frac{0{,}1121521}{z^4} - \frac{0{,}2271080}{z^5} + \cdots,$$

$$S_1(2z) \equiv 1 + \frac{0{,}375}{z} - \frac{0{,}1171875}{z^2} + \frac{0{,}10253906}{z^3} - \frac{0{,}1441956}{z^4} + \frac{0{,}2775764}{z^5} - \cdots.$$

$$J_\nu(z) \approx \sqrt{\frac{2}{\pi z}}\left[\cos\left(z-\frac{\nu\pi}{2}-\frac{\pi}{4}\right)P_\nu(z)-\sin\left(z-\frac{\nu\pi}{2}-\frac{\pi}{4}\right)Q_\nu(z)\right], \quad (-\pi<\operatorname{arc} z<\pi),$$

$$N_\nu(z) \approx \sqrt{\frac{2}{\pi z}}\left[\sin\left(z-\frac{\nu\pi}{2}-\frac{\pi}{4}\right)P_\nu(z)+\cos\left(z-\frac{\nu\pi}{2}-\frac{\pi}{4}\right)Q_\nu(z)\right], \quad (-\pi<\operatorname{arc} z<\pi).$$

Die Darstellungen sind in dem Sinne zu verstehen, daß in den Faktoren S_ν, P_ν, Q_ν das Abbrechen hinter dem Glied mit der Potenz z^{-m} einen Fehler bedingt, dessen Betrag $<\text{const}\,|z|^{-m-1}$ ist und der daher für $|z|\to\infty$ gegen 0 geht. Hieraus folgt für die angegebenen Winkelräume insbesondere als *erste Näherung*

The representations are to be understood in the sense that the breaking off of the factors S_ν, P_ν, Q_ν after the term with the power z^{-m} causes an error whose absolute value is $<\text{const}\,|z|^{-m-1}$ and which consequently tends to zero as $|z|\to\infty$. From this for the above mentioned corners we have in particular as a *first approximation*

$$J_\nu(z) \approx \sqrt{\frac{2}{\pi z}}\cos\left(z-\frac{\nu\pi}{2}-\frac{\pi}{4}\right), \qquad N_\nu(z) \approx \sqrt{\frac{2}{\pi z}}\sin\left(z-\frac{\nu\pi}{2}-\frac{\pi}{4}\right), \qquad (|z|\gg 1,\ |z|\gg\nu).$$

Sind sowohl die Ordnung ν als auch das Argument $z=x$ reell positiv, so ist der beim Abbrechen der asymptotischen Reihen hinter dem n. Glied begangene Fehler dem Betrag nach kleiner als das erste vernachlässigte Glied, und hat bei P_ν, Q_ν dessen Vorzeichen, falls nur $2n>\nu-1/2$ in P_ν, $2n>\nu-3/2$ in Q_ν und $n>\nu-1/2$ in S_ν gewählt wird. Man wird also bei der praktischen Rechnung in den Reihen nur so weit gehen, wie die Beträge der Glieder abnehmen.

Um die Genauigkeit der Rechnung, die beim Abbrechen vor dem Glied mit kleinstem Betrag erreicht wird, zu steigern, kann man das mit einem Faktor $f=\frac{1}{2}+\varepsilon$, ($\varepsilon$ klein), multiplizierte kleinste Glied hinzuschlagen.

If both the order ν and the argument $z=x$ are real positive, the error caused in breaking off the asymptotic series after the nth term is in absolute value smaller than the first discarded term and has in P_ν, Q_ν the sign of it, if only we choose $2n>\nu-1/2$ in P_ν, $2n>\nu-3/2$ in Q_ν and $n>\nu-1/2$ in S_ν. In practical calculations we therefore have to continue the series only so far as the absolute values of the terms decrease.

In order to improve the accuracy arrived at in breaking off before the term with the least absolute value, we can add this smallest term, multiplied by a factor $f=\frac{1}{2}+\varepsilon$, ($\varepsilon$ small).

Faktoren f nach Burnett (vgl. IX [34]):

The factors f, given by Burnett (cf. IX [34]):

1) $z=r e^{i\varphi}$, $m-1<r<m+1$, m ganz, integer, $r=m+\nu$, $-\pi/6<\varphi<+\pi/6$,

$$f=\frac{1+i\tan\varphi}{2}+\frac{\pm 1+4\nu-i\,2\tan\varphi}{8r\cos^2\varphi} \quad \text{für/for } P_\nu(z),\ Q_\nu(z).$$

2) $z=iy$, $m-1<2y<m+1$, m ganz, integer, $2y=m+t$,

$$f=\frac{1}{2}+\frac{1+2t}{16y}-\frac{\nu^2-\frac{3}{8}+\frac{t}{4}+\frac{t^2}{2}}{(4y)^2}+\cdots \quad \text{für/for } S_\nu(2y).$$

Faktoren f nach Airey (vgl. IX [35]):

The factors f, given by Airey (cf. IX [35]):

x, y ganz, integers, $u=\frac{1}{4x}$, $v=\frac{1}{8y}$.

$$f=\frac{1}{2}+\frac{u}{2}-2u^2+\frac{15}{2}u^3-\frac{103}{4}u^4\cdots \text{ für/for } P_0(x), \qquad f=\frac{1}{2}-\frac{u}{2}+\frac{9}{2}u^3-\frac{159}{4}u^4\cdots \text{ für/for } Q_0(x),$$

$$f=\frac{1}{2}+\frac{u}{2}+\frac{7}{2}u^3-\frac{151}{4}u^4\cdots \text{ für/for } P_1(x), \qquad f=\frac{1}{2}-\frac{u}{2}+2u^2-\frac{15}{2}u^3+\frac{49}{4}u^4\cdots \text{ für/for } Q_1(x),$$

$$f=\frac{1}{2}+\frac{v}{2}-\frac{3}{2}v^2+\frac{1}{2}v^3+\frac{43}{2}v^4-\frac{81}{2}v^5\cdots \text{ für/for } S_0(2y),$$

$$f=\frac{1}{2}+\frac{v}{2}+\frac{5}{2}v^2-\frac{7}{2}v^3-\frac{29}{2}v^4\cdots \text{ für/for } S_1(2y).$$

Für nicht ganze x, y werden die f hieraus durch Interpolation erhalten.

If x, y are not integers, we obtain the factors f thereof by interpolation.

4.2 Die Debyeschen Reihen geben asymptotische Darstellungen der Zylinderfunktionen für große Werte der Ordnung oder des Arguments. Im folgenden sei ν stets positiv reell.

Mit $\mathfrak{E}(w)$ werde die formal gebildete Reihe bezeichnet:

4.2 The Debye series give asymptotic representations of Bessel functions for large values of the order or of the argument. In the following let ν always be positive real.

By $\mathfrak{E}(w)$ we denote the formally constructed series:

$$\mathfrak{E}(w) = 1 + \frac{1}{8}\left(\frac{1}{w} - \frac{5\nu^2}{3w^3}\right) + \frac{1\cdot 3}{8^2}\left(\frac{3}{2w^2} - \frac{77\nu^2}{9w^4} + \frac{385\nu^4}{54w^6}\right)$$
$$+ \frac{1\cdot 3\cdot 5}{8^3}\left(\frac{5}{2w^3} - \frac{1521\nu^2}{50w^5} + \frac{17017\nu^4}{270w^7} - \frac{17017\nu^6}{486w^9}\right) + \cdots.$$

Schreibt man ihr m. Glied in der Form

If we write the mth term in the form

$$\frac{1\cdot 3\ldots(2m-1)}{(8w)^m}\sum_{n=0}^{m} c_{m,n}\left(\frac{i\nu}{w}\right)^{2n},$$

so gilt die Rekursionsformel

we obtain the recursion formula

$$c_{0,0} = 1, \qquad c_{m,-1} = c_{m,m+1} = 0,$$

$$c_{m+1,n+1} = \frac{2k+1}{(2m+1)(k+1)}\left[(2k-3)\,c_{m,n} + (2k+1)\,c_{m,n+1}\right], \qquad (k = m+2n+2).$$

Bei der praktischen Auswertung der folgenden Reihen ist spätestens dann abzubrechen, wenn die Glieder nicht mehr abnehmen.

In practical calculation the following series must be stopped when the terms no longer decrease.

a) Es sei das *Argument $z = x$ positiv reell und kleiner als die Ordnung ν*. Setzt man

a) Let the *argument $z = x$ be positive real and smaller than the order ν*. Putting

$$s^2 = \nu^2 - x^2, \qquad u = -\frac{s}{\nu} + \operatorname{ar\,tanh}\frac{s}{\nu} = \frac{s^3}{3\nu^3} + \frac{s^5}{5\nu^5} + \cdots,$$

so gilt für $1 \ll s < \nu$, $\nu^2 \ll s^3$ (praktisch etwa $s > 6$, $s > 2{,}5\,\nu^{2/3}$)

we get for $1 \ll s < \nu$, $\nu^2 \ll s^3$ (practically perhaps $s > 6$, $s > 2{,}5\,\nu^{2/3}$)

$$\sqrt{\frac{\pi}{2}s}\cdot\begin{Bmatrix}2J_\nu(x)\\ -N_\nu(x)\end{Bmatrix} \approx e^{\mp\nu u}\,\mathfrak{E}(\pm s).$$

b) Es sei das *Argument $z = x$ positiv reell und größer als die Ordnung ν*. Setzt man

b) Let the *argument $z = x$ be positive real and larger than the order ν*. Putting

$$s^2 = x^2 - \nu^2, \qquad \varphi = s - \nu\arctan\frac{s}{\nu} - \frac{\pi}{4}, \qquad \mathfrak{E}(is) = \mathfrak{E}_1(s) - i\,\mathfrak{E}_2(s),$$

so gilt für $1 \ll s$, $\nu^2 \ll s^3$

we get for $1 \ll s$, $\nu^2 \ll s^3$

$$\sqrt{\frac{\pi}{2}s}\cdot J_\nu(x) \approx \mathfrak{E}_1(s)\cos\varphi + \mathfrak{E}_2(s)\sin\varphi, \qquad \sqrt{\frac{\pi}{2}s}\cdot N_\nu(x) \approx \mathfrak{E}_1(s)\sin\varphi - \mathfrak{E}_2(s)\cos\varphi.$$

c) Es sei das *Argument $z = iy$ rein imaginär mit $y > 0$*. Setzt man

c) Let the *argument $z = iy$ be pure imaginary with $y > 0$*. Putting

$$s^2 = \nu^2 + y^2, \qquad u = \frac{s}{\nu} - \operatorname{ar\,tanh}\frac{\nu}{s},$$

so gilt für $1 \ll s$, $\nu^2 \ll s^3$

we get for $1 \ll s$, $\nu^2 \ll s^3$

$$\sqrt{\frac{\pi}{2}s}\;e^{-\frac{\nu\pi}{2}i}\,2J_\nu(iy) \approx e^{\nu u}\,\mathfrak{E}(s), \qquad \sqrt{\frac{\pi}{2}s}\;e^{\frac{(\nu+1)\pi}{2}i}\,H_\nu^{(1)}(iy) \approx e^{-\nu u}\,\mathfrak{E}(-s).$$

d) Es sei das *Argument* $z = r\,e^{\frac{\pi}{4}i}$ mit $r > 0$. Setzt man   d) Let the *argument* be $z = r\,e^{\frac{\pi}{4}i}$ with $r > 0$. Putting

$$s^4 = \nu^4 + r^4, \quad \cos 2\sigma = \frac{\nu^2}{s^2}, \quad \begin{matrix}\text{also}\\\text{hence}\end{matrix} \quad r^2 = \nu^2 \tan 2\sigma = s^2 \sin 2\sigma$$

und
and
$$\cos 2\beta = \tan \sigma = \sqrt{\frac{s^2 - \nu^2}{s^2 + \nu^2}}, \quad \operatorname{gd} 2\alpha = 2\beta, \quad \begin{matrix}\text{also}\\\text{hence}\end{matrix} \quad \frac{1}{\cosh 2\alpha} = \cos 2\beta,$$

$$u = \coth 2\alpha - \alpha, \quad v = \cot 2\beta + \beta - \frac{\pi}{2},$$

$$\left(u = 0 \;\begin{matrix}\text{für}\\\text{for}\end{matrix}\; \alpha = 1{,}0327 \;\begin{matrix}\text{und}\\\text{and}\end{matrix}\; v = 0 \;\begin{matrix}\text{für}\\\text{for}\end{matrix}\; \beta = 0{,}3415 \text{ rad}\right),$$

so gilt für $1 \ll s$, $\nu^2 \ll s^3$ we get for $1 \ll s$, $\nu^2 \ll s^3$

$$\sqrt{\frac{\pi}{2}s} \left\{ \begin{matrix} Z_\nu\left(r\,e^{\frac{\pi}{4}i}\right) \\ i\,H_\nu^{(1)}\left(r\,e^{\frac{\pi}{4}i}\right) \end{matrix} \right\} \approx e^{\pm \nu u + i\left(\frac{\sigma}{2} \mp \nu v\right)} \mathfrak{E}\left(\pm s\,e^{-i\sigma}\right).$$

$\begin{matrix}\text{Für}\\\text{For}\end{matrix}\; r < 2\nu \;\begin{matrix}\text{ist}\\\text{we have}\end{matrix}\; Z_\nu = 2 J_\nu, \quad \begin{matrix}\text{für}\\\text{for}\end{matrix}\; r > 2\nu \;\begin{matrix}\text{ist}\\\text{we have}\end{matrix}\; Z_\nu = H_\nu^{(2)} \approx 2 J_\nu.$

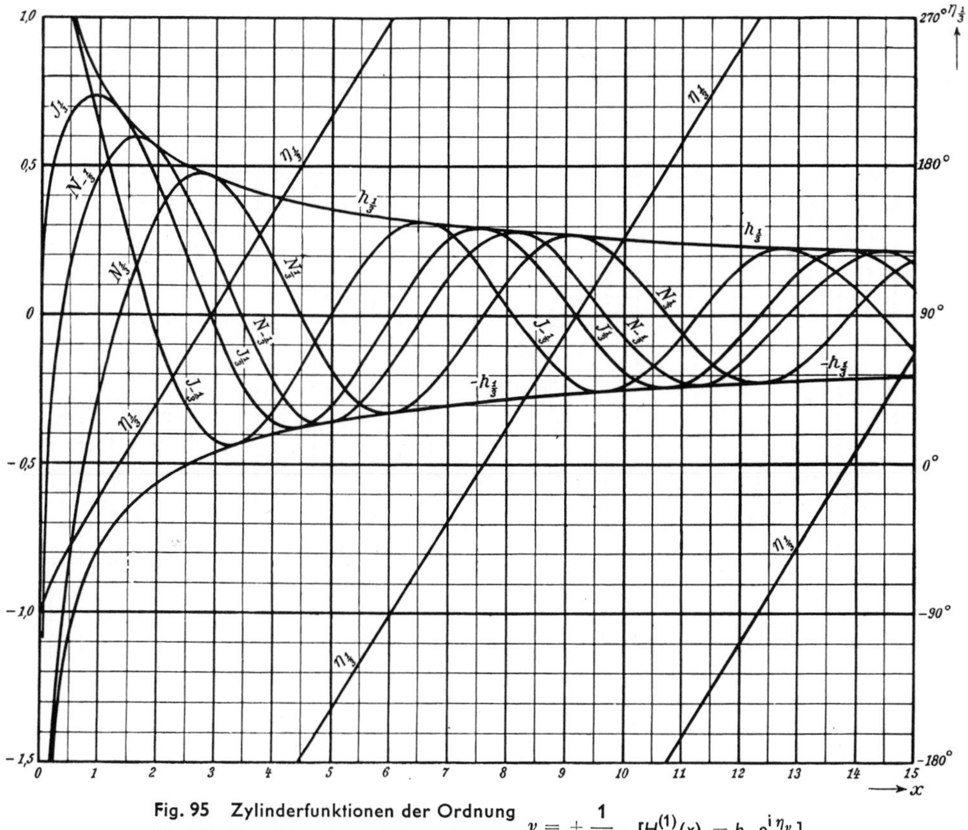

Fig. 95   Zylinderfunktionen der Ordnung
Fig. 95   Bessel functions of the order $\nu = \pm \dfrac{1}{3}$. $[H_\nu^{(1)}(x) = h_\nu\,e^{i\,\eta_\nu}]$

Weicht das Argument z nur wenig von der Ordnung ν ab, ist insbesondere $z=x$ reell und $|x-\nu|$ mit $\nu^{1/3}$ vergleichbar, so werden die angegebenen Reihen unbrauchbar. *Für den Fall, daß* $\frac{|x-\nu|}{\nu^{1/3}} \ll 1$ *ist, sind von Debye andere Reihen aufgestellt worden.* Sie geben für $x=\nu \gg 1$ selbst

If the argument z differs only a little from the order ν, if in particular $z=x$ is real and $|x-\nu|$ comparable to $\nu^{1/3}$, the above given series become inapplicable. *For the case that* $\frac{|x-\nu|}{\nu^{1/3}} \ll 1$, *Debye has given other series.* For $x=\nu \gg 1$ itself they give

$$H_\nu^{\binom{1}{2}}(\nu) \approx e^{\mp\frac{\pi}{3}i}\,\frac{0{,}8946146368}{\nu^{1/3}}\left(1-\frac{1}{225\,\nu^2}\right)+e^{\mp\frac{2\pi}{3}i}\,\frac{0{,}0117385770}{\nu^{5/3}}\left(1-\frac{1213}{14625\,\nu^2}\right),$$

$$J_\nu(\nu) \approx \frac{0{,}4473073184}{\nu^{1/3}}\left(1-\frac{1}{225\,\nu^2}\right)-\frac{0{,}0058692885}{\nu^{5/3}}\left(1-\frac{1213}{14625\nu^2}\right),$$

$$-N_\nu(\nu) \approx \frac{0{,}7747590021}{\nu^{1/3}}\left(1-\frac{1}{225\,\nu^2}\right)+\frac{0{,}0101659059}{\nu^{5/3}}\left(1-\frac{1213}{14625\nu^2}\right).$$

Ebenso gilt für die Ableitungen nach dem Argument z

Likewise we have for the derivatives with respect to the argument z

$$H_\nu^{\binom{1}{2}\prime}(\nu) \approx e^{\pm\frac{\pi}{3}i}\,\frac{0{,}8217003878}{\nu^{2/3}}\left(1+\frac{23}{3150\nu^2}\right)+e^{\pm\frac{2\pi}{3}i}\,\frac{0{,}1789229274}{\nu^{4/3}}\left(1-\frac{947}{69300\nu^2}\right),$$

$$J_\nu'(\nu) \approx \frac{0{,}4108501939}{\nu^{2/3}}\left(1+\frac{23}{3150\nu^2}\right)-\frac{0{,}0894614637}{\nu^{4/3}}\left(1-\frac{947}{69300\nu^2}\right),$$

$$N_\nu'(\nu) \approx \frac{0{,}7116134100}{\nu^{2/3}}\left(1+\frac{23}{3150\nu^2}\right)+\frac{0{,}1549518004}{\nu^{4/3}}\left(1-\frac{947}{69300\nu^2}\right).$$

Für weitergehende Ausführungen über die Debyeschen Reihen, insbesondere für den Fall komplexer z und ν vgl. IX [36]–[38].

For further results about Debye series, especially for the case of complex z and ν cf. IX [36]–[38].

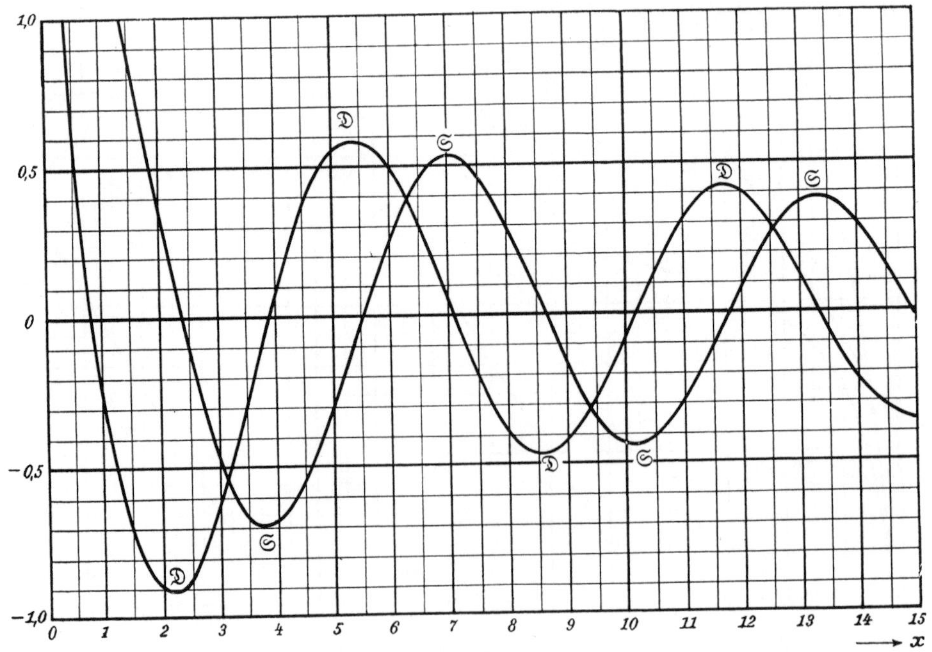

Fig. 96 $\mathfrak{S} = J_{-1/3}+J_{1/3}$, $\mathfrak{D} = \sqrt{3}\,(J_{-1/3}-J_{1/3})$

4.3 Die Formeln von Nicholson geben gute Näherungen für ganzzahlige Ordnung $\nu = n \gg 1$ und positives Argument x in dem Grenzgebiet $\frac{|x-\nu|}{\nu^{1/3}} \approx 1$ zwischen den Anwendungsgebieten beider Sorten von Debyeschen Reihen, aber auch noch für größere und für beliebig kleine $|x-\nu|$. Setzt man zur Abkürzung (vgl. Fig. 96)

4.3 The formulas of Nicholson give good approximations for integral order $\nu = n \gg 1$ and positive argument x in the transitional region $\frac{|x-\nu|}{\nu^{1/3}} \approx 1$ between the domains of application of both sorts of Debye series and also for larger and for arbitrary small $|x-\nu|$. If we put for brevity (cf. fig. 96)

$$J_{-1/3}(x) \pm J_{1/3}(x) = \begin{cases} \mathfrak{S}(x), \\ \frac{1}{\sqrt{3}} \mathfrak{D}(x), \end{cases} \qquad e^{\frac{2\pi}{3} i} H_{1/3}^{(1)}(i x) = \mathfrak{H}(x),$$

(wobei $\mathfrak{H}(x)$ reell ist), so gilt

(where $\mathfrak{H}(x)$ is real), we get

$$J_n(x) \approx \frac{\sqrt{3}}{2} \varepsilon \mathfrak{H}(2(n-x)\varepsilon) \quad \text{mit / with} \quad \varepsilon = \frac{1}{3} \sqrt{\frac{2(n-x)}{x}} \quad \text{für / for} \quad n > x,$$

$$J_n(x) \approx \varepsilon \mathfrak{S}(2(x-n)\varepsilon)$$
$$-N_n(x) \approx \varepsilon \mathfrak{D}(2(x-n)\varepsilon) \quad \text{mit / with} \quad \varepsilon = \frac{1}{3} \sqrt{\frac{2(x-n)}{x}} \quad \text{für / for} \quad x > n.$$

(Vgl. auch IX [39].)

(Cf. also IX [39].)

4.4 Die Formeln von Watson liefern für beliebige Ordnung $\nu \gg 1$ und positives Argument x in demselben Gebiet wie die Nicholsonschen Formeln gute Näherungen, gelten aber grundsätzlich ohne Einschränkung für $|x-\nu|$. Unter Beibehaltung der Bezeichnungen in 4.3 gilt für $x < \nu$

4.4 The formulas of Watson give good approximations for arbitrary order $\nu \gg 1$ and positive argument x in the same region as the Nicholson formulas, but are valid on principle without restriction for $|x-\nu|$. Using the same notations as in 4.3 we get for $x < \nu$

$$J_\nu(x) \approx \frac{w}{2\sqrt{3}} e^{\psi} \mathfrak{H}\left(\frac{\nu}{3} w^3\right), \quad \text{wobei / where} \quad w = \sqrt{1 - \frac{x^2}{\nu^2}}, \quad \psi = \nu\left(w + \frac{w^3}{3} - \operatorname{ar\,tanh} w\right)$$

mit einem Fehler $< \frac{3}{\nu} e^{\nu(w - \operatorname{ar\,tanh} w)}$; und für $x > \nu$

with an error $< \frac{3}{\nu} e^{\nu(w - \operatorname{ar\,tanh} w)}$; and for $x < \nu$

$$J_\nu(x) \approx \frac{w}{3}\left[\mathfrak{S}\left(\frac{\nu}{3} w^3\right) \cos\varphi + \mathfrak{D}\left(\frac{\nu}{3} w^3\right) \sin\varphi\right],$$

$$N_\nu(x) \approx \frac{w}{3}\left[\mathfrak{S}\left(\frac{\nu}{3} w^3\right) \sin\varphi - \mathfrak{D}\left(\frac{\nu}{3} w^3\right) \cos\varphi\right],$$

$$H_\nu^{\binom{1}{2}}(x) \approx \frac{w}{3}\left[\mathfrak{S}\left(\frac{\nu}{3} w^3\right) \mp i \mathfrak{D}\left(\frac{\nu}{3} w^3\right)\right] e^{\pm i\varphi} \approx \frac{w}{\sqrt{3}} e^{\pm i(\varphi + \pi/6)} H_{1/3}^{\binom{1}{2}}\left(\frac{\nu}{3} w^3\right),$$

wobei / where

$$w = \sqrt{\frac{x^2}{\nu^2} - 1}, \quad \varphi = \nu\left(w - \frac{w^3}{3} - \operatorname{arc\,tan} w\right),$$

mit einem Fehler $< 24/\nu$. (Vgl. Fig. 96.)

with an error $< 24/\nu$. (Cf. fig. 96.)

4.5 Die Formeln von Langer geben für beliebige $\nu \gg 1$ eine asymptotische Darstellung, die gleichmäßig in $0 < x < \infty$ gilt. Benützt man weiter dieselben Bezeichnungen wie in 4.3 und setzt man ferner

4.5 The formulas of Langer give for arbitrary $\nu \gg 1$ an asymptotic representation which is valid uniformly in $0 < x < \infty$. Using the same notations as in 4.3 and putting further

$$I_{-1/3}(x) \pm I_{1/3}(x) = \begin{cases} \mathfrak{S}^*(x) \\ \frac{1}{2}\sqrt{3}\, \mathfrak{D}^*(x) \end{cases} \qquad \left(I_\nu(x) = e^{-\frac{\nu\pi}{2} i} J_\nu\left(e^{\frac{i\pi}{2}} x\right), \text{ vgl. B, 1}\right),$$

so ist für $x < \nu$:

we have for $x < \nu$:

$$J_\nu(x) \approx \frac{1}{2}\sqrt{\lambda}\,\mathfrak{D}^*(\nu w \lambda), \quad -N_\nu(x) \approx \sqrt{\lambda}\,\mathfrak{S}^*(\nu w \lambda), \quad H_\nu^{(1)}(x) \approx \sqrt{\lambda}\, e^{-\frac{2\pi}{3}i} H_{1/3}^{(2)}\left(e^{i\frac{\pi}{2}} \nu w \lambda\right)$$

mit / with

$$w = \sqrt{1 - \frac{x^2}{\nu^2}}, \quad \lambda = \frac{1}{w}\operatorname{ar\,tanh} w - 1 = \frac{w^2}{3} + \frac{w^4}{5} + \frac{w^6}{7} + \cdots,$$

und für $x > \nu$: / and for $x > \nu$:

$$J_\nu(x) \approx \sqrt{\frac{\mu}{3}}\,\mathfrak{S}(\nu w \mu), \quad -N_\nu(x) \approx \sqrt{\frac{\mu}{3}}\,\mathfrak{D}(\nu w \mu), \quad H_\nu^{(1)}(x) \approx \sqrt{\mu}\, e^{\frac{\pi}{6}i} H_{1/3}^{(1)}(\nu w \mu)$$

mit / with

$$w = \sqrt{\frac{x^2}{\nu^2} - 1}, \quad \mu = 1 - \frac{1}{w}\arctan w = \frac{w^2}{3} - \frac{w^4}{5} + \frac{w^6}{7} - \cdots.$$

Der Fehler ist von der Ordnung $\frac{1}{\nu\sqrt[3]{\nu}}$. (Vgl. IX [40].)

The error is of the order $\frac{1}{\nu\sqrt[3]{\nu}}$. (Cf. IX [40].)

5. Nullstellen

5.1 Die *Nullstellen der Zylinderfunktionen* $Z_\nu(z)$ sind, mit eventueller Ausnahme von $z=0$, sämtlich einfach.

Die Funktion $J_\nu(z)$ hat für beliebige reelle Ordnung ν unendlich viele reelle Nullstellen, die zu $z=0$ symmetrisch liegen. Die positiven Nullstellen heißen der Größe nach geordnet

5. Zeros

5.1 The *zeros of Bessel functions* $Z_\nu(z)$ are, with the eventual exception of $z=0$, altogether simple.

The function $J_\nu(z)$ has for arbitrary real order ν infinitely many real zeros, which are symmetric with respect to $z=0$. The positive zeros, ordered according to magnitude, are denoted by

$$j_{\nu,1},\ j_{\nu,2}, \ldots,\ j_{\nu,s}, \ldots.$$

Für $\nu > -1$ sind die Nullstellen sämtlich reell. (Vgl. Fig. 103 bis 105, 107 bis 110 und 136 bis 139, Tafeln 32 und 33.)

Die unendlich vielen positiven Nullstellen von $J'_\nu(z)$ der Größe nach geordnet heißen

For $\nu > -1$ all zeros are real. (Cf. fig. 103 to 105, 107 to 110 and 136 to 139, tables 32 and 33.)

The infinitely many positive zeros of $J'_\nu(z)$, ordered according to magnitude, are denoted by

$$j'_{\nu,1},\ j'_{\nu,2}, \ldots,\ j'_{\nu,s}, \ldots.$$

Für $\nu > 0$ ist / For $\nu > 0$ we have

$$j_{\nu,1} > j'_{\nu,1} > \nu.$$

Ist $\nu > -1$ und sind a, b, c, d reelle Zahlen mit $ad - bc \neq 0$, so trennen sich die positiven Nullstellen von $aJ_\nu(z) + bzJ'_\nu(z)$ und $cJ_\nu(z) + dzJ'_\nu(z)$ gegenseitig. Ebenso trennen sich für $\nu > -1$ die positiven Nullstellen von $J_\nu(z)$ und $J_{\nu+1}(z)$ gegenseitig.

Bei reellem ν hat die reelle Bestimmung von $N_\nu(x)$ ebenfalls unendlich viele positive Nullstellen, die, der Größe nach geordnet, mit

If $\nu > -1$ and a, b, c, d are real numbers with $ad - bc \neq 0$, the positive zeros of $aJ_\nu(z) + bzJ'_\nu(z)$ and $cJ_\nu(z) + dzJ'_\nu(z)$ separate one another. In the same manner for $\nu > -1$ the positive zeros of $J_\nu(z)$ and $J_{\nu+1}(z)$ separate one another.

For real ν the real definition of $N_\nu(x)$ likewise has infinitely many positive zeros which, ordered according to magnitude, are denoted by

$$y_{\nu,1},\ y_{\nu,2}, \ldots,\ y_{\nu,s}, \ldots$$

bezeichnet werden (vgl. Fig. 106). Die positiven Nullstellen von $N_\nu(x)$ und $N_{\nu+1}(x)$ trennen sich. Ferner gilt

(cf. fig. 106). The positive zeros of $N_\nu(x)$ and $N_{\nu+1}(x)$ separate one another. Further we have

$$j_{\nu,1} > y_{\nu,1} > j'_{\nu,1}.$$

Für reelles ν und reelle a, b, c, d mit $ad - bc \neq 0$ trennen sich die positiven Nullstellen von $aJ_\nu(z) + bN_\nu(z)$ und $cJ_\nu(z) + dN_\nu(z)$.

For real ν and real a, b, c, d with $ad - bc \neq 0$ the positive zeros of $aJ_\nu(z) + bN_\nu(z)$ and $cJ_\nu(z) + dN_\nu(z)$ separate one another.

5.2 Die *positiven Nullstellen* $x_{\nu,s}$ *von*

$$Z_\nu(x) = J_\nu(x)\cos\alpha - N_\nu(x)\sin\alpha$$

lassen für große s die *asymptotische Darstellung* zu

5.2 For large s *the positive zeros* $x_{\nu,s}$ *of* $Z_\nu(x)$ admit to the *asymptotic representation*

$$x_{\nu,s} \approx \beta - \frac{\mu-1}{8\beta}\left(1 + \frac{P_1}{3(4\beta)^2} + \frac{2P_2}{15(4\beta)^4} + \frac{P_3}{105(4\beta)^6} + \cdots\right)$$

mit / with

$$\mu = 4\nu^2, \quad \beta = \left(\nu - \frac{1}{2} + 2s\right)\frac{\pi}{2} - \alpha,$$

$$P_1 = 7\mu - 31, \quad P_2 = 83\mu^2 - 982\mu + 3779, \quad P_3 = 6949\mu^3 - 153855\mu^2 + 1585743\mu - 6277237.$$

Im besonderen gilt

In particular

$$\frac{1}{\pi} j_{0,s} \approx s - \frac{1}{4} + \frac{0{,}050661}{4s-1} - \frac{0{,}053041}{(4s-1)^3} + \frac{0{,}262051}{(4s-1)^5} - \cdots,$$

$$\frac{1}{\pi} j_{1,s} \approx s + \frac{1}{4} - \frac{0{,}151982}{4s+1} + \frac{0{,}015399}{(4s+1)^3} - \frac{0{,}245270}{(4s+1)^5} + \cdots.$$

Ebenso gilt für die *positiven Nullstellen* $x'_{\nu,s}$ von $Z'_\nu(x)$ für große s

In like manner we get for the *positive zeros* $x'_{\nu,s}$ of $Z'_\nu(x)$ for large s

$$x'_{\nu,s} \approx \gamma - \frac{\mu+3}{8\gamma} - \frac{Q_1}{6(4\gamma)^3} - \frac{Q_2}{15(4\gamma)^5} - \cdots$$

mit / with

$$\mu = 4\nu^2, \quad \gamma = \left(\nu + \frac{1}{2} + 2s\right)\frac{\pi}{2} - \alpha,$$

$$Q_1 = 7\mu^2 + 82\mu - 9, \quad Q_2 = 83\mu^3 + 2075\mu^2 - 3039\mu + 3537.$$

5.3 Für die *kleinsten positiven Nullstellen* von $J_\nu(x)$ gilt für $\nu \gg 1$

5.3 For the *smallest positive zeros* of $J_\nu(x)$ we get for $\nu \gg 1$

$$j_{\nu,1} \approx \nu + 1{,}855757\nu^{1/3} + 1{,}03315\nu^{-1/3} - 0{,}00403\nu^{-1} - 0{,}09083\nu^{-5/3} + 0{,}0448\nu^{-7/3}\cdots,$$

$$j_{\nu,2} \approx \nu + 3{,}2447\nu^{1/3} + 3{,}1584\nu^{-1/3}\cdots, \qquad j_{\nu,3} \approx \nu + 4{,}3817\nu^{1/3} + 5{,}7598\nu^{-1/3}\cdots.$$

Ebenso gilt für die kleinsten positiven Nullstellen $j_{-\nu,s}$ von $J_{-\nu}(x)$ für halbzahliges $\nu = n + \frac{1}{2} \gg 1$

In like manner we get for the smallest positive zeros $j_{-\nu,s}$ of $J_{-\nu}(x)$ for $\nu = n + \frac{1}{2} \gg 1$

$$j_{-\nu,1} \approx \nu + 0{,}951\nu^{1/3} + 0{,}271\nu^{-1/3}\cdots,$$

$$j_{-\nu,2} \approx \nu + 2{,}596\nu^{1/3} + 2{,}022\nu^{-1/3}\cdots, \quad j_{-\nu,3} \approx \nu + 3{,}834\nu^{1/3} + 4{,}410\nu^{-1/3}\cdots.$$

Für die kleinste positive Nullstelle von $J'_\nu(x)$ gilt für $\nu \gg 1$

For the smallest positive zero of $J'_\nu(x)$ we get for $\nu \gg 1$

$$j'_{\nu,1} \approx \nu + 0{,}808618\nu^{1/3} + \cdots.$$

$(J_\nu(j'_{\nu,1}) = \max.)$

$(J_\nu(j'_{\nu,1}) = \max.)$

Für die kleinste positive Nullstelle von $N_\nu(x)$ gilt für $\nu \gg 1$

For the smallest positive zero of $N_\nu(x)$ we get for $\nu \gg 1$

$$y_{\nu,1} \approx \nu + 0{,}931577\nu^{1/3} + \cdots.$$

5.4 Für $n = 1, 2, \ldots$ gilt

5.4 For $n = 1, 2, \ldots$ we have

$$J_{-n+\varepsilon_n/6}(n - \varepsilon_n/6) = 0 \quad \text{mit / with} \quad 0 < \varepsilon_n < 1,$$

wobei für große n

where for large n

$$\varepsilon_n \approx 1 - 6\,\frac{0{,}03944}{(6n-1)^{4/3}}.$$

5.5 Für die Wurzeln von

5.5 For the roots of

$$\frac{J_\nu(x)}{N_\nu(x)} = \frac{J_\nu(kx)}{N_\nu(kx)} \quad \text{und / and} \quad \frac{J_0(x)}{N_0(x)} = \frac{J_1(kx)}{N_1(kx)}$$

vgl. Fig. 111 bis 116, Tafel 34, ferner IX [41] bis [47].

cf. fig. 111 to 116, table 34, further IX [41] to [47].

Die in der Tafel enthaltenen Werte $(k-1)\,x_{\nu,s}$ sind identisch mit den Wurzelwerten $(r_2 - r_1)\,\tau_{\nu,s}$ der entsprechenden Gleichungen

The values $(k-1)\,x_{\nu,s}$ contained in the table are identical with the roots $(r_2 - r_1)\,\tau_{\nu,s}$ of the corresponding equations

$$J_\nu(r_1\tau)\,N_\nu(r_2\tau) - J_\nu(r_2\tau)\,N_\nu(r_1\tau) = 0,$$

wobei $r_2/r_1 = k$ ist.

where $r_2/r_1 = k$.

6. Funktionalgleichungen

6. Functional Equations

Im folgenden bedeutet $Z_\nu(z)$ eine beliebige der Funktionen $J_\nu(z)$, $N_\nu(z)$, $H_\nu^{(1)}(z)$, $H_\nu^{(2)}(z)$ oder auch eine Linearkombination dieser Funktionen mit konstanten (vom Index ν unabhängigen) Koeffizienten. Ebenso $\overline{Z}_\nu(z)$ zur Unterscheidung zweier solcher Funktionen.

In the following $Z_\nu(z)$ represents any one of the functions $J_\nu(z)$, $N_\nu(z)$, $H_\nu^{(1)}(z)$, $H_\nu^{(2)}(z)$ or a linear combination of these functions with constant coefficients (independent of the index ν). Likewise $\overline{Z}_\nu(z)$ to distinguish between two such functions.

6.1 Für beliebige Funktionen $Z_\nu(z)$ gilt

6.1 For arbitrary functions $Z_\nu(z)$ we have

$$z\,Z_{\nu-1}(z) + z\,Z_{\nu+1}(z) = 2\nu\,Z_\nu(z),$$

$$Z_{\nu-1}(z) - Z_{\nu+1}(z) = 2\,Z'_\nu(z).$$

Nach N. Nielsen wird jede in den beiden Veränderlichen z, ν analytische Lösung dieser Gleichungen als eine *Zylinderfunktion* $\mathfrak{C}_\nu(z)$ bezeichnet. Sie ist auch eine Lösung der Besselschen Differentialgleichung. Die Funktionen $J_\nu(z)$, $N_\nu(z)$, $H_\nu^{(1)}(z)$, $H_\nu^{(2)}(z)$ sind im Sinne von Nielsen als Zylinderfunktionen $\mathfrak{C}_\nu(z)$ anzusprechen. Dagegen darf die ebenfalls zum Parameter ν gehörige Lösung $J_{-\nu}(z)$ der Besselschen Differentialgleichung nicht als $\mathfrak{C}_\nu(z)$ sondern nur als $\mathfrak{C}_{-\nu}(z)$ bezeichnet werden.
Als Folgerungen aus den vorangehenden Formeln erhält man:

According to N. Nielsen every solution of these equations, analytic in both variables z, ν, is called a *cylindrical harmonic* $\mathfrak{C}_\nu(z)$. It is also a solution of the Bessel differential equation. The functions $J_\nu(z)$, $N_\nu(z)$, $H_\nu^{(1)}(z)$, $H_\nu^{(2)}(z)$ are cylindrical harmonics $\mathfrak{C}_\nu(z)$ in the sense of Nielsen. On the other hand the solution $J_{-\nu}(z)$ of Bessel's differential equation, also belonging to the parameter ν, may not be denoted as $\mathfrak{C}_\nu(z)$ but only as $\mathfrak{C}_{-\nu}(z)$.

Further from the above relations we get:

$$Z'_\nu(z) = -\frac{\nu}{z}\,Z_\nu(z) + Z_{\nu-1}(z) = \frac{\nu}{z}\,Z_\nu(z) - Z_{\nu+1}(z),$$

$$\frac{d}{dz}[z^\nu Z_\nu(\alpha z)] = \alpha z^\nu Z_{\nu-1}(\alpha z), \qquad \frac{d}{dz}[z^{-\nu} Z_\nu(\alpha z)] = -\alpha z^{-\nu} Z_{\nu+1}(\alpha z),$$

$$\frac{d}{dz}\left[z^{\frac{\nu}{2}} Z_\nu(\sqrt{\alpha z})\right] = \frac{\sqrt{\alpha}}{2}\,z^{\frac{\nu-1}{2}}\,Z_{\nu-1}(\sqrt{\alpha z}), \qquad \frac{d}{dz}\left[z^{-\frac{\nu}{2}} Z_\nu(\sqrt{\alpha z})\right] = -\frac{\sqrt{\alpha}}{2}\,z^{-\frac{\nu+1}{2}}\,Z_{\nu+1}(\sqrt{\alpha z}),$$

$$Z'_0(z) = -Z_1(z), \qquad Z'_1(z) = Z_0(z) - \frac{1}{z}\,Z_1(z).$$

6.2 Zwischen den Zylinderfunktionen J, N und H bestehen die Beziehungen

6.2 Between the Bessel functions J, N and H we have the relations

$$J_\nu(z)\,J_{-\nu+1}(z) + J_{\nu-1}(z)\,J_{-\nu}(z) = \frac{2\sin\nu\pi}{\pi z}, \qquad N_{\nu-1}(z)\,J_\nu(z) - N_\nu(z)\,J_{\nu-1}(z) = \frac{2}{\pi z},$$

$$J_{\nu-1}(z)\,H_\nu^{(1)}(z) - J_\nu(z)\,H_{\nu-1}^{(1)}(z) = \frac{2}{\pi i z}, \qquad H_{\nu-1}^{(2)}(z)\,J_\nu(z) - H_\nu^{(2)}(z)\,J_{\nu-1}(z) = \frac{2}{\pi i z}.$$

6.3 *Additionstheorem:* Es seien a, b, c die Seiten und α, β, γ die Winkel eines Dreiecks, also

6.3 *Addition theorem:* Let a, b, c be the sides and α, β, γ the angles of a triangle, thus

$$c\,e^{i\beta} = a - b\,e^{-i\gamma},$$

oder auch komplexe Größen, in die jene 6 reellen Größen unter Erhaltung der vorstehenden Beziehung stetig übergeführt werden können. Dann ist

or also complex magnitudes into which those 6 real magnitudes can be transferred continuously in such a manner, that the above relation holds. Then we have

$$Z_\nu(c)\,e^{i\nu\beta} = \sum_{k=-\infty}^{+\infty} Z_{\nu+k}(a)\,J_k(b)\,e^{ik\gamma} \quad \text{für / for} \quad |b\,e^{\pm i\gamma}| < |a|.$$

Insbesondere gilt für $\beta = 0$, $\gamma = \pi$, $|b| < |a|$

In particular for $\beta = 0$, $\gamma = \pi$, $|b| < |a|$

$$Z_\nu(a+b) = \sum_{k=-\infty}^{+\infty} Z_{\nu-k}(a)\,J_k(b),$$

und für / and for

$$\gamma = \pi/2, \quad \sqrt{a^2+b^2} = a/\cos\beta = b/\sin\beta, \quad |b| < |a|$$

$$Z_\nu\left(\sqrt{a^2+b^2}\right)\cos\nu\beta = \sum_{k=-\infty}^{+\infty} (-1)^k Z_{\nu+2k}(a)\,J_{2k}(b),$$

$$Z_\nu\left(\sqrt{a^2+b^2}\right)\sin\nu\beta = \sum_{k=-\infty}^{+\infty} (-1)^k Z_{\nu+2k+1}(a)\,J_{2k+1}(b).$$

Ferner gilt: / Further we get:

$$J_\nu(z+w) = \left(1+\frac{w}{z}\right)^\nu \sum_{k=0}^{\infty} \frac{(-1)^k w^k}{k!} \left(1+\frac{w}{2z}\right)^k J_{\nu+k}(z).$$

Multiplikationstheorem:

Multiplication theorem:

$$Z_\nu(\lambda z) = \lambda^\nu \sum_{k=0}^{\infty} \frac{Z_{\nu+k}(z)}{k!} \left(\frac{1-\lambda^2}{2}\,z\right)^k.$$

Im Sonderfall $Z_\nu = J_\nu$ kann λ beliebig sein; sonst muß $|1-\lambda^2| < 1$ sein.

In the special case when $Z_\nu = J_\nu$, λ may be arbitrary; otherwise we must take $|1-\lambda^2| < 1$.

6.4 *Integralformeln* (unbestimmte Integrale):

6.4 *Integral formulas* (undetermined integrals):

$$\int J_\nu(z)\,dz = 2\sum_{k=0}^{\infty} J_{\nu+2k+1}(z),$$

$$\int z^{\nu+1} Z_\nu(z)\,dz = z^{\nu+1} Z_{\nu+1}(z), \qquad \int z^{-\nu+1} Z_\nu(z)\,dz = -z^{-\nu+1} Z_{\nu-1}(z),$$

$$\int Z_1(z)\,dz = -Z_0(z), \qquad \int z\,Z_0(z)\,dz = z\,Z_1(z),$$

$$\int \left[(\alpha^2-\beta^2)\,z - \frac{\mu^2-\nu^2}{z}\right] Z_\mu(\alpha z)\,\overline{Z}_\nu(\beta z)\,dz$$

$$= \beta z\,Z_\mu(\alpha z)\,\overline{Z}_{\nu-1}(\beta z) - \alpha z\,Z_{\mu-1}(\alpha z)\,\overline{Z}_\nu(\beta z) + (\mu-\nu)\,Z_\mu(\alpha z)\,\overline{Z}_\nu(\beta z),$$

$$\int z\, Z_\mu(\alpha z)\, \overline{Z}_\mu(\beta z)\, dz = \frac{\beta z\, Z_\mu(\alpha z)\, \overline{Z}_{\mu-1}(\beta z) - \alpha z\, Z_{\mu-1}(\alpha z)\, \overline{Z}_\mu(\beta z)}{\alpha^2 - \beta^2},$$

$$\int z\, [Z_\mu(\alpha z)]^2\, dz = \frac{z^2}{2}\left\{[Z_\mu(\alpha z)]^2 - Z_{\mu-1}(\alpha z)\, Z_{\mu+1}(\alpha z)\right\},$$

$$\int \frac{1}{z}\, Z_\mu(\alpha z)\, \overline{Z}_\nu(\alpha z)\, dz = \alpha z\, \frac{Z_{\mu-1}(\alpha z)\, \overline{Z}_\nu(\alpha z) - Z_\mu(\alpha z)\, \overline{Z}_{\nu-1}(\alpha z)}{\mu^2 - \nu^2} - \frac{Z_\mu(\alpha z)\, \overline{Z}_\nu(\alpha z)}{\mu + \nu}.$$

7. Einige Differentialgleichungen, die auf Zylinderfunktionen führen

7. Some Differential Equations that give Bessel Functions

$w'' + \frac{1-2\alpha}{z} w' + \left[(\beta \gamma z^{\gamma-1})^2 + \frac{\alpha^2 - \nu^2 \gamma^2}{z^2}\right] w = 0,$	$w = z^\alpha Z_\nu(\beta z^\gamma)$
$w'' + \left[(\beta \gamma z^{\gamma-1})^2 - \frac{4\nu^2\gamma^2 - 1}{4z^2}\right] w = 0,$	$w = \sqrt{z}\, Z_\nu(\beta z^\gamma)$
$w'' + \left(\beta^2 - \frac{4\nu^2 - 1}{4z^2}\right) w = 0,$	$w = \sqrt{z}\, Z_\nu(\beta z)$
$w'' + \frac{1-2\alpha}{z} w' + \left(\beta^2 + \frac{\alpha^2 - \nu^2}{z^2}\right) w = 0,$	$w = z^\alpha Z_\nu(\beta z)$
$w'' + \frac{1}{z} w' + \left[(\beta \gamma z^{\gamma-1})^2 - \left(\frac{\nu \gamma}{z}\right)^2\right] w = 0,$	$w = Z_\nu(\beta z^\gamma)$
$w'' + \frac{1}{z} w' + \left(\beta^2 - \frac{\nu^2}{z^2}\right) w = 0,$	$w = Z_\nu(\beta z)$
$w'' + \frac{1}{z} w' + \left(1 - \frac{\nu^2}{z^2}\right) w = 0,$	$w = Z_\nu(z)$
$w'' + \frac{1}{z} w' - \left(1 + \frac{\nu^2}{z^2}\right) w = 0,$	$w = Z_\nu(i z)$
$w'' + \frac{1}{z} w' + \left(i - \frac{\nu^2}{z^2}\right) w = 0,$	$w = Z_\nu(z\sqrt{i})$
$w'' + \frac{1}{z} w' - \left(i + \frac{\nu^2}{z^2}\right) w = 0,$	$w = Z_\nu(z\sqrt{-i})$
$w'' + \frac{1}{z} w' - \left[\frac{1}{z} + \left(\frac{\nu}{2z}\right)^2\right] w = 0,$	$w = Z_\nu(2 i \sqrt{z})$
$w'' + \frac{1}{z} w' + m\, e^{i\mu} w = 0,$	$w = Z_0\left(\sqrt{m}\, z\, e^{i\frac{\mu}{2}}\right)$
$w'' + \left(m\, e^{i\mu} + \frac{1}{4z^2}\right) w = 0,$	$w = \sqrt{z}\, Z_0\left(\sqrt{m}\, z\, e^{i\frac{\mu}{2}}\right)$
$w'' + b z^m w = 0,$	$w = \sqrt{z}\, Z_{\frac{1}{m+2}}\left(\frac{2\sqrt{b}}{m+2} z^{\frac{m+2}{2}}\right)$
$w'' + b z w = 0,$	$w = \sqrt{z}\, Z_{1/3}\left(\frac{2\sqrt{b}}{3}\sqrt{z^3}\right)$
$w'' + b z^2 w = 0,$	$w = \sqrt{z}\, Z_{1/4}\left(\frac{\sqrt{b}}{2} z^2\right)$

$$w'' + \left(\frac{1-2\alpha}{z} \mp 2\beta\gamma\, i\, z^{\gamma-1}\right) w' + \left[\frac{\alpha^2 - \nu^2\gamma^2}{z^2} \mp \beta\gamma\,(\gamma - 2\alpha)\, i\, z^{\gamma-2}\right] w = 0,$$

$$w = z^\alpha\, e^{\pm i\beta z^\gamma}\, Z_\nu(\beta z^\gamma)$$

$$w'' + \left(\frac{1}{z} \mp 2\,i\right) w' - \left(\frac{\nu^2}{z^2} \pm \frac{i}{z}\right) w = 0, \qquad w = e^{\pm i z}\, Z_\nu(z)$$

$$w'' + w' + \frac{\frac{1}{4} - \nu^2}{z^2}\, w = 0, \qquad w = \sqrt{z}\, e^{-\frac{z}{2}}\, Z_\nu\left(\frac{i z}{2}\right)$$

$$w'' + \left(\frac{2\nu + 1}{z} - k\right) w' - \frac{2\nu + 1}{2z}\, k\, w = 0, \qquad w = \frac{e^{k z/2}}{z^\nu}\, Z_\nu\left(\frac{i k z}{2}\right)$$

$$w'' + \left(\frac{1}{z} - 2\tan z\right) w' - \left(\frac{\nu^2}{z^2} + \frac{\tan z}{z}\right) w = 0, \qquad w = \frac{1}{\cos z}\, Z_\nu(z)$$

$$w'' + \left(\frac{1}{z} + 2\cot z\right) w' - \left(\frac{\nu^2}{z^2} - \frac{\cot z}{z}\right) w = 0, \qquad w = \frac{1}{\sin z}\, Z_\nu(z)$$

$$w'' + \left(\frac{1}{z} - 2u\right) w' + \left(1 - \frac{\nu^2}{z^2} + u^2 - u' - \frac{u}{z}\right) w = 0, \qquad w = e^{\int u\, dz}\, Z_\nu(z)$$

$$w''' + \frac{3}{z}\, w'' + \left(4 + \frac{1 - 4\nu^2}{z^2}\right) w' + \frac{4}{z}\, w = 0,$$

$$w = A\,[J_\nu(z)]^2 + B\, J_\nu(z)\, N_\nu(z) + C\,[N_\nu(z)]^2 \equiv Q_\nu(z)$$

$$w''' + \frac{3\,(1-\alpha)}{z}\, w'' + \left(\frac{1 - 4\nu^2\gamma^2 + 3\alpha\,(\alpha - 1)}{z^2} + 4\beta^2\gamma^2 z^{2\gamma-2}\right) w'$$

$$+ \left(\frac{\alpha\,(4\nu^2\gamma^2 - \alpha^2)}{z^3} + 4\beta^2\gamma^2\,(\gamma - \alpha)\, z^{2\gamma-3}\right) w = 0, \qquad w = z^\alpha\, Q_\nu(\beta z^\gamma)$$

$$w''' + z^{2\gamma-2}\, w' + (\gamma - 1)\, z^{2\gamma-3}\, w = 0, \qquad w = z\, Q_{\frac{1}{2\gamma}}\left(\frac{z^\gamma}{2\gamma}\right)$$

$$w^{IV} + \frac{4 - 2\nu}{z}\, w''' + \frac{(\nu - 1)\,(\nu - 2)}{z^2}\, w'' - \frac{b^4}{16 z^2}\, w = 0, \qquad w = z^{\frac{\nu}{2}}\left[Z_\nu\left(b\,\sqrt{z}\right) + \overline{Z}_\nu\left(i\, b\,\sqrt{z}\right)\right]$$

$$w^{IV} + \frac{4\nu - 2}{\nu z}\, w''' + \frac{(\nu - 1)\,(2\nu - 1)}{\nu^2 z^2}\, w'' - \frac{b^4}{16 \nu^4}\, z^{\frac{2}{\nu} - 4}\, w' = 0, \qquad w = \sqrt{z}\left[Z_\nu\left(b\, z^{\frac{1}{2\nu}}\right) + \overline{Z}_\nu\left(i\, b\, z^{\frac{1}{2\nu}}\right)\right]$$

$$w^{IV} + \frac{6}{z}\, w''' + \left(4 + \frac{7 - 2\nu^2 - 2\mu^2}{z^2}\right) w'' + \left(\frac{16}{z} + \frac{1 - 2\nu^2 - 2\mu^2}{z^3}\right) w' + \left(\frac{8}{z^2} + \frac{(\nu^2 - \mu^2)^2}{z^4}\right) w = 0,$$

$$w = Z_\nu(z)\, \overline{Z}_\mu(z)\,.$$

Tafel 26. Besselsche Funktionen $J_0(x), J_1(x)$
Table 26. Bessel Functions

x	$J_0(x)$		$J_1(x)$		x	$J_0(x)$		$J_1(x)$		x	$J_0(x)$		$J_1(x)$	
	+ 1,		+ 0,			+ 0,		+ 0,			+ 0,		+ 0,	
0,00	0000	— 0,5	0000	+ 50	1,00	7652	— 44,5	4401	+ 32	2,00	2239	— 57,5	5767	— 6,5
02	*9999	1,5	0100	50	02	7563	45	4465	31,5	02	2124	57,5	5754	8
04	9996	2,5	0200	50	04	7473	45,5	4528	31	04	2009	57,5	5738	8,5
06	9991	3,5	0300	50	06	7382	46	4590	30	06	1894	57	5721	9
08	9984	4,5	0400	49,5	08	7290	47	4650	29,5	08	1780	57	5703	10
0,10	9975	— 5,5	0499	+ 50	1,10	7196	— 47,5	4709	+ 29	2,10	1666	— 56,5	5683	— 11
12	9964	6,5	0599	49,5	12	7101	47,5	4767	28	12	1553	56,5	5661	11,5
14	9951	7,5	0698	49,5	14	7006	48,5	4823	27,5	14	1440	56,5	5638	12
16	9936	8,5	0797	49,5	16	6909	49,5	4878	26,5	16	1327	56	5614	13,5
18	9919	9,5	0896	49,5	18	6810	49,5	4931	26	18	1215	55,5	5587	13,5
0,20	9900	— 10,5	0995	+ 49	1,20	6711	— 50	4983	+ 25	2,20	1104	— 55,5	5560	— 15
22	9879	11	1093	49	22	6611	50,5	5033	24,5	22	0993	55,5	5530	15
24	9857	12,5	1191	49	24	6510	51	5082	24	24	0882	54,5	5500	16
26	9832	13,5	1289	48,5	26	6408	51,5	5130	23	26	0773	54,5	5468	17
28	9805	14,5	1386	48,5	28	6305	52	5176	22	28	0664	54,5	5434	17,5
0,30	9776	— 15	1483	+ 48,5	1,30	6201	— 52,5	5220	+ 21,5	2,30	0555	— 53,5	5399	— 18,5
32	9746	16,5	1580	48	32	6096	53	5263	21	32	0448	53,5	5362	19
34	9713	17	1676	47,5	34	5990	53	5305	19,5	34	0341	53	5324	19,5
36	9679	18,5	1771	47,5	36	5884	53,5	5344	19,5	36	0235	52,5	5285	20,5
38	9642	19	1866	47	38	5777	54	5383	18	38	0130	52,5	5244	21
0,40	9604	— 20	1960	+ 47	1,40	5669	— 54,5	5419	+ 18	2,40	0025	— 52	5202	— 22
42	9564	21	2054	46,5	42	5560	55	5455	16,5	42	*0079	51	5158	22,5
44	9522	22	2147	46,5	44	5450	55	5488	16	44	0181	51	5113	23
46	9478	23	2240	46	46	5340	55	5520	15,5	46	0283	50,5	5067	23,5
48	9432	23,5	2332	45,5	48	5230	56	5551	14	48	0384	50	5020	24,5
0,50	9385	— 25	2423	+ 45	1,50	5118	— 56	5579	+ 14	2,50	0484	— 49,5	4971	— 25
52	9335	25,5	2513	45	52	5006	56	5607	12,5	52	0583	49	4921	25,5
54	9284	26,5	2603	44,5	54	4894	56,5	5632	12	54	0681	48,5	4870	26,5
56	9231	27	2692	44	56	4781	56,5	5656	11	56	0778	47,5	4817	27
58	9177	28,5	2780	43,5	58	4668	57	5678	10,5	58	0873	47,5	4763	27,5
0,60	9120	— 29	2867	+ 43	1,60	4554	— 57	5699	+ 9,5	2,60	0968	— 47	4708	— 28
62	9062	30	2953	43	62	4440	57,5	5718	8,5	62	1062	46	4652	28,5
64	9002	31	3039	42,5	64	4325	57,5	5735	8	64	1154	45,5	4595	29,5
66	8940	31,5	3124	41,5	66	4210	57,5	5751	7	66	1245	45,5	4536	29,5
68	8877	32,5	3207	41,5	68	4095	57,5	5765	6,5	68	1336	44	4477	30,5
0,70	8812	— 33,5	3290	+ 41	1,70	3980	— 58	5778	+ 5	2,70	1424	— 44	4416	— 31
72	8745	34	3372	40	72	3864	58	5788	5	72	1512	43,5	4354	31,5
74	8677	35	3452	40	74	3748	58	5798	3,5	74	1599	42,5	4291	31,5
76	8607	35,5	3532	39,5	76	3632	58	5805	3	76	1684	42	4228	32,5
78	8536	36,5	3611	38,5	78	3516	58	5811	2	78	1768	41	4163	33
0,80	8463	— 37,5	3688	+ 38,5	1,80	3400	— 58	5815	+ 1,5	2,80	1850	— 41	4097	— 33,5
82	8388	38	3765	37,5	82	3284	58,5	5818	+ 0,5	82	1932	40	4030	33,5
84	8312	38,5	3840	37,5	84	3167	58	5819	— 0,5	84	2012	39	3963	34,5
86	8235	39,5	3915	36,5	86	3051	58,5	5818	1	86	2090	38,5	3894	34,5
88	8156	40,5	3988	35,5	88	2934	58	5816	2	88	2167	38	3825	35,5
0,90	8075	— 41	4059	+ 35,5	1,90	2818	— 58	5812	— 3	2,90	2243	— 37	3754	— 35,5
92	7993	41,5	4130	35	92	2702	58	5806	3,5	92	2317	36,5	3683	36
94	7910	42,5	4200	34	94	2586	58	5799	4,5	94	2390	36	3611	36,5
96	7825	43	4268	33,5	96	2470	58	5790	5,5	96	2462	35	3538	36,5
98	7739	43,5	4335	33	98	2354	57,5	5779	6	98	2532	34,5	3465	37
1,00	7652		4401		2,00	2239		5767		3,00	2601		3391	
	+ 0,		+ 0,			+ 0,		+ 0,			— 0,		+ 0,	

x	$J_0(x)$		$J_1(x)$		x	$J_0(x)$		$J_1(x)$		x	$J_0(x)$		$J_1(x)$	
	−0,		+0,			−0,		−0,			−0,		−0,	
3,00	2601	−33,5	3391	−37,5	4,00	3971	+6,5	0660	−38	5,00	1776	+33	3276	−11
02	2668	32,5	3316	38	02	3958	8	0736	37,5	02	1710	33	3298	10
04	2733	32	3240	38	04	3942	8,5	0811	37,5	04	1644	33	3318	9,5
06	2797	31,5	3164	38,5	06	3925	9	0886	37	06	1578	33,5	3337	9
08	2860	30,5	3087	39	08	3907	10	0960	36,5	08	1511	34	3355	8
3,10	2921	−29,5	3009	−39	4,10	3887	+11	1033	−36	5,10	1443	+33,5	3371	−7,5
12	2980	29	2931	39,5	12	3865	11,5	1105	36	12	1376	34	3386	7
14	3038	28	2852	39,5	14	3842	12	1177	35	14	1308	34	3400	6
16	3094	27,5	2773	39,5	16	3818	12,5	1247	35	16	1240	34,5	3412	5,5
18	3149	26,5	2694	40,5	18	3793	13,5	1317	34,5	18	1171	34	3423	4,5
3,20	3202	−25,5	2613	−40	4,20	3766	+14,5	1386	−34,5	5,20	1103	+34,5	3432	−4
22	3253	25	2533	40,5	22	3737	15	1455	33,5	22	1034	34,5	3440	3,5
24	3303	24	2452	41	24	3707	15,5	1522	33,5	24	0965	34,5	3447	3
26	3351	23,5	2370	40,5	26	3676	16	1589	32,5	26	0896	34,5	3453	2
28	3398	22,5	2289	41	28	3644	17	1654	32,5	28	0827	34,5	3457	1,5
3,30	3443	−21,5	2207	−41,5	4,30	3610	+17,5	1719	−32	5,30	0758	+34,5	3460	−0,5
32	3486	21	2124	41	32	3575	18	1783	31	32	0689	34,5	3461	0
34	3528	20	2042	41,5	34	3539	19	1845	31	34	0620	35	3461	+0,5
36	3568	19	1959	41,5	36	3501	19	1907	30,5	36	0550	34,5	3460	1,5
38	3606	18,5	1876	42	38	3463	20	1968	30	38	0481	34,5	3457	2
3,40	3643	−17,5	1792	−41,5	4,40	3423	+21	2028	−29	5,40	0412	+34,5	3453	+2,5
42	3678	16,5	1709	42	42	3381	21	2086	29	42	0343	34,5	3448	3
44	3711	16	1625	42	44	3339	21,5	2144	28,5	44	0274	34,5	3442	4
46	3743	15	1541	41,5	46	3296	22,5	2201	27,5	46	0205	34	3434	4,5
48	3773	14	1458	42	48	3251	23	2256	27,5	48	0137	34,5	3425	5,5
3,50	3801	−13,5	1374	−42	4,50	3205	+23	2311	−26,5	5,50	0068	+34	3414	+5,5
52	3828	12,5	1290	42	52	3159	24	2364	26	52	0000	34	3403	6,5
54	3853	11,5	1206	42	54	3111	24,5	2416	25,5	54	*0068	33,5	3390	7
56	3876	11	1122	42	56	3062	25	2467	25	56	0135	34	3376	8
58	3898	10	1038	41,5	58	3012	25,5	2517	24,5	58	0203	33,5	3360	8,5
3,60	3918	−9	0955	−42	4,60	2961	+25,5	2566	−23,5	5,60	0270	+33	3343	+9
62	3936	8,5	0871	41,5	62	2910	26,5	2613	23	62	0336	33,5	3325	9,5
64	3953	7	0788	42	64	2857	27	2659	22,5	64	0403	33	3306	10
66	3967	7	0704	41,5	66	2803	27	2704	22	66	0469	32,5	3286	11
68	3981	5,5	0621	41,5	68	2749	28	2748	21,5	68	0534	32,5	3264	11,5
3,70	3992	−5	0538	−41	4,70	2693	+28	2791	−20,5	5,70	0599	+32,5	3241	+11,5
72	4002	4,5	0456	41,5	72	2637	28,5	2832	20	72	0664	32	3218	13
74	4011	3	0373	41	74	2580	29	2872	19,5	74	0728	31,5	3192	13
76	4017	2,5	0291	40,5	76	2522	29	2911	19	76	0791	32	3166	13,5
78	4022	2	0210	41	78	2464	30	2949	18	78	0855	31	3139	14,5
3,80	4026	−0,5	0128	−40,5	4,80	2404	+30	2985	−17,5	5,80	0917	+31	3110	+14,5
82	4027	0	0047	40	82	2344	30,5	3020	17	82	0979	30,5	3081	15,5
84	4027	+0,5	*0033	40,5	84	2283	30,5	3054	16	84	1040	30,5	3050	16
86	4026	1,5	0114	39,5	86	2222	31	3086	15,5	86	1101	30	3018	16,5
88	4023	2,5	0193	39,5	88	2160	31,5	3117	15	88	1161	29,5	2985	17
3,90	4018	+3	0272	−39,5	4,90	2097	+31,5	3147	−14	5,90	1220	+29,5	2951	+17
92	4012	4	0351	39	92	2034	32	3175	13,5	92	1279	29	2917	18
94	4004	4,5	0429	39	94	1970	32	3202	13	94	1337	28,5	2881	18,5
96	3995	5,5	0507	38,5	96	1906	32,5	3228	12,5	96	1394	28,5	2844	19
98	3984	6,5	0584	38	98	1841	32,5	3253	11,5	98	1451	27,5	2806	19,5
4,00	3971		0660		5,00	1776		3276		6,00	1506		2767	
	−0,		−0,			−0,		−0,			+0,		−0,	

Tafel 26. Besselsche Funktionen $J_0(x)$, $J_1(x)$ (Fortsetzung)
Table 26. Bessel Functions $J_0(x)$, $J_1(x)$ (Continuation)

x	$J_0(x)$		$J_1(x)$		x	$J_0(x)$		$J_1(x)$		x	$J_0(x)$		$J_1(x)$	
	+ 0,		− 0,			+ 0,		− 0,			+ 0,		+ 0,	
6,00	1506	+ 27,5	2767	+ 20	7,00	3001	0	0047	+ 30	8,00	1717	− 24	2346	+ 14
02	1561	27,5	2727	20,5	02	3001	− 0,5	*0013	30	02	1669	23,5	2374	13,5
04	1616	26,5	2686	20,5	04	3000	1	0073	30	04	1622	24,5	2401	13
06	1669	26	2645	21,5	06	2998	1,5	0133	29,5	06	1573	24,5	2427	12,5
08	1721	26	2602	21,5	08	2995	2	0192	30	08	1524	24,5	2452	12
6,10	1773	+ 25,5	2559	+ 22,5	7,10	2991	− 3	0252	+ 29	8,10	1475	− 25	2476	+ 11,5
12	1824	24,5	2514	22,5	12	2985	3,5	0310	29,5	12	1425	25	2499	11
14	1873	24,5	2469	23	14	2978	4	0369	29,5	14	1375	25	2521	10,5
16	1922	24	2423	23	16	2970	4,5	0428	29	16	1325	25,5	2542	9,5
18	1970	23,5	2377	24	18	2961	5	0486	28,5	18	1274	26	2561	9,5
6,20	2017	+ 23,5	2329	+ 24	7,20	2951	− 6	0543	+ 29	8,20	1222	− 26	2580	+ 9
22	2064	22,5	2281	24,5	22	2939	6	0601	28,5	22	1170	26	2598	8
24	2109	22	2232	25	24	2927	7	0658	28	24	1118	26	2614	8
26	2153	21,5	2182	25	26	2913	7,5	0714	28	26	1066	26,5	2630	7
28	2196	21	2132	25,5	28	2898	8	0770	28	28	1013	26,5	2644	6,5
6,30	2238	+ 20,5	2081	+ 26	7,30	2882	− 8,5	0826	+ 27,5	8,30	0960	− 26,5	2657	+ 6,5
32	2279	20	2029	26	32	2865	9	0881	27	32	0907	27	2670	5,5
34	2319	19,5	1977	26,5	34	2847	9,5	0935	27,5	34	0853	26,5	2681	5
36	2358	19	1924	27	36	2828	10,5	0990	26,5	36	0800	27	2691	4,5
38	2396	18,5	1870	27	38	2807	10,5	1043	26,5	38	0746	27	2700	4
6,40	2433	+ 18	1816	+ 27	7,40	2786	− 11	1096	+ 26,5	8,40	0692	− 27,5	2708	+ 3,5
42	2469	17,5	1762	27,5	42	2764	12	1149	26	42	0637	27	2715	2,5
44	2504	16,5	1707	28	44	2740	12,5	1201	25,5	44	0583	27	2720	2,5
46	2537	16,5	1651	28	46	2715	12,5	1252	25	46	0529	27,5	2725	2
48	2570	15,5	1595	28,5	48	2690	13,5	1302	25	48	0474	27,5	2729	1
6,50	2601	+ 15	1538	+ 28,5	7,50	2663	− 13,5	1352	+ 25	8,50	0419	− 27	2731	+ 1
52	2631	14,5	1481	28,5	52	2636	14,5	1402	24	52	0365	27,5	2733	0
54	2660	14	1424	29	54	2607	14,5	1450	24	54	0310	27,5	2733	− 0,5
56	2688	13,5	1366	29	56	2578	15,5	1498	24	56	0255	27	2732	1
58	2715	12,5	1308	29	58	2547	15,5	1546	23	58	0201	27,5	2730	1
6,60	2740	+ 12,5	1250	+ 29,5	7,60	2516	− 16	1592	+ 23	8,60	0146	− 27	2728	− 2
62	2765	11,5	1191	29,5	62	2484	16,5	1638	22,5	62	0092	27,5	2724	2,5
64	2788	11	1132	29,5	64	2451	17,5	1683	22	64	0037	27	2719	3
66	2810	10,5	1073	30	66	2416	17,5	1727	22	66	*0017	27	2713	4
68	2831	10	1013	30	68	2381	17,5	1771	21	68	0071	27	2705	4
6,70	2851	+ 9	0953	+ 30	7,70	2346	− 18,5	1813	+ 21	8,70	0125	− 27	2697	− 4,5
72	2869	8,5	0893	30	72	2309	19	1855	20,5	72	0179	27	2688	5
74	2886	8	0833	30	74	2271	19	1896	20	74	0233	26,5	2678	6
76	2902	7,5	0773	30	76	2233	19,5	1936	19,5	76	0286	26,5	2666	6
78	2917	7	0713	30,5	78	2194	20	1975	19,5	78	0339	26,5	2654	6,5
6,80	2931	+ 6	0652	+ 30	7,80	2154	− 20,5	2014	+ 18,5	8,80	0392	− 26,5	2641	− 7,5
82	2943	6	0592	30,5	82	2113	20,5	2051	18,5	82	0445	26	2626	7,5
84	2955	5	0531	30,5	84	2072	21	2088	17,5	84	0497	26	2611	8
86	2965	4	0470	30	86	2030	21,5	2123	17,5	86	0549	26	2595	9
88	2973	4	0410	30,5	88	1987	21,5	2158	17	88	0601	26	2577	9
6,90	2981	+ 3	0349	+ 30,5	7,90	1944	− 22,5	2192	+ 16,5	8,90	0653	− 25,5	2559	− 9,5
92	2987	3	0288	30	92	1899	22	2225	16	92	0704	25	2540	10,5
94	2993	2	0228	30,5	94	1855	23	2257	15	94	0754	25	2519	10,5
96	2997	1	0167	30	96	1809	23	2287	15	96	0804	25	2498	11
98	2999	1	0107	30	98	1763	23	2317	14,5	98	0854	24,5	2476	11,5
7,00	3001		0047		8,00	1717		2346		9,00	0903		2453	
	+ 0,		− 0,			+ 0,		+ 0,			− 0,		+ 0,	

x	$J_0(x)$		$J_1(x)$		x	$J_0(x)$		$J_1(x)$		x	$J_0(x)$		$J_1(x)$	
	— 0,		+ 0,			— 0,		+ 0,			— 0,		— 0,	
9,00	0903	— 24,5	2453	— 12	10,00	2459	— 4,5	0435	— 25	11,00	1712	+ 18	1768	— 15
02	0952	24	2429	12,5	02	2468	3,5	0385	25,5	02	1676	18	1798	15
04	1000	24	2404	13	04	2475	3	0334	25	04	1640	18,5	1828	14,5
06	1048	24	2378	13	06	2481	2,5	0284	25	06	1603	18,5	1857	14,5
08	1096	23	2352	14	08	2486	2	0234	25	08	1566	19	1886	13,5
9,10	1142	— 23,5	2324	— 14	10,10	2490	— 1,5	0184	— 25	11,10	1528	+ 19,5	1913	— 13,5
12	1189	22,5	2296	14,5	12	2493	1,5	0134	25	12	1489	19,5	1940	13
14	1234	22,5	2267	15	14	2496	— 0,5	0084	25	14	1450	19,5	1966	12,5
16	1279	22,5	2237	15,5	16	2497	0	0034	25	16	1411	20,5	1991	12
18	1324	21,5	2206	16	18	2497	+ 0,5	*0016	25	18	1370	20	2015	12
9,20	1367	— 22	2174	— 16	10,20	2496	+ 1	0066	— 25	11,20	1330	+ 20,5	2039	— 11
22	1411	21	2142	17	22	2494	1	0116	24,5	22	1289	21	2061	11
24	1453	21	2108	17	24	2492	2	0165	25	24	1247	20,5	2083	10,5
26	1495	20,5	2074	17	26	2488	2,5	0215	24,5	26	1206	21,5	2104	9,5
28	1536	20,5	2040	18	28	2483	3	0264	24,5	28	1163	21	2123	10
9,30	1577	— 19,5	2004	— 18	10,30	2477	+ 3,5	0313	— 24,5	11,30	1121	+ 21,5	2143	— 9
32	1616	19,5	1968	18,5	32	2470	3,5	0362	24,5	32	1078	22	2161	8,5
34	1655	19,5	1931	19	34	2463	4,5	0411	24	34	1034	21,5	2178	8
36	1694	18,5	1893	19	36	2454	5	0459	24	36	0991	22,5	2194	8
38	1731	18,5	1855	19,5	38	2444	5	0507	24	38	0946	22	2210	7,5
9,40	1768	— 18	1816	— 19,5	10,40	2434	+ 6	0555	— 23,5	11,40	0902	+ 22	2225	— 6,5
42	1804	17,5	1777	20	42	2422	6	0602	23,5	42	0858	22,5	2238	6,5
44	1839	17	1737	20,5	44	2410	7	0649	23,5	44	0813	23	2251	6
46	1873	17	1696	20,5	46	2396	7	0696	23	46	0767	22,5	2263	5,5
48	1907	16	1655	21	48	2382	8	0742	23,5	48	0722	22,5	2274	5
9,50	1939	— 16	1613	— 21,5	10,50	2366	+ 8	0789	— 22,5	11,50	0677	+ 23	2284	— 4,5
52	1971	15,5	1570	21,5	52	2350	8,5	0834	22,5	52	0631	23	2293	4
54	2002	15	1527	21,5	54	2333	9	0879	22,5	54	0585	23	2301	3,5
56	2032	14,5	1484	22	56	2315	9,5	0924	22	56	0539	23	2308	3,5
58	2061	14,5	1440	22,5	58	2296	10	0968	22	58	0493	23,5	2315	2,5
9,60	2090	— 13,5	1395	— 22,5	10,60	2276	+ 10	1012	— 22	11,60	0446	+ 23	2320	— 2
62	2117	13,5	1350	22,5	62	2256	11	1056	21,5	62	0400	23,5	2324	2
64	2144	12,5	1305	23	64	2234	11	1099	21	64	0353	23	2328	1,5
66	2169	12,5	1259	23	66	2212	12	1141	21	66	0307	23,5	2331	0,5
68	2194	12	1213	23,5	68	2188	12	1183	20,5	68	0260	23,5	2332	— 0,5
9,70	2218	— 11,5	1166	— 23,5	10,70	2164	+ 12	1224	— 20,5	11,70	0213	+ 23	2333	0
72	2241	11	1119	23,5	72	2140	13	1265	20	72	0167	23,5	2333	+ 0,5
74	2263	10,5	1072	23,5	74	2114	13,5	1305	19,5	74	0120	23,5	2332	1
76	2284	10	1025	24	76	2087	13,5	1344	19,5	76	0073	23	2330	1,5
78	2304	9,5	0977	24,5	78	2060	14	1383	19,5	78	0027	23,5	2327	2
9,80	2323	— 9	0928	— 24	10,80	2032	+ 14,5	1422	— 18,5	11,80	*0020	+ 23	2323	+ 2,5
82	2341	8,5	0880	24,5	82	2003	14,5	1459	18,5	82	0066	23	2318	3
84	2358	8	0831	24,5	84	1974	15,5	1496	18,5	84	0112	23,5	2312	3
86	2374	7,5	0782	24,5	86	1943	15,5	1533	17,5	86	0159	23	2306	4
88	2389	7	0733	24,5	88	1912	15,5	1568	17,5	88	0205	22,5	2298	4
9,90	2403	— 7	0684	— 25	10,90	1881	+ 16,5	1603	— 17,5	11,90	0250	+ 23	2290	+ 4,5
92	2417	6	0634	25	92	1848	16,5	1638	16,5	92	0296	23	2281	5,5
94	2429	5,5	0584	24,5	94	1815	17	1671	16,5	94	0342	22,5	2270	5,5
96	2440	5	0535	25	96	1781	17	1704	16	96	0387	22,5	2259	6
98	2450	4,5	0485	25	98	1747	17,5	1736	16	98	0432	22,5	2247	6,5
10,00	2459		0435		11,00	1712		1768		12,00	0477		2234	
	— 0,		+ 0,			— 0,		— 0,			+ 0,		— 0,	

Tafel 26. Besselsche Funktionen $J_0(x)$, $J_1(x)$ (Fortsetzung)
Table 26. Bessel Functions $J_0(x)$, $J_1(x)$ (Continuation)

x	$J_0(x)$		$J_1(x)$	
	+ 0,		− 0,	
12,00	0477	+ 22	2234	+ 6,5
02	0521	22,5	2221	7,5
04	0566	22	2206	7,5
06	0610	21,5	2191	8
08	0653	22	2175	9
12,10	0697	+ 21,5	2157	+ 8,5
12	0740	21	2140	9,5
14	0782	21	2121	10
16	0824	21	2101	10
18	0866	21	2081	10,5
12,20	0908	+ 20,5	2060	+ 11
22	0949	20	2038	11,5
24	0989	20	2015	11,5
26	1029	20	1992	12
28	1069	19,5	1968	12,5
12,30	1108	+ 19,5	1943	+ 13
32	1147	19	1917	13
34	1185	18,5	1891	14
36	1222	18,5	1863	13,5
38	1259	18,5	1836	14,5
12,40	1296	+ 17,5	1807	+ 14,5
42	1331	18	1778	15
44	1367	17	1748	15
46	1401	17	1718	15,5
48	1435	17	1687	16
12,50	1469	+ 16,5	1655	+ 16
52	1502	16	1623	16,5
54	1534	15,5	1590	17
56	1565	15,5	1556	17
58	1596	15	1522	17,5
12,60	1626	+ 14,5	1487	+ 17,5
62	1655	14,5	1452	17,5
64	1684	14	1417	18,5
66	1712	13,5	1380	18
68	1739	13,5	1344	18,5
12,70	1766	+ 13	1307	+ 19
72	1792	12,5	1269	19
74	1817	12	1231	19,5
76	1841	11,5	1192	19
78	1864	11,5	1154	20
12,80	1887	+ 11	1114	+ 19,5
82	1909	10,5	1075	20
84	1930	10	1035	20,5
86	1950	10	0994	20
88	1970	9	0954	21
12,90	1988	+ 9	0912	+ 20,5
92	2006	8,5	0871	20,5
94	2023	8	0830	21
96	2039	8	0788	21
98	2055	7	0746	21,5
13,00	2069		0703	
	+ 0,		− 0,	

x	$J_0(x)$		$J_1(x)$	
	+ 0,		− 0,	
13,00	2069	+ 7	0703	+ 21
02	2083	6,5	0661	21,5
04	2096	6	0618	21,5
06	2108	5,5	0575	21,5
08	2119	5	0532	21,5
13,10	2129	+ 4,5	0489	+ 22
12	2138	4,5	0445	21,5
14	2147	3,5	0402	22
16	2154	3,5	0358	22
18	2161	3	0314	21,5
13,20	2167	+ 2,5	0271	+ 22
22	2172	2	0227	22
24	2176	1,5	0183	22
26	2179	1,5	0139	21,5
28	2182	0,5	0096	22
13,30	2183	+ 0,5	0052	+ 22
32	2184	− 0,5	0008	22
34	2183	0,5	*0036	21,5
36	2182	1	0079	22
38	2180	1,5	0123	21,5
13,40	2177	− 2	0166	+ 21,5
42	2173	2	0209	21,5
44	2169	3	0252	21,5
46	2163	3	0295	21,5
48	2157	3,5	0338	21
13,50	2150	− 4	0380	+ 21,5
52	2142	4,5	0423	21
54	2133	5	0465	21
56	2123	5	0507	20,5
58	2113	6	0548	21
13,60	2101	− 6	0590	+ 20,5
62	2089	6,5	0631	20
64	2076	7	0671	20,5
66	2062	7	0712	20
68	2048	8	0752	19,5
13,70	2032	− 8	0791	+ 20
72	2016	8,5	0831	19,5
74	1999	9	0870	19
76	1981	9	0908	19
78	1963	10	0946	19
13,80	1943	− 10	0984	+ 18,5
82	1923	10	1021	18,5
84	1903	11	1058	18
86	1881	11	1094	18
88	1859	11,5	1130	17,5
13,90	1836	− 12	1165	+ 17,5
92	1812	12	1200	17
94	1788	12,5	1234	17
96	1763	13	1268	16,5
98	1737	13	1301	16,5
14,00	1711		1334	
	+ 0,		+ 0,	

x	$J_0(x)$		$J_1(x)$	
	+ 0,		+ 0,	
14,00	1711	− 13,5	1334	+ 16
02	1684	14	1366	15,5
04	1656	14	1397	15,5
06	1628	14,5	1428	15
08	1599	14,5	1458	15
14,10	1570	− 15,5	1488	+ 14,5
12	1539	15	1517	14
14	1509	15,5	1545	14
16	1478	16	1573	13,5
18	1446	16	1600	13
14,20	1414	− 16,5	1626	+ 13
22	1381	16,5	1652	12,5
24	1348	17	1677	12
26	1314	17	1701	11,5
28	1280	17,5	1724	11,5
14,30	1245	− 17,5	1747	+ 11
32	1210	18	1769	11
34	1174	18	1791	10
36	1138	18	1811	10
38	1102	18,5	1831	9,5
14,40	1065	− 18,5	1850	+ 9,5
42	1028	19	1869	8,5
44	0990	19	1886	8,5
46	0952	19	1903	8
48	0914	19,5	1919	7,5
14,50	0875	− 19	1934	+ 7,5
52	0837	19,5	1949	6,5
54	0798	20	1962	6,5
56	0758	19,5	1975	6
58	0719	20	1987	6
14,60	0679	− 20	1999	+ 5
62	0639	20,5	2009	5
64	0598	20	2019	4
66	0558	20,5	2027	4
68	0517	20,5	2035	4
14,70	0476	− 20	2043	+ 3
72	0436	21	2049	2,5
74	0394	20,5	2054	2,5
76	0353	20,5	2059	2
78	0312	20,5	2063	1,5
14,80	0271	− 21	2066	+ 1
82	0229	20,5	2068	+ 1
84	0188	20,5	2070	0
86	0147	21	2070	0
88	0105	20,5	2070	− 0,5
14,90	0064	− 20,5	2069	− 1
92	0023	21	2067	1,5
94	*0019	20,5	2064	1,5
96	0060	20,5	2061	2,5
98	0101	20,5	2056	2,5
15,00	0142		2051	
	− 0,		+ 0,	

x	$J_0(x)$		$J_1(x)$		x	$J_0(x)$		$J_1(x)$		x	$J_0(x)$		$J_1(x)$	
	— 0,		+ 0,			— 0,		+ 0,			— 0,		+ 0,	
15,00	0142	— 20,5	2051	— 3	15,20	0544	— 19,5	1955	— 6,5	15,40	0919	— 18	1784	— 10,5
02	0183	20,5	2045	3,5	22	0583	19,5	1942	7,5	42	0955	17,5	1763	11
04	0224	20,5	2038	3,5	24	0622	19	1927	7,5	44	0990	17	1741	11
06	0265	20	2031	4,5	26	0660	19	1912	8	46	1024	17,5	1719	11,5
08	0305	20,5	2022	4,5	28	0698	19	1896	8,5	48	1059	16,5	1696	12
15,10	0346	— 20	2013	— 5	15,30	0736	— 18,5	1879	— 9	15,50	1092		1672	
12	0386	20	2003	5,5	32	0773	19	1861	9		— 0,		+ 0,	
14	0426	19,5	1992	5,5	34	0811	18	1843	9,5					
16	0465	20	1981	6	36	0847	18	1824	10					
18	0505	19,5	1969	7	38	0883	18	1804	10					
15,20	0544		1955		15,40	0919		1784						
	— 0,		+ 0,			— 0,		+ 0,						

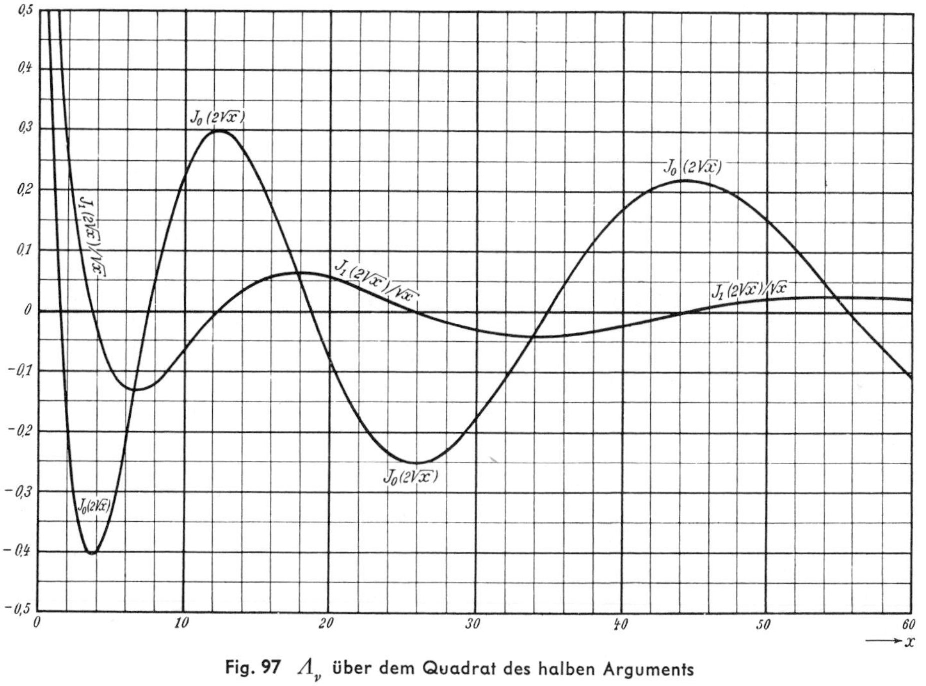

Fig. 97 Λ_ν über dem Quadrat des halben Arguments

Fig. 97 Λ_ν against the square of the half argument

Tafel 27. Die Funktionen $\Lambda_n(x) = n!\left(\frac{x}{2}\right)^{-n} J_n(x)$
Table 27. The Functions

x	$\Lambda_1(x)$	Δ	$\Lambda_2(x)$	Δ	$\Lambda_3(x)$	Δ	$\Lambda_4(x)$	Δ	$\Lambda_5(x)$	Δ	$\Lambda_6(x)$	Δ	$\Lambda_7(x)$	Δ	$\Lambda_8(x)$	Δ
	+ 1,		+ 1,		+ 1,		+ 1,		+ 1,		+ 1,		+ 1,		+ 1,	
0,00	0000	— 0,5	0000	0	0000	0	0000	0	0000	0	0000	0	0000	0	0000	0
02	*9999	0,5	0000	— 0,5	0000	— 0,5	0000	— 0,5	0000	— 0,5	0000	— 0,5	0000	0	0000	0
04	9998	1	*9999	1	*9999	0,5	*9999	0,5	*9999	0	*9999	0	0000	— 0,5	0000	— 0,5
06	9996	2	9997	1	9998	1	9998	0,5	9999	1	9999	0,5	*9999	0,5	*9999	0,5
08	9992	2	9995	1,5	9996	1	9997	1	9997	0,5	9998	1	9998	0,5	9998	0,5
0,10	9988	— 3	9992	— 2	9994	— 1,5	9995	— 1	9996	— 1	9996	— 0,5	9997	— 1	9997	— 0,5
12	9982	3	9988	2	9991	1,5	9993	1,5	9994	1	9995	1	9995	1	9996	0,5
14	9976	4	9984	2,5	9988	2	9990	1,5	9992	1,5	9993	1	9993	1	9995	1
16	9968	4	9979	3	9984	2	9987	1,5	9989	1	9991	1,5	9991	0,5	9993	1
18	9960	5	9973	3	9980	2,5	9984	2	9987	2	9988	1	9990	1	9991	1
0,20	9950	— 5	9967	— 3,5	9975	— 2,5	9980	— 2	9983	— 1,5	9986	— 1,5	9988	— 1,5	9989	— 1
22	9940	6	9960	4	9970	3	9976	2,5	9980	2	9983	2	9985	1,5	9987	1,5
24	9928	6	9952	4	9964	3	9971	2,5	9976	2	9979	1,5	9982	1,5	9984	1,5
26	9916	7	9944	4,5	9958	3,5	9966	2,5	9972	2,5	9976	2	9979	1,5	9981	1,5
28	9902	7	9935	5	9951	3,5	9961	3	9967	2	9972	2	9976	2	9978	1,5
0,30	9888	— 7,5	9925	— 5	9944	— 4	9955	— 3	9963	— 3	9968	— 2	9972	— 2	9975	— 1,5
32	9873	8,5	9915	5,5	9936	4	9949	3,5	9957	2,5	9964	2,5	9968	2	9972	2
34	9856	8,5	9904	6	9928	4,5	9942	3,5	9952	3	9959	2,5	9964	2	9968	2
36	9839	9	9892	6	9919	4,5	9935	3,5	9946	3	9954	2,5	9960	2,5	9964	2
38	9821	10	9880	6,5	9910	5	9928	4	9940	3	9949	3	9955	2,5	9960	2
0,40	9801	— 10	9867	— 6,5	9900	— 5	9920	— 4	9934	— 3,5	9943	— 3	9950	— 2,5	9956	— 2,5
42	9781	10,5	9854	7	9890	5	9912	4	9927	3,5	9937	3	9945	2,5	9951	2,5
44	9760	11	9840	7,5	9880	6	9904	4,5	9920	4	9931	3	9940	3	9946	2,5
46	9738	11,5	9825	8	9868	5,5	9895	5	9912	4	9925	3,5	9934	3	9941	2,5
48	9715	12	9809	8	9857	6	9885	4,5	9904	4	9918	3,5	9928	3	9936	2,5
0,50	9691	— 12,5	9793	— 8	9845	— 6,5	9876	— 5	9896	— 4	9911	— 3,5	9922	— 3	9931	— 3
52	9666	13	9777	9	9832	6,5	9866	5,5	9888	4,5	9904	4	9916	3,5	9925	3
54	9640	13,5	9759	9	9819	6,5	9855	5,5	9879	4,5	9896	3,5	9909	3,5	9919	3
56	9613	14	9741	9	9806	7	9844	5,5	9870	4,5	9889	4	9902	3,5	9913	3
58	9585	14	9723	10	9792	7,5	9833	6	9861	5	9881	4,5	9895	3,5	9907	3,5
0,60	9557	— 15	9703	— 9,5	9777	— 7,5	9821	— 6	9851	— 5	9872	— 4	9888	— 3,5	9900	— 3
62	9527	15	9684	10,5	9762	7,5	9809	6	9841	5	9864	4,5	9881	4	9894	3,5
64	9497	16	9663	10,5	9747	8	9797	6,5	9831	5,5	9855	4,5	9873	4	9887	3,5
66	9465	16	9642	11	9731	8,5	9784	6,5	9820	5,5	9846	5	9865	4,5	9880	4
68	9433	16,5	9620	11	9714	8	9771	6,5	9809	5,5	9836	5	9856	4	9872	3,5
0,70	9400	— 17	9598	— 11,5	9698	— 9	9758	— 7	9798	— 6	9826	— 5	9848	— 4,5	9865	— 4
72	9366	17,5	9575	12	9680	9	9744	7,5	9786	6	9816	5	9839	4,5	9857	4
74	9331	18	9551	12	9662	9	9729	7	9774	6	9806	5	9830	4,5	9849	4
76	9295	18,5	9527	12	9644	9	9715	7,5	9762	6,5	9796	5,5	9821	4,5	9841	4,5
78	9258	18,5	9503	13	9626	10	9700	8	9749	6,5	9785	5,5	9812	5	9832	4
0,80	9221	— 19	9477	— 13	9606	— 9,5	9684	— 7,5	9736	— 6,5	9774	— 6	9802	— 5	9824	— 4,5
82	9183	19,5	9451	13	9587	10	9669	8,5	9723	6,5	9762	5,5	9792	5	9815	4,5
84	9144	20	9425	13,5	9567	10,5	9652	8	9710	7	9751	6	9782	5,5	9806	5
86	9104	20,5	9398	14	9546	10,5	9636	8,5	9696	7	9739	6	9771	5	9796	4,5
88	9063	21	9370	14	9525	10,5	9619	8,5	9682	7,5	9727	6,5	9761	5,5	9787	5
0,90	9021	— 21	9342	— 14,5	9504	— 11	9602	— 9	9667	— 7	9714	— 6	9750	— 5,5	9777	— 5
92	8979	22	9313	14,5	9482	11	9584	9	9653	7,5	9702	6,5	9739	6	9767	5
94	8935	22	9284	15	9460	11,5	9566	9	9638	8	9689	6,5	9727	5,5	9757	5
96	8891	22	9254	15,5	9437	11,5	9548	9,5	9622	7,5	9676	7	9716	6	9747	5,5
98	8847	23	9223	15,5	9414	12	9529	9,5	9607	8	9662	7	9704	6	9736	5
1,00	8801		9192		9390		9510		9591		9648		9692		9726	
	+ 0,		+ 0,		+ 0,		+ 0,		+ 0,		+ 0,		+ 0,		+ 0,	

Tafel 27. Die Funktionen $\Lambda_n(x) = n!\left(\frac{x}{2}\right)^{-n} J_n(x)$ (Fortsetzung)
Table 27. The Functions (Continuation)

x	$\Lambda_1(x)$		$\Lambda_2(x)$		$\Lambda_3(x)$		$\Lambda_4(x)$		$\Lambda_5(x)$		$\Lambda_6(x)$		$\Lambda_7(x)$		$\Lambda_8(x)$	
	+ 0,		+ 0,		+ 0,		+ 0,		+ 0,		+ 0,		+ 0,		+ 0,	
1,00	8801	—23	9192	—15,5	9390	—12	9510	—9,5	9591	—8	9648	—7	9692	—6	9726	—5,5
02	8755	23,5	9161	16	9366	12	9491	10	9575	8,5	9634	7	9680	6,5	9715	5,5
04	8708	24	9129	16,5	9342	12,5	9471	10	9558	8,5	9620	7	9667	6,5	9704	6
06	8660	24,5	9096	16,5	9317	12,5	9451	10	9541	8,5	9606	7,5	9654	6,5	9692	5,5
08	8611	24,5	9063	17	9292	13	9431	10,5	9524	8,5	9591	7,5	9641	6,5	9681	6
1,10	8562	—25	9029	—17	9266	—13	9410	—10,5	9507	—9	9576	—7,5	9628	—6,5	9669	—6
12	8512	25,5	8995	17,5	9240	13	9389	10,5	9489	9	9561	8	9615	7	9657	6
14	8461	25,5	8960	17,5	9214	13,5	9368	11	9471	9	9545	8	9601	7	9645	6,5
16	8410	26	8925	18	9187	13,5	9346	11	9453	9,5	9529	8	9587	7	9632	6
18	8358	26,5	8889	18	9160	14	9324	11,5	9434	9,5	9513	8	9573	7	9620	6,5
1,20	8305	—27	8853	—18,5	9132	—14	9301	—11	9415	—9,5	9497	—8	9559	—7,5	9607	—6,5
22	8251	27	8816	18,5	9104	14,5	9279	12	9396	9,5	9481	8,5	9544	7	9594	6,5
24	8197	27	8779	19	9075	14,5	9255	11,5	9377	10	9464	8,5	9530	7,5	9581	6,5
26	8143	28	8741	19	9046	14,5	9232	12	9357	10	9447	8,5	9515	7,5	9568	7
28	8087	28	8703	19,5	9017	15	9208	12	9337	10	9430	9	9500	8	9554	7
1,30	8031	—28	8664	—19,5	8987	—15	9184	—12	9317	—10,5	9412	—9	9484	—7,5	9540	—7
32	7975	29	8625	20	8957	15	9160	12,5	9296	10,5	9394	9	9469	8	9526	7
34	7917	28,5	8585	20	8927	15,5	9135	12,5	9275	10,5	9376	9	9453	8	9512	7
36	7860	29,5	8545	20	8896	15,5	9110	12,5	9254	10,5	9358	9	9437	8,5	9498	7,5
38	7801	29,5	8505	20,5	8865	16	9085	13	9233	11	9340	9,5	9420	8	9483	7
1,40	7742	—29,5	8464	—21	8833	—15,5	9059	—13	9211	—10,5	9321	—9,5	9404	—8,5	9469	—7,5
42	7683	30	8422	21	8802	16,5	9033	13	9190	11,5	9302	9,5	9387	8,5	9454	7,5
44	7623	30,5	8380	21	8769	16	9007	13,5	9167	11	9283	9,5	9370	8,5	9439	8
46	7562	30,5	8338	21,5	8737	16,5	8980	13	9145	11,5	9264	10	9353	8,5	9423	7,5
48	7501	31	8295	21,5	8704	17	8954	14	9122	11,5	9244	10	9336	9	9408	8
1,50	7439	—31	8252	—21,5	8670	—16,5	8926	—13,5	9099	—11,5	9224	—10	9318	—8,5	9392	—8
52	7377	31,5	8209	22	8637	17	8899	14	9076	11,5	9204	10	9301	9	9376	8
54	7314	31,5	8165	22,5	8603	17	8871	14	9053	12	9184	10,5	9283	9	9360	8
56	7251	31,5	8120	22,5	8569	17,5	8843	14	9029	12	9163	10,5	9265	9,5	9344	8
58	7188	32	8075	22,5	8534	17,5	8815	14,5	9005	12	9142	10,5	9246	9	9328	8,5
1,60	7124	—32,5	8030	—22,5	8499	—17,5	8786	—14,5	8981	—12,5	9121	—10,5	9228	—9,5	9311	—8,5
62	7059	32,5	7985	23	8464	18	8757	14,5	8956	12	9100	10,5	9209	9,5	9294	8
64	6994	32,5	7939	23	8428	18	8728	14,5	8932	12,5	9079	11	9190	9,5	9278	9
66	6929	33	7893	23,5	8392	18	8699	15	8907	12,5	9057	11	9171	9,5	9260	8,5
68	6863	33	7846	23,5	8356	18,5	8669	15	8882	13	9035	11	9152	10	9243	8,5
1,70	6797	—33	7799	—23,5	8319	—18,5	8639	—15	8856	—12,5	9013	—11	9132	—9,5	9226	—9
72	6731	33,5	7752	24	8282	18,5	8609	15,5	8831	13	8991	11	9113	10	9208	9
74	6664	33,5	7704	24	8245	18,5	8578	15	8805	13	8969	11,5	9093	10	9190	9
76	6597	34	7656	24	8208	19	8548	16	8779	13,5	8946	11,5	9073	10,5	9172	9
78	6529	34	7608	24,5	8170	19	8516	15,5	8752	13	8923	11,5	9052	10	9154	9
1,80	6461	—34	7559	—24,5	8132	—19	8485	—15,5	8726	—13,5	8900	—12	9032	—10,5	9136	—9,5
82	6393	34	7510	24,5	8094	19,5	8454	16	8699	13,5	8876	11,5	9011	10,5	9117	9,5
84	6325	34,5	7461	25	8055	19,5	8422	16	8672	14	8853	12	8990	10,5	9098	9
86	6256	34,5	7411	24,5	8016	19,5	8390	16	8644	13,5	8829	12	8969	10,5	9080	9,5
88	6187	35	7362	25,5	7977	19,5	8358	16,5	8617	14	8805	12	8948	10,5	9061	10
1,90	6117	—34,5	7311	—25	7938	—20	8325	—16,5	8589	—14	8781	—12	8927	—11	9041	—9,5
92	6048	35	7261	25,5	7898	20	8292	16,5	8561	14	8757	12,5	8905	10,5	9022	10
94	5978	35	7210	25,5	7858	20	8259	16,5	8533	14	8732	12	8884	11	9002	9,5
96	5908	35	7159	25,5	7818	20,5	8226	16,5	8505	14,5	8708	12,5	8862	11	8983	10
98	5838	35,5	7108	25,5	7777	20	8193	17	8476	14	8683	12,5	8840	11,5	8963	10
2,00	5767		7057		7737		8159		8448		8658		8817		8943	
	+ 0,		+ 0,		+ 0,		+ 0,		+ 0,		+ 0,		+ 0,		+ 0,	

Tafel 27. Die Funktionen $\Lambda_n(x) = n!\left(\frac{x}{2}\right)^{-n} J_n(x)$ (Fortsetzung)
Table 27. The Functions (Continuation)

x	$\Lambda_1(x)$		$\Lambda_2(x)$		$\Lambda_3(x)$		$\Lambda_4(x)$		$\Lambda_5(x)$		$\Lambda_6(x)$		$\Lambda_7(x)$		$\Lambda_8(x)$	
	+ 0,		+ 0,		+ 0,		+ 0,		+ 0,		+ 0,		+ 0,		+ 0,	
2,00	5767	— 35	7057	— 26	7737	— 20,5	8159	— 17	8448	— 14,5	8658	— 13	8817	— 11	8943	— 10
02	5697	35,5	7005	26	7696	20,5	8125	17	8419	15	8632	12,5	8795	11,5	8923	10,5
04	5626	35,5	6953	26	7655	21	8091	17	8389	14,5	8607	13	8772	11,5	8902	10
06	5555	35,5	6901	26	7613	20,5	8057	17,5	8360	14,5	8581	13	8749	11,5	8882	10,5
08	5484	36	6849	26,5	7572	21	8022	17,5	8331	15	8555	13	8726	11,5	8861	10,5
2,10	5412	— 35,5	6796	— 26,5	7530	— 21	7987	— 17,5	8301	— 15	8529	— 13	8703	— 11,5	8840	— 10,5
12	5341	36	6743	26,5	7488	21,5	7952	17,5	8271	15	8503	13	8680	11,5	8819	10,5
14	5269	35,5	6690	26,5	7445	21	7917	17,5	8241	15,5	8477	13,5	8657	12	8798	10,5
16	5198	36	6637	26,5	7403	21,5	7882	18	8210	15	8450	13,5	8633	12	8777	10,5
18	5126	36	6584	27	7360	21	7846	17,5	8180	15,5	8423	13	8609	12	8756	11
2,20	5054	— 36	6530	— 27	7318	— 22	7811	— 18	8149	— 15,5	8397	— 14	8585	— 12	8734	— 11
22	4982	36	6476	27	7274	21,5	7775	18,5	8118	15,5	8369	13,5	8561	12	8712	11
24	4910	35,5	6422	27	7231	21,5	7738	18	8087	15,5	8342	13,5	8537	12,5	8690	11
26	4839	36	6368	27	7188	22	7702	18	8056	15,5	8315	14	8512	12	8668	11
28	4767	36	6314	27	7144	22	7666	18,5	8025	16	8287	13,5	8488	12,5	8646	11
2,30	4695	— 36	6260	— 27,5	7100	— 22	7629	— 18,5	7993	— 16	8260	— 14	8463	— 12,5	8624	— 11
32	4623	36	6205	27,5	7056	22	7592	18,5	7961	16	8232	14	8438	12,5	8602	11,5
34	4551	36	6150	27	7012	22	7555	18,5	7929	16	8204	14,5	8413	12,5	8579	11,5
36	4479	36	6096	27,5	6968	22	7518	19	7897	16	8175	14	8388	12,5	8556	11,5
38	4407	36	6041	27,5	6924	22,5	7480	18,5	7865	16	8147	14	8363	13	8533	11,5
2,40	4335	— 36	5986	— 27,5	6879	— 22,5	7443	— 19,5	7833	— 16,5	8119	— 14,5	8337	— 12,5	8510	— 11,5
42	4263	36	5931	27,5	6834	22,5	7404	18,5	7800	16,5	8090	14,5	8312	13	8487	11,5
44	4191	35,5	5876	28	6789	22,5	7367	18,5	7767	16	8061	14,5	8286	13	8464	11,5
46	4120	36	5820	27,5	6744	22,5	7330	19,5	7735	16,5	8032	14,5	8260	13	8441	12
48	4048	35,5	5765	27,5	6699	22,5	7291	19	7702	17	8003	14,5	8234	13	8417	12
2,50	3977	— 36	5710	— 28	6654	— 22,5	7253	— 19	7668	— 16,5	7974	— 15	8208	— 13	8393	— 11,5
52	3905	35,5	5654	27,5	6609	23	7215	19,5	7635	16,5	7944	14,5	8182	13,5	8370	12
54	3834	35,5	5599	28	6563	23	7176	19,5	7602	17	7915	15	8155	13	8346	12
56	3763	35,5	5543	28	6517	22,5	7137	19	7568	17	7885	15	8129	13,5	8322	12,5
58	3692	35	5487	27,5	6472	23	7099	19,5	7534	16,5	7855	15	8102	13,5	8297	12
2,60	3622	— 35,5	5432	— 28	6426	— 23	7060	— 19,5	7501	— 17,5	7825	— 15	8075	— 13,5	8273	— 12
62	3551	35	5376	28	6380	23	7021	20	7466	17	7795	15	8048	13,5	8249	12,5
64	3481	35	5320	27,5	6334	23	6981	19,5	7432	17	7765	15	8021	13,5	8224	12,5
66	3411	35	5265	28	6288	23	6942	19,5	7398	17	7735	15,5	7994	14	8199	12
68	3341	35	5209	28	6242	23,5	6903	20	7364	17,5	7704	15	7966	13,5	8175	12,5
2,70	3271	— 34,5	5153	— 28	6195	— 23	6863	— 19,5	7329	— 17	7674	— 15,5	7939	— 13,5	8150	— 12,5
72	3202	34,5	5097	28	6149	23	6824	20	7295	17,5	7643	15,5	7912	14	8125	12,5
74	3133	34,5	5041	27,5	6103	23,5	6784	20	7260	17,5	7612	15	7884	14	8100	13
76	3064	34,5	4986	28	6056	23,5	6744	20	7225	17,5	7582	16	7856	14	8074	12,5
78	2995	34,5	4930	28	6009	23	6704	20	7190	17,5	7550	15,5	7828	14	8049	12,5
2,80	2926	— 34	4874	— 27,5	5963	— 23,5	6664	— 20	7155	— 17,5	7519	— 15,5	7800	— 14	8024	— 13
82	2858	33,5	4819	28	5916	23,5	6624	20	7120	17,5	7488	15,5	7772	14	7998	13
84	2791	34	4763	27,5	5869	23	6584	20,5	7085	17,5	7457	16	7744	14,5	7972	13
86	2723	33,5	4708	28	5823	23,5	6543	20	7050	18	7425	15,5	7715	14	7946	12,5
88	2656	33,5	4652	27,5	5776	23,5	6503	20	7014	17,5	7394	16	7687	14,5	7921	13
2,90	2589	— 33	4597	— 28	5729	— 23,5	6463	— 20,5	6979	— 18	7362	— 16	7658	— 14	7895	— 13,5
92	2523	33	4541	27,5	5682	23,5	6422	20	6943	18	7330	16	7630	14,5	7868	13
94	2457	33	4486	27,5	5635	23,5	6382	20,5	6907	18	7298	16	7601	14,5	7842	13
96	2391	33	4431	27,5	5588	23,5	6341	20,5	6871	17,5	7266	16	7572	14,5	7816	13,5
98	2325	32,5	4376	27,5	5541	23,5	6300	20,5	6836	18	7234	16	7543	14,5	7789	13
3,00	2260		4321		5494		6259		6800		7202		7514		7763	
	+ 0,		+ 0,		+ 0,		+ 0,		+ 0,		+ 0,		+ 0,		+ 0,	

Tafel 27. Die Funktionen $\Lambda_n(x) = n!\left(\frac{x}{2}\right)^{-n} J_n(x)$ (Fortsetzung)
Table 27. The Functions (Continuation)

x	$\Lambda_1(x)$		$\Lambda_2(x)$		$\Lambda_3(x)$		$\Lambda_4(x)$		$\Lambda_5(x)$		$\Lambda_6(x)$		$\Lambda_7(x)$		$\Lambda_8(x)$	
	+ 0,		+ 0,		+ 0,		+ 0,		+ 0,		+ 0,		+ 0,		+ 0,	
3,00	2260	— 32	4321	— 27,5	5494	— 23	6259	— 20	6800	— 18	7202	— 16	7514	— 14,5	7763	— 13,5
02	2196	32	4266	27,5	5448	24	6219	20,5	6764	18,5	7170	16	7485	14,5	7736	13
04	2132	32	4211	27,5	5400	23	6178	20,5	6727	18	7138	16,5	7456	15	7710	13,5
06	2068	32	4156	27	5354	23,5	6137	20,5	6691	18	7105	16	7426	14,5	7683	13,5
08	2004	31,5	4102	27	5307	23,5	6096	20,5	6655	18	7073	16,5	7397	15	7656	13,5
3,10	1941	— 31	4048	— 27,5	5260	— 23,5	6055	— 20,5	6619	— 18,5	7040	— 16,5	7367	— 14,5	7629	— 13,5
12	1879	31	3993	27	5213	23,5	6014	20,5	6582	18	7007	16	7338	15	7602	13,5
14	1817	31	3939	27	5166	23,5	5973	21	6546	18,5	6975	16,5	7308	15	7575	13,5
16	1755	30,5	3885	27	5119	23,5	5931	20,5	6509	18	6942	16,5	7278	15	7548	14
18	1694	30,5	3831	26,5	5072	23,5	5890	20,5	6473	18,5	6909	16,5	7248	15	7520	13,5
3,20	1633	— 30	3778	— 27	5025	— 23	5849	— 20,5	6436	— 18,5	6876	— 16,5	7218	— 15	7493	— 14
22	1573	29,5	3724	26,5	4979	23,5	5808	20,5	6399	18	6843	16,5	7188	15	7465	13,5
24	1514	30	3671	26,5	4932	23,5	5767	20,5	6363	18,5	6810	16,5	7158	15	7438	14
26	1454	29	3618	26,5	4885	23	5726	21	6326	18,5	6777	17	7128	15	7410	14
28	1396	29,5	3565	26,5	4839	23,5	5684	20,5	6289	18,5	6743	16,5	7098	15	7382	13,5
3,30	1337	— 28,5	3512	— 26,5	4792	— 23,5	5643	— 20,5	6252	— 18,5	6710	— 16,5	7068	— 15,5	7355	— 14
32	1280	29	3459	26	4745	23	5602	21	6215	18,5	6677	17	7037	15	7327	14
34	1222	28	3407	26	4699	23	5560	20,5	6178	18,5	6643	16,5	7007	15,5	7299	14
36	1166	28	3355	26	4653	23,5	5519	20,5	6141	18,5	6610	17	6976	15	7271	14
38	1110	28	3303	26	4606	23	5478	20,5	6104	18,5	6576	16,5	6946	15,5	7243	14
3,40	1054	— 27,5	3251	— 26	4560	— 23	5437	— 21	6067	— 18,5	6543	— 17	6915	— 15,5	7215	— 14,5
42	0999	27	3199	25,5	4514	23	5395	20,5	6030	18,5	6509	16,5	6884	15	7186	14
44	0945	27	3148	25,5	4468	23	5354	20,5	5993	18,5	6476	17	6854	15,5	7158	14
46	0891	26,5	3097	25,5	4422	23	5313	20,5	5956	18,5	6442	17	6823	15,5	7130	14,5
48	0838	26,5	3046	25,5	4376	23	5272	20,5	5919	19	6408	17	6792	15,5	7101	14
3,50	0785	— 26	2995	— 25	4330	— 23	5231	— 21	5881	— 18,5	6374	— 16,5	6761	— 15,5	7073	— 14,5
52	0733	26	2945	25	4284	22,5	5189	20,5	5844	18,5	6341	17	6730	15,5	7044	14
54	0681	25,5	2895	25	4239	23	5148	20,5	5807	18,5	6307	17	6699	15,5	7016	14,5
56	0630	25	2845	25	4193	22,5	5107	20,5	5770	18,5	6273	17	6668	15,5	6987	14,5
58	0580	25	2795	24,5	4148	22,5	5066	20,5	5733	19	6239	17	6637	15,5	6958	14
3,60	0530	— 24,5	2746	— 24,5	4103	— 23	5025	— 20,5	5695	— 18,5	6205	— 17	6606	— 15,5	6930	— 14,5
62	0481	24	2697	24,5	4057	22,5	4984	20,5	5658	18,5	6171	17	6575	16	6901	14,5
64	0433	24	2648	24,5	4012	22,5	4943	20,5	5621	18,5	6137	17	6543	15,5	6872	14,5
66	0385	23,5	2599	24	3967	22	4902	20	5584	19	6103	17	6512	15,5	6843	14,5
68	0338	23,5	2551	24	3923	22,5	4862	20,5	5546	18,5	6069	17	6481	16	6814	14,5
3,70	02910	— 230	2503	— 24	3878	— 22,5	4821	— 20,5	5509	— 18,5	6035	— 17	6449	— 15,5	6785	— 14,5
72	02450	226,5	2455	23,5	3833	22	4780	20,5	5472	18,5	6001	17,5	6418	15,5	6756	14,5
74	01997	223,5	2408	23,5	3789	22	4739	20	5435	18,5	5966	17	6387	16	6727	14,5
76	01550	220,5	2361	23,5	3745	22	4699	20,5	5398	19	5932	17	6355	15,5	6698	14,5
78	01109	217	2314	23	3701	22	4658	20	5360	18,5	5898	17	6324	16	6669	15
3,80	00675	— 214	2268	— 23	3657	— 22	4618	— 20,5	5323	— 18,5	5864	— 17	6292	— 16	6639	— 14,5
82	00247	210,5	2222	23	3613	22	4577	20	5286	18,5	5830	17	6260	15,5	6610	14,5
84	*00174	207	2176	23	3569	21,5	4537	20	5249	18,5	5796	17	6229	16	6581	15
86	00588	204	2130	22,5	3526	21,5	4497	20,5	5212	18,5	5762	17,5	6197	15,5	6551	14,5
88	00996	200,5	2085	22,5	3483	22	4456	20	5175	18,5	5727	17	6166	16	6522	14,5
3,90	01397	— 197,5	2040	— 22	3439	— 21,5	4416	— 20	5138	— 18,5	5693	— 17	6134	— 16	6493	— 15
92	01792	193,5	1996	22,5	3396	21	4376	20	5101	18,5	5659	17	6102	15,5	6463	14,5
94	02179	190,5	1951	22	3354	21,5	4336	20	5064	18,5	5625	17	6071	16	6434	15
96	02560	187,5	1907	21,5	3311	21	4296	19,5	5027	18,5	5591	17	6039	16	6404	14,5
98	02935	183,5	1864	21,5	3269	21,5	4257	20	4990	18,5	5557	17,5	6007	15,5	6375	15
4,00	03302		1821		3226		4217		4953		5522		5976		6345	
	— 0,		+ 0,		+ 0,		+ 0,		+ 0,		+ 0,		+ 0,		+ 0,	

Tafel 27. Die Funktionen $\Lambda_n(x) = n!\left(\frac{x}{2}\right)^{-n} J_n(x)$ (Fortsetzung)
Table 27. The Functions (Continuation)

x	$\Lambda_1(x)$	Δ	$\Lambda_2(x)$	Δ	$\Lambda_3(x)$	Δ	$\Lambda_4(x)$	Δ	$\Lambda_5(x)$	Δ	$\Lambda_6(x)$	Δ	$\Lambda_7(x)$	Δ	$\Lambda_8(x)$	Δ
	— 0,0		+ 0,		+ 0,		+ 0,		+ 0,		+ 0,		+ 0,		+ 0,	
4,00	3302	— 180,5	1821	— 21,5	3226	— 21	4217	— 20	4953	— 18	5522	— 17	5976	— 16	6345	— 14,5
02	3663	177	1778	21,5	3184	21	4177	19,5	4917	18,5	5488	17	5944	16	6316	15
04	4017	173,5	1735	21	3142	20,5	4138	19,5	4880	18,5	5454	17	5912	16	6286	15
06	4364	170	1693	21	3101	21	4099	20	4843	18,5	5420	17	5880	15,5	6256	14,5
08	4704	167	1651	20,5	3059	20,5	4059	19,5	4806	18	5386	17	5849	16	6227	15
4,10	5038	— 163	1610	— 20,5	3018	— 20,5	4020	— 19,5	4770	— 18,5	5352	— 17	5817	— 16	6197	— 15
12	5364	160	1569	20,5	2977	20,5	3981	19,5	4733	18	5318	17	5785	16	6167	15
14	5684	156,5	1528	20	2936	20,5	3942	19,5	4697	18,5	5284	17	5753	15,5	6137	14,5
16	5997	153	1488	20	2895	20	3903	19	4660	18	5250	17	5722	16	6108	15
18	6303	149,5	1448	20	2855	20,5	3865	19,5	4624	18	5216	17	5690	16	6078	14,5
4,20	6602	— 146,5	1408	— 19,5	2814	— 20	3826	— 19,5	4588	— 18,5	5182	— 17	5658	— 16	6049	— 15
22	6895	142,5	1369	19,5	2774	20	3787	19	4551	18	5148	17	5626	15,5	6019	15
24	7180	139,5	1330	19	2734	19,5	3749	19	4515	18	5114	17	5595	16	5989	15
26	7459	135,5	1292	19	2695	20	3711	19	4479	18	5080	17	5563	16	5959	15
28	7730	132,5	1254	19	2655	19,5	3673	19	4443	18	5046	17	5531	16	5929	14,5
4,30	7995	— 129	1216	— 18,5	2616	— 19,5	3635	— 19	4407	— 18	5012	— 16,5	5499	— 15,5	5900	— 15
32	8253	125,5	1179	18,5	2577	19,5	3597	19	4371	18	4979	17	5468	16	5870	15
34	8504	122,5	1142	18,5	2538	19	3559	18,5	4335	17,5	4945	17	5436	16	5840	15
36	8749	118,5	1105	18	2500	19	3522	19	4300	18	4911	16,5	5404	15,5	5810	14,5
38	8986	115,5	1069	18	2462	19	3484	18,5	4264	17,5	4878	17	5373	16	5781	15
4,40	9217	— 112	1033	— 17,5	2424	— 19	3447	— 18,5	4229	— 18	4844	— 17	5341	— 16	5751	— 15
42	9441	108,5	0998	17,5	2386	19	3410	18,5	4193	17,5	4810	16,5	5309	15,5	5721	15
44	9658	105,5	0963	17	2348	18,5	3373	18,5	4158	18	4777	16,5	5278	16	5691	15
46	9869	101,5	0929	17,5	2311	18,5	3336	18,5	4122	17,5	4744	17	5246	15,5	5661	15
48	*0072	98,5	0894	16,5	2274	18,5	3299	18	4087	17,5	4710	16,5	5215	16	5631	14,5
4,50	0269	— 95,5	0861	— 17	2237	— 18	3263	— 18,5	4052	— 17,5	4677	— 17	5183	— 15,5	5602	— 15
52	0460	91,5	0827	16,5	2201	18,5	3226	18	4017	17,5	4643	16,5	5152	16	5572	15
54	0643	88,5	0794	16	2164	18	3190	18	3982	17,5	4610	16,5	5120	15,5	5542	15
56	0820	85,5	0762	16	2128	18	3154	18	3947	17,5	4577	16,5	5089	16	5512	14,5
58	0991	81,5	0730	16	2092	17,5	3118	18	3912	17	4544	16,5	5057	15,5	5483	15
4,60	1154	— 79	06979	— 156,5	2057	— 18	3082	— 17,5	3878	— 17,5	4511	— 16,5	5026	— 15,5	5453	— 15
62	1312	75	06666	155	2021	17,5	3047	18	3843	17	4478	16,5	4995	16	5423	14,5
64	1462	72,5	06356	152,5	1986	17	3011	17,5	3809	17	4445	16,5	4963	15,5	5394	15
66	1607	68,5	06051	150,5	1952	17,5	2976	17,5	3775	17,5	4412	16,5	4932	15,5	5364	15
68	1744	66	05750	148,5	1917	17	2941	17,5	3740	17	4379	16	4901	15,5	5334	14,5
4,70	1876	— 62,5	05453	— 146,5	1883	— 17	2906	— 17,5	3706	— 17	4347	— 16,5	4870	— 15,5	5305	— 15
72	2001	59	05160	144,5	1849	17	2871	17	3672	17	4314	16,5	4839	16	5275	14,5
74	2119	56,5	04871	142	1815	16,5	2837	17,5	3638	16,5	4281	16	4807	15,5	5246	15
76	2232	53	04587	140,5	1782	17	2802	17	3605	17	4249	16,5	4776	15,5	5216	15
78	2338	49,5	04306	138	1748	16,5	2768	17	3571	17	4216	16	4745	15,5	5186	14,5
4,80	2437	— 47	04030	— 136,5	1715	— 16	2734	— 17	3537	— 16,5	4184	— 16	4714	— 15	5157	— 15
82	2531	44	03757	134	1683	16,5	2700	17	3504	16,5	4152	16	4684	15,5	5127	14,5
84	2619	40,5	03489	132	1650	16	2666	16,5	3471	16,5	4120	16,5	4653	15,5	5098	14,5
86	2700	37,5	03225	130	1618	16	2633	16,5	3438	16,5	4087	16	4622	15,5	5069	15
88	2775	35	02965	128	1586	15,5	2600	16,5	3405	16,5	4055	16	4591	15,5	5039	14,5
4,90	2845	— 31,5	02709	— 126	1555	— 16	2567	— 16,5	3372	— 16,5	4023	— 16	4560	— 15	5010	— 15
92	2908	29	02457	124	1523	15,5	2534	16,5	3339	16,5	3991	15,5	4530	15,5	4980	14,5
94	2966	25,5	02209	122	1492	15	2501	16,5	3306	16	3960	16	4499	15	4951	14,5
96	3017	23	01965	119,5	1462	15,5	2468	16	3274	16,5	3928	16	4469	15,5	4922	14,5
98	3063	20	01726	118	1431	15	2436	16	3241	16	3896	15,5	4438	15	4893	15
5,00	3103		01490		1401		2404		3209		3865		4408		4863	
	— 0,1		+ 0,		+ 0,		+ 0,		+0,		+ 0,		+ 0,		+ 0,	

Tafel 27. Die Funktionen $\Lambda_n(x) = n!\left(\frac{x}{2}\right)^{-n} J_n(x)$ (Fortsetzung)
Table 27. The Functions (Continuation)

x	$\Lambda_1(x)$		$\Lambda_2(x)$		$\Lambda_3(x)$		$\Lambda_4(x)$		$\Lambda_5(x)$		$\Lambda_6(x)$		$\Lambda_7(x)$		$\Lambda_8(x)$	
	−0,1		+0,0		+0,1		+0,		+0,		+0,		+0,		+0,	
5,00	3103	−17,5	1490	−115,5	4010	−150	2404	−16	3209	−16	3865	−16	4408	−15,5	4863	−14,5
02	3138	14	1259	114	3710	148	2372	16	3177	16	3833	15,5	4377	15	4834	14,5
04	3166	12	1031	111,5	3414	146,5	2340	16	3145	16	3802	15,5	4347	15	4805	14,5
06	3190	8,5	0808	109,5	3121	145,5	2308	15,5	3113	16	3771	15,5	4317	15	4776	14,5
08	3207	6	0589	108	2830	144	2277	15,5	3081	15,5	3740	15,5	4287	15,5	4747	14,5
5,10	3219	−3,5	0373	−105,5	2542	−142	2246	−15,5	3050	−16	3709	−15,5	4256	−15	4718	−14,5
12	3226	−1	0162	103,5	2258	141,5	2215	15,5	3018	15,5	3678	15,5	4226	15	4689	14,5
14	3228	+2	*0045	101,5	1975	139,5	2184	15,5	2987	15,5	3647	15,5	4196	15	4660	14,5
16	3224	4,5	0248	99,5	1696	138	2153	15	2956	15,5	3616	15,5	4166	14,5	4631	14
18	3215	7	0447	98	1420	137	2123	15	2925	15,5	3585	15	4137	15	4603	14,5
5,20	3201	+9,5	0643	−95,5	1146	−135	2093	−15	2894	−15,5	3555	−15,5	4107	−15	4574	−14,5
22	3182	12,5	0834	93,5	0876	134	2063	15	2863	15,5	3524	15	4077	14,5	4545	14,5
24	3157	14,5	1021	91,5	0608	132,5	2033	15	2832	15	3494	15	4048	15	4516	14
26	3128	17	1204	90	0343	131	2003	14,5	2802	15	3464	15	4018	14,5	4488	14,5
28	3094	19,5	1384	87,5	0081	129,5	1974	14,5	2772	15	3434	15	3989	15	4459	14
5,30	3055	+22	1559	−86	*9822	−128	1945	−14,5	2742	−15	3404	−15	3959	−14,5	4431	−14,5
32	3011	24	1731	83,5	9566	127	1916	14,5	2712	15	3374	15	3930	14,5	4402	14
34	2963	26,5	1898	82	9312	125	1887	14	2682	15	3344	15	3901	15	4374	14
36	2910	28,5	2062	80	9062	124	1859	14,5	2652	14,5	3314	14,5	3871	14,5	4346	14,5
38	2853	31	2222	78	8814	122	1830	14	2623	15	3285	15	3842	14,5	4317	14
5,40	2791	+33,5	2378	−76,5	8570	−121	1802	−14	2593	−14,5	3255	−14,5	3813	−14,5	4289	−14
42	2724	35,5	2531	74	8328	119,5	1774	13,5	2564	14,5	3226	15	3784	14	4261	14
44	2653	37,5	2679	72,5	8089	118	1747	14	2535	14,5	3196	14,5	3756	14,5	4233	14
46	2578	39,5	2824	70,5	7853	117	1719	13,5	2506	14,5	3167	14,5	3727	14,5	4205	14
48	2499	41,5	2965	69	7619	115	1692	13,5	2477	14	3138	14,5	3698	14	4177	14
5,50	2416	+43,5	3103	−66,5	7389	−113,5	16648	−134	2449	−14,5	3109	−14	3670	−14,5	4149	−14
52	2329	46	3236	65	7162	112,5	16380	133	2420	14	3081	14,5	3641	14	4121	14
54	2237	47,5	3366	63	6937	111	16114	132	2392	14	3052	14,5	3613	14	4093	13,5
56	2142	49,5	3492	61,5	6715	109,5	15850	131	2364	14	3023	14	3585	14,5	4066	14
58	2043	51,5	3615	59,5	6496	108	15588	130	2336	14	2995	14	3556	14	4038	14
5,60	1940	+53	3734	−58	6280	−106,5	15328	−128,5	2308	−13,5	2967	−14	3528	−14	4010	−13,5
62	1834	55	3850	55,5	6067	105	15071	127,5	2281	14	2939	14	3500	14	3983	14
64	1724	56,5	3961	54,5	5857	104	14816	126,5	2253	13,5	2911	14	3472	14	3955	13,5
66	1611	58,5	4070	52,5	5649	102	14563	125,5	2226	13,5	2883	14	3444	13,5	3928	13,5
68	1494	60	4175	50,5	5445	101	14312	124,5	2199	13,5	2855	14	3417	14	3901	14
5,70	1374	+62	4276	−49	5243	−99,5	14063	−123	2172	−13,5	2827	−13,5	3389	−14	3873	−13,5
72	1250	63,5	4374	47	5044	98	13817	122,5	2145	13,5	2800	14	3361	13,5	3846	13,5
74	1123	64,5	4468	45,5	4848	97	13572	121	2118	13	2772	13,5	3334	13,5	3819	13,5
76	0994	66,5	4559	44	4654	95	13330	120	2092	13	2745	13,5	3307	14	3792	13,5
78	0861	68	4647	42	4464	94	13090	118,5	2066	13	2718	13,5	3279	13,5	3765	13,5
5,80	0725	+69,5	4731	−40,5	4276	−92,5	12853	−118	2040	−13	2691	−13,5	3252	−13,5	3738	−13
82	0586	70,5	4812	39	4091	91	12617	116,5	2014	13	2664	13,5	3225	13,5	3712	13,5
84	0445	72	4890	37,5	3909	89,5	12384	115,5	1988	13	2637	13	3198	13,5	3685	13,5
86	0301	73,5	4965	35,5	3730	88,5	12153	114,5	1962	12,5	2611	13,5	3171	13	3658	13
88	0154	74,5	5036	34	3553	87	11924	113,5	1937	12,5	2584	13	3145	13,5	3632	13,5
5,90	0005	+76	5104	−32,5	3379	−85,5	11697	−112	1912	−12,5	2558	−13	3118	−13,5	3605	−13
92	*9853	77	5169	30,5	3208	84,5	11473	111,5	1887	12,5	2532	13,5	3091	13	3579	13
94	9699	78,5	5230	29,5	3039	82,5	11250	110	1862	12,5	2505	12,5	3065	13	3553	13,5
96	9542	79	5289	28	2874	81,5	11030	109	1837	12	2480	13	3039	13	3526	13
98	9384	80,5	5345	26	2711	80,5	10812	107,5	1813	12,5	2454	13	3013	13,5	3500	13
6,00	9223		5397		2550		10597		1788		2428		2986		3474	
	−0,0		−0,0		+0,0		+0,		+0,		+0,		+0,		+0,	

Tafel 27. Die Funktionen $\Lambda_n(x) = n!\left(\frac{x}{2}\right)^{-n} J_n(x)$ (Fortsetzung)
Table 27. The Functions (Continuation)

x	$\Lambda_1(x)$		$\Lambda_2(x)$		$\Lambda_3(x)$		$\Lambda_4(x)$		$\Lambda_5(x)$		$\Lambda_6(x)$		$\Lambda_7(x)$		$\Lambda_8(x)$	
	−0,0		−0,0		+0,0		+0,1		+0,1		+0,		+0,		+0,	
6,00	9223	+81,5	5397	−25	2550	−78,5	0597	−107	7881	−121	2428	−12,5	2986	−13	3474	−13
02	9060	82,5	5447	23	2393	77,5	0383	105,5	7639	120	2403	13	2960	12,5	3448	13
04	8895	83,5	5493	22	2238	76	0172	104,5	7399	119,5	2377	12,5	2935	13	3422	12,5
06	8728	84,5	5537	20	2086	75	*9963	103,5	7160	118	2352	12,5	2909	13	3397	13
08	8559	85	5577	19	1936	73,5	9756	102,5	6924	117,5	2327	12,5	2883	13	3371	13
6,10	8389	+86	5615	−17,5	1789	−72	9551	−101	6689	−116,5	2302	−12,5	2857	−12,5	3345	−12,5
12	8217	87	5650	16	1645	71	9349	100	6456	116	2277	12,5	2832	12,5	3320	13
14	8043	87,5	5682	15	1503	69,5	9149	99,5	6224	114,5	2252	12	2807	13	3294	12,5
16	7868	88,5	5712	13	1364	68,5	8950	98	5995	114	2228	12,5	2781	12,5	3269	12,5
18	7691	89	5738	12	1227	67	8754	96,5	5767	113	2203	12	2756	12,5	3244	13
6,20	7513	+89,5	5762	−11	1093	−65,5	8561	−96	5541	−112	2179	−12	2731	−12,5	3218	−12,5
22	7334	90	5784	9	0962	64,5	8369	94,5	5317	111,5	2155	12	2706	12	3193	12,5
24	7154	91	5802	8	0833	63	8180	94	5094	110,5	2131	12	2682	12,5	3168	12,5
26	6972	91	5818	7	0707	62	7992	92,5	4873	109,5	2107	12	2657	12	3143	12
28	6790	92	5832	5,5	0583	60,5	7807	91,5	4654	108,5	2083	11,5	2633	12,5	3119	12,5
6,30	6606	+92,5	5843	−4	0462	−59,5	7624	−90,5	4437	−107,5	2060	−11,5	2608	−12	3094	−12,5
32	6421	92,5	5851	3	0343	58,5	7443	89	4222	107	2037	12	2584	12	3069	12
34	6236	93	5857	2	0226	57	7265	88,5	4008	106	2013	11,5	2560	12	3045	12,5
36	6050	93,5	5861	−0,5	0112	55,5	7088	87	3796	105	1990	11,5	2536	12	3020	12
38	5863	93,5	5862	+0,5	0001	54,5	6914	86,5	3586	104	1967	11,5	2512	12	2996	12
6,40	5676	+94	5861	+2	*0108	−53,5	6741	−85	3378	−103,5	1944	−11	2488	−12	2972	−12
42	5488	94	5857	2,5	0215	52	6571	84	3171	102	1922	11,5	2464	12	2948	12,5
44	5300	94	5852	4	0319	51	6403	83	2967	101,5	1899	11	2440	11,5	2923	11,5
46	5112	94,5	5844	5,5	0421	50	6237	82	2764	100,5	1877	11	2417	11,5	2900	12
48	4923	94,5	5833	6	0521	48,5	6073	80,5	2563	100	1855	11,5	2394	12	2876	12
6,50	4734	+95	5821	+7	0618	−47,5	5912	−80	2363	−98,5	1832	−10,5	2370	−11,5	2852	−12
52	4544	94,5	5807	8,5	0713	46	5752	79	2166	98	1811	11	2347	11,5	2828	11,5
54	4355	94,5	5790	9	0805	45,5	5594	77,5	1970	97	1789	11	2324	11,5	2805	12
56	4166	95	5772	10,5	0896	44	5439	77	1776	96,5	1767	10,5	2301	11	2781	11,5
58	3976	94,5	5751	11,5	0984	43	5285	75,5	1583	95	1746	11	2279	11,5	2758	11,5
6,60	3787	+94,5	5728	+12	1070	−41,5	5134	−75	1393	−94,5	17242	−106	2256	−11	2735	−12
62	3598	94	5704	13	1153	41	4984	73,5	1204	93,5	17030	105	2234	11,5	2711	11,5
64	3410	94,5	5678	14,5	1235	39,5	4837	72,5	1017	92,5	16820	104,5	2211	11	2688	11,5
66	3221	94	5649	15	1314	38,5	4692	71,5	0832	92	16611	104	2189	11	2665	11
68	3033	93,5	5619	16	1391	37,5	4549	71	0648	91	16403	103	2167	11	2643	11,5
6,70	2846	+93,5	5587	+16,5	1466	−36	4407	−69,5	0466	−90	16197	−102	2145	−11	2620	−11,5
72	2659	93	5554	17,5	1538	35,5	4268	68,5	0286	89	15993	101,5	2123	11	2597	11
74	2473	93	5519	18,5	1609	34,5	4131	67,5	0108	88	15790	101	2101	10,5	2575	11,5
76	2287	92,5	5482	19,5	1678	33	3996	67	*9932	87,5	15588	100	2080	11	2552	11
78	2102	92	5443	20	1744	32,5	3862	65,5	9757	86,5	15388	99,5	2058	10,5	2530	11
6,80	1918	+91,5	5403	+21	1809	−31	3731	−64,5	9584	−85,5	15189	−98,5	2037	−11	2508	−11
82	1735	91	5361	21,5	1871	30	3602	64	9413	85	14992	97,5	2015	10,5	2486	11
84	1553	91	5318	22,5	1931	29,5	3474	62,5	9243	84	14797	97	1994	10,5	2464	11
86	1371	90	5273	23	1990	28	3349	62	9075	83	14603	96,5	1973	10,5	2442	11
88	1191	89,5	5227	24	2046	27,5	3225	60,5	8909	82	14410	95,5	1952	10	2420	11
6,90	1012	+89	5179	+24,5	2101	−26	3104	−60	8745	−81,5	14219	−95	1932	−10,5	2398	−10,5
92	0834	88,5	5130	25	2153	25,5	2984	59	8582	80,5	14029	94	1911	10	2377	11
94	0657	88	5080	26	2204	24,5	2866	58	8421	79,5	13841	93,5	1891	10,5	2355	10,5
96	0481	87	5028	26,5	2253	23,5	2750	57	8262	79	13654	92,5	1870	10	2334	10,5
98	0307	86,5	4975	27	2300	22,5	2636	56	8104	77,5	13469	92	1850	10	2313	11
7,00	0134		4921		2345		2524		7949		13285		1830		2291	
	−0,0		−0,0		−0,0		+0,0		+0,0		+0,		+0,		+0,	

x	$\Lambda_1(x)$		$\Lambda_2(x)$		$\Lambda_3(x)$		$\Lambda_4(x)$		$\Lambda_5(x)$		$\Lambda_6(x)$		$\Lambda_7(x)$		$\Lambda_8(x)$	
	— **0,0**		— **0,0**		— **0,0**		+ **0,0**		+ **0,0**		+ **0,1**		+ **0,1**		+ **0,**	
7,00	0134	+ 86	4921	+ 27,5	2345	— 21,5	2524	— 55,5	7949	— 77,5	3285	— 91	830	— 10	2291	— 10,5
02	*0038	85	4866	28,5	2388	21	2413	54	7794	76	3103	90,5	810	10	2270	10,5
04	0208	84	4809	28,5	2430	19,5	2305	53,5	7642	75,5	2922	89,5	790	10	2249	10
06	0376	83,5	4752	29,5	2469	19	2198	52,5	7491	74,5	2743	89	770	9,5	2229	10,5
08	0543	83	4693	30	2507	18	2093	51,5	7342	73,5	2565	88	751	10	2208	10,5
7,10	0709	+ 81,5	4633	+ 30	2543	— 17,5	1990	— 50,5	7195	— 73	2389	— 87,5	7311	— 96,5	2187	— 10
12	0872	81	4573	31	2578	16,5	1889	50	7049	72	2214	86,5	7118	96	2167	10,5
14	1034	80	4511	31	2611	15,5	1789	48,5	6905	71,5	2041	86	6926	95,5	2146	10
16	1194	79,5	4449	32	2642	14,5	1692	48	6762	70	1869	85,5	6735	95	2126	10
18	1353	78	4385	32	2671	14	1596	47	6622	70	1698	84	6545	94	2106	10
7,20	1509	+ 77,5	4321	+ 33	2699	— 13	1502	— 46,5	6482	— 68,5	1530	— 84	6357	— 93,5	2086	— 10
22	1664	76	4255	32,5	2725	12,5	1409	45,5	6345	68	1362	83	6170	93	2066	10
24	1816	75,5	4190	33,5	2750	11,5	1318	44,5	6209	67	1196	82,5	5984	92,5	2046	10
26	1967	74,5	4123	34	2773	10,5	1229	43,5	6075	66,5	1031	81,5	5799	91,5	2026	9,5
28	2116	73	4055	34	2794	10,5	1142	43	5942	65,5	0868	80,5	5616	91	2007	10
7,30	2262	+ 72,5	3987	+ 34,5	2815	— 9	1056	— 42	5811	— 65	0707	— 80,5	5434	— 90,5	1987	— 9,5
32	2407	71	3918	34,5	2833	8,5	0972	41	5681	63,5	0546	79	5253	89,5	1968	9,5
34	2549	70	3849	35	2850	8	0890	40,5	5554	63,5	0388	79	5074	89	1949	10
36	2689	69	3779	35,5	2866	7	0809	39,5	5427	62	0230	78	4896	88,5	1929	9,5
38	2827	68	3708	35,5	2880	6,5	0730	38,5	5303	62	0074	77	4719	88	1910	9,5
7,40	2963	+ 66,5	3637	+ 35,5	2893	— 5,5	0653	— 38	5179	— 60,5	*9920	— 76,5	4543	— 87	1891	— 9,5
42	3096	65,5	3566	36	2904	5	0577	37	5058	60	9767	76	4369	86,5	1872	9
44	3227	64,5	3494	36,5	2914	4,5	0503	36,5	4938	59,5	9615	75	4196	86	1854	9,5
46	3356	63,5	3421	36,5	2923	3,5	0430	35,5	4819	58,5	9465	74,5	4024	85	1835	9
48	3483	62	3348	36,5	2930	3	0359	35	4702	57,5	9316	73,5	3854	84,5	1817	9,5
7,50	3607	+ 60,5	3275	+ 37	2936	— 2,5	0289	— 34	4587	— 57	9169	— 73	3685	— 84	17982	— 91,5
52	3728	59,5	3201	36,5	2941	1,5	0221	33	4473	56	9023	72	3517	83,5	17799	91
54	3847	58,5	3128	37,5	2944	1,5	0155	32,5	4361	55,5	8879	72	3350	83	17617	90
56	3964	57	3053	37	2947	— 0,5	0090	32	4250	54,5	8735	70,5	3184	82	17437	90
58	4078	56	2979	37,5	2948	0	0026	31	4141	54	8594	70,5	3020	81,5	17257	89
7,60	4190	+ 54,5	2904	+ 37	2948	+ 0,5	*0036	— 30,5	4033	— 53	8453	— 69	2857	— 80,5	17079	— 88,5
62	4299	53	2830	37,5	2947	1,5	0097	29,5	3927	52,5	8315	69	2696	80,5	16902	88
64	4405	52	2755	37,5	2944	1,5	0156	28,5	3822	52	8177	68	2535	79,5	16726	87,5
66	4509	51	2680	37,5	2941	2,5	0213	28,5	3718	51	8041	67,5	2376	78,5	16551	87
68	4611	49	2605	38	2936	3	0270	27	3616	50	7906	66,5	2219	78,5	16377	86,5
7,70	4709	+ 48	2529	+ 37,5	2930	+ 3,5	0324	— 27	3516	— 49,5	7773	— 66	2062	— 77,5	16204	— 85,5
72	4805	47	2454	37,5	2923	3,5	0378	26	3417	49	7641	65,5	1907	77,5	16033	85,5
74	4899	45,5	2379	37,5	2916	4,5	0430	25,5	3319	48	7510	64,5	1752	76	15862	84,5
76	4990	44	2304	37,5	2907	5	0481	24,5	3223	47,5	7381	64	1600	76	15693	84
78	5078	42,5	2229	37,5	2897	5,5	0530	24	3128	46,5	7253	63,5	1448	75	15525	83,5
7,80	5163	+ 41,5	2154	+ 37,5	2886	+ 6	0578	— 23,5	3035	— 46	7126	— 62	1298	— 74,5	15358	— 83
82	5246	40	2079	37,5	2874	6	0625	22,5	2943	45	7002	62,5	1149	74	15192	82,5
84	5326	38,5	2004	37,5	2862	7	0670	22	2853	45	6877	61	1001	73,5	15027	82
86	5403	37	1929	37,5	2848	7	0714	21,5	2763	43,5	6755	60,5	0854	72,5	14863	81,5
88	5477	36	1854	37	2834	8	0757	21	2676	43,5	6634	60	0709	72,5	14700	80,5
7,90	5549	+ 34,5	1780	+ 37	2818	+ 8	0799	— 20	2589	— 42,5	6514	— 59,5	0564	— 71,5	14539	— 80,5
92	5618	33	1706	37	2802	8,5	0839	19,5	2504	42	6395	58,5	0421	70,5	14378	79,5
94	5684	31,5	1632	36,5	2785	9	0878	19	2420	41	6278	58	0280	70,5	14219	79
96	5747	30,5	1559	37	2767	9	0916	18	2338	40,5	6162	57,5	0139	69,5	14061	78,5
98	5808	29	1485	36,5	2749	10	0952	18	2257	40	6047	56,5	0000	69	13904	78
8,00	5866		1412		2729		0988		2177		5934		*9862		13748	
	+ **0,0**		— **0,0**		— **0,0**		— **0,0**		+ **0,0**		+ **0,0**		+ **0,0**		+ **0,**	

Tafel 27. Die Funktionen $\Lambda_n(x) = n!\left(\frac{x}{2}\right)^{-n} J_n(x)$ (Fortsetzung)
Table 27. The Functions (Continuation)

x	$\Lambda_1(x)$		$\Lambda_2(x)$		$\Lambda_3(x)$		$\Lambda_4(x)$		$\Lambda_5(x)$		$\Lambda_6(x)$		$\Lambda_7(x)$		$\Lambda_8(x)$	
	+ 0,0		− 0,0		− 0,0		− 0,0		+ 0,0		+ 0,0		+ 0,0		+ 0,1	
8,00	5866	+ 27,5	1412	+ 36	2729	+ 10	0988	− 17	2177	− 39	5934	− 56	9862	− 68,5	3748	− 77,5
02	5921	26	1340	36	2709	10,5	1022	16,5	2099	39	5822	55,5	9725	68	3593	77
04	5973	25	1268	36	2688	10,5	1055	16	2021	37,5	5711	54,5	9589	67	3439	76,5
06	6023	23,5	1196	36	2667	11	1087	15,5	1946	37,5	5602	54,5	9455	66,5	3286	75,5
08	6070	22	1124	35,5	2645	11,5	1118	14,5	1871	36,5	5493	53,5	9322	66	3135	75,5
8,10	6114	+ 20,5	1053	+ 35	2622	+ 12	1147	− 14,5	1798	− 36,5	5386	− 52,5	9190	− 65,5	2984	− 74,5
12	6155	19,5	0983	35	2598	12	1176	14	1725	35	5281	52,5	9059	65	2835	74
14	6194	17,5	0913	35	2574	12,5	1204	13	1655	35	5176	51,5	8929	64	2687	73,5
16	6229	16,5	0843	34,5	2549	12,5	1230	12,5	1585	34	5073	51	8801	64	2540	73,5
18	6262	15,5	0774	34,5	2524	13	1255	12,5	1517	34	4971	50,5	8673	63	2393	72,5
8,20	6293	+ 13,5	0705	+ 34	2498	+ 13,5	1280	− 11,5	1449	− 32,5	4870	− 49,5	8547	− 62,5	2248	− 71,5
22	6320	12,5	0637	33,5	2471	13,5	1303	11	1384	32,5	4771	49	8422	62	2105	71,5
24	6345	11	0570	33,5	2444	13,5	1325	10,5	1319	32	4673	49	8298	61	1962	71
26	6367	10	0503	33	2417	14	1346	10,5	1255	31	4575	47,5	8176	61	1820	70,5
28	6387	8	0437	33	2389	14,5	1367	9,5	1193	30,5	4480	47,5	8054	60	1679	69,5
8,30	6403	+ 7	0371	+ 32,5	2360	+ 14,5	1386	− 9	1132	− 30,5	4385	− 47	7934	− 59,5	1540	− 69,5
32	6417	6	0306	32	2331	14,5	1404	8,5	1071	29	4291	46	7815	59	1401	68,5
34	6429	4,5	0242	32	2302	15	1421	8,5	1013	29	4199	45,5	7697	58,5	1264	68
36	6438	3	0178	31,5	2272	15	1438	7,5	0955	28,5	4108	45	7580	58	1128	68
38	6444	1,5	0115	31	2242	15,5	1453	7,5	0898	28	4018	44,5	7464	57	0992	67
8,40	6447	+ 0,5	0053	+ 30,5	2211	+ 15,5	1468	− 7	0842	− 27	3929	− 43,5	7350	− 57	0858	− 66,5
42	6448	− 0,5	*0008	30,5	2180	15,5	1482	6,5	0788	26,5	3842	43,5	7236	56	0725	66
44	6447	2,5	0069	30	2149	16	1495	5,5	0735	26,5	3755	42,5	7124	55,5	0593	65,5
46	6442	3	0129	30	2117	16	1506	6	0682	25,5	3670	42	7013	55	0462	65
48	6436	5	0189	29	2085	16	1518	5	0631	25	3586	41,5	6903	54,5	0332	64,5
8,50	6426	− 5,5	0247	+ 29	2053	+ 16,5	1528	− 4,5	0581	− 24,5	3503	− 41	6794	− 54	0203	− 64
52	6415	7,5	0305	28,5	2020	16,5	1537	4,5	0532	24	3421	40,5	6686	53,5	0075	63
54	6400	8	0362	28	1987	16,5	1546	4	0484	23,5	3340	40	6579	53	*9949	63
56	6384	9,5	0418	27,5	1954	16,5	1554	3,5	0437	23	3260	39	6473	52	9823	62,5
58	6365	11	0473	27,5	1921	17	1561	3	0391	22,5	3182	39	6369	52	9698	62
8,60	6343	− 12	0528	+ 27	1887	+ 17	1567	− 3	0346	− 22	3104	− 38	6265	− 51	9574	− 61
62	6319	13	0582	26	1853	17	1573	2,5	0302	21,5	3028	38	6163	50,5	9452	61
64	6293	14,5	0634	26	1819	17	1578	2	0259	21	2952	37	6062	50,5	9330	60
66	6264	15	0686	25,5	1785	17	1582	1,5	0217	20,5	2878	36,5	5961	49,5	9210	60
68	6234	17	0737	25,5	1751	17,5	1585	1,5	0176	20	2805	36	5862	49	9090	59
8,70	6200	− 17,5	0788	+ 24,5	1716	+ 17	1588	− 1	0136	− 20	2733	− 36	5764	− 48,5	8972	− 59
72	6165	19	0837	24	1682	17,5	1590	0,5	0096	19	2661	35	5667	48	8854	58
74	6127	19,5	0885	24	1647	17,5	1591	− 0,5	0058	18,5	2591	34,5	5571	47,5	8738	58
76	6088	21	0933	23,5	1612	17,5	1592	0	0021	18	2522	34	5476	47	8622	57
78	6046	22	0980	22,5	1577	17,5	1592	+ 0,5	*0015	18	2454	33,5	5382	46,5	8508	57
8,80	6002	− 23	1025	+ 22,5	1542	+ 17,5	1591	+ 0,5	0051	− 17	2387	− 33	5289	− 45,5	8394	− 56
82	5956	24,5	1070	22	1507	17,5	1590	1	0085	17	2321	32,5	5198	45,5	8282	55,5
84	5907	25	1114	21,5	1472	17,5	1588	1	0119	16,5	2256	32	5107	45	8171	55,5
86	5857	26	1157	21	1437	17,5	1586	1,5	0152	16	2192	31,5	5017	44,5	8060	54,5
88	5805	27	1199	20,5	1402	17,5	1583	1,5	0184	15,5	2129	31	4928	43,5	7951	54,5
8,90	5751	− 28,5	1240	+ 20	1367	+ 17,5	1580	+ 2,5	0215	− 15	2067	− 30,5	4841	− 43,5	7842	− 53,5
92	5694	29	1280	19,5	1332	18	1575	2	0245	15	2006	30	4754	43	7735	53
94	5636	29,5	1319	19	1296	17,5	1571	2,5	0275	14	1946	29,5	4668	42,5	7629	53
96	5577	31	1357	18,5	1261	17,5	1566	3	0303	14	1887	29	4583	41,5	7523	52
98	5515	32	1394	18,5	1226	17,5	1560	3	0331	13,5	1829	28,5	4500	41,5	7419	52
9,00	5451		1431		1191		1554		0358		1772		4417		7315	
	+ 0,0		+ 0,0		− 0,0		− 0,0		− 0,0		+ 0,0		+ 0,0		+ 0,0	

x	$\Lambda_1(x)$		$\Lambda_2(x)$		$\Lambda_3(x)$		$\Lambda_4(x)$		$\Lambda_5(x)$		$\Lambda_6(x)$		$\Lambda_7(x)$		$\Lambda_8(x)$	
	+ 0,0		+ 0,0		— 0,0		— 0,0		— 0,0		+ 0,0		+ 0,0		+ 0,0	
9,00	5451	— 32,5	1431	+ 17,5	1191	+ 17,5	1554	+ 3,5	0358	— 13	1772	— 28,5	4417	— 41	7315	— 51,5
02	5386	33,5	1466	17	1156	17	1547	3,5	0384	12,5	1715	27,5	4335	40,5	7212	50,5
04	5319	34	1500	16,5	1122	17,5	1540	4	0409	12,5	1660	27,5	4254	40	7111	50,5
06	5251	35,5	1533	16,5	1087	17,5	1532	4	0434	12	1605	26,5	4174	39,5	7010	49,5
08	5180	36	1566	15,5	1052	17	1524	4	0458	11,5	1552	26,5	4095	39	6911	49,5
9,10	5108	— 36,5	1597	+ 15,5	1018	+ 17,5	1516	+ 4,5	0481	— 11	1499	— 26	4017	— 38,5	6812	— 49
12	5035	37,5	1628	14,5	0983	17	1507	5	0503	11	1447	25,5	3940	38	6714	48,5
14	4960	38,5	1657	14	0949	17	1497	5	0525	10,5	1396	25	3864	37,5	6617	48
16	4883	38,5	1685	14	0915	17	1487	5	0546	10	1346	24,5	3789	37	6521	47,5
18	4806	40	1713	13	0881	17	1477	5	0566	10	1297	24	3715	36,5	6426	47
9,20	4726	— 40	1739	+ 13	0847	+ 17	1467	+ 5,5	0586	— 9,5	1249	— 23,5	3642	— 36,5	6332	— 46,5
22	4646	41	1765	12	0813	16,5	1456	6	0605	9	1202	23,5	3569	35,5	6239	46
24	4564	42	1789	12	0780	16,5	1444	5,5	0623	8,5	1155	23	3498	35,5	6147	45,5
26	4480	42	1813	11	0747	16,5	1433	6	0640	8,5	1109	22,5	3427	34,5	6056	45,5
28	4396	43	1835	11	0714	16,5	1421	6,5	0657	8	1064	22	3358	34,5	5965	44,5
9,30	4310	— 43,5	1857	+ 10,5	0681	+ 16,5	1408	+ 6	0673	— 8	1020	— 21,5	3289	— 34	5876	— 44,5
32	4223	44	1878	9,5	0648	16	1396	6,5	0689	7	0977	21,5	3221	33,5	5787	43,5
34	4135	44,5	1897	9,5	0616	16	1383	7	0703	7,5	0934	20,5	3154	33	5700	43,5
36	4046	45	1916	9	0584	16	1369	6,5	0718	6,5	0893	20,5	3088	32,5	5613	43
38	3956	45,5	1934	8	0552	16	1356	7	0731	6,5	0852	20	3023	32,5	5527	42,5
9,40	3865	— 46,5	1950	+ 8	0520	+ 15,5	1342	+ 7	0744	— 6,5	0812	— 20	2958	— 31,5	5442	— 42
42	3772	46,5	1966	7,5	0489	16	1328	7,5	0757	5,5	0772	19	2895	31,5	5358	41,5
44	3679	47	1981	7	0457	15	1313	7	0768	6	0734	19	2832	31	5275	41,5
46	3585	47	1995	6,5	0427	15,5	1299	7,5	0780	5	0696	18,5	2770	30,5	5192	40,5
48	3491	48	2008	6	0396	15	1284	7,5	0790	5,5	0659	18	2709	30	5111	40,5
9,50	3395	— 48	2020	+ 5,5	0366	+ 15	1269	+ 7,5	0801	— 4,5	0623	— 18	2649	— 29,5	5030	— 40
52	3299	48,5	2031	5	0336	15	1254	8	0810	4,5	0587	17,5	2590	29,5	4950	39,5
54	3202	49	2041	5	0306	14,5	1238	8	0819	4	0552	17	2531	28,5	4871	39
56	3104	49	2051	4	0277	14,5	1222	8	0827	4,5	0518	16,5	2474	28,5	4793	38,5
58	3006	49,5	2059	3,5	0248	14,5	1206	8	0836	3,5	0485	16,5	2417	28	4716	38
9,60	2907	— 50	2066	+ 3,5	0219	+ 14,5	1190	+ 8	0843	— 3,5	0452	— 16	2361	— 28	4640	— 38
62	2807	50	2073	3	0190	14	1174	8	0850	3,5	0420	16	2305	27	4564	37,5
64	2707	50	2079	2	0162	13,5	1158	8,5	0857	3	0388	15	2251	27	4489	36,5
66	2607	50,5	2083	2	0135	14	1141	8,5	0863	2,5	0358	15	2197	26,5	4416	36,5
68	2506	50,5	2087	1,5	0107	13,5	1124	8,5	0868	2,5	0328	14,5	2144	26	4343	36,5
9,70	2405	— 51	2090	+ 1	0080	+ 13	1107	+ 8,5	0873	— 2,5	0299	— 14,5	2092	— 25,5	4270	— 35,5
72	2303	50,5	2092	+ 1	0054	13,5	1090	8,5	0878	2	0270	14	2041	25,5	4199	35,5
74	2202	51,5	2094	0	0027	13	1073	8,5	0882	2	0242	14	1990	25	4128	35
76	2099	51	2094	0	0001	12,5	1056	8,5	0886	1,5	0214	13	1940	24,5	4058	34,5
78	1997	51	2094	— 0,5	*0024	12,5	1039	9	0889	1,5	0188	13	1891	24	3989	34
9,80	1895	— 51,5	2093	— 1	0049	+ 12,5	1021	+ 8,5	0892	— 1	0162	— 13	1843	— 24	3921	— 33,5
82	1792	51,5	2091	1,5	0074	12,5	1004	9	0894	1	0136	12,5	1795	23,5	3854	33,5
84	1689	51	2088	2	0099	12	0986	9	0896	1	0111	12	1748	23	3787	33
86	1587	51,5	2084	2	0123	11,5	0968	8,5	0898	0,5	0087	12	1702	23	3721	32,5
88	1484	51,5	2080	2,5	0146	12	0951	9	0899	0,5	0063	11,5	1656	22	3656	32,5
9,90	1381	— 51	2075	— 3	0170	+ 11,5	0933	+ 9	0900	0	0040	— 11	1612	— 22	3591	— 31,5
92	1279	51,5	2069	3,5	0193	11	0915	9	0900	— 0,5	0018	11	1568	22	3528	31,5
94	1176	51	2062	4	0215	11	0897	9	0901	+ 0,5	*0004	11	1524	21,5	3465	31
96	1074	51,5	2054	4	0237	11	0879	9	0900	0	0026	10	1481	21	3403	31
98	0971	51	2046	4,5	0259	10,5	0861	9	0900	0,5	0046	10,5	1439	20,5	3341	30
10,00	0869		2037		0280		0843		0899		0067		1398		3281	
	+ 0,0		+ 0,0		+ 0,0		— 0,0		— 0,0		— 0,0		+ 0,0		+ 0,0	

Tafel 28. Besselsche Funktionen $J_{n/2}(x)$ *)
Table 28. Bessel Functions

x	$J_{1/2}(x)$	$J_{3/2}(x)$	$J_{5/2}(x)$	$J_{7/2}(x)$	$J_{9/2}(x)$	$J_{11/2}(x)$	$J_{13/2}(x)$
0	0	0	0	0	0	0	0
1	+ 0,6714	+ 0,2403	+ 0,4950 (— 1)	+ 0,7186 (— 2)	+ 0,8067 (— 3)	+ 0,7385 (— 4)	+ 0,5710 (— 5)
2	+ 0,5130	+ 0,4913	+ 0,2239	+ 0,6852 (— 1)	+ 0,1589 (— 1)	+ 0,2973 (— 2)	+ 0,4672 (— 3)
3	+ 0,6501 (— 1)	+ 0,4777	+ 0,4127	+ 0,2101	+ 0,7760 (— 1)	+ 0,2266 (— 1)	+ 0,5493 (— 2)
4	— 0,3019	+ 0,1853	+ 0,4409	+ 0,3658	+ 0,1993	+ 0,8261 (— 1)	+ 0,2787 (— 1)
5	— 0,3422	— 0,1697	+ 0,2404	+ 0,4100	+ 0,3337	+ 0,1906	+ 0,8558 (— 1)
6	— 0,9102 (— 1)	— 0,3279	— 0,7295 (— 1)	+ 0,2671	+ 0,3846	+ 0,3098	+ 0,1833
7	+ 0,1981	— 0,1991	— 0,2834	— 0,3403 (— 2)	+ 0,2800	+ 0,3634	+ 0,2911
8	+ 0,2791	+ 0,7593 (— 1)	— 0,2506	— 0,2326	+ 0,4712 (— 1)	+ 0,2856	+ 0,3456
9	+ 0,1096	+ 0,2545	— 0,2477 (— 1)	— 0,2683	— 0,1839	+ 0,8439 (— 1)	+ 0,2870
10	— 0,1373	+ 0,1980	+ 0,1967	— 0,9965 (— 1)	— 0,2664	— 0,1401	+ 0,1123
11	— 0,2406	— 0,2293 (— 1)	+ 0,2343	+ 0,1294	— 0,1519	— 0,2538	— 0,1018
12	— 0,1236	— 0,2047	+ 0,7242 (— 1)	+ 0,2348	+ 0,6457 (— 1)	— 0,1864	— 0,2354
13	+ 0,9298 (— 1)	— 0,1937	— 0,1377	+ 0,1407	+ 0,2134	+ 0,7055 (— 2)	— 0,2075
14	+ 0,2112	— 0,1407 (— 1)	— 0,2143	— 0,6245 (—1)	+ 0,1830	+ 0,1801	— 0,4151 (— 1)
15	+ 0,1340	+ 0,1654	— 0,1009	— 0,1991	+ 0,7984 (— 2)	+ 0,2039	+ 0,1415
16	— 0,5743 (— 1)	+ 0,1874	+ 0,9257 (— 1)	— 0,1585	— 0,1619	+ 0,6743 (— 1)	+ 0,2083
17	— 0,1860	+ 0,4230 (— 1)	+ 0,1935	+ 0,1461 (— 1)	— 0,1875	— 0,1139	+ 0,1138
18	— 0,1412	— 0,1320	+ 0,1192	+ 0,1651	— 0,5500 (— 1)	— 0,1926	— 0,6273 (— 1)
19	+ 0,2743 (— 1)	— 0,1795	— 0,5578 (— 1)	+ 0,1649	+ 0,1165	— 0,1097	— 0,1800
20	+ 0,1629	— 0,6466 (— 1)	— 0,1726	+ 0,2152 (— 1)	+ 0,1801	+ 0,5953 (— 1)	— 0,1474
21	+ 0,1457	+ 0,1023	— 0,1311	— 0,1335	+ 0,8656 (— 1)	+ 0,1706	+ 0,2808 (— 2)
22	— 0,1506 (— 2)	+ 0,1700	+ 0,2469 (— 1)	— 0,1644	— 0,7701 (— 1)	+ 0,1329	+ 0,1435
23	— 0,1408	+ 0,8253 (— 1)	+ 0,1516	— 0,4958 (— 1)	— 0,1666	— 0,1563 (— 1)	+ 0,1592
24	— 0,1475	— 0,7523 (— 1)	+ 0,1381	+ 0,1040	— 0,1078	— 0,1444	+ 0,4157 (— 1)
25	— 0,2112 (— 1)	— 0,1590	+ 0,2038 (— 2)	+ 0,1594	+ 0,4260 (— 1)	— 0,1441	— 0,1060
26	+ 0,1193	— 0,9664 (— 1)	— 0,1305	+ 0,7155 (— 1)	+ 0,1497	— 0,1972 (— 1)	— 0,1581
27	+ 0,1469	+ 0,5030 (— 1)	— 0,1413	— 0,7646 (— 1)	+ 0,1214	+ 0,1169	— 0,7380 (— 1)
28	+ 0,4085 (— 1)	+ 0,1466	— 0,2514 (— 1)	— 0,1511	— 0,1263 (— 1)	+ 0,1470	+ 0,7040 (— 1)
29	— 0,9833 (— 1)	+ 0,1074	+ 0,1094	— 0,8858 (— 1)	— 0,1308	+ 0,4798 (— 1)	+ 0,1490
30	— 0,1439	— 0,2727 (— 1)	+ 0,1412	+ 0,5080 (— 1)	— 0,1293	— 0,8961 (— 1)	+ 0,9649 (— 1)
31	— 0,5790 (— 1)	— 0,1330	+ 0,4503 (— 1)	+ 0,1402	— 0,1337 (— 1)	— 0,1441	— 0,3776 (— 1)
32	+ 0,7778 (— 1)	— 0,1152	— 0,8858 (— 1)	+ 0,1014	+ 0,1108	— 0,7024 (— 1)	— 0,1349
33	+ 0,1389	+ 0,6053 (— 2)	— 0,1383	— 0,2701 (— 1)	+ 0,1326	+ 0,6318 (— 1)	— 0,1115
34	+ 0,7240 (— 1)	+ 0,1182	— 0,6196 (— 1)	— 0,1274	+ 0,3574 (— 1)	+ 0,1368	+ 0,8521 (— 2)
35	— 0,5775 (— 1)	+ 0,1202	+ 0,6805 (— 1)	— 0,1105	— 0,9015 (— 1)	+ 0,8732 (— 1)	+ 0,1176
36	— 0,1319	+ 0,1335 (— 1)	+ 0,1330	+ 0,5119 (— 2)	— 0,1320	— 0,3812 (— 1)	+ 0,1204
37	— 0,8441 (— 1)	— 0,1027	+ 0,7609 (— 1)	+ 0,1130	— 0,5472 (— 1)	— 0,1263	+ 0,1718 (— 1)
38	+ 0,3836 (— 1)	— 0,1226	— 0,4804 (— 1)	+ 0,1163	+ 0,6946 (— 1)	— 0,9984 (— 1)	— 0,9836 (— 1)
39	+ 0,1231	— 0,3091 (— 1)	— 0,1255	+ 0,1482 (— 1)	+ 0,1282	+ 0,1476 (— 1)	— 0,1240
40	+ 0,9400 (— 1)	+ 0,8649 (— 1)	— 0,8751 (— 1)	— 0,9743 (— 1)	+ 0,7046 (— 1)	+ 0,1133	— 0,3931 (— 1)
41	— 0,1977 (— 1)	+ 0,1225	+ 0,2873 (— 1)	— 0,1190	— 0,4906 (— 1)	+ 0,1083	+ 0,7811 (— 1)
42	— 0,1128	+ 0,4656 (— 1)	+ 0,1162	— 0,3273 (— 1)	— 0,1216	+ 0,6668 (— 2)	+ 0,1234
43	— 0,1012	— 0,6990 (— 1)	+ 0,9633 (— 1)	+ 0,8110 (— 1)	— 0,8313 (— 1)	— 0,9850 (— 1)	+ 0,5793 (— 1)
44	+ 0,2129 (— 2)	— 0,1202	— 0,1033 (— 1)	+ 0,1190	+ 0,2927 (— 1)	— 0,1131	— 0,5753 (— 1)
45	+ 0,1012	— 0,6023 (— 1)	— 0,1052	+ 0,4854 (— 1)	+ 0,1128	— 0,2599 (— 1)	— 0,1191
46	+ 0,1061	+ 0,5315 (— 1)	— 0,1026	— 0,6430 (— 1)	+ 0,9284 (— 1)	— 0,8247 (— 1)	— 0,7312 (— 1)
47	+ 0,1438 (— 1)	+ 0,1158	— 0,6991 (— 2)	— 0,1165	— 0,1037 (— 1)	+ 0,1146	+ 0,3718 (— 1)
48	— 0,8848 (— 1)	+ 0,7188 (— 1)	+ 0,9297 (— 1)	— 0,6220 (— 1)	— 0,1020	+ 0,4306 (— 1)	+ 0,1119
49	— 0,1087	— 0,3648 (— 1)	+ 0,1065	+ 0,4735 (— 1)	— 0,9972 (— 1)	— 0,6566 (— 1)	+ 0,8497 (— 1)
50	— 0,2961 (— 1)	— 0,1095	+ 0,2304 (— 1)	+ 0,1118	— 0,7388 (— 2)	— 0,1131	— 0,1750 (— 1)

*) In Klammern beigefügte Zahlen (—n) besagen, daß der Tafelwert mit dem Faktor 10^{-n} zu multiplizieren ist.

Numbers (—n) added in parenthesis mean that the table value is to be multiplied by the factor 10^{-n}.

x	$J_{-1/2}(x)$	$J_{-3/2}(x)$	$J_{-5/2}(x)$	$J_{-7/2}(x)$	$J_{-9/2}(x)$	$J_{-11/2}(x)$	$J_{-13/2}(x)$
0	+ ∞	— ∞	+ ∞	— ∞	+ ∞	— ∞	+ ∞
1	+ 0,4311	— 1,1025	+ 2,8764	— 13,279	+ 90,080	— 797,44	+ 8681,7
2	— 0,2348	— 0,3956	+ 0,8282	— 1,6749	+ 5,0340	— 20,978	+ 110,35
3	— 0,4560	+ 0,8701 (— 1)	+ 0,3690	— 0,7021	+ 1,2691	— 3,1053	+ 10,117
4	— 0,2608	+ 0,3671	— 0,1457 (— 1)	— 0,3489	+ 0,6251	— 1,0577	+ 2,2834
5	+ 0,1012	+ 0,3219	— 0,2944	— 0,2755 (— 1)	+ 0,3329	— 0,5717	+ 0,9249
6	+ 0,3128	+ 0,3889 (— 1)	— 0,3322	+ 0,2379	+ 0,5460 (— 1)	— 0,3198	+ 0,5318
7	+ 0,2274	— 0,2306	— 0,1285	+ 0,3224	— 0,1939	— 0,7313 (— 1)	+ 0,3088
8	— 0,4104 (— 1)	— 0,2740	+ 0,1438	+ 0,1841	— 0,3049	+ 0,1589	+ 0,8641 (— 1)
9	— 0,2423	— 0,8268 (— 1)	+ 0,2699	— 0,6725 (— 1)	— 0,2176	+ 0,2848	— 0,1306
10	— 0,2117	+ 0,1584	+ 0,1642	— 0,2405	+ 0,4188 (— 2)	+ 0,2368	— 0,2646
11	+ 0,1065 (— 2)	+ 0,2405	— 0,6665 (— 1)	— 0,2102	+ 0,2004	+ 0,4622 (— 1)	— 0,2466
12	+ 0,1944	+ 0,1074	— 0,2212	— 0,1522 (— 1)	+ 0,2301	— 0,1573	— 0,8586 (— 1)
13	+ 0,2008	— 0,1084	— 0,1758	+ 0,1760	+ 0,8100 (— 1)	— 0,2321	+ 0,1154
14	+ 0,2916 (— 1)	— 0,2133	+ 0,1655 (— 1)	+ 0,2074	— 0,1203	— 0,1301	+ 0,2225
15	— 0,1565	— 0,1235	+ 0,1812	+ 0,6313 (— 1)	— 0,2107	+ 0,6327 (— 1)	+ 0,1643
16	— 0,1910	+ 0,6937 (— 1)	+ 0,1780	— 0,1250	— 0,1233	+ 0,1944	— 0,1030 (— 1)
17	— 0,5325 (— 1)	+ 0,1892	+ 0,1986 (— 1)	— 0,1950	+ 0,6044 (— 1)	+ 0,1630	— 0,1659
18	+ 0,1242	+ 0,1343	— 0,1466	— 0,9362 (— 1)	+ 0,1830	+ 0,2131 (— 2)	— 0,1843
19	+ 0,1810	— 0,3696 (— 1)	— 0,1751	+ 0,8305 (— 1)	+ 0,1445	— 0,1515	— 0,5682 (— 1)
20	+ 0,7281 (— 1)	— 0,1665	— 0,4783 (— 1)	+ 0,1785	— 0,1464 (— 1)	— 0,1719	+ 0,1092
21	— 0,9537 (— 1)	— 0,1411	+ 0,1155	+ 0,1136	— 0,1534	— 0,4788 (— 1)	+ 0,1785
22	— 0,1701	+ 0,9238 (— 2)	+ 0,1688	— 0,4761 (— 1)	— 0,1537	+ 0,1105	+ 0,9845 (— 1)
23	— 0,8865 (— 1)	+ 0,1446	+ 0,6978 (— 1)	— 0,1598	— 0,2114 (— 1)	+ 0,1681	— 0,5924 (— 1)
24	+ 0,6908 (— 1)	+ 0,1446	— 0,8716 (— 1)	— 0,1265	+ 0,1240	+ 0,7994 (— 1)	— 0,1607
25	+ 0,1582	+ 0,1479 (— 1)	— 0,1599	+ 0,1720 (— 1)	+ 0,1551	— 0,7304 (— 1)	— 0,1230
26	+ 0,1012	— 0,1232	— 0,8701 (— 1)	+ 0,1399	+ 0,4933 (— 1)	— 0,1570	+ 0,1710 (— 1)
27	— 0,4486 (— 1)	— 0,1452	+ 0,6099 (— 1)	+ 0,1339	— 0,9571 (— 1)	— 0,1020	+ 0,1373
28	— 0,1451	— 0,3566 (— 1)	+ 0,1490	+ 0,9064 (— 2)	— 0,1512	+ 0,3955 (— 1)	+ 0,1357
29	— 0,1108	+ 0,1021	+ 0,1003	— 0,1194	— 0,7144 (— 1)	+ 0,1416	+ 0,1773 (— 1)
30	+ 0,2247 (— 1)	+ 0,1432	— 0,3679 (— 1)	— 0,1370	+ 0,6877 (— 1)	+ 0,1164	— 0,1115
31	+ 0,1311	+ 0,5367 (— 1)	— 0,1363	— 0,3169 (— 1)	+ 0,1434	— 0,9951 (— 2)	— 0,1399
32	+ 0,1177	— 0,8145 (— 1)	— 0,1100	+ 0,9865 (— 1)	+ 0,8845 (— 1)	— 0,1235	— 0,4599 (— 1)
33	— 0,1844 (— 2)	— 0,1388	+ 0,1447 (— 1)	+ 0,1366	— 0,4345 (— 1)	— 0,1248	+ 0,8504 (— 1)
34	— 0,1161	— 0,6898 (— 1)	+ 0,1222	+ 0,5101 (— 1)	— 0,1327	— 0,1588 (— 1)	+ 0,1378
35	— 0,1219	+ 0,6123 (— 1)	+ 0,1166	— 0,7789 (— 1)	— 0,1011	+ 0,1039	+ 0,6841 (— 1)
36	— 0,1702 (— 1)	+ 0,1324	+ 0,5987 (— 2)	— 0,1332	+ 0,1991 (— 1)	+ 0,1282	— 0,5909 (— 1)
37	+ 0,1004	+ 0,8170 (— 1)	— 0,1070	— 0,6724 (— 1)	+ 0,1197	+ 0,3811 (— 1)	— 0,1311
38	+ 0,1236	— 0,4161 (— 1)	— 0,1203	+ 0,5745 (— 1)	+ 0,1098	— 0,8344 (— 1)	— 0,8560 (— 1)
39	+ 0,3407 (— 1)	— 0,1240	— 0,2453 (— 1)	+ 0,1272	+ 0,1705 (— 2)	— 0,1276	+ 0,3427 (— 1)
40	— 0,8414 (— 1)	— 0,9190 (— 1)	+ 0,9103 (— 1)	+ 0,8052 (— 1)	— 0,1051	— 0,5687 (— 1)	+ 0,1208
41	— 0,1230	+ 0,2277 (— 1)	+ 0,1214	— 0,3757 (— 1)	— 0,1150	+ 0,6280 (— 1)	+ 0,9810 (— 1)
42	— 0,4924 (— 1)	+ 0,1140	+ 0,4110 (— 1)	— 0,1189	— 0,2128 (— 1)	+ 0,1204	— 0,1026 (— 1)
43	+ 0,6754 (— 1)	+ 0,9964 (— 1)	— 0,7450 (— 1)	— 0,9097 (— 1)	+ 0,8931 (— 1)	+ 0,7228 (— 1)	— 0,1078
44	+ 0,1203	— 0,4863 (— 2)	— 0,1200	+ 0,1849 (— 1)	+ 0,1170	— 0,4243 (— 1)	— 0,1064
45	+ 0,6248 (— 1)	— 0,1026	— 0,5564 (— 1)	+ 0,1088	+ 0,3874 (— 1)	— 0,1165	— 0,1026 (— 1)
46	— 0,5084 (— 1)	— 0,1050	+ 0,5769 (— 1)	+ 0,9871 (— 1)	— 0,7271 (— 1)	— 0,8449 (— 1)	+ 0,9291 (— 1)
47	— 0,1155	— 0,1192 (— 1)	+ 0,1163	— 0,4427 (— 3)	— 0,1162	+ 0,2269 (— 1)	+ 0,1109
48	— 0,7372 (— 1)	+ 0,9001 (— 1)	+ 0,6810 (— 1)	— 0,8292 (— 1)	— 0,5600 (— 1)	+ 0,9342 (— 1)	+ 0,3460 (— 1)
49	+ 0,3426 (— 1)	+ 0,1080	— 0,4088 (— 1)	— 0,1038	+ 0,5571 (— 1)	+ 0,9361 (— 1)	— 0,7673 (— 1)
50	+ 0,1089	+ 0,2743 (— 1)	— 0,1105	— 0,1638 (— 1)	+ 0,1128	— 0,3933 (— 2)	— 0,1120

Tafel 29. Besselsche Funktionen $J_{n/3}(x)$, $J_{n/4}(x)$
Table 29. Bessel Functions $J_{n/3}(x)$, $J_{n/4}(x)$

x	$J_{1/4}(x)$	$J_{-1/4}(x)$	$J_{3/4}(x)$	$J_{-3/4}(x)$	$J_{1/3}(x)$	$J_{-1/3}(x)$	$J_{2/3}(x)$	$J_{-2/3}(x)$
0,0	0,0000	∞	0,0000	∞	0,0000	∞	0,0000	∞
2	+ 0,6155	+ 1,4319	+ 0,1924	+ 1,4892	+ 0,5159	+ 1,5672	+ 0,2372	+ 1,6808
4	0,7144	1,1559	0,3180	0,7770	0,6354	1,1879	0,3698	0,9625
6	0,7589	0,9737	0,4187	0,4442	0,7000	0,9582	0,4701	0,6156
8	0,7690	0,8170	0,4987	0,2193	0,7294	0,7731	0,5453	0,3769
1,0	+ 0,7522	+ 0,6694	+ 0,5587	+ 0,0447	+ 0,7309	+ 0,6069	+ 0,5979	+ 0,1883
2	0,7129	0,5260	0,5989	− 0,0985	0,7085	0,4516	0,6289	+ 0,0307
4	0,6545	0,3862	0,6194	0,2172	0,6654	0,3049	0,6391	− 0,1033
6	0,5804	0,2512	0,6208	0,3143	0,6048	0,1672	0,6296	0,2163
8	0,4937	0,1229	0,6038	0,3906	0,5296	+ 0,0397	0,6016	0,3093
2,0	+ 0,3978	+ 0,0036	+ 0,5698	− 0,4467	+ 0,4429	− 0,0757	+ 0,5570	− 0,3823
2	0,2962	− 0,1045	0,5204	0,4829	0,3482	0,1774	0,4978	0,4355
4	0,1923	0,1992	0,4578	0,4996	0,2488	0,2636	0,4265	0,4689
6	+ 0,0895	0,2788	0,3844	0,4977	0,1479	0,3330	0,3459	0,4831
8	− 0,0092	0,3418	0,3029	0,4784	+ 0,0490	0,3847	0,2589	0,4789
3,0	− 0,1006	− 0,3875	+ 0,2162	− 0,4434	− 0,0450	− 0,4182	+ 0,1684	− 0,4576
2	0,1824	0,4154	0,1273	0,3945	0,1312	0,4336	+ 0,0776	0,4209
4	0,2521	0,4256	+ 0,0391	0,3343	0,2071	0,4314	− 0,0105	0,3708
6	0,3081	0,4188	− 0,0455	0,2651	0,2707	0,4129	0,0932	0,3098
8	0,3493	0,3962	0,1238	0,1899	0,3205	0,3794	0,1680	0,2405
4,0	− 0,3748	− 0,3595	− 0,1935	− 0,1114	− 0,3554	− 0,3331	− 0,2325	− 0,1657
2	0,3845	0,3106	0,2525	− 0,0326	0,3749	0,2761	0,2852	0,0882
4	0,3788	0,2519	0,2992	+ 0,0438	0,3789	0,2111	0,3245	− 0,0110
6	0,3587	0,1861	0,3325	0,1152	0,3681	0,1409	0,3498	+ 0,0631
8	0,3255	0,1158	0,3518	0,1791	0,3434	− 0,0681	0,3606	0,1317
5,0	− 0,2810	− 0,0439	− 0,3569	+ 0,2336	− 0,3064	+ 0,0043	− 0,3571	+ 0,1925
2	0,2272	+ 0,0269	0,3481	0,2770	0,2589	0,0738	0,3401	0,2434
4	0,1666	0,0940	0,3264	0,3082	0,2032	0,1377	0,3106	0,2831
6	0,1017	0,1550	0,2929	0,3264	0,1415	0,1939	0,2703	0,3105
8	− 0,0351	0,2078	0,2493	0,3314	0,0765	0,2406	0,2209	0,3248
6,0	+ 0,0306	+ 0,2506	− 0,1976	+ 0,3234	− 0,0107	+ 0,2763	− 0,1646	+ 0,3262
2	0,0929	0,2823	0,1399	0,3033	+ 0,0534	0,3001	0,1038	0,3148
4	0,1497	0,3019	0,0787	0,2720	0,1133	0,3113	− 0,0409	0,2916
6	0,1988	0,3090	− 0,0163	0,2312	0,1670	0,3100	+ 0,0216	0,2578
8	0,2387	0,3038	+ 0,0449	0,1827	0,2125	0,2966	0,0815	0,2150
7,0	+ 0,2680	+ 0,2869	+ 0,1025	+ 0,1284	+ 0,2484	+ 0,2720	+ 0,1364	+ 0,1650
2	0,2860	0,2591	0,1545	0,0707	0,2735	0,2374	0,1844	0,1101
4	0,2923	0,2220	0,1991	+ 0,0118	0,2872	0,1944	0,2240	+ 0,0523
6	0,2869	0,1771	0,2348	− 0,0459	0,2893	0,1449	0,2538	− 0,0059
8	0,2704	0,1264	0,2604	0,1004	0,2799	0,0911	0,2729	0,0624
8,0	+ 0,2436	+ 0,0720	+ 0,2752	− 0,1496	+ 0,2598	+ 0,0350	+ 0,2808	− 0,1151
2	0,2080	+ 0,0161	0,2788	0,1917	0,2299	− 0,0211	0,2775	0,1619
4	0,1650	− 0,0390	0,2715	0,2253	0,1918	0,0750	0,2635	0,2013
6	0,1165	0,0913	0,2538	0,2493	0,1470	0,1247	0,2395	0,2319
8	0,0646	0,1388	0,2265	0,2631	0,0974	0,1683	0,2067	0,2526
9,0	+ 0,0113	− 0,1798	+ 0,1910	− 0,2662	+ 0,0451	− 0,2043	+ 0,1665	− 0,2630
2	− 0,0413	0,2128	0,1488	0,2588	− 0,0078	0,2315	0,1206	0,2629
4	0,0911	0,2367	0,1017	0,2415	0,0592	0,2490	0,0710	0,2525
6	0,1363	0,2508	0,0515	0,2150	0,1073	0,2563	+ 0,0197	0,2323
8	0,1752	0,2547	+ 0,0004	0,1807	0,1501	0,2533	− 0,0314	0,2035
10,0	− 0,2064	− 0,2484	− 0,0497	− 0,1399	− 0,1861	− 0,2405	− 0,0801	− 0,1672

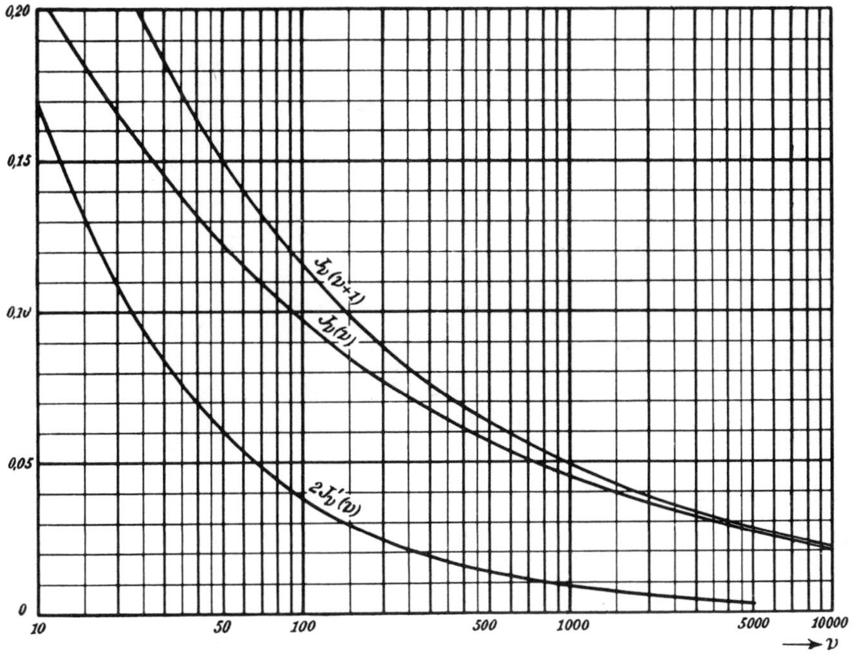

Fig. 98 Besselsche Funktion für $x = \nu$ und $x = \nu + 1$ bei großem ν

Fig. 98 Bessel function for $x = \nu$ and $x = \nu + 1$ for large ν

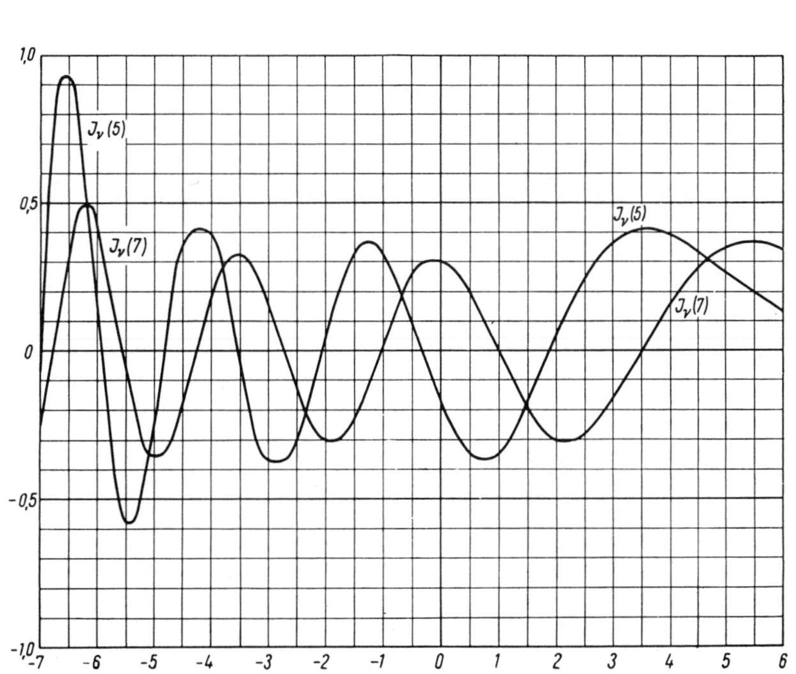

Fig. 99 J_ν (5) und / and J_ν (7)

Tafel 30. Besselsche Funktionen $J_\nu(n)$ *)
Table 30. Bessel Functions

ν	$J_\nu(1)$	$J_\nu(2)$	$J_\nu(3)$	$J_\nu(4)$	$J_\nu(5)$	$J_\nu(6)$
0	+ 0,7652	+ 0,2239	— 0,2601	— 0,3971	— 0,1776	+ 0,1506
0,5	+ 0,6714	+ 0,5130	+ 0,6501 (— 1)	— 0,3019	— 0,3422	— 0,9102 (— 1)
1,0	+ 0,4401	+ 0,5767	+ 0,3391	— 0,6604 (— 1)	— 0,3276	— 0,2767
1,5	+ 0,2403	+ 0,4913	+ 0,4777	+ 0,1853	— 0,1697	— 0,3279
2,0	+ 0,1149	+ 0,3528	+ 0,4861	+ 0,3641	+ 0,4657 (— 1)	— 0,2429
2,5	+ 0,4950 (— 1)	+ 0,2239	+ 0,4127	+ 0,4409	+ 0,2404	— 0,7295 (— 1)
3,0	+ 0,1956 (— 1)	+ 0,1289	+ 0,3091	+ 0,4302	+ 0,3648	+ 0,1148
3,5	+ 0,7186 (— 2)	+ 0,6852 (— 1)	+ 0,2101	+ 0,3658	+ 0,4100	+ 0,2671
4,0	+ 0,2477 (— 2)	+ 0,3400 (— 1)	+ 0,1320	+ 0,2811	+ 0,3912	+ 0,3576
4,5	+ 0,8067 (— 3)	+ 0,1589 (— 1)	+ 0,7760 (— 1)	+ 0,1993	+ 0,3337	+ 0,3846
5,0	+ 0,2498 (— 3)	+ 0,7040 (— 2)	+ 0,4303 (— 1)	+ 0,1321	+ 0,2611	+ 0,3621
5,5	+ 0,7385 (— 4)	+ 0,2973 (— 2)	+ 0,2266 (— 1)	+ 0,8261 (— 1)	+ 0,1906	+ 0,3098
6,0	+ 0,2094 (— 4)	+ 0,1202 (— 2)	+ 0,1139 (— 1)	+ 0,4909 (— 1)	+ 0,1310	+ 0,2458
6,5	+ 0,5710 (— 5)	+ 0,4672 (— 3)	+ 0,5493 (— 2)	+ 0,2787 (— 1)	+ 0,8558 (— 1)	+ 0,1833
7,0	+ 0,1502 (— 5)	+ 0,1749 (— 3)	+ 0,2547 (— 2)	+ 0,1518 (— 1)	+ 0,5338 (— 1)	+ 0,1296
8	+ 0,9422 (— 7)	+ 0,2218 (— 4)	+ 0,4934 (— 3)	+ 0,4029 (— 2)	+ 0,1841 (— 1)	+ 0,5653 (— 1)
9	+ 0,5249 (— 8)	+ 0,2492 (— 5)	+ 0,8440 (— 4)	+ 0,9386 (— 3)	+ 0,5520 (— 2)	+ 0,2117 (— 1)
10	+ 0,2631 (— 9)	+ 0,2515 (— 6)	+ 0,1293 (— 4)	+ 0,1950 (— 3)	+ 0,1468 (— 2)	+ 0,6964 (— 2)
11	+ 0,1198 (— 10)	+ 0,2304 (— 7)	+ 0,1794 (— 5)	+ 0,3660 (— 4)	+ 0,3509 (— 3)	+ 0,2048 (— 2)
12	+ 0,5000 (— 12)	+ 0,1933 (— 8)	+ 0,2276 (— 6)	+ 0,6264 (— 5)	+ 0,7628 (— 4)	+ 0,5452 (— 3)
13	+ 0,1926 (— 13)	+ 0,1495 (— 9)	+ 0,2659 (— 7)	+ 0,9859 (— 6)	+ 0,1521 (— 4)	+ 0,1327 (— 3)
14	+ 0,689 (— 15)	+ 0,1073 (— 10)	+ 0,2880 (— 8)	+ 0,1436 (— 6)	+ 0,2801 (— 5)	+ 0,2976 (— 4)
15	+ 0,23 (— 16)	+ 0,7183 (— 12)	+ 0,2908 (— 9)	+ 0,1948 (— 7)	+ 0,4797 (— 6)	+ 0,6192 (— 5)
16	+ 0,1 (— 17)	+ 0,4506 (— 13)	+ 0,2749 (— 10)	+ 0,2472 (— 8)	+ 0,7675 (— 7)	+ 0,1202 (— 5)
17		+ 0,2659 (— 14)	+ 0,2444 (— 11)	+ 0,2947 (— 9)	+ 0,1153 (— 7)	+ 0,2187 (— 6)
18		+ 0,148 (— 15)	+ 0,2050 (— 12)	+ 0,3313 (— 10)	+ 0,1631 (— 8)	+ 0,3746 (— 7)
19		+ 0,8 (— 17)	+ 0,1628 (— 13)	+ 0,3525 (— 11)	+ 0,2183 (— 9)	+ 0,6062 (— 8)
20			+ 0,1228 (— 14)	+ 0,3560 (— 12)	+ 0,2770 (— 10)	+ 0,9296 (— 9)
21			+ 0,88 (— 16)	+ 0,3420 (— 13)	+ 0,3344 (— 11)	+ 0,1355 (— 9)
22			+ 0,6 (— 17)	+ 0,3134 (— 14)	+ 0,3848 (— 12)	+ 0,1882 (— 10)
23				+ 0,275 (— 15)	+ 0,4231 (— 13)	+ 0,2496 (— 11)
24				+ 0,23 (— 16)	+ 0,4454 (— 14)	+ 0,3168 (— 12)
25				+ 0,2 (— 17)	+ 0,450 (— 15)	+ 0,3855 (— 13)
26					+ 0,44 (— 16)	+ 0,4507 (— 14)
27					+ 0,4 (— 17)	+ 0,507 (— 15)
28						+ 0,55 (— 16)
29						+ 0,6 (— 17)
30						+ 0,1 (— 17)

ν	$J_\nu(7)$	$J_\nu(8)$	$J_\nu(9)$	$J_\nu(10)$	$J_\nu(11)$	$J_\nu(12)$
0	+ 0,3001	+ 0,1717	— 0,9033 (— 1)	— 0,2459	— 0,1712	+ 0,4769 (— 1)
0,5	+ 0,1981	+ 0,2791	+ 0,1096	— 0,1373	— 0,2406	— 0,1236
1,0	— 0,4683 (— 2)	+ 0,2346	+ 0,2453	+ 0,4347 (— 1)	— 0,1768	— 0,2234
1,5	— 0,1991	+ 0,7593 (— 1)	+ 0,2545	+ 0,1980	— 0,2293 (— 1)	— 0,2047
2,0	— 0,3014	— 0,1130	+ 0,1448	+ 0,2546	+ 0,1390	— 0,8493 (— 1)

*) In Klammern beigefügte Zahlen (—n) besagen, daß der Tafelwert mit dem Faktor 10^{-n} zu multiplizieren ist.
Numbers (—n) added in parenthesis mean that the table value is to be multiplied by the factor 10^{-n}.

Tafel 30. Besselsche Funktionen $J_\nu(n)$ (Fortsetzung)
Table 30. Bessel Functions $J_\nu(n)$ (Continuation)

ν	$J_\nu(7)$	$J_\nu(8)$	$J_\nu(9)$	$J_\nu(10)$	$J_\nu(11)$	$J_\nu(12)$
2,5	− 0,2834	− 0,2506	− 0,2477 (− 1)	+ 0,1967	+ 0,2343	+ 0,7242 (− 1)
3,0	− 0,1676	− 0,2911	− 0,1809	+ 0,5838 (− 1)	+ 0,2273	+ 0,1951
3,5	− 0,3403 (− 2)	− 0,2326	− 0,2683	− 0,9965 (− 1)	+ 0,1294	+ 0,2348
4,0	+ 0,1578	− 0,1054	− 0,2655	− 0,2196	− 0,1504 (− 1)	+ 0,1825
4,5	+ 0,2800	+ 0,4712 (− 1)	− 0,1839	− 0,2664	− 0,1519	+ 0,6457 (− 1)
5,0	+ 0,3479	+ 0,1858	− 0,5504 (− 1)	− 0,2341	− 0,2383	− 0,7347 (− 1)
5,5	+ 0,3634	+ 0,2856	+ 0,8439 (− 1)	− 0,1401	− 0,2538	− 0,1864
6,0	+ 0,3392	+ 0,3376	+ 0,2043	− 0,1446 (− 1)	− 0,2016	− 0,2437
6,5	+ 0,2911	+ 0,3456	+ 0,2870	+ 0,1123	− 0,1018	− 0,2354
7,0	+ 0,2336	+ 0,3206	+ 0,3275	+ 0,2167	+ 0,1838 (− 1)	− 0,1703
7,5	+ 0,1772	+ 0,2759	+ 0,3302	+ 0,2861	+ 0,1334	− 0,6865 (− 1)
8,0	+ 0,1280	+ 0,2235	+ 0,3051	+ 0,3179	+ 0,2250	+ 0,4510 (− 1)
8,5	+ 0,8853 (− 1)	+ 0,1718	+ 0,2633	+ 0,3168	+ 0,2838	+ 0,1496
9,0	+ 0,5892 (− 1)	+ 0,1263	+ 0,2149	+ 0,2919	+ 0,3089	+ 0,2304
9,5	+ 0,3785 (− 1)	+ 0,8921 (− 1)	+ 0,1672	+ 0,2526	+ 0,3051	+ 0,2806
10,0	+ 0,2354 (− 1)	+ 0,6077 (− 1)	+ 0,1247	+ 0,2075	+ 0,2804	+ 0,3005
10,5	+ 0,1420 (− 1)	+ 0,4004 (− 1)	+ 0,8959 (− 1)	+ 0,1630	+ 0,2433	+ 0,2947
11,0	+ 0,8335 (− 2)	+ 0,2560 (− 1)	+ 0,6222 (− 1)	+ 0,1231	+ 0,2010	+ 0,2704
11,5	+ 0,4763 (− 2)	+ 0,1590 (− 1)	+ 0,4188 (− 1)	+ 0,8976 (− 1)	+ 0,1593	+ 0,2351
12,0	+ 0,2656 (− 2)	+ 0,9624 (− 2)	+ 0,2739 (− 1)	+ 0,6337 (− 1)	+ 0,1216	+ 0,1953
12,5	+ 0,1446 (− 2)	+ 0,5680 (− 2)	+ 0,1744 (− 1)	+ 0,4344 (− 1)	+ 0,8978 (− 1)	+ 0,1559
13,0	+ 0,7702 (− 3)	+ 0,3275 (− 2)	+ 0,1083 (− 1)	+ 0,2897 (− 1)	+ 0,6429 (− 1)	+ 0,1201
13,5	+ 0,4016 (− 3)	+ 0,1846 (− 2)	+ 0,6568 (− 2)	+ 0,1884 (− 1)	+ 0,4477 (− 1)	+ 0,8969 (− 1)
14,0	+ 0,2052 (− 3)	+ 0,1019 (− 2)	+ 0,3895 (− 2)	+ 0,1196 (− 1)	+ 0,3037 (− 1)	+ 0,6504 (− 1)
15	+ 0,5059 (− 4)	+ 0,2926 (− 3)	+ 0,1286 (− 2)	+ 0,4508 (− 2)	+ 0,1301 (− 1)	+ 0,3161 (− 1)
16	+ 0,1161 (− 4)	+ 0,7801 (− 4)	+ 0,3933 (− 3)	+ 0,1567 (− 2)	+ 0,5110 (− 2)	+ 0,1399 (− 1)
17	+ 0,2494 (− 5)	+ 0,1942 (− 4)	+ 0,1120 (− 3)	+ 0,5056 (− 3)	+ 0,1856 (− 2)	+ 0,5698 (− 2)
18	+ 0,5037 (− 6)	+ 0,4538 (− 5)	+ 0,2988 (− 4)	+ 0,1524 (− 3)	+ 0,6280 (− 3)	+ 0,2152 (− 2)
19	+ 0,9598 (− 7)	+ 0,9992 (− 6)	+ 0,7497 (− 5)	+ 0,4315 (− 4)	+ 0,1990 (− 3)	+ 0,7590 (− 3)
20	+ 0,1731 (− 7)	+ 0,2081 (− 6)	+ 0,1777 (− 5)	+ 0,1151 (− 4)	+ 0,5931 (− 4)	+ 0,2512 (− 3)
21	+ 0,2966 (− 8)	+ 0,4110 (− 7)	+ 0,3990 (− 6)	+ 0,2907 (− 5)	+ 0,1670 (− 4)	+ 0,7839 (− 4)
22	+ 0,4839 (− 9)	+ 0,7725 (− 8)	+ 0,8515 (− 7)	+ 0,6969 (− 6)	+ 0,4458 (− 5)	+ 0,2315 (− 4)
23	+ 0,7535 (− 10)	+ 0,1385 (− 8)	+ 0,1732 (− 7)	+ 0,1590 (− 6)	+ 0,1132 (− 5)	+ 0,6491 (− 5)
24	+ 0,1122 (− 10)	+ 0,2373 (− 9)	+ 0,3364 (− 8)	+ 0,3463 (− 7)	+ 0,2738 (− 6)	+ 0,1733 (− 5)
25	+ 0,1602 (− 11)	+ 0,3895 (− 10)	+ 0,6257 (− 9)	+ 0,7215 (− 8)	+ 0,6333 (− 7)	+ 0,4418 (− 6)
26	+ 0,2195 (− 12)	+ 0,6135 (− 11)	+ 0,1116 (− 9)	+ 0,1441 (− 8)	+ 0,1403 (− 7)	+ 0,1078 (− 6)
27	+ 0,2893 (− 13)	+ 0,9289 (− 12)	+ 0,1913 (− 10)	+ 0,2762 (− 9)	+ 0,2981 (− 8)	+ 0,2521 (− 7)
28	+ 0,3673 (− 14)	+ 0,1354 (− 12)	+ 0,3154 (− 11)	+ 0,5094 (− 10)	+ 0,6092 (− 9)	+ 0,5665 (− 8)
29	+ 0,450 (− 15)	+ 0,1903 (− 13)	+ 0,5014 (− 12)	+ 0,9050 (− 11)	+ 0,1198 (− 9)	+ 0,1225 (− 8)
30	+ 0,53 (− 16)	+ 0,2583 (− 14)	+ 0,7692 (− 13)	+ 0,1551 (− 11)	+ 0,2274 (− 10)	+ 0,2552 (− 9)
31	+ 0,6 (− 17)	+ 0,339 (− 15)	+ 0,1140 (− 13)	+ 0,2568 (− 12)	+ 0,4165 (− 11)	+ 0,5133 (− 10)
32	+ 0,1 (− 17)	+ 0,43 (− 16)	+ 0,1636 (− 14)	+ 0,4112 (− 13)	+ 0,7375 (− 12)	+ 0,9976 (− 11)
33		+ 0,5 (− 17)	+ 0,227 (− 15)	+ 0,6376 (− 14)	+ 0,1264 (− 12)	+ 0,1876 (− 11)
34		+ 0,1 (− 17)	+ 0,31 (− 16)	+ 0,958 (− 15)	+ 0,2100 (− 13)	+ 0,3417 (− 12)
35			+ 0,4 (− 17)	+ 0,140 (− 15)	+ 0,3383 (− 14)	+ 0,6035 (− 13)
36				+ 0,20 (− 16)	+ 0,529 (− 15)	+ 0,1035 (− 13)
37				+ 0,3 (− 17)	+ 0,80 (− 16)	+ 0,1723 (− 14)
38					+ 0,12 (− 16)	+ 0,279 (− 15)
39					+ 0,2 (− 17)	+ 0,44 (− 16)
40						+ 0,7 (− 17)
41						+ 0,1 (− 17)

Tafel 30. Besselsche Funktionen $J_\nu(n)$ (Fortsetzung)
Table 30. Bessel Functions $J_\nu(n)$ (Continuation)

ν	$J_\nu(13)$	$J_\nu(14)$	$J_\nu(15)$	$J_\nu(16)$	$J_\nu(17)$	$J_\nu(18)$
0	+ 0,2069	+ 0,1711	− 0,1422 (− 1)	− 0,1749	− 0,1699	− 0,1336 (− 1)
0,5	+ 0,9298 (− 1)	+ 0,2112	+ 0,1340	− 0,5743 (− 1)	− 0,1860	− 0,1412
1,0	− 0,7032 (− 1)	+ 0,1334	+ 0,2051	+ 0,9040 (− 1)	− 0,9767 (− 1)	− 0,1880
1,5	− 0,1937	− 0,1407 (− 1)	+ 0,1654	+ 0,1874	+ 0,4230 (− 1)	− 0,1320
2,0	− 0,2177	− 0,1520	+ 0,4157 (− 1)	+ 0,1862	+ 0,1584	− 0,7533 (− 2)
2,5	− 0,1377	− 0,2143	− 0,1009	+ 0,9257 (− 1)	+ 0,1935	+ 0,1192
3,0	+ 0,3320 (− 2)	− 0,1768	− 0,1940	− 0,4385 (− 1)	+ 0,1349	+ 0,1863
3,5	+ 0,1407	− 0,6245 (− 1)	− 0,1991	− 0,1585	+ 0,1461 (− 1)	+ 0,1651
4,0	+ 0,2193	+ 0,7624 (− 1)	− 0,1192	− 0,2026	− 0,1107	+ 0,6964 (− 1)
4,5	+ 0,2134	+ 0,1830	+ 0,7984 (− 2)	− 0,1619	− 0,1875	− 0,5500 (− 1)
5,0	+ 0,1316	+ 0,2204	+ 0,1305	− 0,5747 (− 1)	− 0,1870	− 0,1554
5,5	+ 0,7055 (− 2)	+ 0,1801	+ 0,2039	+ 0,6743 (− 1)	− 0,1139	− 0,1926
6,0	− 0,1180	+ 0,8117 (− 1)	+ 0,2061	+ 0,1667	+ 0,7153 (− 3)	− 0,1560
6,5	− 0,2075	− 0,4151 (− 1)	+ 0,1415	+ 0,2083	+ 0,1138	− 0,6273 (− 1)
7,0	− 0,2406	− 0,1508	+ 0,3446 (− 1)	+ 0,1825	+ 0,1875	+ 0,5140 (− 1)
7,5	− 0,2145	− 0,2187	− 0,8121 (− 1)	+ 0,1018	+ 0,2009	+ 0,1473
8,0	− 0,1410	− 0,2320	− 0,1740	− 0,7021 (− 2)	+ 0,1537	+ 0,1959
8,5	− 0,4006 (− 1)	− 0,1928	− 0,2227	− 0,1128	+ 0,6346 (− 1)	+ 0,1855
9,0	+ 0,6698 (− 1)	− 0,1143	− 0,2200	− 0,1895	− 0,4286 (− 1)	+ 0,1228
9,5	+ 0,1621	− 0,1541 (− 1)	− 0,1712	− 0,2217	− 0,1374	+ 0,2786 (− 1)
10,0	+ 0,2338	+ 0,8501 (− 1)	− 0,9007 (− 1)	− 0,2062	− 0,1991	− 0,7317 (− 1)
10,5	+ 0,2770	+ 0,1718	+ 0,5862 (− 2)	− 0,1504	− 0,2171	− 0,1561
11,0	+ 0,2927	+ 0,2357	+ 0,9995 (− 1)	− 0,6822 (− 1)	− 0,1914	− 0,2041
11,5	+ 0,2854	+ 0,2732	+ 0,1794	+ 0,2427 (− 1)	− 0,1307	− 0,2100
12,0	+ 0,2615	+ 0,2855	+ 0,2367	+ 0,1124	− 0,4857 (− 1)	− 0,1762
12,5	+ 0,2279	+ 0,2770	+ 0,2692	+ 0,1853	+ 0,4024 (− 1)	− 0,1122
13,0	+ 0,1901	+ 0,2536	+ 0,2787	+ 0,2368	+ 0,1228	− 0,3092 (− 1)
13,5	+ 0,1528	+ 0,2214	+ 0,2693	+ 0,2653	+ 0,1899	+ 0,5414 (− 1)
14,0	+ 0,1188	+ 0,1855	+ 0,2464	+ 0,2724	+ 0,2364	+ 0,1316
14,5	+ 0,8953 (− 1)	+ 0,1500	+ 0,2155	+ 0,2623	+ 0,2613	+ 0,1934
15,0	+ 0,6564 (− 1)	+ 0,1174	+ 0,1813	+ 0,2399	+ 0,2666	+ 0,2356
15,5	+ 0,4691 (− 1)	+ 0,8931 (− 1)	+ 0,1474	+ 0,2102	+ 0,2559	+ 0,2575
16,0	+ 0,3272 (− 1)	+ 0,6613 (− 1)	+ 0,1162	+ 0,1775	+ 0,2340	+ 0,2611
16,5	+ 0,2232 (− 1)	+ 0,4777 (− 1)	+ 0,8905 (− 1)	+ 0,1450	+ 0,2054	+ 0,2500
17,0	+ 0,1491 (− 1)	+ 0,3372 (− 1)	+ 0,6653 (− 1)	+ 0,1150	+ 0,1739	+ 0,2286
17,5	+ 0,9760 (− 2)	+ 0,2330 (− 1)	+ 0,4853 (− 1)	+ 0,8876 (− 1)	+ 0,1427	+ 0,2009
18,0	+ 0,6269 (− 2)	+ 0,1577 (− 1)	+ 0,3463 (− 1)	+ 0,6685 (− 1)	+ 0,1138	+ 0,1706
18,5	+ 0,3955 (− 2)	+ 0,1047 (− 1)	+ 0,2419 (− 1)	+ 0,4920 (− 1)	+ 0,8844 (− 1)	+ 0,1406
19,0	+ 0,2452 (− 2)	+ 0,6824 (− 2)	+ 0,1657 (− 1)	+ 0,3544 (− 1)	+ 0,6710 (− 1)	+ 0,1127
20	+ 0,8971 (− 3)	+ 0,2753 (− 2)	+ 0,7360 (− 2)	+ 0,1733 (− 1)	+ 0,3619 (− 1)	+ 0,6731 (− 1)
21	+ 0,3087 (− 3)	+ 0,1041 (− 2)	+ 0,3054 (− 2)	+ 0,7879 (− 2)	+ 0,1804 (− 1)	+ 0,3686 (− 1)
22	+ 0,1004 (− 3)	+ 0,3711 (− 3)	+ 0,1190 (− 2)	+ 0,3354 (− 2)	+ 0,8380 (− 2)	+ 0,1871 (− 1)
23	+ 0,3092 (− 4)	+ 0,1251 (− 3)	+ 0,4379 (− 3)	+ 0,1343 (− 2)	+ 0,3651 (− 2)	+ 0,8864 (− 2)
24	+ 0,9060 (− 5)	+ 0,4006 (− 4)	+ 0,1527 (− 3)	+ 0,5087 (− 3)	+ 0,1500 (− 2)	+ 0,3946 (− 2)
25	+ 0,2532 (− 5)	+ 0,1221 (− 4)	+ 0,5060 (− 4)	+ 0,1828 (− 3)	+ 0,5831 (− 3)	+ 0,1658 (− 2)
26	+ 0,6761 (− 6)	+ 0,3555 (− 5)	+ 0,1599 (− 4)	+ 0,6253 (− 4)	+ 0,2154 (− 3)	+ 0,6607 (− 3)
27	+ 0,1730 (− 6)	+ 0,9902 (− 6)	+ 0,4829 (− 5)	+ 0,2042 (− 4)	+ 0,7586 (− 4)	+ 0,2504 (− 3)
28	+ 0,4249 (− 7)	+ 0,2645 (− 6)	+ 0,1398 (− 5)	+ 0,6380 (− 5)	+ 0,2553 (− 4)	+ 0,9057 (− 4)
29	+ 0,1004 (− 7)	+ 0,6790 (− 7)	+ 0,3883 (− 6)	+ 0,1912 (− 5)	+ 0,8228 (− 5)	+ 0,3133 (− 4)

ν	$J_\nu(13)$	$J_\nu(14)$	$J_\nu(15)$	$J_\nu(16)$	$J_\nu(17)$	$J_\nu(18)$
30	+ 0,2283 (− 8)	+ 0,1678 (− 7)	+ 0,1037 (− 6)	+ 0,5505 (− 6)	+ 0,2546 (− 5)	+ 0,1039 (− 4)
31	+ 0,5009 (− 9)	+ 0,3995 (− 8)	+ 0,2670 (− 7)	+ 0,1526 (− 6)	+ 0,7577 (− 6)	+ 0,3313 (− 5)
32	+ 0,1062 (− 9)	+ 0,9187 (− 9)	+ 0,6632 (− 8)	+ 0,4078 (− 7)	+ 0,2172 (− 6)	+ 0,1016 (− 5)
33	+ 0,2176 (− 10)	+ 0,2042 (− 9)	+ 0,1591 (− 8)	+ 0,1052 (− 7)	+ 0,6009 (− 7)	+ 0,3005 (− 6)
34	+ 0,4320 (− 11)	+ 0,4392 (− 10)	+ 0,3693 (− 9)	+ 0,2625 (− 8)	+ 0,1606 (− 7)	+ 0,8583 (− 7)
35	+ 0,8310 (− 12)	+ 0,9155 (− 11)	+ 0,8301 (− 10)	+ 0,6339 (− 9)	+ 0,4153 (− 8)	+ 0,2370 (− 7)
36	+ 0,1551 (− 12)	+ 0,1851 (− 11)	+ 0,1809 (− 10)	+ 0,1484 (− 9)	+ 0,1040 (− 8)	+ 0,6335 (− 8)
37	+ 0,2812 (− 13)	+ 0,3632 (− 12)	+ 0,3827 (− 11)	+ 0,3368 (− 10)	+ 0,2526 (− 9)	+ 0,1641 (− 8)
38	+ 0,4956 (− 14)	+ 0,6928 (− 13)	+ 0,7863 (− 12)	+ 0,7426 (− 11)	+ 0,5956 (− 10)	+ 0,4126 (− 9)
39	+ 0,850 (− 15)	+ 0,1285 (− 13)	+ 0,1571 (− 12)	+ 0,1591 (− 11)	+ 0,1364 (− 10)	+ 0,1007 (− 9)
40	+ 0,142 (− 15)	+ 0,2320 (− 14)	+ 0,3054 (− 13)	+ 0,3317 (− 12)	+ 0,3039 (− 11)	+ 0,2391 (− 10)
41	+ 0,23 (− 16)	+ 0,408 (− 15)	+ 0,5781 (− 14)	+ 0,6733 (− 13)	+ 0,6590 (− 12)	+ 0,5520 (− 11)
42	+ 0,4 (− 17)	+ 0,70 (− 16)	+ 0,1067 (− 14)	+ 0,1331 (− 13)	+ 0,1392 (− 12)	+ 0,1241 (− 11)
43	+ 0,1 (− 17)	+ 0,12 (− 16)	+ 0,192 (− 15)	+ 0,2567 (− 14)	+ 0,2865 (− 13)	+ 0,2719 (− 12)
44		+ 0,2 (− 17)	+ 0,34 (− 16)	+ 0,483 (− 15)	+ 0,5752 (− 14)	+ 0,5810 (− 13)
45			+ 0,6 (− 17)	+ 0,89 (− 16)	+ 0,1127 (− 14)	+ 0,1211 (− 13)
46			+ 0,1 (− 17)	+ 0,16 (− 16)	+ 0,216 (− 15)	+ 0,2466 (− 14)
47				+ 0,3 (− 17)	+ 0,40 (− 16)	+ 0,490 (− 15)
48					+ 0,7 (− 17)	+ 0,95 (− 16)
49					+ 0,1 (− 17)	+ 0,18 (− 16)
50						+ 0,3 (− 17)

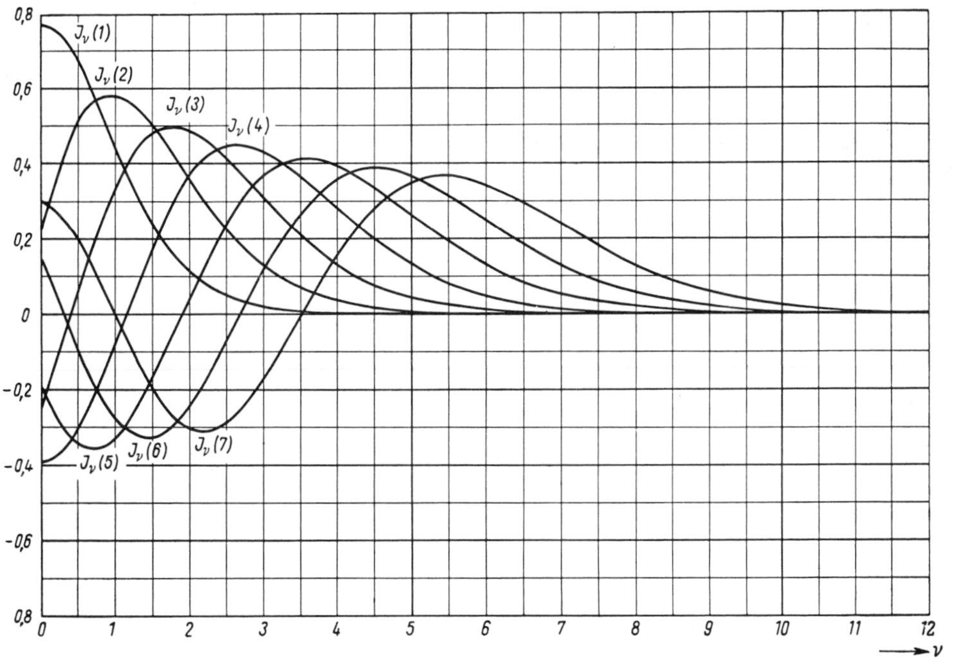

Fig. 100 Besselsche Funktionen bei konstantem Argument und variabler Ordnung

Fig. 100 Bessel functions of constant argument and variable order

ν	J_ν (19)	J_ν (20)	J_ν (21)	J_ν (22)	J_ν (23)	J_ν (24)
0	+ 0,1466	+ 0,1670	+ 0,3658 (— 1)	— 0,1207	— 0,1624	— 0,5623 (— 1)
0,5	+ 0,2743 (— 1)	+ 0,1629	+ 0,1457	— 0,1506 (— 2)	— 0,1408	— 0,1475
1,0	— 0,1057	+ 0,6683 (— 1)	+ 0,1711	+ 0,1172	— 0,3952 (— 1)	— 0,1540
1,5	— 0,1795	— 0,6466 (— 1)	+ 0,1023	+ 0,1700	+ 0,8253 (— 1)	— 0,7523 (— 1)
2,0	— 0,1578	— 0,1603	— 0,2028 (— 1)	+ 0,1313	+ 0,1590	+ 0,4339 (— 1)
2,5	— 0,5578 (— 1)	— 0,1726	— 0,1311	+ 0,2469 (— 1)	+ 0,1516	+ 0,1381
3,0	+ 0,7249 (— 1)	— 0,9890 (— 1)	— 0,1750	— 0,9330 (— 1)	+ 0,6717 (— 1)	+ 0,1613
3,5	+ 0,1649	+ 0,2152 (— 1)	— 0,1335	— 0,1644	— 0,4958 (— 1)	+ 0,1040
4,0	+ 0,1806	+ 0,1307	— 0,2971 (— 1)	— 0,1568	— 0,1415	— 0,3076 (— 2)
4,5	+ 0,1165	+ 0,1801	+ 0,8656 (— 1)	— 0,7701 (— 1)	— 0,1666	— 0,1078
5,0	+ 0,3572 (— 2)	+ 0,1512	+ 0,1637	+ 0,3630 (— 1)	— 0,1164	— 0,1623
5,5	— 0,1097	+ 0,5953 (— 1)	+ 0,1706	+ 0,1329	— 0,1563 (— 1)	— 0,1444
6,0	— 0,1788	— 0,5509 (— 1)	+ 0,1076	+ 0,1733	+ 0,9086 (— 1)	— 0,6455 (— 1)
6,5	— 0,1800	— 0,1474	+ 0,2808 (— 2)	+ 0,1435	+ 0,1592	+ 0,4157 (— 1)
7,0	— 0,1165	— 0,1842	— 0,1022	+ 0,5820 (— 1)	+ 0,1638	+ 0,1300
8	+ 0,9294 (— 1)	— 0,7387 (— 1)	— 0,1757	— 0,1362	+ 0,8829 (— 2)	+ 0,1404
9	+ 0,1947	+ 0,1251	— 0,3175 (— 1)	— 0,1573	— 0,1576	— 0,3643 (— 1)
10	+ 0,9155 (— 1)	+ 0,1865	+ 0,1485	+ 0,7547 (— 2)	— 0,1322	— 0,1677
11	— 0,9837 (— 1)	+ 0,6136 (— 1)	+ 0,1732	+ 0,1641	+ 0,4268 (— 1)	— 0,1033
12	— 0,2055	— 0,1190	+ 0,3293 (— 1)	+ 0,1566	+ 0,1730	+ 0,7299 (— 1)
13	— 0,1612	— 0,2041	— 0,1356	+ 0,6688 (— 2)	+ 0,1379	+ 0,1763
14	— 0,1507 (— 1)	— 0,1464	— 0,2008	— 0,1487	— 0,1718 (— 1)	+ 0,1180
15	+ 0,1389	— 0,8121 (— 3)	— 0,1321	— 0,1959	— 0,1588	— 0,3863 (— 1)
16	+ 0,2345	+ 0,1452	+ 0,1202 (— 1)	— 0,1185	— 0,1899	— 0,1663
17	+ 0,2559	+ 0,2331	+ 0,1505	+ 0,2358 (— 1)	— 0,1055	— 0,1831
18	+ 0,2235	+ 0,2511	+ 0,2316	+ 0,1549	+ 0,3402 (— 1)	— 0,9311 (— 1)
19	+ 0,1676	+ 0,2189	+ 0,2465	+ 0,2299	+ 0,1587	+ 0,4345 (— 1)
20	+ 0,1116	+ 0,1647	+ 0,2145	+ 0,2422	+ 0,2282	+ 0,1619
21	+ 0,6746 (— 1)	+ 0,1106	+ 0,1621	+ 0,2105	+ 0,2381	+ 0,2264
22	+ 0,3748 (— 1)	+ 0,6758 (— 1)	+ 0,1097	+ 0,1596	+ 0,2067	+ 0,2343
23	+ 0,1934 (— 1)	+ 0,3805 (— 1)	+ 0,6767 (— 1)	+ 0,1087	+ 0,1573	+ 0,2031
24	+ 0,9331 (— 2)	+ 0,1993 (— 1)	+ 0,3857 (— 1)	+ 0,6773 (— 1)	+ 0,1078	+ 0,1550
25	+ 0,4237 (— 2)	+ 0,9781 (— 2)	+ 0,2049 (— 1)	+ 0,3905 (— 1)	+ 0,6777 (— 1)	+ 0,1070
26	+ 0,1819 (— 2)	+ 0,4524 (— 2)	+ 0,1022 (— 1)	+ 0,2102 (— 1)	+ 0,3949 (— 1)	+ 0,6778 (— 1)
27	+ 0,7412 (— 3)	+ 0,1981 (— 2)	+ 0,4806 (— 2)	+ 0,1064 (— 1)	+ 0,2152 (— 1)	+ 0,3990 (— 1)
28	+ 0,2877 (— 3)	+ 0,8242 (— 3)	+ 0,2143 (— 2)	+ 0,5084 (— 2)	+ 0,1104 (— 1)	+ 0,2200 (— 1)
29	+ 0,1066 (— 3)	+ 0,3270 (— 3)	+ 0,9094 (— 3)	+ 0,2307 (— 2)	+ 0,5357 (— 2)	+ 0,1143 (— 1)
30	+ 0,3785 (— 4)	+ 0,1240 (— 3)	+ 0,3682 (— 3)	+ 0,9965 (— 3)	+ 0,2470 (— 2)	+ 0,5626 (— 2)
31	+ 0,1289 (— 4)	+ 0,4508 (— 4)	+ 0,1427 (— 3)	+ 0,4113 (— 3)	+ 0,1085 (— 2)	+ 0,2633 (— 2)
32	+ 0,4223 (— 5)	+ 0,1574 (— 4)	+ 0,5304 (— 4)	+ 0,1626 (— 3)	+ 0,4561 (— 3)	+ 0,1176 (— 2)
33	+ 0,1333 (— 5)	+ 0,5289 (— 5)	+ 0,1895 (— 4)	+ 0,6171 (— 4)	+ 0,1837 (— 3)	+ 0,5024 (— 3)
34	+ 0,4057 (— 6)	+ 0,1713 (— 5)	+ 0,6521 (— 5)	+ 0,2253 (— 4)	+ 0,7110 (— 4)	+ 0,2060 (— 3)
35	+ 0,1193 (— 6)	+ 0,5358 (— 6)	+ 0,2164 (— 5)	+ 0,7927 (— 5)	+ 0,2649 (— 4)	+ 0,8119 (— 4)
36	+ 0,3396 (— 7)	+ 0,1620 (— 6)	+ 0,6941 (— 6)	+ 0,2692 (— 5)	+ 0,9516 (— 5)	+ 0,3083 (— 4)
37	+ 0,9362 (— 8)	+ 0,4742 (— 7)	+ 0,2153 (— 6)	+ 0,8839 (— 6)	+ 0,3302 (— 5)	+ 0,1130 (— 4)
38	+ 0,2503 (— 8)	+ 0,1345 (— 7)	+ 0,6471 (— 7)	+ 0,2809 (— 6)	+ 0,1108 (— 5)	+ 0,4000 (— 5)
39	+ 0,6496 (— 9)	+ 0,3704 (— 8)	+ 0,1886 (— 7)	+ 0,8652 (— 7)	+ 0,3603 (— 6)	+ 0,1371 (— 5)
40	+ 0,1638 (— 9)	+ 0,9902 (— 9)	+ 0,5336 (— 8)	+ 0,2586 (— 7)	+ 0,1136 (— 6)	+ 0,4553 (— 6)
41	+ 0,4018 (— 10)	+ 0,2574 (— 9)	+ 0,1467 (— 8)	+ 0,7506 (— 8)	+ 0,3476 (— 7)	+ 0,1467 (— 6)
42	+ 0,9594 (— 11)	+ 0,6510 (— 10)	+ 0,3922 (— 9)	+ 0,2118 (— 8)	+ 0,1034 (— 7)	+ 0,4590 (— 7)
43	+ 0,2231 (— 11)	+ 0,1604 (— 10)	+ 0,1021 (— 9)	+ 0,5816 (— 9)	+ 0,2989 (— 8)	+ 0,1396 (— 7)
44	+ 0,5059 (— 12)	+ 0,3849 (— 11)	+ 0,2589 (— 10)	+ 0,1555 (— 9)	+ 0,8417 (— 9)	+ 0,4133 (— 8)

ν	J_ν (19)	J_ν (20)	J_ν (21)	J_ν (22)	J_ν (23)	J_ν (24)
45	+ 0,1119 (− 12)	+ 0,9011 (− 12)	+ 0,6402 (− 11)	+ 0,4054 (− 10)	+ 0,2309 (− 9)	+ 0,1191 (− 8)
46	+ 0,2416 (− 13)	+ 0,2059 (− 12)	+ 0,1544 (− 11)	+ 0,1031 (− 10)	+ 0,6175 (− 10)	+ 0,3347 (− 9)
47	+ 0,5096 (− 14)	+ 0,4594 (− 13)	+ 0,3637 (− 12)	+ 0,2557 (− 11)	+ 0,1611 (− 10)	+ 0,9172 (− 10)
48	+ 0,1051 (− 14)	+ 0,1002 (− 13)	+ 0,8368 (− 13)	+ 0,6196 (− 12)	+ 0,4105 (− 11)	+ 0,2453 (− 10)
49	+ 0,212 (− 15)	+ 0,2135 (− 14)	+ 0,1882 (− 13)	+ 0,1467 (− 12)	+ 0,1022 (− 11)	+ 0,6409 (− 11)
50	+ 0,42 (− 16)	+ 0,445 (− 15)	+ 0,4139 (− 14)	+ 0,3397 (− 13)	+ 0,2486 (− 12)	+ 0,1636 (− 11)
51	+ 0,8 (− 17)	+ 0,91 (− 16)	+ 0,891 (− 15)	+ 0,7696 (− 14)	+ 0,5917 (− 13)	+ 0,4085 (− 12)
52	+ 0,2 (− 17)	+ 0,18 (− 16)	+ 0,188 (− 15)	+ 0,1706 (− 14)	+ 0,1378 (− 13)	+ 0,9976 (− 13)
53		+ 0,4 (− 17)	+ 0,39 (− 16)	+ 0,370 (− 15)	+ 0,3142 (− 14)	+ 0,2385 (− 13)
54		+ 0,1 (− 17)	+ 0,8 (− 17)	+ 0,79 (− 16)	+ 0,702 (− 15)	+ 0,5585 (− 14)
55			+ 0,2 (− 17)	+ 0,16 (− 16)	+ 0,154 (− 15)	+ 0,1281 (− 14)
56				+ 0,3 (− 17)	+ 0,34 (− 16)	+ 0,288 (− 15)
57				+ 0,1 (− 17)	+ 0,7 (− 17)	+ 0,64 (− 16)
58					+ 0,1 (− 17)	+ 0,14 (− 16)
59						+ 0,3 (− 17)
60						+ 0,1 (− 17)

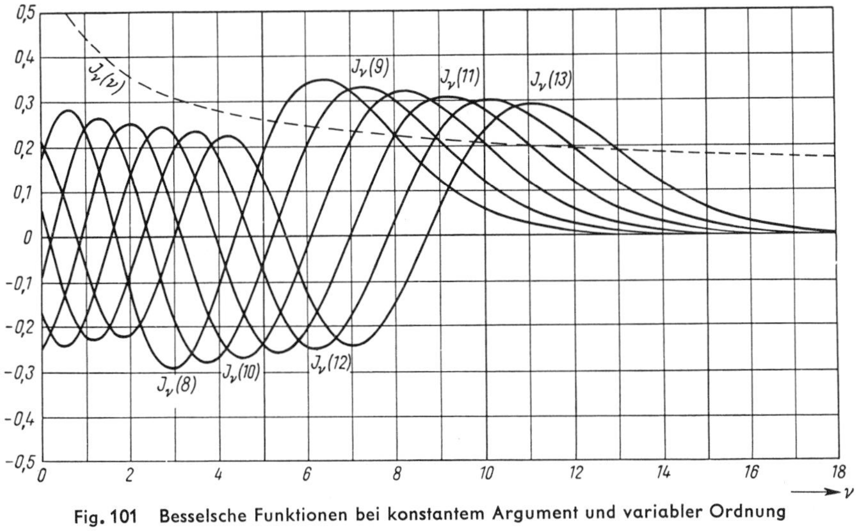

Fig. 101 Besselsche Funktionen bei konstantem Argument und variabler Ordnung

Fig. 101 Bessel functions of constant argument and variable order

ν	J_ν (25)	J_ν (26)	J_ν (27)	J_ν (28)	J_ν (29)
0	+ 0,0963	+ 0,1560	+ 0,0727	− 0,0732	− 0,1478
1	− 0,1254	+ 0,0150	+ 0,1366	+ 0,1306	+ 0,0069
2	− 0,1063	− 0,1548	− 0,0626	+ 0,0825	+ 0,1483
3	+ 0,1083	− 0,0389	− 0,1459	− 0,1188	+ 0,0135
4	+ 0,1323	+ 0,1459	+ 0,0302	− 0,1079	− 0,1455
5	− 0,0660	+ 0,0838	+ 0,1548	+ 0,0879	− 0,0537
6	− 0,1587	− 0,1137	+ 0,0271	+ 0,1393	+ 0,1270
7	− 0,0102	− 0,1362	− 0,1428	− 0,0282	+ 0,1062
8	+ 0,1530	+ 0,0403	− 0,1012	− 0,1534	− 0,0757
9	+ 0,1081	+ 0,1610	+ 0,0828	− 0,0595	− 0,1480
10	− 0,0752	+ 0,0712	+ 0,1564	+ 0,1152	− 0,0161
11	− 0,1682	− 0,1063	+ 0,0330	+ 0,1418	+ 0,1369
12	− 0,0729	− 0,1611	− 0,1295	− 0,0038	+ 0,1200
13	+ 0,0983	− 0,0424	− 0,1481	− 0,1450	− 0,0376
14	+ 0,1751	+ 0,1187	− 0,0131	− 0,1309	− 0,1537
15	+ 0,0978	+ 0,1702	+ 0,1345	+ 0,0142	− 0,1108
16	− 0,0577	+ 0,0777	+ 0,1625	+ 0,1461	+ 0,0391
17	− 0,1717	− 0,0745	+ 0,0582	+ 0,1527	+ 0,1539
18	− 0,1758	− 0,1752	− 0,0893	+ 0,0394	+ 0,1414
19	− 0,0814	− 0,1681	− 0,1772	− 0,1021	+ 0,0216
20	+ 0,0520	− 0,0704	− 0,1601	− 0,1779	− 0,1131
21	+ 0,1646	+ 0,0597	− 0,0600	− 0,1521	− 0,1776
22	+ 0,2246	+ 0,1669	+ 0,0668	− 0,0502	− 0,1441
23	+ 0,2306	+ 0,2227	+ 0,1688	+ 0,0732	− 0,0410
24	+ 0,1998	+ 0,2271	+ 0,2209	+ 0,1704	+ 0,0790
25	+ 0,1529	+ 0,1966	+ 0,2238	+ 0,2190	+ 0,1718
26	+ 0,1061	+ 0,1510	+ 0,1936	+ 0,2207	+ 0,2172
27	+ 0,6778 (− 1)	+ 0,1053	+ 0,1491	+ 0,1908	+ 0,2176
28	+ 0,4028 (− 1)	+ 0,6776 (− 1)	+ 0,1045	+ 0,1473	+ 0,1881
29	+ 0,2245 (− 1)	+ 0,4063 (− 1)	+ 0,6773 (− 1)	+ 0,1038	+ 0,1456
30	+ 0,1181 (− 1)	+ 0,2288 (− 1)	+ 0,4096 (− 1)	+ 0,6769 (− 1)	+ 0,1030
31	+ 0,5889 (− 2)	+ 0,1217 (− 1)	+ 0,2329 (− 1)	+ 0,4126 (− 1)	+ 0,6763 (− 1)
32	+ 0,2795 (− 2)	+ 0,6147 (− 2)	+ 0,1253 (− 1)	+ 0,2368 (− 1)	+ 0,4155 (− 1)
33	+ 0,1267 (− 2)	+ 0,2957 (− 2)	+ 0,6400 (− 2)	+ 0,1287 (− 1)	+ 0,2405 (− 1)
34	+ 0,550 (− 3)	+ 0,1360 (− 2)	+ 0,3118 (− 2)	+ 0,6648 (− 2)	+ 0,1320 (− 1)
35	+ 0,229 (− 3)	+ 0,599 (− 3)	+ 0,1453 (− 2)	+ 0,3278 (− 2)	+ 0,6891 (− 2)
36	+ 0,92 (− 4)	+ 0,254 (− 3)	+ 0,650 (− 3)	+ 0,1548 (− 2)	+ 0,3437 (− 2)
37	+ 0,36 (− 4)	+ 0,103 (− 3)	+ 0,279 (− 3)	+ 0,701 (− 3)	+ 0,1642 (− 2)
38	+ 0,13 (− 4)	+ 0,41 (− 4)	+ 0,116 (− 3)	+ 0,306 (− 3)	+ 0,754 (− 3)
39	+ 0,5 (− 5)	+ 0,15 (− 4)	+ 0,46 (− 4)	+ 0,128 (− 3)	+ 0,333 (− 3)
40	+ 0,2 (− 5)	+ 0,6 (− 5)	+ 0,18 (− 4)	+ 0,52 (− 4)	+ 0,142 (− 3)
41	+ 0,1 (− 5)	+ 0,2 (− 5)	+ 0,7 (− 5)	+ 0,20 (− 4)	+ 0,58 (− 4)
42		+ 0,1 (− 5)	+ 0,2 (− 5)	+ 0,8 (− 5)	+ 0,23 (− 4)
43			+ 0,1 (− 5)	+ 0,3 (− 5)	+ 0,9 (− 5)
44				+ 0,1 (− 5)	+ 0,3 (− 5)

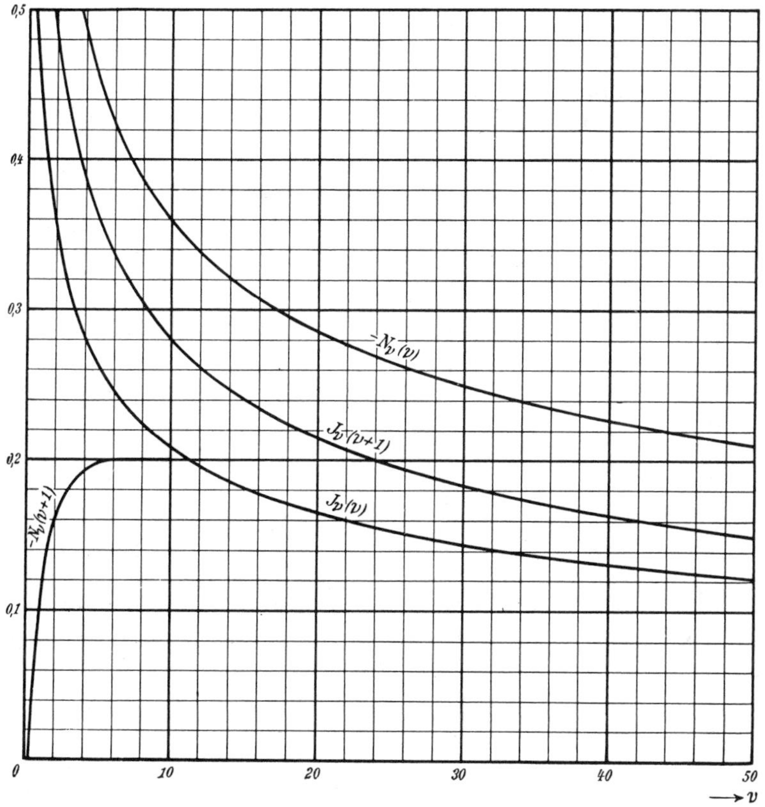

Fig. 102 Besselsche und Neumannsche Funktion für $x = \nu$ und $x = \nu + 1$

Fig. 102 Bessel and Neumann function for $x = \nu$ and $x = \nu + 1$

Tafel 31. Neumannsche Funktionen $N_0(x)$, $N_1(x)$
Table 31. Neumann Functions $N_0(x)$, $N_1(x)$

x	$N_0(x)$	Δ	$N_1(x)$	Δ
0,00	— ∞		— ∞	
02	2,564		31,860	
04	2,122		15,964	
06	1,863		10,676	
08	1,678		8,038	
0,10	— 1,534	+ 59!	— 6,459	
12	1,416	50	5,409	
14	1,316	44	4,662	
16	1,228	38,5	4,103	
18	1,151	35	3,670	
0,20	— 1,081	+ 31,5	— 3,324	
22	1,018	29,5	3,042	
24	0,959	27	2,807	
26	0,905	25	2,609	
28	0,855	24	2,440	
0,30	— 0,807	+ 22	— 2,293	+ 64
32	0,763	21	2,165	56,5
34	0,721	20	2,052	50
36	0,681	19,5	1,952	45
38	0,642	18	1,862	40,5
0,40	— 0,6060	+ 174	— 1,781	+ 36,5
42	0,5712	167,5	1,708	33,5
44	0,5377	161	1,641	30,5
46	0,5055	155	1,580	28,5
48	0,4745	150	1,523	26
0,50	— 0,4445	+ 144,5	— 1,471	+ 24
52	0,4156	140	1,423	22,5
54	0,3876	136	1,378	20,5
56	0,3604	131,5	1,337	20
58	0,3341	128	1,297	18,5
0,60	— 0,3085	+ 124	— 1,260	+ 17
62	0,2837	121	1,226	16,5
64	0,2595	118	1,193	16
66	0,2359	114,5	1,161	14,5
68	0,2130	111,5	1,132	14,5
0,70	— 0,1907	+ 109	— 1,1032	+ 135,5
72	0,1689	106,5	1,0761	129,5
74	0,1476	103,5	1,0502	124,5
76	0,1269	101,5	1,0253	120
78	0,1066	99	1,0013	116
0,80	— 0,0868	+ 96,5	— 0,9781	+ 111,5
82	0,0675	94,5	0,9558	108
84	0,0486	92,5	0,9342	105
86	0,0301	90,5	0,9132	101,5
88	— 0,0120	88	0,8929	99
0,90	+ 0,0056	+ 86,5	— 0,8731	+ 96
92	0,0229	84,5	0,8539	94
94	0,0398	82,5	0,8351	92
96	0,0563	81	0,8167	89,5
98	0,0725	79	0,7988	88
1,00	+ 0,0883		— 0,7812	

x	$N_0(x)$	Δ	$N_1(x)$	Δ
	+ 0,		— 0,	
1,00	0883	+ 77	7812	+ 86
02	1037	75,5	7640	84,5
04	1188	74	7471	83
06	1336	72	7305	81,5
08	1480	71	7142	80,5
1,10	1622	+ 69	6981	+ 79
12	1760	67,5	6823	78
14	1895	65,5	6667	77
16	2026	64,5	6513	76
18	2155	63	6361	75
1,20	2281	+ 61,5	6211	+ 74
22	2404	59,5	6063	73,5
24	2523	58,5	5916	72,5
26	2640	57	5771	71,5
28	2754	55,5	5628	71,5
1,30	2865	+ 54,5	5485	+ 70,5
32	2974	52,5	5344	70
34	3079	51,5	5204	69
36	3182	50	5066	69
38	3282	48,5	4928	68,5
1,40	3379	+ 47	4791	+ 67,5
42	3473	46	4656	67,5
44	3565	44,5	4521	66,5
46	3654	43,5	4388	66,5
48	3741	41,5	4255	66
1,50	3824	+ 41	4123	+ 65,5
52	3906	39	3992	65
54	3984	38	3862	65
56	4060	36,5	3732	64
58	4133	35,5	3604	64
1,60	4204	+ 34,5	3476	+ 63,5
62	4273	32,5	3349	63,5
64	4338	31,5	3222	63
66	4401	30,5	3096	62
68	4462	29	2972	62,5
1,70	4520	+ 28	2847	+ 61,5
72	4576	26,5	2724	61,5
74	4629	25,5	2601	61
76	4680	24	2479	61
78	4728	23	2357	60
1,80	4774	+ 22	2237	+ 60
82	4818	20,5	2117	60
84	4859	19,5	1997	59
86	4898	18	1879	59
88	4934	17	1761	58,5
1,90	4968	+ 16	1644	+ 58
92	5000	14,5	1528	58
94	5029	13,5	1412	57,5
96	5056	12,5	1297	56,5
98	5081	11,5	1184	57
2,00	5104		1070	
	+ 0,		— 0,	

x	$N_0(x)$	Δ	$N_1(x)$	Δ
	+ 0,		— 0,	
2,00	5104	+ 10	1070	+ 56
02	5124	9	0958	56
04	5142	8	0846	55
06	5158	7	0736	55
08	5172	5,5	0626	54,5
2,10	5183	+ 4,5	0517	+ 54
12	5192	3,5	0409	54
14	5199	2,5	0301	53
16	5204	1,5	0195	52,5
18	5207	+ 0,5	0090	52,5
2,20	5208	— 0,5	*0015	+ 51,5
22	5207	2	0118	51,5
24	5203	2,5	0221	51
26	5198	4	0323	50
28	5190	4,5	0423	50
2,30	5181	— 6	0523	+ 49
32	5169	6,5	0621	49
34	5156	7,5	0719	48
36	5141	9	0815	48
38	5123	9,5	0911	47
2,40	5104	— 10,5	1005	+ 46,5
42	5083	11,5	1098	46
44	5060	12	1190	45,5
46	5036	13,5	1281	45
48	5009	14	1371	44
2,50	4981	— 15	1459	+ 44
52	4951	16	1547	43
54	4919	17	1633	42,5
56	4885	17,5	1718	41,5
58	4850	18,5	1801	41,5
2,60	4813	— 19	1884	+ 40,5
62	4775	20	1965	40
64	4735	21	2045	39
66	4693	21,5	2123	38,5
68	4650	22,5	2200	38
2,70	4605	— 23	2276	+ 37,5
72	4559	24	2351	36,5
74	4511	24,5	2424	36
76	4462	25,5	2496	35
78	4411	26	2566	34,5
2,80	4359	— 26,5	2635	+ 34
82	4306	27,5	2703	33
84	4251	28	2769	32,5
86	4195	28,5	2834	31,5
88	4138	29,5	2897	31
2,90	4079	— 30	2959	+ 30,5
92	4019	30,5	3020	29,5
94	3958	31	3079	28,5
96	3896	31,5	3136	28
98	3833	32	3192	27,5
3,00	3769		3247	
	+ 0,		+ 0,	

x	$N_0(x)$		$N_1(x)$	
	+ 0,		+ 0,	
3,00	3769	− 33	3247	+ 26,5
02	3703	33	3300	25,5
04	3637	34	3351	25
06	3569	34,5	3401	24
08	3500	34,5	3449	23,5
3,10	3431	− 35	3496	+ 23
12	3361	36	3542	21,5
14	3289	36	3585	21
16	3217	36,5	3627	20,5
18	3144	36,5	3668	19,5
3,20	3071	− 37,5	3707	+ 19
22	2996	37,5	3745	17,5
24	2921	38	3780	17,5
26	2845	38,5	3815	16
28	2768	38,5	3847	16
3,30	2691	− 39	3879	+ 14,5
32	2613	39	3908	14
34	2535	39,5	3936	13
36	2456	40	3962	12,5
38	2376	40	3987	11,5
3,40	2296	− 40	4010	+ 11
42	2216	40,5	4032	10
44	2135	40,5	4052	9
46	2054	41	4070	8,5
48	1972	41	4087	7,5
3,50	1890	− 41	4102	+ 6,5
52	1808	41	4115	6
54	1726	41,5	4127	5,5
56	1643	41,5	4138	4,5
58	1560	41,5	4147	3,5
3,60	1477	− 41,5	4154	+ 3
62	1394	41,5	4160	2
64	1311	42	4164	1
66	1227	41,5	4166	+ 0,5
68	1144	41,5	4167	0
3,70	1061	− 42	4167	− 1
72	0977	41,5	4165	2
74	0894	41,5	4161	2,5
76	0811	41,5	4156	3,5
78	0728	41,5	4149	4
3,80	0645	− 41,5	4141	− 4,5
82	0562	41	4132	6
84	0480	41,5	4120	6
86	0397	41	4108	7
88	0315	40,5	4094	8
3,90	0234	− 41	4078	− 8,5
92	0152	40,5	4061	9
94	0071	40	4043	10
96	*0009	40,5	4023	10,5
98	0090	39,5	4002	11,5
4,00	0169		3979	
	− 0,		+ 0,	

x	$N_0(x)$		$N_1(x)$	
	− 0,		+ 0,	
4,00	0169	− 40	3979	− 12
02	0249	39,5	3955	12,5
04	0328	39	3930	13,5
06	0406	39	3903	14
08	0484	38,5	3875	14,5
4,10	0561	− 38,5	3846	− 15,5
12	0638	38	3815	16
14	0714	37,5	3783	16,5
16	0789	37,5	3750	17
18	0864	37	3716	18
4,20	0938	− 36,5	3680	− 18,5
22	1011	36	3643	19
24	1083	36	3605	19,5
26	1155	35,5	3566	20,5
28	1226	35	3525	20,5
4,30	1296	− 34,5	3484	− 21,5
32	1365	34,5	3441	22
34	1434	33,5	3397	22
36	1501	33,5	3353	23
38	1568	32,5	3307	23,5
4,40	1633	− 32,5	3260	− 24
42	1698	32	3212	24,5
44	1762	31,5	3163	25
46	1825	30,5	3113	25,5
48	1886	30,5	3062	26
4,50	1947	− 30	3010	− 26,5
52	2007	29	2957	26,5
54	2065	29	2904	27,5
56	2123	28	2849	27,5
58	2179	28	2794	28,5
4,60	2235	− 27	2737	− 28,5
62	2289	26,5	2680	28,5
64	2342	26	2623	29,5
66	2394	25	2564	29,5
68	2444	25	2505	30
4,70	2494	− 24	2445	− 30,5
72	2542	23,5	2384	30,5
74	2589	23	2323	31
76	2635	22,5	2261	31
78	2680	21,5	2199	31,5
4,80	2723	− 21	2136	− 32
82	2765	20,5	2072	32
84	2806	19,5	2008	32,5
86	2845	19,5	1943	32,5
88	2884	18,5	1878	33
4,90	2921	− 17,5	1812	− 33
92	2956	17	1746	33
94	2990	16,5	1680	33,5
96	3023	16	1613	33,5
98	3055	15	1546	33,5
5,00	3085		1479	
	− 0,		+ 0,	

x	$N_0(x)$		$N_1(x)$	
	− 0,		+ 0,	
5,00	3085	− 14,5	1479	− 34
02	3114	14	1411	34
04	3142	13	1343	34
06	3168	12,5	1275	34,5
08	3193	11,5	1206	34,5
5,10	3216	− 11	1137	− 34
12	3238	10,5	1069	34,5
14	3259	9,5	1000	35
16	3278	9	0930	34,5
18	3296	8,5	0861	34,5
5,20	3313	− 7,5	0792	− 34,5
22	3328	6,5	0723	35
24	3341	6,5	0653	34,5
26	3354	5,5	0584	34,5
28	3365	4,5	0515	35
5,30	3374	− 4,5	0445	− 34,5
32	3383	3	0376	34,5
34	3389	3	0307	34,5
36	3395	2	0238	34
38	3399	1,5	0170	34,5
5,40	3402	− 0,5	0101	− 34
42	3403	0	0033	34
44	3403	+ 0,5	*0035	34
46	3402	1,5	0103	33,5
48	3399	2	0170	34
5,50	3395	+ 3	0238	− 33
52	3389	3	0304	33,5
54	3383	4	0371	33
56	3375	5	0437	33
58	3365	5,5	0503	32,5
5,60	3354	+ 6	0568	− 32,5
62	3342	6,5	0633	32
64	3329	7	0697	32
66	3315	8	0761	31,5
68	3299	8,5	0824	31,5
5,70	3282	+ 9,5	0887	− 31
72	3263	9,5	0949	31
74	3244	10,5	1011	30,5
76	3223	11	1072	30,5
78	3201	12	1133	29,5
5,80	3177	+ 12	1192	− 29,5
82	3153	13	1251	29,5
84	3127	13	1310	29
86	3101	14	1368	28,5
88	3073	14,5	1425	28
5,90	3044	+ 15,5	1481	− 27,5
92	3013	15,5	1536	27,5
94	2982	16	1591	27
96	2950	17	1645	26,5
98	2916	17	1698	26
6,00	2882		1750	
	− 0,		− 0,	

x	$N_0(x)$		$N_1(x)$		x	$N_0(x)$		$N_1(x)$		x	$N_0(x)$		$N_1(x)$	
	−0,		−0,			−0,		−0,			+0,		−0,	
6,00	2882	+18	1750	−25,5	7,00	0259	+30	3027	+2	8,00	2235	+15,5	1581	+24,5
02	2846	18	1801	25,5	02	0199	30	3023	3	02	2266	15	1532	25
04	2810	19	1852	25	04	0139	30,5	3017	3	04	2296	15	1482	25
06	2772	19	1902	24	06	0078	30	3011	4	06	2326	14	1432	25
08	2734	20	1950	24	08	0018	30	3003	4	08	2354	13,5	1382	25,5
6,10	2694	+20	1998	−23,5	7,10	*0042	+30	2995	+5	8,10	2381	+13	1331	+25,5
12	2654	20,5	2045	23	12	0102	29,5	2985	5,5	12	2407	12,5	1280	25,5
14	2613	21,5	2091	22,5	14	0161	30	2974	6	14	2432	12	1229	26
16	2570	21,5	2136	22	16	0221	29,5	2962	6,5	16	2456	11,5	1177	26
18	2527	22	2180	21,5	18	0280	29,5	2949	7,5	18	2479	11	1125	26,5
6,20	2483	+22,5	2223	−21	7,20	0339	+29	2934	+7,5	8,20	2501	+10,5	1072	+26
22	2438	22,5	2265	20,5	22	0397	29	2919	8,5	22	2522	10	1020	26,5
24	2393	23,5	2306	20	24	0455	29	2902	8,5	24	2542	9,5	0967	27
26	2346	23,5	2346	19,5	26	0513	29	2885	9,5	26	2561	8,5	0913	26,5
28	2299	24	2385	18,5	28	0571	28,5	2866	10	28	2578	8,5	0860	27
6,30	2251	+24,5	2422	−18,5	7,30	0628	+28	2846	+10,5	8,30	2595	+8	0806	+27
32	2202	25	2459	18	32	0684	28,5	2825	11	32	2611	7	0752	27
34	2152	25	2495	17,5	34	0741	28	2803	11,5	34	2625	7	0698	27
36	2102	25,5	2530	16,5	36	0797	27,5	2780	12	36	2639	6	0644	27,5
38	2051	26	2563	16,5	38	0852	27,5	2756	12,5	38	2651	5,5	0589	27
6,40	1999	+26	2596	−15,5	7,40	0907	+27	2731	+13	8,40	2662	+5	0535	+27,5
42	1947	26,5	2627	15	42	0961	27	2705	13,5	42	2672	4,5	0480	27
44	1894	26,5	2657	14,5	44	1015	26,5	2678	14	44	2681	4	0426	27,5
46	1841	27	2686	14	46	1068	26,5	2650	14,5	46	2689	3,5	0371	27,5
48	1787	27,5	2714	13,5	48	1121	26	2621	15	48	2696	3	0316	27
6,50	1732	+27,5	2741	−13	7,50	1173	+26	2591	+15,5	8,50	2702	+2,5	0262	+27,5
52	1677	27,5	2767	12	52	1225	25,5	2560	15,5	52	2707	1,5	0207	27,5
54	1622	28	2791	11,5	54	1276	25	2529	16,5	54	2710	1,5	0152	27
56	1566	28,5	2814	11	56	1326	24,5	2496	17	56	2713	0,5	0098	27,5
58	1509	28,5	2836	10,5	58	1375	24,5	2462	17	58	2714	+0,5	0043	27
6,60	1452	+28,5	2857	−10	7,60	1424	+24	2428	+17,5	8,60	2715	−0,5	*0011	+27
62	1395	29	2877	9,5	62	1472	24	2393	18	62	2714	1	0065	27
64	1337	29	2896	8,5	64	1520	23,5	2357	18,5	64	2712	1,5	0119	27
66	1279	29	2913	8,5	66	1567	23	2320	19	66	2709	2	0173	27
68	1221	29,5	2930	7,5	68	1613	22,5	2282	19,5	68	2705	2,5	0227	26,5
6,70	1162	+29,5	2945	−6,5	7,70	1658	+22	2243	+19,5	8,70	2700	−3	0280	+26,5
72	1103	29,5	2958	6,5	72	1702	22	2204	20	72	2694	3,5	0333	26,5
74	1044	30	2971	6	74	1746	21,5	2164	20,5	74	2687	4,5	0386	26,5
76	0984	30	2983	5	76	1789	21	2123	21	76	2678	4,5	0439	26
78	0924	30	2993	4,5	78	1831	20,5	2081	21	78	2669	5	0491	26,5
6,80	0864	+30	3002	−4	7,80	1872	+20,5	2039	+21,5	8,80	2659	−6	0544	+25,5
82	0804	30	3010	3	82	1913	19,5	1996	22	82	2647	6	0595	26
84	0744	30	3016	3	84	1952	19,5	1952	22	84	2635	7	0647	25,5
86	0684	30,5	3022	2	86	1991	18,5	1908	22,5	86	2621	7	0698	25
88	0623	30	3026	1,5	88	2028	18,5	1863	23	88	2607	7,5	0748	25,5
6,90	0563	+30,5	3029	−1	7,90	2065	+18	1817	+23	8,90	2592	−8,5	0799	+25
92	0502	30,5	3031	−0,5	92	2101	17,5	1771	23,5	92	2575	8,5	0849	24,5
94	0441	30	3032	+0,5	94	2136	17	1724	23,5	94	2558	9,5	0898	24,5
96	0381	30,5	3031	0,5	96	2170	16,5	1677	24	96	2539	9,5	0947	24
98	0320	30,5	3030	1,5	98	2203	16	1629	24	98	2520	10,5	0995	24
7,00	0259		3027		8,00	2235		1581		9,00	2499		1043	
	−0,		−0,			+0,		−0,			+0,		+0,	

x	$N_0(x)$		$N_1(x)$	
	+ 0,		+ 0,	
9,00	2499	−10,5	1043	+24
02	2478	11	1091	23
04	2456	11,5	1137	23,5
06	2433	12,5	1184	22,5
08	2408	12,5	1229	23
9,10	2383	−13	1275	+22
12	2357	13	1319	22
14	2331	14	1363	21,5
16	2303	14,5	1406	21,5
18	2274	14,5	1449	21
9,20	2245	−15	1491	+20,5
22	2215	15,5	1532	20,5
24	2184	16	1573	20
26	2152	16,5	1613	19,5
28	2119	16,5	1652	19,5
9,30	2086	−17	1691	+18,5
32	2052	17,5	1728	18,5
34	2017	18	1765	18
36	1981	18	1801	18
38	1945	19	1837	17
9,40	1907	−18,5	1871	+17
42	1870	19,5	1905	16,5
44	1831	19,5	1938	16
46	1792	20	1970	15,5
48	1752	20	2001	15,5
9,50	1712	−20,5	2032	+14,5
52	1671	20,5	2061	14,5
54	1630	21	2090	14
56	1588	21,5	2118	13,5
58	1545	21,5	2145	13
9,60	1502	−22	2171	+12,5
62	1458	22	2196	12
64	1414	22,5	2220	11,5
66	1369	22,5	2243	11
68	1324	22,5	2265	11
9,70	1279	−23	2287	+10
72	1233	23,5	2307	9,5
74	1186	23	2326	9,5
76	1140	23,5	2345	8,5
78	1093	24	2362	8,5
9,80	1045	−23,5	2379	+7,5
82	0998	24,5	2394	7,5
84	0949	24	2409	7
86	0901	24	2423	6
88	0853	24,5	2435	6
9,90	0804	−24,5	2447	+5,5
92	0755	25	2458	4,5
94	0705	24,5	2467	4,5
96	0656	25	2476	4
98	0606	24,5	2484	3
10,00	0557		2490	
	+ 0,		+ 0,	

x	$N_0(x)$		$N_1(x)$	
	+ 0,		+ 0,	
10,00	0557	−25	2490	+3
02	0507	25	2496	2
04	0457	25	2500	2
06	0407	25	2504	1,5
08	0357	25	2507	0,5
10,10	0307	−25,5	2508	+0,5
12	0256	25	2509	0
14	0206	25	2509	−1
16	0156	25	2507	1
18	0106	25	2505	1,5
10,20	0056	−25	2502	−2
22	0006	25	2498	3
24	*0044	25	2492	3
26	0094	24,5	2486	3,5
28	0143	25	2479	4
10,30	0193	−24,5	2471	−4,5
32	0242	24,5	2462	5,5
34	0291	24,5	2451	5,5
36	0340	24,5	2440	6
38	0389	24	2428	6
10,40	0437	−24,5	2416	−7
42	0486	24	2402	7,5
44	0534	23,5	2387	8
46	0581	23,5	2371	8
48	0628	23,5	2355	9
10,50	0675	−23,5	2337	−9
52	0722	23	2319	10
54	0768	23	2299	10
56	0814	22,5	2279	10,5
58	0859	22,5	2258	11
10,60	0904	−22,5	2236	−11
62	0949	22	2214	12
64	0993	21,5	2190	12
66	1036	21,5	2166	13
68	1079	21,5	2140	13
10,70	1122	−21	2114	−13
72	1164	20,5	2088	14
74	1205	20,5	2060	14
76	1246	20,5	2032	14,5
78	1287	19,5	2003	15
10,80	1326	−20	1973	−15,5
82	1366	19	1942	15,5
84	1404	19	1911	16
86	1442	18,5	1879	16,5
88	1479	18,5	1846	16,5
10,90	1516	−18	1813	−17
92	1552	17,5	1779	17
94	1587	17,5	1745	18
96	1622	16,5	1709	17,5
98	1655	16,5	1674	18,5
11,00	1688		1637	
	− 0,		+ 0,	

x	$N_0(x)$		$N_1(x)$	
	− 0,		+ 0,	
11,00	1688	−16,5	1637	−18,5
02	1721	15,5	1600	19
04	1752	15,5	1562	19
06	1783	15	1524	19
08	1813	15	1486	20
11,10	1843	−14	1446	−19,5
12	1871	14	1407	20,5
14	1899	13,5	1366	20
16	1926	13	1326	20,5
18	1952	12,5	1285	21
11,20	1977	−12,5	1243	−21
22	2002	11,5	1201	21
24	2025	11,5	1159	21,5
26	2048	11	1116	21,5
28	2070	10,5	1073	22
11,30	2091	−10	1029	−21,5
32	2111	9,5	0986	22,5
34	2130	9,5	0941	22
36	2149	8,5	0897	22,5
38	2166	8,5	0852	22,5
11,40	2183	−8	0807	−22,5
42	2199	7	0762	22,5
44	2213	7	0717	23
46	2227	6,5	0671	23
48	2240	6	0625	23
11,50	2252	−5,5	0579	−23
52	2263	5,5	0533	23
54	2274	4,5	0487	23
56	2283	4	0441	23,5
58	2291	4	0394	23
11,60	2299	−3	0348	−23,5
62	2305	3	0301	23,5
64	2311	2	0254	23
66	2315	2	0208	23,5
68	2319	1,5	0161	23,5
11,70	2322	−1	0114	−23
72	2324	−0,5	0068	23,5
74	2325	+0,5	0021	23
76	2324	0	*0025	23,5
78	2324	1	0072	23
11,80	2322	+1,5	0118	−23
82	2319	2	0164	23
84	2315	2,5	0210	23
86	2310	2,5	0256	23
88	2305	3,5	0302	22,5
11,90	2298	+3,5	0347	−22,5
92	2291	4	0392	22,5
94	2283	5	0437	22,5
96	2273	5	0482	22,5
98	2263	5,5	0527	22
12,00	2252		0571	
	− 0,		− 0,	

Tafel 31. Neumannsche Funktionen $N_0(x)$, $N_1(x)$ (Fortsetzung)
Table 31. Neumann Functions $N_0(x)$, $N_1(x)$ (Continuation)

x	$N_0(x)$		$N_1(x)$	
	−0,		−0,	
12,00	2252	+ 5,5	0571	− 22
02	2241	6,5	0615	22
04	2228	7	0659	21,5
06	2214	7	0702	21,5
08	2200	8	0745	21
12,10	2184	+ 8	0787	− 21,5
12	2168	8,5	0830	20,5
14	2151	9	0871	21
16	2133	9	0913	20,5
18	2115	10	0954	20
12,20	2095	+ 10	0994	− 20
22	2075	10,5	1034	20
24	2054	11	1074	19,5
26	2032	11,5	1113	19
28	2009	11,5	1151	19
12,30	1986	+ 12	1189	− 19
32	1962	12,5	1227	18,5
34	1937	13	1264	18
36	1911	13	1300	18
38	1885	13,5	1336	17,5
12,40	1858	+ 14	1371	− 17,5
42	1830	14	1406	17
44	1802	15	1440	17
46	1772	14,5	1474	16
48	1743	15,5	1506	16
12,50	1712	+ 15,5	1538	− 16
52	1681	16	1570	15,5
54	1649	16	1601	15
56	1617	16,5	1631	14,5
58	1584	16,5	1660	14,5
12,60	1551	+ 17	1689	− 14
62	1517	17,5	1717	13,5
64	1482	17,5	1744	13,5
66	1447	18	1771	12,5
68	1411	18	1796	12,5
12,70	1375	+ 18,5	1821	− 12,5
72	1338	18.5	1846	11,5
74	1301	18,5	1869	11,5
76	1264	19	1892	11
78	1226	19,5	1914	10,5
12,80	1187	+ 19,5	1935	− 10
82	1148	19,5	1955	10
84	1109	20	1975	9
86	1069	20	1993	9
88	1029	20	2011	8,5
12,90	0989	+ 20,5	2028	− 8
92	0948	20,5	2044	8
94	0907	20,5	2060	7
96	0866	21	2074	7
98	0824	21	2088	6,5
13,00	0782		2101	
	−0,		−0,	

x	$N_0(x)$		$N_1(x)$	
	−0,		−0,	
13,00	0782	+ 21	2101	− 6
02	0740	21	2113	5,5
04	0698	21,5	2124	5
06	0655	21,5	2134	5
08	0612	21,5	2144	4
13,10	0569	+ 21,5	2152	− 4
12	0526	21,5	2160	3,5
14	0483	22	2167	2,5
16	0439	21,5	2172	3
18	0396	22	2178	2
13,20	0352	+ 21,5	2182	− 1,5
22	0309	22	2185	1
24	0265	22	2187	1
26	0221	22	2189	− 0,5
28	0177	21,5	2190	0
13,30	0134	+ 22	2190	+ 1
32	0090	22	2188	0,5
34	0046	22	2187	1,5
36	0002	21,5	2184	2
38	*0041	22	2180	2
13,40	0085	+ 21,5	2176	+ 3
42	0128	22	2170	3
44	0172	21,5	2164	3,5
46	0215	21,5	2157	4
48	0258	21,5	2149	4,5
13,50	0301	+ 21	2140	+ 4,5
52	0343	21,5	2131	5,5
54	0386	21	2120	5,5
56	0428	21	2109	6
58	0470	21	2097	6,5
13,60	0512	+ 21	2084	+ 7
62	0554	20,5	2070	7
64	0595	20,5	2056	8
66	0636	20,5	2040	8
68	0677	20	2024	8,5
13,70	0717	+ 20	2007	+ 8,5
72	0757	19,5	1990	9,5
74	0796	20	1971	9,5
76	0836	19,5	1952	10
78	0875	19	1932	10
13,80	0913	+ 19	1912	+ 11
82	0951	19	1890	11
84	0989	18,5	1868	11,5
86	1026	18	1845	11,5
88	1062	18,5	1822	12
13,90	1099	+ 17,5	1798	+ 12,5
92	1134	17,5	1773	13
94	1169	17,5	1747	13
96	1204	17	1721	13,5
98	1238	17	1694	14
14,00	1272		1666	
	+0,		−0,	

x	$N_0(x)$		$N_1(x)$	
	+0,		−0,	
14,00	1272	+ 16,5	1666	+ 14
02	1305	16	1638	14
04	1337	16	1610	15
06	1369	16	1580	15
08	1401	15	1550	15
14,10	1431	+ 15	1520	+ 15,5
12	1461	15	1489	16
14	1491	14,5	1457	16
16	1520	14	1425	16,5
18	1548	13,5	1392	16,5
14,20	1575	+ 13,5	1359	+ 17
22	1602	13	1325	17
24	1628	13	1291	17
26	1654	12,5	1257	17,5
28	1679	12	1222	18
14,30	1703	+ 11,5	1186	+ 18
32	1726	11,5	1150	18
34	1749	11	1114	18,5
36	1771	10,5	1077	18,5
38	1792	10	1040	18,5
14,40	1812	+ 10	1003	+ 19
42	1832	9,5	0965	19
44	1851	9	0927	19,5
46	1869	8,5	0888	19,5
48	1886	8,5	0849	19,5
14,50	1903	+ 8	0810	+ 19,5
52	1919	7,5	0771	19,5
54	1934	7	0732	20
56	1948	7	0692	20
58	1962	6	0652	20
14,60	1974	+ 6	0612	+ 20,5
62	1986	5,5	0571	20
64	1997	5	0531	20,5
66	2007	5	0490	20,5
68	2017	4	0449	20,5
14,70	2025	+ 4	0408	+ 20,5
72	2033	3,5	0367	20,5
74	2040	3	0326	21
76	2046	2,5	0284	20,5
78	2051	2,5	0243	20,5
14,80	2056	+ 1,5	0202	+ 21
82	2059	1,5	0160	20,5
84	2062	1	0119	21
86	2064	+ 0,5	0077	20,5
88	2065	0	0036	20,5
14,90	2065	0	*0005	+ 21
92	2065	− 0,5	0047	20,5
94	2064	1,5	0088	20,5
96	2061	1,5	0129	20,5
98	2058	1,5	0170	20,5
15,00	2055		0211	
	+0,		+0,	

Tafel 31. Neumannsche Funktionen $N_0(x)$, $N_1(x)$ (Fortsetzung)
Table 31. Neumann Functions $N_0(x)$, $N_1(x)$ (Continuation)

x	$N_0(x)$		$N_1(x)$	
	+ 0,		+ 0,	
15,00	2055	− 2,5	0211	+ 20
02	2050	2,5	0251	20,5
04	2045	3,5	0292	20
06	2038	3,5	0332	20,5
08	2031	4	0373	20
15,10	2023	− 4	0413	+ 20
12	2015	5	0453	19,5
14	2005	5	0492	19,5
16	1995	5,5	0531	20
18	1984	6	0571	19
15,20	1972	− 6	0609	+ 19,5
22	1960	7	0648	19
24	1946	7	0686	19
26	1932	7,5	0724	18,5
28	1917	7,5	0761	19
15,30	1902	− 8,5	0799	+ 18
32	1885	8,5	0835	18,5
34	1868	8,5	0872	18
36	1851	9,5	0908	17,5
38	1832	9,5	0943	18
15,40	1813		0979	
	+ 0,		+ 0,	

x	$N_0(x)$		$N_1(x)$	
	+ 0,		+ 0,	
15,40	1813	− 10	0979	+ 17
42	1793	10,5	1013	17,5
44	1772	10,5	1048	17
46	1751	11	1082	16,5
48	1729	11,5	1115	16,5
15,50	1706	− 11,5	1148	+ 16
52	1683	12	1180	16
54	1659	12	1212	16
56	1635	12	1244	15
58	1610	13	1274	15,5
15,60	1584	− 13,5	1305	+ 14,5
62	1557	13,5	1334	14,5
64	1530	13,5	1363	14,5
66	1503	14	1392	14
68	1475	14,5	1420	13,5
15,70	1446	− 14,5	1447	+ 13,5
72	1417	15	1474	13
74	1387	15	1500	13
76	1357	15,5	1526	12,5
78	1326	15,5	1551	12
15,80	1295		1575	
	+ 0,		+ 0,	

x	$N_0(x)$		$N_1(x)$	
	+ 0,		+ 0,	
15,80	1295	− 16	1575	+ 12
82	1263	16	1599	11
84	1231	16,5	1621	11,5
86	1198	16,5	1644	10,5
88	1165	16,5	1665	10,5
15,90	1132	− 17	1686	+ 10
92	1098	17,5	1706	10
94	1063	17	1726	9
96	1029	17,5	1744	9
98	0994	18	1762	9
16,00	0958		1780	
	+ 0,		+ 0,	

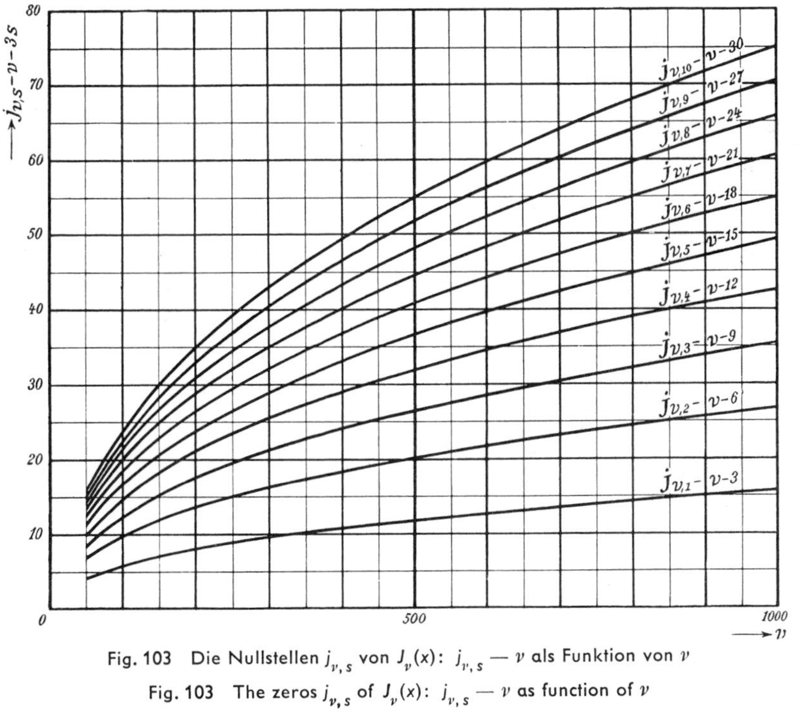

Fig. 103 Die Nullstellen $j_{\nu,s}$ von $J_\nu(x)$: $j_{\nu,s} - \nu$ als Funktion von ν

Fig. 103 The zeros $j_{\nu,s}$ of $J_\nu(x)$: $j_{\nu,s} - \nu$ as function of ν

Tafel 32a. Nullstellen $j_{0,s}$ von $J_0(x)$ und die zugehörigen Werte von $J_1(x)$
Table 32a. Zeros $j_{0,s}$ of $J_0(x)$ and the corresponding Values of $J_1(x)$

s	$j_{0,s}$	$J_1(j_{0,s})$	s	$j_{0,s}$	$J_1(j_{0,s})$	s	$j_{0,s}$	$J_1(j_{0,s})$
1	2,4048	+ 0,5191	21	65,1900	+ 0,09882	41	128,0209	+ 0,07052
2	5,5201	— 0,3403	22	68,3315	— 0,09652	42	131,1624	— 0,06967
3	8,6537	+ 0,2715	23	71,4730	+ 0,09438	43	134,3040	+ 0,06885
4	11,7915	— 0,2325	24	74,6145	— 0,09237	44	137,4456	— 0,06806
5	14,9309	+ 0,2065	25	77,7560	+ 0,09049	45	140,5872	+ 0,06729
6	18,0711	— 0,1877	26	80,8976	— 0,08871	46	143,7287	— 0,06655
7	21,2116	+ 0,1733	27	84,0391	+ 0,08704	47	146,8703	+ 0,06584
8	24,3525	— 0,1617	28	87,1806	— 0,08545	48	150,0119	— 0,06514
9	27,4935	+ 0,1522	29	90,3222	+ 0,08395	49	153,1535	+ 0,06447
10	30,6346	— 0,1442	30	93,4637	— 0,08253	50	156,2950	— 0,06382
11	33,7758	+ 0,1373	31	96,6053	+ 0,08118	51	159,4366	+ 0,06319
12	36,9171	— 0,1313	32	99,7468	— 0,07989	52	162,5782	— 0,06258
13	40,0584	+ 0,1261	33	102,8884	+ 0,07866	53	165,7198	+ 0,06198
14	43,1998	— 0,1214	34	106,0299	— 0,07749	54	168,8613	— 0,06140
15	46,3412	+ 0,1172	35	109,1715	+ 0,07636	55	172,0029	+ 0,06084
16	49,4826	— 0,1134	36	112,3131	— 0,07529	56	175,1445	— 0,06029
17	52,6241	+ 0,1100	37	115,4546	+ 0,07426	57	178,2861	+ 0,05976
18	55,7655	— 0,1068	38	118,5962	— 0,07327	58	181,4277	— 0,05924
19	58,9070	+ 0,1040	39	121,7377	+ 0,07232	59	184,5692	+ 0,05873
20	62,0485	— 0,1013	40	124,8793	— 0,07140	60	187,7108	— 0,05824

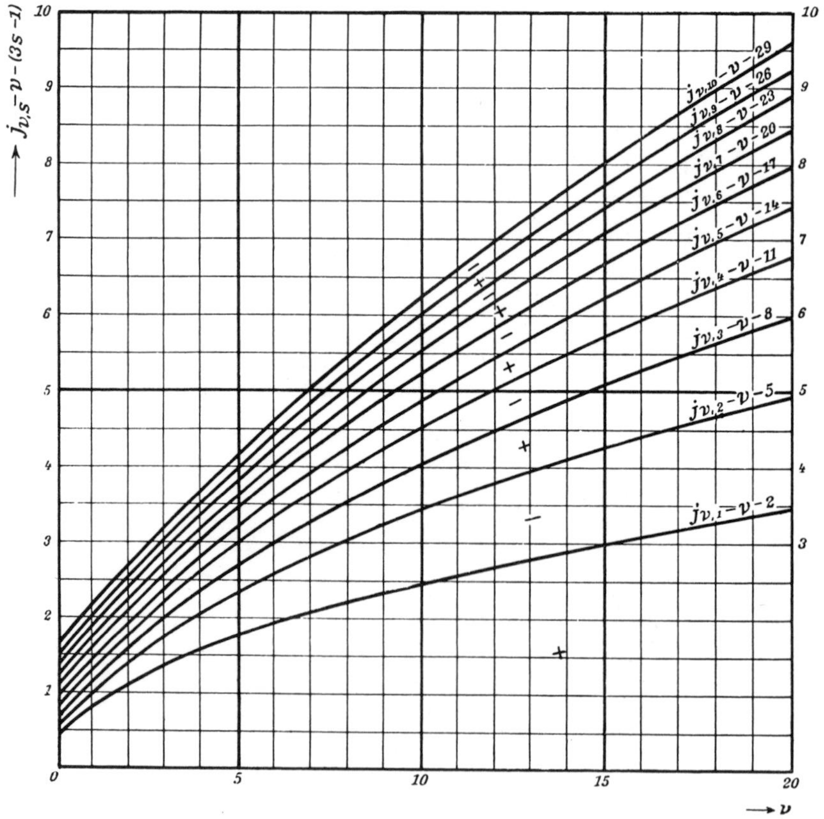

Fig. 104 Die Nullstellen $j_{\nu,s}$ von $J_\nu(x)$: $j_{\nu,s} - \nu$ als Funktion von ν

Fig. 104 The zeros $j_{\nu,s}$ of $J_\nu(x)$: $j_{\nu,s} - \nu$ as function of ν

Tafel 32b. Nullstellen $j_{1,s}$ von $J_1(x)$ und Maxima und Minima von $J_0(x)$
Table 32b. Zeros $j_{1,s}$ of $J_1(x)$ and Maxima and Minima of $J_0(x)$

s	$j_{1,s}$	$J_0(j_{1,s}) = \frac{\min}{\max}$	s	$j_{1,s}$	$J_0(j_{1,s}) = \frac{\min}{\max}$	s	$j_{1,s}$	$J_0(j_{1,s}) = \frac{\min}{\max}$
1	3,8317	−0,4028	21	66,7532	−0,09765	41	129,5878	−0,07009
2	7,0156	+0,3001	22	69,8951	+0,09543	42	132,7295	+0,06926
3	10,1735	−0,2497	23	73,0369	−0,09336	43	135,8711	−0,06845
4	13,3237	+0,2184	24	76,1787	+0,09141	44	139,0128	+0,06767
5	16,4706	−0,1965	25	79,3205	−0,08958	45	142,1544	−0,06692
6	19,6159	+0,1801	26	82,4623	+0,08786	46	145,2961	+0,06619
7	22,7601	−0,1672	27	85,6040	−0,08623	47	148,4377	−0,06549
8	25,9037	+0,1567	28	88,7458	+0,08469	48	151,5794	+0,06481
9	29,0468	−0,1480	29	91,8875	−0,08323	49	154,7210	−0,06414
10	32,1897	+0,1406	30	95,0292	+0,08185	50	157,8627	+0,06350
11	35,3323	−0,1342	31	98,1710	−0,08053	51	161,0043	−0,06288
12	38,4748	+0,1286	32	101,3127	+0,07927	52	164,1459	+0,06228
13	41,6171	−0,1237	33	104,4544	−0,07807	53	167,2876	−0,06169
14	44,7593	+0,1192	34	107,5961	+0,07692	54	170,4292	+0,06112
15	47,9015	−0,1153	35	110,7378	−0,07582	55	173,5708	−0,06056
16	51,0435	+0,1117	36	113,8794	+0,07477	56	176,7125	+0,06002
17	54,1856	−0,1084	37	117,0211	−0,07376	57	179,8541	−0,05949
18	57,3275	+0,1054	38	120,1628	+0,07279	58	182,9957	+0,05898
19	60,4695	−0,1026	39	123,3045	−0,07185	59	186,1374	−0,05848
20	63,6114	+0,1000	40	126,4461	+0,07095	60	189,2790	+0,05799

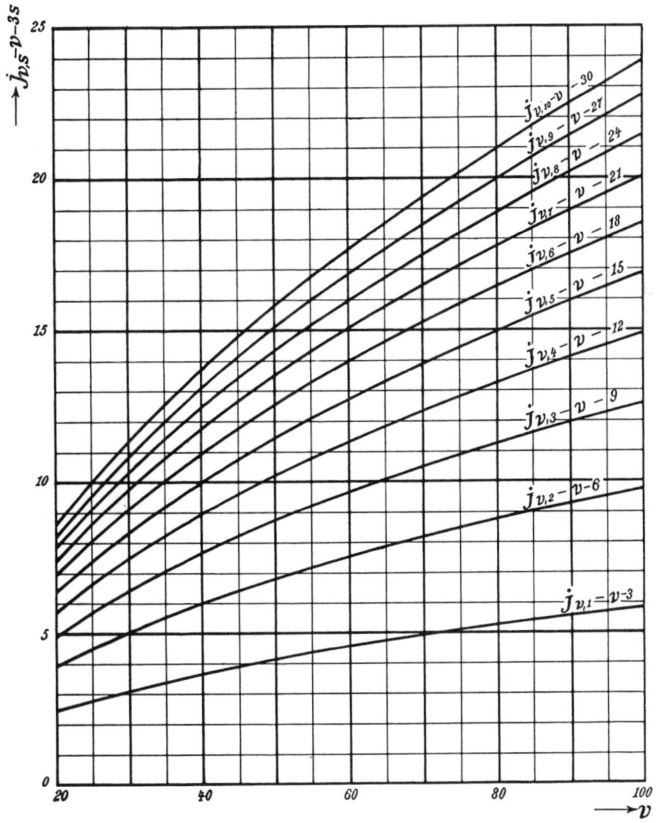

Fig. 105 Die Nullstellen $j_{\nu,s}$ von $J_\nu(x)$: $j_{\nu,s} - \nu$ als Funktion von ν

Fig. 105 The zeros $j_{\nu,s}$ of $J_\nu(x)$: $j_{\nu,s} - \nu$ as function of ν

Tafel 32c. Nullstellen $j_{n,s}$ von $J_n(x)$
Table 32c. Zeros $j_{n,s}$ of $J_n(x)$

s	n = 0	n = 1	n = 2	n = 3	n = 4	n = 5
1	2,405	3,832	5,136	6,380	7,588	8,771
2	5,520	7,016	8,417	9,761	11,065	12,339
3	8,654	10,173	11,620	13,015	14,373	15,700
4	11,792	13,324	14,796	16,223	17,616	18,980
5	14,931	16,471	17,960	19,409	20,827	22,218
6	18,071	19,616	21,117	22,583	24,019	25,430
7	21,212	22,760	24,270	25,748	27,199	28,627
8	24,352	25,904	27,421	28,908	30,371	31,812
9	27,493	29,047	30,569	32,065	33,537	34,989

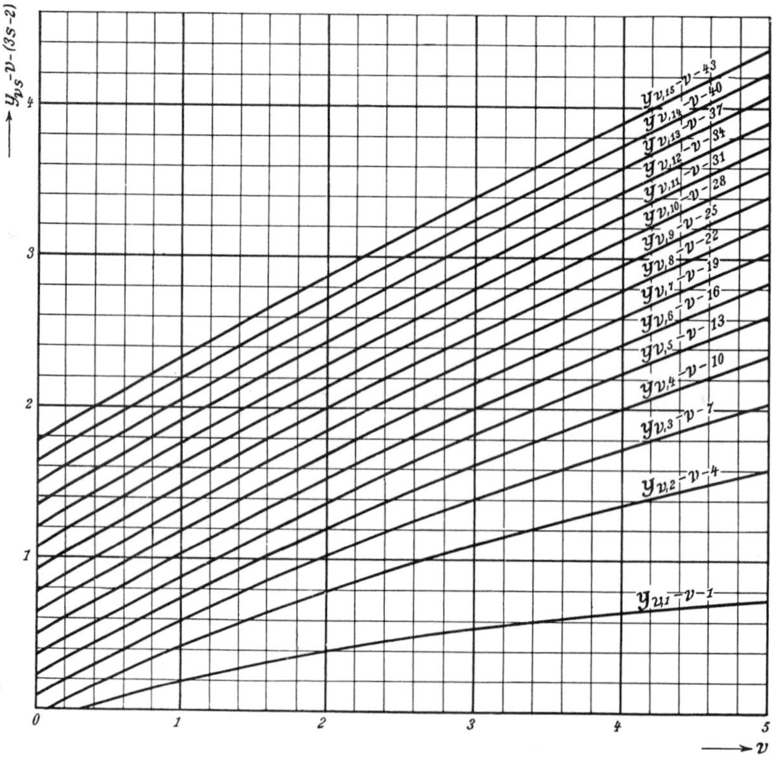

Fig. 106 Die Nullstellen $y_{\nu,s}$ von $N_\nu(x)$: $y_{\nu,s} - \nu$ als Funktion von ν

Fig. 106 The zeros $y_{\nu,s}$ of $N_\nu(x)$: $y_{\nu,s} - \nu$ as function of ν

Tafel 33. Die beiden ersten Nullstellen $j_{\nu,1}$, $j_{\nu,2}$ von $J_\nu(x)$ als Funktionen von ν
Table 33. The two first Zeros $j_{\nu,1}$, $j_{\nu,2}$ of $J_\nu(x)$ as Functions of ν

ν	$j_{\nu,1}$		$j_{\nu,2}$		ν	$j_{\nu,1}$		$j_{\nu,2}$		ν	$j_{\nu,1}$		$j_{\nu,2}$		ν	$j_{\nu,1}$	
	1,		4,			2,		5,			3,		6,			3,	
−0,50	5708	+184	7124	+167	0,00	4048	+154	5200	+156	0,50	1416	+142	2832	+149	1,00	8317	+135
49	5892	184	7291	167	01	4202	154	5356	157	51	1558	141	2981	149	01	8452	135
48	6076	182	7458	166	02	4356	154	5513	156	52	1699	142	3130	148	02	8587	134
47	6258	181	7624	167	03	4510	153	5669	156	53	1841	141	3278	149	03	8721	135
46	6439	181	7791	167	04	4663	152	5825	156	54	1982	141	3427	149	04	8856	134
−0,45	6620	+180	7958	+166	0,05	4815	+153	5981	+155	0,55	2123	+140	3576	+148	1,05	8990	+134
44	6800	179	8124	165	06	4968	152	6136	155	56	2263	141	3724	149	06	9124	134
43	6979	178	8289	166	07	5120	152	6291	156	57	2404	140	3873	148	07	9258	134
42	7157	176	8455	165	08	5272	151	6447	155	58	2544	140	4021	149	08	9392	134
41	7333	176	8620	165	09	5423	151	6602	155	59	2684	141	4170	148	09	9526	134
−0,40	7509	+175	8785	+164	0,10	5574	+151	6757	+154	0,60	2825	+140	4318	+148	1,10	9660	+134
39	7684	175	8949	165	11	5725	151	6911	155	61	2965	140	4466	148	11	9794	133
38	7859	174	9114	164	12	5876	150	7066	154	62	3105	140	4614	148	12	9927	134
37	8033	173	9278	164	13	6026	150	7220	155	63	3245	140	4762	147	13	*0061	133
36	8206	172	9442	164	14	6176	150	7375	154	64	3385	139	4909	148	14	0194	133
−0,35	8378	+171	9606	+163	0,15	6326	+149	7529	+154	0,65	3524	+139	5057	+147	1,15	0327	+133
34	8549	171	9769	163	16	6475	150	7683	153	66	3663	139	5204	147	16	0460	133
33	8720	170	9932	163	17	6625	148	7836	154	67	3802	139	5351	147	17	0593	133
32	8890	169	*0095	163	18	6773	149	7990	153	68	3941	139	5498	148	18	0726	133
31	9059	169	0258	163	19	6922	148	8143	154	69	4080	139	5646	147	19	0859	133
−0,30	9228	+168	0421	+162	0,20	7070	+148	8297	+153	0,70	4219	+139	5793	+147	1,20	0992	+133
29	9396	167	0583	163	21	7218	148	8450	153	71	4358	138	5940	147	21	1125	132
28	9563	168	0746	161	22	7366	148	8603	152	72	4496	138	6087	146	22	1257	133
27	9731	166	0907	161	23	7514	148	8755	153	73	4634	138	6233	147	23	1390	132
26	9897	166	1068	162	24	7662	147	8908	153	74	4772	138	6380	146	24	1522	133
−0,25	*0063	+165	1230	+161	0,25	7809	+146	9061	+152	0,75	4910	+138	6526	+146	1,25	1655	+132
24	0228	165	1391	161	26	7955	147	9213	153	76	5048	137	6672	147	26	1787	132
23	0393	164	1552	161	27	8102	146	9366	152	77	5185	138	6819	146	27	1919	132
22	0557	163	1713	161	28	8248	147	9518	152	78	5323	137	6965	146	28	2051	132
21	0720	163	1874	160	29	8395	146	9670	152	79	5460	137	7111	146	29	2183	132
−0,20	0883	+162	2034	+160	0,30	8541	+146	9822	+152	0,80	5597	+137	7257	+146	1,30	2315	+131
19	1045	162	2194	160	31	8687	145	9974	151	81	5734	137	7403	145	31	2446	132
18	1207	162	2354	160	32	8832	146	*0125	152	82	5871	137	7548	146	32	2578	132
17	1369	161	2514	159	33	8978	144	0277	151	83	6008	137	7694	145	33	2710	131
16	1530	160	2673	160	34	9122	145	0428	151	84	6145	137	7839	146	34	2841	131
−0,15	1690	+161	2833	+159	0,35	9267	+145	0579	+151	0,85	6282	+137	7985	+145	1,35	2972	+132
14	1851	159	2992	159	36	9412	144	0730	151	86	6419	136	8130	145	36	3104	131
13	2010	159	3151	159	37	9556	144	0881	151	87	6555	136	8275	146	37	3235	131
12	2169	159	3310	159	38	9700	144	1032	151	88	6691	136	8421	145	38	3366	131
11	2328	158	3469	158	39	9844	144	1183	150	89	6827	136	8566	145	39	3497	131
−0,10	2486	+158	3627	+158	0,40	9988	+144	1333	+150	0,90	6963	+136	8711	+145	1,40	3628	+131
09	2644	157	3785	158	41	*0132	143	1483	151	91	7099	135	8856	145	41	3759	131
08	2801	158	3943	158	42	0275	143	1634	150	92	7234	136	9001	144	42	3890	131
07	2959	156	4101	157	43	0418	143	1784	150	93	7370	135	9145	145	43	4021	131
06	3115	157	4258	158	44	0561	143	1934	150	94	7505	136	9290	145	44	4152	130
−0,05	3272	+156	4416	+157	0,45	0704	+143	2084	+150	0,95	7641	+135	9435	+144	1,45	4282	+131
04	3428	155	4573	157	46	0847	143	2234	149	96	7776	135	9579	144	46	4413	130
03	3583	156	4730	157	47	0990	142	2383	150	97	7911	136	9723	144	47	4543	130
02	3739	154	4887	157	48	1132	142	2533	149	98	8047	134	9867	144	48	4673	131
01	3893	155	5044	156	49	1274	142	2682	150	99	8181	136	*0011	145	49	4804	130
0,00	4048		5200		0,50	1416		2832		1,00	8317		0156		1,50	4934	
	2,		5,			3,		6,			3,		7,			4,	

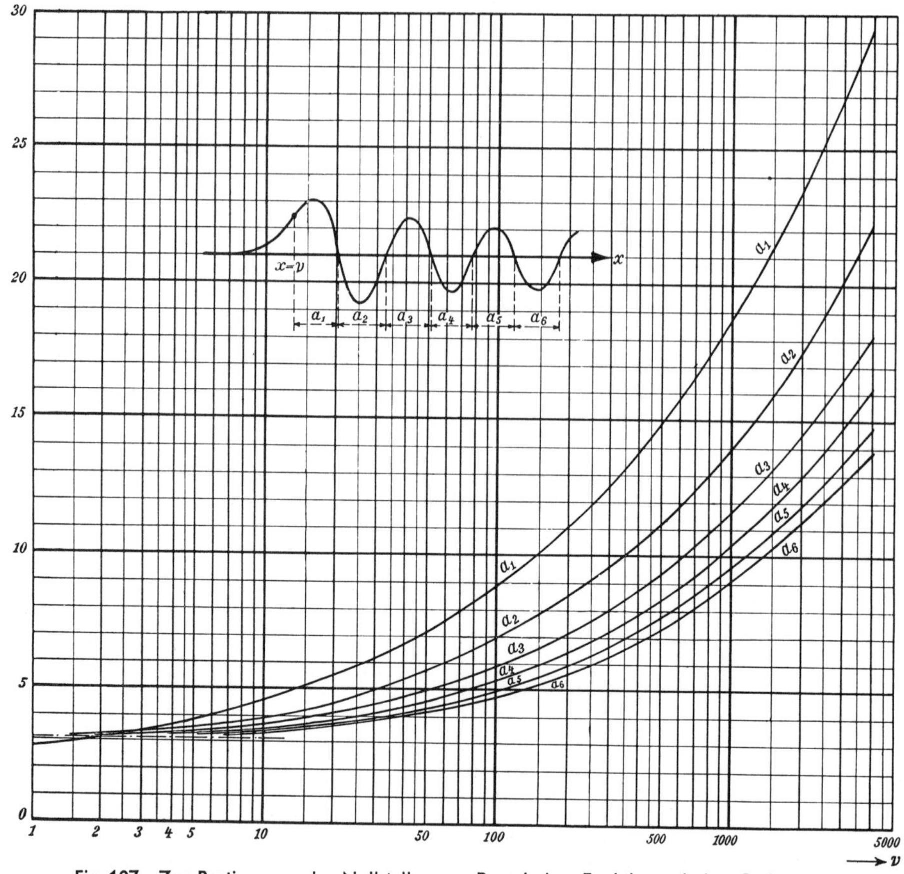

Fig. 107 Zur Bestimmung der Nullstellen von Besselschen Funktionen hoher Ordnung

Fig. 107 For the determination of the zeros of Bessel functions of large order

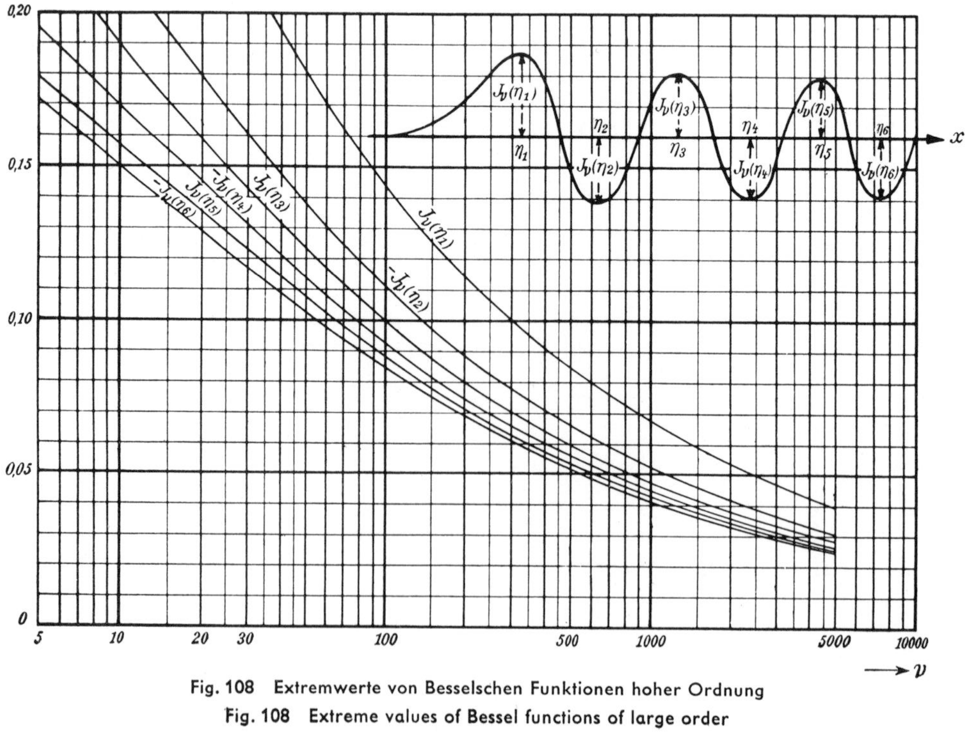

Fig. 108 Extremwerte von Besselschen Funktionen hoher Ordnung

Fig. 108 Extreme values of Bessel functions of large order

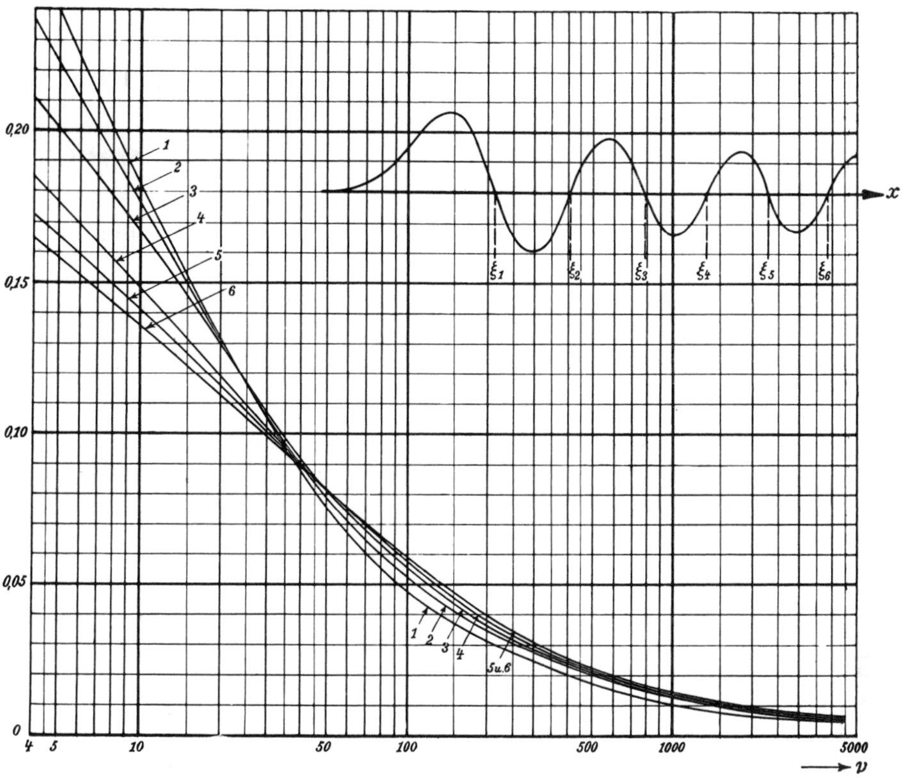

Fig. 109 Steilheiten an den Nullstellen Besselscher Funktionen hoher Ordnung

Fig. 109 Steepness at the zeros of Bessel functions of large order

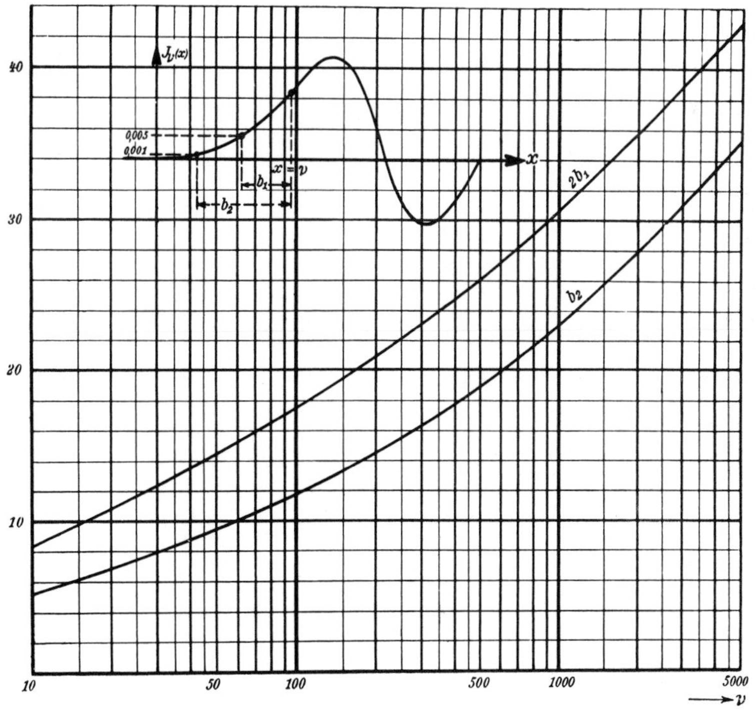

Fig. 110 Lage der ersten Funktionswerte $J_\nu(x) = 0{,}001$ und $= 0{,}005$

Fig. 110 Position of the first function values $J_\nu(x) = 0{,}001$ and $= 0{,}005$

Tafel 34. Die ersten sechs Wurzeln $x_{\nu,s}$ von $J_\nu(x)N_\nu(kx) - J_\nu(kx)N_\nu(x) = 0$ (vgl. S. 154)
Table 34. The first six Roots $x_{\nu,s}$ of $J_\nu(x)N_\nu(kx) - J_\nu(kx)N_\nu(x) = 0$ (cf. p. 154)

k	$x_{\nu,1}$	$x_{\nu,2}$	$x_{\nu,3}$	$x_{\nu,4}$	$x_{\nu,5}$	$x_{\nu,6}$	ν
1,2	15,7014	31,4126	47,1217	62,8302	78,5385	94,2467	
1,5	6,2702	12,5598	18,8451	25,1294	31,4133	37,6969	$\nu = 0$
2,0	3,1230	6,2734	9,4182	12,5614	15,7040	18,8462	
1,2	15,7080	31,4159	47,1239	62,8319	78,5398	94,2478	
1,5	6,2832	12,5664	18,8496	25,1327	31,4159	37,6991	$\nu = 1/2$
2,0	3,1416	6,2832	9,4248	12,5664	15,7080	18,8496	
1,2	15,7277	31,4259	47,1305	62,8368	78,5438	94,2511	
1,5	6,3219	12,5861	18,8628	25,1427	31,4239	37,7057	$\nu = 1$
2,0	3,1966	6,3123	9,4445	12,5812	15,7199	18,8595	
1,2	15,7607	31,4424	47,1416	62,8451	78,5504	94,2566	
1,5	6,3858	12,6190	18,8848	25,1592	31,4371	37,7168	$\nu = 3/2$
2,0	3,2860	6,3607	9,4772	12,6059	15,7397	18,8760	
1,2	15,8066	31,4656	47,1570	62,8567	78,5597	94,2644	
1,5	6,4742	12,6648	18,9156	25,1823	31,4556	37,7322	$\nu = 2$
2,0	3,4069	6,4278	9,5229	12,6404	15,7673	18,8991	
1,2	15,8655	31,4953	47,1769	62,8716	78,5716	94,2743	
1,5	6,5861	12,7235	18,9551	25,2121	31,4795	37,7521	$\nu = 5/2$
2,0	3,5558	6,5131	9,5813	12,6846	15,8029	18,9288	

k	$(k-1)\,x_{\nu,1}$	$(k-1)\,x_{\nu,2}$	$(k-1)\,x_{\nu,3}$	$(k-1)\,x_{\nu,4}$	$(k-1)\,x_{\nu,5}$	$(k-1)\,x_{\nu,6}$	ν
1,2	3,1403	6,2825	9,4243	12,5660	15,7077	18,8493	
1,5	3,1351	6,2799	9,4226	12,5647	15,7066	18,8485	
2,0	3,1230	6,2734	9,4182	12,5614	15,7040	18,8462	$\nu = 0$
∞	2,4048	5,5201	8,6537	11,7915	14,9309	18,0711	
1,2	3,1416	6,2832	9,4248	12,5664	15,7080	18,8496	
1,5	3,1416	6,2832	9,4248	12,5664	15,7080	18,8496	
2,0	3,1416	6,2832	9,4248	12,5664	15,7080	18,8496	$\nu = 1/2$
∞	3,1416	6,2832	9,4248	12,5664	15,7080	18,8496	
1,2	3,1455	6,2852	9,4261	12,5674	15,7088	18,8502	
1,5	3,1609	6,2931	9,4314	12,5713	15,7119	18,8529	
2,0	3,1966	6,3123	9,4445	12,5812	15,7199	18,8595	$\nu = 1$
∞	3,8317	7,0156	10,1735	13,3237	16,4706	19,6159	
1,2	3,1521	6,2885	9,4283	12,5690	15,7101	18,8513	
1,5	3,1929	6,3095	9,4424	12,5796	15,7186	18,8584	
2,0	3,2860	6,3607	9,4772	12,6059	15,7397	18,8760	$\nu = 3/2$
∞	4,4934	7,7253	10,9041	14,0662	17,2208	20,3713	
1,2	3,1613	6,2931	9,4314	12,5713	15,7119	18,8529	
1,5	3,2371	6,3324	9,4578	12,5912	15,7278	18,8661	
2,0	3,4069	6,4278	9,5229	12,6404	15,7673	18,8991	$\nu = 2$
∞	5,1356	8,4172	11,6198	14,7960	17,9598	21,1170	
1,2	3,1731	6,2991	9,4354	12,5743	15,7143	18,8549	
1,5	3,2931	6,3618	9,4776	12,6060	15,7397	18,8760	
2,0	3,5558	6,5131	9,5813	12,6846	15,8029	18,9288	$\nu = 5/2$
∞	5,7635	9,0950	12,3229	15,5146	18,6890	21,8539	

k	$(k-1)\,x_{\nu,1}$	$(k-1)\,x_{\nu,2}$	$(k-1)\,x_{\nu,3}$	$(k-1)\,x_{\nu,4}$	ν
1,0	3,1416	6,2832	9,4248	12,5664	$\nu = 0$
1	3,1412	6,2830	9,4247	12,5663	
2	3,1403	6,2825	9,4243	12,5660	
3	3,1389	6,2818	9,4239	12,5657	
4	3,1371	6,2809	9,4233	12,5652	
1,5	3,1351	6,2799	9,4226	12,5647	
6	3,1329	6,2787	9,4218	12,5641	
7	3,1306	6,2775	9,4210	12,5635	
8	3,1281	6,2762	9,4201	12,5628	
9	3,1256	6,2748	9,4192	12,5621	
2,0	3,1230	6,2734	9,4182	12,5614	
2,5	3,110	6,266	9,413	12,558	
3,0	3,097	6,258	9,408	12,553	
3,5	3,085	6,250	9,402	12,549	
4,0	3,073	6,243	9,397	12,545	
4,5	3,063	6,235	9,391	12,540	
5,0	3,053	6,228	9,386	12,536	
1,0	3,1416	6,2832	9,4248	12,5664	$\nu = 1$
1	3,1427	6,2837	9,4251	12,5666	
2	3,1455	6,2852	9,4261	12,5674	
3	3,1498	6,2873	9,4275	12,5684	
4	3,1550	6,2900	9,4293	12,5698	
1,5	3,1609	6,2931	9,4314	12,5713	
6	3,1675	6,2965	9,4337	12,5731	
7	3,1744	6,3002	9,4362	12,5749	
8	3,1816	6,3041	9,4388	12,5769	
9	3,1890	6,3081	9,4416	12,5790	
2,0	3,1966	6,3123	9,4445	12,5812	
2,5	3,235	6,335	9,460	12,593	
3,0	3,271	6,358	9,476	12,605	

$(k-1)\,x_{\nu,1}$

k	$\nu = 0$	$\nu = 1/2$	$\nu = 1$	$\nu = 3/2$	$\nu = 2$	$\nu = 5/2$
1	3,1416	3,1416	3,1416	3,1416	3,1416	3,1416
1,2	3,1403	3,1416	3,1455	3,1521	3,1613	3,1731
1,5	3,1351	3,1416	3,1609	3,1929	3,2371	3,2931
2	3,1230	3,1416	3,1966	3,2860	3,4069	3,5558
3	3,097	3,1416	3,271	3,474	3,736	4,041
4	3,073	3,1416	3,336	3,629	3,990	4,393
5	3,053	3,1416	3,389	3,749	4,177	4,640
6	3,035	3,1416	3,432	3,844	4,317	4,816
7	3,019	3,1416	3,468	3,918	4,424	4,947
8	3,006	3,1416	3,499	3,979	4,507	5,047
9	2,994	3,1416	3,525	4,029	4,574	5,125
10	2,983	3,1416	3,547	4,070	4,628	5,188
11	2,973	3,1416	3,566	4,105	4,673	5,240
19	2,92	3,1416	3,66	4,26	4,87	5,46
39	2,85	3,1416	3,74	4,38	5,00	5,62
∞	2,4048	3,1416	3,8317	4,4934	5,1356	5,7635

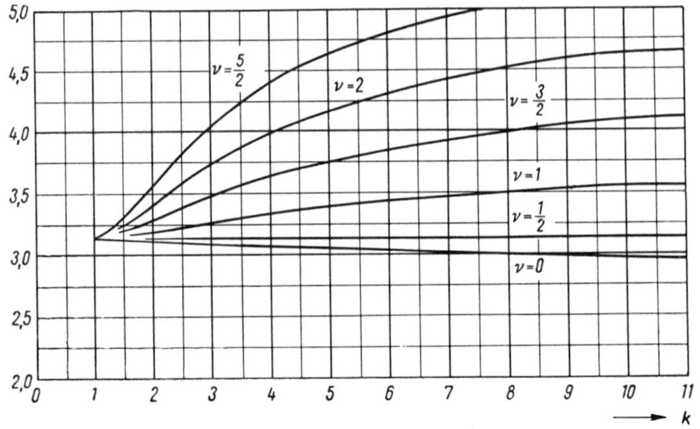

Fig. 111 Die erste Wurzel $x_{\nu,1}$ von $\frac{J_\nu(x)}{N_\nu(x)} = \frac{J_\nu(kx)}{N_\nu(kx)}$: $(k-1)x_{\nu,1}$ über k

Fig. 111 The first root $x_{\nu,1}$ of $\frac{J_\nu(x)}{N_\nu(x)} = \frac{J_\nu(kx)}{N_\nu(kx)}$: $(k-1)x_{\nu,1}$ against k

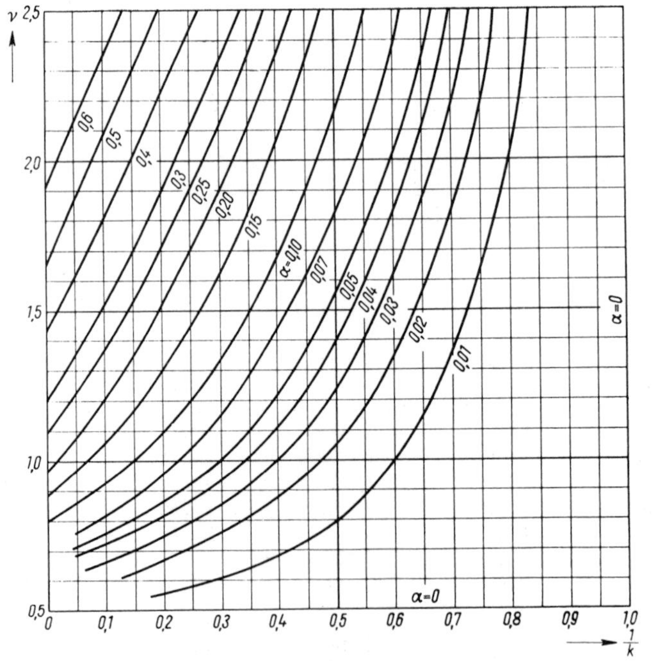

Fig. 112 Die erste Wurzel $x_{\nu,1}$ von $\frac{J_\nu(x)}{N_\nu(x)} = \frac{J_\nu(kx)}{N_\nu(kx)}$: $x_{\nu,1} = \frac{\pi}{k-1}(1+\alpha)$

Fig. 112 The first root $x_{\nu,1}$ of $\frac{J_\nu(x)}{N_\nu(x)} = \frac{J_\nu(kx)}{N_\nu(kx)}$: $x_{\nu,1} = \frac{\pi}{k-1}(1+\alpha)$

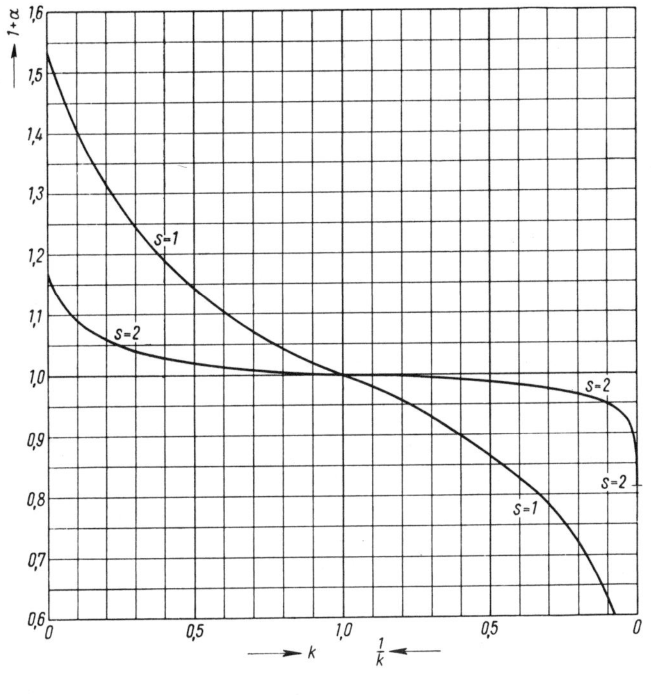

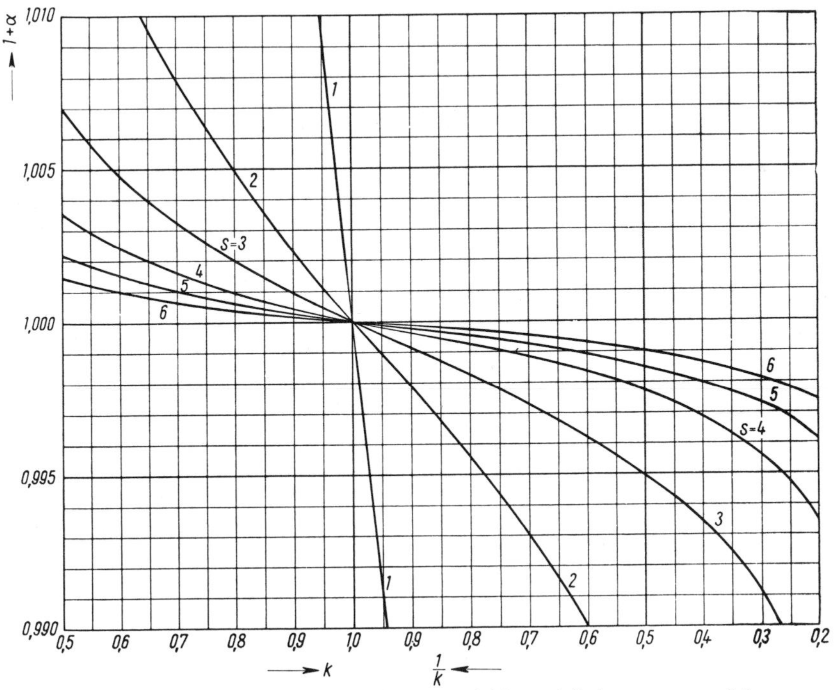

Fig. 113 und 114 Die ersten sechs Wurzeln x_s von $\frac{J_0(x)}{N_0(x)} = \frac{J_1(kx)}{N_1(kx)}$: $x_s = \frac{s - 0{,}5}{k - 1}\pi(1 + \alpha)$

Fig. 113 and 114 The first six roots x_s of

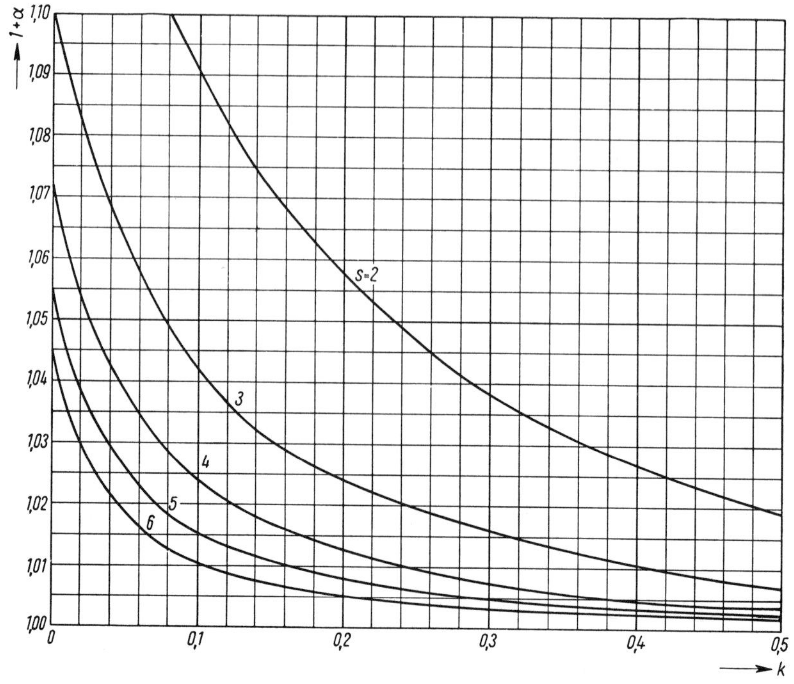

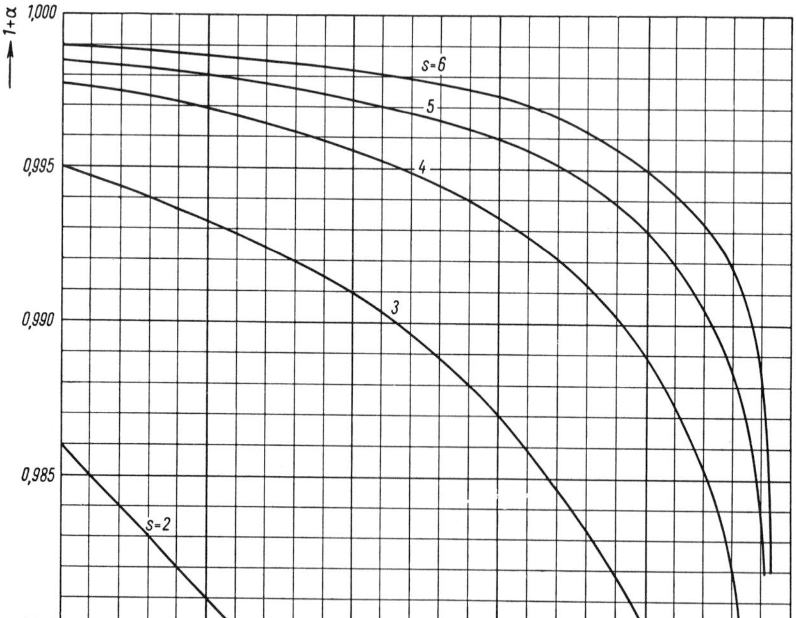

Fig. 115 und 116 Die ersten sechs Wurzeln x_s von $\frac{J_0(x)}{N_0(x)} = \frac{J_1(kx)}{N_1(kx)}$: $x_s = \frac{s - 0{,}5}{k - 1}\,\pi(1 + \alpha)$

Fig. 115 and 116 The first six roots x_s of

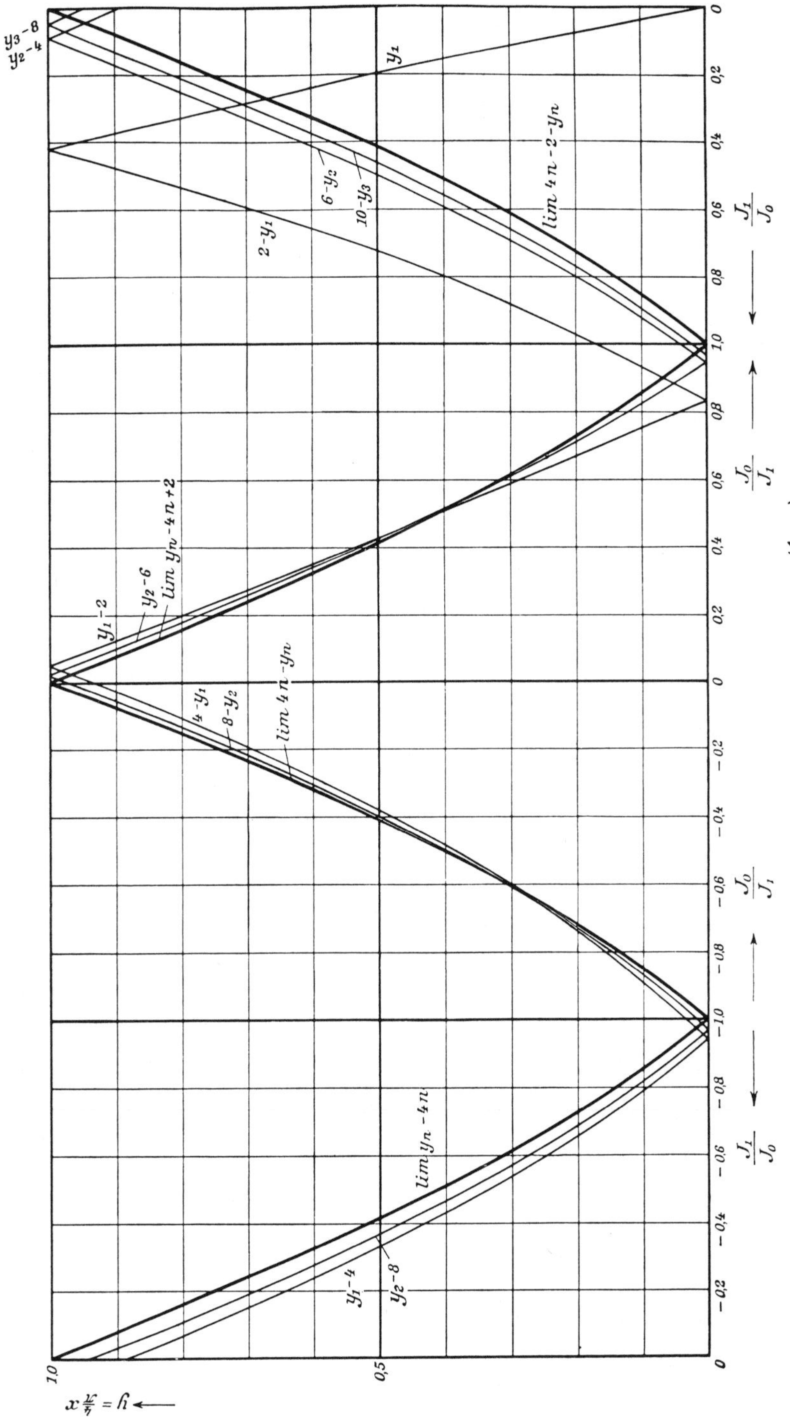

Fig. 117 Umkehrung der Funktion $\frac{J_0\left(\frac{1}{4}\pi y\right)}{J_1\left(\frac{1}{4}\pi y\right)}$

Fig. 117 Inversion of the function

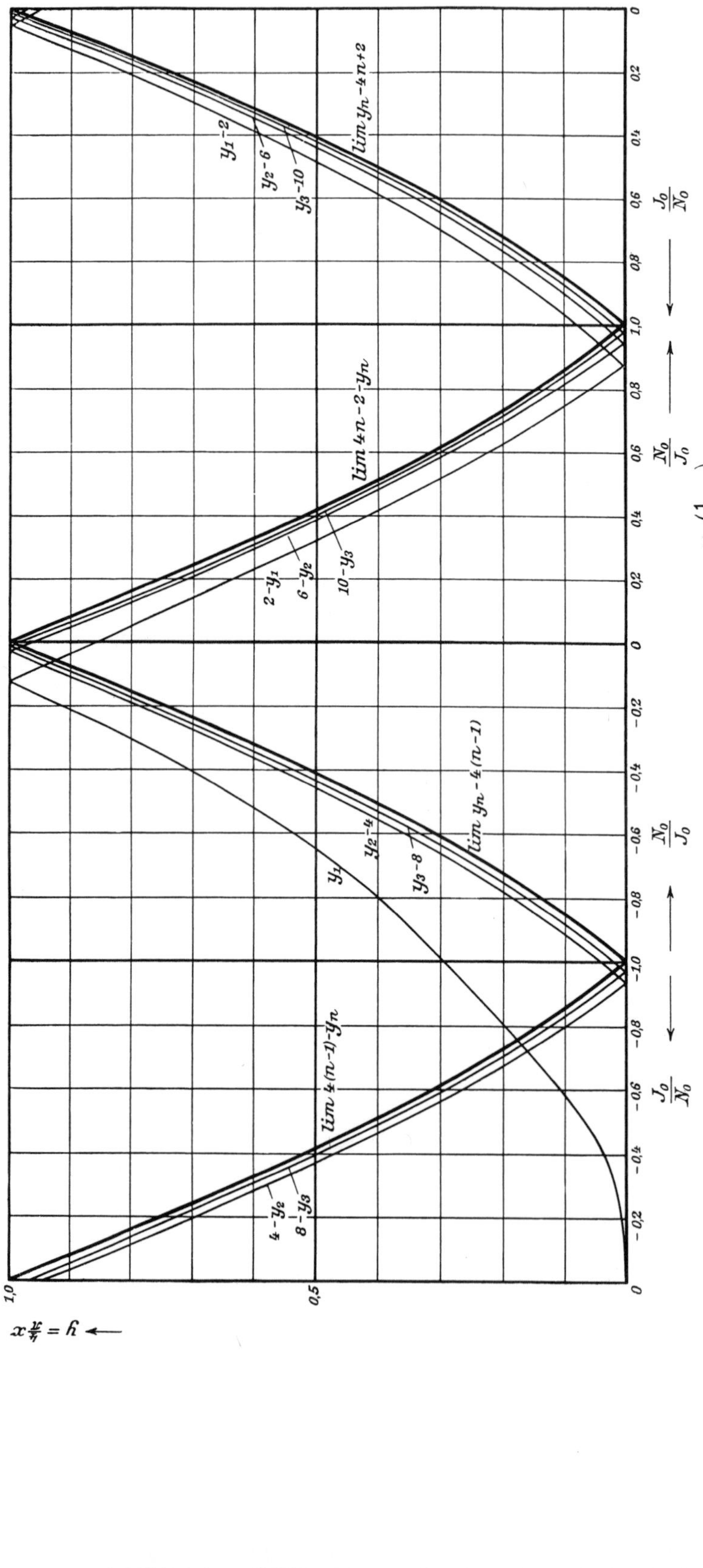

Fig. 118 Umkehrung der Funktion $\dfrac{N_0\left(\frac{1}{4}\pi y\right)}{J_0\left(\frac{1}{4}\pi y\right)}$

Fig. 118 Inversion of the function

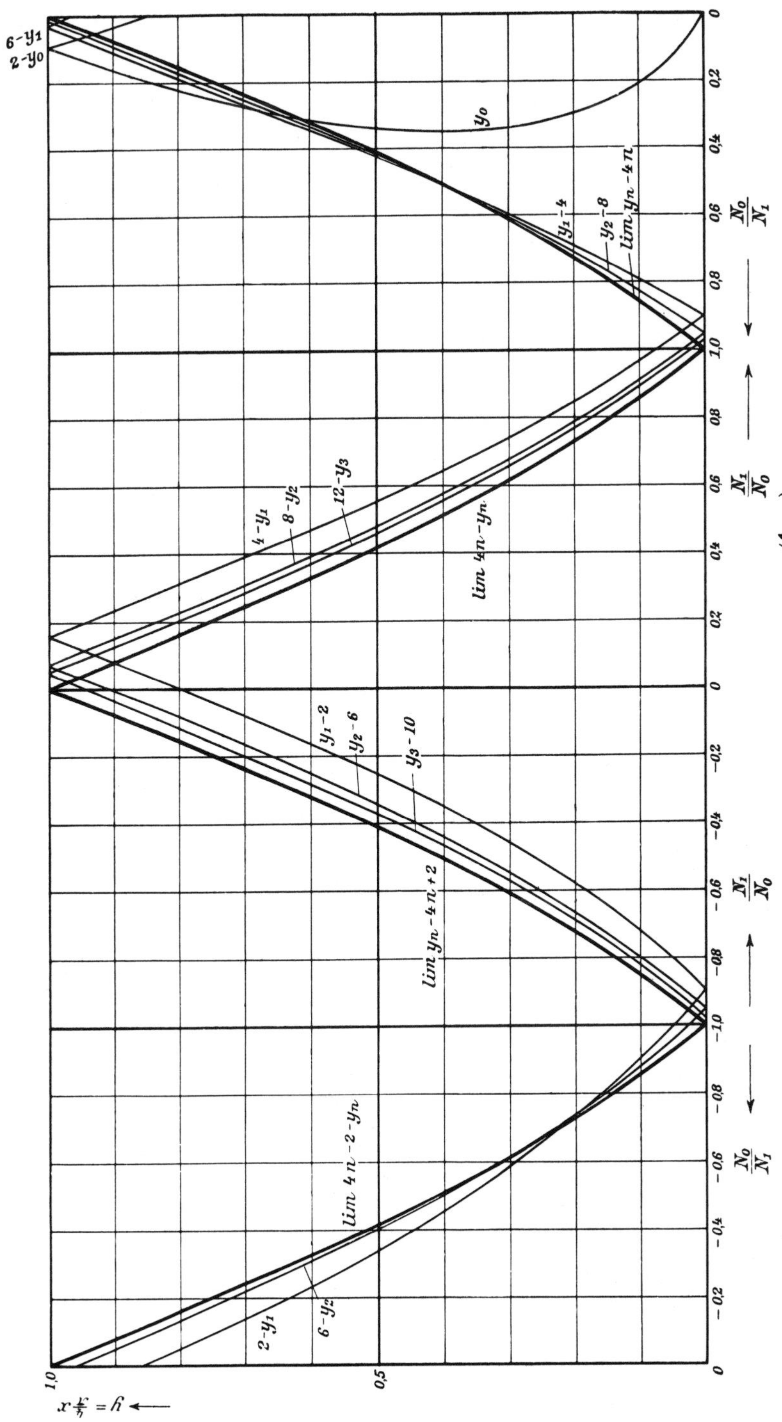

Fig. 119   Umkehrung der Funktion $\dfrac{N_1\left(\frac{1}{4}\pi y\right)}{N_0\left(\frac{1}{4}\pi y\right)}$

Fig. 119   Inversion of the function

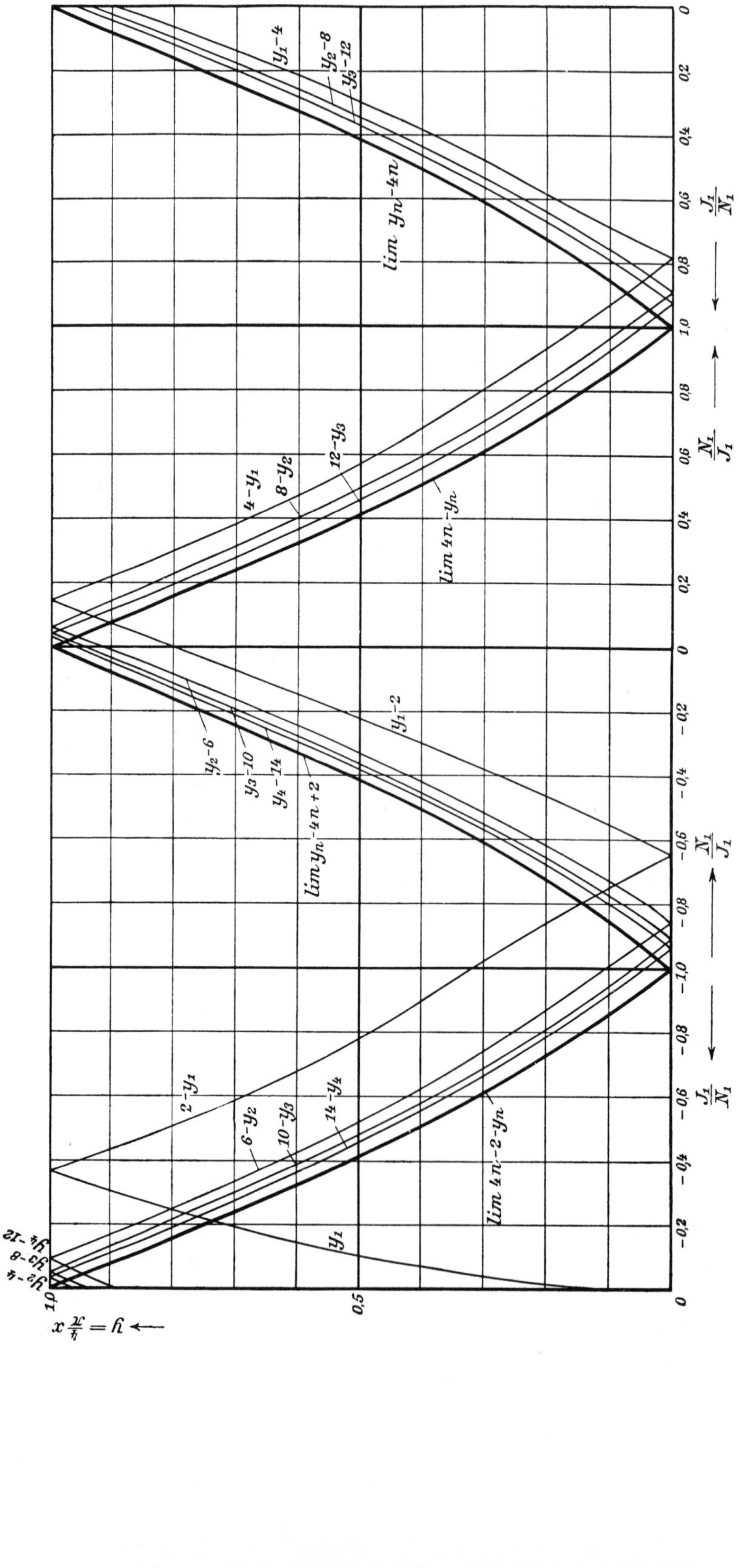

Fig. 120 Umkehrung der Funktion $\dfrac{N_1\left(\frac{1}{4}\pi y\right)}{J_1\left(\frac{1}{4}\pi y\right)}$

Fig. 120 Inversion of the function

B. Modifizierte Zylinderfunktionen*)
B. Modified Bessel Functions*)

1. Definitionen und Bezeichnungen

In den Anwendungen spielen vielfach die längs einer bestimmten Nullpunktsgeraden (arc z = const) genommenen Werte der Zylinderfunktionen eine Rolle. Es empfiehlt sich dann, die Funktionen dadurch zu „*modifizieren*", daß durch eine *Drehung des Koordinatensystems* die reelle Achse in die betreffende Nullpunktsgerade übergeführt wird. Die beiden wichtigsten Fälle entsprechen den Drehungen um 90° und um 135°. In diesen Fällen sind für die entstehenden modifizierten Funktionen besondere Bezeichnungen üblich: Die Drehung um 90° führt auf die *Funktionen* $I_\nu(z)$, $K_\nu(z)$, die Drehung um 135° auf die *Kelvinschen Funktionen* $\mathrm{ber}_\nu(z)$, $\mathrm{bei}_\nu(z)$ *und* $\mathrm{her}_\nu(z)$, $\mathrm{hei}_\nu(z)$ *bzw.* $\mathrm{ker}_\nu(z)$, $\mathrm{kei}_\nu(z)$.

1. Definitions and Notations

In applications often the values of Bessel functions taken along a straight line through the zero point (arc z = const) play a role. It is then advantageous to "*modify*" the functions by a *rotation of the coordinate system* in such a manner that the real axis coincides with the above mentioned straight line. The two most important cases correspond to rotations through 90° and 135°. In these cases for the resulting modified functions special notations are used: By the rotation through 90° we obtain the *functions* $I_\nu(z)$, $K_\nu(z)$, by the rotation through 135° we obtain the *Kelvin functions* $\mathrm{ber}_\nu(z)$, $\mathrm{bei}_\nu(z)$ *and* $\mathrm{her}_\nu(z)$, $\mathrm{hei}_\nu(z)$ *or* $\mathrm{ker}_\nu(z)$, $\mathrm{kei}_\nu(z)$.

2. Die Funktionen $I_\nu(z)$, $K_\nu(z)$

2.1 Der Drehung um 90° entsprechen die Zylinderfunktionen $Z_\nu(iz)$. Sie sind Lösungen der *Differentialgleichung*

2. The Functions $I_\nu(z)$, $K_\nu(z)$

2.1 To the rotation through 90° correspond the Bessel functions $Z_\nu(iz)$. They are solutions of the *differential equation*

$$z^2\frac{d^2w}{dz^2}+z\frac{dw}{dz}-(z^2+\nu^2)w=0.$$

Ausgehend von den speziellen Funktionen $J_\nu(z)$ und $H_\nu^{(1)}(z)$ erhält man die *modifizierten Zylinderfunktionen*

Beginning with the special functions $J_\nu(z)$ and $H_\nu^{(1)}(z)$ one defines the *modified Bessel functions*

$$I_\nu(z)=e^{-\nu\frac{\pi}{2}i}J_\nu\left(z e^{\frac{\pi}{2}i}\right)=\left(\frac{z}{2}\right)^\nu\sum_{k=0}^{\infty}\frac{(z/2)^{2k}}{k!\,\Gamma(\nu+k+1)}$$

und / and

$$K_\nu(z)=\frac{\pi i}{2}e^{\nu\frac{\pi}{2}i}H_\nu^{(1)}\left(z e^{\frac{\pi}{2}i}\right)=-\frac{\pi i}{2}e^{-\nu\frac{\pi}{2}i}H_\nu^{(2)}\left(z e^{-\frac{\pi}{2}i}\right).$$

Dabei ist

Thereby

$$I_{-n}(z)=I_n(z),\quad K_{-\nu}(z)=K_\nu(z)$$

und für nichtganzzahliges ν

and for non-integral ν

$$K_\nu(z)=\frac{\pi/2}{\sin\nu\pi}\left[I_{-\nu}(z)-I_\nu(z)\right].$$

Die *Reihendarstellung* von $K_\nu(z)$ ergibt sich für nichtganzzahlige Ordnung ν aus derjenigen von $I_\nu(z)$, für ganzzahlige Ordnung $\nu=n$ gilt

The *series representation* of $K_\nu(z)$ for non-integral order ν is obtained from that of $I_\nu(z)$, for integral order $\nu=n$ we get

$$K_n(z)=(-1)^{n+1}I_n(z)\ln(\gamma z/2)+\frac{(-1)^n}{2}\sum_{k=0}^{\infty}\frac{(z/2)^{n+2k}}{k!\,(n+k)!}\left(\sum_{l=1}^{k}\frac{1}{l}+\sum_{l=1}^{n+k}\frac{1}{l}\right)$$

$$+\frac{1}{2}\sum_{k=0}^{n-1}\frac{(-1)^k(n-k-1)!}{k!}\left(\frac{z}{2}\right)^{2k-n}\qquad(n=0,1,2,\ldots).$$

$\left(\gamma=e^C,\ \text{vgl. S. 298 / cf. p. 298}\right)$

*) Figuren 121 bis 149; Tafeln 35 bis 46

*) Figures 121 to 149; tables 35 to 46

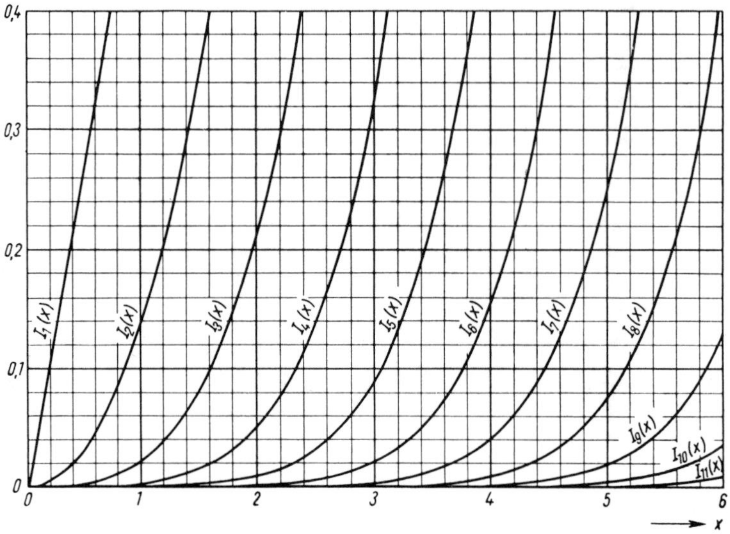

Fig. 121 $I_n(x) = e^{-n\frac{\pi}{2}i} J_n(ix)$ über x
Fig. 121 against x

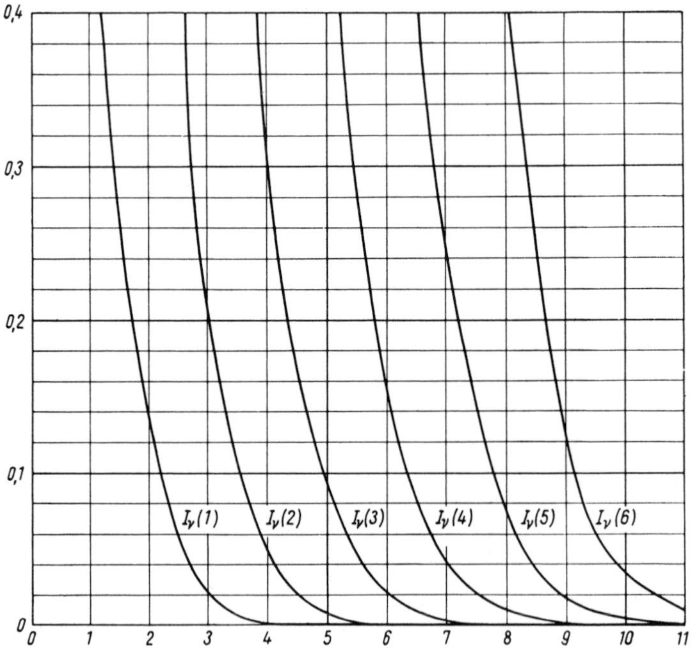

Fig. 123 $I_\nu(n) = e^{-\nu\frac{\pi}{2}i} J_\nu(in)$ über ν
Fig. 123 against ν

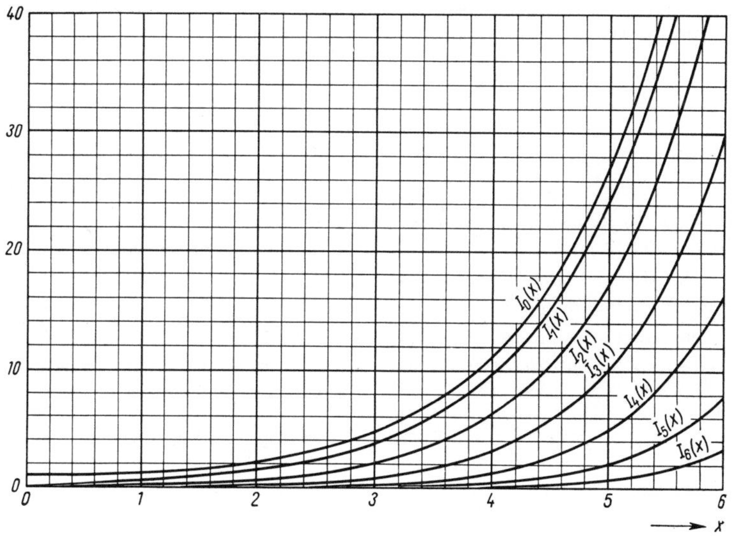

Fig. 122 $I_n(x) = e^{-n\frac{\pi}{2}i} J_n(ix)$ über x
Fig. 122 against x

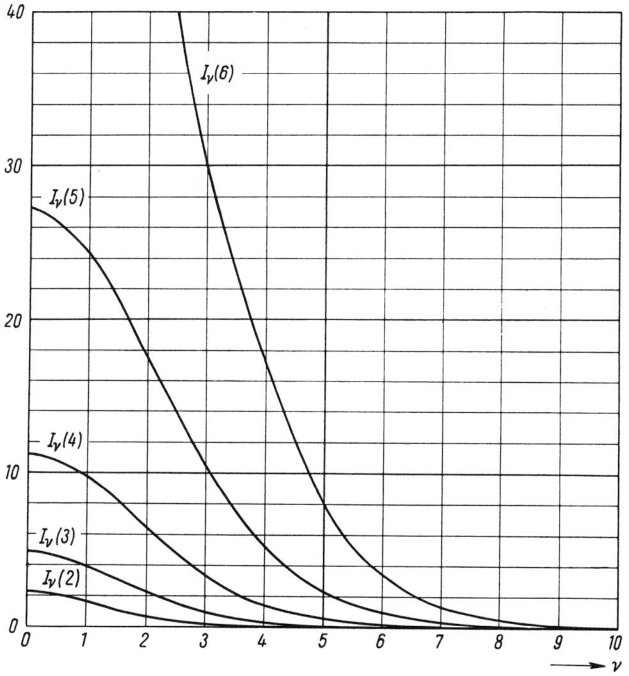

Fig. 124 $I_\nu(n) = e^{-\nu\frac{\pi}{2}i} J_\nu(in)$ über ν
Fig. 124 against ν

Die beiden Funktionen haben bei reeller Ordnung ν für positives reelles Argument $z=x$ eine *reelle Bestimmung* $I_\nu(x)$, $K_\nu(x)$. Ihr *Verhalten für* $0<x\ll 1$ ist gegeben durch

For real order ν the two functions have for positive real argument $z=x$ a *real definition* $I_\nu(x)$, $K_\nu(x)$. Their *behaviour for* $0<x\ll 1$ is given by

$$I_\nu(x)\approx\frac{1}{\Gamma(\nu+1)}\left(\frac{x}{2}\right)^\nu,$$

$$K_0(x)\approx\ln\frac{2}{\gamma x},\qquad K_n(x)\approx\frac{1}{2}\Gamma(n)\left(\frac{2}{x}\right)^n \quad \text{für/for}\quad n=1,2,\ldots.$$

Für $x\gg 1$ wächst $I_\nu(x)$ exponentiell an, während $K_\nu(x)$ exponentiell abfällt (vgl. A. 4.2, S. 148).

For $x\gg 1$ the function $I_\nu(x)$ increases exponentially, $K_\nu(x)$ decreases exponentially (cf. A, 4.2, p. 148).

2.2 Weitere Darstellungen und Eigenschaften der Funktionen $I_\nu(z)$, $K_\nu(z)$ ergeben sich aus denjenigen von $J_\nu(z)$, $H_\nu^{(1)}(z)$ auf Grund ihres Zusammenhangs. Als Beispiele geben wir die *Umlaufsrelationen* für den Windungspunkt:

2.2 Further representations and properties of the functions $I_\nu(z)$, $K_\nu(z)$ are obtained from those of $J_\nu(z)$, $H_\nu^{(1)}(z)$ by virtue of their relation. As an example we give the *circuit relations* for the branch point:

$$I_\nu(e^{m\pi i}z)=e^{m\nu\pi i}I_\nu(z),\quad K_\nu(e^{m\pi i}z)=e^{-m\nu\pi i}K_\nu(z)-i\pi\frac{\sin m\nu\pi}{\sin\nu\pi}I_\nu(z),\quad (m\ \text{ganz/integer}),$$

speziell / in particular

$$I_n(-z)=(-1)^n I_n(z),$$

ferner die Formeln:

further the formulas:

$$I_{\nu-1}(z)-I_{\nu+1}(z)=\frac{2\nu}{z}I_\nu(z),\qquad K_{\nu-1}(z)-K_{\nu+1}(z)=-\frac{2\nu}{z}K_\nu(z),$$

$$2I'_\nu(z)=I_{\nu-1}(z)+I_{\nu+1}(z),\qquad -2K'_\nu(z)=K_{\nu-1}(z)+K_{\nu+1}(z),$$

$$I'_0(z)=I_1(z),\qquad K'_0(z)=-K_1(z),$$

$$I_\nu(z)K_{\nu+1}(z)+I_{\nu+1}(z)K_\nu(z)=\frac{1}{z}.$$

Für die *Nullstellen* der Funktionen vgl. Fig. 135 bis 139, Tafel 39.

For the *zeros* of the functions cf. fig. 135 to 139, table 39.

3. Die Kelvinschen Funktionen

3. The Kelvin Functions

3.1 Der Drehung um 135° entsprechen die Zylinderfunktionen $Z_\nu\left(e^{\frac{3\pi}{4}i}z\right)$. Sie sind Lösungen der *Differentialgleichung*

3.1 To the rotation through 135° correspond the Bessel functions $Z_\nu\left(e^{\frac{3\pi}{4}i}z\right)$. They are solutions of the *differential equation*

$$z^2\frac{d^2w}{dz^2}+z\frac{dw}{dz}-(i z^2+\nu^2)w=0.$$

Ausgehend von $J_\nu(z)$ und $H_\nu^{(1)}(z)$, $H_\nu^{(2)}(z)$ setzt man

Beginning with $J_\nu(z)$ and $H_\nu^{(1)}(z)$, $H_\nu^{(2)}(z)$ we put

$$\operatorname{ber}_\nu(z)\pm i\operatorname{bei}_\nu(z)=J_\nu\left(z\,e^{\pm\frac{3\pi}{4}i}\right)=e^{\pm\nu\frac{\pi}{2}i}I_\nu\left(z\,e^{\pm\frac{\pi}{4}i}\right),$$

$$\operatorname{her}_\nu(z)+i\operatorname{hei}_\nu(z)=H_\nu^{(1)}\left(z\,e^{\frac{3\pi}{4}i}\right),\quad \operatorname{her}_\nu(z)-i\operatorname{hei}_\nu(z)=H_\nu^{(2)}\left(z\,e^{-\frac{3\pi}{4}i}\right),$$

$$\operatorname{ker}_\nu(z)+i\operatorname{kei}_\nu(z)=\frac{\pi i}{2}H_\nu^{(1)}\left(z\,e^{\frac{3\pi}{4}i}\right),\quad \operatorname{ker}_\nu(z)-i\operatorname{kei}_\nu(z)=-\frac{\pi i}{2}H_\nu^{(2)}\left(z\,e^{-\frac{3\pi}{4}i}\right),$$

oder / or

$$\operatorname{ker}_\nu(z)\pm i\operatorname{kei}_\nu(z)=e^{\mp\frac{\nu\pi}{2}i}K_\nu\left(z\,e^{\pm\frac{\pi}{4}i}\right),$$

so daß / so that

$$\operatorname{her}_\nu(z)=\frac{2}{\pi}\operatorname{kei}_\nu(z),\quad \operatorname{hei}_\nu(z)=-\frac{2}{\pi}\operatorname{ker}_\nu(z).$$

Für den wichtigsten Fall $\nu=0$ schreibt man kürzer

For the most important case $\nu=0$ one writes more briefly

$$\operatorname{ber}(z),\ \operatorname{bei}(z), \qquad \operatorname{her}(z),\ \operatorname{hei}(z), \qquad \operatorname{ker}(z),\ \operatorname{kei}(z).$$

Die *Potenzreihen* für ber(z), bei(z) lauten

The *power series* for ber(z), bei(z) run

$$\operatorname{ber}(z) = 1 - \frac{z^4}{2^2 4^2} + \frac{z^8}{2^2 4^2 6^2 8^2} - \cdots, \qquad \operatorname{bei}(z) = \frac{z^2}{2^2} - \frac{z^6}{2^2 4^2 6^2} + \cdots.$$

Bei reeller Ordnung ν haben alle Funktionen für positives reelles Argument $z=x$ einen *reellen Zweig.* Bei Annäherung an $x=0$ gilt

For real order ν all the functions have for real positive argument $z=x$ a *real branch.* In the neighbourhood of $x=0$ we get

$$\operatorname{ber}(x) \approx 1, \quad \operatorname{bei}(x) \approx \frac{x^2}{4}, \quad \operatorname{her}(x) \approx -\frac{1}{2}, \quad \operatorname{hei}(x) \approx \frac{2}{\pi} \ln \frac{\gamma x}{2},$$

und für $x \gg 1$, $x \gg \nu^2$ in erster Näherung

and for $x \gg 1$, $x \gg \nu^2$ as a first approximation

$$\operatorname{ber} x \approx \frac{e^{x/\sqrt{2}}}{\sqrt{2\pi x}} \cos\left(\frac{x}{\sqrt{2}} - \frac{\pi}{8}\right), \qquad \operatorname{bei} x \approx \frac{e^{x/\sqrt{2}}}{\sqrt{2\pi x}} \sin\left(\frac{x}{\sqrt{2}} - \frac{\pi}{8}\right),$$

$$\operatorname{her} x \approx -\sqrt{\frac{2}{\pi x}}\, e^{-x/\sqrt{2}} \sin\left(\frac{x}{\sqrt{2}} + \frac{\pi}{8}\right), \qquad \operatorname{hei} x \approx -\sqrt{\frac{2}{\pi x}}\, e^{-x/\sqrt{2}} \cos\left(\frac{x}{\sqrt{2}} + \frac{\pi}{8}\right).$$

3.2 Weitere Darstellungen und Eigenschaften ergeben sich auf Grund der Definition aus denjenigen der Zylinderfunktionen $J_\nu(z)$, $H_\nu^{(1)}(z)$. Zum Beispiel erhält man für die *Ableitungen*

3.2 Further representations and properties are obtained from those of Bessel functions $J_\nu(z)$, $H_\nu^{(1)}(z)$ by virtue of their definition. E. g. we get for the *derivatives*

$$\operatorname{ber}'(z) \pm i \operatorname{bei}'(z) = e^{\mp\frac{\pi}{4} i} [\operatorname{ber}_1(z) \pm i \operatorname{bei}_1(z)],$$

$$\operatorname{her}'(z) \pm i \operatorname{hei}'(z) = e^{\mp\frac{\pi}{4} i} [\operatorname{her}_1(z) \pm i \operatorname{hei}_1(z)].$$

Für reelles $x > 0$ ist

For real $x > 0$ we have

$$J_n(x\sqrt{i}) = J_n\left(x\, e^{\frac{\pi}{4} i}\right) = (-1)^n [\operatorname{ber}_n(x) - i \operatorname{bei}_n(x)],$$

$$H_n^{(1)}(x\sqrt{i}) = H_n^{(1)}\left(x\, e^{\frac{\pi}{4} i}\right) = (-1)^{n+1} [\operatorname{her}_n(x) - i \operatorname{hei}_n(x)],$$

also speziell

in particular

$$J_0(x\sqrt{i}) = \operatorname{ber}(x) - i \operatorname{bei}(x), \qquad \frac{d}{dx}[J_0(x\sqrt{i})] = -\sqrt{i}\, J_1(x\sqrt{i}) = \operatorname{ber}'(x) - i \operatorname{bei}'(x),$$

$$H_0^{(1)}(x\sqrt{i}) = -\operatorname{her}(x) + i \operatorname{hei}(x), \qquad \frac{d}{dx}[H_0^{(1)}(x\sqrt{i})] = -\sqrt{i}\, H_1^{(1)}(x\sqrt{i}) = -\operatorname{her}'(x) + i \operatorname{hei}'(x).$$

Oft ist es vorteilhaft, die Funktionen durch *Betrag und Richtungswinkel* darzustellen. Man setzt dann

Often it is advantageous to represent the functions by *magnitude and argument.* We then put

$$J_\nu(z\sqrt{i}) = b_\nu(z)\, e^{i\beta_\nu(z)}, \qquad H_\nu^{(1)}(z\sqrt{i}) = h_\nu(z)\, e^{i\eta_\nu(z)},$$

oder
or

$$\operatorname{ber}_\nu(z) + i \operatorname{bei}_\nu(z) = M_\nu(z)\, e^{i\Theta_\nu(z)}, \qquad \operatorname{ker}_\nu(z) + i \operatorname{kei}_\nu(z) = N_\nu(z)\, e^{i\Phi_\nu(z)}.$$

(Vgl. Tafeln 45 und 46, Fig. 140 bis 148.)

(Cf. tables 45 and 46, fig. 140 to 148.)

Für eine ausführliche Behandlung der Kelvinschen Funktionen vgl. IX [5].

For an extended exposition of the Kelvin functions cf. IX [5].

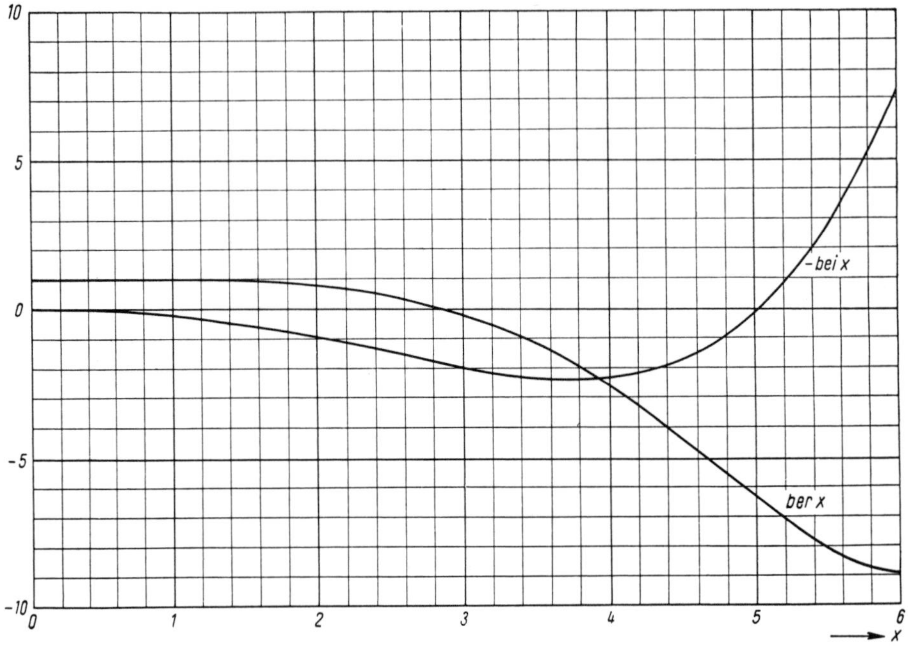

Fig. 125   Die Funktionen
Fig. 125   The functions $\text{ber } x = \text{Re} J_0\left(x \sqrt{i}\right)$ $\begin{matrix}\text{und}\\\text{and}\end{matrix}$ $\text{bei } x = - \text{Im } J_0\left(x \sqrt{i}\right)$

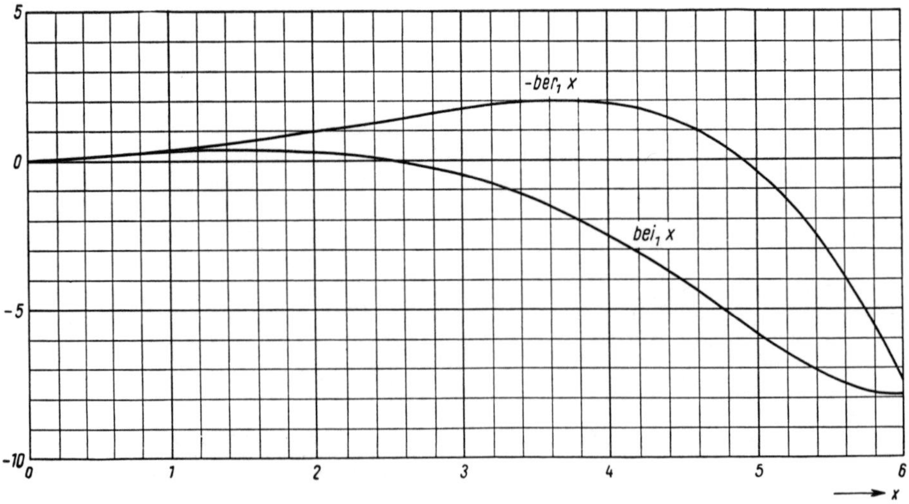

Fig. 127   Die Funktionen
Fig. 127   The functions $\text{ber}_1 x = - \text{Re } J_1\left(x \sqrt{i}\right)$ $\begin{matrix}\text{und}\\\text{and}\end{matrix}$ $\text{bei}_1 x = \text{Im } J_1\left(x \sqrt{i}\right)$

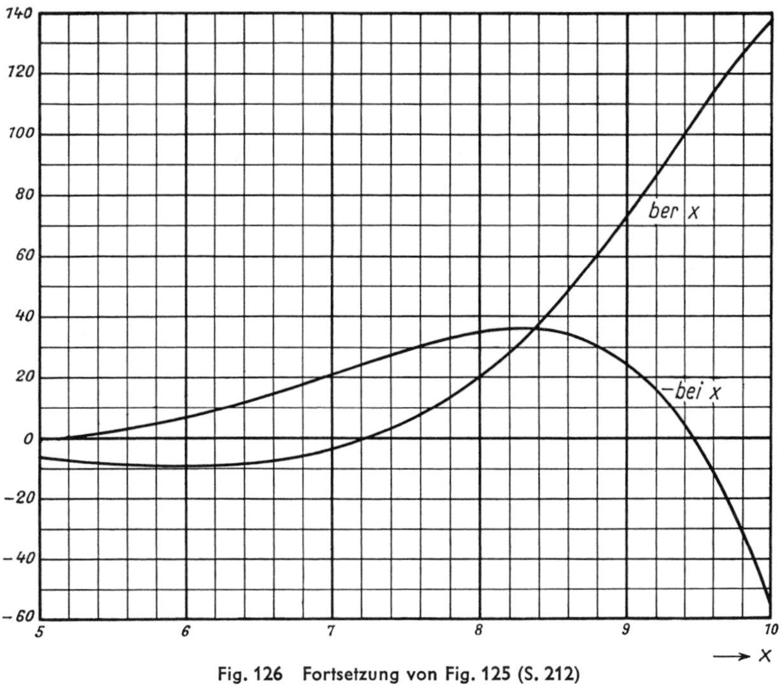

Fig. 126 Fortsetzung von Fig. 125 (S. 212)
Fig. 126 Continuation of fig. 125 (p. 212)

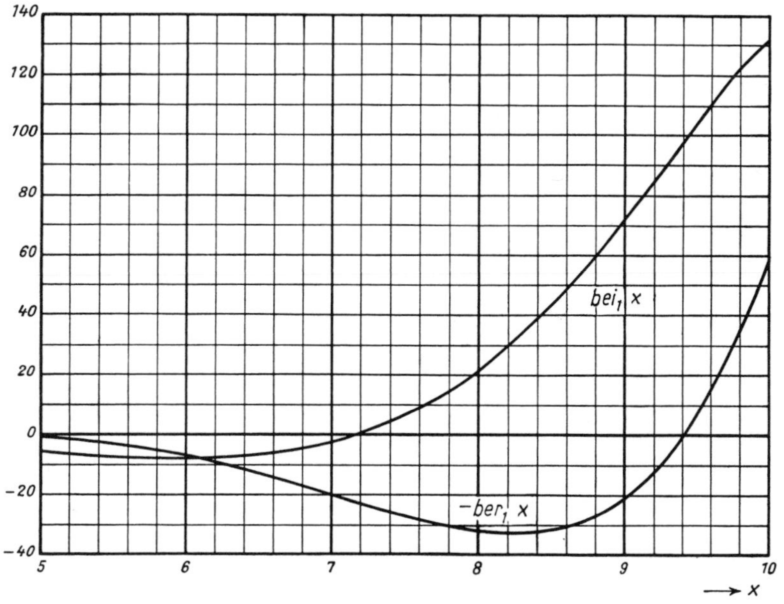

Fig. 128 Fortsetzung von Fig. 127 (S. 212)
Fig. 128 Continuation of fig. 127 (p. 212)

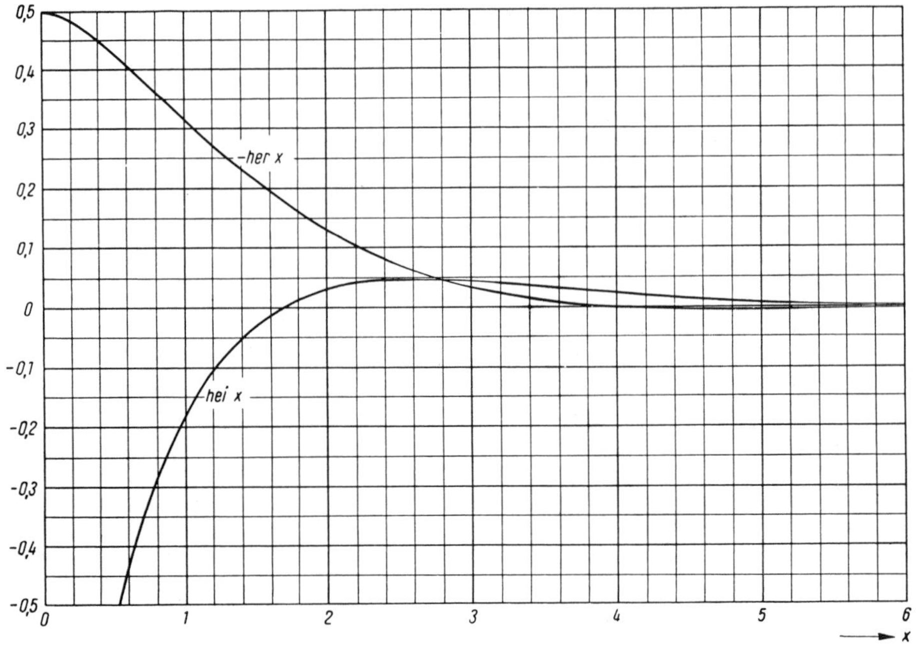

Fig. 129   Die Funktionen
Fig. 129   The functions $\mathrm{her}\,x = \dfrac{2}{\pi}\,\mathrm{kei}\,x = -\,\mathrm{Re}\,H_0^{(1)}\left(x\,\sqrt{i}\right)$ und
and $\mathrm{hei}\,x = -\dfrac{2}{\pi}\,\mathrm{ker}\,x = \mathrm{Im}\,H_0^{(1)}\left(x\,\sqrt{i}\right)$

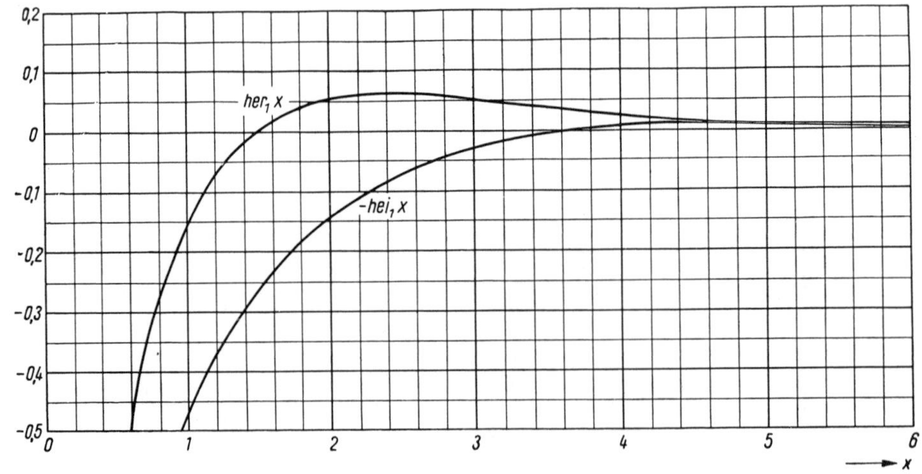

Fig. 131   Die Funktionen
Fig. 131   The functions $\mathrm{her}_1\,x = \dfrac{2}{\pi}\,\mathrm{kei}_1\,x = \mathrm{Re}\,H_1^{(1)}\left(x\,\sqrt{i}\right)$ und
and $\mathrm{hei}_1\,x = -\dfrac{2}{\pi}\,\mathrm{ker}_1\,x = -\,\mathrm{Im}\,H_1^{(1)}\left(x\,\sqrt{i}\right)$

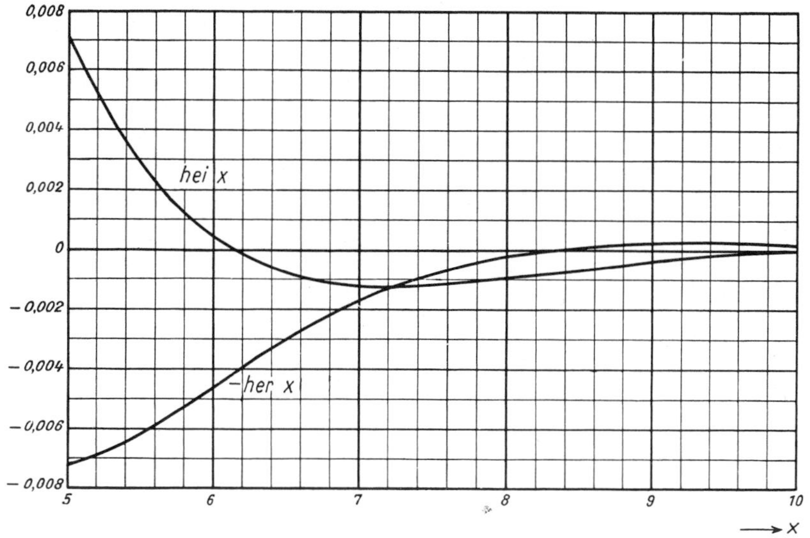

Fig. 130 Fortsetzung von Fig. 129 (S. 214)
Fig. 130 Continuation of fig. 129 (p. 214)

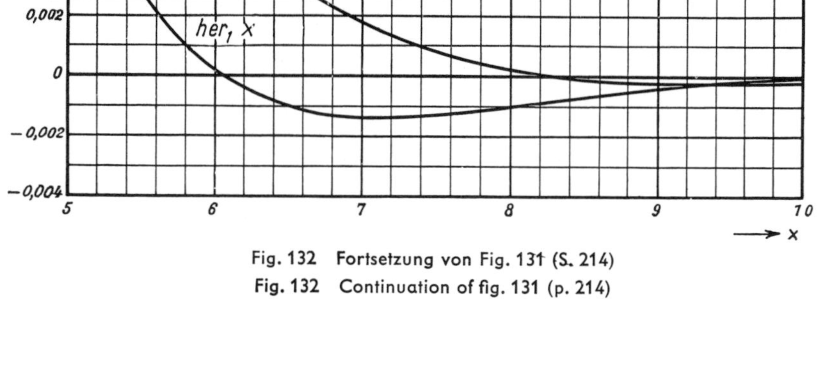

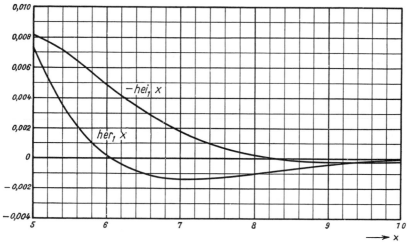

Fig. 132 Fortsetzung von Fig. 131 (S. 214)
Fig. 132 Continuation of fig. 131 (p. 214)

Tafel 35. Modifizierte Besselsche Funktionen $I_0(x) = J_0(\mathrm{i}x),\ I_1(x) = -\mathrm{i}J_1(\mathrm{i}x)$
Table 35. Modified Bessel Functions

x	$I_0(x)$		$I_1(x)$		x	$I_0(x)$		$I_1(x)$		x	$I_0(x)$		$I_1(x)$	
	1,		0,			1,		0,						
0,00	0000	+ 0,5	0000	+ 50	1,00	2661	+ 57	5652	+ 70,5	2,00	2,280	+ 16	1,5906	+ 150
02	0001	1,5	0100	50	02	2775	58,5	5793	71	02	2,312	16	1,6206	152
04	0004	2,5	0200	50	04	2892	60,5	5935	72,5	04	2,344	17	1,6510	155
06	0009	3,5	0300	50	06	3013	61,5	6080	73,5	06	2,378	17	1,6820	157,5
08	0016	4,5	0400	50,5	08	3136	63	6227	74	08	2,412	17	1,7135	160
0,10	0025	+ 5,5	0501	+ 50	1,10	3262	+ 64,5	6375	+ 75	2,10	2,446	+ 18	1,745	+ 16,5
12	0036	6,5	0601	50,5	12	3391	66	6525	76	12	2,482	17,5	1,778	16,5
14	0049	7,5	0702	50,5	14	3523	67,5	6677	77,5	14	2,517	18,5	1,811	17
16	0064	8,5	0803	50,5	16	3658	69	6832	78	16	2,554	18,5	1,845	17
18	0081	9,5	0904	50,5	18	3796	70,5	6988	79,5	18	2,591	19	1,879	17,5
0,20	0100	+ 10,5	1005	+ 51	1,20	3937	+ 72,5	7147	+ 80,5	2,20	2,629	+ 19,5	1,914	+ 18
22	0121	12	1107	51	22	4082	74	7308	81	22	2,668	19,5	1,950	18
24	0145	12,5	1209	51	24	4230	75,5	7470	83	24	2,707	20	1,986	18
26	0170	13,5	1311	51,5	26	4381	77	7636	83,5	26	2,747	20,5	2,022	19
28	0197	14,5	1414	51,5	28	4535	79	7803	85	28	2,788	21	2,060	19
0,30	0226	+ 16	1517	+ 52	1,30	4693	+ 80,5	7973	+ 86,5	2,30	2,830	+ 21	2,098	+ 19
32	0258	16,5	1621	52	32	4854	82,5	8146	87,5	32	2,872	21,5	2,136	20
34	0291	18	1725	52	34	5019	84	8321	88,5	34	2,915	22	2,176	20
36	0327	18,5	1829	53	36	5187	86	8498	90	36	2,959	22,5	2,216	20,5
38	0364	20	1935	52,5	38	5359	87,5	8678	91,5	38	3,004	22,5	2,257	20,5
0,40	0404	+ 21	2040	+ 53,5	1,40	5534	+ 89,5	8861	+ 92,5	2,40	3,049	+ 23,5	2,298	+ 21
42	0446	22	2147	53,5	42	5713	91,5	9046	94,5	42	3,096	23,5	2,340	21,5
44	0490	23	2254	53,5	44	5896	93	9235	95,5	44	3,143	24	2,383	22
46	0536	24	2361	54,5	46	6082	95,5	9426	97	46	3,191	24,5	2,427	22
48	0584	25,5	2470	54,5	48	6273	97	9620	98,5	48	3,240	25	2,471	23
0,50	0635	+ 26,5	2579	+ 55	1,50	6467	+ 99,5	9817	+ 100	2,50	3,290	+ 25,5	2,517	+ 23
52	0688	27	2689	55,5	52	6666	101	*0017	101,5	52	3,341	25,5	2,563	23,5
54	0742	29	2800	55,5	54	6868	103	0220	103	54	3,392	26,5	2,610	23,5
56	0800	29,5	2911	56,5	56	7074	105,5	0426	104,5	56	3,445	27	2,657	24,5
58	0859	30,5	3024	56,5	58	7285	107,5	0635	106,5	58	3,499	27	2,706	24,5
0,60	0920	+ 32	3137	+ 57	1,60	7500	+ 109,5	0848	+ 108	2,60	3,553	+ 28	2,755	+ 25,5
62	0984	33,5	3251	58	62	7719	111,5	1064	110	62	3,609	28,5	2,806	25,5
64	1051	34	3367	58	64	7942	114	1284	111,5	64	3,666	28,5	2,857	26
66	1119	35,5	3483	58,5	66	8170	116,5	1507	113	66	3,723	29,5	2,909	26,5
68	1190	36,5	3600	59,5	68	8403	118,5	1733	115	68	3,782	30	2,962	27
0,70	1263	+ 38	3719	+ 59,5	1,70	864	+ 12	1963	+ 117	2,70	3,842	+ 30,5	3,016	+ 27,5
72	1339	39	3838	60,5	72	888	12,5	2197	119	72	3,903	31	3,071	28
74	1417	40	3959	61	74	913	12,5	2435	121	74	3,965	31,5	3,127	28,5
76	1497	41,5	4081	61,5	76	938	12,5	2677	122,5	76	4,028	32	3,184	29
78	1580	42,5	4204	62,5	78	963	13,5	2922	125	78	4,092	32,5	3,242	29,5
0,80	1665	+ 44	4329	+ 62,5	1,80	990	+ 13	3172	+ 126,5	2,80	4,157	+ 33,5	3,301	+ 30
82	1753	45	4454	63,5	82	*016	13,5	3425	129	82	4,224	34	3,361	30,5
84	1843	46,5	4581	64,5	84	043	14	3683	131	84	4,292	34,5	3,422	31,5
86	1936	48	4710	65	86	071	14	3945	133,5	86	4,361	35	3,485	31,5
88	2032	49	4840	65,5	88	099	14,5	4212	135	88	4,431	36	3,548	32,5
0,90	2130	+ 50,5	4971	+ 66,5	1,90	128	+ 14,5	4482	+ 138	2,90	4,503	+ 36,5	3,613	+ 32,5
92	2231	51,5	5104	67,5	92	157	15	4758	140	92	4,576	37	3,678	33,5
94	2334	53	5239	68	94	187	15	5038	142,5	94	4,650	37,5	3,745	34
96	2440	54,5	5375	68,5	96	217	15,5	5323	144,5	96	4,725	38,5	3,813	35
98	2549	56	5512	70	98	248	16	5612	147	98	4,802	39,5	3,883	35
1,00	2661		5652		2,00	280		5906		3,00	4,881		3,953	
	1,		0,			2,		1,						

Tafel 35. Modifizierte Besselsche Funktionen $I_0(x) = J_0(i\,x),\ I_1(x) = -\,i\,J_1(i\,x)$ (Forts.)
Table 35. Modified Bessel Functions (Cont.)

x	$I_0(x)$		$I_1(x)$		x	$I_0(x)$		$I_1(x)$		x	$I_0(x)$		$I_1(x)$	
3,00	4,881	+ 40	3,953	+ 36	4,00	11,302	+ 98,5	9,759	+ 89,5	5,00	27,24	+ 24,5	24,34	+ 22,5
02	4,961	40,5	4,025	36,5	02	11,499	100	9,938	91,5	02	27,73	25	24,79	23
04	5,042	41,5	4,098	37,5	04	11,699	102,5	10,121	92,5	04	28,23	25,5	25,25	23,5
06	5,125	42	4,173	38	06	11,904	104	10,306	94,5	06	28,74	26	25,72	23,5
08	5,209	42,5	4,249	38,5	08	12,112	106	10,495	96,5	08	29,26	26,5	26,19	24,5
3,10	5,294	+ 44	4,326	+ 39,5	4,10	12,324	+ 107,5	10,688	+ 98	5,10	29,79	+ 27	26,68	+ 25
12	5,382	44,5	4,405	40	12	12,539	110	10,884	100	12	30,33	27,5	27,18	25
14	5,471	45	4,485	41	14	12,759	112	11,084	101,5	14	30,88	27,5	27,68	26
16	5,561	46	4,567	41,5	16	12,983	113,5	11,287	103,5	16	31,43	28,5	28,20	26
18	5,653	47	4,650	42	18	13,210	116	11,494	106	18	32,00	29	28,72	26,5
3,20	5,747	+ 48	4,734	+ 43	4,20	13,442	+ 118,5	11,706	+ 107,5	5,20	32,58	+ 29,5	29,25	+ 27,5
22	5,843	48,5	4,820	44	22	13,679	120	11,921	109,5	22	33,17	30,5	29,80	27,5
24	5,940	49,5	4,908	44,5	24	13,919	122,5	12,140	111,5	24	33,78	30,5	30,35	28,5
26	6,039	50,5	4,997	45,5	26	14,164	125	12,363	113,5	26	34,39	31	30,92	28,5
28	6,140	51,5	5,088	46,5	28	14,414	127	12,590	116	28	35,01	32	31,49	29,5
3,30	6,243	+ 52	5,181	+ 47	4,30	14,668	+ 129,5	12,822	+ 118	5,30	35,65	+ 32,5	32,08	+ 30
32	6,347	53,5	5,275	48	32	14,927	131,5	13,058	120	32	36,30	33	32,68	30,5
34	6,454	54	5,371	49	34	15,190	134,5	13,298	122,5	34	36,96	33,5	33,29	31
36	6,562	55	5,469	50	36	15,459	136,5	13,543	124,5	36	37,63	34	33,91	31,5
38	6,672	56,5	5,569	50,5	38	15,732	139	13,792	127	38	38,31	35	34,54	32
3,40	6,785	+ 57	5,670	+ 51,5	4,40	16,010	+ 142	14,046	+ 129,5	5,40	39,01	+ 35,5	35,18	+ 33
42	6,899	58,5	5,773	53	42	16,294	144,5	14,305	132	42	39,72	36	35,84	33,5
44	7,016	59	5,879	53,5	44	16,583	147	14,569	134	44	40,44	37	36,51	34
46	7,134	60,5	5,986	54,5	46	16,877	149,5	14,837	137	46	41,18	37,5	37,19	34,5
48	7,255	61,5	6,095	55,5	48	17,176	152,5	15,111	139	48	41,93	38	37,88	35,5
3,50	7,378	+ 62,5	6,206	+ 56,5	4,50	17,48	+ 15,5	15,389	+ 142	5,50	42,69	+ 39	38,59	+ 36
52	7,503	64	6,319	57,5	52	17,79	16	15,673	144,5	52	43,47	40	39,31	36,5
54	7,631	65	6,434	59	54	18,11	16	15,962	147,5	54	44,27	40,5	40,04	37,5
56	7,761	66	6,552	59,5	56	18,43	16,5	16,257	150	56	45,08	41	40,79	38
58	7,893	67,5	6,671	61	58	18,76	16,5	16,557	153	58	45,90	42	41,55	39
3,60	8,028	+ 68,5	6,793	+ 62	4,60	19,09	+ 17	16,86	+ 15,5	5,60	46,74	+ 42,5	42,33	+ 39,5
62	8,165	69,5	6,917	63	62	19,43	17,5	17,17	16	62	47,59	43,5	43,12	40,5
64	8,304	71,5	7,043	64	64	19,78	17,5	17,49	16	64	48,46	44,5	43,93	41
66	8,447	72	7,171	65,5	66	20,13	18	17,81	16,5	66	49,35	45	44,75	41,5
68	8,591	74	7,302	67	68	20,49	18,5	18,14	17	68	50,25	46	45,58	43
3,70	8,739	+ 75	7,436	+ 68	4,70	20,86	+ 18,5	18,48	+ 17	5,70	51,17	+ 47	46,44	+ 43
72	8,889	76	7,572	69	72	21,23	19	18,82	17,5	72	52,11	47,5	47,30	44,5
74	9,041	78	7,710	70,5	74	21,61	19,5	19,17	17,5	74	53,06	49	48,19	45
76	9,197	79,5	7,851	71,5	76	22,00	19,5	19,52	18	76	54,04	49,5	49,09	46
78	9,356	80,5	7,994	73	78	22,39	20	19,88	18,5	78	55,03	50,5	50,01	47
3,80	9,517	+ 82	8,140	+ 74,5	4,80	22,79	+ 20,5	20,25	+ 19	5,80	56,04	+ 51,5	50,95	+ 47,5
82	9,681	83,5	8,289	76	82	23,20	21	20,63	19	82	57,07	52	51,90	48,5
84	9,848	85,5	8,441	77	84	23,62	21	21,01	19,5	84	58,11	53,5	52,87	49,5
86	10,019	86,5	8,595	79	86	24,04	21,5	21,40	20	86	59,18	54,5	53,86	50,5
88	10,192	88,5	8,753	80	88	24,47	22	21,80	20	88	60,27	55,5	54,87	51,5
3,90	10,369	+ 90	8,913	+ 81,5	4,90	24,91	+ 22,5	22,20	+ 20,5	5,90	61,38	+ 56,5	55,90	+ 52,5
92	10,549	91,5	9,076	83	92	25,36	23	22,61	21	92	62,51	57	56,95	53,5
94	10,732	93,5	9,242	84,5	94	25,82	23	23,03	21,5	94	63,65	59	58,02	54
96	10,919	94,5	9,411	86,5	96	26,28	24	23,46	21,5	96	64,83	59,5	59,10	55,5
98	11,108	97	9,584	87,5	98	26,76	24	23,89	22,5	98	66,02	60,5	60,21	56,5
4,00	11,302		9,759		5,00	27,24		24,34		6,00	67,23		61,34	

218 **Tafel 35. Modifizierte Besselsche Funktionen** $I_0(x) = J_0(ix),\ I_1(x) = -iJ_1(ix)$ (Forts.)
Table 35. Modified Bessel Functions (Cont.)

x	$I_0(x)$		$I_1(x)$	
6,00	67,23	+ 62	61,34	+ 57,5
02	68,47	63	62,49	59
04	69,73	64,5	63,67	59,5
06	71,02	65,5	64,86	61
08	72,33	66,5	66,08	62
6,10	73,66	+ 68	67,32	+ 63
12	75,02	69,5	68,58	64,5
14	76,41	70,5	69,87	65,5
16	77,82	71,5	71,18	67
18	79,25	73,5	72,52	68,5
6,20	80,72	+ 74,5	73,89	+ 69
22	82,21	76	75,27	71
24	83,73	77,5	76,69	72
26	85,28	78,5	78,13	73,5
28	86,85	80,5	79,60	75
6,30	88,46	+ 82	81,10	+ 76,5
32	90,10	83,5	82,63	77,5
34	91,77	85	84,18	79,5
36	93,47	86,5	85,77	80,5
38	95,20	88	87,38	82,5
6,40	96,96	+ 90	89,03	+ 83,5
42	98,76	91,5	90,70	85,5
44	100,59	93,5	92,41	87
46	102,46	95	94,15	89
48	104,36	96,5	95,93	90,5
6,50	106,29	+ 99	97,74	+ 92
52	108,27	100,5	99,58	93,5
54	110,28	102	101,45	96
56	112,32	104,5	103,37	97,5
58	114,41	106,5	105,32	99
6,60	116,54	+ 108	107,30	+ 101,5
62	118,70	110,5	109,33	103
64	120,91	112,5	111,39	105
66	123,16	114,5	113,49	107,5
68	125,45	117	115,64	109
6,70	127,79	+ 118,5	117,82	+ 111,5
72	130,16	121,5	120,05	113
74	132,59	123,5	122,31	115,5
76	135,06	125,5	124,62	118
78	137,57	128,5	126,98	120
6,80	140,14	+ 130,5	129,38	+ 122
82	142,75	133	131,82	124,5
84	145,41	135,5	134,31	127
86	148,12	138	136,85	129,5
88	150,88	141	139,44	132
6,90	153,70	+ 143,5	142,08	+ 134,5
92	156,57	146	144,77	137
94	159,49	149	147,51	139,5
96	162,47	151,5	150,30	142
98	165,50	154,5	153,14	145
7,00	168,59		156,04	

x	$I_0(x)$		$I_1(x)$	
7,00	168,6	+ 15,5	156,04	+ 147,5
02	171,7	16,5	158,99	150,5
04	175,0	16	162,00	153,5
06	178,2	17	165,07	156,5
08	181,6	17	168,20	159
7,10	185,0	+ 17	171,4	+ 16
12	188,4	17,5	174,6	16,5
14	191,9	18	177,9	17
16	195,5	18,5	181,3	17
18	199,2	18,5	184,7	18
7,20	202,9	+ 19	188,3	+ 17,5
22	206,7	19,5	191,8	18,5
24	210,6	19,5	195,5	18,5
26	214,5	20,5	199,2	18,5
28	218,6	20,5	202,9	19,5
7,30	222,7	+ 20,5	206,8	+ 19,5
32	226,8	21,5	210,7	20
34	231,1	21,5	214,7	20,5
36	235,4	22	218,8	20,5
38	239,8	22,5	222,9	21,5
7,40	244,3	+ 23	227,2	+ 21,5
42	248,9	23,5	231,5	22
44	253,6	24	235,9	22,5
46	258,4	24	240,4	22,5
48	263,2	25	244,9	23,5
7,50	268,2	+ 25	249,6	+ 23,5
52	273,2	25,5	254,3	24,5
54	278,3	26,5	259,2	24,5
56	283,6	26,5	264,1	25
58	288,9	27	269,1	25,5
7,60	294,3	+ 28	274,2	+ 26
62	299,9	28	279,4	27
64	305,5	29	284,8	27
66	311,3	29	290,2	27,5
68	317,1	30	295,7	28
7,70	323,1	+ 30,5	301,3	+ 28,5
72	329,2	31	307,0	29,5
74	335,4	31,5	312,9	29,5
76	341,7	32	318,8	30,5
78	348,1	33	324,9	31
7,80	354,7	+ 33,5	331,1	+ 31,5
82	361,4	34	337,4	32
84	368,2	34,5	343,8	33
86	375,1	35,5	350,4	33,5
88	382,2	36	357,1	34
7,90	389,4	+ 37	363,9	+ 34,5
92	396,8	37	370,8	35,5
94	404,2	38,5	377,9	36
96	411,9	38,5	385,1	36,5
98	419,6	40	392,4	37,5
8,00	427,6		399,9	

x	$I_0(x)$		$I_1(x)$	
8,00	427,6	+ 40	399,9	+ 38
02	435,6	41,5	407,5	39
04	443,9	41,5	415,3	39,5
06	452,2	43	423,2	40,5
08	460,8	43,5	431,3	41
8,10	469,5	+ 44,5	439,5	+ 42
12	478,4	45	447,9	42,5
14	487,4	46	456,4	43,5
16	496,6	47	465,1	44,5
18	506,0	48	474,0	45
8,20	515,6	+ 48,5	483,0	+ 46,5
22	525,3	50	492,3	47
24	535,3	50,5	501,7	47,5
26	545,4	51,5	511,2	49
28	555,7	53	521,0	50
8,30	566,3	+ 53,5	531,0	+ 50,5
32	577,0	54,5	541,1	51,5
34	587,9	55,5	551,4	53
36	599,0	57	562,0	53,5
38	610,4	57,5	572,7	55
8,40	621,9	+ 59	583,7	+ 55,5
42	633,7	60	594,8	57
44	645,7	61,5	606,2	58
46	658,0	62,5	617,8	59
48	670,5	63,5	629,6	60
8,50	683,2	+ 64,5	641,6	+ 61,5
52	696,1	66	653,9	62,5
54	709,3	67,5	666,4	63,5
56	722,8	68,5	679,1	65
58	736,5	70	692,1	66,5
8,60	750,5	+ 71	705,4	+ 67,5
62	764,7	72,5	718,9	68,5
64	779,2	74	732,6	70,5
66	794,0	75,5	746,7	71
68	809,1	76,5	760,9	73
8,70	824,4	+ 78,5	775,5	+ 74,5
72	840,1	80	790,4	75,5
74	856,1	81	805,5	77
76	872,3	83	820,9	78,5
78	888,9	84,5	836,6	80,5
8,80	905,8	+ 86	852,7	+ 81,5
82	923,0	88	869,0	83
84	940,6	89	885,6	85
86	958,4	91,5	902,6	86,5
88	976,7	92,5	919,9	88
8,90	995,2	+ 95	937,5	+ 90
92	1014,2	96,5	955,5	91,5
94	1033,5	98	973,8	93,5
96	1053,1	100,5	992,5	95
98	1073,2	102	1011,5	97
9,00	1093,6		1030,9	

Tafel 35. Modifizierte Besselsche Funktionen $I_0(x) = J_0(\mathrm{i}\,x),\ I_1(x) = -\mathrm{i}\,J_1(\mathrm{i}\,x)$ (Forts.)
Table 35. Modified Bessel Functions (Cont.)

x	$I_0(x)$		$I_1(x)$		x	$I_0(x)$		$I_1(x)$		x	$I_0(x)$		$I_1(x)$	
9,00	1093,6	+ 104	1030,9	+ 99	9,40	1595	+ 15,5	1508	+ 14,5	9,80	2329	+ 22,5	2207	+ 21,5
02	1114,4	106	1050,7	100,5	42	1626	15,5	1537	14,5	82	2374	22,5	2250	21,5
04	1135,6	108	1070,8	103	44	1657	15,5	1566	15	84	2419	23,5	2293	22
06	1157,2	110,5	1091,4	104,5	46	1688	16,5	1596	15,5	86	2466	23,5	2337	22,5
08	1179,3	112	1112,3	106,5	48	1721	16	1627	15,5	88	2513	24	2382	23
9,10	1201,7	+ 114,5	1133,6	+ 109	9,50	1753	+ 17	1658	+ 16	9,90	2561	+ 24,5	2428	+ 23,5
12	1224,6	117	1155,4	111	52	1787	17	1690	16,5	92	2610	25	2475	23,5
14	1248,0	118,5	1177,6	113	54	1821	17,5	1723	16,5	94	2660	25,5	2522	24,5
16	1271,7	121,5	1200,2	115	56	1856	17,5	1756	17	96	2711	26	2571	25
18	1296,0	123,5	1223,2	117,5	58	1891	18	1790	17	98	2763	26,5	2621	25
9,20	1320,7	+ 125,5	1246,7	+ 119,5	9,60	1927	+ 18,5	1824	+ 17,5	10,00	2816		2671	
22	1345,8	128,5	1270,6	122	62	1964	19	1859	18					
24	1371,5	130,5	1295,0	124,5	64	2002	19	1895	18					
26	1397,6	133,5	1319,9	126,5	66	2040	19,5	1931	19					
28	1424,3	135,5	1345,2	129	68	2079	20	1969	18,5					
9,30	1451,4	+ 138,5	1371,0	+ 132	9,70	2119	+ 20	2006	+ 19,5					
32	1479,1	141	1397,4	134	72	2159	21	2045	19,5					
34	1507,3	144	1424,2	137	74	2201	21	2084	20,5					
36	1536,1	146,5	1451,6	139,5	76	2243	21,5	2125	20					
38	1565,4	149,5	1479,5	142	78	2286	21,5	2165	21					
9,40	1595,3		1507,9		9,80	2329		2207						

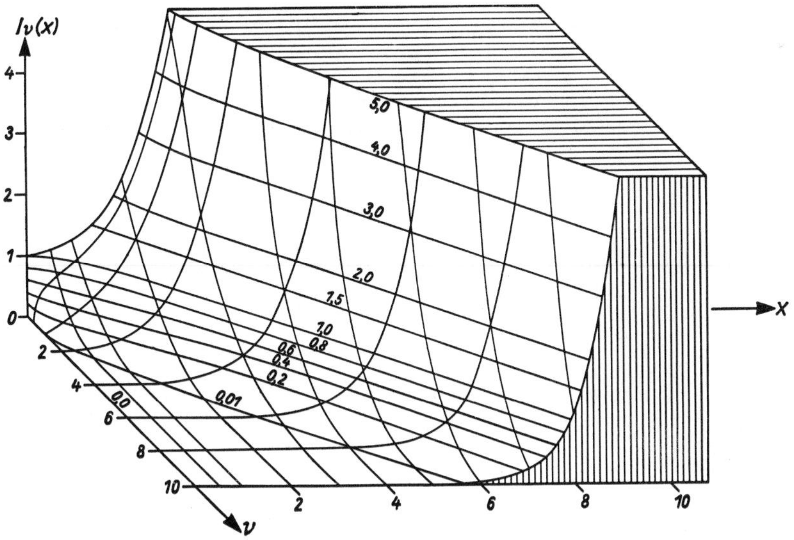

Fig. 133 $I_\nu(x) = e^{-\nu\frac{\pi}{2}\mathrm{i}}\,J_\nu(\mathrm{i}x)$ über der Ebene ν, x

Fig. 133 $I_\nu(x) = e^{-\nu\frac{\pi}{2}\mathrm{i}}\,J_\nu(\mathrm{i}x)$ against the plane ν, x

Tafel 36. Modifizierte Besselsche Funktionen $I_n(x) = (-i)^n J_n(ix)$ *)
Table 36. Modified Bessel Functions

x	$I_0(x)$	$I_1(x)$	$I_2(x)$	$I_3(x)$	$I_4(x)$	$I_5(x)$
0,0	1,0000	0,0000	0,0000	0,0000	0,0000	0,0000
0,2	1,0100	0,1005	0,5017 (—2)	0,1671 (—3)	0,4175 (—5)	0,8347 (—7)
0,4	1,0404	0,2040	0,2027 (—1)	0,1347 (—2)	0,6720 (—4)	0,2684 (—5)
0,6	1,0920	0,3137	0,4637 (—1)	0,4602 (—2)	0,3436 (—3)	0,2056 (—4)
0,8	1,1665	0,4329	0,8435 (—1)	0,1110 (—1)	0,1101 (—2)	0,8764 (—4)
1,0	1,2661	0,5652	0,1357	0,2217 (—1)	0,2737 (—2)	0,2715 (—3)
1,2	1,3937	0,7147	0,2026	0,3936 (—1)	0,5801 (—2)	0,6879 (—3)
1,4	1,5534	0,8861	0,2875	0,6452 (—1)	0,1103 (—1)	0,1519 (—2)
1,6	1,7500	1,0848	0,3940	0,9989 (—1)	0,1937 (—1)	0,3036 (—2)
1,8	1,9896	1,3172	0,5260	0,1482	0,3208 (—1)	0,5625 (—2)
2,0	2,2796	1,5906	0,6889	0,2127	0,5073 (—1)	0,9826 (—2)
2,2	2,6291	1,9141	0,8891	0,2976	0,7734 (—1)	0,1637 (—1)
2,4	3,0493	2,2981	1,1342	0,4079	0,1145	0,2626 (—1)
2,6	3,5533	2,7554	1,4337	0,5496	0,1654	0,4079 (—1)
2,8	4,1573	3,3011	1,7994	0,7305	0,2341	0,6169 (—1)
3,0	4,8808	3,9534	2,2452	0,9598	0,3257	0,9121 (—1)
3,2	5,7472	4,7343	2,7883	1,2489	0,4466	0,1323
3,4	6,7848	5,6701	3,4495	1,6119	0,6049	0,1886
3,6	8,0277	6,7927	4,2540	2,0661	0,8105	0,2651
3,8	9,5169	8,1404	5,2325	2,6326	1,0758	0,3678
4,0	11,3019	9,7595	6,4222	3,3373	1,4163	0,5047
4,2	13,4425	11,7056	7,8684	4,2120	1,8513	0,6857
4,4	16,0104	14,0462	9,6258	5,2955	2,4046	0,9234
4,6	19,0926	16,8626	11,7611	6,6355	3,1060	1,2338
4,8	22,7937	20,2528	14,3550	8,2903	3,9921	1,6369
5,0	27,2399	24,3356	17,5056	10,3312	5,1082	2,1580
5,2	32,5836	29,2543	21,3319	12,8451	6,5106	2,8288
5,4	39,0088	35,1821	25,9784	15,9388	8,2686	3,6890
5,6	46,7376	42,3283	31,6203	19,7424	10,4678	4,7884
5,8	56,0381	50,9462	38,4704	24,4148	13,2137	6,1890
6,0	67,2344	61,3419	46,7871	30,1505	16,6366	7,9685

*) In Klammern beigefügte Zahlen (—n) besagen, daß der Tafelwert mit dem Faktor 10^{-n} zu multiplizieren ist.
Numbers (—n) added in parenthesis mean that the table value is to be multiplied by the factor 10^{-n}.

x	$I_6(x)$	$I_7(x)$	$I_8(x)$	$I_9(x)$	$I_{10}(x)$	$I_{11}(x)$
0,0	0,0000	0,0000	0,0000	0,0000	0,0000	0,0000
0,2	0,1391 (— 8)	0,1987 (— 10)	0,2483 (— 12)	0,2758 (— 14)	0,2758 (— 16)	0,2507 (— 18)
0,4	0,8940 (— 7)	0,2552 (— 8)	0,6377 (— 10)	0,1417 (— 11)	0,2832 (— 13)	0,5148 (— 15)
0,6	0,1026 (— 5)	0,4388 (— 7)	0,1644 (— 8)	0,5473 (— 10)	0,1641 (— 11)	0,4471 (— 13)
0,8	0,5820 (— 5)	0,3316 (— 6)	0,1655 (— 7)	0,7340 (— 9)	0,2932 (— 10)	0,1065 (— 11)
1,0	0,2249 (— 4)	0,1599 (— 5)	0,9961 (— 7)	0,5518 (— 8)	0,2753 (— 9)	0,1249 (— 10)
1,2	0,6821 (— 4)	0,5809 (— 5)	0,4335 (— 6)	0,2879 (— 7)	0,1722 (— 8)	0,9365 (— 10)
1,4	0,1752 (— 3)	0,1737 (— 4)	0,1510 (— 5)	0,1168 (— 6)	0,8138 (— 8)	0,5160 (— 9)
1,6	0,3987 (— 3)	0,4506 (— 4)	0,4467 (— 5)	0,3942 (— 6)	0,3136 (— 7)	0,2270 (— 8)
1,8	0,8280 (— 3)	0,1050 (— 3)	0,1168 (— 4)	0,1157 (— 5)	0,1034 (— 6)	0,8409 (— 8)
2,0	0,1600 (— 2)	0,2246 (— 3)	0,2770 (— 4)	0,3044 (— 5)	0,3017 (— 6)	0,2722 (— 7)
2,2	0,2919 (— 2)	0,4492 (— 3)	0,6076 (— 4)	0,7329 (— 5)	0,7975 (— 6)	0,7903 (— 7)
2,4	0,5081 (— 2)	0,8497 (— 3)	0,1250 (— 3)	0,1641 (— 4)	0,1944 (— 5)	0,2098 (— 6)
2,6	0,8505 (— 2)	0,1534 (— 2)	0,2437 (— 3)	0,3456 (— 4)	0,4426 (— 5)	0,5165 (— 6)
2,8	0,1377 (— 1)	0,2664 (— 2)	0,4540 (— 3)	0,6915 (— 4)	0,9513 (— 5)	0,1193 (— 5)
3,0	0,2168 (— 1)	0,4472 (— 2)	0,8137 (— 3)	0,1324 (— 3)	0,1946 (— 4)	0,2610 (— 5)
3,2	0,3332 (— 1)	0,7295 (— 2)	0,1410 (— 2)	0,2439 (— 3)	0,3816 (— 4)	0,5446 (— 5)
3,4	0,5015 (— 1)	0,1160 (— 1)	0,2373 (— 2)	0,4347 (— 3)	0,7205 (— 4)	0,1090 (— 4)
3,6	0,7411 (— 1)	0,1806 (— 1)	0,3893 (— 2)	0,7523 (— 3)	0,1316 (— 3)	0,2103 (— 4)
3,8	0,1078	0,2755 (— 1)	0,6243 (— 2)	0,1269 (— 2)	0,2336 (— 3)	0,3929 (— 4)
4,0	0,1545	0,4133 (— 1)	0,9810 (— 2)	0,2090 (— 2)	0,4038 (— 3)	0,7131 (— 4)
4,2	0,2186	0,6105 (— 1)	0,1514 (— 1)	0,3373 (— 2)	0,6819 (— 3)	0,1261 (— 3)
4,4	0,3060	0,8894 (— 1)	0,2299 (— 1)	0,5344 (— 2)	0,1128 (— 2)	0,2178 (— 3)
4,6	0,4239	0,1280	0,3440 (— 1)	0,8324 (— 2)	0,1830 (— 2)	0,3683 (— 3)
4,8	0,5819	0,1821	0,5080 (— 1)	0,1277 (— 1)	0,2918 (— 2)	0,6109 (— 3)
5,0	0,7923	0,2565	0,7412 (— 1)	0,1932 (— 1)	0,4580 (— 2)	0,9955 (— 3)
5,2	1,0707	0,3580	0,1070	0,2885 (— 1)	0,7086 (— 2)	0,1596 (— 2)
5,4	1,4371	0,4954	0,1528	0,4260 (— 1)	0,1082 (— 1)	0,2523 (— 2)
5,6	1,9171	0,6803	0,2163	0,6222 (— 1)	0,1632 (— 1)	0,3932 (— 2)
5,8	2,5430	0,9277	0,3037	0,9000 (— 1)	0,2435 (— 1)	0,6052 (— 2)
6,0	3,3558	1,2569	0,4230	0,1290	0,3594 (— 1)	0,9207 (— 2)

Tafel 37. Modifizierte Hankelsche Funktionen $\frac{2}{\pi}K_0(x)$, $\frac{2}{\pi}K_1(x)$
Tafel 37. Modified Hankel Functions

$$\frac{2}{\pi}K_0(x) = iH_0^{(1)}(ix) = -iH_0^{(2)}(-ix), \quad \frac{2}{\pi}K_1(x) = -H_1^{(1)}(ix) = -H_1^{(2)}(-ix)$$

x	$\frac{2}{\pi}K_0(x)$		$\frac{2}{\pi}K_1(x)$		x	$\frac{2}{\pi}K_0(x)$		$\frac{2}{\pi}K_1(x)$		x	$\frac{2}{\pi}K_0(x)$		$\frac{2}{\pi}K_1(x)$	
						0,		0,			0,0		0,0	
0,00	∞		∞		1,00	2680	— 37,5	3832	— 64	2,00	7251	— 88	8904	— 115,5
02	+ 2,565		+ 31,802		02	2605	36,5	3704	61	02	7075	85,5	8673	112
04	2,124		15,867		04	2532	35	3582	58,5	04	6904	83,5	8449	108,5
06	1,867		10,545		06	2462	34,5	3465	56	06	6737	81,5	8232	106
08	1,685		7,878		08	2393	33	3353	54	08	6574	79	8020	103
0,10	+ 1,5451	+ 249	+ 6,273		1,10	2327	— 31,5	3245	— 51,5	2,10	6416	— 77	7814	— 100
12	1,4310	176	5,200		12	2264	31	3142	50	12	6262	75,5	7614	97
14	1,3351	130	4,432		14	2202	30	3042	47,5	14	6111	73	7420	94,5
16	1,2525	100	3,854		16	2142	29	2947	46	16	5965	71,5	7231	91,5
18	1,1801	80	3,403		18	2084	28	2855	44	18	5822	69,5	7048	89,5
0,20	+ 1,1158	+ 65	+ 3,0405	+ 634	1,20	2028	— 27,5	2767	— 42,5	2,20	5683	— 68	6869	— 87
22	1,0581	54	2,7433	479	22	1973	26,5	2682	41	22	5547	66	6695	84,5
24	1,0057	45	2,4950	370	24	1920	25,5	2600	39,5	24	5415	64,5	6526	82
26	0,9580	39	2,2842	292	26	1869	24,5	2521	38	26	5286	62,5	6362	80
28	0,9142	34	2,1030	235	28	1820	24,5	2445	36,5	28	5161	61,5	6202	77,5
0,30	+ 0,8737	+ 29	+ 1,9455	+ 191	1,30	1771	— 23	2372	— 35,5	2,30	5038	— 59,5	6047	— 75,5
32	0,8362	26	1,8074	158	32	1725	23	2301	34	32	4919	58,5	5896	74
34	0,8013	23	1,6852	132	34	1679	22	2233	33	34	4802	56,5	5748	71,5
36	0,7687	21	1,5763	112	36	1635	21	2167	31,5	36	4689	55,5	5605	69,5
38	0,7382	18	1,4786	95	38	1593	21	2104	30,5	38	4578	54	5466	68
0,40	+ 0,7095	+ 17	+ 1,3906	+ 82	1,40	15512	— 201,5	2043	— 30	2,40	4470	— 52,5	5330	— 66
42	0,6825	15	1,3108	71	42	15109	195,5	1983	28,5	42	4365	51,5	5198	64
44	0,6571	14	1,2381	62	44	14718	190	1926	27,5	44	4262	50	5070	63
46	0,6330	13	1,1717	54	46	14338	184	1871	26,5	46	4162	49	4944	60,5
48	0,6101	+ 12	1,1107	48	48	13970	179,5	1818	26	48	4064	47,5	4823	59,5
0,50	+ 0,5885	+ 11	+ 1,0545	+ 43	1,50	13611	— 174	1766	— 25	2,50	3969	— 46,5	4704	— 57,5
52	0,5679	— 103	1,0026	38	52	13263	169	1716	24	52	3876	45	4589	56,5
54	0,5484	97,5	0,9545	34	54	12925	164,5	1668	23,5	54	3786	44,5	4476	54,5
56	0,5297	93,5	0,9099	31	56	12596	160	1621	22,5	56	3697	43	4367	53,5
58	0,5120	88,5	0,8683	28	58	12276	155	1576	22	58	3611	42	4260	52
		85												
0,60	+ 0,4950	— 81	+ 0,8294	+ 25	1,60	11966	— 151,5	15319	— 212	2,60	3527	— 41	4156	— 50,5
62	0,4788	78	0,7931	23	62	11663	146,5	14895	205	62	3445	40	4055	49,5
64	0,4632	74	0,7590	21	64	11370	143	14485	199	64	3365	39,5	3956	48
66	0,4484	71	0,7270	19	66	11084	139	14087	192,5	66	3286	38	3860	46,5
68	0,4342	68,5	0,6970	17	68	10806	135	13702	187	68	3210	37	3767	45,5
0,70	+ 0,4205	— 65,5	+ 0,6686	+ 16	1,70	10536	— 131,5	13328	— 180,5	2,70	3136	— 36,5	3676	— 44,5
				— 133,5										
72	0,4074	63	0,6419	126,5	72	10273	128	12967	175,5	72	3063	35,5	3587	43,5
74	0,3948	60,5	0,6166	119,5	74	10017	124,5	12616	170	74	2992	34,5	3500	42
76	0,3827	58	0,5927	113	76	09768	121	12276	165	76	2923	33,5	3416	41
78	0,3711	56	0,5701	107,5	78	09526	118	11946	160	78	2856	33	3334	40
0,80	+ 0,3599	— 54	+ 0,5486	— 102	1,80	09290	— 114,5	11626	— 155	2,80	2790	— 32,5	3254	— 39
82	0,3491	51,5	0,5282	96,5	82	09061	111,5	11316	150,5	82	2725	31	3176	38
84	0,3388	50	0,5089	92,5	84	08838	109	11015	146	84	2663	31	3100	37
86	0,3288	48	0,4904	87,5	86	08620	105,5	10723	142	86	2601	29,5	3026	36,5
88	0,3192	46,5	0,4729	83,5	88	08409	103	10439	137,5	88	2542	29,5	2953	35
0,90	+ 0,3099	— 45	+ 0,4562	— 80	1,90	08203	— 100,5	10164	— 133,5	2,90	2483	— 28,5	2883	— 34,5
92	0,3009	43,5	0,4402	76	92	08002	97,5	09897	129,5	92	2426	27,5	2814	33,5
94	0,2922	41,5	0,4250	73	94	07807	95,5	09638	126	94	2371	27,5	2747	32,5
96	0,2839	40,5	0,4104	69,5	96	07616	92,5	09386	122	96	2316	26,5	2682	32
98	0,2758	39	0,3965	66,5	98	07431	90	09142	119	98	2263	25,5	2618	31
1,00	+ 0,2680		+ 0,3832		2,00	07251		08904		3,00	2212		2556	
						0,		0,			0,0		0,0	

Tafel 37. Modifizierte Hankelsche Funktionen $\frac{2}{\pi}K_0(x)$, $\frac{2}{\pi}K_1(x)$ (Fortsetzung)
Table 37. Modified Hankel Functions (Continuation)

$$\frac{2}{\pi}K_0(x) = iH_0^{(1)}(ix) = -iH_0^{(2)}(-ix), \quad \frac{2}{\pi}K_1(x) = -H_1^{(1)}(ix) = -H_1^{(2)}(-ix)$$

x	$\frac{2}{\pi}K_0(x)$		$\frac{2}{\pi}K_1(x)$		x	$\frac{2}{\pi}K_0(x)$		$\frac{2}{\pi}K_1(x)$		x	$\frac{2}{\pi}K_0(x)$		$\frac{2}{\pi}K_1(x)$	
	0,0		0,0			$10^{-2}\times 0,$		$10^{-2}\times 0,$			$10^{-2}\times 0,$		$10^{-2}\times 0,$	
3,00	2212	—25,5	2556	—30	4,00	7104	—78,5	7947	—89,5	5,00	2350	—25,5	2575	—28,5
02	2161	24,5	2496	29,5	02	6947	76,5	7768	88	02	2299	25	2518	27,5
04	2112	24	2437	29	04	6794	75	7592	85,5	04	2249	24,5	2463	27
06	2064	23,5	2379	28	06	6644	73,5	7421	84	06	2200	23,5	2409	26,5
08	2017	23	2323	27	08	6497	72	7253	81,5	08	2153	23,5	2356	26
3,10	1971	—22,5	2269	—27	4,10	6353	—70	7090	—80	5,10	2106	—22,5	2304	—25,5
12	1926	22	2215	26	12	6213	68,5	6930	78	12	2061	22,5	2253	24,5
14	1882	21,5	2163	25,5	14	6076	67	6774	76,5	14	2016	22	2204	24
16	1839	20,5	2112	24,5	16	5942	65,5	6621	74,5	16	1972	21	2156	24
18	1798	20,5	2063	24,5	18	5811	64	6472	72,5	18	1930	21	2108	23
3,20	17568	—199,5	2014	—23,5	4,20	5683	—62,5	6327	—71	5,20	1888	—20,5	2062	—22,5
22	17169	194	1967	23	22	5558	61	6185	69,5	22	1847	20	2017	22
24	16781	190	1921	22,5	24	5436	60	6046	68	24	1807	19,5	1973	21,5
26	16401	185,5	1876	21,5	26	5316	58	5910	66	26	1768	19	1930	21,5
28	16030	181	1833	21,5	28	5200	57,5	5778	65	28	1730	18,5	1887	20,5
3,30	15668	—177	17900	—208,5	4,30	5085	—55,5	5648	—63	5,30	16928	—182,5	1846	—20
32	15314	173	17483	203	32	4974	55	5522	62	32	16563	178,5	1806	20
34	14968	168,5	17077	198,5	34	4864	53	5398	60,5	34	16206	174,5	1766	19
36	14631	165	16680	193,5	36	4758	52,5	5277	59	36	15857	171	1728	19
38	14301	161	16293	189	38	4653	51	5159	57,5	38	15515	167	1690	18,5
3,40	13979	—157,5	15915	—184,5	4,40	4551	—49,5	5044	—56,5	5,40	15181	—163,5	16531	—180,5
42	13664	153,5	15546	180	42	4452	49	4931	55	42	14854	160	16170	176,5
44	13357	150	15186	175,5	44	4354	47,5	4821	53,5	44	14534	156,5	15817	172,5
46	13057	146,5	14835	171	46	4259	47	4714	52,5	46	14221	153	15472	168,5
48	12764	143,5	14493	167,5	48	4165	45,5	4609	51,5	48	13915	150	15135	165
3,50	12477	—140	14158	—163	4,50	4074	—44,5	4506	—50	5,50	13615	—146	14805	—161
52	12197	136,5	13832	159,5	52	3985	43,5	4406	49	52	13323	143,5	14483	158
54	11924	133,5	13513	155,5	54	3898	42,5	4308	48	54	13036	140	14167	154
56	11657	130,5	13202	152	56	3813	41,5	4212	47	56	12756	137	13859	151
58	11396	127,5	12898	148	58	3730	41	4118	45,5	58	12482	134	13557	147,5
3,60	11141	—125	12602	—144,5	4,60	3648	—40	4027	—45	5,60	12214	—131,5	13262	—144
62	10891	121,5	12313	141,5	62	3568	38,5	3937	43,5	62	11951	128	12974	141
64	10648	119	12030	138	64	3491	38,5	3850	43	64	11695	126	12692	138
66	10410	116	11754	134,5	66	3414	37	3764	41,5	66	11443	122,5	12416	135
68	10178	113,5	11485	131,5	68	3340	36,5	3681	41	68	11198	120	12146	132
3,70	09951	—111	11222	—128	4,70	3267	—35,5	3599	—39,5	5,70	10958	—117,5	11882	—128,5
72	09729	108,5	10966	125,5	72	3196	35	3520	39	72	10723	115	11625	126,5
74	09512	106	10715	122	74	3126	34	3442	38,5	74	10493	112,5	11372	123
76	09300	103,5	10471	119,5	76	3058	33	3365	37	76	10268	110,5	11126	121
78	09093	101	10232	116,5	78	2992	32,5	3291	36,5	78	10047	107,5	10884	118
3,80	08891	—99	09999	—114	4,80	2927	—32	3218	—35,5	5,80	09832	—105	10648	—115,5
82	08693	96,5	09771	111,5	82	2863	31	3147	34,5	82	09622	103,5	10417	112,5
84	08500	94,5	09548	108,5	84	2801	30,5	3078	34	84	09415	100,5	10192	110,5
86	08311	92	09331	106	86	2740	30	3010	33,5	86	09214	98,5	09971	108
88	08127	90,5	09119	103,5	88	2680	29	2943	32,5	88	09017	96,5	09755	105,5
3,90	07946	—88	08912	—101	4,90	2622	—28,5	2878	—31,5	5,90	08824	—94,5	09544	—103,5
92	07770	86	08710	99	92	2565	27,5	2815	31	92	08635	92,5	09337	101
94	07598	84	08512	96	94	2510	27,5	2753	30,5	94	08450	90,5	09135	98,5
96	07430	82,5	08320	94,5	96	2455	26,5	2692	29,5	96	08269	88	08938	96,5
98	07265	80,5	08131	92	98	2402	26	2633	29	98	08093	86,5	08745	94,5
4,00	07104		07947		5,00	2350		2575		6,00	07920		08556	
	0,0		0,0			$10^{-2}\times 0,$		$10^{-2}\times 0,$			$10^{-2}\times 0,$		$10^{-2}\times 0,$	

Tafel 37. Modifizierte Hankelsche Funktionen $\frac{2}{\pi}K_0(x), \frac{2}{\pi}K_1(x)$ (Fortsetzung)
Table 37. Modified Hankel Functions (Continuation)

$$\frac{2}{\pi}K_0(x) = iH_0^{(1)}(ix) = -iH_0^{(2)}(-ix), \quad \frac{2}{\pi}K_1(x) = -H_1^{(1)}(ix) = -H_1^{(2)}(-ix)$$

x	$\frac{2}{\pi}K_0(x)$		$\frac{2}{\pi}K_1(x)$		x	$\frac{2}{\pi}K_0(x)$		$\frac{2}{\pi}K_1(x)$		x	$\frac{2}{\pi}K_0(x)$		$\frac{2}{\pi}K_1(x)$	
	$10^{-3}\times 0,$		$10^{-3}\times 0,$			$10^{-3}\times 0,$		$10^{-3}\times 0,$			$10^{-4}\times 0,$		$10^{-4}\times 0,$	
6,00	7920	—85	8556	—92,5	7,00	2704	—28,5	2891	—30,5	8,00	9325	—98	9891	—104,5
02	7750	82,5	8371	90,5	02	2647	28	2830	30,5	02	9129	96	9682	102
04	7585	81	8190	88,5	04	2591	27,5	2769	29,5	04	8937	93,5	9478	100,5
06	7423	79,5	8013	86,5	06	2536	26,5	2710	28,5	06	8750	92	9277	97,5
08	7264	77,5	7840	84,5	08	2483	26,5	2653	28,5	08	8566	90	9082	96
6,10	7109	—76	7671	—83	7,10	2430	—25,5	2596	—27,5	8,10	8386	—87,5	8890	—94
12	6957	74	7505	80,5	12	2379	25	2541	27	12	8211	86,5	8702	91,5
14	6809	73	7344	79,5	14	2329	25	2487	26,5	14	8038	84	8519	90
16	6663	71	7185	77,5	16	2279	24	2434	26	16	7870	82,5	8339	88
18	6521	69,5	7030	75,5	18	2231	23,5	2382	25,5	18	7705	81	8163	86
6,20	6382	—68	6879	—74	7,20	2184	—23	2331	—24,5	8,20	7543	—79	7991	—84,5
22	6246	66,5	6731	72,5	22	2138	22,5	2282	24,5	22	7385	77,5	7822	82,5
24	6113	65	6586	71	24	2093	22	2233	24	24	7230	75,5	7657	80,5
26	5983	64	6444	69,5	26	2049	22	2185	23	26	7079	74,5	7496	79
28	5855	62,5	6305	67,5	28	2005	21	2139	23	28	6930	72,5	7338	77,5
6,30	5730	—61	6170	—66,5	7,30	1963	—20,5	2093	—22	8,30	6785	—71	7183	—75,5
32	5608	59,5	6037	65	32	1922	20,5	2049	22	32	6643	69,5	7032	74,5
34	5489	58,5	5907	63,5	34	1881	20	2005	21	34	6504	68	6883	72,5
36	5372	57	5780	62	36	1841	19	1963	21	36	6368	67	6738	71
38	5258	56	5656	61	38	1803	19	1921	20,5	38	6234	65	6596	69
6,40	5146	—55	5534	—59,5	7,40	17646	—186	1880	—20	8,40	6104	—64	6458	—68
42	5036	53,5	5415	58	42	17274	182	1840	19,5	42	5976	62,5	6322	67
44	4929	52,5	5299	57	44	16910	178,5	1801	19	44	5851	61	6188	65
46	4824	51	5185	55,5	46	16553	174	1763	18,5	46	5729	60	6058	63,5
48	4722	50,5	5074	54,5	48	16205	171	1726	18,5	48	5609	59	5931	62,5
6,50	4621	—49	4965	—53,5	7,50	15863	—167	16889	—179	8,50	5491	—57,5	5806	—61
52	4523	48	4858	52	52	15529	163,5	16531	175,5	52	5376	56	5684	60
54	4427	47	4754	51	54	15202	160	16180	171,5	54	5264	55	5564	58,5
56	4333	46	4652	49,5	56	14882	157	15837	168	56	5154	54	5447	57,5
58	4241	45	4553	49	58	14568	153	15501	164,5	58	5046	52,5	5332	56
6,60	4151	—44	4455	—48	7,60	14262	—150,5	15172	—160,5	8,60	4941	—52	5220	—55
62	4063	43	4359	46,5	62	13961	146,5	14851	157,5	62	4837	50,5	5110	53,5
64	3977	42,5	4266	45,5	64	13668	144	14536	154	64	4736	49,5	5003	52,5
66	3892	41	4175	45	66	13380	141	14228	151	66	4637	48,5	4898	51,5
68	3810	40,5	4085	43,5	68	13098	137,5	13926	147,5	68	4540	47,5	4795	50,5
6,70	3729	—39,5	3998	—43	7,70	12823	—135	13631	—144	8,70	4445	—46,5	4694	—49
72	3650	39	3912	41,5	72	12553	132	13343	141,5	72	4352	45,5	4596	48,5
74	3572	38	3829	41	74	12289	129	13060	138	74	4261	44,5	4499	47,5
76	3496	37	3747	40	76	12031	126,5	12784	135,5	76	4172	43,5	4404	46
78	3422	36	3667	39,5	78	11778	124	12513	132,5	78	4085	42,5	4312	45,5
6,80	3350	—35,5	3588	—38,5	7,80	11530	—121	12248	—129,5	8,80	4000	—42	4221	—44
82	3279	35	3511	37,5	82	11288	119	11989	127	82	3916	40,5	4133	43,5
84	3209	34	3436	36,5	84	11050	116	11735	124	84	3835	40	4046	42,5
86	3141	33	3363	36	86	10818	113,5	11487	121,5	86	3755	39,5	3961	41,5
88	3075	32,5	3291	35	88	10591	111,5	11244	119	88	3676	38,5	3878	40,5
6,90	3010	—32	3221	—34,5	7,90	10368	—108,5	11006	—116,5	8,90	3599	—37,5	3797	—40
92	2946	31	3152	33,5	92	10151	106,5	10773	113,5	92	3524	36,5	3717	39
94	2884	30,5	3085	33	94	09938	104,5	10546	111,5	94	3451	36	3639	38
96	2823	30	3019	32,5	96	09729	102	10323	109	96	3379	35,5	3563	37,5
98	2763	29,5	2954	31,5	98	09525	100	10105	107	98	3308	34,5	3488	36,5
7,00	2704		2891		8,00	09325		09891		9,00	3239		3415	
	$10^{-3}\times 0,$		$10^{-3}\times 0,$			$10^{-3}\times 0,$		$10^{-3}\times 0,$			$10^{-4}\times 0,$		$10^{-4}\times 0,$	

Tafel 37. Modifizierte Hankelsche Funktionen $\frac{2}{\pi} K_0(x)$, $\frac{2}{\pi} K_1(x)$ (Fortsetzung)
Table 37. Modified Hankel Functions (Continuation)

$$\frac{2}{\pi} K_0(x) = i H_0^{(1)}(i x) = -i H_0^{(2)}(-i x), \quad \frac{2}{\pi} K_1(x) = -H_1^{(1)}(i x) = -H_1^{(2)}(-i x)$$

x	$\frac{2}{\pi}K_0(x)$		$\frac{2}{\pi}K_1(x)$		x	$\frac{2}{\pi}K_0(x)$		$\frac{2}{\pi}K_1(x)$		x	$\frac{2}{\pi}K_0(x)$		$\frac{2}{\pi}K_1)x)$	
	$10^{-4} \times 0,$		$10^{-4} \times 0,$			$10^{-4} \times 0,$		$10^{-4} \times 0,$			$10^{-5} \times 0,$		$10^{-5} \times 0,$	
9,00	3239	—33,5	3415	—36	10,00	11319	—117,5	11872	—123,5	11,00	3974	—41	4151	—43
02	3172	33,5	3343	35	02	11084	115	11625	121,5	02	3892	40	4065	42
04	3105	32	3273	34,5	04	10854	112,5	11382	118,5	04	3812	39,5	3981	41,5
06	3041	32	3204	33,5	06	10629	110,5	11145	116	06	3733	38,5	3898	40,5
08	2977	31	3137	33	08	10408	108	10913	114	08	3656	38	3817	39,5
9,10	2915	—30,5	3071	—32	10,10	10192	—105,5	10685	—111	11,10	3580	—37	3738	—38,5
12	2854	29,5	3007	31,5	12	09981	103,5	10463	109	12	3506	36	3661	38
14	2795	29	2944	31	14	09774	101,5	10245	107	14	3434	35,5	3585	37,5
16	2737	28,5	2882	30	16	09571	99,5	10031	104,5	16	3363	35	3510	36
18	2680	28	2822	29,5	18	09372	97	09822	102	18	3293	34	3438	36
9,20	2624	—27,5	2763	—29	10,20	09178	—95	09618	—100	11,20	3225	—33	3366	—34,5
22	2569	26,5	2705	28,5	22	08988	93,5	09418	98,5	22	3159	32,5	3297	34,5
24	2516	26,5	2648	27,5	24	08801	91	09221	96	24	3094	32	3228	33,5
26	2463	25,5	2593	27	26	08619	89,5	09029	93,5	26	3030	31,5	3161	32,5
28	2412	25	2539	27	28	08440	87,5	08842	92,5	28	2967	30,5	3096	32
9,30	2362	—25	2485	—26	10,30	08265	—85,5	08657	—90	11,30	2906	—30	3032	—31,5
32	2312	24	2433	25	32	08094	84	08477	88	32	2846	29,5	2969	31
34	2264	23,5	2383	25	34	07926	82	08301	86,5	34	2787	29	2907	30
36	2217	23	2333	24,5	36	07762	80,5	08128	84,5	36	2729	28	2847	29,5
38	2171	22,5	2284	24	38	07601	79	07959	83	38	2673	27,5	2788	29
9,40	2126	—22,5	2236	—23,5	10,40	07443	—77	07793	—81	11,40	2618	—27	2730	—28
42	2081	21,5	2189	22,5	42	07289	75,5	07631	79,5	42	2564	26,5	2674	27,5
44	2038	21	2144	22,5	44	07138	74	07472	77,5	44	2511	26	2619	27,5
46	1996	21	2099	22	46	06990	72,5	07317	76	46	2459	25,5	2564	26,5
48	1954	20	2055	21,5	48	06845	70,5	07165	74,5	48	2408	24,5	2511	26
9,50	1914	—20	2012	—21	10,50	06704	—69,5	07016	—73	11,50	2359	—24,5	2459	—25,5
52	1874	19,5	1970	20,5	52	06565	68	06870	71,5	52	2310	24	2408	25
54	1835	19	1929	20,5	54	06429	66,5	06727	70	54	2262	23	2358	24
56	1797	19	1888	19,5	56	06296	65,5	06587	68,5	56	2216	23	2310	24
58	1759	18	1849	19,5	58	06165	63,5	06450	67	58	2170	22,5	2262	23,5
9,60	17226	—179	1810	—19	10,60	06038	—62,5	06316	—65,5	11,60	2125	—22	2215	—23
62	16868	175,5	1772	18,5	62	05913	61,5	06185	64,5	62	2081	21,5	2169	22,5
64	16517	171,5	1735	18	64	05790	60	06056	62,5	64	2038	21	2124	22
66	16174	168,5	1699	17,5	66	05670	58,5	05931	62	66	1996	20,5	2080	21,5
68	15837	164,5	1664	17,5	68	05553	57,5	05807	60	68	1955	20	2037	21
9,70	15508	—161	16289	—170	10,70	05438	—56,5	05687	—59	11,70	1915	—20	1995	—20,5
72	15186	158	15949	166,5	72	05325	55	05569	58	72	1875	19	1954	20,5
74	14870	154,5	15616	163	74	05215	54	05453	56,5	74	1837	19	1913	19,5
76	14561	151	15290	159,5	76	05107	52,5	05340	55,5	76	1799	18,5	1874	19,5
78	14259	148,5	14971	156,5	78	05002	52	05229	54,5	78	1762	18,5	1835	19
9,80	13962	—145	14658	—153	10,80	04898	—50,5	05120	—53	11,80	17255	—178	17971	—185,5
82	13672	142	14352	149,5	82	04797	49,5	05014	52	82	16899	174,5	17600	182
84	13388	139	14053	146,5	84	04698	49	04910	51	84	16550	170,5	17236	178,5
86	13110	136	13760	144	86	04600	47,5	04808	50	86	16209	167	16879	174,5
88	12838	133,5	13472	140,5	88	04505	46,5	04708	49	88	15875	163,5	16530	170,5
9,90	12571	—130,5	13191	—137,5	10,90	04412	—45,5	04610	—47,5	11,90	15548	—160	16189	—167,5
92	12310	128	12916	134,5	92	04321	44,5	04515	47	92	15228	157	15854	164
94	12054	125	12647	132	94	04232	44	04421	46	94	14914	153,5	15526	160,5
96	11804	122,5	12383	129	96	04144	43	04329	45	96	14607	150,5	15205	157
98	11559	120	12125	126,5	98	04058	42	04239	44	98	14306	147,5	14891	154
10,00	11319		11872		11,00	03974		04151		12,00	14011		14583	
	$10^{-4} \times 0,$		$10^{-4} \times 0,$			$10^{-4} \times 0,$		$10^{-4} \times 0,$			$10^{-5} \times 0,$		$10^{-5} \times 0,$	

Tafel 37. Modifizierte Hankelsche Funktionen $\frac{2}{\pi} K_0(x), \frac{2}{\pi} K_1(x)$ (Fortsetzung)
Table 37. Modified Hankel Functions (Continuation)

$$\frac{2}{\pi} K_0(x) = i H_0^{(1)}(ix) = -i H_0^{(2)}(-ix), \quad \frac{2}{\pi} K_1(x) = -H_1^{(1)}(ix) = -H_1^{(2)}(-ix)$$

x	$\frac{2}{\pi} K_0(x)$		$\frac{2}{\pi} K_1(x)$		x	$\frac{2}{\pi} K_0(x)$		$\frac{2}{\pi} K_1(x)$		x	$\frac{2}{\pi} K_0(x)$		$\frac{2}{\pi} K_1(x)$	
	$10^{-5} \times 0,$		$10^{-5} \times 0,$			$10^{-6} \times 0,$		$10^{-6} \times 0,$			$10^{-6} \times 0,$		$10^{-6} \times 0,$	
12,00	14011	—144,5	14583	—150,5	13,00	4956	—51	5143	—53	14,00	17579	—180	18197	—187
02	13722	141	14282	147,5	02	4854	50	5037	52	02	17219	176,5	17823	183
04	13440	138,5	13987	144,5	04	4754	48,5	4933	50,5	04	16866	172,5	17457	179
06	13163	135,5	13698	141,5	06	4657	48	4832	50	06	16521	169,5	17099	175,5
08	12892	133	13415	138,5	08	4561	47	4732	48,5	08	16182	165,5	16748	172
12,10	12626	—130	13138	—136	13,10	4467	—45,5	4635	—48	14,10	15851	—162,5	16404	—168,5
12	12366	127,5	12866	132,5	12	4376	45	4539	46,5	12	15526	159	16067	165
14	12111	124,5	12601	130,5	14	4286	44	4446	46	14	15208	155,5	15737	161,5
16	11862	122	12340	127	16	4198	43	4354	44,5	16	14897	152,5	15414	158
18	11618	119,5	12086	125	18	4112	42,5	4265	44	18	14592	149,5	15098	155
12,20	11379	—117,5	11836	—122	13,20	4027	—41,5	4177	—43	14,20	14293	—146,5	14788	—152
22	11144	114,5	11592	120	22	3944	40,5	4091	42	22	14000	143,5	14484	148,5
24	10915	112,5	11352	117	24	3863	39,5	4007	41,5	24	13713	140	14187	145,5
26	10690	110	11118	115	26	3784	38,5	3924	40	26	13433	137,5	13896	142,5
28	10470	107,5	10888	112	28	3707	38,5	3844	39,5	28	13158	135	13611	140
12,30	10255	—105,5	10664	—110,5	13,30	3630	—37	3765	—39	14,30	12888	—132	13331	—136,5
32	10044	103,5	10443	107,5	32	3556	36,5	3687	38	32	12624	129	13058	134
34	09837	101,5	10228	105,5	34	3483	36	3611	37	34	12366	126,5	12790	131,5
36	09634	99	10017	103,5	36	3411	35	3537	36,5	36	12113	124	12527	128,5
38	09436	97	09810	101	38	3341	34	3464	35,5	38	11865	121,5	12270	125,5
12,40	09242	—95	09608	—99,5	13,40	3273	—33,5	3393	—35	14,40	11622	—119	12019	—123,5
42	09052	93	09409	97	42	3206	33	3323	34	42	11384	116,5	11772	120,5
44	08866	91,5	09215	95	44	3140	32	3255	33,5	44	11151	114	11531	118,5
46	08683	89	09025	93	46	3076	32	3188	33	46	10923	112	11294	116
48	08505	87,5	08839	91	48	3012	30,5	3122	32	48	10699	109,5	11062	113
12,50	08330	—86	08657	—89,5	13,50	2951	—30,5	3058	—31,5	14,50	10480	—107	10836	—111,5
52	08158	84	08478	87,5	52	2890	29,5	2995	30,5	52	10266	105,5	10613	108,5
54	07990	82	08303	85,5	54	2831	29	2934	30,5	54	10055	102,5	10396	107
56	07826	80,5	08132	84	56	2773	28,5	2873	29,5	56	09850	101	10182	104
58	07665	79	07964	82	58	2716	28	2814	29	58	09648	98,5	09974	102,5
12,60	07507	—77	07800	—80,5	13,60	2660	—27	2756	—28	14,60	09451	—97	09769	—100
62	07353	75,5	07639	78,5	62	2606	27	2700	28	62	09257	94,5	09569	98
64	07202	74	07482	77,5	64	2552	26	2644	27	64	09068	93	09373	96
66	07054	72,5	07327	75,5	66	2500	25,5	2590	26,5	66	08882	90,5	09181	94,5
68	06909	71	07176	74	68	2449	25,5	2537	26,5	68	08701	89	08992	92
12,70	06767	—69,5	07028	—72,5	13,70	2398	—24,5	2484	—25,5	14,70	08523	—87,5	08808	—90,5
72	06628	68,5	06883	70,5	72	2349	24	2433	25	72	08348	85	08627	88
74	06491	66,5	06742	69,5	74	2301	23,5	2383	24,5	74	08178	84	08451	87
76	06358	65,5	06603	68,5	76	2254	23	2334	24	76	08010	82	08277	84,5
78	06227	64	06466	66,5	78	2208	23	2286	23,5	78	07846	80	08108	83
12,80	06099	—62,5	06333	—65	13,80	2162	—22	2239	—23	14,80	07686	—78,5	07942	—81,5
82	05974	61,5	06203	64	82	2118	21,5	2193	22,5	82	07529	77	07779	80
84	05851	60	06075	62,5	84	2075	21,5	2148	22	84	07375	75,5	07619	78
86	05731	59	05950	61,5	86	2032	21	2104	21,5	86	07224	74	07463	76,5
88	05613	57,5	05827	60	88	1990	20	2061	21	88	07076	72	07310	75
12,90	05498	—56,5	05707	—59	13,90	1950	—20	2019	—21	14,90	06932	—71	07160	—73
92	05385	55,5	05589	57,5	92	1910	19,5	1977	20	92	06790	69,5	07014	72
94	05274	54	05474	56	94	1871	19,5	1937	20	94	06651	68	06870	70,5
96	05166	53	05362	55,5	96	1832	18,5	1897	19,5	96	06515	66,5	06729	69
98	05060	52	05251	54	98	1795	18,5	1858	19	98	06382	65,5	06591	67,5
13,00	04956		05143		14,00	1758		1820		15,00	06251		06456	
	$10^{-5} \times 0,$		$10^{-5} \times 0,$			$10^{-6} \times 0,$		$10^{-6} \times 0,$			$10^{-6} \times 0,$		$10^{-6} \times 0,$	

Tafel 37. Modifizierte Hankelsche Funktionen $\frac{2}{\pi} K_0(x)$, $\frac{2}{\pi} K_1(x)$ (Fortsetzung)
Table 37. Modified Hankel Functions (Continuation)

$$\frac{2}{\pi} K_0(x) = \mathrm{i} H_0^{(1)}(\mathrm{i}x) = -\mathrm{i} H_0^{(2)}(-\mathrm{i}x), \quad \frac{2}{\pi} K_1(x) = -H_1^{(1)}(\mathrm{i}x) = -H_1^{(2)}(-\mathrm{i}x)$$

x	$\frac{2}{\pi} K_0(x)$		$\frac{2}{\pi} K_1(x)$	
	$10^{-7} \times 0,$		$10^{-7} \times 0,$	
15,00	6251	—63,5	6456	—66
02	6124	63	6324	64,5
04	5998	61	6195	63,5
06	5876	60	6068	62,5
08	5756	59	5943	60,5
15,10	5638	—57,5	5822	—59,5
12	5523	56,5	5703	58,5
14	5410	55,5	5586	57,5
16	5299	54	5471	56
18	5191	53	5359	54,5
15,20	5085	—52	5250	—54
22	4981	51	5142	52,5
24	4879	50	5037	51,5
26	4779	48,5	4934	50,5
28	4682	48	4833	49,5
15,30	4586	—47	4734	—48,5
32	4492	45,5	4637	47,5
34	4401	45	4542	46,5
36	4311	44	4449	45,5
38	4223	43,5	4358	44,5
15,40	4136		4269	
	$10^{-7} \times 0,$		$10^{-7} \times 0,$	

x	$\frac{2}{\pi} K_0(x)$		$\frac{2}{\pi} K_1(x)$	
	$10^{-7} \times 0,$		$10^{-7} \times 0,$	
15,40	4136	—42	4269	—44
42	4052	41,5	4181	42,5
44	3969	40,5	4096	42
46	3888	39,5	4012	41
48	3809	39	3930	40,5
15,50	3731	—38	3849	—39
52	3655	37,5	3771	38,5
54	3580	36,5	3694	38
56	3507	36	3618	37
58	3435	35	3544	36,5
15,60	3365	—34,5	3471	—35,5
62	3296	33,5	3400	34,5
64	3229	33	3331	34
66	3163	32	3263	33,5
68	3099	32	3196	32,5
15,70	3035	—31	3131	—32
72	2973	30	3067	31,5
74	2913	30	3004	31
76	2853	29	2942	30
78	2795	28,5	2882	29,5
15,80	2738		2823	
	$10^{-7} \times 0,$		$10^{-7} \times 0,$	

x	$\frac{2}{\pi} K_0(x)$		$\frac{2}{\pi} K_1(x)$	
	$10^{-7} \times 0,$		$10^{-7} \times 0,$	
15,80	2738	—28	2823	—28,5
82	2682	27,5	2766	28,5
84	2627	26,5	2709	27,5
86	2574	26,5	2654	27,5
88	2521	25,5	2599	26,5
15,90	2470	—25,5	2546	—26
92	2419	24,5	2494	25,5
94	2370	24	2443	25
96	2322	24	2393	24,5
98	2274	23	2344	24
16,00	2228		2296	
	$10^{-7} \times 0,$		$10^{-7} \times 0,$	

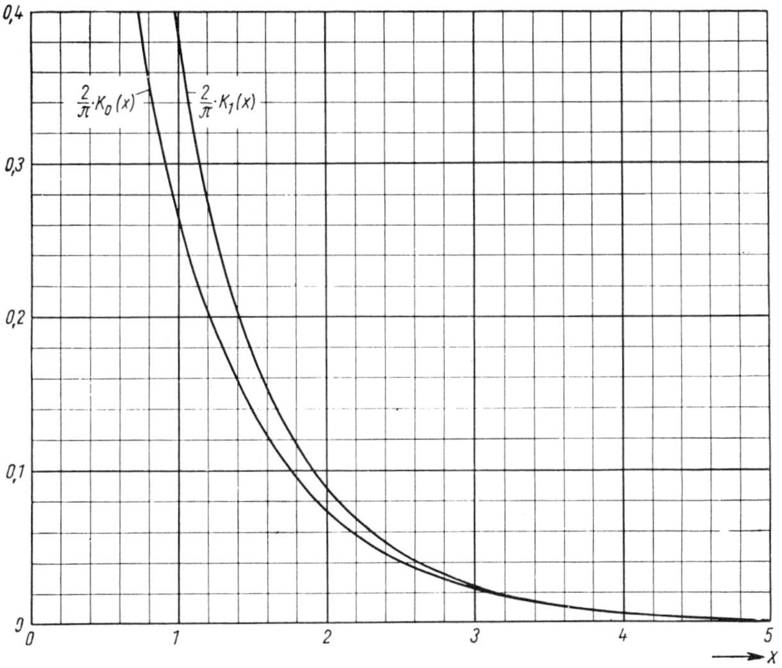

Fig. 134 $\frac{2}{\pi} K_0(x) = \mathrm{i} H_0^{(1)}(\mathrm{i}x)$ und/and $\frac{2}{\pi} K_1(x) = -H_1^{(1)}(\mathrm{i}x)$ über x / against x

Tafel 38. Modifizierte Funktionen $I_\nu(x)$, $\frac{2}{\pi} K_\nu(x)$ für $\nu = {}^1/_3, {}^2/_3$
Table 38. Modified Functions $I_\nu(x)$, $\frac{2}{\pi} K_\nu(x)$ for $\nu = {}^1/_3, {}^2/_3$

$$I_\nu\,(x) = e^{-\frac{\nu\pi}{2} i}\, J_\nu(ix), \quad \frac{2}{\pi} K_\nu\,(x) = e^{(\nu+1)\frac{\pi}{2} i}\, H_\nu^{(1)}(ix)$$

x	$I_{1/3}(x)$	$\frac{2}{\pi} K_{1/3}(x)$	$I_{2/3}(x)$	$\frac{2}{\pi} K_{2/3}(x)$	x	$I_{1/3}(x)$	$\frac{2}{\pi} K_{1/3}(x)$	$I_{2/3}(x)$	$\frac{2}{\pi} K_{2/3}(x)$
							0,00		**0,00**
0,0	0,0000	∞	0,00000	∞	5,0	26,898	23739	25,902	24474
1	0,4133	1,8461	0,15057	3,026	1	29,423	21273	28,359	21920
2	0,5237	1,2601	0,24009	1,7837	2	32,19	19067	31,05	19637
3	0,6051	0,9607	0,3170	1,2716	3	35,23	17093	34,01	17594
4	0,6747	0,7676	0,3880	0,9681	4	38,56	15325	37,25	15767
0,5	0,7390	0,6296	0,4563	0,7678	5,5	42,21	13743	40,81	14132
6	0,8012	0,5253	0,5237	0,6257	6	46,22	12326	44,72	12669
7	0,8636	0,4434	0,5915	0,5187	7	50,62	11057	49,00	11360
8	0,9276	0,3776	0,6609	0,4354	8	55,45	09920	53,71	10187
9	0,9943	0,3238	0,7326	0,3688	9	60,74	08901	58,87	09137
1,0	1,0646	0,27911	0,8075	0,3148	6,0	66,55	07988	64,54	08196
1	1,1396	0,24167	0,8864	0,27024	1	72,93	07169	70,77	07354
2	1,2199	0,21001	0,9701	0,23312	2	79,93	06469	77,60	06599
3	1,3065	0,18306	1,0593	0,20191	3	87,61	05778	85,10	05922
4	1,4000	0,16000	1,1547	0,17547	4	96,04	05188	93,34	05315
1,5	1,5014	0,14016	1,2573	0,15294	6,5	105,30	04658	102,39	04771
6	1,6115	0,12302	1,3678	0,13364	6	115,47	04184	112,33	04283
7	1,7313	0,10818	1,4872	0,11704	7	126,63	03758	123,25	03846
8	1,8617	0,09527	1,6165	0,10270	8	138,89	03375	135,24	03454
9	2,0038	0,08402	1,7567	0,09027	9	152,36	03032	148,41	03102
2,0	2,1588	0,07419	1,9089	0,07947	7,0	167,15	027245	162,89	027860
1	2,3279	0,06559	2,0745	0,07007	1	183,39	024481	178,79	025026
2	2,5124	0,05805	2,2546	0,06185	2	201,23	022000	196,26	022483
3	2,7139	0,05142	2,4509	0,05466	3	220,83	019772	215,45	020200
4	2,9339	0,04559	2,6648	0,04835	4	242,37	017779	236,55	018151
2,5	3,174	0,04045	2,8981	0,04282	7,5	266,03	015974	259,73	016312
6	3,437	0,03592	3,153	0,03795	6	292,02	014360	285,21	014660
7	3,724	0,03192	3,431	0,03366	7	320,6	012910	313,2	013176
8	4,038	0,028380	3,734	0,029877	8	352,0	011608	344,0	011844
9	4,381	0,025249	4,066	0,026540	9	386,5	010438	377,8	010647
3,0	4,756	0,022476	4,429	0,023591	8,0	424,4	009386	415,0	009572
1	5,166	0,020018	4,826	0,020982	1	466,1	008441	455,9	008607
2	5,615	0,017838	5,259	0,018672	2	511,9	007592	500,9	007739
3	6,106	0,015902	5,734	0,016625	3	562,2	006828	550,3	006959
4	6,642	0,014183	6,253	0,014810	4	617,6	006142	604,6	006259
3,5	7,230	0,012654	6,821	0,013200	8,5	678,4	005525	664,4	005629
6	7,873	0,011295	7,443	0,011770	6	745,3	004971	730,1	005063
7	8,577	0,010085	8,124	0,010499	7	818,9	004472	802,3	004554
8	9,347	0,009008	8,869	0,009369	8	899,7	004024	881,8	004097
9	10,190	0,008049	9,686	0,008362	9	988,6	003621	969,1	003686
4,0	11,114	0,007194	10,580	0,007468	9,0	1086,4	003258	1065,3	003316
1	12,125	0,006432	11,560	0,006671	1	1194,0	0029322	1171,0	0029837
2	13,233	0,005752	12,633	0,005961	2	1312,2	0026389	1287,2	0026847
3	14,446	0,005145	13,809	0,005329	3	1442,3	0023751	1415,1	0024159
4	15,775	0,004604	15,098	0,004764	4	1585,3	0021377	1555,8	0021741
4,5	17,231	0,004120	16,511	0,004261	9,5	1742,6	0019242	1710,6	0019566
6	18,827	0,003688	18,060	0,003812	6	1915,7	0017321	1880,8	0017610
7	20,576	0,003303	19,759	0,003411	7	2106,1	0015593	2068,1	0015851
8	22,493	0,0029578	21,621	0,003053	8	2315,5	0014038	2274,2	0014268
9	24,594	0,0026495	23,663	0,0027332	9	2545,8	0012639	2500,9	0012843
5,0	26,898	0,0023739	25,902	0,0024474	10,0	2799,2	0011379	2750,4	0011562
							0,00		**0,00**

Tafel 39. Die ersten Wurzeln $x_{n,s}$ **von**
Table 39. The first Roots $x_{n,s}$ **of**

$$I_n(x)\,J'_n(x) - J_n(x)\,I'_n(x) = 0$$

s	$n = 0$	$n = 1$	$n = 2$	$n = 3$
1	3,196	4,611	5,906	7,144
2	6,306	7,799	9,197	10,537
3	9,439	10,958	12,402	13,795
4	12,577	14,109	15,579	17,005
5	15,716	17,256	18,744	
6	18,857			

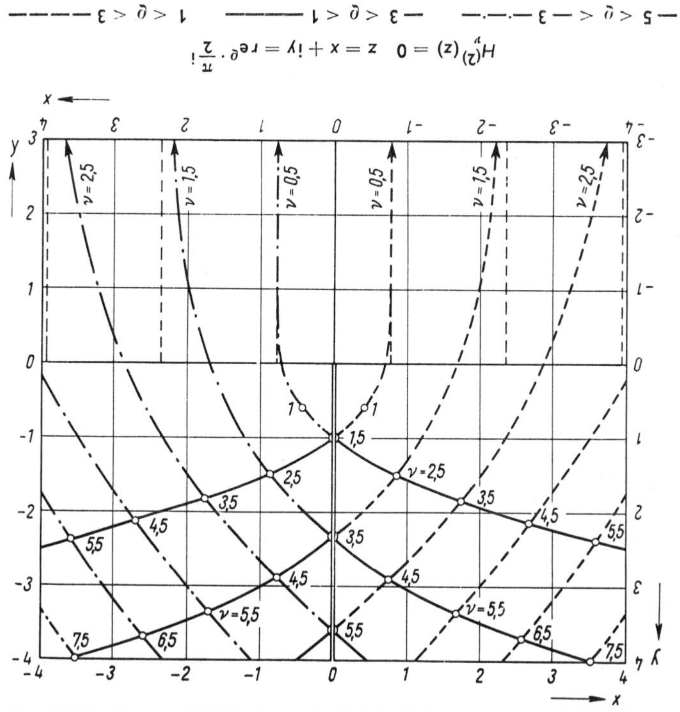

$$H^{(2)}_\nu(z) = 0 \quad z = x + iy = re^{\frac{\pi}{2}i}$$

$$H^{(1)}_\nu(z) = 0 \quad z = x + iy = re^{\varrho \cdot \frac{\pi}{2} i}$$

$$-3 < \varrho < -1 \;\text{—}\cdot\text{—}\cdot\text{—} \qquad -1 < \varrho < 3 \;\text{————} \qquad 3 < \varrho < 5 \;\text{— — —}$$

Fig. 135 Die Nullstellen von $H^{(1)}_\nu(z)$ und $H^{(2)}_\nu(z)$ (vgl. Fig. 93, S. 144)

Fig. 135 The zeros of $H^{(1)}_\nu(z)$ and $H^{(2)}_\nu(z)$ (cf. fig. 93, p. 144)

Wurzel von
Root of $\quad H^{(2)'}_1(z) = 0 \quad \begin{array}{c}\text{oder}\\\text{or}\end{array} \quad H^{(2)}_1(z) = z H^{(2)}_0(z)$

$$z = 0{,}5012 + 0{,}6435\,i$$

$$z = re^{i\varrho} \;\begin{array}{c}\text{mit}\\\text{with}\end{array}\; r = 0{,}8156, \quad \varrho = 52°{,}085 = 0{,}9091 \text{ rad}$$

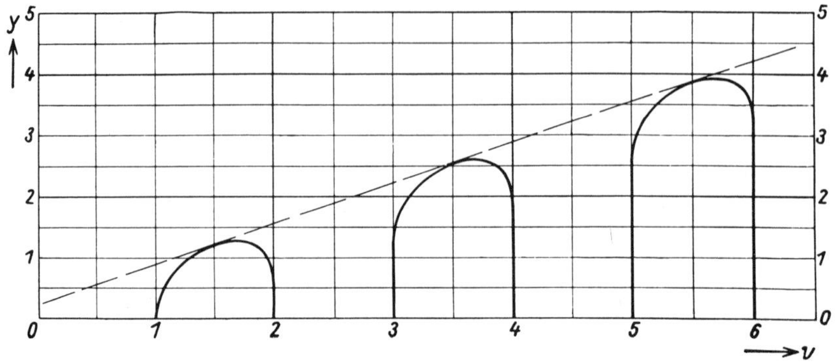

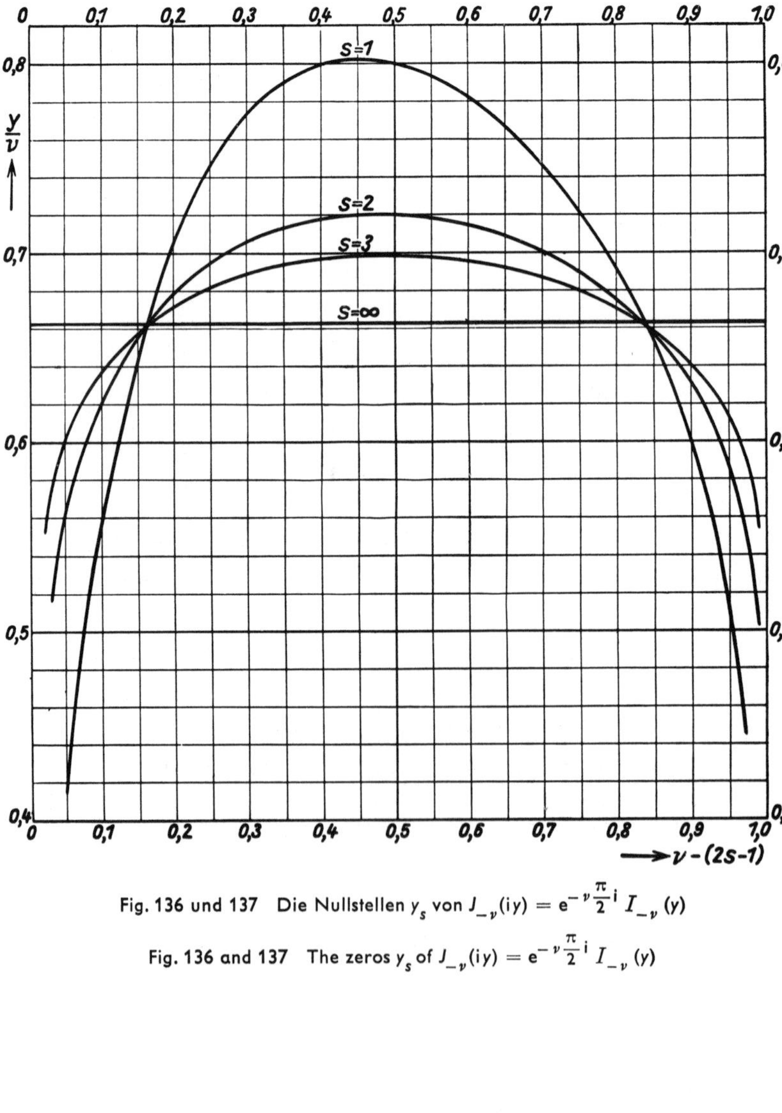

Fig. 136 und 137 Die Nullstellen y_s von $J_{-\nu}(iy) = e^{-\nu\frac{\pi}{2}i}\, I_{-\nu}(y)$

Fig. 136 and 137 The zeros y_s of $J_{-\nu}(iy) = e^{-\nu\frac{\pi}{2}i}\, I_{-\nu}(y)$

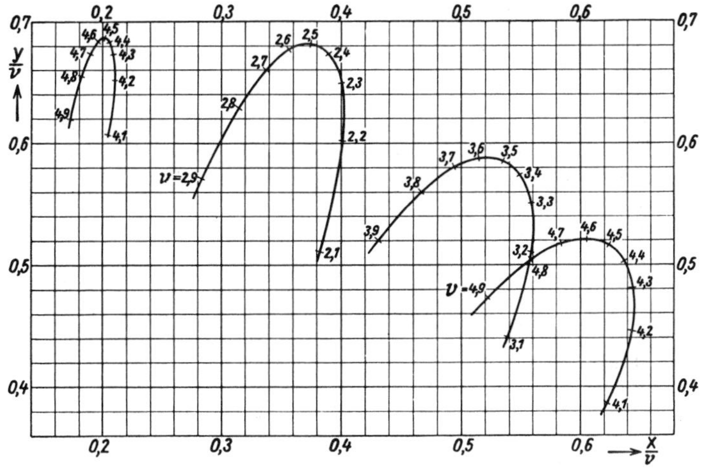

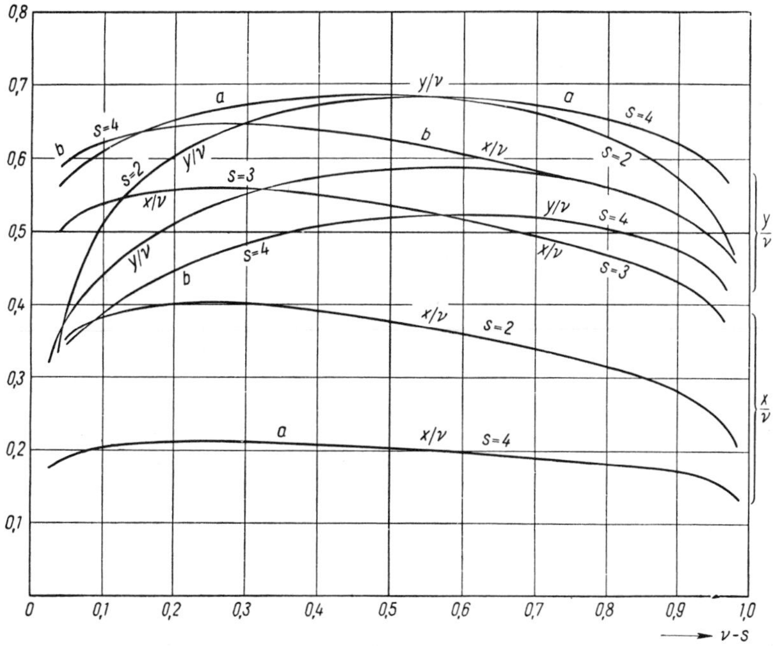

Fig. 138 und 139 Die Nullstellen $x_s + iy_s$ von $J_{-\nu}(x+iy)$

Fig. 138 and 139 The zeros $x_s + iy_s$ of $J_{-\nu}(x+iy)$

Tafel 40. Die Funktionen ber *x*, bei *x*
Table 40. The Functions ber *x*, bei *x*

$\mathrm{ber}\,x = \mathrm{Re}\,J_0(x\sqrt{i})$, $\mathrm{bei}\,x = -\mathrm{Im}\,J_0(x\sqrt{i})$

x	ber *x*	bei *x*	*x*	ber *x*	bei *x*	*x*	ber *x*	bei *x*
	+1,	+0,		+0,	+0,		+0,	+0,
0,00	0000	00000 +20	1,00	9844 −6,5	2496 +50	2,00	7517 −50	9723 +92
02	0000	00010 20	02	9831 7	2596 51,5	02	7417 51,5	9907 92,5
04	0000	00040 20	04	9817 7	2699 52	04	7314 53	*0092 93
06	0000	00090 20	06	9803 7,5	2803 53	06	7208 54,5	0278 94
08	0000	00160 20	08	9788 8,5	2909 54	08	7099 56	0466 94
0,10	0000	00250 +20	1,10	9771 −8,5	3017 +55	2,10	6987 −58	0654 +94,5
12	0000	00360 20	12	9754 9	3127 56	12	6871 59	0843 95
14	0000	00490 20	14	9736 9,5	3239 57	14	6753 61	1033 96
16	0000	00640 20	16	9717 10	3353 58	16	6631 62,5	1225 96
18	0000	00810 20	18	9697 10,5	3469 59	18	6506 64,5	1417 96,5
0,20	0000	01000 +20	1,20	9676 −11	3587 +60	2,20	6377 −66	1610 +96,5
22	0000	01210 20	22	9654 11,5	3707 60,5	22	6245 68	1803 97,5
24	*9999	01440 20	24	9631 12	3828 62	24	6109 69,5	1998 97,5
26	9999	01690 20	26	9607 13	3952 62,5	26	5970 71,5	2193 98
28	9999	01960 20	28	9581 13,5	4077 63,5	28	5827 73,5	2389 98
0,30	9999	02250 +20	1,30	9554 −14	4204 +64,5	2,30	5680 −75	2585 +98,5
32	9998	02560 20	32	9526 14,5	4333 65,5	32	5530 77	2782 99
34	9998	02890 20	34	9497 15,5	4464 66,5	34	5376 79	2980 99
36	9997	03240 20	36	9466 16	4597 67	36	5218 81	3178 99
38	9997	03610 20	38	9434 16,5	4731 68	38	5056 83	3376 99,5
0,40	9996	04000 +20	1,40	9401 −17,5	4867 +69	2,40	4890 −84,5	3575 +99,5
42	9995	04410 20	42	9366 18,5	5005 70	42	4721 87	3774 99,5
44	9994	04840 20	44	9329 19	5145 71	44	4547 89	3973 100
46	9993	05290 20	46	9291 19,5	5287 71,5	46	4369 91,5	4173 99,5
48	9992	05759 20	48	9252 20,5	5430 73	48	4186 93	4372 100
0,50	9990 −0,5	0625 +24,5 25,5	1,50	9211 −21,5	5576 +73,5	2,50	4000 −95,5	4572 +99,5
52	9989 1	0676 26,5	52	9168 22,5	5723 74	52	3809 97,5	4771 100
54	9987 1	0729 27,5	54	9123 23	5871 75,5	54	3614 100	4971 100
56	9985 1,5	0784 28,5	56	9077 24	6022 76	56	3414 102	5171 99,5
58	9982 1	0841 29,5	58	9029 25	6174 76,5	58	3210 104,5	5370 99,5
0,60	9980 −1,5	0900 +30,5	1,60	8979 −26	6327 +78	2,60	3001 −106,5	5569 +99
62	9977 1,5	0961 31,5	62	8927 27	6483 78,5	62	2788 109	5767 99,5
64	9974 2	1024 32,5	64	8873 28	6640 79	64	2570 111,5	5966 99
66	9970 1,5	1089 33,5	66	8817 28,5	6798 80,5	66	2347 114	6164 98,5
68	9967 2,5	1156 34	68	8760 30	6959 80,5	68	2119 116	6361 98
0,70	9962 −2	1224 +35,5	1,70	8700 −31	7120 +82	2,70	1887 −118,5	6557 +98
72	9958 2,5	1295 36,5	72	8638 32,5	7284 82,5	72	1650 121	6753 98
74	9953 2,5	1368 37,5	74	8573 33	7449 83	74	1408 123,5	6949 97
76	9948 3	1443 38,5	76	8507 34,5	7615 84	76	1161 126,5	7143 96,5
78	9942 3	1520 39,5	78	8438 35,5	7783 85	78	0908 128,5	7336 96,5
0,80	9936 −3,5	1599 +40,5	1,80	8367 −36,5	7953 +85,5	2,80	0651 −131	7529 +95,5
82	9929 3,5	1680 41	82	8294 38	8124 86	82	0389 134	7720 95
84	9922 3,5	1762 42,5	84	8218 39	8296 87	84	0121 136,5	7910 94
86	9915 4,5	1847 43,5	86	8140 40,5	8470 87,5	86	*0152 139	8098 94
88	9906 4	1934 44,5	88	8059 42	8645 88	88	0430 142	8286 93
0,90	9898 −5	2023 +45	1,90	7975 −43	8821 +89	2,90	0714 −144,5	8472 +92
92	9888 5	2113 46,5	92	7889 44,5	8999 89,5	92	1003 147	8656 91,5
94	9878 5,5	2206 47,5	94	7800 45,5	9178 90	94	1297 150	8839 90,5
96	9867 5,5	2301 48	96	7709 47	9358 91	96	1597 153	9020 89,5
98	9856 6	2397 49,5	98	7615 49	9540 91,5	98	1903 155,5	9199 88,5
1,00	9844	2496	2,00	7517	9723	3,00	2214	9376
	+0,	+0,		+0,	+0,		−0,	+1,

Tafel 40. Die Funktionen ber *x*, bei *x* (Fortsetzung)
Table 40. The Functions ber *x*, bei *x* (Continuation)

$\mathrm{ber}\,x = \mathrm{Re}\,J_0(x\sqrt{i})$, $\mathrm{bei}\,x = -\mathrm{Im}\,J_0(x\sqrt{i})$

x	ber *x*		bei *x*		*x*	ber *x*		bei *x*		*x*	ber *x*		bei *x*	
			+ 1,											
3,00	— 0,2214	— 158,5	9376	+ 87,5	4,00	— 2,563	— 31,5	+ 2,2927	— 51,5	5,00	— 6,230	— 38,5	+ 0,116	— 44
02	0,2531	161	9551	86,5	02	2,626	32	2,2824	56,5	02	6,307	38	+ 0,028	45
04	0,2853	164	9724	85	04	2,690	32	2,2711	62	04	6,383	38	— 0,062	46,5
06	0,3181	167	9894	84,5	06	2,754	32,5	2,2587	66,5	06	6,459	38	0,155	47,5
08	0,3515	170	*0063	82,5	08	2,819	32,5	2,2454	72,5	08	6,535	38	0,250	48,5
3,10	— 0,3855	— 173	0228	+ 82	4,10	— 2,884	— 33	+ 2,2309	— 77,5	5,10	— 6,611	— 37,5	— 0,347	— 49,5
12	0,4201	176	0392	80	12	2,950	33,5	2,2154	83	12	6,686	37	0,446	50,5
14	0,4553	178,5	0552	79	14	3,017	33,5	2,1988	88,5	14	6,760	37	0,547	52
16	0,4910	182	0710	77	16	3,084	33,5	2,1811	94,5	16	6,834	37	0,651	53
18	0,5274	185	0864	76	18	3,151	34	2,1622	100	18	6,908	36	0,757	54,5
3,20	— 0,5644	— 188	1016	+ 74	4,20	— 3,219	— 34,5	+ 2,142	— 10,5	5,20	— 6,980	— 36,5	— 0,866	— 55,5
22	0,6020	190,5	1164	72,5	22	3,288	34,5	2,121	11,5	22	7,053	35,5	0,977	56,5
24	0,6401	194	1309	71	24	3,357	35	2,098	11,5	24	7,124	35,5	1,090	58
26	0,6789	197,5	1451	69	26	3,427	35	2,075	12,5	26	7,195	35	1,206	59
28	0,7184	200	1589	67	28	3,497	35,5	2,050	13	28	7,265	34,5	1,324	60
3,30	— 0,7584	— 203,5	1723	+ 65,5	4,30	— 3,568	— 35,5	+ 2,024	— 14	5,30	— 7,334	— 34,5	— 1,444	— 61,5
32	0,7991	206,5	1854	63	32	3,639	36	1,996	14,5	32	7,403	33,5	1,567	63
34	0,8404	209,5	1980	61,5	34	3,711	36	1,967	15	34	7,470	33,5	1,693	64
36	0,8823	212,5	2103	59	36	3,783	36	1,937	15,5	36	7,537	33	1,821	65
38	0,9248	216	2221	56,5	38	3,855	36,5	1,906	16,5	38	7,603	32	1,951	67
3,40	— 0,968	— 22	2334	+ 55	4,40	— 3,928	— 37	+ 1,873	— 17,5	5,40	— 7,667	— 32	— 2,085	— 67,5
42	1,012	22	2444	52	42	4,002	36,5	1,838	18	42	7,731	31	2,220	69
44	1,056	22,5	2548	50	44	4,075	37,5	1,802	18,5	44	7,793	31	2,358	70,5
46	1,101	23	2648	47,5	46	4,150	37	1,765	19,5	46	7,855	30	2,499	72
48	1,147	23,5	2743	44,5	48	4,224	37,5	1,726	20	48	7,915	29,5	2,643	73
3,50	— 1,194	— 23,5	2832	+ 42,5	4,50	— 4,299	— 37,5	+ 1,686	— 21	5,50	— 7,974	— 28,5	— 2,789	— 74,5
52	1,241	23,5	2917	39,5	52	4,374	38	1,644	21,5	52	8,031	28	2,938	75,5
54	1,288	24,5	2996	36,5	54	4,450	38	1,601	22,5	54	8,087	27,5	3,089	77
56	1,337	24,5	3069	34	56	4,526	38	1,556	23,5	56	8,142	26,5	3,243	78,5
58	1,386	24,5	3137	31	58	4,602	38	1,509	24	58	8,195	26	3,400	80
3,60	— 1,435	— 25,5	3199	+ 27,5	4,60	— 4,678	— 38,5	+ 1,461	— 25	5,60	— 8,247	— 25	— 3,560	— 81
62	1,486	25,5	3254	25	62	4,755	38,5	1,411	25,5	62	8,297	24	3,722	82,5
64	1,537	25,5	3304	21,5	64	4,832	38,5	1,360	27	64	8,345	23,5	3,887	84
66	1,588	26	3347	18	66	4,909	38,5	1,306	27,5	66	8,392	22	4,055	85
68	1,640	26,5	3383	15	68	4,986	39	1,251	28	68	8,436	21,5	4,225	87
3,70	— 1,693	— 27	3413	+ 11,5	4,70	— 5,064	— 39	+ 1,195	— 29,5	5,70	— 8,479	— 20,5	— 4,399	— 88
72	1,747	27	3436	8	72	5,142	38,5	1,136	30	72	8,520	20	4,575	89
74	1,801	27,5	3452	4	74	5,219	39	1,076	31	74	8,560	18,5	4,753	91
76	1,856	27,5	3460	+ 0,5	76	5,297	39	1,014	32	76	8,597	17,5	4,935	92,5
78	1,911	28	3461	— 3,5	78	5,375	39	0,950	33	78	8,632	16	5,120	93,5
3,80	— 1,967	— 28,5	3454	— 7	4,80	— 5,453	— 39	+ 0,884	— 34	5,80	— 8,664	— 15,5	— 5,307	— 95
82	2,024	29	3440	11,5	82	5,531	39	0,816	35	82	8,695	14	5,497	96,5
84	2,082	29	3417	15	84	5,609	39	0,746	36	84	8,723	13	5,690	98
86	2,140	29	3387	19,5	86	5,687	39	0,674	36,5	86	8,749	12	5,886	99
88	2,198	30	3348	24	88	5,765	39	0,601	38	88	8,773	10,5	6,084	100,5
3,90	— 2,258	— 30	3300	— 28	4,90	— 5,843	— 39	+ 0,525	— 39	5,90	— 8,794	— 9	— 6,285	— 102,5
92	2,318	30	3244	32,5	92	5,921	38,5	0,447	39,5	92	8,812	8	6,490	103,5
94	2,378	30,5	3179	37,5	94	5,998	39	0,368	41	94	8,828	6,5	6,697	105
96	2,439	31	3104	42	96	6,076	38,5	0,286	42	96	8,841	5	6,907	106
98	2,501	31	3020	46,5	98	6,153	38,5	0,202	43	98	8,851	3,5	7,119	108
4,00	— 2,563		2927		5,00	— 6,230		+ 0,116		6,00	— 8,858		— 7,335	
			+ 2,											

Tafel 41. Die Funktionen ber′x, bei′x
Table 41. The Functions ber′x, bei′x

$$\mathrm{ber}'x = \frac{d}{dx}\,\mathrm{Re}\,J_0(x\sqrt{i}) = -\mathrm{Re}\,\sqrt{i}\,J_1(x\sqrt{i}),\quad \mathrm{bei}'x = -\frac{d}{dx}\,\mathrm{Im}\,J_0(x\sqrt{i}) = \mathrm{Im}\,\sqrt{i}\,J_1(x\sqrt{i})$$

x	ber′x		bei′x		x	ber′x		bei′x		x	ber′x		bei′x	
	— 0,0		+ 0,			— 0,		+ 0,			— 0,		+ 0,	
0,00	0000		0000	+ 50	1,00	0624	— 19,5	4974	+ 48,5	2,00	4931	— 73	9170	+ 29
02	0000		0100	50	02	0663	19,5	5071	48,5	02	5077	74,5	9228	28
04	0000	— 0,5	0200	50	04	0702	21	5168	48,5	04	5226	76	9284	27
06	0001	1	0300	50	06	0744	21	5265	48,5	06	5378	77,5	9338	26,5
08	0003	1,5	0400	50	08	0786	22,5	5362	48	08	5533	79	9391	25,5
0,10	0006	— 2,5	0500	+ 50	1,10	0831	— 23	5458	+ 48	2,10	5691	— 80	9442	+ 24,5
12	0011	3	0600	50	12	0877	24	5554	48	12	5851	81,5	9491	23,5
14	0017	4,5	0700	50	14	0925	24,5	5650	47,5	14	6014	83	9538	22
16	0026	5	0800	50	16	0974	25,5	5745	47,5	16	6180	84	9582	21,5
18	0036	7	0900	50	18	1025	26,5	5840	47,5	18	6348	86	9625	20,5
0,20	0050	— 8,5	1000	+ 50	1,20	1078	— 27,5	5935	+ 47,5	2,20	6520	— 87	9666	+ 19,5
22	0067	9,5	1100	50	22	1133	28	6030	47	22	6694	89	9705	18
24	0086	12	1200	50	24	1189	29,5	6124	46,5	24	6872	90	9741	17
26	0110	13,5	1300	50	26	1248	30	6217	47	26	7052	91	9775	16
28	0137	16	1400	50	28	1308	31	6311	46	28	7234	93	9807	14,5
0,30	0169	— 18	1500	+ 50	1,30	1370	— 32	6403	+ 46,5	2,30	7420	— 94,5	9836	+ 13,5
32	0205	20,5	1600	50	32	1434	33	6496	46	32	7609	95,5	9863	12
34	0246	23	1700	50	34	1500	33,5	6588	45,5	34	7800	97,5	9887	11
36	0292	25,5	1800	50	36	1567	35	6679	45,5	36	7995	98,5	9909	9,5
38	0343	28,5	1900	50	38	1637	36	6770	45	38	8192	100	9928	8
0,40	0400	— 31,5	2000	+ 50	1,40	1709	— 37	6860	+ 45	2,40	8392	— 101,5	9944	+ 7
42	0463	34,5	2100	50	42	1783	38	6950	44,5	42	8595	103	9958	5
44	0532	38	2200	49,5	44	1859	39	7039	44	44	8801	104,5	9968	4
46	0608	41,5	2299	50	46	1937	40,5	7127	44	46	9010	105,5	9976	2,5
48	0691	45	2399	50	48	2018	41	7215	44	48	9221	107,5	9981	+ 1
0,50	0781	— 49	2499	+ 50	1,50	2100	— 42,5	7303	+ 43	2,50	9436	— 108,5	9983	— 1
52	0879	52,5	2599	50	52	2185	43,5	7389	43	52	9653	110	9981	2
54	0984	57	2699	50	54	2272	44,5	7475	42,5	54	9873	112	9977	4
56	1098	60,5	2799	49,5	56	2361	45,5	7560	42	56	*0097	113	9969	6
58	1219	65,5	2898	50	58	2452	46,5	7644	41,5	58	0323	114	9957	7
0,60	1350	— 69,5	2998	+ 50	1,60	2545	— 48	7727	+ 41,5	2,60	0551	— 116	9943	— 9,5
62	1489	74,5	3098	49,5	62	2641	49,5	7810	41	62	0783	117	9924	10,5
64	1638	79,5	3197	50	64	2740	50	7892	40	64	1017	119	9903	13
66	1797	84	3297	49,5	66	2840	51,5	7972	40	66	1255	120	9877	14,5
68	1965	89	3396	50	68	2943	52,5	8052	39,5	68	1495	121,5	9848	16,5
0,70	2143	— 94,5	3496	+ 49,5	1,70	3048	— 54	8131	+ 39	2,70	1738	— 122,5	9815	— 18,5
72	2332	100	3595	49,5	72	3156	55	8209	38,5	72	1983	124	9778	20,5
74	2532	105,5	3694	49,5	74	3266	56,5	8286	37,5	74	2231	125,5	9737	22,5
76	2743	111	3793	49,5	76	3379	57,5	8361	37,5	76	2482	127	9692	24,5
78	2965	117	3892	49,5	78	3494	59	8436	36,5	78	2736	128,5	9643	26,5
0,80	3199	— 123	3991	+ 49,5	1,80	3612	— 60	8509	+ 36	2,80	2993	— 129,5	9590	— 29
82	3445	129	4090	49,5	82	3732	61,5	8581	35,5	82	3252	130,5	9532	31
84	3703	135	4189	49,5	84	3855	62,5	8652	35	84	3513	132,5	9470	33,5
86	3973	142	4288	49	86	3980	64	8722	34	86	3778	133,5	9403	35,5
88	4257	148,5	4386	49,5	88	4108	65	8790	33,5	88	4045	134,5	9332	37,5
0,90	4554	— 155	4485	+ 49	1,90	4238	— 67	8857	+ 33	2,90	4314	— 136	9257	— 40,5
92	4864	162	4583	49	92	4372	67,5	8923	32	92	4586	137,5	9176	42,5
94	5188	169	4681	49	94	4507	69,5	8987	31,5	94	4861	138	9091	45,5
96	5526	176	4779	48,5	96	4646	70,5	9050	30,5	96	5137	140	9000	47,5
98	5878	183,5	4876	49	98	4787	72	9111	29,5	98	5417	140,5	8905	50
1,00	6245		4974		2,00	4931		9170		3,00	5698		8805	
	— 0,0		+ 0,			— 0,		+ 0,			— 1,		+ 0,	

Tafel 41. Die Funktionen ber′x, bei′x (Fortsetzung)
Table 41. The Functions ber′x, bei′x (Continuation)

$$\mathrm{ber}'x = \frac{d}{dx}\,\mathrm{Re}\,J_0(x\sqrt{i}) = -\mathrm{Re}\,\sqrt{i}\,J_1(x\sqrt{i}), \quad \mathrm{bei}'x = -\frac{d}{dx}\,\mathrm{Im}\,J_0(x\sqrt{i}) = \mathrm{Im}\,\sqrt{i}\,J_1(x\sqrt{i})$$

x	ber′x	bei′x	x	ber′x	bei′x	x	ber′x	bei′x
		+ 0,		− 3,				
3,00	−1,570 −14	8805 −53	4,00	135 −15	−0,491 −24,5	5,00	−3,845 +7	−4,354 −54
02	1,598 14,5	8699 55,5	02	165 14,5	0,540 25,5	02	3,831 7,5	4,462 54,5
04	1,627 14,5	8588 58	04	194 15	0,591 25,5	04	3,816 8,5	4,571 55
06	1,656 14,5	8472 61	06	224 14,5	0,642 26,5	06	3,799 9,5	4,681 55,5
08	1,685 14,5	8350 63,5	08	253 14,5	0,695 26,5	08	3,780 10,5	4,792 56,5
3,10	−1,714 −15	8223 −66,5	4,10	282 −14	−0,748 −27,5	5,10	−3,759 +11,5	−4,905 −56,5
12	1,744 14,5	8090 69,5	12	310 14	0,803 27,5	12	3,736 12	5,018 57,5
14	1,773 15	7951 72	14	338 14	0,858 28,5	14	3,712 13	5,133 58
16	1,803 15	7807 75,5	16	366 13,5	0,915 29	16	3,686 14,5	5,249 58,5
18	1,833 15,5	7656 78,5	18	393 13,5	0,973 29,5	18	3,657 15	5,366 59
3,20	−1,864 −15	7499 −81,5	4,20	420 −13	−1,032 −30	5,20	−3,627 +16	−5,484 −59,5
22	1,894 15,5	7336 84,5	22	446 13	1,092 30,5	22	3,595 17,5	5,603 60
24	1,925 15,5	7167 87,5	24	472 12,5	1,153 31	24	3,560 18	5,723 60,5
26	1,956 15,5	6992 91	26	497 12,5	1,215 32	26	3,524 19,5	5,844 61
28	1,987 15,5	6810 94,5	28	522 12,5	1,279 32	28	3,485 20	5,966 61,5
3,30	−2,018 −15,5	6621 −97,5	4,30	547 −11,5	−1,343 −33	5,30	−3,445 +21,5	−6,089 −62
32	2,049 15,5	6426 101	32	570 11,5	1,409 33,5	32	3,402 23	6,213 63
34	2,080 16	6224 104	34	593 11,5	1,476 34	34	3,356 23,5	6,339 63
36	2,112 16	6016 108	36	616 11	1,544 34,5	36	3,309 25	6,465 63,5
38	2,144 15,5	5800 111,5	38	638 10,5	1,613 35	38	3,259 26,5	6,592 64
3,40	−2,175 −16	5577 −115	4,40	659 −10	−1,683 −36	5,40	−3,206 +27	−6,720 −64,5
42	2,207 16	5347 118,5	42	679 10	1,755 36	42	3,152 29	6,849 65
44	2,239 16,5	5110 122,5	44	699 9,5	1,827 37	44	3,094 30	6,979 65
46	2,272 16	4865 126	46	718 9	1,901 37,5	46	3,034 31	7,109 66
48	2,304 16	4613 130	48	736 9	1,976 38,5	48	2,972 32,5	7,241 66
3,50	−2,336 −16	4353 −133,5	4,50	754 −8	−2,053 −38,5	5,50	−2,907 +34	−7,373 −66,5
52	2,368 16,5	4086 138	52	770 8	2,130 39,5	52	2,839 35	7,506 67
54	2,401 16	3810 141,5	54	786 7,5	2,209 40	54	2,769 36,5	7,640 67
56	2,433 16,5	3527 145,5	56	801 7	2,289 40 5	56	2,696 38	7,774 67,5
58	2,466 16	3236 149,5	58	815 6,5	2,370 41	58	2,620 39,5	7,909 68
3,60	−2,498 −16,5	2937 −154	4,60	828 −6	−2,452 −42	5,60	−2,541 +41	−8,045 −68,5
62	2,531 16	2629 158	62	840 5,5	2,536 42	62	2,459 42	8,182 68,5
64	2,563 16,5	2313 162	64	851 5	2,620 43	64	2,375 44	8,319 69
66	2,596 16	1989 166,5	66	861 4,5	2,706 43,5	66	2,287 45,5	8,457 69
68	2,628 16,5	1656 170,5	68	870 4	2,793 44,5	68	2,196 47	8,595 69,5
3,70	−2,661 −16	1315 −175	4,70	878 −3,5	−2,882 −44,5	5,70	−2,102 +48,5	−8,734 −69,5
72	2,693 16,5	0965 179,5	72	885 3	2,971 45,5	72	2,005 50	8,873 69,5
74	2,726 16	0606 184	74	891 2	3,062 46	74	1,905 51,5	9,012 70
76	2,758 16	0238 188,5	76	895 2	3,154 47	76	1,802 53,5	9,152 70,5
78	2,790 16	*0139 193	78	899 −1	3,248 47	78	1,695 54,5	9,293 70
3,80	−2,822 −16	0525 −198	4,80	901 0	−3,342 −48	5,80	−1,586 +57	−9,433 −70,5
82	2,854 16	0921 202	82	901 0	3,438 48,5	82	1,472 58	9,574 70,5
84	2,886 16	1325 207	84	901 +1	3,535 49	84	1,356 60,5	9,715 71
86	2,918 15,5	1739 212	86	899 1,5	3,633 49,5	86	1,235 61,5	9,857 70,5
88	2,949 16	2163 217	88	896 2,5	3,732 50,5	88	1,112 64	9,998 70,5
3,90	−2,981 −15,5	2597 −221,5	4,90	891 +3	−3,833 −51	5,90	−0,984 +65	−10,139 −71
92	3,012 15,5	3040 226,5	92	885 4	3,935 51,5	92	0,854 67,5	10,281 70,5
94	3,043 15,5	3493 231	94	877 4,5	4,038 52	94	0,719 69	10,422 71
96	3,074 15	3955 236,5	96	868 5	4,142 53	96	0,581 71	10,564 70,5
98	3,104 15,5	4428 241,5	98	858 6,5	4,248 53	98	0,439 73	10,705 70,5
4,00	−3,135	4911	5,00	845	−4,354	6,00	−0,293	−10,846
		− 0,		− 3,				

Tafel 42. Die Funktionen her x, hei x
Table 42. The Functions her x, hei x

$$\operatorname{her} x = \frac{2}{\pi} \operatorname{kei} x = -\operatorname{Re} H_0^{(1)}(x\sqrt{i}), \quad \operatorname{hei} x = -\frac{2}{\pi} \operatorname{ker} x = \operatorname{Im} H_0^{(1)}(x\sqrt{i})$$

x	her x		hei x		x	her x		hei x		x	her x		hei x	
	— 0,					— 0,		— 0,			— 0,		+ 0,0	
0,00	5000	+ 1,5	— ∞		1,00	3151	+ 22,5	1825	+ 43,5	2,00	1289	+ 14	2652	+ 66,5
02	4997	4	2,564		02	3106	22	1738	42	02	1261	14	2785	63
04	4989	6	2,123		04	3062	22,5	1654	40,5	04	1233	13,5	2911	60
06	4977	7	1,865		06	3017	22	1573	39	06	1206	13	3031	57
08	4963	8,5	1,683		08	2973	22	1495	38	08	1180	13,5	3145	54,5
0,10	4946	+ 10	— 1,541	+ 58!	1,10	2929	+ 21,5	1419	+ 37	2,10	1153	+ 13	3254	+ 51
12	4926	11	1,425	48,5	12	2886	22	1345	35,5	12	1127	12,5	3356	48,5
14	4904	12	1,328	42	14	2842	21,5	1274	34	14	1102	12,5	3453	46
16	4880	13	1,244	37,5	16	2799	21,5	1206	33	16	1077	12,5	3545	43,5
18	4854	14	1,169	33	18	2756	21,5	1140	32	18	1052	12	3632	41
0,20	4826	+ 14,5	— 1,103	+ 29,5	1,20	2713	+ 21	1076	+ 31	2,20	10277	+ 120	3714	+ 38,5
22	4797	15	1,044	27,5	22	2671	21,5	1014	30	22	10037	118,5	3791	36
24	4767	16	0,989	24,5	24	2628	20,5	0954	29	24	09800	116,5	3863	34
26	4735	17	0,940	23	26	2587	21	0896	28	26	09567	114,5	3931	31,5
28	4701	17	0,894	21,5	28	2545	20,5	0840	27	28	09338	113	3994	29,5
0,30	4667	+ 17,5	— 0,851	+ 19,5	1,30	2504	+ 20,5	0786	+ 26	2,30	09112	+ 111	4053	+ 27,5
32	4632	18,5	0,812	18,5	32	2463	20,5	0734	25,5	32	08890	109	4108	25,5
34	4595	18,5	0,775	17,5	34	2422	20	0683	24	34	08672	108	4159	23,5
36	4558	19	0,740	16,5	36	2382	20	0635	24	36	08456	105,5	4206	22
38	4520	19,5	0,707	15,5	38	2342	20	0587	22,5	38	08245	104	4250	19,5
0,40	4481	+ 20	— 0,6765	+ 145,5	1,40	2302	+ 19,5	0542	+ 22	2,40	08037	+ 102,5	4289	+ 18
42	4441	20,5	0,6474	138,5	42	2263	19,5	0498	21	42	07832	100,5	4325	16,5
44	4400	20,5	0,6197	131	44	2224	19	0456	20,5	44	07631	99	4358	14,5
46	4359	20,5	0,5935	124,5	46	2186	19	0415	20	46	07433	97,5	4387	13
48	4318	21,5	0,5686	118,5	48	2148	19	0375	19	48	07238	95,5	4413	11,5
0,50	4275	+ 21	— 0,5449	+ 113	1,50	2110	+ 19	0337	+ 18,5	2,50	07047	+ 94	4436	+ 10,5
52	4233	21,5	0,5223	108,5	52	2072	18,5	0300	17,5	52	06859	92	4457	8,5
54	4190	22	0,5006	103	54	2035	18,5	0265	17,5	54	06675	91	4474	7
56	4146	22	0,4800	99	56	1998	18	0230	16	56	06493	89	4488	6
58	4102	22	0,4602	94,5	58	1962	18	0198	16	58	06315	87,5	4500	4,5
0,60	4058	+ 22	— 0,4413	+ 91	1,60	1926	+ 17,5	0166	+ 15,5	2,60	06140	+ 86	4509	+ 3
62	4014	22,5	0,4231	87	62	1891	18	0135	14,5	62	05968	84,5	4515	2,5
64	3969	22,5	0,4057	84	64	1855	17	0106	14,5	64	05799	83	4520	+ 0,5
66	3924	22,5	0,3889	80,5	66	1821	17,5	0077	13,5	66	05633	81	4521	0
68	3879	22,5	0,3728	77	68	1786	17	0050	13,5	68	05471	80	4521	— 1,5
0,70	3834	+ 23	— 0,3574	+ 74,5	1,70	1752	+ 16,5	0023	+ 12,5	2,70	05311	+ 78,5	4518	— 2
72	3788	22,5	0,3425	71,5	72	1719	17	*0002	12	72	05154	77	4514	3,5
74	3743	23	0,3282	69	74	1685	16,5	0026	12	74	05000	75,5	4507	4,5
76	3697	23	0,3144	66,5	76	1652	16	0050	11	76	04849	74	4498	5
78	3651	22,5	0,3011	64	78	1620	16	0072	11	78	04701	72,5	4488	6,5
0,80	3606	+ 23	— 0,2883	+ 61,5	1,80	1588	+ 16	0094	+ 10	2,80	04556	+ 71	4475	— 7
82	3560	23	0,2760	59,5	82	1556	15,5	0114	10	82	04414	70	4461	8
84	3514	22,5	0,2641	57,5	84	1525	15,5	0134	9,5	84	04274	68	4445	8,5
86	3469	23	0,2526	55,5	86	1494	15,5	0153	9	86	04138	67	4428	9,5
88	3423	23	0,2415	53,5	88	1463	15	0171	9	88	04004	66	4409	10
0,90	3377	+ 22,5	— 0,2308	+ 51,5	1,90	1433	+ 14,5	01888	+ 83,5	2,90	03872	+ 64	4389	— 11
92	3332	22,5	0,2205	50	92	1404	15	02055	80	92	03744	63,5	4367	11,5
94	3287	23	0,2105	48,5	94	1374	14,5	02215	76,5	94	03617	61,5	4344	12
96	3241	22,5	0,2008	46,5	96	1345	14	02368	72,5	96	03494	60,5	4320	13
98	3196	22,5	0,1915	45	98	1317	14	02513	69,5	98	03373	59	4294	13,5
1,00	3151		— 0,1825		2,00	1289		02652		3,00	03255		4267	
	— 0,					— 0,		+ 0,			— 0,		+ 0,0	

Tafel 42. Die Funktionen her x, hei x (Fortsetzung)
Table 42. The Functions her x, hei x (Continuation)

$$\text{her}\,x = \frac{2}{\pi}\,\text{kei}\,x = -\,\text{Re}\,H_0^{(1)}(x\sqrt{i})\,,\quad \text{hei}\,x = -\frac{2}{\pi}\,\text{ker}\,x = \text{Im}\,H_0^{(1)}(x\sqrt{i})$$

x	her x		hei x		x	her x		hei x		x	her x		hei x	
	— 0,0		+ 0,0			+ 0,00		+ 0,0			+ 0,00		+ 0,00	
3,00	3255	+ 58	4267	— 14	4,00	1400	+ 149,5	2303	— 20	5,00	7122	— 6	7329	— 108,5
02	3139	57	4239	14,5	02	1699	144	2263	19,5	02	7110	7	7112	107
04	3025	55,5	4210	15	04	1987	139,5	2224	20	04	7096	9	6898	104,5
06	2914	54,5	4180	15,5	06	2266	134	2184	19,5	06	7078	10	6689	103,5
08	2805	53	4149	15,5	08	2534	129	2145	19,5	08	7058	11	6482	101
3,10	2699	+ 52	4118	— 16,5	4,10	2792	+ 124,5	2106	— 19	5,10	7036	— 12,5	6280	— 99,5
12	2595	51	4085	17	12	3041	119,5	2068	19,5	12	7011	13,5	6081	97,5
14	2493	49,5	4051	17	14	3280	115	2029	18,5	14	6984	15	5886	96
16	2394	48,5	4017	17,5	16	3510	110,5	1992	19	16	6954	15,5	5694	94
18	2297	47,5	3982	18	18	3731	106	1954	18,5	18	6923	17	5506	92
3,20	2202	+ 46,5	3946	— 18	4,20	3943	+ 101,5	1917	— 18,5	5,20	6889	— 18	5322	— 91
22	2109	45,5	3910	18,5	22	4146	97,5	1880	18,5	22	6853	18,5	5140	88,5
24	2018	44,5	3873	19	24	4341	93,5	1843	18	24	6816	20	4963	87,5
26	1929	43	3835	19	26	4528	89,5	1807	18	26	6776	20,5	4788	85,5
28	1843	42,5	3797	19,5	28	4707	85	1771	17,5	28	6735	21,5	4617	83,5
3,30	1758	+ 41	3758	— 19,5	4,30	4877	+ 81,5	1736	— 18	5,30	6692	— 22	4450	— 82,5
32	1676	40,5	3719	20	32	5040	78	1700	17	32	6648	23	4285	80,5
34	1595	39	3679	20	34	5196	74	1666	17,5	34	6602	24	4124	79
36	1517	38,5	3639	20	36	5344	70,5	1631	17	36	6554	24,5	3966	77
38	1440	37,5	3599	20,5	38	5485	67	1597	17	38	6505	25	3812	76
3,40	1365	+ 36,5	3558	— 20	4,40	5619	+ 63,5	1563	— 16,5	5,40	6455	— 26	3660	— 74
42	1292	35,5	3518	21	42	5746	60	1530	16,5	42	6403	26	3512	73
44	1221	34,5	3476	20,5	44	5866	57	1497	16	44	6351	27	3366	71
46	1152	33,5	3435	21	46	5980	53,5	1465	16,5	46	6297	27,5	3224	69,5
48	1085	33	3393	21	48	6087	51	1432	15,5	48	6242	28	3085	68
3,50	1019	+ 32	3351	— 21	4,50	6189	+ 47,5	1401	— 16	5,50	6186	— 28,5	2949	— 66,5
52	0955	31,5	3309	21	52	6284	44,5	1369	15,5	52	6129	29	2816	65,5
54	0892	30	3267	21,5	54	6373	42	1338	15	54	6071	29,5	2685	63,5
56	0832	30	3224	21	56	6457	39	1308	15,5	56	6012	30	2558	62
58	0772	28,5	3182	21	58	6535	36	1277	15	58	5952	30	2434	61
3,60	0715	+ 28	3140	— 21,5	4,60	6607	+ 34	1247	— 14,5	5,60	5892	— 30,5	2312	— 59,5
62	0659	27	3097	21,5	62	6675	31	1218	14,5	62	5831	31	2193	58
64	0605	26,5	3054	21	64	6737	28,5	1189	14,5	64	5769	31	2077	57
66	0552	26	3012	21,5	66	6794	26	1160	14	66	5707	31,5	1963	55
68	0500	24,5	2969	21	68	6846	24	1132	14	68	5644	32	1853	54
3,70	0451	+ 24,5	2927	— 21,5	4,70	6894	+ 21,5	11042	— 137,5	5,70	5580	— 31,5	1745	— 53
72	0402	23,5	2884	21	72	6937	19	10767	135,5	72	5517	32,5	1639	51,5
74	0355	23	2842	21,5	74	6975	17	10496	133,5	74	5452	32,5	1536	50
76	0309	22	2799	21	76	7009	15	10229	131,5	76	5387	32,5	1436	49
78	0265	21,5	2757	21	78	7039	13	09966	129,5	78	5322	32,5	1338	48
3,80	0222	+ 21	2715	— 21	4,80	7065	+ 11	09707	— 127,5	5,80	5257	— 33	1242	— 46,5
82	0180	20	2673	21	82	7087	9	09452	125,5	82	5191	32,5	1149	45
84	0140	19,5	2631	21	84	7105	7	09201	124	84	5126	33,5	1059	44
86	0101	19	2589	20,5	86	7119	5	08953	121,5	86	5059	33	0971	43
88	0063	18,5	2548	20,5	88	7129	3,5	08710	120	88	4993	33	0885	42
3,90	0026	+ 17,5	2507	— 21	4,90	7136	+ 2	08470	— 118	5,90	4927	— 33,5	0801	— 40,5
92	*0009	17,5	2465	20	92	7140	0	08234	116	92	4860	33	0720	40
94	0044	16,5	2425	20,5	94	7140	— 1,5	08002	114	94	4794	33,5	0640	38,5
96	0077	16	2384	20,5	96	7137	3	07774	112,5	96	4727	33	0563	37,5
98	0109	15,5	2343	20	98	7131	4,5	07549	110	98	4661	33,5	0488	36
4,00	0140		2303		5,00	7122		07329		6,00	4594		0416	
	+ 0,0		+ 0,0			+ 0,00		+ 0,0			+ 0,00		+ 0,00	

Tafel 43. Die Funktionen her′ x, hei′ x
Table 43. The Functions her′ x, hei′ x

$$\mathrm{her}'x = -\frac{d}{dx}\,\mathrm{Re}\,H_0^{(1)}(x\sqrt{i}) = \mathrm{Re}\,\sqrt{i}\,H_1^{(1)}(x\sqrt{i}),\quad \mathrm{hei}'x = \frac{d}{dx}\,\mathrm{Im}\,H_0^{(1)}(x\sqrt{i}) = -\,\mathrm{Im}\,\sqrt{i}\,H_1^{(1)}(x\sqrt{i})$$

x	her′x		hei′x		x	her′x		hei′x		x	her′x		hei′x	
	+ 0,					+ 0,		+ 0,			+ 0,		+ 0,0	
0,00	0000		∞		1,00	2243	− 4	4422	− 74,5	2,00	13993	− 96	6786	− 160
02	0288		+ 31,8		02	2235	5	4273	71,5	02	13801	96	6466	156
04	0488		15,9		04	2225	5	4130	69	04	13609	96	6154	151
06	0655		10,6		06	2215	5	3992	66,5	06	13417	95	5852	147
08	0800		7,94		08	2205	6	3859	64,5	08	13227	95	5558	142,5
0,10	0929	+ 58,5	+ 6,34		1,10	2193	− 5,5	3730	− 62	2,10	13037	− 94	5273	− 138,5
12	1046	53	5,28		12	2182	6,5	3606	60	12	12849	94	4996	134,5
14	1152	48	4,51		14	2169	6,5	3486	58	14	12661	93,5	4727	130
16	1248	44,5	3,94		16	2156	6,5	3370	56	16	12474	93	4467	126,5
18	1337	41	3,49		18	2143	7	3258	54,5	18	12288	92,5	4214	122,5
0,20	1419	+ 38	+ 3,134		1,20	2129	− 7	3149	− 52,5	2,20	12103	− 92	3969	− 119
22	1495	35	2,840		22	2115	7	3044	51	22	11919	91	3731	115,5
24	1565	32,5	2,594		24	2101	7,5	2942	49	24	11737	91	3500	112
26	1630	30	2,385		26	2086	8	2844	47,5	26	11555	90	3276	108,5
28	1690	28	2,206		28	2070	8	2749	46,5	28	11375	89,5	3059	105
0,30	1746	+ 26	+ 2,050	− 68,5	1,30	2054	− 8	2656	− 44,5	2,30	11196	− 89	2849	− 102
32	1798	24	1,913	61	32	2038	8	2567	43,5	32	11018	88	2645	99
34	1846	22,5	1,791	54	34	2022	8,5	2480	42	34	10842	88	2447	95,5
36	1891	20,5	1,683	49	36	2005	8,5	2396	41	36	10666	86,5	2256	92,5
38	1932	19	1,585	44	38	1988	8,5	2314	39,5	38	10493	86,5	2071	89,5
0,40	1970	+ 18	+ 1,497	− 40	1,40	1971	− 8,5	2235	− 38,5	2,40	10320	− 85,5	1892	− 87
42	2006	16	1,417	36,5	42	1954	9	2158	37	42	10149	85	1718	84
44	2038	15	1,344	33,5	44	1936	9	2084	36,5	44	09979	84	1550	81,5
46	2068	14	1,277	30,5	46	1918	9	2011	35	46	09811	83,5	1387	78,5
48	2096	12,5	1,216	28,5	48	1900	9	1941	34	48	09644	82,5	1230	76
0,50	2121	+ 11,5	+ 1,159	− 26,5	1,50	1882	− 9,5	1873	− 33	2,50	09479	− 82	1078	− 73,5
52	2144	10,5	1,106	25	52	1863	9	1807	32,5	52	09315	81	0931	71
54	2165	9,5	1,056	23	54	1845	9,5	1742	31	54	09153	80,5	0789	69
56	2184	8,5	1,010	21	56	1826	9,5	1680	30,5	56	08992	79,5	0651	66
58	2201	7,5	0,968	20,5	58	1807	9,5	1619	29,5	58	08833	79	0519	64
0,60	2216	+ 7	+ 0,927	− 19	1,60	1788	− 9,5	1560	− 28,5	2,60	08675	− 78	0391	− 62
62	2230	6	0,889	17,5	62	1769	9,5	1503	27,5	62	08519	77,5	0267	59,5
64	2242	5	0,854	17	64	1750	9,5	1448	27	64	08364	76	0148	57,5
66	2252	4,5	0,820	16	66	1731	10	1394	26,5	66	08212	76	0033	55,5
68	2261	3,5	0,788	15	68	1711	9,5	1341	25,5	68	08060	75	*0078	53,5
0,70	2268	+ 3	+ 0,7582	− 143	1,70	1692	− 9,5	1290	− 24,5	2,70	07910	− 74	0185	− 51,5
72	2274	2,5	0,7296	135,5	72	1673	10	1241	24	72	07762	73	0288	49,5
74	2279	1,5	0,7025	129,5	74	1653	10	1193	23,5	74	07616	72,5	0387	47,5
76	2282	1,5	0,6766	123	76	1633	9,5	1146	22,5	76	07471	72	0482	46
78	2285	+ 0,5	0,6520	117	78	1614	10	1101	22,5	78	07327	70,5	0574	44
0,80	2286	0	+ 0,6286	− 112,5	1,80	15943	− 97,5	1056	− 21	2,80	07186	− 70	0662	− 42,5
82	2286	− 0,5	0,6061	107	82	15748	98	1014	21	82	07046	69,5	0747	40,5
84	2285	1	0,5847	102,5	84	15552	98	0972	20,5	84	06907	68	0828	39
86	2283	1,5	0,5642	98	86	15356	98	0931	19,5	86	06771	67,5	0906	37,5
88	2280	2	0,5446	94	88	15160	97,5	0892	19	88	06636	67	0981	36
0,90	2276	− 2,5	+ 0,5258	− 90,5	1,90	14965	− 97,5	0854	− 18,5	2,90	06502	− 66	1053	− 34
92	2271	3	0,5077	87	92	14770	97,5	0817	18	92	06370	65	1121	33
94	2265	3	0,4903	83	94	14575	97	0781	17,5	94	06240	64	1187	31,5
96	2259	4	0,4737	80,5	96	14381	97	0746	17	96	06112	63,5	1250	30
98	2251	4	0,4576	77	98	14187	97	0712	16,5	98	05985	62,5	1310	28,5
1,00	2243		+ 0,4422		2,00	13993		0679		3,00	05860		1367	
	+ 0,					+ 0,		+ 0,			+ 0,		− 0,0	

Tafel 43. Die Funktionen her′x, hei′x (Fortsetzung)
Table 43. The Functions her′x, hei′x (Continuation)

$$\mathrm{her}'x = -\frac{d}{dx}\,\mathrm{Re}\,H_0^{(1)}(x\sqrt{i}) = \mathrm{Re}\,\sqrt{i}\,H_1^{(1)}(x\sqrt{i}), \quad \mathrm{hei}'x = \frac{d}{dx}\,\mathrm{Im}\,H_0^{(1)}(x\sqrt{i}) = -\,\mathrm{Im}\,\sqrt{i}\,H_1^{(1)}(x\sqrt{i})$$

x	her′x		hei′x		x	her′x		hei′x		x	her′x		hei′x	
	+ 0,0		— 0,0			+ 0,0		— 0,0			— 0,00		— 0,0	
3,00	5860	— 62	1367	— 27,5	4,00	1522	— 26,5	20040	+ 65,5	5,00	0522	— 71	10946	+ 93
02	5736	61	1422	26	02	1469	26	19909	67,5	02	0664	68,5	10760	92
04	5614	60	1474	25	04	1417	25,5	19774	70	04	0801	66,5	10576	92
06	5494	59,5	1524	23,5	06	1366	25	19634	72	06	0934	63,5	10392	91
08	5375	58,5	1571	22	08	1316	24,5	19490	74	08	1061	62	10210	90
3,10	5258	— 57,5	1615	— 21,5	4,10	1267	— 23,5	19342	+ 76	5,10	1185	— 59	10030	+ 90
12	5143	57	1658	20	12	1220	23,5	19190	78	12	1303	57,5	09850	89
14	5029	56,5	1698	19	14	1173	23	19034	79,5	14	1418	55	09672	88
16	4916	55	1736	18	16	1127	22,5	18875	81,5	16	1528	53	09496	88
18	4806	54,5	1772	17	18	1082	21,5	18712	83	18	1634	50,5	09320	86,5
3,20	4697	— 54	18055	— 158,5!	4,20	1039	— 21,5	18546	+ 84	5,20	1735	— 49	09147	+ 86,5
22	4589	53	18372	149!	22	0996	21	18378	86	22	1833	47	08974	85
24	4483	52	18670	139,5!	24	0954	20,5	18206	87	24	1927	45	08804	84,5
26	4379	51,5	18949	130,5!	26	0913	20	18032	88	26	2017	43	08635	84
28	4276	50,5	19210	121!	28	0873	19,5	17856	89,5	28	2103	41,5	08467	83
3,30	4175	— 50	19452	— 112,5!	4,30	0834	— 19	17677	+ 90,5	5,30	2186	— 39,5	08301	+ 82
32	4075	49	19677	104,5!	32	0796	18,5	17496	91	32	2265	37,5	08137	81,5
34	3977	48,5	19886	95,5!	34	0759	18,5	17314	92,5	34	2340	36	07974	80,5
36	3880	47,5	20077	88	36	0722	17,5	17129	93	36	2412	34,5	07813	79,5
38	3785	46,5	20253	80,5	38	0687	17,5	16943	94	38	2481	32,5	07654	79
3,40	3692	— 46,5	20414	— 73	4,40	06521	— 169	16755	+ 94,5	5,40	2546	— 31	07496	+ 78
42	3599	45	20560	65,5	42	06183	165	16566	95,5	42	2608	30	07340	77
44	3509	44,5	20691	58,5	44	05853	161	16375	95,5	44	2668	28	07186	76,5
46	3420	44	20808	51,5	46	05531	156,5	16184	96,5	46	2724	26,5	07033	75,5
48	3332	43	20911	45	48	05218	153	15991	97	48	2777	25	06882	74,5
3,50	3246	— 42,5	21001	— 39	4,50	04912	— 149	15797	+ 97	5,50	2827	— 23,5	06733	+ 73,5
52	3161	42	21079	32,5	52	04614	145,5	15603	97,5	52	2874	22,5	06586	73
54	3077	41	21144	26,5	54	04323	141,5	15408	98	54	2919	20,5	06440	72
56	2995	40	21197	20,5	56	04040	137,5	15212	98	56	2960	20	06296	71
58	2915	40	21238	15,5	58	03765	134,5	15016	98	58	3000	18	06154	70
3,60	2835	— 38,5	21269	— 9,5	4,60	03496	— 130,5	14820	+ 98,5	5,60	3036	— 17	06014	+ 69
62	2758	38,5	21288	— 4,5	62	03235	127	14623	98,5	62	3070	16	05876	68,5
64	2681	37,5	21297	+ 0,5	64	02981	123,5	14426	98,5	64	3102	14,5	05739	67,5
66	2606	37	21296	5,5	66	02734	120	14229	98,5	66	3131	14	05604	66,5
68	2532	36	21285	10	68	02494	117	14032	98	68	3159	12	05471	65,5
3,70	2460	— 36	21265	+ 14,5	4,70	02260	— 113,5	13836	+ 98,5	5,70	3183	— 11,5	05340	+ 64,5
72	2388	34,5	21236	19	72	02033	110,5	13639	98	72	3206	10,5	05211	64
74	2319	34,5	21198	23,5	74	01812	107,5	13443	98	74	3227	9	05083	63
76	2250	33,5	21151	27,5	76	01597	104	13247	98	76	3245	8	04957	62
78	2183	33	21096	31	78	01389	101	13051	97,5	78	3261	7,5	04833	61
3,80	2117	— 32,5	21034	+ 35	4,80	01187	— 98	12856	+ 97,5	5,80	3276	— 6,5	04711	+ 60,5
82	2052	32	20964	38,5	82	00991	95	12661	97	82	3289	5	04590	59
84	1988	31	20887	42,5	84	00801	92,5	12467	96,5	84	3299	4,5	04472	58,5
86	1926	30,5	20802	45,5	86	00616	89	12274	96	86	3308	4	04355	58
88	1865	30	20711	48,5	88	00438	87	12082	96	88	3316	2,5	04239	56,5
3,90	1805	— 29,5	20614	+ 51,5	4,90	00264	— 83,5	11890	+ 95,5	5,90	3321	— 2	04126	+ 56
92	1746	29	20511	55	92	00097	81,5	11699	95	92	3325	— 1,5	04014	54,5
94	1688	28	20401	57,5	94	*00066	78,5	11509	94,5	94	3328	0	03905	54,5
96	1632	28	20286	60	96	00223	76	11320	94	96	3328	0	03796	53
98	1576	27	20166	63	98	00375	73,5	11132	93	98	3328	+ 1	03690	52,5
4,00	1522		20040		5,00	00522		10946		6,00	3326		03585	
	+ 0,0		— 0,0			— 0,0		— 0,0			— 0,00		— 0,0	

Tafel 44. Die Funktionen ber x, bei x u. s. w. (Fortsetzung)*)
Table 44. The Functions ber x, bei x a. s. o. (Continuation)*)

x	ber x	bei x	ber′ x	bei′ x	her x	hei x	her′ x	hei′ x
					+ 0,	+ 0,	— 0,	— 0,
6,0	— 8,858	— 7,335	— 0,293	— 10,846	4594 (— 2)	4157 (— 3)	3326 (— 2)	3585 (— 2)
1	8,849	8,454	+ 0,494	11,547	4263 (— 2)	0825 (— 3)	3295 (— 2)	3087 (— 2)
2	8,756	9,644	1,384	12,235	3936 (— 2)	*2031 (— 3)	3236 (— 2)	2631 (— 2)
3	8,569	10,901	2,380	12,901	3616 (— 2)	4451 (— 3)	3152 (— 2)	2215 (— 2)
4	8,276	12,223	3,490	13,536	3306 (— 2)	6473 (— 3)	3048 (— 2)	1837 (— 2)
6,5	— 7,867	— 13,607	+ 4,717	— 14,129	3007 (— 2)	8137 (— 3)	2928 (— 2)	1495 (— 2)
6	7,329	15,047	6,067	14,670	2721 (— 2)	9476 (— 3)	2796 (— 2)	1189 (— 2)
7	6,649	16,538	7,544	15,146	2448 (— 2)	10525 (— 2)	2655 (— 2)	9145 (— 3)
8	5,816	18,074	9,151	15,543	2190 (— 2)	11315 (— 2)	2508 (— 2)	6710 (— 3)
9	4,815	19,644	10,891	15,847	19470 (— 2)	11876 (— 2)	2356 (— 2)	4561 (— 3)
7,0	— 3,633	— 21,239	+ 12,765	— 16,041	17191 (— 2)	12236 (— 2)	2202 (— 2)	2677 (— 3)
1	2,257	22,848	14,774	16,109	15066 (— 2)	12420 (— 2)	2049 (— 2)	1039 (— 3)
2	— 0,674	24,456	16,918	16,033	13093 (— 2)	12451 (— 2)	18968 (— 2)	*0372 (— 3)
3	+ 1,131	26,049	19,194	15,792	11271 (— 2)	12352 (— 2)	17475 (— 2)	1575 (— 3)
4	3,169	27,609	21,600	15,367	9597 (— 3)	12143 (— 2)	16022 (— 2)	2589 (— 3)
7,5	+ 5,455	— 29,116	+ 24,130	— 14,736	8065 (— 3)	11840 (— 2)	14616 (— 2)	3430 (— 3)
6	7,999	30,55	26,777	13,875	6672 (— 3)	11462 (— 2)	13266 (— 2)	4116 (— 3)
7	10,814	31,88	29,532	12,763	5410 (— 3)	11022 (— 2)	11976 (— 2)	4661 (— 3)
8	13,909	33,09	32,38	11,373	4274 (— 3)	10534 (— 2)	10752 (— 2)	5081 (— 3)
9	17,293	34,15	35,31	9,681	3257 (— 3)	10009 (— 2)	9595 (— 3)	5390 (— 3)
8,0	+ 20,974	— 35,02	+ 38,31	— 7,660	2353 (— 3)	9459 (— 3)	8507 (— 3)	5600 (— 3)
1	24,957	35,67	41,35	5,285	1554 (— 3)	8892 (— 3)	7490 (— 3)	5725 (— 3)
2	29,245	36,06	44,42	— 2,530	8524 (— 4)	8317 (— 3)	6544 (— 3)	5773 (— 3)
3	33,840	36,16	47,47	+ 0,634	2425 (— 4)	7740 (— 3)	5667 (— 3)	5758 (— 3)
4	38,738	35,92	50,49	4,232	*2832 (— 4)	7167 (— 3)	4859 (— 3)	5686 (— 3)
8,5	+ 43,94	— 35,30	+ 53,44	+ 8,290	7315 (— 4)	6604 (— 3)	4117 (— 3)	5568 (— 3)
6	49,42	34,25	56,28	12,832	11088 (— 3)	6055 (— 3)	3440 (— 3)	5411 (— 3)
7	55,19	32,71	58,97	17,883	14216 (— 3)	5523 (— 3)	2825 (— 3)	5223 (— 3)
8	61,21	30,65	61,45	23,465	16759 (— 3)	5011 (— 3)	2270 (— 3)	5009 (— 3)
9	67,47	28,00	63,68	29,598	18775 (— 3)	4522 (— 3)	1771 (— 3)	4776 (— 3)
9,0	+ 73,94	— 24,71	+ 65,60	+ 36,30	20318 (— 3)	4056 (— 3)	1325 (— 3)	4528 (— 3)
1	80,58	20,72	67,14	43,58	21441 (— 3)	3616 (— 3)	9288 (— 4)	4270 (— 3)
2	87,35	15,98	68,25	51,46	22191 (— 3)	3202 (— 3)	5799 (— 4)	4006 (— 3)
3	94,21	10,41	68,83	59,94	22615 (— 3)	2815 (— 3)	2747 (— 4)	3740 (— 3)
4	101,10	— 3,97	68,82	69,01	22754 (— 3)	2454 (— 3)	0099 (— 4)	3475 (— 3)
9,5	+ 107,95	+ 3,41	+ 68,13	+ 78,68	22647 (— 3)	2120 (— 3)	*2175 (— 4)	3212 (— 3)
6	114,70	11,79	66,67	88,94	22331 (— 3)	1812 (— 3)	4105 (— 4)	2955 (— 3)
7	121,26	21,22	64,35	99,76	21837 (— 3)	1529 (— 3)	5722 (— 4)	2704 (— 3)
8	127,54	31,76	61,07	111,12	21196 (— 3)	1271 (— 3)	7054 (— 4)	2463 (— 3)
9	133,43	43,46	56,72	122,99	20434 (— 3)	1036 (— 3)	8129 (— 4)	2231 (— 3)
10,0	+ 138,84	+ 56,37	+ 51,20	+ 135,31	19578 (— 3)	0824 (— 3)	8971 (— 4)	2009 (— 3)
					— 0,	— 0,	+ 0,	+ 0,

*) In Klammern beigefügte Zahlen (—n) besagen, daß der Tafelwert mit dem Faktor 10^{-n} zu multiplizieren ist.
Numbers (—n) added in parenthesis mean that the table value is to be multiplied by the factor 10^{-n}.

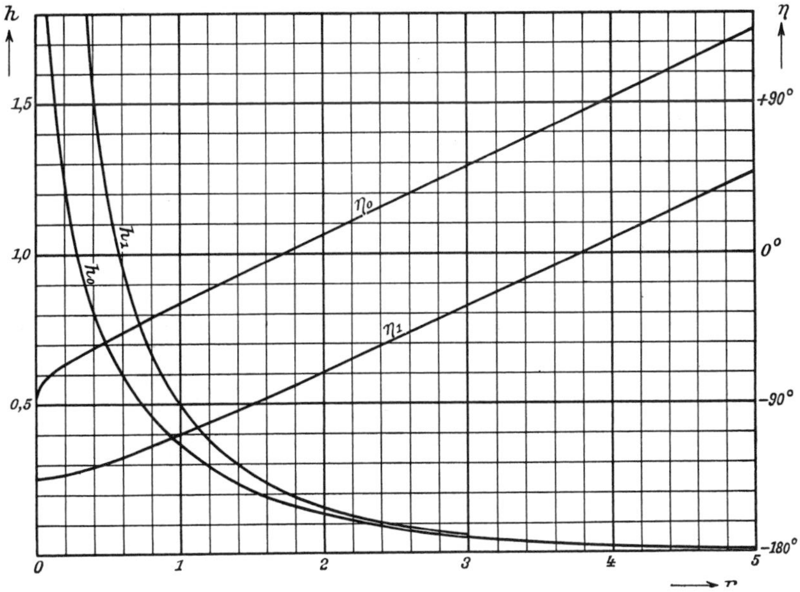

Fig. 140
Fig. 140 $H_n^{(1)}\left(r\sqrt{i}\right) = (-1)^{n+1}\left[\mathrm{her}_n\, r - i\,\mathrm{hei}_n\, r\right] = h_n\, e^{\eta_n\, i}, \quad h_n \begin{smallmatrix}\text{und}\\\text{and}\end{smallmatrix} \eta_n \begin{smallmatrix}\text{über}\\\text{against}\end{smallmatrix} r$

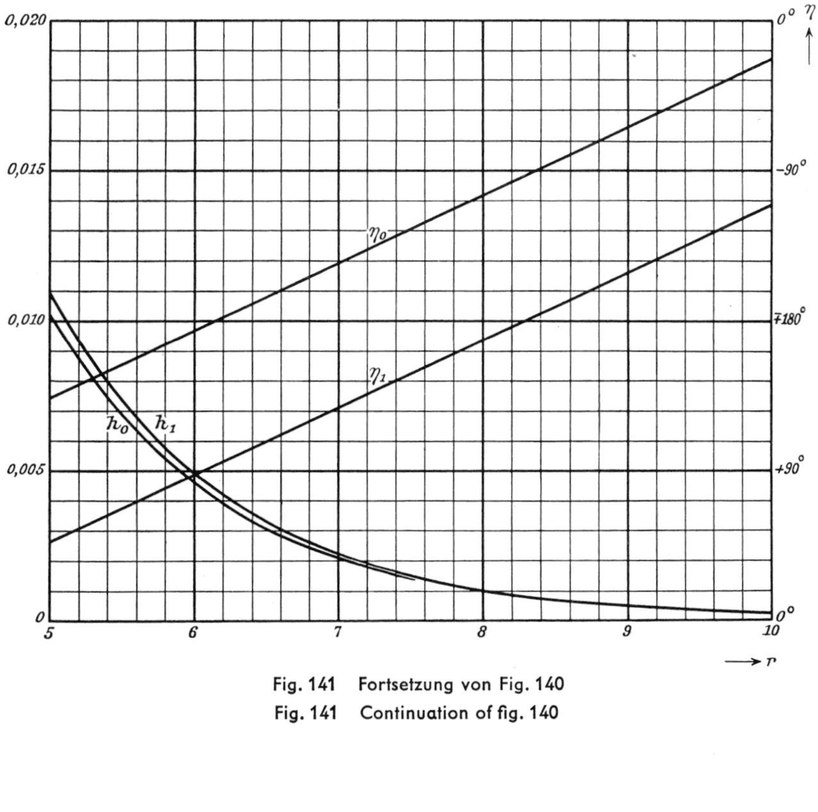

Fig. 141   Fortsetzung von Fig. 140
Fig. 141   Continuation of fig. 140

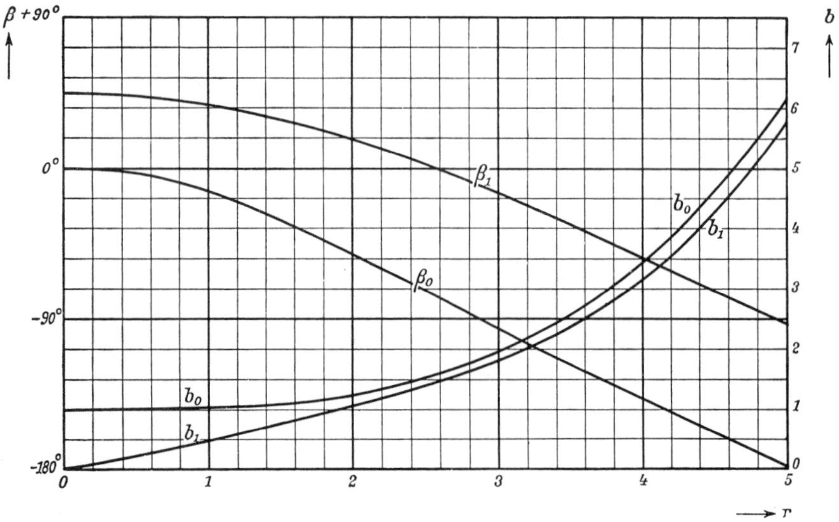

Fig. 142 $J_n(r\sqrt{i}) = (-1)^n \left[\mathrm{ber}_n\, r - i\, \mathrm{bei}_n\, r\right] = b_n e^{\beta_n i}$, b_n und β_n über r

Fig. 142 $J_n(r\sqrt{i}) = (-1)^n \left[\mathrm{ber}_n\, r - i\, \mathrm{bei}_n\, r\right] = b_n e^{\beta_n i}$, b_n and β_n against r

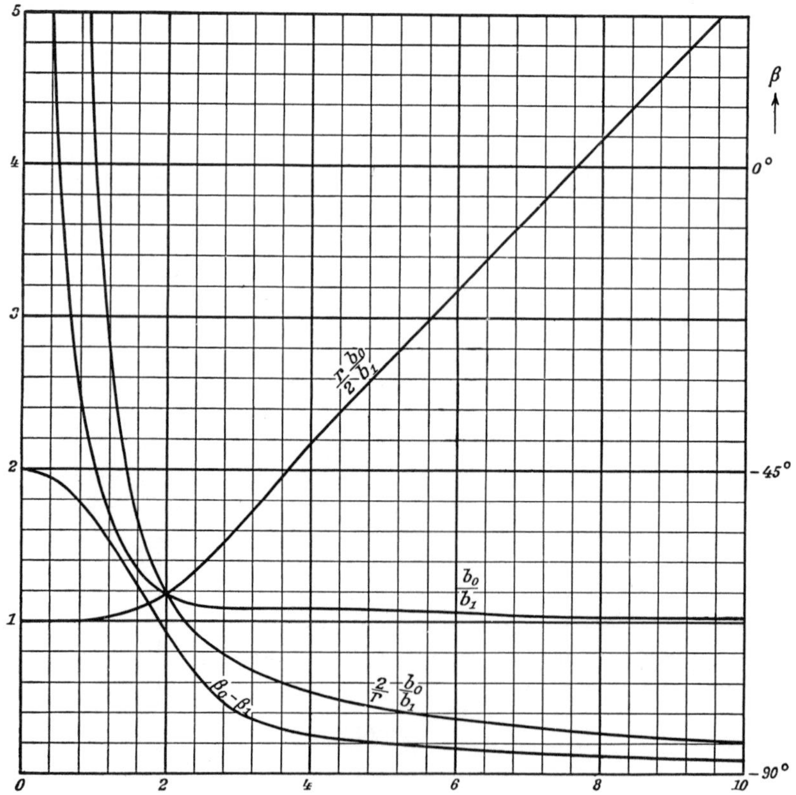

Fig. 144 $\dfrac{J_0(r\sqrt{i})}{J_1(r\sqrt{i})} = \dfrac{b_0}{b_1} e^{(\beta_0 - \beta_1) i}$

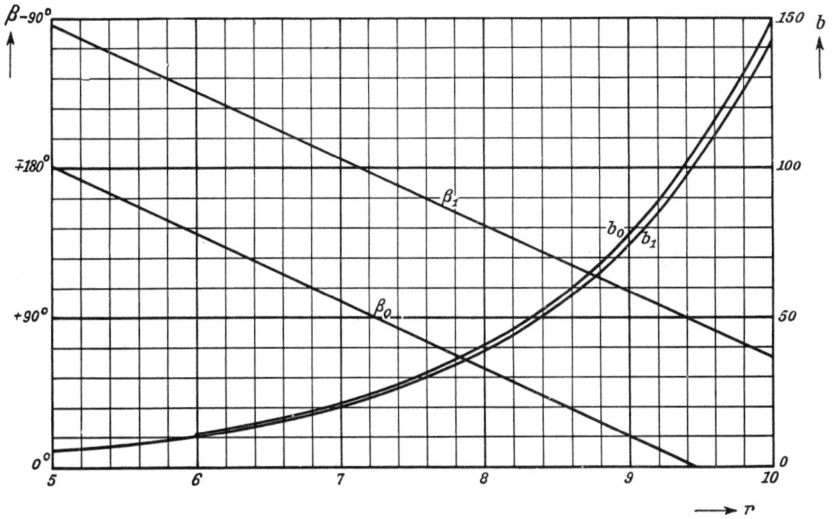

Fig. 143 Fortsetzung von Fig. 142 (S. 242)

Fig. 143 Continuation of fig. 142 (p. 242)

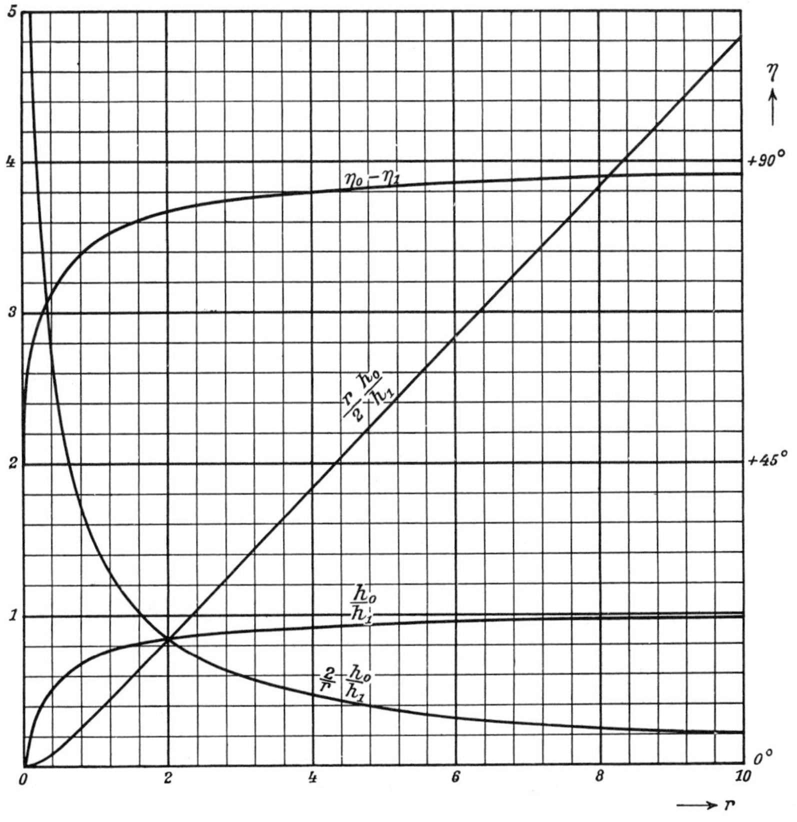

Fig. 145 $\dfrac{H_0^{(1)}(r\sqrt{i})}{H_1^{(1)}(r\sqrt{i})} = \dfrac{h_0}{h_1}\, e^{(\eta_0-\eta_1)i}$

Tafel 45. Die Funktionen
Table 45. The Functions $J_n(r\sqrt{i}) = b_n\, e^{i\beta_n}$, $H_n^{(1)}(r\sqrt{i}) = h_n\, e^{i\eta_n}$ $(n = 1, 2)$

$$\left[b_n = M_n,\ \beta_0 = -\Theta_0,\ \beta_1 = 180° - \Theta_1;\ h_n = \frac{2}{\pi} N_n,\ \eta_0 = -\Phi_0 - 90°,\ \eta_1 = -\Phi_1 + 90°\right]$$

r	b_0	β_0	b_1	β_1	h_0	η_0	h_1	η_1
0,0	1,0000	0°	0,0000	+ 45°	∞	− 90°	∞	− 135°
1	1,0000	− 0°,14	0,0500	44°,93	1,6184	72°,21	6,342	134°,16
2	1,0000	0°,57	0,1000	44°,71	1,2043	66°,37	3,137	132°,41
3	1,0001	1°,29	0,1500	44°,36	0,9708	61°,27	2,057	130°,13
4	1,0004	2°,29	0,2000	43°,85	0,8114	56°,48	1,510	127°,50
0,5	1,0010	− 3°,58	0,2500	+ 43°,21	0,6926	− 51°,88	1,1778	− 124°,62
6	1,0020	5°,15	0,3001	42°,42	0,5995	47°,40	0,9534	121°,56
7	1,0037	7°,01	0,3502	41°,49	0,5241	42°,99	0,7914	118°,34
8	1,0064	9°,14	0,4004	40°,42	0,4617	38°,65	0,6688	115°,02
9	1,0102	11°,55	0,4508	39°,20	0,4091	34°,35	0,5729	111°,60
1,0	1,0155	− 14°,23	0,5013	+ 37°,84	0,3642	− 30°,08	0,4958	− 108°,10
1	1,0227	17°,16	0,5521	36°,34	0,3255	25°,84	0,4327	104°,54
2	1,0320	20°,34	0,6032	34°,71	0,2918	21°,63	0,3801	100°,93
3	1,0438	23°,75	0,6548	32°,93	0,2624	17°,43	0,3358	97°,28
4	1,0586	27°,37	0,7070	31°,01	0,2365	13°,24	0,2980	93°,59
1,5	1,0767	− 31°,19	0,7598	+ 28°,96	0,2136	− 9°,08	0,2655	− 89°,86
6	1,0984	35°,17	0,8136	26°,77	0,1933	4°,92	0,2373	86°,11
7	1,1242	39°,30	0,8684	24°,45	0,1752	− 0°,77	0,2128	82°,33
8	1,1544	43°,54	0,9244	22°,00	0,1591	+ 3°,37	0,1913	78°,53
9	1,1892	47°,88	0,9819	19°,43	0,1446	7°,51	0,1723	74°,71
2,0	1,2290	− 52°,29	1,0412	+ 16°,73	0,13155	+ 11°,63	0,1555	− 70°,87
1	1,2741	56°,74	1,1024	13°,92	0,11984	15°,75	0,14063	67°,02
2	1,3246	61°,22	1,1659	11°,00	0,10927	19°,87	0,12737	63°,15
3	1,3808	65°,71	1,2321	7°,97	0,09973	23°,98	0,11553	59°,18
4	1,443	70°,19	1,3012	4°,84	0,09110	28°,09	0,10492	55°,39
2,5	1,511	− 74°,65	1,3736	+ 1°,61	0,08327	+ 32°,19	0,09540	− 51°,49
6	1,586	79°,09	1,4498	− 1°,70	0,07618	36°,29	0,08684	47°,58
7	1,666	83°,50	1,530	5°,10	0,06973	40°,39	0,07913	43°,66
8	1,754	87°,87	1,615	8°,57	0,06387	44°,49	0,07216	39°,74
9	1,849	92°,21	1,705	12°,11	0,05853	48°,58	0,06587	35°,80
3,0	1,950	− 96°,52	1,800	− 15°,71	0,05367	+ 52°,67	0,06017	− 31°,87
1	2,059	100°,79	1,901	19°,37	0,04923	56°,76	0,05501	27°,92
2	2,176	105°,03	2,009	23°,08	0,04519	60°,84	0,05032	23°,97
3	2,301	109°,25	2,124	26°,83	0,04149	64°,93	0,04606	20°,02
4	2,434	113°,43	2,246	30°,62	0,03811	69°,01	0,04218	16°,06
3,5	2,576	− 117°,60	2,376	− 34°,44	0,03503	+ 73°,09	0,03866	− 12°,09
6	2,728	121°,75	2,515	38°,30	0,03220	77°,17	0,03544	8°,13
7	2,889	125°,87	2,664	42°,17	0,02961	81°,25	0,03251	4°,16
8	3,061	129°,99	2,823	46°,07	0,02724	85°,33	0,02984	− 0°,18
9	3,244	134°,10	2,992	49°,98	0,02507	89°,40	0,02740	+ 3°,80
4,0	3,439	− 138°,19	3,173	− 53°,90	0,02307	+ 93°,48	0,02517	+ 7°,78
1	3,646	142°,28	3,366	57°,84	0,02125	97°,55	0,02312	11°,76
2	3,867	146°,36	3,572	61°,79	0,01957	101°,62	0,02126	15°,75
3	4,102	150°,44	3,792	65°,74	0,01803	105°,70	0,01955	19°,74
4	4,352	154°,51	4,027	69°,71	0,01661	109°,77	0,01798	23°,73
4,5	4,618	− 158°,59	4,278	− 73°,67	0,01531	+ 113°,84	0,01654	+ 27°,73
6	4,901	162°,66	4,546	77°,64	0,014116	117°,91	0,01523	31°,72
7	5,203	166°,73	4,832	81°,61	0,013017	121°,98	0,01402	35°,72
8	5,524	170°,80	5,137	85°,59	0,012006	126°,05	0,012911	39°,72
9	5,866	174°,86	5,462	89°,57	0,011076	130°,11	0,011893	43°,73
5,0	6,231	− 178°,93	5,809	− 93°,55	0,010219	+ 134°,18	0,010958	+ 47°,73

Tafel 45. Die Funktionen $J_n(r\sqrt{i}) = b_n e^{i\beta_n}$, $H_n^{(1)}(r\sqrt{i}) = h_n e^{i\eta_n}$ $(n = 1, 2)$ (Forts.)
Table 45. The Functions (Cont.)

$\left[b_n = M_n,\ \beta_0 = -\Theta_0,\ \beta_1 = 180° - \Theta_1;\ h_n = \frac{2}{\pi} N_n,\ \eta_0 = -\Phi_0 - 90°,\ \eta_1 = -\Phi_1 + 90°\right]$

r	b_0	β_0	b_1	β_1	h_0	η_0	h_1	η_1
					0,01		**0,01**	
5,0	6,231	— 178°,93	5,809	— 93°,55	0219	+ 134°,18	0958	+ 47°,73
1	6,620	183°,00	6,179	97°,53	* 9431	138°,25	0099	51°,74
2	7,034	187°,07	6,574	101°,52	8705	142°,31	* 9310	55°,74
3	7,475	191°,14	6,996	105°,50	8036	146°,38	8584	59°,75
4	7,946	195°,21	7,446	109°,49	7420	150°,45	7917	63°,76
5,5	8,447	— 199°,28	7,925	— 113°,48	6853	+ 154°,51	7302	+ 67°,77
6	8,982	203°,35	8,437	117°,47	6329	158°,58	6737	71°,79
7	9,552	207°,42	8,983	121°,46	5847	162°,64	6217	75°,80
8	10,160	211°,49	9,566	125°,46	5402	166°,70	5738	79°,82
9	10,809	215°,56	10,187	129°,45	4991	170°,77	5297	83°,83
6,0	11,501	— 219°,62	10,850	— 133°,45	4613	+ 174°,83	4890	+ 87°,85
1	12,239	223°,69	11,558	137°,45	4264	178°,89	4516	91°,87
2	13,026	227°,76	12,313	141°,45	3941	182°,95	4170	95°,89
3	13,865	231°,83	13,119	145°,45	3644	187°,02	3852	99°,91
4	14,761	235°,90	13,978	149°,46	3369	191°,08	3559	103°,93
6,5	15,72	— 239°,96	14,896	— 153°,46	3116	+ 195°,14	3288	+ 107°,95
6	16,74	244°,03	15,88	157°,47	2881	199°,20	3039	111°,97
7	17,83	248°,10	16,92	161°,48	2665	203°,26	2808	116°,00
8	18,99	252°,16	18,04	165°,49	2465	207°,32	2596	120°,02
9	20,23	256°,23	19,23	169°,50	2281	211°,38	2400	124°,04
7,0	21,55	— 260°,29	20,50	— 173°,51	2110	+ 215°,44	2219	+ 128°,07
1	22,96	264°,36	21,86	177°,52	1952	219°,50	2051	132°,10
2	24,47	268°,42	23,31	181°,54	1807	223°,56	1897	136°,12
3	26,07	272°,49	24,86	185°,55	1672	227°,62	1755	140°,15
4	27,79	276°,55	26,51	189°,57	1548	231°,68	1623	144°,18
7,5	29,62	— 280°,61	28,27	— 193°,59	1433	+ 235°,74	1501	+ 148°,21
6	31,58	284°,67	30,16	197°,61	13262	239°,80	13890	152°,24
7	33,67	288°,74	32,17	201°,63	12278	243°,86	12851	156°,27
8	35,90	292°,80	34,32	205°,65	11368	247°,92	11892	160°,30
9	38,28	296°,86	36,62	209°,67	10526	251°,97	11005	164°,33
8,0	40,82	— 300°,92	39,07	— 213°,69	09747	+ 256°,03	10185	+ 168°,36
1	43,53	304°,98	41,69	217°,72	09027	260°,09	09427	172°,39
2	46,43	309°,04	44,49	221°,74	08360	264°,15	08727	176°,42
3	49,52	313°,10	47,48	225°,77	07743	268°,21	08079	180°,45
4	52,83	317°,16	50,67	229°,79	07173	272°,26	07479	184°,49
8,5	56,36	— 321°,22	54,08	— 233°,82	06644	+ 276°,32	06925	+ 188°,52
6	60,13	325°,28	57,73	237°,84	06155	280°,38	06412	192°,55
7	64,15	329°,34	61,62	241°,87	05703	284°,44	05938	196°,59
8	68,46	333°,40	65,78	245°,90	05284	288°,49	05499	200°,62
9	73,05	337°,46	70,22	249°,93	04896	292°,55	05093	204°,66
9,0	77,96	— 341°,52	74,97	— 253°,96	04537	+ 296°,61	04718	+ 208°,69
1	83,20	345°,58	80,04	257°,99	04204	300°,66	04370	212°,73
2	88,80	349°,64	85,47	262°,02	03896	304°,72	04048	216°,76
3	94,78	353°,69	91,27	266°,05	03611	308°,78	03750	220°,80
4	101,17	357°,75	97,46	270°,08	03347	312°,83	03475	224°,84
9,5	108,00	— 361°,81	104,08	— 274°,11	03102	+ 316°,89	03219	+ 228°,87
6	115,30	365°,87	111,16	278°,14	02876	320°,95	02983	232°,91
7	123,10	369°,93	118,72	282°,18	02666	325°,00	02764	236°,95
8	131,43	373°,98	126,80	286°,21	02471	329°,06	02562	240°,98
9	140,33	378°,04	135,44	290°,24	02291	333°,11	02374	245°,02
10,0	149,85	— 382°,10	144,67	— 294°,28	02124	+ 337°,17	02200	+ 249°,06
					0,00		**0,00**	

Tafel 46. Die Funktionen $\frac{J_0(r\sqrt{i})}{J_1(r\sqrt{i})}$, $\frac{H_0^{(1)}(r\sqrt{i})}{H_1^{(1)}(r\sqrt{i})}$
Table 46. The Functions $\frac{J_0(r\sqrt{i})}{J_1(r\sqrt{i})}$, $\frac{H_0^{(1)}(r\sqrt{i})}{H_1^{(1)}(r\sqrt{i})}$

$$J_0(r\sqrt{i}) : J_1(r\sqrt{i}) = \frac{b_0}{b_1} e^{i(\beta_0-\beta_1)}, \quad H_0^{(1)}(r\sqrt{i}) : H_1^{(1)}(r\sqrt{i}) = \frac{h_0}{h_1} e^{i(\eta_0-\eta_1)}$$

$$\left[\frac{b_0}{b_1} = \frac{M_0}{M_1}, \quad \beta_0 - \beta_1 = -180^\circ + (\Theta_1 - \Theta_0); \quad \frac{h_0}{h_1} = \frac{N_0}{N_1}, \quad \eta_0 - \eta_1 = -180^\circ + (\Phi_1 - \Phi_0)\right]$$

r	$\beta_0 - \beta_1$	b_0/b_1	$\frac{r}{2}\frac{b_0}{b_1}$	$\frac{2}{r}\frac{b_0}{b_1}$	$\eta_0 - \eta_1$	h_0/h_1	$\frac{r}{2}\frac{h_0}{h_1}$	$\frac{2}{r}\frac{h_0}{h_1}$
			1,			0,		
0,0	− 45°,00	∞	0000	∞	+ 45°,00	0000	0,0000	∞
1	45°,07	20,000	0000	400,00	61°,95	2645	0,0132	5,290
2	45°,29	10,001	0001	100,01	66°,03	3839	0,0384	3,839
3	45°,64	6,667	0001	44,45	68°,86	4726	0,0709	3,151
4	46°,15	5,002	0003	25,01	71°,02	5372	0,1074	2,686
0,5	− 46°,79	4,002	0008	16,01	+ 72°,74	5880	0,1470	2,352
6	47°,57	3,339	0017	11,13	74°,16	6288	0,1886	2,096
7	48°,50	2,866	0032	8,188	75°,35	6622	0,2318	1,892
8	49°,56	2,513	0054	6,284	76°,37	6903	0,2761	1,726
9	50°,75	2,241	0084	4,980	77°,25	7140	0,3213	1,587
1,0	− 52°,07	2,026	0128	4,051	+ 78°,02	7346	0,3673	1,469
1	53°,51	1,852	0188	3,368	78°,70	7523	0,4138	1,368
2	55°,05	1,711	0265	2,851	79°,31	7677	0,4606	1,2795
3	56°,68	1,594	0361	2,452	79°,85	7814	0,5079	1,2022
4	58°,38	1,497	0481	2,139	80°,34	7936	0,5555	1,1337
1,5	− 60°,14	1,417	0627	1,889	+ 80°,79	8045	0,6034	1,0727
6	61°,94	1,350	0800	1,688	81°,19	8145	0,6516	1,0181
7	63°,75	1,295	1004	1,523	81°,56	8234	0,6999	0,9687
8	65°,55	1,249	1239	1,387	81°,90	8316	0,7484	0,9240
9	67°,31	1,211	1506	1,275	82°,21	8391	0,7971	0,8833
2,0	− 69°,02	1,1804	1805	1,1804	+ 82°,50	8459	0,8459	0,8459
1	70°,67	1,1557	2135	1,1007	82°,77	8522	0,8948	0,8116
2	72°,22	1,1361	2497	1,0328	83°,02	8579	0,9437	0,7799
3	73°,68	1,1207	2888	0,9745	83°,26	8632	0,9927	0,7506
4	75°,03	1,1089	331	0,9241	83°,47	8683	1,0419	0,7235
2,5	− 76°,26	1,1001	375	0,8801	+ 83°,68	8728	1,0911	0,6983
6	77°,39	1,0936	422	0,8413	83°,87	8772	1,1404	0,6748
7	78°,40	1,0892	470	0,8068	84°,05	8812	1,1896	0,6527
8	79°,30	1,0863	521	0,7759	84°,22	8851	1,2391	0,6322
9	80°,10	1,0844	572	0,7479	84°,38	8886	1,2885	0,6128
3,0	− 80°,80	1,0835	625	0,7223	+ 84°,53	8920	1,338	0,5947
1	81°,42	1,0832	679	0,6988	84°,68	8949	1,387	0,5774
2	81°,95	1,0832	733	0,6769	84°,81	8980	1,437	0,5612
3	82°,41	1,0835	787	0,6567	84°,94	9008	1,486	0,5459
4	82°,81	1,0839	842	0,6375	85°,07	9035	1,536	0,5315
3,5	− 83°,15	1,0842	897	0,6195	+ 85°,19	9061	1,586	0,5178
6	83°,45	1,0845	952	0,6026	85°,30	9086	1,636	0,5048
7	83°,70	1,0846	* 006	0,5862	85°,40	9108	1,685	0,4923
8	83°,92	1,0846	060	0,5707	85°,51	9128	1,734	0,4804
9	84°,12	1,0843	114	0,5560	85°,60	9147	1,784	0,4691
4,0	− 84°,29	1,0838	168	0,5419	+ 85°,70	9166	1,833	0,4583
1	84°,44	1,0832	221	0,5284	85°,79	9184	1,883	0,4480
2	84°,57	1,0826	273	0,5155	85°,87	9204	1,933	0,4383
3	84°,69	1,0816	326	0,5031	85°,96	9223	1,983	0,4290
4	84°,81	1,0805	378	0,4912	86°,03	9240	2,033	0,4200
4,5	− 84°,91	1,0794	429	0,4798	+ 86°,11	9256	2,083	0,4114
6	85°,02	1,0781	480	0,4688	86°,18	9270	2,132	0,4030
7	85°,11	1,0768	530	0,4582	86°,25	9285	2,182	0,3951
8	85°,20	1,0755	581	0,4481	86°,32	9300	2,232	0,3875
9	85°,29	1,0740	631	0,4384	86°,39	9313	2,282	0,3801
5,0	− 85°,38	1,0727	682	0,4291	+ 86°,45	9326	2,332	0,3730
			2,			0,		

Tafel 46. Die Funktionen $\dfrac{J_0(r\sqrt{i})}{J_1(r\sqrt{i})}$, $\dfrac{H_0^{(1)}(r\sqrt{i})}{H_1^{(1)}(r\sqrt{i})}$ (Forts.)
Table 46. The Functions (Cont.)

$$J_0(r\sqrt{i}):J_1(r\sqrt{i})=\frac{b_0}{b_1}e^{i(\beta_0-\beta_1)},\quad H_0^{(1)}(r\sqrt{i}):H_1^{(1)}(r\sqrt{i})=\frac{h_0}{h_1}e^{i(\eta_0-\eta_1)}$$

$$\left[\frac{b_0}{b_1}=\frac{M_0}{M_1},\ \beta_0-\beta_1=-180^\circ+(\Theta_1-\Theta_0);\ \frac{h_0}{h_1}=\frac{N_0}{N_1},\ \eta_0-\eta_1=-180^\circ+(\Phi_1-\Phi_0)\right]$$

r	$\beta_0-\beta_1$	b_0/b_1	$\frac{r}{2}\frac{b_0}{b_1}$	$\frac{2}{r}\frac{b_0}{b_1}$	$\eta_0-\eta_1$	h_0/h_1	$\frac{r}{2}\frac{h_0}{h_1}$	$\frac{2}{r}\frac{h_0}{h_1}$
		1,0		**0,**		**0,9**		**0,**
5,0	− 85°,38	727	2,682	4291	+ 86°,45	326	2,332	3730
1	85°,47	713	2,732	4201	86°,51	339	2,381	3662
2	85°,55	699	2,782	4115	86°,57	350	2,431	3596
3	85°,64	685	2,832	4032	86°,63	362	2,481	3533
4	85°,72	672	2,881	3952	86°,68	372	2,530	3471
5,5	− 85°,80	659	2,931	3876	+ 86°,74	383	2,580	3412
6	85°,88	646	2,981	3802	86°,79	393	2,630	3355
7	85°,95	633	3,030	3731	86°,84	405	2,680	3300
8	86°,03	621	3,080	3663	86°,89	414	2,730	3246
9	86°,10	611	3,130	3597	86°,93	423	2,780	3194
6,0	− 86°,17	600	3,180	3533	+ 86°,98	433	2,830	3144
1	86°,24	589	3,230	3472	87°,02	443	2,880	3096
2	86°,31	578	3,279	3412	87°,07	451	2,930	3049
3	86°,38	568	3,329	3355	87°,11	460	2,980	3003
4	86°,44	559	3,379	3300	87°,15	466	3,029	2958
6,5	− 86°,50	551	3,429	3246	+ 87°,19	474	3,079	2915
6	86°,56	542	3,479	3194	87°,23	480	3,128	2873
7	86°,62	534	3,529	3144	87°,27	487	3,178	2832
8	86°,68	526	3,579	3096	87°,30	495	3,228	2793
9	86°,73	520	3,629	3050	87°,34	503	3,278	2754
7,0	− 86°,78	513	3,680	3004	+ 87°,37	510	3,328	2717
1	86°,83	505	3,729	2959	87°,41	517	3,379	2681
2	86°,88	497	3,779	2916	87°,44	524	3,429	2646
3	86°,93	490	3,829	2874	87°,47	531	3,479	2611
4	86°,98	483	3,879	2833	87°,50	537	3,529	2578
7,5	− 87°,02	477	3,929	2794	+ 87°,53	542	3,578	2545
6	87°,07	471	3,979	2756	87°,56	548	3,628	2513
7	87°,11	465	4,029	2718	87°,59	553	3,678	2481
8	87°,15	459	4,079	2682	87°,62	559	3,728	2451
9	87°,19	453	4,129	2646	87°,65	565	3,778	2422
8,0	− 87°,23	447	4,179	2612	+ 87°,67	570	3,828	2393
1	87°,26	441	4,229	2578	87°,70	576	3,878	2364
2	87°,30	436	4,279	2545	87°,73	580	3,928	2336
3	87°,34	430	4,329	2513	87°,75	584	3,977	2309
4	87°,37	426	4,379	2482	87°,78	589	4,027	2283
8,5	− 87°,40	421	4,429	2452	+ 87°,80	594	4,077	2257
6	87°,44	416	4,479	2422	87°,82	599	4,128	2232
7	87°,47	411	4,529	2393	87°,85	604	4,178	2208
8	87°,50	407	4,579	2365	87°,87	609	4,228	2184
9	87°,53	403	4,629	2338	87°,89	614	4,278	2160
9,0	− 87°,56	398	4,679	2311	+ 87°,91	617	4,328	2137
1	87°,59	394	4,729	2284	87°,93	620	4,377	2114
2	87°,62	389	4,779	2258	87°,96	624	4,427	2092
3	87°,65	385	4,829	2233	87°,98	629	4,477	2071
4	87°,67	381	4,879	2209	88°,00	632	4,527	2049
9,5	− 87°,70	378	4,930	2185	+ 88°,02	637	4,578	2029
6	87°,72	374	4,980	2161	88°,04	641	4,628	2009
7	87°,75	370	5,029	2138	88°,05	644	4,677	1989
8	87°,77	365	5,079	2115	88°,07	647	4,727	1969
9	87°,80	361	5,129	2093	88°,09	651	4,777	1950
10,0	− 87°,82	358	5,179	2072	+ 88°,11	655	4,827	1931
		1,0		**0,**		**0,9**		**0,**

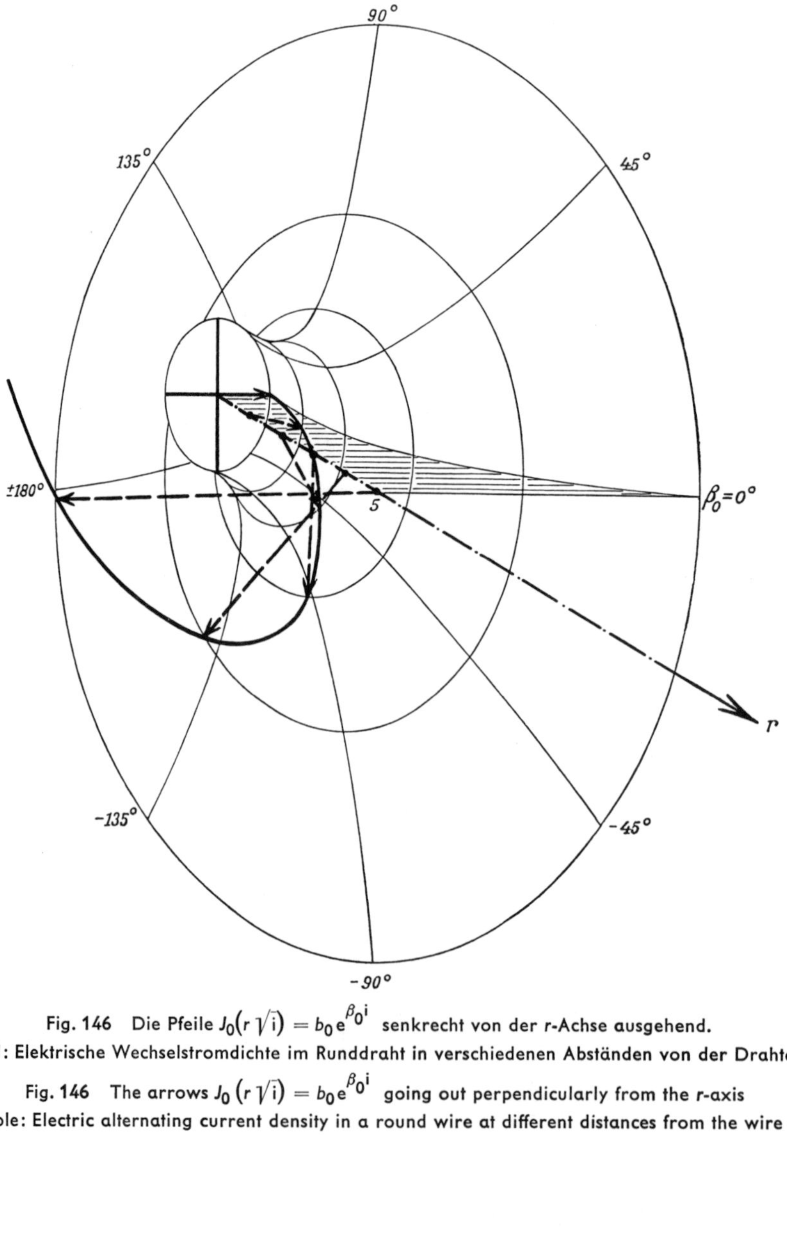

Fig. 146 Die Pfeile $J_0(r\sqrt{i}) = b_0 e^{\beta_0 i}$ senkrecht von der r-Achse ausgehend.
Beispiel: Elektrische Wechselstromdichte im Runddraht in verschiedenen Abständen von der Drahtachse

Fig. 146 The arrows $J_0(r\sqrt{i}) = b_0 e^{\beta_0 i}$ going out perpendicularly from the r-axis
Example: Electric alternating current density in a round wire at different distances from the wire axis

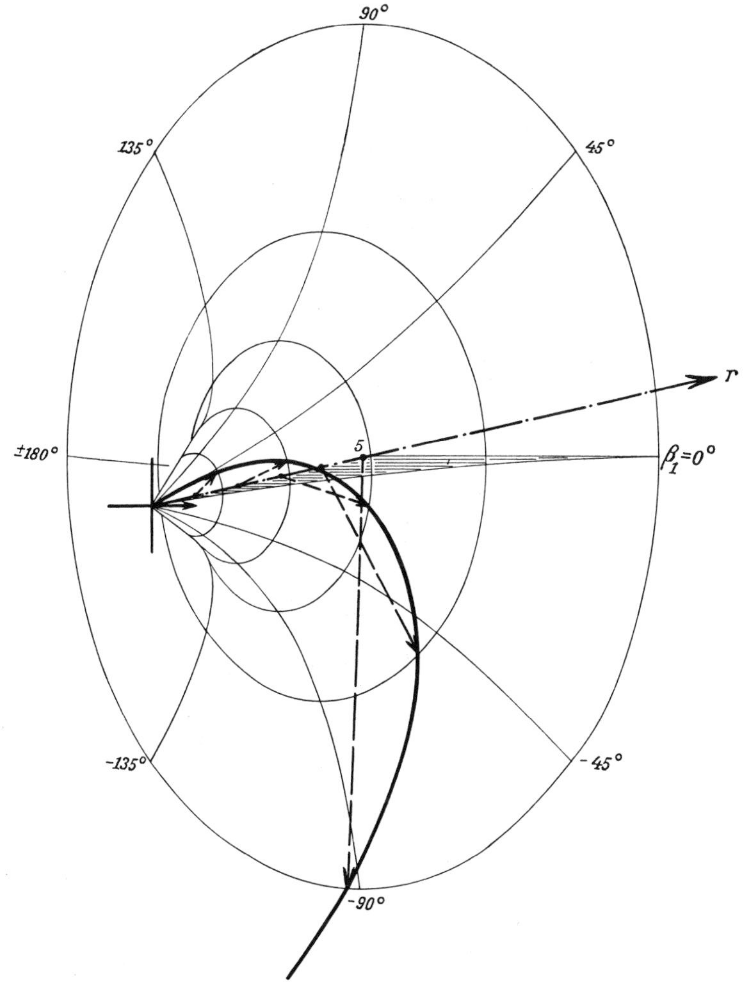

Fig. 147 Die Pfeile $J_1(r\sqrt{i}) = b_1 e^{\beta_1 i}$ senkrecht von der r-Achse ausgehend
Beispiel: Magnetische Wechselfeldstärke im Runddraht in verschiedenen Abständen von der Drahtachse

Fig. 147 The arrows $J_1(r\sqrt{i}) = b_1 e^{\beta_1 i}$ going out perpendicularly from the r-axis
Example: Magnetic alternating field intensity in a round wire at different distances from the wire axis

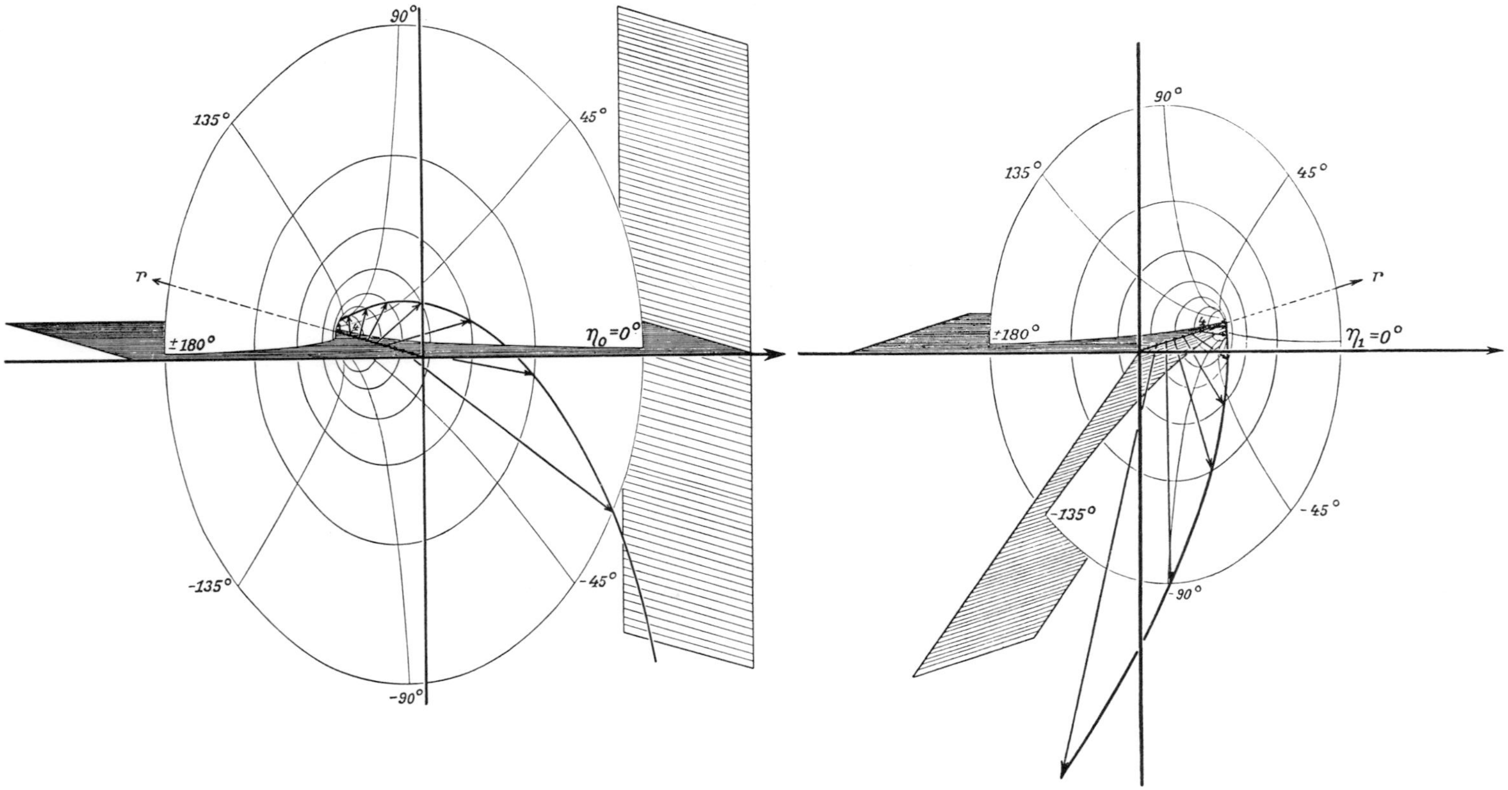

Fig. 148 und Fig. 149 $n = 0$ und $n = 1$.
Fig. 148 and Fig. 149 $n = 0$ and $n = 1$.

Die Pfeile $H_n^{(1)}(r\sqrt{i}) = h_n e^{\eta_n i}$ senkrecht von der r-Achse ausgehend

The **arrows** $H_n^{(1)}(r\sqrt{i}) = h_n e^{\eta_n i}$ going out perpendicularly from the r-axis

C. Verwandte Funktionen*)

C. Related Functions*)

1. Anger-Webersche Funktionen

1.1 Die *Angerschen Funktionen* $\mathbf{J}_\nu(z)$ und die *Weberschen Funktionen* $\mathbf{E}_\nu(z)$, auch *Lommel-Webersche Funktionen* genannt, ergeben sich im Anschluß an das Besselsche Integral für $J_n(z)$ aus

1. Anger-Weber Functions

1.1 *Anger functions* $\mathbf{J}_\nu(z)$ and *Weber functions* $\mathbf{E}_\nu(z)$, also called *Lommel-Weber functions*, are obtained in connection with Bessel's integral for $J_n(z)$ from

$$\mathbf{J}_\nu(z) \pm i\,\mathbf{E}_\nu(z) = \frac{1}{\pi}\int_0^\pi e^{\pm i(\nu t - z\sin t)}\,dt.$$

Daraus folgt

It follows that

$$\mathbf{J}_\nu(z) = \frac{1}{\pi}\int_0^\pi \cos(\nu t - z\sin t)\,dt, \qquad \mathbf{E}_\nu(z) = \frac{1}{\pi}\int_0^\pi \sin(\nu t - z\sin t)\,dt.$$

In anderer Bezeichnung heißt $-\mathbf{E}_\nu(z)$ auch $\Omega_\nu(z)$. Die Funktionen sind Lösungen der *inhomogenen Besselschen Differentialgleichungen:*

In another notation $-\mathbf{E}_\nu(z)$ is called $\Omega_\nu(z)$. The functions are solutions of the *nonhomogeneous Bessel differential equations:*

$$\begin{matrix}\mathbf{J}_\nu(z): \\ \mathbf{E}_\nu(z):\end{matrix} \quad z^2\frac{d^2w}{dz^2} + z\frac{dw}{dz} + (z^2-\nu^2)\,w = \begin{cases}\dfrac{1}{\pi}(z-\nu)\sin\nu\pi, \\ -\dfrac{1}{\pi}[(z+\nu)+(z-\nu)\cos\nu\pi].\end{cases}$$

Für ganzzahlige Ordnung n ist

For integral order n we have

$$\mathbf{J}_n(z) = J_n(z).$$

Für nichtganzzahlige Ordnung ν besteht zwischen $\mathbf{J}_\nu(z)$, $\mathbf{E}_\nu(z)$ der Zusammenhang

For non-integral order ν the functions $\mathbf{J}_\nu(z)$, $\mathbf{E}_\nu(z)$ are related by

$$\sin\nu\pi\cdot\mathbf{J}_\nu(z) = \cos\nu\pi\cdot\mathbf{E}_\nu(z) - \mathbf{E}_{-\nu}(z),$$

$$\sin\nu\pi\cdot\mathbf{E}_\nu(z) = \mathbf{J}_{-\nu}(z) - \cos\nu\pi\cdot\mathbf{J}_\nu(z).$$

Die Webersche Funktion $\mathbf{E}_\nu(z)$ läßt sich darstellen durch die *Potenzreihe*

The Weber function $\mathbf{E}_\nu(z)$ can be represented by the *power series*

$$\frac{\pi}{2}\mathbf{E}_\nu(z) = \frac{1}{\nu}\sin^2\frac{\nu\pi}{2}\left[1 - \frac{z^2}{2^2-\nu^2} + \frac{z^4}{(2^2-\nu^2)(4^2-\nu^2)} - \cdots\right]$$
$$- \cos^2\frac{\nu\pi}{2}\left[\frac{z}{1^2-\nu^2} - \frac{z^3}{(1^2-\nu^2)(3^2-\nu^2)} + \cdots\right].$$

Ihr *asymptotisches Verhalten* für $|z|\gg 1$, $|z|\gg|\nu|$ wird bestimmt durch

Its *asymptotic behaviour for* $|z|\gg 1$, $|z|\gg|\nu|$ is determined by

$$\mathbf{E}_\nu(z) + N_\nu(z) \approx -\frac{1+\cos\nu\pi}{\pi z}\left[1 - \frac{1^2-\nu^2}{z^2} + \frac{(1^2-\nu^2)(3^2-\nu^2)}{z^4} - \cdots\right]$$
$$- \frac{1-\cos\nu\pi}{\pi z}\left[\frac{\nu}{z} - \frac{\nu(2^2-\nu^2)}{z^3} + \frac{\nu(2^2-\nu^2)(4^2-\nu^2)}{z^5} - \cdots\right].$$

Analoge Formeln gelten für $\mathbf{J}_\nu(z)$.

Analogous formulas are valid for $\mathbf{J}_\nu(z)$.

---

*) Figuren 150 und 151; Tafeln 47 bis 49

*) Figures 150 and 151; tables 47 to 49

1.2 Als *unvollständige Angersche bzw. Webersche Funktionen* bezeichnet man

1.2 As *incomplete Anger and Weber functions* we have the functions

$$u = \frac{1}{\pi}\int_0^z \cos(\nu t - r\sin t)\,dt, \qquad -v = \frac{1}{\pi}\int_0^z \sin(\nu t - r\sin t)\,dt.$$

Sie gehen für die obere Grenze $z = \pi$ in die Angerschen bzw. Weberschen Funktionen $\mathbf{J}_\nu(r)$, $\mathbf{E}_\nu(r)$ über. Für $r = \nu$ vgl. Tafeln 48 und 49, ferner IX [48].

For the upper limit $z = \pi$ they become the Anger and Weber functions $\mathbf{J}_\nu(r)$, $\mathbf{E}_\nu(r)$. For $r = \nu$ cf. tables 48 and 49, further IX [48].

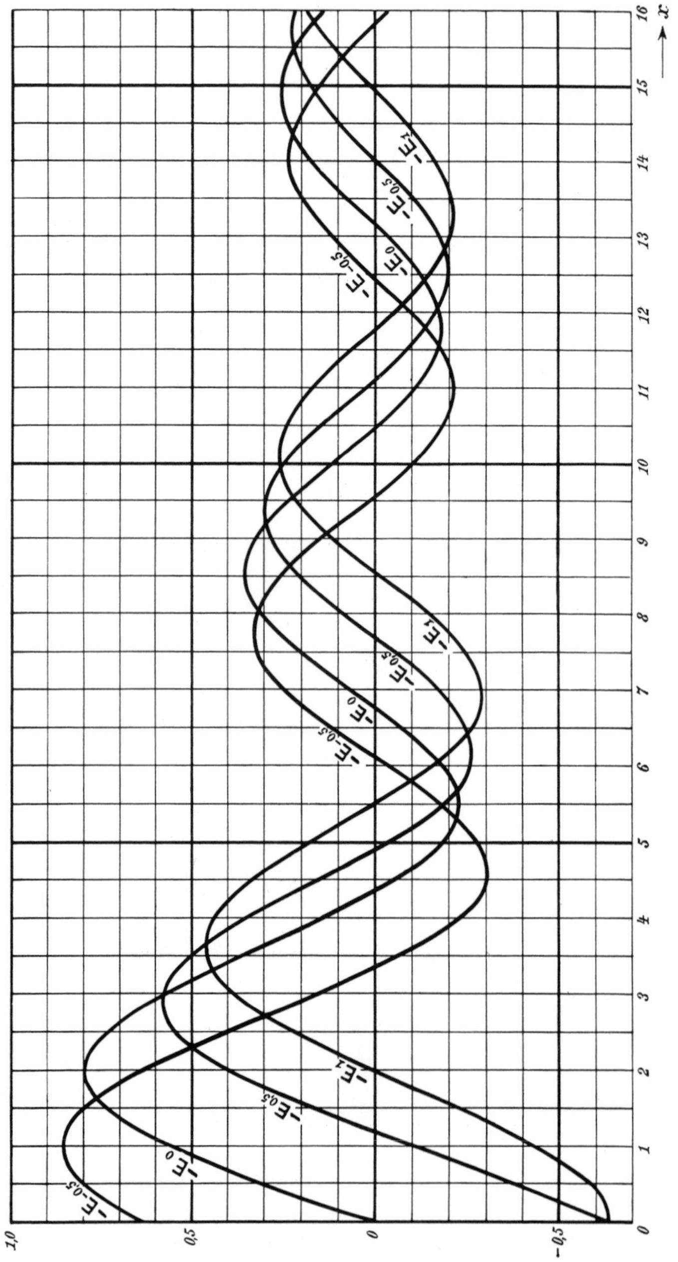

Fig. 150 Die Webersche (oder Weber-Lommelsche) Funktion $\mathbf{E}_\nu(x)$

Fig. 150 The Weber (or Weber-Lommel) function $\mathbf{E}_\nu(x)$

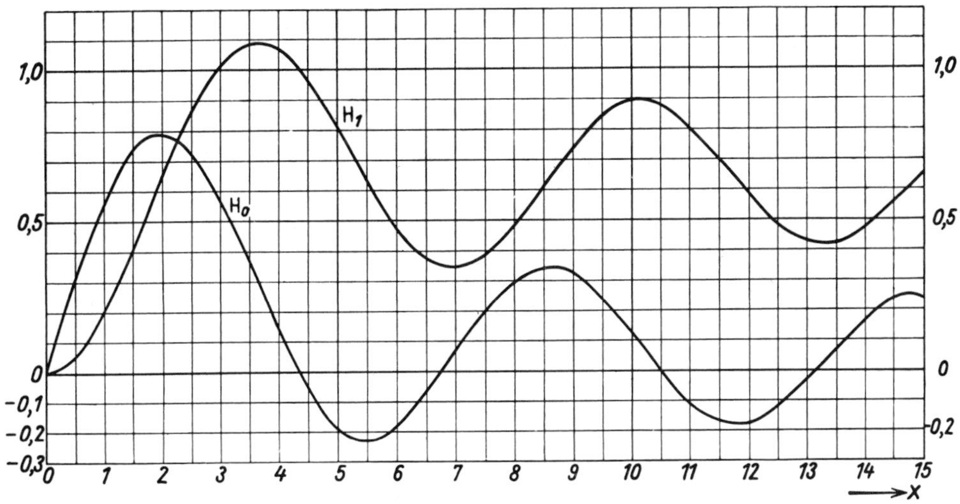

Fig. 151 Die Struvesche Funktion $\mathbf{H}_\nu(z)$

Fig. 151 The Struve function $\mathbf{H}_\nu(z)$

2. Struvesche Funktionen

Die *Struveschen Funktionen* $\mathbf{H}_\nu(z)$ ergeben sich im Anschluß an die Poissonsche Integraldarstellung der Zylinderfunktionen für $\mathrm{Re}(\nu) > -1/2$ als

2. Struve functions

The *Struve functions* $\mathbf{H}_\nu(z)$, obtained in connection with Poisson's integral representation of Bessel functions for $\mathrm{Re}(\nu) > -1/2$, are

$$\mathbf{H}_\nu(z) = \frac{2}{\sqrt{\pi}} \frac{(z/2)^\nu}{\Gamma\left(\nu+\frac{1}{2}\right)} \int_0^{\pi/2} \sin(z\cos t)\sin^{2\nu} t\, dt.$$

Sie sind Lösungen der *inhomogenen Besselschen Differentialgleichung*

They are solutions of the *nonhomogeneous Bessel differential equation*

$$z^2 \frac{d^2 w}{dz^2} + z\frac{dw}{dz} + (z^2 - \nu^2)\, w = \frac{4(z/2)^{\nu+1}}{\Gamma\left(\frac{1}{2}\right)\Gamma\left(\nu+\frac{1}{2}\right)}.$$

Die Struveschen Funktionen *ganzzahliger Ordnung n* sind mit den Weberschen Funktionen verknüpft; speziell ist

The Struve functions of *integral order n* are related to Weber functions; in particular we have

$$\mathbf{H}_0(z) = -\mathbf{E}_0(z), \quad \mathbf{H}_1(z) = -\mathbf{E}_1(z) + \frac{2}{\pi}.$$

Die Struveschen Funktionen *halbzahliger Ordnung* sind elementare Funktionen, z. B.

Struve functions *of order* $n+\frac{1}{2}$ *(n integer)* are elementary functions, e.g.

$$\sqrt{\frac{\pi}{2}}\,\mathbf{H}_{1/2}(z) = (1-\cos z)/\sqrt{z}.$$

Die *Potenzreihendarstellung* von $\mathbf{H}_\nu(z)$ lautet

The *power series* of $\mathbf{H}_\nu(z)$ is

$$\mathbf{H}_\nu(z) = \frac{2}{\sqrt{\pi}} \frac{(z/2)^{\nu+1}}{\Gamma\left(\nu+\frac{3}{2}\right)} \left[1 - \frac{z^2}{3(2\nu+3)} + \frac{z^4}{3\cdot 5(2\nu+3)(2\nu+5)} - \cdots\right].$$

Ihr *asymptotisches Verhalten* für $|z| \gg 1$, $|z| \gg |\nu|$ wird bestimmt durch

Its *asymptotic behaviour* for $|z| \gg 1$, $|z| \gg |\nu|$ is given by

$$\mathbf{H}_\nu(z) - N_\nu(z) \approx \frac{(z/2)^{\nu-1}}{\sqrt{\pi}\,\Gamma\left(\nu+\frac{1}{2}\right)} \left[1 + \frac{1\cdot(2\nu-1)}{z^2} + \frac{1\cdot 3\cdot(2\nu-1)(2\nu-3)}{z^4} + \cdots\right].$$

Tafel 47. Lommel-Webersche Funktionen $E_0(x)$, $E_1(x)$ und Struvesche Funktionen $H_0(x)$, $H_1(x)$

Table 47. Lommel-Weber Functions $E_0(x)$, $E_1(x)$ and Struve Functions $H_0(x)$, $H_1(x)$

x	$-E_0(x) = H_0(x)$		$-E_1(x)$		$H_1(x)$	
	+ 0,		− 0,		+ 0,	
0,00	0000	+ 63,5	6366	+ 0,5	0000	+ 0,5
02	0127	64	6365	1	0001	1
04	0255	63,5	6363	2	0003	2,5
06	0382	63,5	6359	3	0008	3
08	0509	63,5	6353	4	0014	3,5
0,10	0636	+ 63,5	6345	+ 4,5	0021	+ 5
12	0763	63	6336	5,5	0031	5,5
14	0889	63,5	6325	6,5	0042	6
16	1016	63	6312	7	0054	7,5
18	1142	63	6298	8	0069	8
0,20	1268	+ 62,5	6282	+ 9	0085	+ 8,5
22	1393	62,5	6264	10	0102	10
24	1518	62,5	6244	10,5	0122	10,5
26	1643	62	6223	11	0143	11,5
28	1767	62	6201	12,5	0166	12
0,30	1891	+ 61,5	6176	+ 13	0190	+ 13
32	2014	61,5	6150	13,5	0216	13,5
34	2137	61	6123	14,5	0243	15
36	2259	61	6094	15,5	0273	15
38	2381	60	6063	16,5	0303	16,5
0,40	2501	+ 60,5	6030	+ 17	0336	+ 17
42	2622	59,5	5996	17,5	0370	18
44	2741	59,5	5961	19	0406	18,5
46	2860	59	5923	19	0443	19
48	2978	59	5885	20,5	0481	20,5
0,50	3096	+ 58	5844	+ 20,5	0522	+ 21
52	3212	58	5803	22	0564	21,5
54	3328	57	5759	22	0607	22,5
56	3442	57	5715	23,5	0652	23
58	3556	56,5	5668	24	0698	24
0,60	3669	+ 56	5620	+ 24,5	0746	+ 24,5
62	3781	55,5	5571	25,5	0795	25,5
64	3892	55	5520	26	0846	26
66	4002	54,5	5468	26,5	0898	26,5
68	4111	53,5	5415	27,5	0951	27,5
0,70	4218	+ 53,5	5360	+ 28	1006	+ 28,5
72	4325	53	5304	29	1063	28,5
74	4431	52	5246	29,5	1120	29,5
76	4535	51,5	5187	30	1179	30,5
78	4638	51	5127	31	1240	30,5
0,80	4740	+ 50,5	5065	+ 31,5	1301	+ 31,5
82	4841	49,5	5002	32	1364	32
84	4940	49	4938	33	1428	33
86	5038	48,5	4872	33	1494	33
88	5135	47,5	4806	34	1560	34
0,90	5230	+ 47	4738	+ 34,5	1628	+ 34,5
92	5324	46,5	4669	35	1697	35
94	5417	45,5	4599	35,5	1767	36
96	5508	45	4528	36,5	1839	36
98	5598	44,5	4455	36,5	1911	37
1,00	5687		4382		1985	
	+ 0,		− 0,		+ 0,	

x	$-E_0(x) = H_0(x)$		$-E_1(x)$		$H_1(x)$	
	+ 0,		− 0,		+ 0,	
1,00	5687	+ 43	4382	+ 37,5	1985	+ 37
02	5773	43	4307	38	2059	38
04	5859	42	4231	38	2135	38
06	5943	41	4155	39	2211	39
08	6025	40,5	4077	39	2289	39,5
1,10	6106	+ 39,5	3999	+ 40	2368	+ 39,5
12	6185	39	3919	40	2447	40,5
14	6263	38	3839	41	2528	40,5
16	6339	37	3757	41	2609	41
18	6413	36	3675	41,5	2691	41,5
1,20	6485	+ 36	3592	+ 42	2774	+ 42
22	6557	34,5	3508	42,5	2858	42,5
24	6626	33,5	3423	42,5	2943	42,5
26	6693	33	3338	43	3028	43
28	6759	32,5	3252	43,5	3114	43,5
1,30	6824	+ 31	3165	+ 44	3201	+ 44
32	6886	30,5	3077	44	3289	44
34	6947	29	2989	44,5	3377	44,5
36	7005	29	2900	44,5	3466	44,5
38	7063	27,5	2811	45	3555	45
1,40	7118	+ 26,5	2721	+ 45,5	3645	+ 45,5
42	7171	26	2630	45,5	3736	45,5
44	7223	25	2539	45,5	3827	45,5
46	7273	24	2448	46	3918	46
48	7321	23	2356	46,5	4010	46,5
1,50	7367	+ 22,5	2263	+ 46,5	4103	+ 46,5
52	7412	21	2170	46,5	4196	46,5
54	7454	20,5	2077	46,5	4289	46,5
56	7495	19	1984	47	4382	47
58	7533	18,5	1890	47	4476	47
1,60	7570	+ 17,5	1796	+ 47,5	4570	+ 47,5
62	7605	16,5	1701	47	4665	47
64	7638	15,5	1607	47,5	4759	47,5
66	7669	15	1512	47,5	4854	47,5
68	7699	13,5	1417	47,5	4949	47,5
1,70	7726	+ 13	1322	+ 47,5	5044	+ 48
72	7752	11,5	1227	48	5140	47,5
74	7775	11	1131	47,5	5235	47,5
76	7797	10	1036	47,5	5330	48
78	7817	9	0941	48	5426	47,5
1,80	7835	+ 7,5	0845	+ 47,5	5521	+ 47,5
82	7850	7,5	0750	47,5	5616	48
84	7865	6	0655	48	5712	47,5
86	7877	5	0559	47,5	5807	47,5
88	7887	4	0464	47	5902	47,5
1,90	7895	+ 3,5	0370	+ 47,5	5997	+ 47
92	7902	2	0275	47,5	6091	47,5
94	7906	1,5	0180	47	6186	47
96	7909	+ 0,5	0086	47	6280	47
98	7910	− 0,5	* 0008	46,5	6374	47
2,00	7909		0101		6468	
	+ 0,		+ 0,		+ 0,	

Table 47. Lommel-Weber Functions $E_0(x)$, $E_1(x)$ und Struve Functions $H_0(x)$, $H_1(x)$ (Cont.)

x	$-E_0(x) = H_0(x)$		$-E_1(x)$		$H_1(x)$		x	$-E_0(x) = H_0(x)$		$-E_1(x)$		$H_1(x)$	
	+ 0,		+ 0,		+ 0,			+ 0,		+ 0,		+ 1,	
2,00	7909	− 1,5	0101	+ 47	6468	+ 46,5	3,00	5743	− 38,5	3835	+ 23	0201	+ 23
02	7906	2,5	0195	46,5	6561	46,5	02	5666	39	3881	22,5	0247	22,5
04	7901	3,5	0288	46	6654	46,5	04	5588	39,5	3926	21,5	0292	21,5
06	7894	4	0380	46	6747	46	06	5509	40	3969	21	0335	21
08	7886	5,5	0472	46	6839	45,5	08	5429	40,5	4011	20,5	0377	20,5
2,10	7875	− 6	0564	+ 45,5	6930	+ 46	3,10	5348	− 40,5	4052	+ 19,5	0418	+ 19,5
12	7863	7	0655	45,5	7022	45	12	5267	41	4091	18,5	0457	18,5
14	7849	8	0746	45	7112	45,5	14	5185	41,5	4128	18	0494	18
16	7833	8,5	0836	45	7203	44,5	16	5102	42	4164	17,5	0530	17,5
18	7816	10	0926	44,5	7292	44,5	18	5018	42	4199	16,5	0565	16,5
2,20	7796	− 10,5	1015	+ 44,5	7381	+ 44,5	3,20	4934	− 42,5	4232	+ 16	0598	+ 16
22	7775	11,5	1104	44	7470	44	22	4849	43	4264	15	0630	15
24	7752	12,5	1192	43,5	7558	43,5	24	4763	43	4294	14,5	0660	14,5
26	7727	13	1279	43	7645	43,5	26	4677	43	4323	13,5	0689	13,5
28	7701	14	1365	43	7732	42,5	28	4591	44	4350	13	0716	13
2,30	7673	− 15	1451	+ 42,5	7817	+ 43	3,30	4503	− 44	4376	+ 12	0742	+ 12
32	7643	16	1536	42,5	7903	42	32	4415	44	4400	11,5	0766	11,5
34	7611	16,5	1621	41,5	7987	42	34	4327	44	4423	10,5	0789	10,5
36	7578	17,5	1704	41,5	8071	41	36	4239	44,5	4444	9,5	0810	10
38	7543	18,5	1787	41	8153	41	38	4150	45	4463	9,5	0830	9
2,40	7506	− 19	1869	+ 40,5	8235	+ 40,5	3,40	4060	− 45	4482	+ 8	0848	+ 8
42	7468	20	1950	40	8316	40	42	3970	45	4498	7,5	0864	8
44	7428	20,5	2030	40	8396	40	44	3880	45	4513	7	0880	6,5
46	7387	21,5	2110	39	8476	39	46	3790	45,5	4527	6	0893	6
48	7344	22	2188	38,5	8554	39	48	3699	45,5	4539	5,5	0905	5,5
2,50	7300	− 23	2265	+ 38,5	8632	+ 38	3,50	3608	− 45,5	4550	+ 4,5	0916	+ 4,5
52	7254	24	2342	37,5	8708	37,5	52	3517	45,5	4559	3,5	0925	3,5
54	7206	24,5	2417	37,5	8783	37,5	54	3426	46	4566	3	0932	3
56	7157	25,5	2492	36,5	8858	36,5	56	3334	45,5	4572	2,5	0938	2,5
58	7106	26	2565	36	8931	36,5	58	3243	46	4577	1,5	0943	1,5
2,60	7054	− 26,5	2637	+ 36	9004	+ 35,5	3,60	3151	− 45,5	4580	+ 0,5	0946	+ 0,5
62	7001	27,5	2709	35	9075	35	62	3060	46	4581	0	0947	0
64	6946	28	2779	34,5	9145	34,5	64	2968	45,5	4581	− 1	0947	− 0,5
66	6890	29	2848	34	9214	34	66	2877	46	4579	1,5	0946	1,5
68	6832	29,5	2916	33,5	9282	33,5	68	2785	45,5	4576	2	0943	2,5
2,70	6773	− 30	2983	+ 32,5	9349	+ 33	3,70	2694	− 46	4572	− 3	0938	− 3
72	6713	31	3048	32,5	9415	32	72	2602	45,5	4566	4	0932	3,5
74	6651	31,5	3113	31,5	9479	31,5	74	2511	45,5	4558	4,5	0925	4,5
76	6588	32	3176	31	9542	31	76	2420	45,5	4549	5	0916	5,5
78	6524	32,5	3238	30,5	9604	30,5	78	2329	45,5	4539	6	0905	6
2,80	6459	− 33,5	3299	+ 29,5	9665	+ 30	3,80	2238	− 45	4527	− 6,5	0893	− 6,5
82	6392	34	3358	29,5	9725	29	82	2148	45	4514	7,5	0880	7,5
84	6324	34,5	3417	28	9783	28,5	84	2058	45	4499	8	0865	8
86	6255	35	3473	28	9840	27,5	86	1968	45	4483	8,5	0849	8,5
88	6185	35,5	3529	27	9895	27,5	88	1878	44,5	4466	9,5	0832	9,5
2,90	6114	− 36	3583	+ 26,5	9950	+ 26,5	3,90	1789	− 44	4447	− 10,5	0813	− 10,5
92	6042	36,5	3636	26	* 0003	25,5	92	1701	44,5	4426	11	0792	10,5
94	5969	37	3688	25	0054	25,5	94	1612	44	4404	11,5	0771	11,5
96	5895	38	3738	24,5	0105	24,5	96	1524	43,5	4381	12	0748	12,5
98	5819	38	3787	24	0154	23,5	98	1437	43,5	4357	13	0723	13
3,00	5743		3835		0201		4,00	1350		4331		0697	
	+ 0,		+ 0,		+ 1,			+ 0,		+ 0,		+ 1,	

Tafel 47. Lommel-Webersche Funktionen $E_0(x)$, $E_1(x)$ und Struvesche Funktionen $H_0(x)$, $H_1(x)$ (Fortsetzung)
Table 47. Lommel-Weber Functions $E_0(x)$, $E_1(x)$ and Struve Functions $H_0(x)$, $H_1(x)$ (Cont.)

x	$-E_0(x) = H_0(x)$		$-E_1(x)$		$H_1(x)$	
	+0,		+0,		+1,	
4,00	1350	−43	4331	−13,5	0697	−13,5
02	1264	43	4304	14,5	0670	14
04	1178	42,5	4275	14,5	0642	15
06	1093	42,5	4246	15,5	0612	15,5
08	1008	42	4215	16,5	0581	16,5
4,10	0924	−41,5	4182	−16,5	0548	−16,5
12	0841	41,5	4149	17,5	0515	17,5
14	0758	41	4114	18	0480	18
16	0676	40,5	4078	19	0444	18,5
18	0595	40	4040	19	0407	19,5
4,20	0515	−40	4002	−20	0368	−19,5
22	0435	39,5	3962	20,5	0329	20,5
24	0356	39	3921	20,5	0288	21
26	0278	38,5	3880	22	0246	21,5
28	0201	38	3836	22	0203	22,5
4,30	0125	−38	3792	−22,5	0158	−22,5
32	0049	37	3747	23	0113	23
34	*0025	37	3701	24	0067	24
36	0099	36	3653	24	0019	24
38	0171	36	3605	25	*9971	25
4,40	0243	−35	3555	−25	9921	−25
42	0313	35	3505	26	9871	25,5
44	0383	34,5	3453	26	9820	26,5
46	0452	33,5	3401	26,5	9767	26,5
48	0519	33	3348	27	9714	27
4,50	0585	−33	3294	−28	9660	−27,5
52	0651	32	3238	27,5	9605	28
54	0715	31,5	3183	28,5	9549	28,5
56	0778	31	3126	29	9492	29
58	0840	30,5	3068	29	9434	29
4,60	0901	−29,5	3010	−29,5	9376	−29,5
62	0960	29,5	2951	30	9317	30
64	1019	28,5	2891	30,5	9257	30,5
66	1076	28	2830	30,5	9196	30,5
68	1132	27,5	2769	31	9135	31
4,70	1187	−26,5	2707	−31,5	9073	−31,5
72	1240	26	2644	31,5	9010	31,5
74	1292	25,5	2581	32	8947	32
76	1343	25	2517	32,5	8883	32
78	1393	24,5	2452	32,5	8819	32,5
4,80	1442	−23,5	2387	−32,5	8754	−33
82	1489	22,5	2322	33	8688	33
84	1534	22,5	2256	33,5	8622	33,5
86	1579	21,5	2189	33,5	8555	33,5
88	1622	21	2122	33,5	8488	33,5
4,90	1664	−20	2055	−34	8421	−34
92	1704	19,5	1987	34	8353	34
94	1743	19	1919	34,5	8285	34,5
96	1781	18	1850	34,5	8216	34,5
98	1817	17,5	1781	34,5	8147	34,5
5,00	1852		1712		8078	
	−0,		+0,		+0,	

x	$-E_0(x) = H_0(x)$		$-E_1(x)$		$H_1(x)$	
	−0,		+0,		+0,	
5,00	1852	−17	1712	−35	8078	−34,5
02	1886	16	1642	34,5	8009	35
04	1918	15,5	1573	35	7939	35
06	1949	14,5	1503	35	7869	35
08	1978	14	1433	35,5	7799	35,5
5,10	2006	−13	1362	−35	7728	−35
12	2032	13	1292	35,5	7658	35,5
14	2058	11,5	1221	35,5	7587	35
16	2081	11,5	1150	35	7517	35,5
18	2104	10	1080	35,5	7446	35,5
5,20	2124	−10	1009	−35,5	7375	−35,5
22	2144	9	0938	35,5	7304	35,5
24	2162	8,5	0867	35,5	7233	35,5
26	2179	7,5	0796	35,5	7162	35
28	2194	7	0725	35	7092	35,5
5,30	2208	−6	0655	−35,5	7021	−35,5
32	2220	5,5	0584	35	6950	35
34	2231	5	0514	35,5	6880	35
36	2241	4	0443	35	6810	35,5
38	2249	3,5	0373	35	6739	34,5
5,40	2256	−2,5	0303	−34,5	6670	−35
42	2261	2	0234	35	6600	35
44	2265	1	0164	34,5	6530	34,5
46	2267	−1	0095	34,5	6461	34,5
48	2269	+0,5	0026	34	6392	34
5,50	2268	+0,5	*0042	−34,5	6324	−34
52	2267	1,5	0111	33,5	6256	34
54	2264	2	0178	34	6188	34
56	2260	3	0246	33,5	6120	33,5
58	2254	3,5	0313	33	6053	33
5,60	2247	+4	0379	−33	5987	−33
62	2239	4,5	0445	33	5921	33
64	2230	5	0511	32,5	5855	32,5
66	2219	6,5	0576	32,5	5790	32,5
68	2206	6,5	0641	32	5725	32
5,70	2193	+7,5	0705	−31,5	5661	−31,5
72	2178	8	0768	31,5	5598	31,5
74	2162	8,5	0831	31	5535	31
76	2145	9	0893	31	5473	31
78	2127	10	0955	30,5	5411	30,5
5,80	2107	+10,5	1016	−30	5350	−30
82	2086	11	1076	30	5290	29,5
84	2064	11,5	1136	29	5231	29,5
86	2041	12,5	1194	29	5172	29
88	2016	13	1252	29	5114	29
5,90	1990	+13	1310	−28	5056	−28
92	1964	14	1366	28	5000	28
94	1936	14,5	1422	27,5	4944	27,5
96	1907	15	1477	27	4889	27
98	1877	15,5	1531	26,5	4835	26,5
6,00	1846		1584		4782	
	−0,		−0,		+0,	

Tafel 47. Lommel-Webersche Funktionen $E_0(x)$, $E_1(x)$ und Struvesche Funktionen $H_0(x)$, $H_1(x)$ (Fortsetzung)

Table 47. Lommel-Weber Functions $E_0(x)$, $E_1(x)$ and Struve Functions $H_0(x)$, $H_1(x)$ (Cont.)

x	$-E_0(x) = H_0(x)$		$-E_1(x)$		$H_1(x)$	
	−0,		−0,		+0,	
6,00	1846	+16,5	1584	−26,5	4782	−26,5
02	1813	16,5	1637	25,5	4729	25,5
04	1780	17	1688	25,5	4678	25,5
06	1746	17,5	1739	25	4627	25
08	1711	18,5	1789	24,5	4577	24
6,10	1674	+18,5	1838	−23,5	4529	−24
12	1637	19	1885	23,5	4481	23,5
14	1599	19,5	1932	23	4434	23
16	1560	20	1978	22,5	4388	22,5
18	1520	20,5	2023	22	4343	22
6,20	1479	+21	2067	−21,5	4299	−21,5
22	1437	21,5	2110	21	4256	21
24	1394	21,5	2152	20,5	4214	20,5
26	1351	22	2193	20	4173	20
28	1307	22,5	2233	19	4133	19
6,30	1262	+23	2271	−19	4095	−19
32	1216	23,5	2309	18,5	4057	18,5
34	1169	23,5	2346	17,5	4020	17,5
36	1122	24	2381	17,5	3985	17,5
38	1074	24,5	2416	16,5	3950	16,5
6,40	1025	+24,5	2449	−16	3917	−16
42	0976	25	2481	15,5	3885	15,5
44	0926	25	2512	15	3854	15
46	0876	25,5	2542	14,5	3824	14,5
48	0825	26	2571	14	3795	13,5
6,50	0773	+26	2599	−13	3768	−13,5
52	0721	26,5	2625	12,5	3741	12,5
54	0668	26,5	2650	12,5	3716	12
56	0615	27	2675	11	3692	11,5
58	0561	27	2697	11	3669	11
6,60	0507	+27,5	2719	−10,5	3647	−10,5
62	0452	27,5	2740	9,5	3626	9,5
64	0397	27,5	2759	9	3607	9
66	0342	28	2777	8,5	3589	8,5
68	0286	28	2794	8	3572	8
6,70	0230	+28	2810	−7,5	3556	−7,5
72	0174	28,5	2825	6,5	3541	6,5
74	0117	28,5	2838	6,5	3528	6
76	0060	28,5	2851	5,5	3516	5,5
78	0003	28,5	2862	4,5	3505	5
6,80	*0054	+29	2871	−4,5	3495	−4,5
82	0112	29	2880	3,5	3486	3,5
84	0170	28,5	2887	3	3479	3
86	0227	29	2893	2,5	3473	2,5
88	0285	29	2898	2	3468	2
6,90	0343	+29	2902	−1,5	3464	−1,5
92	0401	29	2905	−0,5	3461	−0,5
94	0459	29,5	2906	0	3460	0
96	0518	29	2906	+0,5	3460	+0,5
98	0576	29	2905	1	3461	1
7,00	0634		2903		3463	
	+0,		−0,		+0,	

x	$-E_0(x) = H_0(x)$		$-E_1(x)$		$H_1(x)$	
	+0,		−0,		+0,	
7,00	0634	+29	2903	+1,5	3463	+1,5
02	0692	29	2900	2,5	3466	2,5
04	0750	29	2895	3	3471	3
06	0808	28,5	2889	3	3477	3,5
08	0865	29	2883	4	3484	4
7,10	0923	+28,5	2875	+5	3492	+4,5
12	0980	29	2865	5	3501	5
14	1038	28,5	2855	5,5	3511	6
16	1095	28	2844	6,5	3523	6
18	1151	28,5	2831	7	3535	7
7,20	1208	+28	2817	+7,5	3549	+7,5
22	1264	28	2802	8	3564	8
24	1320	27,5	2786	8,5	3580	8,5
26	1375	28	2769	9	3597	9
28	1431	27	2751	9,5	3615	9,5
7,30	1485	+27,5	2732	+10	3634	+10,5
32	1540	27	2712	11	3655	10,5
34	1594	27	2690	11	3676	11
36	1648	26,5	2668	11,5	3698	12
38	1701	26	2645	12,5	3722	12
7,40	1753	+26	2620	+12,5	3746	+13
42	1805	26	2595	13,5	3772	13
44	1857	25,5	2568	13,5	3798	13,5
46	1908	25,5	2541	14,5	3825	14,5
48	1959	25	2512	14,5	3854	14,5
7,50	2009	+24,5	2483	+15	3883	+15
52	2058	24,5	2453	15,5	3913	16
54	2107	24	2422	16,5	3945	16
56	2155	23,5	2389	16,5	3977	16,5
58	2202	23,5	2356	16,5	4010	17
7,60	2249	+23	2323	+17,5	4044	+17
62	2295	23	2288	18	4078	18
64	2341	22	2252	18	4114	18,5
66	2385	22	2216	19	4151	18,5
68	2429	21,5	2178	19	4188	19
7,70	2472	+21,5	2140	+19,5	4226	+19,5
72	2515	20,5	2101	19,5	4265	19,5
74	2556	20,5	2062	20,5	4304	20,5
76	2597	20	2021	20,5	4345	20,5
78	2637	20	1980	20,5	4386	21
7,80	2677	+19	1939	+21,5	4428	+21
82	2715	18,5	1896	21,5	4470	21,5
84	2752	18,5	1853	22	4513	22
86	2789	18	1809	22,5	4557	22,5
88	2825	17,5	1764	22,5	4602	22,5
7,90	2860	+16,5	1719	+22,5	4647	+23
92	2893	16,5	1674	23,5	4693	23
94	2926	16,5	1627	23,5	4739	23,5
96	2959	15 5	1580	23,5	4786	23,5
98	2990	15	1533	24	4833	24
8,00	3020		1485		4881	
	+0,		−0,		+0,	

Tafel 47. Lommel-Webersche Funktionen $E_0(x)$, $E_1(x)$ und Struvesche Funktionen $H_0(x)$, $H_1(x)$ (Fortsetzung)

Table 47. Lommel-Weber Functions $E_0(x)$, $E_1(x)$ and Struve Functions $H_0(x)$, $H_1(x)$ (Cont.)

x	$-E_0(x) = H_0(x)$		$-E_1(x)$		$H_1(x)$		x	$-E_0(x) = H_0(x)$		$-E_1(x)$		$H_1(x)$	
	+ 0,		− 0,		+ 0,			+ 0,		+ 0,		+ 0,	
8,00	3020	+ 14,5	1485	+ 24	4881	+ 24,5	9,00	3199	− 11,5	1119	+ 23,5	7485	+ 24
02	3049	14	1437	24,5	4930	24,5	02	3176	12	1166	23,5	7533	23
04	3077	14	1388	25	4979	24,5	04	3152	12,5	1213	23	7579	23
06	3105	13	1338	25	5028	25	06	3127	12,5	1259	22,5	7625	22,5
08	3131	12,5	1288	25	5078	25	08	3102	13,5	1304	22,5	7670	22,5
8,10	3156	+ 12	1238	+ 25	5128	+ 25,5	9,10	3075	− 13,5	1349	+ 22	7715	+ 22,5
12	3180	12	1188	26	5179	25,5	12	3048	14,5	1393	22	7760	21,5
14	3204	11	1136	25,5	5230	25,5	14	3019	14,5	1437	21,5	7803	21,5
16	3226	10,5	1085	26	5281	26	16	2990	15	1480	21	7846	21,5
18	3247	10	1033	26	5333	26	18	2960	15,5	1522	21	7889	20,5
8,20	3267	+ 9,5	0981	+ 26	5385	+ 26	9,20	2929	− 15,5	1564	+ 20,5	7930	+ 20,5
22	3286	9	0929	26,5	5437	26,5	22	2898	16,5	1605	20	7971	20,5
24	3304	8,5	0876	26,5	5490	26,5	24	2865	16,5	1645	20	8012	19,5
26	3321	8	0823	26,5	5543	26,5	26	2832	17	1685	19,5	8051	19,5
28	3337	7,5	0770	26,5	5596	26,5	28	2798	17,5	1724	19	8090	19
8,30	3352	+ 7	0717	+ 27	5649	+ 27	9,30	2763	− 18	1762	+ 18,5	8128	+ 19
32	3366	6,5	0663	26,5	5703	26,5	32	2727	18	1799	18,5	8166	18
34	3379	5,5	0610	27	5756	27	34	2691	18,5	1836	18	8202	18
36	3390	5,5	0556	27	5810	27	36	2654	19	1872	17,5	8238	17,5
38	3401	4,5	0502	27	5864	27	38	2616	19	1907	17	8273	17
8,40	3410	+ 4,5	0448	+ 27	5918	+ 27	9,40	2578	− 20	1941	+ 17	8307	+ 17
42	3419	3,5	0394	27	5972	27,5	42	2538	19,5	1975	16	8341	16,5
44	3426	3	0340	27,5	6027	27	44	2499	20,5	2007	16	8374	15,5
46	3432	3	0285	27	6081	27	46	2458	20,5	2039	15,5	8405	15,5
48	3438	2	0231	27	6135	27,5	48	2417	21	2070	15	8436	15
8,50	3442	+ 1,5	0177	+ 27,5	6190	+ 27	9,50	2375	− 21	2100	+ 15	8466	+ 15
52	3445	+ 1	0122	27	6244	27	52	2333	21,5	2130	14	8496	14
54	3447	0	0068	27	6298	27	54	2290	21,5	2158	13,5	8524	14
56	3447	0	0014	27	6352	27	56	2247	22	2185	13,5	8552	13
58	3447	− 0,5	*0040	27	6406	27	58	2203	22,5	2212	13	8578	13
8,60	3446	− 1,5	0094	+ 27	6460	+ 27	9,60	2158	− 22,5	2238	+ 12	8604	+ 12,5
62	3443	1,5	0148	26,5	6514	27	62	2113	22,5	2262	12	8629	12
64	3440	2,5	0201	27	6568	26,5	64	2068	23	2286	11,5	8653	11
66	3435	2,5	0255	26,5	6621	26,5	66	2022	23,5	2309	11	8675	11
68	3430	3,5	0308	26,5	6674	27	68	1975	23	2331	10,5	8697	11
8,70	3423	− 4	0361	+ 26,5	6728	+ 26	9,70	1929	− 24	2352	+ 10	8719	+ 10
72	3415	4,5	0414	26,5	6780	26,5	72	1881	23,5	2372	10	8739	9,5
74	3406	4,5	0467	26	6833	26	74	1834	24	2392	9	8758	9
76	3397	5,5	0519	26	6885	26	76	1786	24,5	2410	8,5	8776	8,5
78	3386	6	0571	26	6937	26	78	1737	24	2427	8	8793	8,5
8,80	3374	− 6,5	0623	+ 25,5	6989	+ 26	9,80	1689	− 24,5	2443	+ 8	8810	+ 7,5
82	3361	7	0674	26	7041	25,5	82	1640	25	2459	7	8825	7
84	3347	7,5	0726	25	7092	25	84	1590	24,5	2473	6,5	8839	7
86	3332	8	0776	25,5	7142	25,5	86	1541	25	2486	6,5	8853	6
88	3316	8,5	0827	24,5	7193	25	88	1491	25	2499	5,5	8865	5,5
8,90	3299	− 9	0876	+ 25	7243	+ 24,5	9,90	1441	− 25,5	2510	+ 5,5	8876	+ 5,5
92	3281	9,5	0926	24,5	7292	24,5	92	1390	25	2521	4,5	8887	4,5
94	3262	10	0975	24,5	7341	24,5	94	1340	25,5	2530	4	8896	4,5
96	3242	10,5	1024	24	7390	24	96	1289	25,5	2538	4	8905	3,5
98	3221	11	1072	23,5	7438	23,5	98	1238	25,5	2546	3	8912	3
9,00	3199		1119		7485		10,00	1187		2552		8918	
	+ 0,		+ 0,		+ 0,			+ 0,		+ 0,		+ 0,	

Tafel 47. Lommel-Webersche Funktionen $E_0(x)$, $E_1(x)$ und Struvesche Funktionen $H_0(x)$, $H_1(x)$ (Fortsetzung)

Table 47. Lommel-Weber Functions $E_0(x)$, $E_1(x)$ and Struve Functions $H_0(x)$, $H_1(x)$ (Cont.)

x	$-E_0(x) = H_0(x)$		$-E_1(x)$		$H_1(x)$		x	$-E_0(x) = H_0(x)$		$-E_1(x)$		$H_1(x)$	
	+ 0,		+ 0,		+ 0,			− 0,		+ 0,		+ 0,	
10,00	1187	−25,5	2552	+3	8918	+3	11,00	1114	−17	1688	−18,5	8055	−19
02	1136	25,5	2558	2	8924	2	02	1148	16	1651	19	8017	18,5
04	1085	25,5	2562	1,5	8928	2	04	1180	16	1613	19	7980	19,5
06	1034	25,5	2565	1,5	8932	1	06	1212	15,5	1575	19,5	7941	19,5
08	0983	26	2568	0,5	8934	0,5	08	1243	15,5	1536	19,5	7902	19,5
10,10	0931	−25,5	2569	+0,5	8935	+0,5	11,10	1274	−14,5	1497	−20	7863	−20
12	0880	26	2570	−0,5	8936	−0,5	12	1303	14,5	1457	20	7823	20
14	0828	25,5	2569	0,5	8935	0,5	14	1332	14	1417	20,5	7783	20,5
16	0777	25,5	2568	1,5	8934	1,5	16	1360	13,5	1376	20,5	7742	20,5
18	0726	26	2565	2	8931	1,5	18	1387	13	1335	21	7701	21
10,20	0674	−25,5	2561	−2	8928	−2,5	11,20	1413	−13	1293	−21	7659	−21
22	0623	25,5	2557	3	8923	2,5	22	1439	12	1251	21,5	7617	21,5
24	0572	25,5	2551	3	8918	3,5	24	1463	12	1208	21,5	7574	21,5
26	0521	25,5	2545	3,5	8911	3,5	26	1487	11,5	1165	21,5	7531	21,5
28	0470	25	2538	4,5	8904	4,5	28	1510	11	1122	22	7488	22
10,30	0420	−25,5	2529	−4,5	8895	−4,5	11,30	1532	−10,5	1078	−22	7444	−22
32	0369	25	2520	5	8886	5	32	1553	10	1034	22	7400	22
34	0319	25	2510	6	8876	6	34	1573	10	0990	22,5	7356	22
36	0269	25	2498	6	8864	6	36	1593	9	0945	22	7312	22,5
38	0219	25	2486	6,5	8852	6,5	38	1611	9	0901	23	7267	22,5
10,40	0169	−24,5	2473	−7	8839	−7	11,40	1629	−8	0855	−22,5	7222	−23
42	0120	24,5	2459	7,5	8825	7,5	42	1645	8	0810	23	7176	22,5
44	0071	24,5	2444	8	8810	8	44	1661	7,5	0764	22,5	7131	23
46	0022	24	2428	8,5	8794	8,5	46	1676	7	0719	23	7085	23
48	* 0026	24	2411	9	8777	8,5	48	1690	6,5	0673	23	7039	23
10,50	0074	−24	2393	−9	8760	−9,5	11,50	1703	−6	0627	−23,5	6993	−23,5
52	0122	23,5	2375	10	8741	10	52	1715	5,5	0580	23	6946	23
54	0169	23,5	2355	10	8721	10	54	1726	5	0534	23,5	6900	23
56	0216	23	2335	10,5	8701	10,5	56	1736	4,5	0487	23	6854	23,5
58	0262	23,5	2314	11	8680	11	58	1745	4,5	0441	23,5	6807	23,5
10,60	0309	−22,5	2292	−11,5	8658	−11,5	11,60	1754	−3,5	0394	−23,5	6760	−23,5
62	0354	22,5	2269	12	8635	12	62	1761	3,5	0347	23,5	6713	23
64	0399	22,5	2245	12,5	8611	12	64	1768	2,5	0300	23	6667	23,5
66	0444	22	2220	12,5	8587	13	66	1773	2,5	0254	23,5	6620	23,5
68	0488	22	2195	13	8561	13	68	1778	1,5	0207	23,5	6573	23,5
10,70	0532	−21,5	2169	−13,5	8535	−13,5	11,70	1781	−1,5	0160	−23,5	6526	−23,5
72	0575	21	2142	14	8508	14	72	1784	1	0113	23	6479	23
74	0617	21	2114	14,5	8480	14	74	1786	−0,5	0067	23,5	6433	23,5
76	0659	21	2085	14,5	8452	15	76	1787	0	0020	23,5	6386	23
78	0701	20,5	2056	15	8422	15	78	1787	+0,5	* 0027	23	6340	23,5
10,80	0742	−20	2026	−15,5	8392	−15	11,80	1786	+1	0073	−23	6293	−23
82	0782	19,5	1995	15,5	8362	16	82	1784	1,5	0119	23,5	6247	23
84	0821	19,5	1964	16	8330	16	84	1781	2	0166	23	6201	23
86	0860	19,5	1932	16,5	8298	16,5	86	1777	2	0212	22,5	6155	23
88	0899	18,5	1899	16,5	8265	16,5	88	1773	3	0257	23	6109	23
10,90	0936	−18,5	1866	−17,5	8232	−17	11,90	1767	+3,5	0303	−22,5	6063	−22,5
92	0973	18,5	1831	17	8198	17,5	92	1760	3,5	0348	23	6018	22,5
94	1010	17,5	1797	18	8163	18	94	1753	4	0394	22,5	5973	22,5
96	1045	17,5	1761	18	8127	18	96	1745	5	0439	22	5928	22,5
98	1080	17	1725	18,5	8091	18	98	1735	5	0483	22,5	5883	22
11,00	1114		1688		8055		12,00	1725		0528		5839	
	− 0,		+ 0,		+ 0,			− 0,		− 0,		+ 0,	

Tafel 47. Lommel-Webersche Funktionen $E_0(x)$, $E_1(x)$ und Struvesche Funktionen $H_0(x)$, $H_1(x)$ (Fortsetzung)

Table 47. Lommel-Weber Functions $E_0(x)$, $E_1(x)$ and Struve Functions $H_0(x)$, $H_1(x)$ (Cont.)

x	$-E_0(x) = H_0(x)$		$-E_1(x)$		$H_1(x)$		x	$-E_0(x) = H_0(x)$		$-E_1(x)$		$H_1(x)$	
	−0,		−0,		+0,			−0,		−0,		+0,	
12,00	1725	+5,5	0528	−22	5839	−22,5	13,00	0295	+20,5	2064	−6	4302	−6
02	1714	6	0572	21,5	5794	21,5	02	0254	21	2076	5,5	4290	5,5
04	1702	6	0615	22	5751	22	04	0212	21	2087	5	4279	5
06	1690	7	0659	21,5	5707	21,5	06	0170	21	2097	5	4269	5
08	1676	7	0702	21,5	5664	21,5	08	0128	21	2107	4,5	4259	4
12,10	1662	+8	0745	−21	5621	−21	13,10	0086	+21	2116	−3,5	4251	−4
12	1646	8	0787	21	5579	21	12	0044	21,5	2123	3,5	4243	3,5
14	1630	8,5	0829	20,5	5537	20,5	14	0001	21,5	2130	3	4236	3
16	1613	9	0870	21	5496	20,5	16	*0042	21	2136	2,5	4230	2,5
18	1595	9	0912	20	5455	20,5	18	0084	21,5	2141	2,5	4225	2,5
12,20	1577	+10	0952	−20	5414	−20	13,20	0127	+21,5	2146	−1,5	4220	−1,5
22	1557	10	0992	20	5374	20	22	0170	21,5	2149	1,5	4217	1,5
24	1537	10,5	1032	19,5	5334	19,5	24	0213	21,5	2152	0,5	4214	0,5
26	1516	11	1071	19,5	5295	19,5	26	0256	21,5	2153	−0,5	4213	−0,5
28	1494	11	1110	19	5256	19	28	0299	21,5	2154	0	4212	0
12,30	1472	+12	1148	−19	5218	−19	13,30	0342	+22	2154	+0,5	4212	+0,5
32	1448	12	1186	18,5	5180	18,5	32	0386	21,5	2153	1	4213	1
34	1424	12,5	1223	18	5143	18	34	0429	21,5	2151	1	4215	1,5
36	1399	12,5	1259	18	5107	18	36	0472	21,5	2149	2	4218	1,5
38	1374	13	1295	18	5071	18	38	0515	21	2145	2	4221	2,5
12,40	1348	+13,5	1331	−17,5	5035	−17	13,40	0557	+21,5	2141	+3	4226	+2,5
42	1321	14	1366	17	5001	17,5	42	0600	21,5	2135	3	4231	3
44	1293	14	1400	16,5	4966	16,5	44	0643	21	2129	3,5	4237	3,5
46	1265	14,5	1433	16,5	4933	16,5	46	0685	21,5	2122	4	4244	4
48	1236	15	1466	16	4900	16	48	0728	21	2114	4	4252	4
12,50	1206	+15	1498	−16	4868	−16	13,50	0770	+21	2106	+5	4260	+5
52	1176	15,5	1530	15,5	4836	15,5	52	0812	21	2096	5	4270	5
54	1145	16	1561	15	4805	15	54	0854	20,5	2086	5,5	4280	5,5
56	1113	16	1591	15	4775	14,5	56	0895	21	2075	6	4291	6
58	1081	16,5	1621	14	4746	14,5	58	0937	20,5	2063	6,5	4303	6,5
12,60	1048	+16,5	1649	−14	4717	−14	13,60	0978	+20,5	2050	+7	4316	+7
62	1015	17	1677	14	4689	14	62	1019	20	2036	7	4330	7
64	0981	17	1705	13	4661	13	64	1059	20,5	2022	7,5	4344	7,5
66	0947	17,5	1731	13	4635	13	66	1100	20	2007	8	4359	8
68	0912	17,5	1757	12,5	4609	12,5	68	1140	19,5	1991	8,5	4375	8,5
12,70	0877	+18	1782	−12,5	4584	−12,5	13,70	1179	+20	1974	+9	4392	+9
72	0841	18,5	1807	11,5	4559	11,5	72	1219	19	1956	9	4410	9
74	0804	18	1830	11,5	4536	11,5	74	1257	19,5	1938	9,5	4428	9,5
76	0768	19	1853	11	4513	11	76	1296	19	1919	10	4447	10
78	0730	18,5	1875	11	4491	10,5	78	1334	19	1899	10	4467	10,5
12,80	0693	+19,5	1897	−10	4470	−10,5	13,80	1372	+18,5	1879	+11	4488	+10,5
82	0654	19	1917	10	4449	9,5	82	1409	18,5	1857	11	4509	11
84	0616	19,5	1937	9	4430	9,5	84	1446	18,5	1835	11	4531	11,5
86	0577	19,5	1955	9	4411	9	86	1483	18	1813	12	4554	11,5
88	0538	20	1973	9	4393	8,5	88	1519	17,5	1789	12	4577	12
12,90	0498	+20	1991	−8	4376	−8,5	13,90	1554	+17,5	1765	+12,5	4601	+12,5
92	0458	20	2007	7,5	4359	7,5	92	1589	17,5	1740	12,5	4626	12,5
94	0418	20,5	2022	7,5	4344	7,5	94	1624	17	1715	13	4651	13,5
96	0377	20,5	2037	7	4329	7	96	1658	16,5	1689	13,5	4678	13
98	0336	20,5	2051	6,5	4315	6,5	98	1691	16,5	1662	14	4704	14
13,00	0295		2064		4302		14,00	1724		1634		4732	
	−0,		−0,		+0,			+0,		−0,		+0,	

Tafel 47. Lommel-Webersche Funktionen $E_0(x)$, $E_1(x)$ und Struvesche Funktionen $H_0(x)$, $H_1(x)$ (Fortsetzung)

Table 47. Lommel-Weber Functions $E_0(x)$, $E_1(x)$ and Struve Functions $H_0(x)$, $H_1(x)$ (Cont.)

x	$-E_0(x) = H_0(x)$		$-E_1(x)$		$H_1(x)$		x	$-E_0(x) = H_0(x)$		$-E_1(x)$		$H_1(x)$	
	+ 0,		− 0,		+ 0,			+ 0,		+ 0,		+ 0,	
14,00	1724	+ 16,5	1634	+ 14	4732	+ 14	15,00	2477	− 2,5	0239	+ 20	6605	+ 20,5
02	1757	16	1606	14	4760	14	02	2472	3	0279	20,5	6646	20
04	1789	15,5	1578	15	4788	15	04	2466	3,5	0320	20	6686	20
06	1820	15,5	1548	14,5	4818	15	06	2459	3,5	0360	20	6726	20,5
08	1851	15	1519	15,5	4848	15	08	2452	4,5	0400	20	6767	20
14,10	1881	+ 14,5	1488	+ 15,5	4878	+ 15,5	15,10	2443	− 4,5	0440	+ 20	6807	+ 19,5
12	1910	14,5	1457	15,5	4909	15,5	12	2434	5	0480	20	6846	20
14	1939	14	1426	16	4940	16,5	14	2424	5,5	0520	19,5	6886	19,5
16	1967	14	1394	16,5	4973	16	16	2413	5,5	0559	19,5	6925	19,5
18	1995	13,5	1361	16,5	5005	16,5	18	2402	6,5	0598	19,5	6964	19,5
14,20	2022	+ 13	1328	+ 17	5038	+ 17	15,20	2389	− 6,5	0637	+ 19	7003	+ 19
22	2048	12,5	1294	17	5072	17	22	2376	7	0675	19	7041	19
24	2073	12,5	1260	17	5106	17	24	2362	7	0713	19	7079	19
26	2098	12	1226	17,5	5140	17,5	26	2348	8	0751	18,5	7117	19
28	2122	12	1191	18	5175	18	28	2332	8	0788	18,5	7155	18,5
14,30	2146	+ 11,5	1155	+ 17,5	5211	+ 18	15,30	2316	− 8,5	0825	+ 18,5	7192	+ 18
32	2169	11	1120	18,5	5247	18	32	2299	8,5	0862	18,5	7228	18,5
34	2191	10,5	1083	18	5283	18	34	2282	9,5	0899	17,5	7265	18
36	2212	10,5	1047	18,5	5319	18,5	36	2263	9,5	0934	18	7301	17,5
38	2233	9,5	1010	19	5356	19	38	2244	9,5	0970	17,5	7336	17,5
14,40	2252	+ 9,5	0972	+ 18,5	5394	+ 19	15,40	2225	− 10,5	1005	+ 17,5	7371	+ 17,5
42	2271	9,5	0935	19	5432	19	42	2204	10,5	1040	17	7406	17
44	2290	8,5	0897	19,5	5470	19	44	2183	11	1074	17	7440	17
46	2307	8,5	0858	19	5508	19,5	46	2161	11	1108	16,5	7474	16,5
48	2324	8	0820	19,5	5547	19,5	48	2139	11,5	1141	16,5	7507	16,5
14,50	2340	+ 7,5	0781	+ 20	5586	+ 19,5	15,50	2116	− 12	1174	+ 16	7540	+ 16,5
52	2355	7,5	0741	19,5	5625	19,5	52	2092	12,5	1206	16	7573	15,5
54	2370	6,5	0702	20	5664	20	54	2067	12,5	1238	15,5	7604	16
56	2383	6,5	0662	20	5704	20	56	2042	13	1269	15,5	7636	15
58	2396	6	0622	20	5744	20	58	2016	13	1300	15	7666	15,5
14,60	2408	+ 5,5	0582	+ 20	5784	+ 20	15,60	1990	− 13,5	1330	+ 15	7697	+ 14,5
62	2419	5,5	0542	20,5	5824	20,5	62	1963	13,5	1360	14,5	7726	14,5
64	2430	5	0501	20	5865	20,5	64	1936	14	1389	14,5	7755	14,5
66	2440	4	0461	20,5	5906	20	66	1908	14,5	1418	14	7784	14
68	2448	4	0420	20,5	5946	20,5	68	1879	14,5	1446	13,5	7812	13,5
14,70	2456	+ 3,5	0379	+ 20,5	5987	+ 20,5	15,70	1850	− 15	1473	+ 13,5	7839	+ 13,5
72	2463	3,5	0338	20,5	6028	21	72	1820	15	1500	13	7866	13
74	2470	2,5	0297	21	6070	20,5	74	1790	15,5	1526	12,5	7892	12,5
76	2475	2,5	0255	20,5	6111	20,5	76	1759	15,5	1551	12,5	7917	12,5
78	2480	2	0214	20,5	6152	20,5	78	1728	16	1576	12	7942	12
14,80	2484	+ 1,5	0173	+ 20,5	6193	+ 21	15,80	1696	− 16	1600	+ 12	7966	+ 12
82	2487	1	0132	21	6235	20,5	82	1664	16,5	1624	11,5	7990	11,5
84	2489	+ 1	0090	20,5	6276	20,5	84	1631	16,5	1647	11	8013	11
86	2491	0	0049	20,5	6317	21	86	1598	17	1669	10,5	8035	10,5
88	2491	0	0008	21	6359	20,5	88	1564	17	1690	10,5	8056	10,5
14,90	2491	− 0,5	*0034	+ 20,5	6400	+ 20,5	15,90	1530	− 17	1711	+ 10	8077	+ 10
92	2490	1	0075	20,5	6441	20,5	92	1496	17,5	1731	9,5	8097	10
94	2488	1,5	0116	20,5	6482	20,5	94	1461	17,5	1750	9,5	8117	9
96	2485	1,5	0157	20,5	6523	20,5	96	1426	18	1769	9	8135	9
98	2482	2,5	0198	20,5	6564	20,5	98	1390	18	1787	8,5	8153	9
15,00	2477		0239		6605		16,00	1354		1804		8171	
	+ 0,		+ 0,		+ 0,			+ 0,		+ 0,		+ 0,	

Tafel 48. Unvollständige Angersche Funktion
Table 48. Incomplete Anger Function

$$u = \frac{1}{2} \int_0^x \cos \frac{q}{2} \left(\frac{\pi}{2} t - \sin \frac{\pi}{2} t \right) dt$$

x	q = 0,1	q = 0,2	q = 0,3	q = 0,4	q = 0,5
	0,	0,	0,	0,	0,
0,0	00000	00000	00000	00000	00000
1	05000	05000	05000	05000	05000
2	10000	10000	10000	10000	10000
3	15000	15000	15000	15000	15000
4	20000	20000	20000	20000	20000
0,5	25000	25000	25000	25000	24999
6	3000	3000	29999	29998	29998
7	3500	3500	3500	3500	3499
8	4000	4000	3999	3999	3998
9	4500	4499	4499	4498	4496
1,0	5000	4999	4997	4995	4992
1	5499	5498	5495	5491	5486
2	5999	5996	5991	5984	5975
3	6498	6493	6485	6473	6458
4	6997	6989	6976	6957	6933
1,5	7496	7483	7463	7434	7397
6	7994	7975	7945	7902	7848
7	8491	8465	8421	8360	8282
8	8988	8951	8890	8805	8697
9	9483	9433	9350	9235	9090
2,0	9978	9911	9801	9649	9457
	0,	0,	0,	0,	0,

x	q = 0,6	q = 0,7	q = 0,8	q = 0,9	q = 1,0
	0,	0,	0,	0,	0,
0,0	00000	00000	00000	00000	00000
1	05000	05000	05000	05000	05000
2	10000	10000	10000	10000	10000
3	15000	15000	15000	15000	15000
4	20000	20000	20000	19999	19999
0,5	24999	24999	24998	24998	24997
6	29996	29995	29994	29992	29990
7	3499	3499	3498	3498	3497
8	3998	3997	3996	3994	3993
9	4495	4493	4490	4488	4485
1,0	4989	4985	4980	4975	4969
1	5479	5472	5463	5454	5443
2	5964	5951	5936	5919	5900
3	6439	6418	6393	6365	6333
4	6903	6869	6829	6785	6736
1,5	7352	7300	7240	7173	7098
6	7782	7705	7617	7519	7412
7	8189	8080	7955	7818	7667
8	8568	8417	8248	8060	7855
9	8915	8714	8488	8239	7971
2,0	9228	8965	8672	8352	8011
	0,	0,	0,	0,	0,

Tafel 49. Unvollständige Webersche Funktion
Table 49. Incomplete Weber Function

$$-v = \frac{1}{2} \int_0^x \sin \frac{q}{2} \left(\frac{\pi}{2} t - \sin \frac{\pi}{2} t \right) dt$$

x	q = 0,1	q = 0,2	q = 0,3	q = 0,4	q = 0,5
	0,	0,	0,	0,	0,
0,0	000000	000000	000000	000000	000000
1	000000	000001	000001	000002	000002
2	000006	000013	000019	000026	000032
3	000032	000065	000097	000130	000162
4	000102	000204	000306	000408	000510
0,5	000247	000494	000742	000989	001236
6	000508	001016	001524	002032	002540
7	000931	001862	002793	003724	004655
8	001569	003138	004706	006275	007842
9	002478	004956	007434	009909	012383
1,0	003719	007437	011153	014865	018572
1	005353	010702	016046	021380	026703
2	007440	014872	022292	029691	03706
3	010040	020066	03006	04002	04992
4	013210	026393	03952	05257	06552
1,5	017001	03395	05081	06752	08404
6	021460	04284	06404	08500	10562
7	026625	05311	07932	10511	13035
8	032528	06483	09669	12790	15823
9	039190	07804	11621	15337	18920
2,0	046624	09274	13785	18147	22313
	0,	0,	0,	0,	0,

x	q = 0,6	q = 0,7	q = 0,8	q = 0,9	q = 1,0
	0,	0,	0,	0,	0,
0,0	000000	000000	000000	000000	000000
1	000002	000003	000003	000004	000004
2	000039	000045	000052	000058	000064
3	000195	000227	000260	000292	000325
4	000612	000714	000816	000918	001020
0,5	001483	001730	001977	002225	002472
6	003048	003555	004063	004571	005078
7	005585	006515	007445	008375	009304
8	009409	010975	012540	014103	015666
9	014855	017324	019789	022251	024709
1,0	022272	025966	029650	03332	03699
1	03201	03730	04257	04781	05303
2	04440	05170	05896	06616	07330
3	05976	06951	07916	08871	09814
4	07833	09098	10346	11572	12776
1,5	10031	11631	13197	14727	16214
6	12583	14555	16471	18324	20106
7	15491	17868	20152	22333	24401
8	18749	21550	24207	26704	29026
9	22341	25572	28588	3137	3388
2,0	26242	29894	3323	3623	3886
	0,	0,	0,	0,	0,

X. Die Mathieuschen Funktionen *)
X. The Mathieu Functions *)

1. Definitionen und Bezeichnungen

1. Definitions and Notations

1.1 Als *Mathieusche Funktionen des elliptischen Zylinders* bezeichnet man allgemein die Lösungen der *Mathieuschen Differentialgleichung*

1.1 By *Mathieu functions of the elliptic cylinder* one means in general the solutions of *Mathieu's differential equation*

$$\frac{1}{4}\frac{d^2 w}{dz^2} + (\alpha - 4q \cos 2z)\, w = 0.$$

Im engeren Sinne versteht man unter (periodischen) Mathieuschen Funktionen $\varphi_m(z, q)$ die mit der *Periode* 2π periodischen Lösungen dieser Gleichung.

Strictly speaking one understands by (periodic) Mathieu functions $\varphi_m(z, q)$ the solutions of the differential equation periodic with *period* 2π.

Nicht zu jedem Wertepaar α, q gibt es eine periodische Lösung. Zu jedem reellen Wert des *Parameters q* existiert jedoch eine unendliche Folge von „*Eigenwerten*" des Parameters α, für die die Differentialgleichung eine mit 2π periodische Lösung besitzt, die überdies für $q \neq 0$ bis auf einen konstanten Faktor bestimmt ist. Diese Lösungen $\varphi_m(z, q)$ sind sämtlich ganze Funktionen, die für reelle Werte $z = x$ des Arguments reell sind.

Not for each pair of values α, q does the differential equation have a periodic solution. For every real value of the *parameter q* however there exists an infinite sequence of "*eigenvalues*" of the parameter α for which the differential equation has a solution of period 2π, which in addition for $q \neq 0$ is unique but for a constant factor. These solutions $\varphi_m(z, q)$ are altogether entire functions of z, which for real values $z = x$ of the argument are real.

1.2 Im Hinblick auf ihre *Symmetrieeigenschaften* zerfallen die Mathieuschen Funktionen in vier Klassen, wobei die Bezeichnungen

1.2 With respect to their *symmetry relations* Mathieu functions fall into four classes, whereby the notations

$$\text{ce}_{2n}(z, q), \quad \text{se}_{2n+1}(z, q), \quad \text{ce}_{2n+1}(z, q), \quad \text{se}_{2n+2}(z, q),$$
$$\alpha_{2n}, \quad \beta_{2n+1}, \quad \alpha_{2n+1}, \quad \beta_{2n+2}, \quad (n = 0, 1, 2, \ldots)$$

für die Funktionen und die zugehörigen Eigenwerte des Parameters α üblich sind. Werden die Funktionen bei festem Parameter q in Abhängigkeit von z betrachtet, so wird unter Weglassung von q kürzer $\text{ce}_{2m}(z), \ldots$ geschrieben. Es gelten die folgenden Beziehungen:

for the functions and the corresponding eigenvalues of the parameter α are used. If we consider the functions as functions of z alone, where the parameter q is fixed, then omitting q we write more briefly $\text{ce}_{2m}(z), \ldots$ There are the following relations:

$$\text{ce}_m(z) = \text{ce}_m(-z), \qquad\qquad \text{se}_m(z) = -\text{se}_m(-z),$$
$$\text{ce}_m(k\pi + z) = +\text{ce}_m(k\pi - z), \qquad \text{se}_m(k\pi + z) = -\text{se}_m(k\pi - z), \qquad \left(k \ \substack{\text{ganz}\\\text{integer}}\right).$$
$$\text{ce}_m\left(\frac{\pi}{2} + z\right) = (-1)^m \text{ce}_m\left(\frac{\pi}{2} - z\right), \qquad \text{se}_m\left(\frac{\pi}{2} + z\right) = (-1)^{m+1} \text{se}_m\left(\frac{\pi}{2} - z\right),$$
$$\varphi_m(z + \pi) = (-1)^m \varphi_m(z),$$

Bei der Untersuchung des Verlaufs der Mathieuschen Funktionen genügt es daher, den Streifen $0 \leq \text{Re}(z) \leq \frac{\pi}{2}$ zugrunde zu legen.

Hence it suffices to study the Mathieu functions in the strip $0 \leq \text{Re}(z) \leq \frac{\pi}{2}$.

Die *Normierung* der Funktionen erfolgt in der Weise, daß

The normalization of the functions is effected in such a manner that we have

$$\frac{2}{\pi}\int_0^{\frac{\pi}{2}} \varphi_m^2(x)\, dx = \begin{cases} 1 & \text{für } m = 0, \\ 1/2 & \text{for } m = 1, 2, \ldots \end{cases}$$

---

*) Figuren 152 bis 168

*) Figures 152 to 168

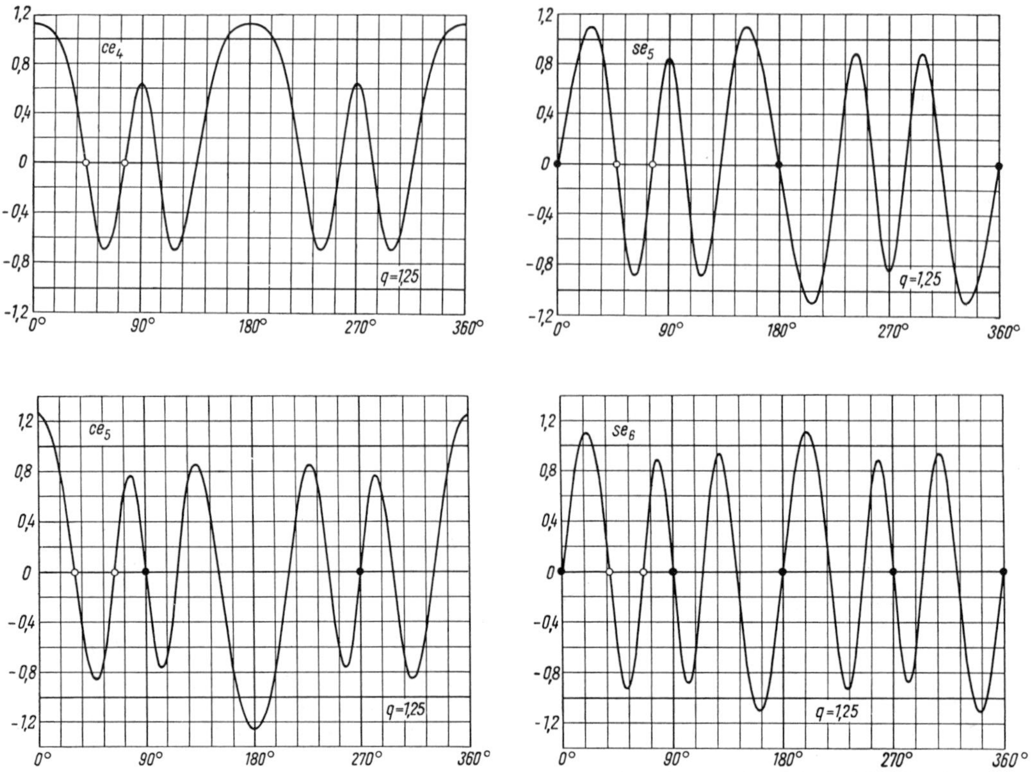

Fig. 152 Symmetrien der Mathieuschen Funktionen

Fig. 152 Symmetries of the Mathieu functions

ist und daß bei $z = \pi/2$ die folgenden Ausdrücke positiv sind:

and that the following expressions are positive for $z = \pi/2$:

$$(-1)^n \operatorname{ce}_{2n}(z), \quad (-1)^n \operatorname{se}_{2n+1}(z), \quad (-1)^n \frac{\operatorname{ce}_{2n+1}(z)}{\cos z}, \quad (-1)^{n-1} \frac{\operatorname{se}_{2n}(z)}{\cos z}.$$

Das Produkt zweier verschiedener, zum selben Parameter q gehörigen Mathieuschen Funktionen hat für jedes Intervall der reellen Achse von der Periodenlänge 2π den Mittelwert Null.

In each real interval of length 2π of the period the product of two different Mathieu functions belonging to the same parameter q has the mean value zero.

Bei den obigen Festsetzungen geht für $q \to 0$

With the preceding assumptions we have for $q \to 0$

$$4\alpha_m \to m^2, \quad 4\beta_m \to m^2, \qquad (m = 0, 1, 2, \ldots),$$

$$\operatorname{ce}_0(z, q) \to 1, \quad \operatorname{ce}_m(z, q) \to \cos m z, \quad \operatorname{se}_m(z, q) \to \sin m z, \qquad (m = 1, 2, \ldots).$$

2. Näherungen für die Eigenwerte

Ersetzt man z durch $\pi/2 - z$ und q durch $-q$, so ist die Mathieusche Differentialgleichung gegenüber dieser Transformation invariant und man erhält für $-q$ die Lösungen

2. Approximations of the Eigenvalues

If we replace z by $\pi/2 - z$ and q by $-q$, Mathieu's differential equation is invariant under this transformation and for $-q$ we get the solutions

$$\operatorname{ce}_{2n}(z, -q) = (-1)^n \operatorname{ce}_{2n}\left(\frac{\pi}{2} - z, q\right), \quad \operatorname{ce}_{2n+1}(z, -q) = (-1)^n \operatorname{se}_{2n+1}\left(\frac{\pi}{2} - z, q\right),$$

$$\operatorname{se}_{2n}(z, -q) = (-1)^n \operatorname{se}_{2n}\left(\frac{\pi}{2} - z, q\right), \quad \operatorname{se}_{2n+1}(z, -q) = (-1)^n \operatorname{ce}_{2n+1}\left(\frac{\pi}{2} - z, q\right).$$

Es genügt also, die Funktionen für positive q zu berechnen.

Thus it suffices to calculate the functions for positive q's.

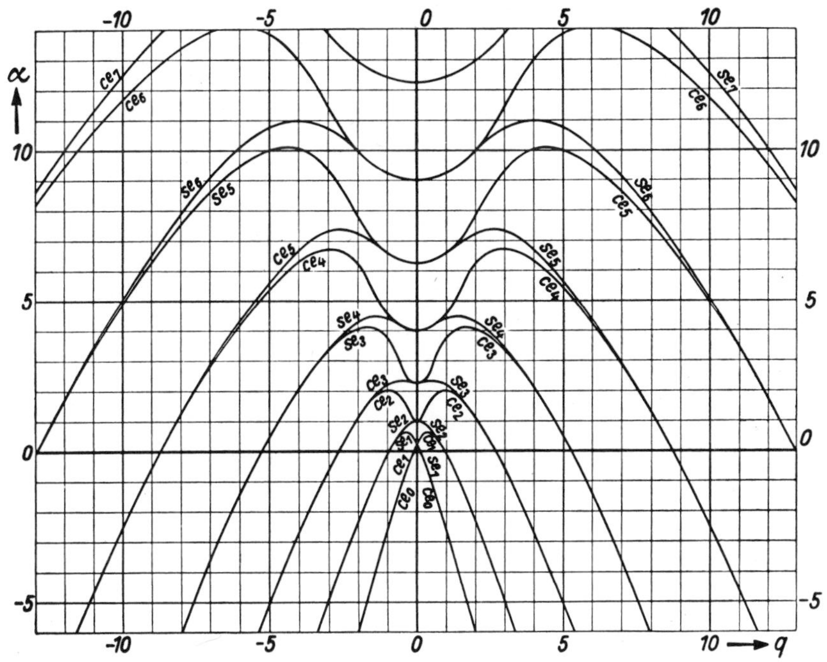

Fig. 153 α als Funktion von q

Fig. 153 α as function of q

Näherungen für die Eigenwerte bei kleinem q:

Approximations of the eigenvalues for small q:

$$4\alpha_0 = -2^5 q^2 + 2^5 \cdot 7 q^4 - 2^{10} \cdot \frac{29}{9} q^6 + \cdots,$$

$$4\,{}^{\beta_1}_{\alpha_1} = 1 \mp 8q - 8q^2 \pm 8q^3 - \frac{8}{3} q^4 \mp \cdots,$$

$$4\beta_2 = 4 - \frac{16}{3} q^2 + \frac{2^3 \cdot 5}{3^3} q^4 - \cdots,$$

$$4\alpha_2 = 4 + \frac{80}{3} q^2 - \frac{2^3 \cdot 7}{3^3} \cdot 109 \cdot q^4 + \cdots,$$

$$4\,{}^{\beta_3}_{\alpha_3} = 9 + 4q^2 \mp 8q^3 + \frac{13}{5} q^4 + \cdots,$$

$$4\beta_4 = 16 + \frac{2^5}{15} q^2 + \frac{2^4 \cdot 317}{3^3 \cdot 5^3} q^4 + \cdots,$$

$$4\alpha_4 = 16 + \frac{2^5}{15} q^2 + \frac{2^4 \cdot 433}{3^3 \cdot 5^3} q^4 - \cdots.$$

Näherungen für die Eigenwerte bei großem q (etwa $q > n^2/8$). Mit der ungeraden Zahl $n = 2\nu - 1$ ergeben sich $\alpha_{\nu-1}$ und β_ν aus

Approximations of the eigenvalues for large q (about $q > n^2/8$). With the odd number $n = 2\nu - 1$ the values of $\alpha_{\nu-1}$ and β_ν result from

$$\left.\begin{matrix} -\alpha_{\nu-1} \\ -\beta_\nu \end{matrix}\right\} \approx 4q - n\sqrt{2q} + \frac{n^2+1}{2^5} + \frac{n}{2^{10}} \frac{n^2+3}{\sqrt{2q}} + \frac{5n^4 + 34n^2 + 9}{2^{17} q} + n \frac{33n^4 + 410n^2 + 405}{2^{23} q \sqrt{2q}}$$

$$+ \frac{63n^6 + 1260n^4 + 2943n^2 + 486}{2^{28} q^2} + n \frac{2108n^6 + 62468n^4 + 276004n^2 + 166428}{2^{34} q^2 \sqrt{2q}} + \cdots.$$

Bei großem positivem q gehört zu den vier Funktionen

If q is large and positive, the four functions

$$ce_{2n-1}(z, q), \quad se_{2n-1}(z, -q), \quad se_{2n}(z, q), \quad se_{2n}(z, -q)$$

fast derselbe Wert von α, ebenso zu den vier Funktionen

have almost the same value of α likewise the four functions

$$ce_{2n}(z, q), \quad ce_{2n}(z, -q), \quad se_{2n+1}(z, q), \quad ce_{2n+1}(z, -q).$$

α verschwindet bei ce_n und se_{n+1}

α vanishes at ce_n and se_{n+1}

mit / with	$n =$	0	1	2	n groß / large
für / for	$q \approx$	— / 0,11	0,94	2,66	$0{,}109\,(2n+1)^2$.

(Vgl. auch X [9].)

(Cf. also X [9].)

3. Darstellung durch Fouriersche Reihen

3. Representation by Fourier series

$$ce_{2n}(z) = \sum_{r=0}^{\infty} A_{2n,2r} \cos 2rz, \qquad ce_{2n+1}(z) = \sum_{r=0}^{\infty} A_{2n+1,2r+1} \cos(2r+1)z,$$

$$se_{2n}(z) = \sum_{r=1}^{\infty} B_{2n,2r} \sin 2rz, \qquad se_{2n+1}(z) = \sum_{r=0}^{\infty} B_{2n+1,2r+1} \sin(2r+1)z.$$

Für die Koeffizienten A, B ergeben sich die folgenden *Rekursionsformeln*:

For the coefficients A, B the following *recursion formulas* result:

a) für / for $ce_{2n}(z)$:

$$-\alpha A_{2n,0} + 2q A_{2n,2} = 0,$$
$$4q A_{2n,0} + (1-\alpha) A_{2n,2} + 2q A_{2n,4} = 0,$$
$$2q A_{2n,2r-2} + (r^2-\alpha) A_{2n,2r} + 2q A_{2n,2r+2} = 0, \qquad (r > 1);$$

b) für / for $se_{2n}(z)$:

$$(1-\alpha) B_{2n,2} + 2q B_{2n,4} = 0,$$
$$2q B_{2n,2r-2} + (r^2-\alpha) B_{2n,2r} + 2q B_{2n,2r+2} = 0, \qquad (r > 1);$$

c) für / for $ce_{2n+1}(z)$:

$$2q A_{2n+1,1} + \left(\frac{1}{4}-\alpha\right) A_{2n+1,1} + 2q A_{2n+1,3} = 0,$$
$$2q A_{2n+1,2r-1} + \left[\left(r+\frac{1}{2}\right)^2-\alpha\right] A_{2n+1,2r+1} + 2q A_{2n+1,2r+3} = 0, \qquad (r > 0);$$

d) für / for $se_{2n+1}(z)$:

$$-2q B_{2n+1,1} + \left(\frac{1}{4}-\alpha\right) B_{2n+1,1} + 2q B_{2n+1,3} = 0,$$
$$2q B_{2n+1,2r-1} + \left[\left(r+\frac{1}{2}\right)^2-\alpha\right] B_{2n+1,2r+1} + 2q B_{2n+1,2r+3} = 0, \qquad (r > 0).$$

Aus der Normierungsvorschrift folgt bei jedem q für $m = 1, 2, 3, \ldots$

By the assumption for normalization for every q we have for $m = 1, 2, 3, \ldots$

$$2A_0^2 + A_2^2 + A_4^2 + \cdots = B_2^2 + B_4^2 + \cdots = A_1^2 + A_3^2 + \cdots = B_1^2 + B_3^2 + \cdots = 1;$$

für $ce_0(z)$ ist die erste Summe $= 2$.

for $ce_0(z)$ the first sum $= 2$.

Die Reihen konvergieren um so schlechter, je größer q ist.

The series converges less rapidly as q increases.

4. Nullstellen / 4. Zeros

$$\mathrm{se}_{2n} k\frac{\pi}{2} = \mathrm{se}_{2n+1} k\pi = \mathrm{ce}_{2n+1}\left(k+\frac{1}{2}\right)\pi = 0, \qquad \left(k \text{ ganz / integer}\right).$$

$$\mathrm{ce}_0(x) > 0,$$

Die vier Funktionen / The four functions

$$\mathrm{ce}_{2n}(z), \quad \mathrm{se}_{2n+1}(z), \quad \mathrm{ce}_{2n+1}(z), \quad \mathrm{se}_{2n+2}(z)$$

haben n reelle Nullstellen zwischen $z=0$ und $z=\pi/2$, die mit wachsendem q immer näher an $\pi/2$ heranrücken.

have n real zeros between $z=0$ and $z=\pi/2$ which as q increases approach more and more to $\pi/2$.

5. Funktionalgleichungen. Zugeordnete Mathieusche Funktionen / 5. Functional Equations. Associated Mathieu Functions

Die Mathieuschen Funktionen genügen der *Integralgleichung*

The Mathieu functions satisfy the *integral equation*

$$\varphi(z) = \lambda \int_{-\pi}^{+\pi} e^{4\sqrt{2q}\sin z \sin t}\varphi(t)\,dt.$$

Mit $t=t(z)$ als unabhängiger Veränderlicher lautet die Mathieusche Differentialgleichung

With $t=t(z)$ as independent variable the Mathieu differential equation is

$$\left(\frac{dt}{dz}\right)^2 \frac{d^2w}{dt^2} + \frac{d^2t}{dz^2}\cdot\frac{dw}{dt} + 4(\alpha - 4q\cos 2z)\,w = 0,$$

z. B. für / e. g. for

$$t = \cos 2z: \quad (1-t^2)\frac{d^2w}{dt^2} - t\frac{dw}{dt} + (\alpha - 4q\,t)\,w = 0,$$

$$t = e^{i2z}: \quad t^2\frac{d^2w}{dt^2} + t\frac{dw}{dt} + \left[-\alpha + 2q\left(t+\frac{1}{t}\right)\right]w = 0,$$

$$t = \cos^2 z: \quad t(1-t)\frac{d^2w}{dt^2} + \left(\frac{1}{2}-t\right)\frac{dw}{dt} + (\alpha + 4q - 8q\,t)\,w = 0.$$

Setzt man insbesondere $t=\pm iz$, so stellen die Funktionen

If in particular we put $t=\pm iz$ the functions

$$w = \varphi_m(\pm i\,t, k)$$

Lösungen der *Differentialgleichung*

are solutions of the *differential equation*

$$\frac{1}{4}\frac{d^2w}{dt^2} - (\alpha - 4q\cosh 2t)\,w = 0$$

dar. Man bezeichnet die so entstehenden Funktionen

The functions thus resulting

$$\mathrm{Ce}_{2n}(z) = \mathrm{ce}_{2n}(i\,z), \quad \mathrm{Ce}_{2n+1}(z) = \mathrm{ce}_{2n+1}(i\,z),$$

$$\mathrm{Se}_{2n+1}(z) = -i\,\mathrm{se}_{2n+1}(i\,z), \quad \mathrm{Se}_{2n+2}(z) = -i\,\mathrm{se}_{2n+2}(i\,z)$$

als *zugeordnete Mathieusche Funktionen erster Art*. Sie sind für reelles Argument $z=x$ reell.

Für Mathieusche Funktionen mit rein imaginärem q vgl. Fig. 165 bis 168 und X [10].

are called *associated Mathieu functions of the first kind*. For real argument $z=x$ they are real.

For Mathieu functions with purely imaginary q cf. fig. 165 to 168 and X [10].

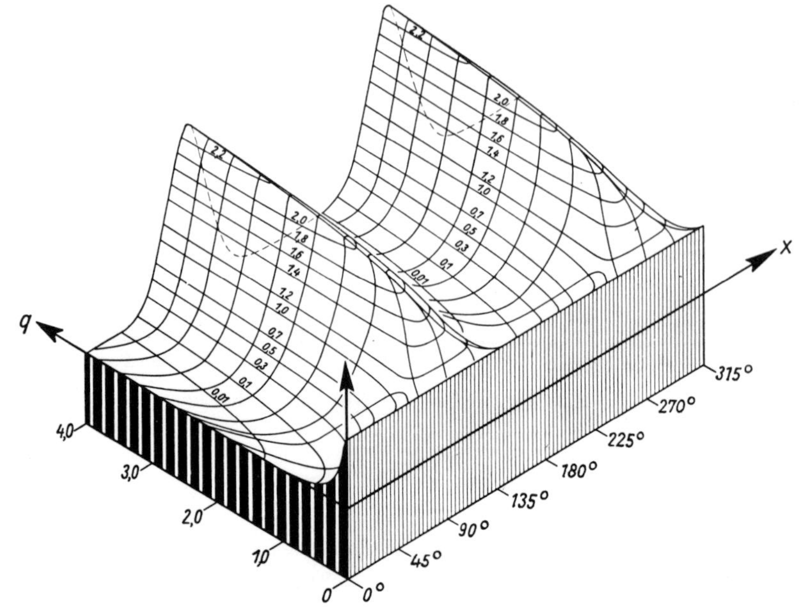

Fig. 154 $ce_0(x, q)$ über der Ebene x, q

Fig. 154 $ce_0(x, q)$ against the plane x, q

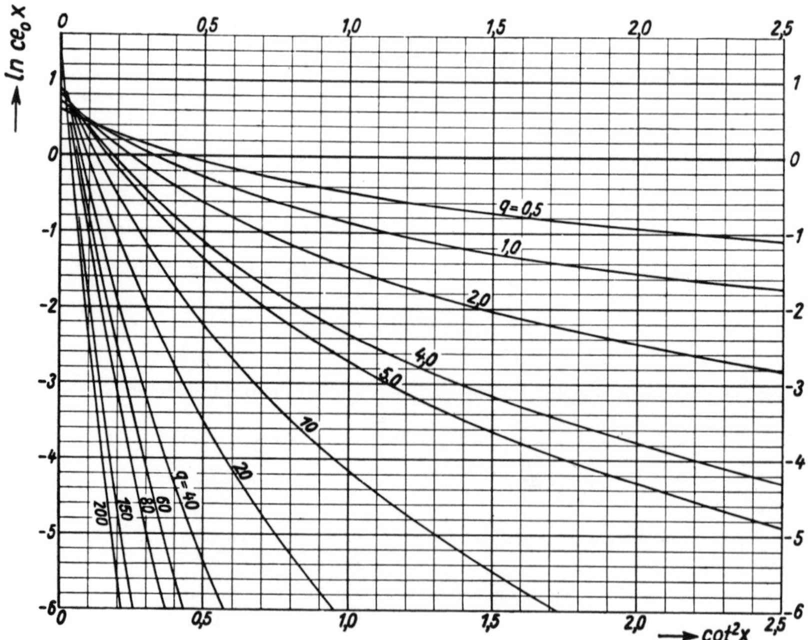

Fig. 155 $ce_0(x, q)$ über $\cot^2 x$ für $x \approx 90°$

Fig. 155 $ce_0(x, q)$ against $\cot^2 x$ for $x \approx 90°$

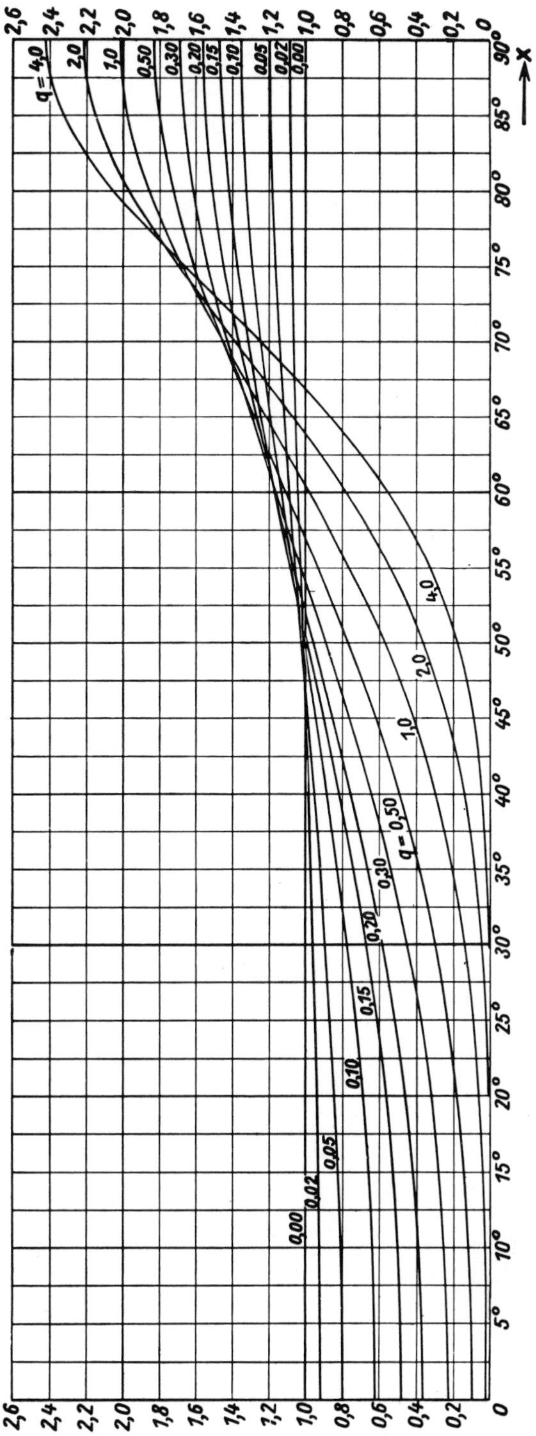

Fig. 156 $ce_0(x, q)$ über x

Fig. 156 $ce_0(x, q)$ against x

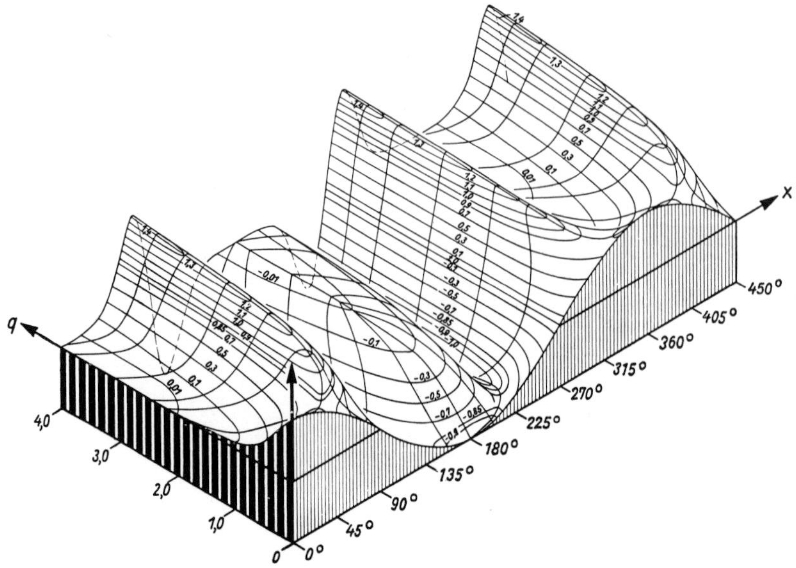

Fig. 157 $ce_1(x, q)$ über der Ebene x, q

Fig. 157 $ce_1(x, q)$ against the plane x, q

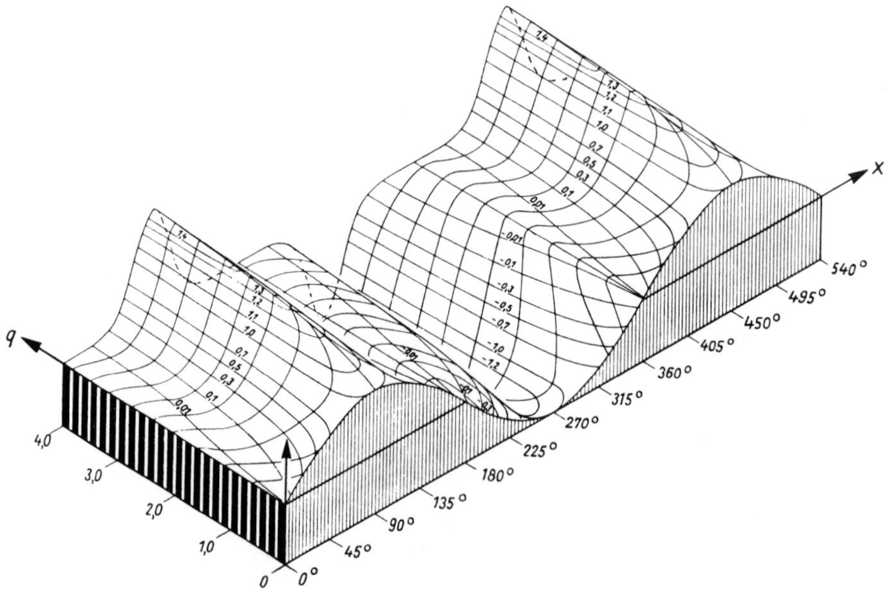

Fig. 158 $se_1(x, q)$ über der Ebene x, q

Fig. 158 $se_1(x, q)$ against the plane x, q

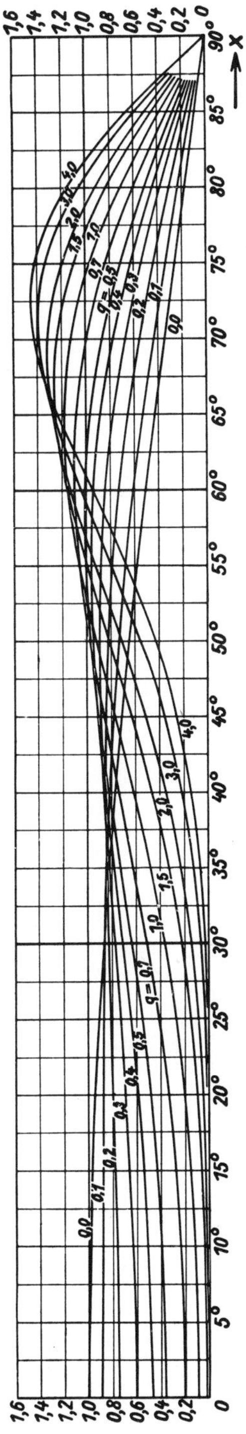

Fig. 159 $ce_1(x, q)$ über / against x

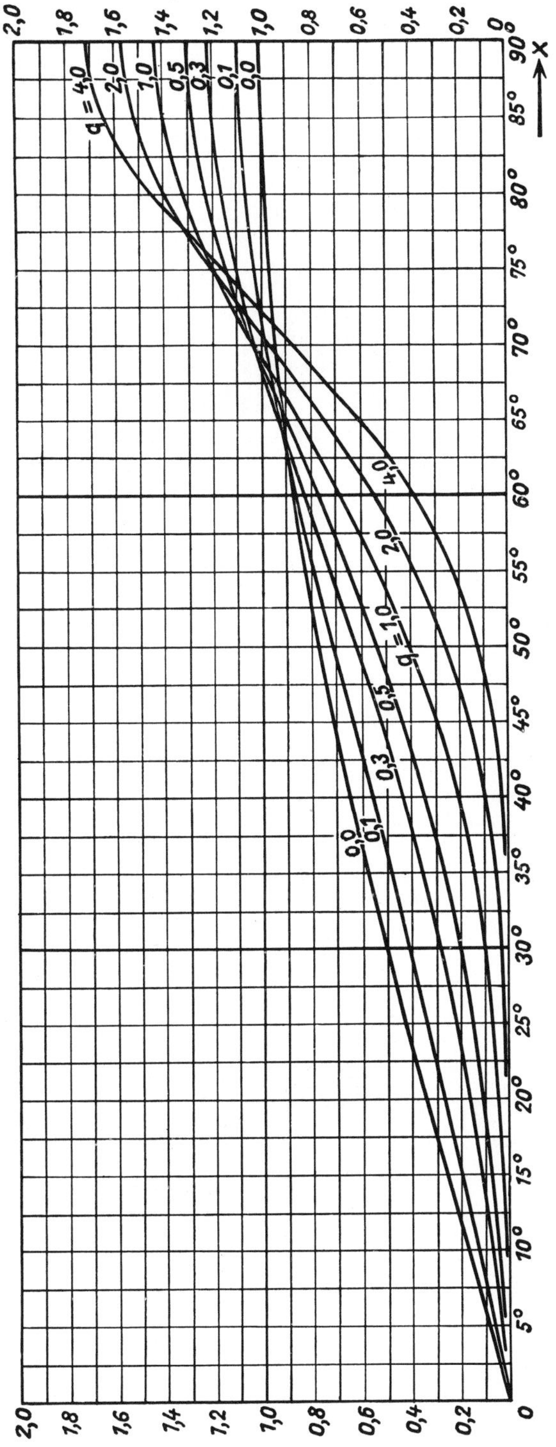

Fig. 160 $se_1(x, q)$ über / against x

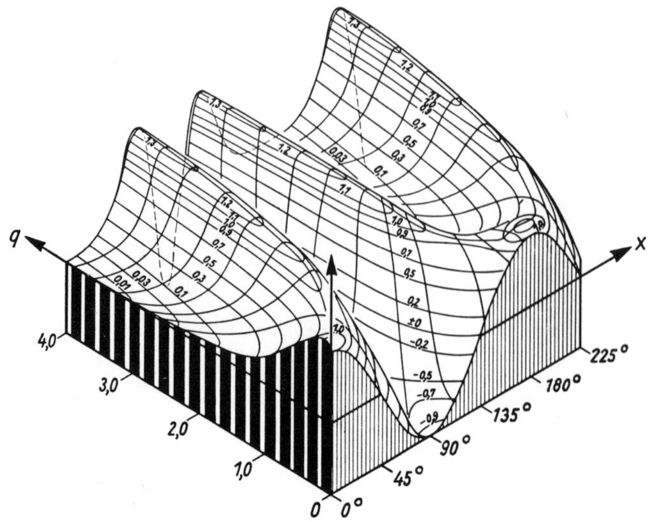

Fig. 161 $ce_2(x, q)$ über der Ebene x, q

Fig. 161 $ce_2(x, q)$ against the plane x, q

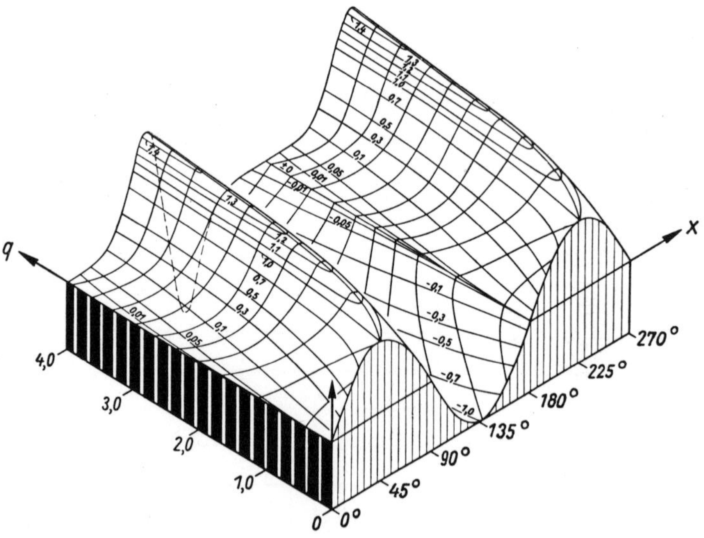

Fig. 162 $se_2(x, q)$ über der Ebene x, q

Fig. 162 $se_2(x, q)$ against the plane x, q

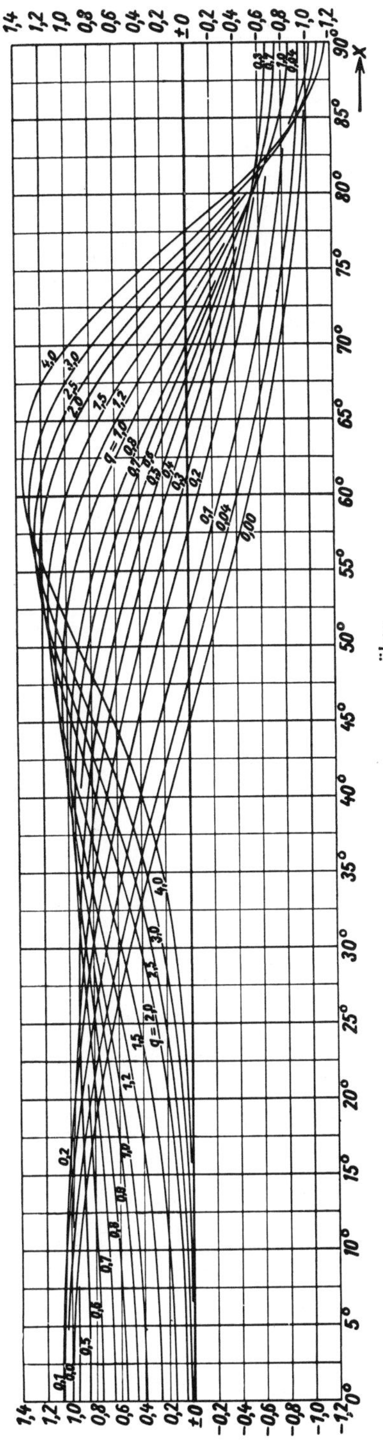

Fig. 163 $ce_2(x, q)$ über / against x

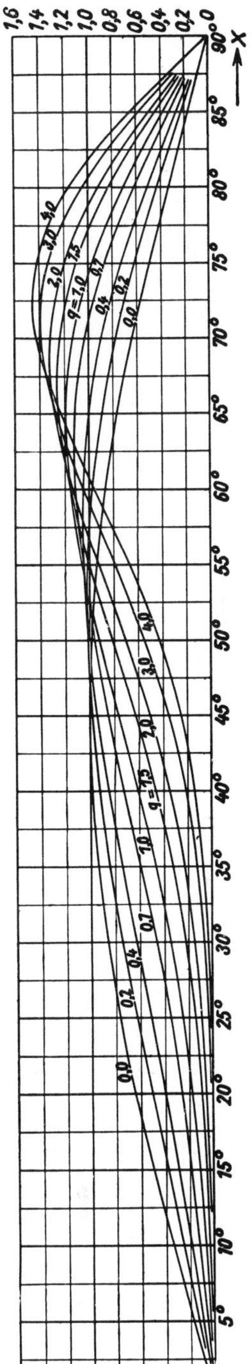

Fig. 164 $se_2(x, q)$ über / against x

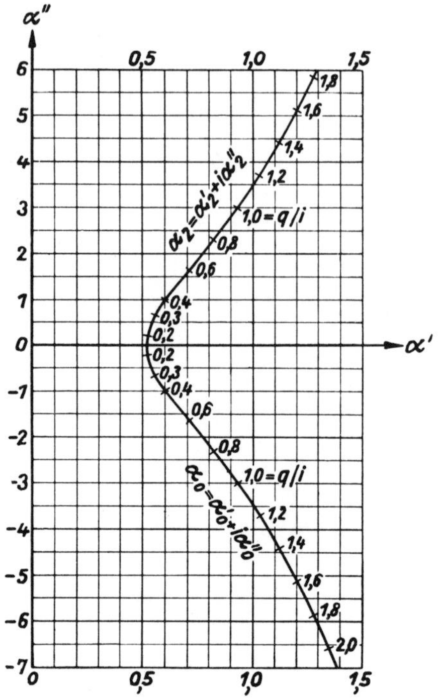

Fig. 165 $\alpha_n = \alpha_n' + i\alpha_n''$ für $n = 0$ und $n = 2$. q rein imaginär

Fig. 165 $\alpha_n = \alpha_n' + i\alpha_n''$ for $n = 0$ and $n = 2$. q pure imaginary

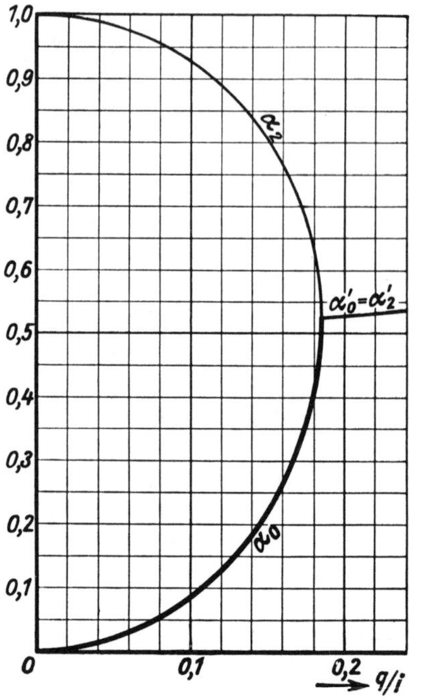

Fig. 166 $\alpha_n = \alpha_n' + i\alpha_n''$ für $n = 0$ und $n = 2$ über $\frac{q}{i}$. q rein imaginär

Fig. 166 $\alpha_n = \alpha_n' + i\alpha_n''$ for $n = 0$ and $n = 2$ against $\frac{q}{i}$. q pure imaginary

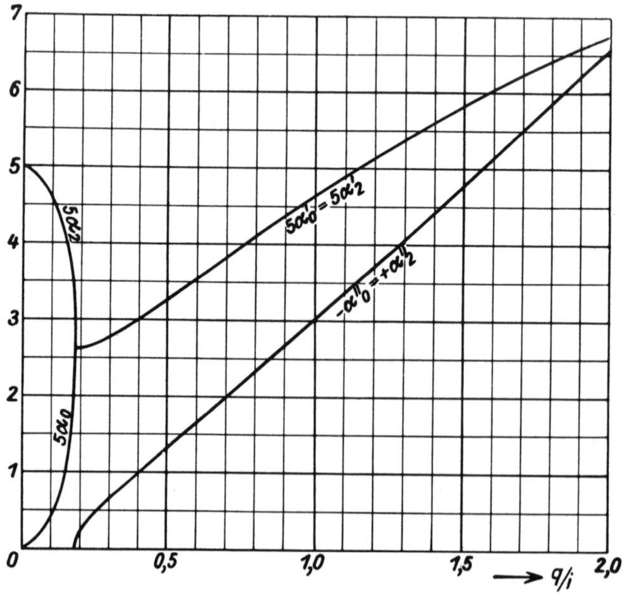

Fig. 167 $\alpha = \alpha_n' + i\alpha_n''$ für $n = 0$ und $n = 2$ über $\frac{q}{i}$. q rein imaginär

Fig. 167 $\alpha = \alpha_n' + i\alpha_n''$ for $n = 0$ and $n = 2$ against $\frac{q}{i}$. q pure imaginary

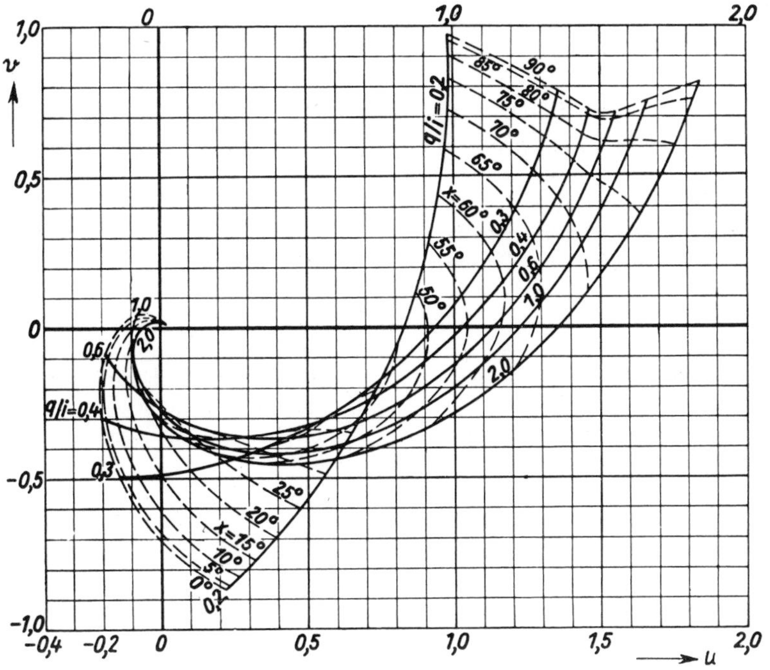

Fig. 168 $ce_0(x, q) = u + iv$ bei rein imaginärem q

Fig. 168 $ce_0(x, q) = u + iv$ for pure imaginary q

XI. Die konfluenten hypergeometrischen Funktionen*)

XI. The confluent hypergeometric Functions*)

1. Die Funktion $\Phi(a, c; z) = M(a, c; z)$

Als *konfluente hypergeometrische Funktionen* bezeichnet man die Lösungen der „*konfluenten Differentialgleichung*"

$$z \frac{d^2 w}{dz^2} + (c - z) \frac{dw}{dz} - a w = 0,$$

wo a, c beliebige komplexe Konstanten bedeuten.

Als erste Lösung erhält man die für $c \neq 0, -1, -2, \ldots$ erklärte und mit $\Phi(a, c; z)$ oder $M(a, c; z)$ bezeichnete *Kummersche Funktion:*

$$\Phi(a, c; z) = 1 + \frac{a}{c} \frac{z}{1!} + \frac{a(a+1)}{c(c+1)} \frac{z^2}{2!} + \frac{a(a+1)(a+2)}{c(c+1)(c+2)} \frac{z^3}{3!} + \cdots .$$

Sie ist bei Festhaltung von a, c eine (eindeutige) ganze Funktion von z. Für reelle Parameterwerte a, c und reelles Argument $z = x$ ist sie reell.

Für $0 < \mathrm{Re}(a) < \mathrm{Re}(c)$ läßt $\Phi(a, c; z)$ die *Integraldarstellung*

$$\Phi(a, c; z) = \frac{\Gamma(c)}{\Gamma(a)\,\Gamma(c-a)} \int_0^1 e^{zt}\, t^{a-1} (1-t)^{c-a-1}\, dt$$

zu, mit Hilfe der Besselfunktion $J_\nu(z)$ ferner für $\mathrm{Re}(a) > 0$, $\mathrm{Re}(z) > 0$ die Darstellung

$$\Phi\left(a, c; -\frac{1}{z}\right) = \frac{\Gamma(c)}{\Gamma(a)} z^a \int_0^{+\infty} e^{-zt}\, t^{a - \frac{c+1}{2}} J_{c-1}\left(2\sqrt{t}\right) dt.$$

Ihr *asymptotisches Verhalten* für $|z| \gg |a|$, $|z| \gg |c|$ ist gegeben durch

$$\Phi(a, c; z) \approx \frac{\Gamma(c)}{\Gamma(c-a)} (-z)^{-a} \left\{1 - \frac{a(a-c+1)}{z} + \frac{a(a+1)(a-c+1)(a-c+2)}{2!\, z^2} - \cdots\right\}$$
$$+ \frac{\Gamma(c)}{\Gamma(a)} e^z z^{a-c} \left\{1 + \frac{(1-a)(c-a)}{z} + \frac{(1-a)(2-a)(c-a)(c-a+1)}{2!\, z^2} + \cdots\right\}$$
$$(-\pi < \operatorname{arc} z \leq \pi, \quad -\pi < \operatorname{arc}(-z) \leq \pi).$$

Bezüglich a und c bestehen die *Rekursionsformeln*

$$\begin{aligned}
&(c-a)\,\Phi(a-1, c; z) + (2a - c + z)\,\Phi(a, c; z) - a\,\Phi(a+1, c; z) = 0,\\
&c(a+z)\,\Phi(a, c; z) - (c-a)\,z\,\Phi(a, c+1; z) - a\,c\,\Phi(a+1, c; z) = 0,\\
&c\,\Phi(a, c; z) - c\,\Phi(a-1, c; z) - z\,\Phi(a, c+1; z) = 0,\\
&(a-1+z)\,\Phi(a, c; z) + (c-a)\,\Phi(a-1, c; z) - (c-1)\,\Phi(a, c-1; z) = 0,\\
&(a-c+1)\,\Phi(a, c; z) - a\,\Phi(a+1, c; z) + (c-1)\,\Phi(a, c-1; z) = 0,\\
&c(c-1)\,\Phi(a, c-1; z) - c(c-1+z)\,\Phi(a, c; z) + (c-a)\,z\,\Phi(a, c+1; z) = 0.
\end{aligned}$$

Die n. *Ableitung* der Funktion ist

$$\frac{d^n \Phi}{dz^n} = \frac{\Gamma(a+n)\,\Gamma(c)}{\Gamma(c+n)\,\Gamma(a)} \Phi(a+n, c+n; z).$$

*) Figuren 169 bis 182

1. The Function $\Phi(a, c; z) = M(a, c; z)$

By *confluent hypergeometric functions* one means the solutions of the "*confluent differential equation*"

where a, c denote arbitrary complex constants.

As a first solution we get the *Kummer function*, defined for $c \neq 0, -1, -2, \ldots$ and denoted by $\Phi(a, c; z)$ or $M(a, c; z)$:

When a, c are fixed, it is a (one-valued) entire function of z. For real values of the parameters a, c and for real argument $z = x$ it is real.

For $0 < \mathrm{Re}(a) < \mathrm{Re}(c)$ the function $\Phi(a, c; z)$ admits to the *integral representation*

further with the help of Bessel's function $J_\nu(z)$ for $\mathrm{Re}(a) > 0$, $\mathrm{Re}(z) > 0$ the representation

Its *asymptotic behaviour* for $|z| \gg |a|$, $|z| \gg |c|$ is given by

With respect to a and c we have the *recursion formulas*

The nth *derivative* of the function is

*) Figures 169 to 182

Weiter gilt die *Kummersche Formel*

Further we have *Kummer's formula*

$$\Phi(a, c; z) = e^z \Phi(c - a, c; -z).$$

2. Die Funktion $\Psi(a, c; z)$

2. The Function $\Psi(a, c; z)$

Ist c keine ganze Zahl, so ist eine von $\Phi(a, c; z)$ unabhängige zweite Lösung der konfluenten Differentialgleichung die Funktion

If c is not an integer, a second solution of the confluent differential equation, independent of $\Phi(a, c; z)$ is the function

$$z^{1-c} \Phi(a - c + 1, 2 - c; z).$$

An ihre Stelle kann auch *die Funktion*

In its place we can take *the function*

$$\Psi(a, c; z) = \frac{\Gamma(1-c)}{\Gamma(a-c+1)} \Phi(a, c; z) + \frac{\Gamma(c-1)}{\Gamma(a)} z^{1-c} \Phi(a - c + 1, 2 - c; z)$$

treten, deren Definition sich vermöge

the definition of which by means of

$$\Psi(a, n; z) = \lim_{c \to n} \Psi(a, c; z)$$

auf ganzzahlige Werte des Parameters c ausdehnen läßt. Für $n = 0, 1, 2, \ldots$ wird

can be extended to integral values of the parameter c. For $n = 0, 1, 2, \ldots$ we get

$$\Psi(a, n+1; z) = \frac{(-1)^{n-1}}{\Gamma(a-n)\, n!} \Bigg\{ \Phi(a, n+1; z) \ln z + \sum_{k=0}^{\infty} \frac{a(a+1)\cdots(a+k-1)}{(n+1)(n+2)\cdots(n+k)} [\psi(a+k) - \psi(1+k) - \psi(1+n+k)] \frac{z^k}{k!} \Bigg\}$$
$$+ \frac{(n-1)!}{\Gamma(a)} \sum_{k=0}^{n-1} \frac{(a-n)(a-n+1)\cdots(a-n+k-1)}{(1-n)(2-n)\cdots(k-n)} \frac{z^{k-n}}{k!}$$

($\psi(z) = \frac{\Gamma'(z)}{\Gamma(z)}$; im Falle $n = 0$ ist die letzte Summe wegzulassen). Wenn c eine nicht positive ganze Zahl ist, ergibt sich die Darstellung von $\Psi(a, c; z)$ aus der für alle c gültigen Formel:

($\psi(z) = \frac{\Gamma'(z)}{\Gamma(z)}$; in the case $n = 0$ the last sum is to be discarded). If c is a non positive integer the representation of $\Psi(a, c; z)$ arises from the following formula, valid for all c:

$$\Psi(a, c; z) = z^{1-c} \Psi(a - c + 1, 2 - c; z).$$

Bei Festhaltung von a, c ist $\Psi(a, c; z)$ (im allgemeinen) eine unendlich vieldeutige analytische Funktion von z mit $z = 0$ als einzigem endlichem *Windungspunkt*. Für positives reelles Argument $z = x$ hat sie eine reelle Bestimmung.

When a, c are fixed, $\Psi(a, c; z)$ is (in general) an infinitely many-valued analytic function of z with $z = 0$ as the only finite *branch point*. For positive real argument $z = x$ it has a real branch.

Für $\mathrm{Re}(a) > 0$, $\mathrm{Re}(z) > 0$ besitzt $\Psi(a, c; z)$ die *Integraldarstellung*

For $\mathrm{Re}(a) > 0$, $\mathrm{Re}(z) > 0$ the function $\Psi(a, c; z)$ admits to the *integral representation*

$$\Psi(a, c; z) = \frac{1}{\Gamma(a)} \int_0^{+\infty} e^{-zt} t^{a-1} (1+t)^{c-a-1}\, dt.$$

Das *asymptotische Verhalten* von $\Psi(a, c; z)$ im Winkelraum $-\frac{3\pi}{2} < \operatorname{arc} z < \frac{3\pi}{2}$ für $|z| \gg |a|$, $|z| \gg |c|$ ist gegeben durch

The *asymptotic behaviour* of $\Psi(a, c; z)$ in the corner $-\frac{3\pi}{2} < \operatorname{arc} z < \frac{3\pi}{2}$ for $|z| \gg |a|$, $|z| \gg |c|$ is given by

$$\Psi(a, c; z) \approx z^{-a} \sum_{n=0}^{\infty} \binom{c-a-1}{n} \frac{a(a+1)\cdots(a+n-1)}{z^n}.$$

Wie bei $\Phi(a, c; z)$ bestehen *Rekursionsformeln*

Similarly as for $\Phi(a, c; z)$ we have the *recursion formulas*

$$\Psi(a-1, c; z) - (2a - c + z)\Psi(a, c; z) + a(a - c + 1)\Psi(a+1, c; z) = 0,$$
$$(a+z)\Psi(a, c; z) + a(c - a - 1)\Psi(a+1, c; z) - z\Psi(a, c+1; z) = 0,$$
$$(c-a)\Psi(a, c; z) - z\Psi(a, c+1; z) + \Psi(a-1, c; z) = 0,$$
$$(a-1+z)\Psi(a, c; z) - \Psi(a-1, c; z) + (a-c+1)\Psi(a, c-1; z) = 0,$$
$$\Psi(a, c; z) - a\Psi(a+1, c; z) - \Psi(a, c-1; z) = 0,$$
$$(c-a-1)\Psi(a, c-1; z) - (c-1+z)\Psi(a, c; z) + z\Psi(a, c+1; z) = 0.$$

Die n. *Ableitung* der Funktion ist

The nth *derivative* of the function is

$$\frac{d^n \Psi}{dz^n} = (-1)^n \frac{\Gamma(a+n)}{\Gamma(a)} \Psi(a+n, c+n; z).$$

3. Die Funktionen $M_{\varkappa,\mu}(z)$, $W_{\varkappa,\mu}(z)$

Mittels der beiden Funktionen $\Phi(a, c; z)$, $\Psi(a, c; z)$ ergeben sich als *Integrale der konfluenten Differentialgleichung*:

3. The Functions $M_{\varkappa,\mu}(z)$, $W_{\varkappa,\mu}(z)$

By means of the two functions $\Phi(a, c; z)$, $\Psi(a, c; z)$ we have as *integrals of the confluent differential equation*:

$$\frac{1}{\Gamma(c)}\Phi(a, c; z), \quad \frac{1}{\Gamma(2-c)} z^{1-c}\Phi(a-c+1, 2-c; z), \quad \Psi(a, c; z), \quad e^z\Psi(c-a, c; -z)$$

(wobei die beiden ersten auch bei nichtpositivem ganzem Wert des zweiten Parameters ihre Bedeutung nicht verlieren). Unter ihnen gibt es stets Paare unabhängiger Integrale.

Im Gegensatz zu der vorstehenden, auf F. Tricomi zurückgehenden Darstellung der Integrale durch Grundintegrale ist nach Whittaker-Watson eine andere Darstellung üblich. Durch die Transformation

(where the first two retain their validity also in the case of a non-positive integral value of the second parameter). Among them there are always pairs of independent integrals.

Instead of the preceding representation of the integrals by fundamental integrals, given by F. Tricomi, another representation, given by Whittaker-Watson, is used. By the transformation

$$\omega = e^{-z/2} z^{c/2} w, \quad \varkappa = \frac{c}{2} - a, \quad \mu = \frac{c-1}{2}$$

erhält die konfluente Differentialgleichung die (von ω' freie) Form

the confluent differential equation takes the form (free of ω')

$$\frac{d^2\omega}{dz^2} + \left(-\frac{1}{4} + \frac{\varkappa}{z} + \frac{1-4\mu^2}{4z^2}\right)\omega = 0.$$

Als Lösungen dieser Gleichung erhält man

As solutions of this equation we get

$$M_{\varkappa,\mu}(z) = e^{-\frac{z}{2}} z^{\mu+\frac{1}{2}} \Phi\left(\mu - \varkappa + \frac{1}{2}, 2\mu+1; z\right), \quad W_{\varkappa,\mu}(z) = e^{-\frac{z}{2}} z^{\mu+\frac{1}{2}} \Psi\left(\mu - \varkappa + \frac{1}{2}, 2\mu+1; z\right),$$

wobei die letztere Funktion als *Whittakersche Funktion* bezeichnet wird. Beide Funktionen sind, falls 2μ nicht ganzzahlig ist, durch die Beziehung verknüpft:

where the latter function is called the *Whittaker function*. If 2μ is not an integer, the two functions are connected by the relation

$$W_{\varkappa,\mu}(z) = \frac{\Gamma(-2\mu)}{\Gamma\left(\frac{1}{2} - \mu - \varkappa\right)} M_{\varkappa,\mu}(z) + \frac{\Gamma(2\mu)}{\Gamma\left(\frac{1}{2} + \mu - \varkappa\right)} M_{\varkappa,-\mu}(z).$$

Die Funktionen $M_{\varkappa,\mu}(z)$, $W_{\varkappa,\mu}(z)$ sind beide unendlich vieldeutige analytische Funktionen, die für positives reelles Argument eine reelle Bestimmung zulassen.

The functions $M_{\varkappa,\mu}(z)$, $W_{\varkappa,\mu}(z)$ are both infinitely many-valued analytic functions, which for real positive argument admit a real branch.

4. Spezialfälle

Die konfluenten hypergeometrischen Funktionen umfassen für $c=2a$ die Zylinderfunktionen, für $c=1/2$ die Funktionen des parabolischen Zylinders, für $a=1$ die unvollständigen Gammafunktionen und für $a=-n$ die Laguerreschen Polynome.

4. Special Cases

The confluent hypergeometric functions include for $c=2a$ the Bessel functions, for $c=1/2$ the functions of the parabolic cylinder, for $a=1$ the incomplete gamma functions and for $a=-n$ Laguerre's polynomials.

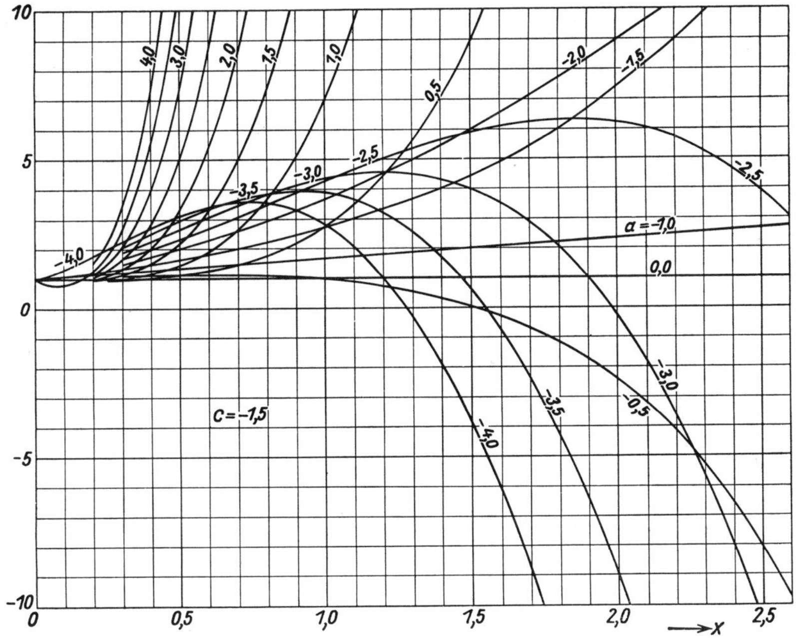

Fig. 169 $\Phi(a, -1{,}5; x)$

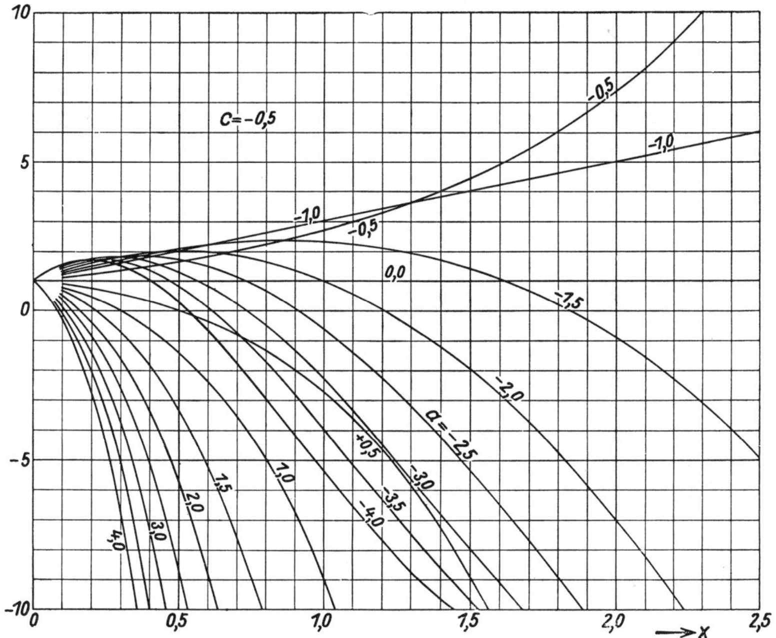

Fig. 170 $\Phi(a, -0{,}5; x)$

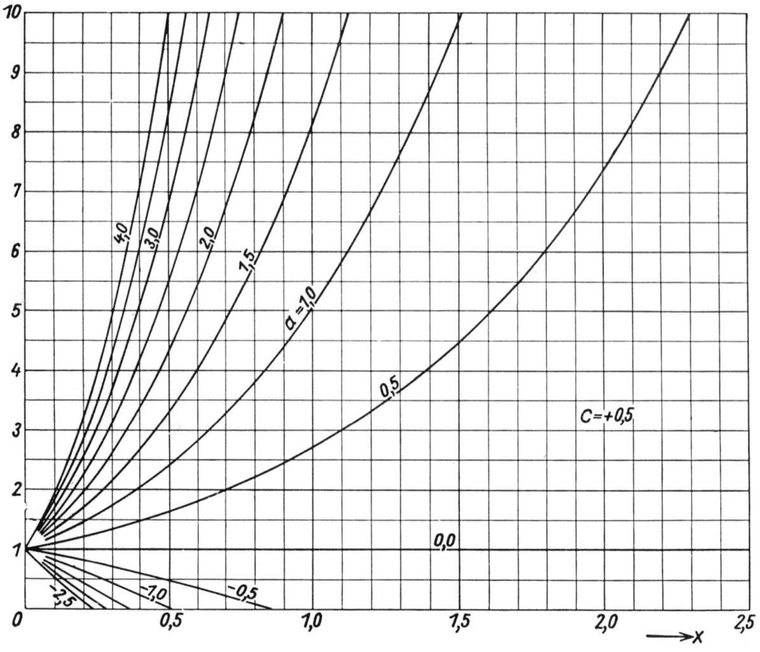

Fig. 171 $\Phi(a, +0{,}5; x)$

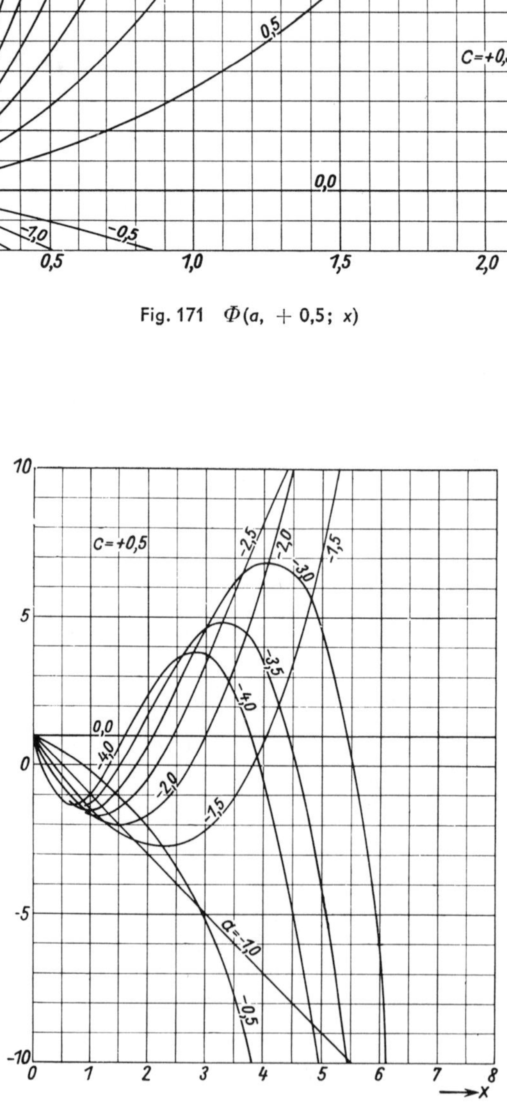

Fig. 172 $\Phi(a, +0{,}5; x)$

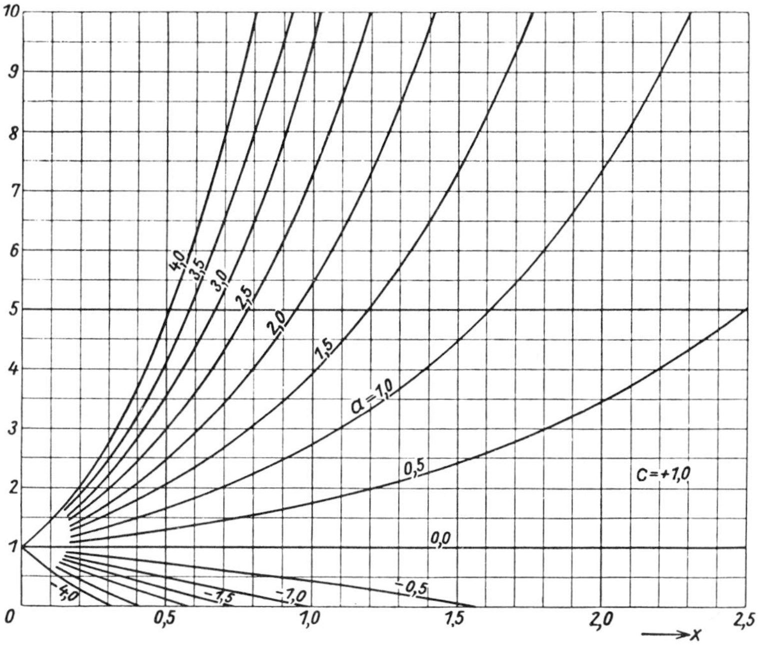

Fig. 173 $\Phi(a, +1{,}0; x)$

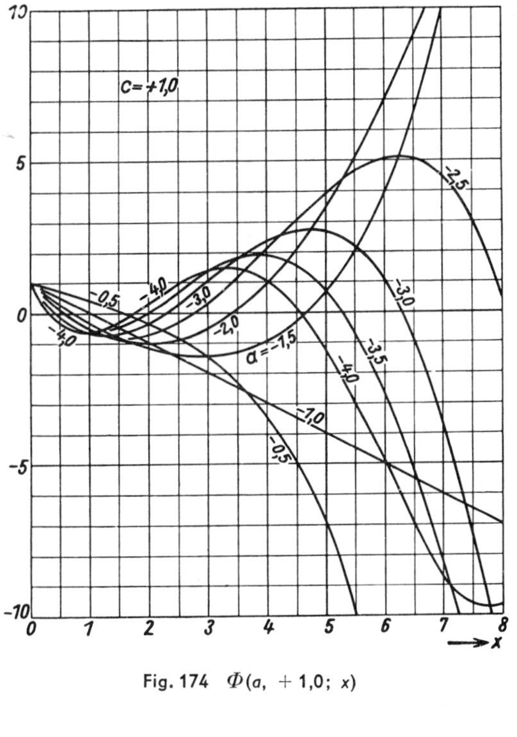

Fig. 174 $\Phi(a, +1{,}0; x)$

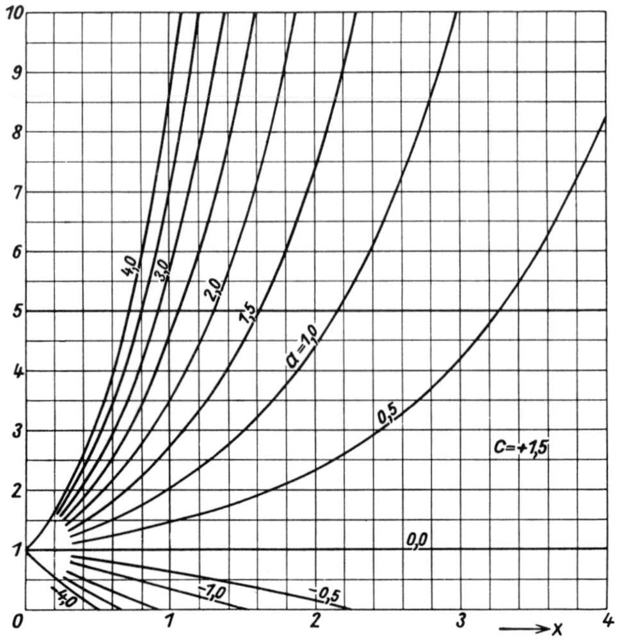

Fig. 175 $\Phi(a, +1{,}5;\ x)$

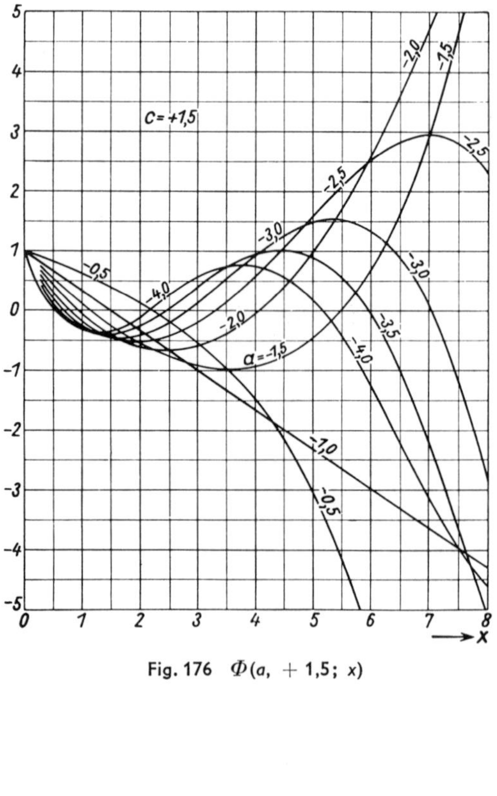

Fig. 176 $\Phi(a, +1{,}5;\ x)$

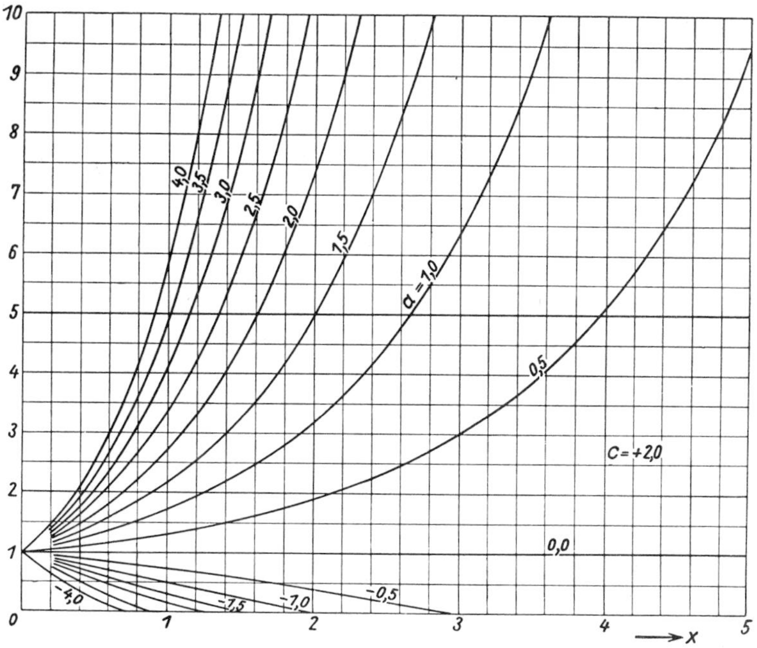

Fig. 177 $\Phi(a, +2{,}0; x)$

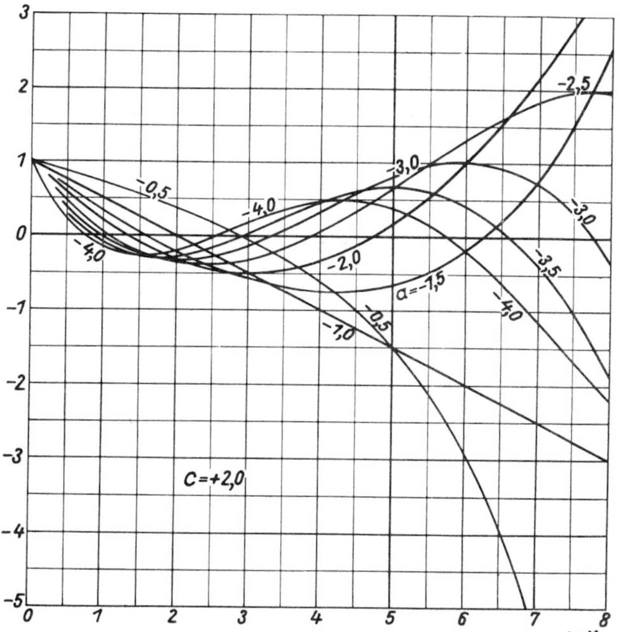

Fig. 178 $\Phi(a, +2{,}0; x)$

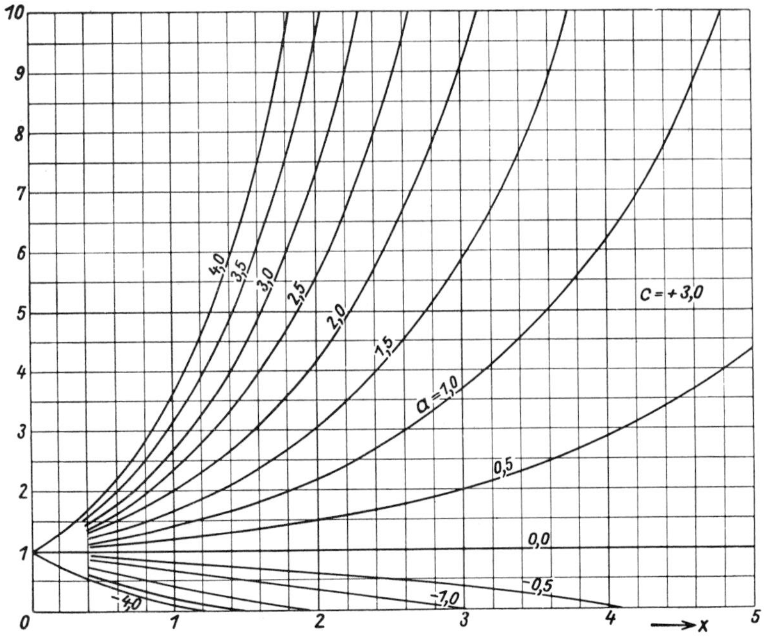

Fig. 179 $\Phi(a, +3{,}0; x)$

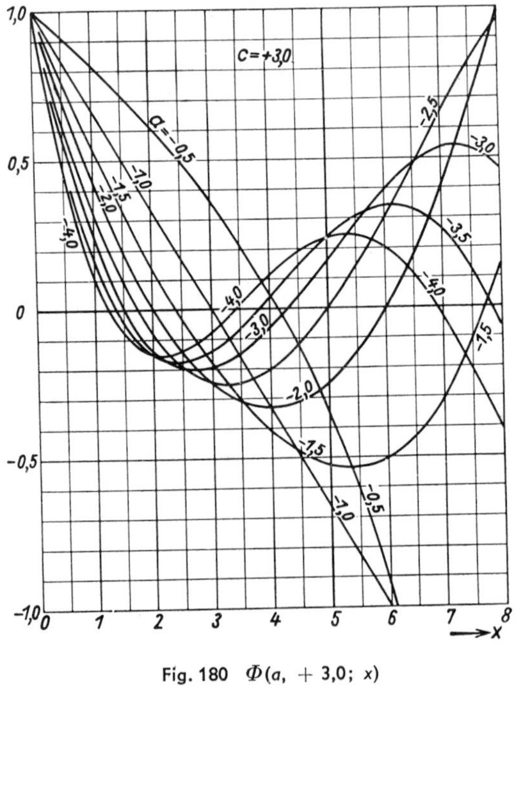

Fig. 180 $\Phi(a, +3{,}0; x)$

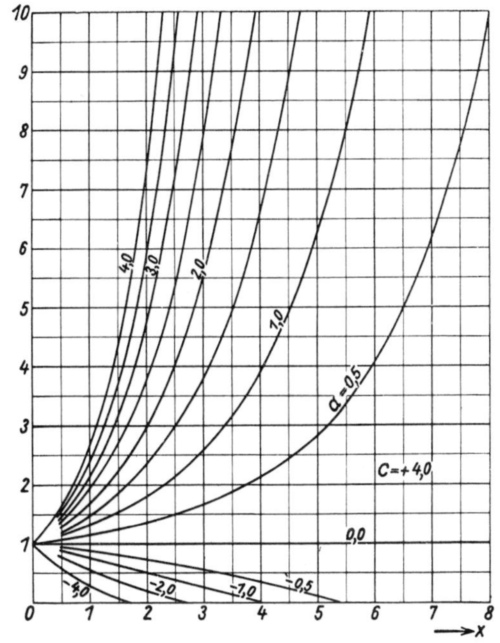

Fig. 181 $\Phi(a, +4{,}0; x)$

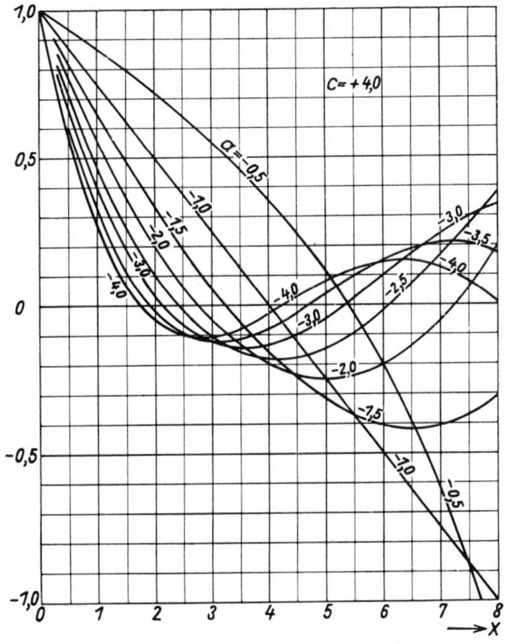

Fig. 182 $\Phi(a, +4{,}0; x)$

XII. Besondere Funktionen
XII. Special Functions

A. Die Plancksche Strahlungsfunktion*)
A. The Planck Radiation Function*)

Ein Körper von der absoluten Temperatur T sendet elektromagnetische Wellen aller möglichen Wellenlängen λ aus. Doch verteilt sich die ausgestrahlte Energie sehr ungleichmäßig auf die verschieden langen Wellen. Auf die Wellen mit einer Wellenlänge zwischen λ und $\lambda + d\lambda$ komme die Strahlungsdichte $J d\lambda$. Dann ist nach Planck

A body of absolute temperature T emits electromagnetic waves of all possible wave-lengths λ. The radiated energy is however very unequally distributed among the waves of different length. If we attribute to waves of wave-length between λ and $\lambda + d\lambda$ the density of radiation $J d\lambda$, we have according to Planck

$$J = c^2 h \lambda^{-5} \left(e^{\frac{ch}{k\lambda T}} - 1 \right)^{-1} .$$

Darin bedeutet c die Lichtgeschwindigkeit im Vakuum, k die Gaskonstante des elementaren Massenteilchens (Boltzmannsche Konstante) und h das Plancksche Wirkungsquantum.

Here we have c the velocity of light in vacuo, k the gas constant for 1 molecule (Boltzmann's constant) and h Planck's quantum of action.

Wenn man zwei Zahlen x und y einführt, indem man setzt

Introducing two numbers x and y by substituting

$$\lambda = \frac{ch}{kT} x, \qquad J = \frac{k^5 T^5}{c^3 h^4} y,$$

so nimmt die *Plancksche Gleichung* die Form an:

Planck's equation assumes the form:

$$\left(e^{\frac{1}{x}} - 1 \right) x^5 y = 1 .$$

y als Funktion von x gibt an, wie die Strahlungsdichte bei derselben Temperatur von der Wellenlänge abhängt. Sie wird als die *Plancksche Strahlungsfunktion* bezeichnet.

y as a function of x shows how at the same temperature the density of radiation depends on the wave-length. It is called the *Planck radiation function*.

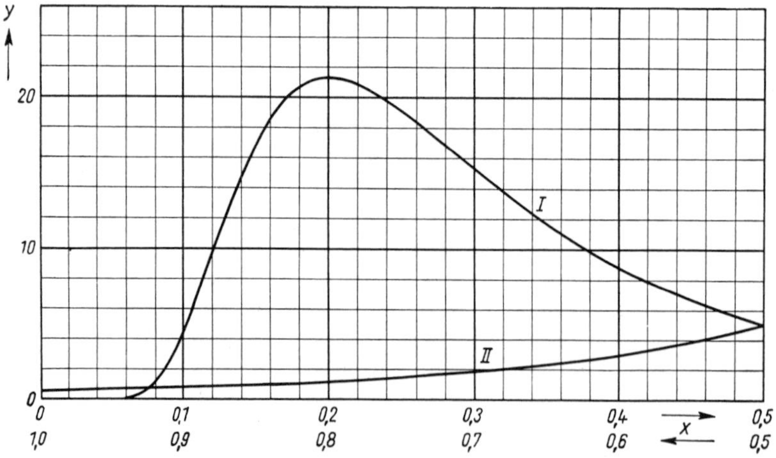

Fig. 183 Plancksche Strahlungsfunktion

Fig. 183 Planck's radiation function

*) Figur 183; Tafel 50

*) Figure 183; table 50

Tafel 50. Die Plancksche Strahlungsfunktion
Table 50. The Planck Radiation Function

x	y	x	y	x	y	x	y	x	y
0,060	0,07430	0,110	6,998	0,160	18,446	0,350	11,601	0,600	2,995
1	0,08990	1	7,259	1	18,589	55	11,279	05	2,922
2	0,10797	2	7,522	2	18,73	60	10,965	10	2,852
3	0,12875	3	7,787	3	18,86	65	10,658	15	2,783
4	0,15249	4	8,053	4	18,99	70	10,360	20	2,717
0,065	0,17946	0,115	8,320	0,165	19,12	0,375	10,069	0,625	2,653
6	0,2099	6	8,588	6	19,24	80	9,787	30	2,590
7	0,2441	7	8,856	7	19,36	85	9,512	35	2,529
8	0,2823	8	9,125	8	19,48	90	9,245	40	2,470
9	0,3248	9	9,393	9	19,59	95	8,985	45	2,412
0,070	0,3718	0,120	9,662	0,170	19,69	0,400	8,733	0,650	2,356
1	0,4235	1	9,931	2	19,89	05	8,488	55	2,302
2	0,4802	2	10,198	4	20,08	10	8,250	60	2,249
3	0,5422	3	10,465	6	20,25	15	8,020	65	2,198
4	0,6095	4	10,731	8	20,40	20	7,796	70	2,148
0,075	0,6825	0,125	10,996			0,425	7,578	0,675	2,099
6	0,7613	6	11,259	0,180	20,54	30	7,368	80	2,052
7	0,8460	7	11,521	5	20,82	35	7,163	85	2,006
8	0,9368	8	11,781	0,190	21,02	40	6,965	90	1,961
9	1,0339	9	12,040	5	21,15	45	6,773	95	1,918
0,080	1,1373	0,130	12,296	0,200	21,20	0,450	6,586	0,700	1,875
1	1,2471	1	12,550	05	21,18	55	6,406	05	1,8341
2	1,3635	2	12,801	10	21,11	60	6,231	10	1,7939
3	1,4864	3	13,050	15	20,99	65	6,061	15	1,7548
4	1,6160	4	13,296	20	20,82	70	5,896	20	1,7168
0,085	1,7521	0,135	13,540	0,225	20,61	0,475	5,736	0,725	1,6797
6	1,8948	6	13,780	30	20,36	80	5,582	30	1,6436
7	2,044	7	14,017	35	20,08	85	5,432	35	1,6085
8	2,200	8	14,251	40	19,78	90	5,286	40	1,5743
9	2,362	9	14,482	45	19,45	95	5,145	45	1,5409
0,090	2,531	0,140	14,710	0,250	19,10	0,500	5,009	0,750	1,5084
1	2,706	1	14,934	55	18,74	05	4,876	55	1,4768
2	2,887	2	15,154	60	18,372	10	4,748	60	1,4459
3	3,074	3	15,371	65	17,989	15	4,623	65	1,4158
4	3,267	4	15,584	70	17,600	20	4,502	70	1,3865
0,095	3,466	0,145	15,793	0,275	17,206	0,525	4,385	0,775	1,3580
6	3,671	6	15,998	80	16,809	30	4,271	80	1,3301
7	3,880	7	16,200	85	16,411	35	4,161	85	1,3029
8	4,095	8	16,397	90	16,013	40	4,054	90	1,2764
9	4,315	9	16,591	95	15,617	45	3,951	95	1,2506
0,100	4,540	0,150	16,780	0,300	15,224	0,550	3,850	0,800	1,2254
1	4,769	1	16,966	05	14,834	55	3,753	05	1,2009
2	5,003	2	17,147	10	14,449	60	3,658	10	1,1769
3	5,241	3	17,324	15	14,070	65	3,566	15	1,1535
4	5,482	4	17,497	20	13,696	70	3,477	20	1,1307
0,105	5,727	0,155	17,666	0,325	13,329	0,575	3,390	0,825	1,1084
6	5,976	6	17,830	30	12,968	80	3,307	30	1,0867
7	6,227	7	17,990	35	12,615	85	3,225	35	1,0655
8	6,481	8	18,146	40	12,270	90	3,146	40	1,0448
9	6,738	9	18,298	45	11,932	95	3,069	45	1,0246
0,110	6,998	0,160	18,446	0,350	11,601	0,600	2,995	0,850	1,0048

Tafel 50. Die Plancksche Strahlungsfunktion (Fortsetzung)
Table 50. The Planck Radiation Function (Continuation)

x	y	x	y	x	y	x	y	x	y
	1,		0,		0,		0,1		0,0
0,850	0048	0,975	6344	1,20	3089	1,45	5711	1,70	8795
55	*9856	80	6235	1	3000	6	5325	1	8607
60	9667	85	6128	2	2914	7	4951	2	8424
65	9484	90	6023	3	2831	8	4588	3	8246
70	9304	95	5920	4	2751	9	4236	4	8073
0,875	9129	1,00	5820	1,25	2674	1,50	3895	1,75	7904
80	8958	1	5625	6	2599	1	3564	6	7740
85	8790	2	5438	7	2527	2	3242	7	7580
90	8627	3	5259	8	2458	3	2930	8	7424
95	8467	4	5087	9	2390	4	2627	9	7272
0,900	8311	1,05	4922	1,30	2326	1,55	2333	1,80	7124
05	8158	6	4764	1	2263	6	2047	1	6979
10	8009	7	4611	2	2202	7	1770	2	6838
15	7863	8	4465	3	2144	8	1500	3	6701
20	7721	9	4325	4	2087	9	1239	4	6567
0,925	7581	1,10	4190	1,35	2032	1,60	0984	1,85	6437
30	7445	1	4060	6	1979	1	0737	6	6309
35	7311	2	3935	7	1928	2	0496	7	6185
40	7181	3	3814	8	1878	3	0262	8	6064
45	7054	4	3699	9	18298	4	0035	9	5946
0,950	6929	1,15	3587	1,40	17831	1,65	*9814	1,90	5830
55	6807	6	3480	1	17380	6	9599	1	5718
60	6687	7	3377	2	16943	7	9389	2	5608
65	6571	8	3277	3	16519	8	9186	3	5501
70	6456	9	3181	4	16109	9	8988	4	5396
0,975	6344	1,20	3089	1,45	15711	1,70	8795	1,95	5294
	0,		0,		0,		0,0		0,0

B. Die Langevinsche Funktion*)
B. The Langevin Function*)

Betrachtet wird ein System von gleichartigen, stabförmigen Molekularmagneten in einem äußeren magnetischen Feld. Ist μ das molekulare Moment, $\mathfrak{H}$ die magnetische Feldstärke und bedeutet k die Boltzmannsche Konstante, so wird das Verhalten des molekularen Magneten bei gegebener Temperatur T durch das mittlere Moment

We consider a system of molecular bar magnets of the same kind in an exterior magnetic field. If μ denotes the molecular moment, $\mathfrak{H}$ the magnetic field strength and k the Boltzmann constant, the behaviour of the molecular magnet at a given temperature T is determined by the mean moment

$$\overline{\mu} = \mu\left(\coth x - \frac{1}{x}\right) \quad \text{mit / with} \quad x = \frac{\mu\,\mathfrak{H}}{k\,T} \qquad \left(\begin{matrix}\text{Langevinsche Formel}\\ \text{Langevin's formula}\end{matrix}\right)$$

bestimmt. Die hier auftretende Funktion

The function

$$L(x) = \coth x - \frac{1}{x}$$

heißt *Langevinsche Funktion.*

appearing here is called the *Langevin function.*

---

*) Tafel 51

*) Table 51

Tafel 51. Die Langevinsche Funktion $L(x) = \coth x - \frac{1}{x}$
Table 51. The Langevin Function

x	L(x)	
	0,	
0,00	000000	3333
02	006666	3333
04	013332	3331,5
06	019995	3330
08	026655	3328
0,10	03331	332,5
12	03996	332,5
14	04661	331,5
16	05324	331,5
18	05987	331
0,20	06649	330,5
22	07310	329,5
24	07969	329,5
26	08628	328,5
28	09285	328
0,30	09941	327
32	10595	326
34	11247	325
36	11897	324,5
38	12546	323,5
0,40	13193	322,5
42	13838	321,5
44	14481	320
46	15121	319
48	15759	318
0,50	16395	317
52	17029	315,5
54	17660	314
56	18288	312,5
58	18913	311,5
0,60	19536	310
62	20156	308,5
64	20773	307
66	21387	305
68	21997	304
0,70	22605	302,5
72	23210	300,5
74	23811	299
76	24409	297
78	25003	295,5
0,80	25594	294
82	26182	292
84	26766	290
86	27346	288,5
88	27923	286,5
0,90	28496	284,5
92	29065	282,5
94	29630	281
96	30192	279
98	30750	277
1,00	31304	
	0,	

x	L(x)	
	0,	
1,00	3130	27,5
02	3185	27,5
04	3240	27
06	3294	27
08	3348	26,5
1,10	3401	26,5
12	3454	26,5
14	3507	26
16	3559	26
18	3611	25,5
1,20	3662	25,5
22	3713	25
24	3763	25
26	3813	25
28	3863	24,5
1,30	3912	24,5
32	3961	24,5
34	4010	24
36	4058	23,5
38	4105	23,5
1,40	4152	23,5
42	4199	23
44	4245	23
46	4291	22,5
48	4336	22,5
1,50	4381	22,5
52	4426	22
54	4470	22
56	4514	21,5
58	4557	21,5
1,60	4600	21
62	4642	21
64	4684	21
66	4726	20,5
68	4767	20,5
1,70	4808	20
72	4848	20
74	4888	20
76	4928	19,5
78	4967	19,5
1,80	5006	19,5
82	5045	19
84	5083	19
86	5121	18,5
88	5158	18,5
1,90	5195	18
92	5231	18
94	5267	18
96	5303	17,5
98	5338	17,5
2,00	5373	
	0,	

x	L(x)	
	0,	
2,00	5373	17,5
02	5408	17
04	5442	17
06	5476	17
08	5510	16,5
2,10	5543	16,2
15	5624	15,8
20	5703	15,4
2,25	5780	15,0
30	5855	14,6
35	5928	14,2
40	5999	13,8
45	6068	13,4
2,50	6135	13,2
55	6201	12,8
60	6265	12,4
65	6327	12,0
70	6387	11,8
2,75	6446	11,4
80	6503	11,0
85	6558	10,8
90	6612	10,6
95	6665	10,2
3,00	6716	10,0
05	6766	9,8
10	6815	9,4
15	6862	9,2
20	6908	9,0
3,25	6953	8,8
30	6997	8,6
35	7040	8,2
40	7081	8,2
45	7122	7,8
3,50	7161	7,8
55	7200	7,4
60	7237	7,2
65	7273	7,2
70	7309	7,0
3,75	7344	6,8
80	7378	6,8
85	7412	6,4
90	7444	6,4
95	7476	6,2
4,00	7507	
	0,	

x	L(x)	
	0,	
4,0	7507	59
1	7566	57
2	7623	55
3	7678	52
4	7730	50
5	7780	48
6	7828	46
7	7874	44
8	7918	42
9	7960	41
5,0	8001	39
1	8040	38
2	8078	36
3	8114	35
4	8149	33
5	8182	33
6	8215	31
7	8246	30
8	8276	29
9	8305	28
6,0	8333	27
2	8387	25,5
4	8438	23,5
6	8485	22
8	8529	21
7,0	8571	20
2	8611	19
4	8649	17,5
6	8684	17
8	8718	16
8,0	8750	15,5
2	8781	14,5
4	8810	13,5
6	8837	13,5
8	8864	12,5
9,0	8889	12
2	8913	11,5
4	8936	11
6	8958	11
8	8980	10
10,0	9000	10
2	9020	9,5
4	9039	9
6	9057	8,5
8	9074	8,5
11,0	9091	
	0,	

x	L(x)	
	0,	
11,0	9091	7,8
5	9130	7,4
12,0	9167	6,6
5	9200	6,2
13,0	9231	5,6
5	9259	5,4
14,0	9286	4,8
5	9310	4,6
15,0	9333	4,4
5	9355	4,0
16,0	9375	3,8
5	9394	3,6
17,0	9412	3,4
5	9429	3,0
18,0	9444	3,0
19	9474	26
20	9500	24
21	9524	22
22	9546	19
23	9565	18
24	9583	17
25	9600	15
26	9615	15
27	9630	13
28	9643	12
30	9667	10,5
32	9688	9
34	9706	8
36	9722	7,5
38	9737	6,5
40	9750	6
42	9762	5,5
44	9773	5
46	9783	4,5
48	9792	4
50	9800	3,6
55	9818	3,0
60	9833	2,6
65	9846	2,2
70	9857	2,0
75	9867	1,6
80	9875	1,4
90	9889	1,1
100	9900	
	0,	

C. Die Planck-Einsteinschen und Debyeschen Funktionen*)

C. The Planck-Einstein and Debye Functions*)

1. Planck-Einsteinsche Funktionen

Für ein System harmonisch mit der Schwingungszahl ν schwingender materieller Teilchen bezeichne $\Theta = h\nu/k$ (h Plancksches Wirkungsquantum, k Boltzmannsche Konstante) die charakteristische Temperatur. Dann lassen sich die Atomwärme C_v, die Gesamtenergie $U - U_0$ dividiert durch die absolute Temperatur T, die freie Energie $F - F_0$ dividiert durch die absolute Temperatur T und die Entropie S nach Planck und Einstein als universelle Funktionen von Θ/T darstellen. Sie lauten für einen Freiheitsgrad der Schwingung:

1. Planck-Einstein Functions

For a system of particles harmonically oscillating with frequency ν we denote by $\Theta = h\nu/k$ the characteristic temperature. (h Planck's quantum of action, k Boltzmann's constant.) Then the atomic heat C_v, the total energy $U - U_0$ divided by the absolute temperature T, the free energy $F - F_0$ divided by the absolute temperature T and the entropy S can be represented according to Planck and Einstein as universal functions of Θ/T. They run for one degree of freedom:

$$C_v = R x^2 e^x (e^x - 1)^{-2},$$

$$\frac{U - U_0}{T} = \frac{1}{T} \int_0^T C_v \, dT = R x (e^x - 1)^{-1},$$

$$\frac{F - F_0}{T} = \frac{1}{T} \int_0^T C_v \, dT - \int_0^T \frac{C_v}{T} \, dT = R \ln (1 - e^{-x}),$$

$$S = \int_0^T \frac{C_v}{T} \, dT = \frac{U - U_0}{T} - \frac{F - F_0}{T}$$

mit / with $x = \dfrac{\Theta}{T}$.

Die Tafeln 52 geben die Werte dieser Funktionen in cal/grad mol, wobei für die Gaskonstante der Wert $R = 1{,}987$ cal/grad mol benutzt ist.

The tables 52 give these functions in cal/grad mol, where for the gas constant is taken the value $R = 1{,}987$ cal/grad mol.

2. Debyesche Funktionen

Gehören die schwingenden Teilchen einem Festkörper an, so beeinflussen sie sich gegenseitig, und an die Stelle einer bestimmten Schwingungszahl ν tritt ein Schwingungsspektrum. Auch in diesem Falle läßt sich jedoch eine charakteristische Temperatur Θ so festlegen, daß die Atomwärme C_v und die daraus abgeleiteten Größen universelle Funktionen von Θ/T sind. Führt man die Funktion

2. Debye Functions

If the oscillating particles belong to a solid, they influence each other, and instead of a fixed frequency ν we have a spectrum of frequencies. In this case too a characteristic temperature Θ can be fixed so that the atomic heat C_v and the derived values are universal functions of Θ/T. If we introduce the function

$$D(x) = \frac{3}{x^3} \int_0^x \frac{\xi^3}{e^\xi - 1} \, d\xi$$

ein, so gilt nach Debye für drei Freiheitsgrade der Schwingung

we have according to Debye for three degrees of freedom of the oscillation

$$C_v = 3R\,[4D(x) - 3x(e^x - 1)^{-1}]$$

mit / with $x = \Theta/T$.

Hieraus leiten sich $(U - U_0)/T$, $(F - F_0)/T$ und S wie unter 1. ab; insbesondere gilt

From this one can derive $(U - U_0)/T$, $(F - F_0)/T$ and S as in 1.; in particular we have

$$\frac{U - U_0}{T} = 3R \cdot D(x).$$

Die Tafeln 53 geben die Werte der Funktionen in cal/grad mol für $R = 1{,}987$ cal/grad mol.

The tables 53 give the values of the functions in cal/grad mol for $R = 1{,}987$ cal/grad mol.

*) Tafeln 52 und 53

*) Tables 52 and 53

Tafel 52a. Die Planck-Einsteinschen Funktionen $C_v, \frac{U-U_0}{T}$
Table 52a. The Planck-Einstein Functions

Θ/T	C_v	$\frac{U-U_0}{T}$	Θ/T	C_v	$\frac{U-U_0}{T}$	Θ/T	C_v	$\frac{U-U_0}{T}$
	1,	**1,**		**0,**	**0,0**		**0,00**	**0,00**
0,0	987	987	5,0	339	674	10,0	90	09
1	985	889	1	319	622	1	83	08
2	980	795	2	300	573	2	77	08
3	972	704	3	281	528	3	71	07
4	961	616	4	264	487	4	65	06
0,5	946	531	5,5	248	448	10,5	60	06
6	928	450	6	232	413	6	56	05
7	908	372	7	217	380	7	51	05
8	884	297	8	204	350	8	47	04
9	858	225	9	191	322	9	44	04
1,0	829	156	6,0	178	296	11,0	40	04
1	798	091	1	167	272	1	37	03
2	765	028	2	156	251	2	34	03
3	729	*968	3	145	230	3	31	03
4	692	911	4	136	212	4	29	03
1,5	653	856	6,5	127	194	11,5	27	02
6	612	804	6	118	179	6	25	02
7	570	755	7	110	164	7	23	02
8	527	708	8	103	151	8	21	02
9	483	664	9	096	138	9	19	02
2,0	439	622	7,0	0889	127	12,0	18	01
1	393	582	1	0828	116	1	16	**0,00**
2	348	545	2	0770	107	2	15	
3	302	509	3	0716	098	3	14	
4	256	476	4	0666	090	4	13	
2,5	210	444	7,5	0619	082	12,5	12	
6	164	414	6	0575	076	6	11	
7	119	387	7	0534	069	7	10	
8	074	360	8	0496	064	8	09	
9	030	336	9	0460	058	9	08	
3,0	*986	312	8,0	0427	053	13,0	08	
1	943	291	1	0396	049	1	07	
2	901	270	2	0367	045	2	06	
3	860	251	3	0340	041	3	06	
4	820	233	4	0315	038	4	05	
3,5	782	217	8,5	0292	034	13,5	05	
6	744	201	6	0271	031	6	05	
7	707	186	7	0251	029	7	04	
8	672	173	8	0232	026	8	04	
9	637	160	9	0215	024	9	04	
4,0	604	148	9,0	0199	022	14,0	03	
1	572	137	1	0184	020	1	03	
2	542	127	2	0170	018	2	03	
3	512	118	3	0157	017	3	03	
4	484	109	4	0145	015	4	02	
4,5	457	1004	9,5	0134	014	14,5	02	
6	431	0928	6	0124	013	6	02	
7	407	0857	7	0115	012	7	02	
8	383	0791	8	0106	011	8	02	
9	361	0730	9	0098	010	9	01	
5,0	339	0674	10,0	0090	009	15,0	01	
	0,	**0,**		**0,**	**0,0**		**0,00**	

Tafel 52b. Die Planck-Einsteinschen Funktionen $-\frac{F-F_0}{T}$, S
Table 52b. The Planck-Einstein Functions $-\frac{F-F_0}{T}$, S

Θ/T	$-\frac{F-F_0}{T}$	S	Θ/T	$-\frac{F-F_0}{T}$	S	Θ/T	$-\frac{F-F_0}{T}$	S
				0,	**0,**		**0,0**	**0,0**
0,0	∞	∞	2,5	170	614	5,0	13	81
1	4,674	6,563	6	153	568	1	12	74
2	3,393	5,188	7	138	525	2	11	68
3	2,683	4,387	8	125	485	3	10	63
4	2,205	3,821	9	112	448	4	09	58
0,5	1,853	3,385	3,0	101	414	5,5	08	53
6	1,581	3,032	1	092	382	6	07	49
7	1,364	2,736	2	083	353	7	07	45
8	1,185	2,483	3	075	326	8	06	41
9	1,037	2,262	4	067	301	9	05	38
1,0	0,911	2,068	3,5	061	277	6,0	05	35
1	0,804	1,895	6	055	256	1	04	32
2	0,712	1,740	7	050	236	2	04	29
3	0,632	1,600	8	045	218	3	04	27
4	0,563	1,473	9	041	201	4	03	24
1,5	0,502	1,358	4,0	037	185	6,5	03	22
6	0,448	1,252	1	033	170	6	03	21
7	0,401	1,156	2	029	157	7	02	19
8	0,359	1,067	3	027	145	8	02	17
9	0,322	0,986	4	025	133	9	02	16
2,0	0,289	0,911	4,5	022	123	7,0	02	15
1	0,260	0,842	6	020	113		**0,0**	**0,0**
2	0,233	0,778	7	018	104			
3	0,210	0,719	8	016	096			
4	0,189	0,665	9	015	088			
2,5	0,170	0,614	5,0	013	081			
				0,	**0,**			

Das asymptotische Verhalten der Planck-Einsteinschen Funktionen für $x \gg 1$ wird gegeben durch

The asymptotic behaviour of the Planck-Einstein functions for $x \gg 1$ is given by

$$C_v \approx R x^2 e^{-x}, \quad \frac{U-U_0}{T} \approx R x e^{-x}, \quad -\frac{F-F_0}{T} \approx R e^{-x}, \quad S \approx R(1+x)\, e^{-x}.$$

Das asymptotische Verhalten der Debyeschen Funktionen für $x \gg 1$ wird durch das *Debyesche T^3-Gesetz* gegeben:

The asymptotic behaviour of the Debye functions for $x \gg 1$ is given by *Debye's T^3-theorem:*

$$C_v \approx \frac{12\pi^4}{5} R x^3, \quad \frac{U-U_0}{T} \approx \frac{3\pi^4}{5} R x^3, \quad -\frac{F-F_0}{T} \approx \frac{\pi^4}{5} \cdot R x^3, \quad S \approx \frac{4\pi^4}{5} R x^3.$$

Tafel 53a. Die Debyeschen Funktionen C_v, $\frac{U-U_0}{T}$
Table 53a. The Debye Functions

Θ/T	C_v	$\frac{U-U_0}{T}$	Θ/T	C_v	$\frac{U-U_0}{T}$	Θ/T	C_v	$\frac{U-U_0}{T}$
					0,		0,	0,1
0,0	5,961	5,9610	5,0	2,197	7010	10,0	4520	150
1	5,958	5,7404	1	2,128	6718	1	4394	117
2	5,949	5,5258	2	2,060	6439	2	4273	085
3	5,934	5,3172	3	1,994	6173	3	4157	055
4	5,914	5,1144	4	1,930	5919	4	4044	025
0,5	5,887	4,9176	5,5	1,867	5677	10,5	3935	*9966
6	5,855	4,7266	6	1,807	5447	6	3829	9691
7	5,817	4,5414	7	1,748	5226	7	3727	9426
8	5,775	4,3620	8	1,692	5016	8	3629	9170
9	5,726	4,1883	9	1,637	4816	9	3533	8924
1,0	5,673	4,0202	6,0	1,584	4625	11,0	3441	8685
1	5,615	3,8576	1	1,532	4442	1	3352	8456
2	5,553	3,7006	2	1,482	4268	2	3266	8234
3	5,486	3,5489	3	1,433	4102	3	3183	8019
4	5,415	3,4025	4	1,387	3943	4	3102	7812
1,5	5,341	3,2613	6,5	1,342	3791	11,5	3024	7612
6	5,263	3,1252	6	1,298	3647	6	2948	7419
7	5,181	2,9941	7	1,256	3509	7	2875	7232
8	5,097	2,8679	8	1,215	3377	8	2804	7051
9	5,010	2,7464	9	1,176	3250	9	2736	6876
2,0	4,920	2,6296	7,0	1,138	3130	12,0	2669	6706
1	4,829	2,5173	1	1,101	3015	1	2605	6542
2	4,735	2,4094	2	1,066	2905	2	2543	6384
3	4,640	2,3058	3	1,031	2799	3	2482	6230
4	4,544	2,2064	4	0,9985	2699	4	2423	6081
2,5	4,446	2,1110	7,5	0,9667	2602	12,5	2367	5937
6	4,348	2,0195	6	0,9360	2510	6	2312	5798
7	4,249	1,9319	7	0,9064	2422	7	2258	5662
8	4,149	1,8479	8	0,8778	2338	8	2206	5531
9	4,050	1,7674	9	0,8503	2257	9	2156	5404
3,0	3,951	1,6904	8,0	0,8237	2179	13,0	2107	5281
1	3,852	1,6167	1	0,7981	2105	1	2060	5161
2	3,753	1,5462	2	0,7734	2034	2	2014	5045
3	3,655	1,4787	3	0,7496	1966	3	1969	4932
4	3,558	1,4143	4	0,7266	1901	4	1926	4823
3,5	3,462	1,3526	8,5	0,7044	1838	13,5	1883	4717
6	3,366	1,2937	6	0,6830	1778	6	1843	4614
7	3,272	1,2374	7	0,6624	1721	7	1803	4514
8	3,180	1,1837	8	0,6425	1666	8	1764	4417
9	3,088	1,1323	9	0,6234	1613	9	1727	4322
4,0	2,999	1,0833	9,0	0,6048	1562	14,0	1690	4230
1	2,911	1,0365	1	0,5870	1513	1	1655	4141
2	2,824	0,9919	2	0,5698	1466	2	1620	4054
3	2,739	0,9493	3	0,5532	1421	3	1586	3970
4	2,656	0,9086	4	0,5371	1378	4	1554	3888
4,5	2,575	0,8698	9,5	0,5216	1336	14,5	1522	3808
6	2,496	0,8328	6	0,5067	1296	6	1491	3731
7	2,420	0,7978	7	0,4923	1257	7	1461	3655
8	2,343	0,7638	8	0,4784	1220	8	1432	3581
9	2,269	0,7316	9	0,4649	1185	9	1403	3510
5,0	2,197	0,7010	10,0	0,4520	1150	15,0	1375	3440
					0,		0,	0,0

Tafel 53b. Die Debyeschen Funktionen $-\frac{F-F_0}{T}$, S
Table 53b. The Debye Functions

Θ/T	$-\frac{F-F_0}{T}$	S	Θ/T	$-\frac{F-F_0}{T}$	S	Θ/T	$-\frac{F-F_0}{T}$	S
				0,	**0,**		**0,0**	**0,1**
0,0	∞	∞	5,0	2740	9750	10,0	386	536
1	15,935	21,675	1	2604	9321	1	375	492
2	12,022	17,548	2	2476	8915	2	364	449
3	9,821	15,138	3	2356	8529	3	354	408
4	8,319	13,434	4	2243	8162	4	343	369
0,5	7,199	12,117	5,5	2137	7814	10,5	334	330
6	6,320	11,046	6	2036	7483	6	325	294
7	5,605	10,147	7	1942	7168	7	316	258
8	5,010	9,372	8	1853	6869	8	307	224
9	4,507	8,695	9	1769	6585	9	299	191
1,0	4,074	8,094	6,0	1689	6314	11,0	291	159
1	3,699	7,556	1	1615	6057	1	283	128
2	3,370	7,070	2	1544	5812	2	275	099
3	3,080	6,629	3	1477	5578	3	268	070
4	2,822	6,225	4	1413	5356	4	261	042
1,5	2,592	5,853	6,5	1354	5145	11,5	254	016
6	2,386	5,511	6	1297	4943	6	248	* 990
7	2,201	5,195	7	1243	4751	7	242	965
8	2,033	4,901	8	1192	4568	8	235	941
9	1,881	4,628	9	1144	4394	9	230	917
2,0	1,7433	4,373	7,0	1098	4228	12,0	224	895
1	1,6178	4,135	1	1054	4069	1	218	873
2	1,5032	3,913	2	1013	3917	2	213	851
3	1,3984	3,704	3	0973	3773	3	208	831
4	1,3024	3,509	4	0936	3635	4	203	811
2,5	1,2142	3,325	7,5	0900	3503	12,5	198	792
6	1,1332	3,153	6	0867	3377	6	193	773
7	1,0587	2,991	7	0834	3256	7	189	755
8	0,9899	2,838	8	0804	3141	8	185	738
9	0,9265	2,694	9	0774	3031	9	180	721
3,0	0,8679	2,558	8,0	0746	2926	13,0	176	704
1	0,8137	2,430	1	0720	2825	1	172	688
2	0,7635	2,310	2	0694	2729	2	168	673
3	0,7169	2,196	3	0670	2636	3	165	658
4	0,6738	2,088	4	0647	2548	4	161	643
3,5	0,6337	1,986	8,5	0625	2463	13,5	157	629
6	0,5964	1,890	6	0604	2382	6	154	615
7	0,5617	1,799	7	0584	2304	7	151	602
8	0,5294	1,713	8	0564	2230	8	147	589
9	0,4993	1,632	9	0546	2158	9	144	576
4,0	0,4713	1,5546	9,0	0528	2090	14,0	141	564
1	0,4451	1,4817	1	0511	2024	1	138	552
2	0,4207	1,4126	2	0495	1961	2	135	541
3	0,3979	1,3471	3	0479	1900	3	132	529
4	0,3765	1,2851	4	0464	1842	4	130	518
4,5	0,3565	1,2263	9,5	0450	1786	14,5	127	508
6	0,3378	1,1706	6	0436	1732	6	124	497
7	0,3204	1,1183	7	0423	1680	7	122	487
8	0,3039	1,0676	8	0410	1630	8	119	478
9	0,2884	1,0201	9	0398	1582	9	117	468
5,0	0,2740	0,9750	10,0	0386	1536	15,0	115	459
				0,	**0,**		**0,0**	**0,0**

D. Die Quellenfunktionen der Wärmeleitung*)

D. Source Functions of Heat Conduction*)

In einem n-dimensionalen unendlich ausgedehnten gleichförmigen Körper sei anfangs eine endliche Wärmemenge im Nullpunkt zusammengedrängt und sonst keine Wärme vorhanden. Das dieser Wärmemenge proportionale und daher von der Zeit unabhängige Raumintegral der Temperatur über den unendlichen n-dimensionalen Raum sei $=1$. Dann ist die Temperatur u zur Zeit $t=y/4a^2$ ($a^2=$ Temperaturleitfähigkeit) im Abstand x vom Nullpunkt

In an n-dimensional infinitely extended homogeneous body let a finite quantity of heat be initially concentrated at the origin and no heat at any other point. Let the volume-integral of the temperature extended over infinite n-dimensional space which is proportional to this heat quantity and therefore independent of the time, be equal to unity. Then at time $t=y/4a^2$ ($a^2=$ thermal conductivity) the temperature u at distance x from the origin is

$$u = e^{-x^2/y}(\pi y)^{-n/2}.$$

Die Figuren 184 bis 189 stellen diese Funktion dar für die Fälle $n=1$ (erhitzte Ebene, isotherme Ebenen), $n=2$ (erhitzte Gerade, isotherme Kreiszylinderflächen, $x=r$), $n=3$ (erhitzter Punkt, isotherme Kugelflächen, $x=R$).

The figures 184 to 189 represent this function for the cases $n=1$ (heated plane, isothermal planes), $n=2$ (heated straight line, isothermal cylindrical surfaces, $x=r$), $n=3$ (heated point, isothermal spherical surfaces, $x=R$).

*) Figuren 184 bis 189

*) Figures 184 to 189

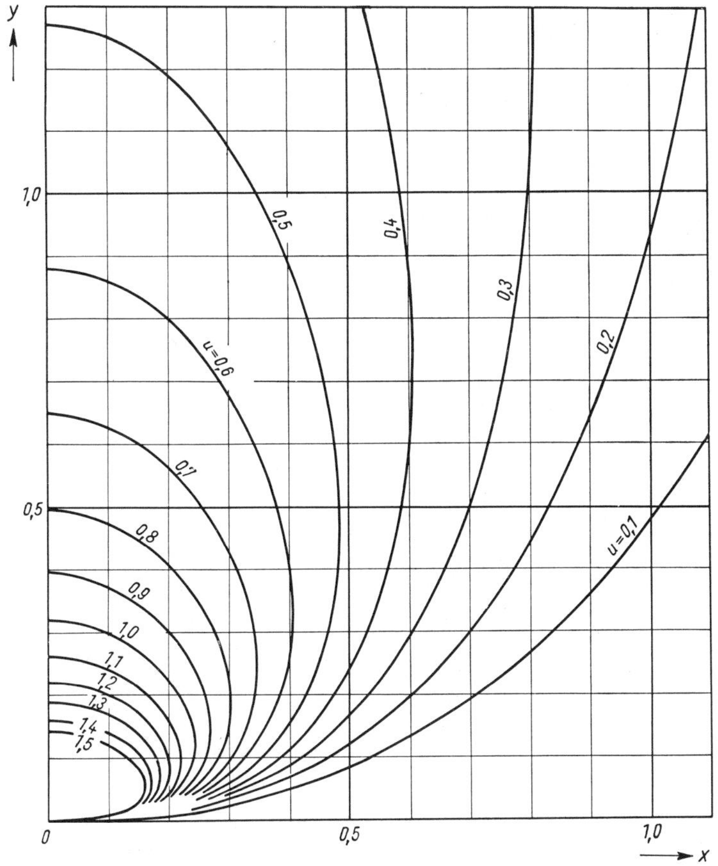

Fig. 184 Quellenfunktion der Wärmeleitung, eindimensional

Fig. 184 Source function of heat conduction, one dimensional

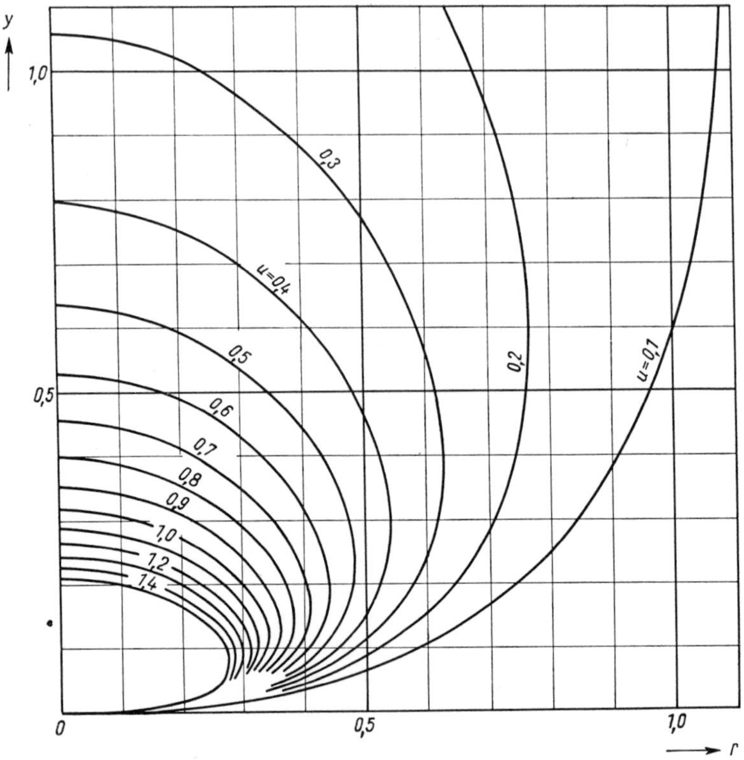

Fig. 185 Quellenfunktion der Wärmeleitung, zweidimensional
Fig. 185 Source function of heat conduction, two dimensional

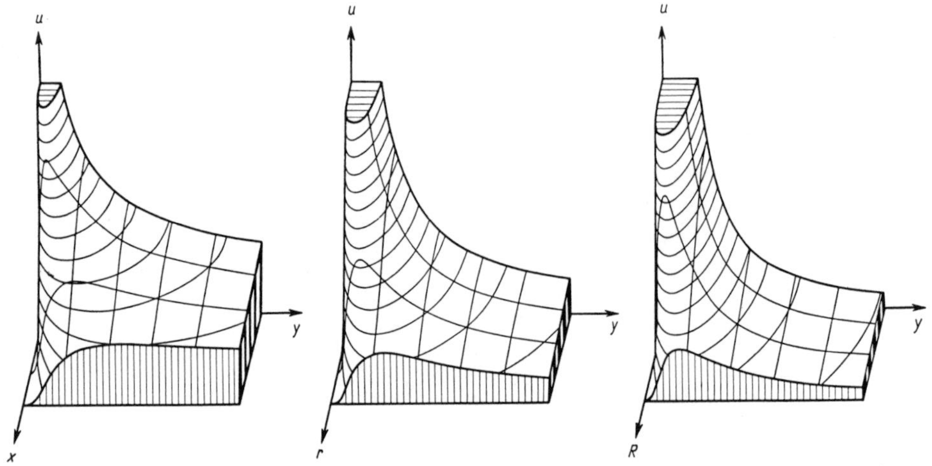

Erhitzte Ebene
Heated plane

Erhitzte Gerade
Heated straight-line

Erhitzter Punkt
Heated point

Fig. 187, 188 und 189 Quellenfunktionen der Wärmeleitung
Fig. 187, 188 and 189 Source functions of heat conduction

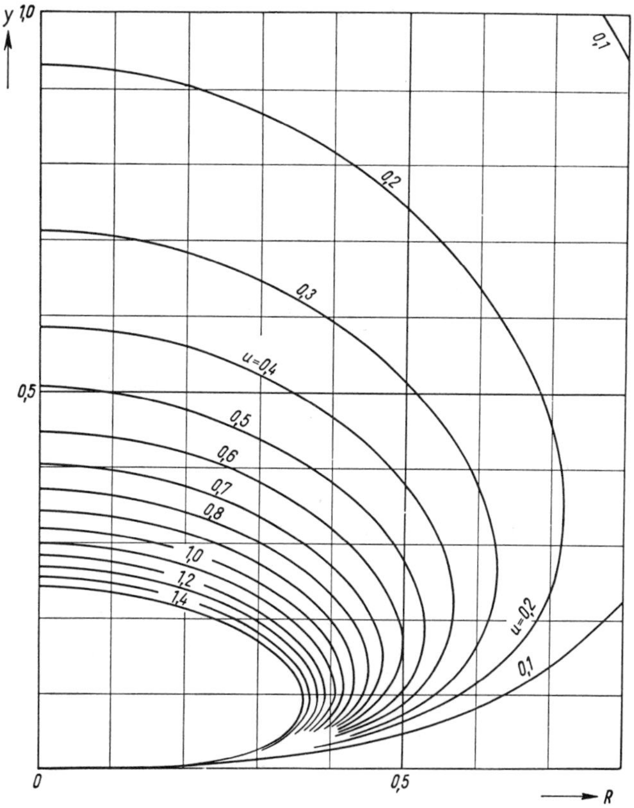

Fig. 186 Quellenfunktion der Wärmeleitung, dreidimensional

Fig. 186 Source function of heat conduction, three dimensional

Tafel 54. Einige Konstanten
Table 54. Some Constants

$\sqrt{2}$	$= 1{,}414\,213\,562 = 1 : 0{,}707\,106\,781$	π	$= 3{,}141\,592\,654 = 1 : 0{,}318\,309\,886$
$\sqrt{3}$	$= 1{,}732\,050\,808 = 1 : 0{,}577\,350\,269$	π^2	$= 9{,}869\,604\,401 = 1 : 0{,}101\,321\,184$
$\sqrt{10}$	$= 3{,}162\,277\,660 = 1 : 0{,}316\,227\,766$	π^3	$= 31{,}006\,276\,680 = 1 : 0{,}032\,251\,534$
$\sqrt[3]{2}$	$= 1{,}259\,921\,050 = 1 : 0{,}793\,700\,526$	$\sqrt{\pi}$	$= 1{,}772\,453\,851 = 1 : 0{,}564\,189\,584$
$\sqrt[3]{10}$	$= 2{,}154\,434\,690 = 1 : 0{,}464\,158\,883$	$\sqrt{2\pi}$	$= 2{,}506\,628\,275 = 1 : 0{,}398\,942\,280$
e	$= 2{,}718\,281\,828 = 1 : 0{,}367\,879\,441$	$\sqrt{\pi/2}$	$= 1{,}253\,314\,137 = 1 : 0{,}797\,884\,561$
e^2	$= 7{,}389\,056\,099 = 1 : 0{,}135\,335\,283$	$\sqrt[3]{\pi}$	$= 1{,}464\,591\,888 = 1 : 0{,}682\,784\,063$
$\sqrt{e}$	$= 1{,}648\,721\,271 = 1 : 0{,}606\,530\,660$	e^{π}	$= 23{,}140\,692\,633 = 1 : 0{,}043\,213\,918$
$\log_e 10$	$= 2{,}302\,585\,093 = 1 : 0{,}434\,294\,482$	$e^{\pi/2}$	$= 4{,}810\,477\,381 = 1 : 0{,}207\,879\,576$
$\log_e 2$	$= 0{,}693\,147\,181$	$\log_{10}\pi$	$= 0{,}497\,149\,873$
$\log_e 3$	$= 1{,}098\,612\,289$	$\log_e \pi$	$= 1{,}144\,729\,886$

$$C = \log_e \gamma = 0{,}577\,215\,665 \qquad \gamma = e^C = 1{,}781\,072\,418$$

(Eulersche Konstante / Euler's constant)

$\Gamma(1/3)$	$= 2{,}678\,938\,535 = 1 : 0{,}373\,282\,174$	$\Gamma(1/4)$	$= 3{,}625\,609\,908 = 1 : 0{,}275\,815\,663$
$\Gamma(2/3)$	$= 1{,}354\,117\,939 = 1 : 0{,}738\,488\,112$	$\Gamma(3/4)$	$= 1{,}225\,416\,702 = 1 : 0{,}816\,048\,939$
$\Gamma(4/3)$	$= 0{,}892\,979\,512 = 1 : 1{,}119\,846\,522$	$\Gamma(5/4)$	$= 0{,}906\,402\,477 = 1 : 1{,}103\,262\,651$
$\Gamma(5/3)$	$= 0{,}902\,745\,293 = 1 : 1{,}107\,732\,167$	$\Gamma(7/4)$	$= 0{,}919\,062\,527 = 1 : 1{,}088\,065\,252$

Bernoullische Zahlen B_n

Die Bernoullischen Zahlen ergeben sich aus der Entwicklung

Bernoulli numbers B_n

The Bernoulli numbers may be found from the expansion

$$\frac{z}{e^z - 1} = \sum_{n=0}^{\infty} \frac{B_n}{n!} z^n .$$

Es ist

We get

$$B_0 = 1, \quad B_1 = -\frac{1}{2}, \quad B_{2k+1} = 0, \quad B_{2k} = (-1)^{k-1} \frac{2\cdot(2k)!}{(2\pi)^{2k}} \sum_{n=1}^{\infty} \frac{1}{n^{2k}} \qquad (k = 1, 2, \cdots),$$

speziell

in particular

B_2	$= 1 : 6$	$= 0{,}166\,666\,667$	B_{12}	$= -691 : 2730$	$= -0{,}253\,113\,553$
B_4	$= -1 : 30$	$= -0{,}033\,333\,333$	B_{14}	$= 7 : 6$	$= 1{,}166\,666\,667$
B_6	$= 1 : 42$	$= 0{,}023\,809\,524$	B_{16}	$= -3\,617 : 510$	$= -7{,}092\,156\,863$
B_8	$= -1 : 30$	$= -0{,}033\,333\,333$	B_{18}	$= 43\,867 : 798$	$= 54{,}971\,177\,945$
B_{10}	$= 5 : 66$	$= 0{,}075\,757\,576$	B_{20}	$= -174\,611 : 330$	$= -529{,}124\,242\,424$

In abweichender Bezeichnung wird $(-1)^{n+1} B_{2n}$ die n-te Bernoullische Zahl genannt und mit B_n bezeichnet.

In a different notation $(-1)^{n+1} B_{2n}$ is called the nth Bernoulli number and is denoted by B_n.

Tafel 55. Hilfstafel für quadratische Interpolation
Table 55. Auxiliary Table for quadratic Interpolation

t	E_0^2		E_1^2			t	E_0^2		E_1^2		
0,00	0,0000	33	0,0000	17	1,00	0,25	−0,0547	11	−0,0391	13	0,75
01	−0,0033	32	−0,0017	16	0,99	26	0558	10	0404	13	74
02	0065	31	0033	17	98	27	0568	10	0417	13	73
03	0096	29	0050	17	97	28	0578	9	0430	13	72
04	0125	29	0067	16	96	29	0587	8	0443	12	71
0,05	−0,0154	28	−0,0083	17	0,95	0,30	−0,0595	7	−0,0455	12	0,70
06	0182	27	0100	16	94	31	0602	7	0467	12	69
07	0209	27	0116	16	93	32	0609	6	0479	11	68
08	0236	25	0132	17	92	33	0615	6	0490	11	67
09	0261	24	0149	16	91	34	0621	5	0501	11	66
0,10	−0,0285	23	−0,0165	16	0,90	0,35	−0,0626	4	−0,0512	10	0,65
11	0308	23	0181	16	89	36	0630	3	0522	10	64
12	0331	21	0197	16	88	37	0633	3	0532	10	63
13	0352	21	0213	16	87	38	0636	2	0542	9	62
14	0373	20	0229	15	86	39	0638	2	0551	9	61
0,15	−0,0393	19	−0,0244	16	0,85	0,40	−0,0640	1	−0,0560	8	0,60
16	0412	18	0260	15	84	41	0641	0	0568	9	59
17	0430	18	0275	15	83	42	0641	0	0577	7	58
18	0448	16	0290	15	82	43	0641	0	0584	7	57
19	0464	16	0305	15	81	44	0641	2	0591	7	56
0,20	−0,0480	15	−0,0320	15	0,80	0,45	−0,0639	1	−0,0598	6	0,55
21	0495	14	0335	14	79	46	0638	3	0604	6	54
22	0509	13	0349	14	78	47	0635	3	0610	6	53
23	0522	13	0363	14	77	48	0632	3	0616	5	52
24	0535	12	0377	14	76	49	0629	4	0621	4	51
0,25	−0,0547		−0,0391		0,75	0,50	−0,0625		−0,0625		0,50
	E_1^2		E_0^2		t		E_1^2		E_0^2		t

Interpolationsformel: **Interpolation formula:**

$$x_0 \quad y_0 = f(x_0) \quad \hat{\delta}^2 y_0$$
$$x_1 \quad y_1 = f(x_1) \quad \hat{\delta}^2 y_1$$

$$t = \frac{x - x_0}{x_1 - x_0} \; : \; y_x = f(x) = \begin{aligned} &(1-t)\, y_0 + E_0^2 \hat{\delta}^2 y_0 \\ &+ t\, y_1 + E_1^2 \hat{\delta}^2 y_1 \,. \end{aligned}$$

Literatur
Bibliography

[Abkürzungen: / Abbreviations: D = Dezimalen / Decimals S = Bewertete Stellen / Significant Figures]

Aus der umfangreichen Literatur über „Höhere Funktionen" gibt die folgende Zusammenstellung zuerst einige Werke, die sich auf das Gesamtgebiet beziehen. Weiter enthält sie für jeden Abschnitt des Buches ein Verzeichnis von Werken, die der jeweils behandelten speziellen Funktionenklasse gewidmet sind.

From the extensive literature on "Higher Functions" the following collection gives at first some works which relate to the whole domain. Further it contains for each section of the book an index of works which are devoted to the special class of functions treated in this section.

Handbücher / Textbooks

[1] A. Erdélyi, W. Magnus, F. Oberhettinger and F. G. Tricomi: Higher transcendental functions, I–III. Bateman Manuscript Project, New York–Toronto–London 1953–1955. 302, 396 and 292 p.

[2] E. T. Whittaker and G. N. Watson: A course of modern analysis. 4th edition, Cambridge 1927. 608 p.

Formelsammlungen / Collections of Formulas

[3] W. Magnus und F. Oberhettinger: Formeln und Sätze für die speziellen Funktionen der mathematischen Physik. 2. Aufl., Berlin-Göttingen-Heidelberg 1948. 230 S.

[4] I. M. Ryshik und I. S. Gradstein: Summen-, Produkt- und Integral-Tafeln. Berlin 1957. 438 S.

Tafeln / Tables

Verzeichnisse der vor dem Jahre 1944 bzw. der vor dem Jahre 1952 erschienenen mathematischen Tafeln geben

Lists of the mathematical tables which appeared before 1944 resp. before 1952 are given in

[5] A. Fletcher, J. C. P. Miller and L. Rosenhead: An index of mathematical tables. London 1946. 450 S.

[6] A. V. Lebedev und R. M. Fedorova: Verzeichnis mathematischer Tafeln. Moskau 1956; Russisch. 550 S.

Eine laufende Berichterstattung über alle Neuerscheinungen auf dem Gebiete der mathematischen Tafeln gibt seit dem Jahre 1944 die Zeitschrift

A current reference to all new works in the domain of mathematical tables is given beginning with the year 1944 by the journal

[7] Mathematical tables and other aids to computation. A Quarterly Journal, published by the National Research Council, Washington.

I. Die Gammafunktionen
I. The Gamma Functions

[1] N. Nielsen: Handbuch der Theorie der Gammafunktion. Leipzig 1906. 326 S.

[2] E. Artin: Einführung in die Theorie der Gammafunktion. Leipzig und Berlin 1931. 35 S.

[3] F. Lösch und F. Schoblik: Die Fakultät (Gammafunktion) und verwandte Funktionen. Leipzig 1951. 205 S.

[4] P. E. Böhmer: Differenzengleichungen und bestimmte Integrale. Leipzig 1939. S. 82–148.

[5] N. E. Nörlund: Differenzenrechnung. Berlin 1924. S. 98–118.

[6] L. M. Milne-Thomson: The calculus of finite differences. London 1951. P. 241–270.

Tafeln / Tables

[7] A. M. Legendre: Tables of the logarithms of the complete Γ-function to twelve figures. Tracts for computers Nr. IV, herausgegeben von K. Pearson. London 1921. 10 p.
$\log_{10} \Gamma(x)$ für $x = 1\,(.001)\,2$, 12 D.

[8] K. Hayashi: Sieben- und mehrstellige Tafeln der Kreis- und Hyperbelfunktionen und deren Produkte sowie der Gammafunktion. Berlin 1926. 283 S.

$\log_{10} \Gamma(x)$ für $x = 0$ (.01) 1 (.00001) 1.001 (.0001) 1.1 (.001) 2 (.01) 3, 8 bis 13 D.
$\Gamma(x)$ für $x = -5$ (.01) 1 (.001) 2 (.01) 5, 7 bis 8 D.

[9] H. T. Davis: Tables of the higher mathematical functions I, II. Bloomington 1933–35. 377 and 391 p.
I: $\log_{10} \Gamma(x)$ für $x = -10$ (.01) 1 (.001) 2 (.01) 11 (.1) 101, 12 bis 15 D; 1 (.0001) 1.1, 10 D; 1 (.01) 2, 20 D.
$\Gamma(x)$ für $x = -10$ (.01) 1, 10 S; 1 (.001) 2, 10 D; 1 (.0001) 1.1, 10 D.
$\psi(x)$ für $x = -10$ (.01) 1 (.001) 2 (.02) 20, 10 bis 15 D; 0.5 (.5) 100, 16 D; 100 (1) 450, 10 D; 1 (.0001) 1.1, 10 D; 1 (.01) 2, 18 D.
$\log_{10} \psi(x)$ für $x = -10$ (.01) 1 (.001) 2, 10 D; 1 (.0001) 1.1, 10 D.
$1/\Gamma(re^{i\Theta}) = P(r, \Theta) + i\, Q(r, \Theta)$ für $r = -1$ (.1) 1, $\Theta = 0°, 30°, 45°, 60°, 90°, 120°, 135°, 150°$, 12 D.
II: $\psi^{(n)}(x)$, $n = 1, 2, 3, 4$ für $x = -10$ (.1) 0 (.01) 4 (.02) 20 (.1) 100, 10 bis 19 D.
$\log \psi^{(n)}(x)$, $n = 1, 2, 3, 4$ für $x = -10$ (.1) 0 (.01) 1, 10 D.

[10] British Association Mathematical Tables I: Circular and hyperbolic functions, exponential, sine and cosine integrals, factorial function and allied functions, Hermitian probability functions. 3rd ed., Cambridge 1951. 72 p.
$\Gamma(x)$ für $x = 1$ (.01) 2, 12 D.
$\psi^{(n)}(x)$, $n = 0, 1, 2, 3$ für $x = 1$ (.01) 2, 11 (.1) 61, 10 bis 12 D.
$\int_0^x \log_{10} \Gamma(1 + t)\, dt$ für $x = 0$ (.01) 1, 10 D.

[11] A. Ghizzetti: Tavola della funzione euleriana $\Gamma(z)$ per valori complessi dell' argomento. Atti Accad. Naz. Lincei, Rend., VIII. Ser. **3** (1947), 254–257.
$\Gamma(x + i\, y)$ für $x = 4$ (.1) 5, $y = 0$ (.1) 1, 5 S.

[12] J. P. Stanley and M. V. Wilkes: Table of the reciprocal of the gamma function for complex argument. Toronto 1950. 100 p.
$1/\Gamma(x + i\, y)$ für $x = -0.5$ (.01) 0.5, $y = 0$ (.01) 1, 6 D.

[13] National Bureau of Standards, Applied Mathematics Series 34: Table of the gamma function for complex arguments. Washington 1954. 105 p.
$\log_e \Gamma(x + i\, y)$ für $x = 0$ (.1) 10, $y = 0$ (.1) 10, 12 D.

[14] K. Pearson: Tables of the incomplete Γ-function. London 1922. 164 p.
$I(u, p) = \int_0^x e^{-t} t^p\, dt : \int_0^\infty e^{-t} t^p\, dt$ mit $u = x/\sqrt{p+1}$ für $p = -1$ (.05) 0 (.1) 5 (.2) 50, $u = 0$ (.1) bis $I(u, p) = 1$ (auf 7 D), 7 D; ferner für $p = -1$ (.01) -0.75, $u = 0$ (.1) 6, 5 D.
$\log_{10} I(u, p)/u^{p+1}$ für $p = -1$ (.05) 0 (.1) 10, $u = 0$ (.1) 1.5, 8 D.

[15] K. Pearson: Tables of the incomplete beta-function. London 1934. 494 p.
$I_x(p, q) = B_x(p, q)/B(p, q)$ mit $B_x(p, q) = \int_0^x x^{p-1} (1-x)^{q-1}\, dx$ für $p, q = 0.5$ (.5) 11 (1) 50, $p \geqq q$, $x = 0$ (.01) 1 und zugehörige Werte des Nenners $B(p, q) = B_1(p, q)$, 7 D.

II. Die Integralexponentielle und verwandte Funktionen
II. The Exponential Integral and related Functions

[1] N. Nielsen: Theorie des Integrallogarithmus und verwandter Transzendenten. Leipzig 1906. 106 S.
[2] F. Lösch und F. Schoblik: I, [3].
[3] P. E. Böhmer: I, [4].

Tafeln **Tables**

[4] National Bureau of Standards, Mathematical Tables Project [MT 5, 6]: Tables of sine, cosine and exponential integrals I, II. Washington 1940. 444 and 225 p.
I: $-\mathrm{Ei}(-x)$, $\mathrm{Ei}^*(x)$, $\mathrm{Si}(x)$, $\mathrm{Ci}(x)$ für $x = 0$ (.0001) 2, 9 D; 0 (.1) 10, 9 D.
$-\mathrm{Ei}(-x) + \log_e x$, $\mathrm{Ei}^*(x) - \log_e x$, $\mathrm{Ci}(x) - \log_e x$ für $x = 0$ (.0001) 0.01, 9 D.
II: $-\mathrm{Ei}(-x)$ für $x = 0$ (.001) 10, 9 S; 10 (.1) 15, 14 D.
$\mathrm{Ei}^*(x)$ für $x = 0$ (.001) 10, 10 S; 10 (.1) 15, 10 bis 11 S.
$\mathrm{Si}(x)$, $\mathrm{Ci}(x)$ für $x = 0$ (.001) 10 (.1) 20 (.2) 40, 10 D.

[5] National Bureau of Standards, Applied Mathematics Series 32: Table of sine and cosine integrals for arguments from 10 to 100. Washington 1954. 187 p.
Si(x), Ci(x) für $x = 10$ (.01) 100, 10 D.

[6] Akademija Nauk SSSR: Tafeln der Exponentialintegrale. Moskau 1954. 301 S.
$-\mathrm{Ei}(-x)$, $\mathrm{Ei}^*(x)$ für $x = 0$ (.0001) 1.3 (.001) 3 (.0005) 10 (.1) 15, 7 S.
$-\mathrm{Ei}(-x) + \log_e x$, $\mathrm{Ei}^*(x) - \log_e x$ für $x = 0$ (.0001) 0.0099, 7 D.

[7] Akademija Nauk SSSR: Tafeln des Integralsinus und -cosinus. Moskau 1954. 473 S.
Si(x), Ci(x) für $x = 0$ (.0001) 2 (.001) 10 (.005) 100, 7 D.
$\mathrm{Ci}(x) - \log_e x$ für $x = 0$ (.0001) 0.0099, 7 D.

[8] British Association Mathematical Tables I: vgl. I, [10].
$-\mathrm{Ei}(-x)$, $\mathrm{Ei}^*(x)$ für $x = 5$ (.1) 15, 10 bis 11 S.
Si(x), Ci(x) für 5 (.1) 20 (.2) 40, 10 D.
$\mathrm{Ei}(-x) - \log_e x$, $\mathrm{Ei}^*(x) - \log_e x$, $\mathrm{Si}(x)$, $\mathrm{Ci}(x) - \log_e x$ für $x = 0$ (.1) 5, 11 D.

[9] R. C. Herman and Ch. F. Meyer: The thermoluminescence and conductivity of phosphors. J. appl. Phys. **17** (1946), 748.
$-\mathrm{Ei}(-x)$ für $x = 15$ (.1) 20, 6 S.

[10] T. Akahira: Sci. Pap. Inst. Phys. and Chem. Res., p. 181–215. Table No. 3. Tokyo 1929.
$-\mathrm{Ei}(-x)$ für $x = 20$ (.02) 50, 5 bis 6 S.

[11] K. Tani: Tables of si(x) and ci(x) for the range $x = 0$ to $x = 50$. Tokyo 1931.
si(x) für $x = 0$ (.01) 50, 6 D. ci(x) für $x = 0$ (.0001) 0.05 (.001) 1 (.01) 50, 6 D.

[12] K. A. Karpov und S. N. Razumovski: Tafeln des Integrallogarithmus. Moskau 1956. 320 S.
Li(x) für $x = 0$ (.0001) 2.5 (.001) 20 (.01) 200 (.1) 500 (1) 10000 (10) 24990, 7 S.
$\mathrm{Li}(x) - \log_e |1 - x|$ für $x = 0.95$ (.0001) 1.0499, 6 D.

Zitate **References**

[13] C. Lanczos: Trigonometric interpolation of empirical and analytical functions. J. Math. Physics **17** (1938), 123–199.

[14] F. Emde: Kurvenlineale. Z. Instrumentenkunde **58** (1938), 409–411.

III. Die Fehlerfunktion und verwandte Funktionen
III. The Error Function and related Functions

[1] N. Nielsen: II, [1].

[2] F. Lösch und F. Schoblik: I, [3].

[3] P. E. Böhmer: I, [4].

Tafeln **Tables**

[4] National Bureau of Standards, Applied Mathematics Series 41: Tables of the error function and its derivative
$H(x) = \frac{2}{\sqrt{\pi}} \int_0^x e^{-\alpha^2} d\alpha$ and $H'(x) = \frac{2}{\sqrt{\pi}} e^{-x^2}$. Washington 1954. 302 p.
$\Phi(x)$, $\Phi'(x)$ für $x = 0$ (.0001) 1 (.001) 5.6 (variabel) 6, 15 D.
$1 - \Phi(x)$, $\Phi'(x)$ für $x = 4$ (.01) 10, 8 S.

[5] J. Burgess: On the definite integral $\frac{2}{\sqrt{\pi}} \int_0^t e^{-t^2} dt$ with extended tables of values. Trans. Roy. Soc. Edinburgh **39** II (1898), 257–321.
$\Phi(x)$ für $x = 0$ (.001) 1.25, 9 D; 1 (.001) 1.5 (.002) 3 (.1) 5 (.5) 6. 15 D.
$\Phi'(x)$ für $x = 0$ (.001) 1.25, 9 D; 1.25 (.01) 1.5 (.02) 2.1 (.05) 3 (.1) 5.1 (.2) 5.5 (.5) 6, 15 D. Weitere spezielle Werte, 18 bis 27 D.

[6] A. A. Markoff: Wahrscheinlichkeitsrechnung. Übersetzt von H. Liebmann, Leipzig und Berlin 1912. 318 S.
$\Phi(x)$ für $x = 0$ (.001) 2.5 (.01) 3.79, 6 D.

[7] National Bureau of Standards, Applied Mathematics Series 23: Tables of the normal probability functions

$\frac{1}{\sqrt{2\pi}}\, e^{-x^2/2}$ and $\frac{1}{\sqrt{2\pi}} \int_{-x}^{x} e^{-\alpha^2/2}\, d\alpha$. Washington 1953. 344 p.

$2\,\Phi(x)-1$, $\Phi'(x)$ für $x = 0\ (.0001)\ 1\ (.001)\ 7.8$ (variabel) 8.112 und 8.285, 15 D.

$2\,[1-\Phi(x)]$, $\Phi'(x)$ für $x = 6\ (.01)\ 10$, 7 S.

[8] Harvard University, Computation Laboratory, Annals 23: Tables of the error function and of its first twenty derivatives. Cambridge 1952. 276 p.

$\Phi(x)-\frac{1}{2}$, $\Phi^{(n)}(x)$, $n = 1\ (1)\ 11$ für $x = 0\ (.004)\ X$, 6 D, mit $\Phi(X) - 1/2 = 1/2$, $\Phi^{(n)}(X) = 0$ auf 6 D.

$\Phi^{(n)}(x)$, $n = 12\ (1)\ 21$ für $x = 0\ (.002)\ X$, 7 S oder 6 D, mit $\Phi^{(n)}(X) = 0$ auf 6 D.

Nullstellen aller vertafelten Funktionen auf 10 D.

[9] W. F. Sheppard: New tables of the probability integral. Biometrika **2** (1903), 174–190.

$\Phi(x) = \frac{1}{2}(1+\alpha(x))$, $\Phi'(x)$ für $x = 0\ (.01)\ 4.5$, 7 D; 4.5 (.01) 6, 10 D.

[10] British Association Mathematical Tables VII: The probability integral. Cambridge 1939. 34 p.

$F(x) = [1-\Phi(x)]/\Phi'(x)$ für $x = 0\ (.1)\ 10$, 24 D; 0 (.01) 10, 12 D.

$L(x) = -\log_e [1-\Phi(x)]$ für $x = 0\ (1)\ 10$, 24 D; 0 (.1) 10, 16 D.

$l(x) = -\log_{10} [1-\Phi(x)]$ für $x = 0\ (.1)\ 10$, 12 D; 0 (.01) 10, 8 D.

Zusätzliche Tafeln für die Interpolation mittels Taylor-Formel.

[11] K. Pearson: I, [14].

Die Tafel gibt $E_n(x)$ unter der Bezeichnung $E_n(x) = I(u, p)$ mit $u = \sqrt{n}\, x^n$, $p = -(n-1)/n$ und $x = \left(u\sqrt{p+1}\right)^{p+1}$, $n = 1/(p+1)$.

[12] W. O. Schumann: Elektrische Durchbruchfeldstärke von Gasen. Berlin 1923. S. 235 und 243.

$\Gamma(5/4)\, E_4(x)$ für $x = 0.1\ (.1)\ 1$, 4 D. $i^{-1} E_2(i\,x)$ für $x = 0.1\ (.1)\ 2.6\ (.2)\ 7.4$, 4 bis 5 S.

[13] H. M. Terrill and L. Sweeny: An extension of Dawson's table of the integral of e^{x^2}. J. Franklin Inst. **237** (1944), 495–497. – Table of the integral of e^{x^2}. J. Franklin Inst. **238** (1944), 220–222.

$\int_0^x e^{x^2}\, dx$ für $x = 0\ (.01)\ 2$, 6 D; 2 (.01) 4, 7 bis 9 S.

[14] B. Lohmander and S. Rittsten: Table of the function $y = e^{-x^2} \int_0^x e^{t^2}\, dt$. Lund 1958. 8 p. (From Fysiogr. Sällsk. Lund Förhdl. **28** (1958), 45–52.)

y für $x = 0\ (.01)\ 3\ (.02)\ 5$, $1/x = 0\ (.005)\ 0.2$, 10 D; $x = 0.5\ (.5)\ 10$, 20 D.

[15] British Association Mathematical Tables I: vgl. I, [10].

$Hh_0(x) = \int_x^\infty e^{-t^2/2}\, dt$, $Hh_n(x) = \int_x^\infty Hh_{n-1}(t)\, dt$ für $n = 0\ (1)\ 11$, $x = -7\ (.1)\ X$; $n = 12\ (1)\ 17$, $x = -5\ (.1)\ X$; $n = 18\ (1)\ 21$, $x = -2{,}5\ (.1)\ X$; 10 D. X ist durchweg $\leqq 6.6$.

[16] G. N. Watson: A treatise on the theory of Bessel functions. 2nd ed., Cambridge 1944. P. 744–45.

$C(x)$, $S(x)$ für $x = 0\ (.02)\ 1$, 7 D; 0 (.5) 50, 6 D.

[17] British Association Report 1926, p. 274.

$C(x)$, $S(x)$ für $x = 0\ (.1)\ 20$, 6 D.

[18] T. Pearcey: Table of the Fresnel integral to six decimal places. Cambridge 1957. 63 p.

$C(x)$, $S(x)$ für $x = 0\ (.01)\ 1$, 7 D; 1 (.01) 50, 6 D.

[19] Akademija Nauk SSSR: Tafeln der Fresnelschen Integrale. Moskau 1953. 271 S.

$C\left(\frac{\pi}{2}x^2\right)$, $S\left(\frac{\pi}{2}x^2\right)$ für $x = 0\ (.001)\ 25$, 7 D. Hilfstafeln für kleine x.

[20] A. van Wijngaarden and W. L. Scheen: Table of Fresnel integrals. Amsterdam 1949. 26 p.

$C\left(\frac{\pi}{2}x^2\right)$, $S\left(\frac{\pi}{2}x^2\right)$ für $x = 0\ (.01)\ 20$, 5 D.

Koeffizienten der Potenzreihenentwicklungen von C und S in $x = 0$ sowie der asymptotischen Entwicklungen.

Für weitere Tafeln vgl.: For further tables cf.:

[21] National Bureau of Standards, Applied Mathematics Series 21: A guide to tables of the normal probability integral. Washington 1952. 16 p.

IV. Die Riemannsche Zetafunktion
IV. The Riemann Zeta Function

[1] E. C. Titchmarsh: The theory of the Riemann zeta-function. Oxford 1951. 346 p.

[2] E. Landau: Handbuch der Lehre von der Verteilung der Primzahlen I, II. Leipzig 1909; 961 S. – New York 1953. 1028 S.

[3] A. E. Ingham: The distribution of prime numbers. Cambridge 1932. 114 p.

Tafeln — Tables

[4] J. P. Gram: Tafeln für die Riemannsche Zetafunktion. Danske Vid. Selsk. Skrifter, Nat. Math. Afd. **10** (1925–26), 311–325.
$\zeta(s)$ für $s = -24\ (.1) -16.5$, 10 S; $-16.4\ (.1)\ 24$, 10 D.
$(s-1)\,\zeta(s)$ für $s = -2\ (.1)\ 0$, 10 D; $0\ (.1)\ 4$, 11 D.

[5] J. Peters: Zehnstellige Logarithmentafel I. Berlin 1922. Anhang S. 83–86 und S. 90.
Bernoullische Zahlen $(-1)^{n-1} B_{2n}$ für $n = 1\ (1)\ 90$.
$\zeta(n) - 1$ für $n = 2\ (1)\ 100$, 32 D.

[6] E. C. Titchmarsh: The zeros of the Riemann zeta-function. Proc. Roy. Soc. London, Ser. A **151** (1935), 234–255 and **157** (1936), 261–263.
I: 195 Nullstellen $\frac{1}{2} + i\,t$ mit $0 < t < 390$.
II: 1041 Nullstellen $\frac{1}{2} + i\,t$ mit $0 < t < 1468$.
Bericht über die Berechnung.

[7] D. H. Lehmer: Extended computation of the Riemann zeta-function. Mathematika **3** (1956), 102–108.
Bericht über die Berechnung der ersten 25 000 Nullstellen $\frac{1}{2} + i\,t$. Tafel der Abweichungen vom Gramschen Gesetz.

V. Elliptische Integrale (vgl. auch VI)
V. Elliptic Integrals (cf. also VI)

[1] O. Schlömilch: Compendium der Höheren Analysis II. 4. Aufl., Braunschweig 1895. S. 289–476.

[2] K. H. Schellbach: Die Lehre von den elliptischen Integralen und den Theta-Functionen. Berlin 1864. 442 S.

[3] A. Enneper: Elliptische Funktionen. 2. Aufl., Halle 1890. 598 S.

[4] H. Hancock: Elliptic integrals. New York 1917. 104 p.

[5] P. F. Byrd and M. D. Friedman: Handbook of elliptic integrals for engineers and physicists. Berlin-Göttingen-Heidelberg 1954. 355 S.

[6] J. Houël: Recueil de formules et de tables numériques. 3e éd., Paris 1901. 64 p.

[7] W. Gröbner und N. Hofreiter: Integraltafel I, II. 2. Aufl., Wien und Innsbruck 1957–58. I, S. 59–106; II, S. 39–51.

Tafeln — Tables

[8] A. M. Legendre: Tafeln der elliptischen Normalintegrale. Herausgegeben von F. Emde; Stuttgart 1931. 81 S.
$F(\varphi, k)$, $E(\varphi, k)$, $(k = \sin\alpha)$, für $\varphi, \alpha = 0°\ (1°)\ 90°$, 9 bis 10 D; $\varphi = 45°$, $\alpha = 0°\ (1°)\ 90°$, 12 D.
$\mathbf{K}(k)$, $\mathbf{E}(k)$, $(k = \sin\alpha)$, für $\alpha = 0°\ (1°)\ 90°$, 12 D.

[9] A. M. Legendre: Tables of the complete and incomplete elliptic integrals. Reissued by K. Pearson; London 1934. 94 p.
$F(\varphi, k)$, $E(\varphi, k)$, $(k = \sin\alpha)$, für $\varphi, \alpha = 0°\ (1°)\ 90°$, 9 bis 10 D.
$\log_{10}\mathbf{K}(k)$, $\log_{10}\mathbf{E}(k)$, $(k = \sin\alpha)$, für $\alpha = 0°\ (0°.1)\ 90°$, 12 bis 14 D.

[10] C. A. Heuman: Tables of complete elliptic integrals. J. Math. Physics **20** (1941), 127–206, 336.
$2\mathbf{K}(k)/\pi$, $2\mathbf{E}(k)/\pi$, $(k = \sin\alpha)$, für $\alpha = 0°\ (0°.1)\ 90°$, 6 D.
$(2/\pi)[\mathbf{K} + \log_e (90 - \alpha)]$ für $\alpha = 65°\ (0°.1)\ 90°$, 6 D.

Vollständiges Integral 3. Gattung $\frac{2}{\pi}\int_0^{\pi/2} \frac{\cos^2\alpha \sin\beta \cos\beta \sqrt{1-\cos^2\alpha \sin^2\beta}}{\cos^2\alpha\cos^2\beta + \sin^2\alpha\cos^2\varphi} \frac{d\varphi}{\sqrt{1-\sin^2\alpha\sin^2\varphi}}$

für $\alpha = 0°\ (1°)\ 90°$, $\beta = 0°\ (1°)\ 90°$ und $\alpha = 0°\ (0°.1)\ 5°.9$, $\beta = 80°\ (1°)\ 89°$, 6 D.

[11] K. Hayashi: Tafeln der Besselschen, Theta-, Kugel- und anderer Funktionen. Berlin 1930. 125 S.
$\mathbf{K}(k)$, $\mathbf{K}'(k)$, $\mathbf{K}'/\mathbf{K}$, $\mathbf{K}/\mathbf{K}'$ für $k^2 = 0\ (.001)\ 1$, 10 bis 12 D; $k^2 = 0\ (10^{-7})\ 10^{-5}\ (10^{-5})\ 0.003$, 8 bis 10 D.

[12] K. Hayashi: Tafeln für die Differenzenrechnung sowie für die Hyperbel-, Besselschen, elliptischen und anderen Funktionen. Berlin 1933. 66 S.
$\mathbf{E}(k)$, $\mathbf{E}'(k)$ für $k^2 = 0\ (.001)\ 1$, 10 D.

Zitate **References**

[13] G. Hamel: Berechnung des vollständigen elliptischen Integrals dritter Gattung für große Werte des Moduls. S.-Ber. Berliner Math. Ges. **31** (1932), 17–22.

[14] M. Kolscher: Die Berechnung vollständiger elliptischer Integrale dritter Gattung durch Reihen. Z. Angew. Math. Mech. **31** (1951), 114–120.

[15] F. Emde: Zur Zahlenrechnung bei vollständigen elliptischen Integralen. Arch. für Elektrotechnik **30** (1936), 243–250.

VI. Elliptische Funktionen (vgl. auch V)
VI. Elliptic Functions (cf. also V)

[1] P. Appell et E. Lacour: Principes de la théorie des fonctions elliptiques. 2e éd., Paris 1922. 503 p.

[2] A. Hurwitz und R. Courant: Funktionentheorie. 3. Aufl., Berlin 1929. 534 S.

[3] F. Tricomi: Elliptische Funktionen. Übersetzt und bearbeitet von M. Krafft; Leipzig 1948. 315 S.

[4] E. H. Neville: Jacobian elliptic functions. 2nd ed., Oxford 1951. 345 p.

[5] R. Montessus de Ballore: Leçons sur les fonctions elliptiques en vue de leurs applications. Paris 1917. 268 p.

[6] A. G. Greenhill: The applications of elliptic functions. London and New York 1892. 357 p.

[7] F. Oberhettinger und W. Magnus: Anwendungen der elliptischen Funktionen in Physik und Technik. Berlin-Göttingen-Heidelberg 1949. 126 S.

[8] K. Weierstraß und H. A. Schwarz: Formeln und Lehrsätze zum Gebrauche der elliptischen Functionen. 2. Aufl., Berlin 1893. 96 S.

[9] J. Thomae: Sammlung von Formeln und Sätzen aus dem Gebiete der elliptischen Funktionen nebst Anwendungen. Leipzig 1905. 44 S.

Tafeln **Tables**

[10] J. Plana: Nouvelles formules pour réduire l'intégrale $V = \int T\,dx/\sqrt{X}$ à la forme trigonométrique des transcendantes elliptiques. J. reine angew. Math. **36** (1848), 1–74.
$-\log_{10} q$ für $\alpha = 0°\ (0°.1)\ 45°\ (1°)\ 90°$, 10 D.

[11] M. Schuler und H. Gebelein: Acht- und neunstellige Tabellen zu den elliptischen Funktionen. Berlin-Göttingen-Heidelberg 1955. 296 S.
Unter Verwendung des Arguments $z = \cos 2x = \cos(\pi u/\mathbf{K})$ und der Hilfsfunktionen G, H, $\overline{G}$, $\overline{H}$ mit $\vartheta_1(x) = 2q^{1/4}\sin x\,\overline{G}$, $\vartheta_3(x) = \overline{H}$, $\overline{G} = 1 - q^2 G$, $\overline{H} = 1 + qH$ geben die Tafeln:
$G(q^4 z)$, für $q^4 = 0\ (.001)\ 0.1$, $z = -1\ (.05)\ 1$, 9 D.
$H(q^3, z)$ für $q^3 = 0\ (.002)\ 0.176$, $z = -1\ (.05)\ 1$, 9 D.
$\log_{10}(\mathrm{sn}\ u/\sin x)$, $\log_{10}(\mathrm{cn}\ u/\cos x)$, $\log_{10}\mathrm{dn}\ u$ für $q = 0\ (.01)\ 0.55$, $z = -1\ (.05)\ 1$, 8 D.
α, q für $q^4 = 0\ (.001)\ 0.1$, $q^3 = 0\ (.002)\ 0.176$ mit $0'.0001$ bzw. 7 D.
α, $-\log_{10}\cos\alpha$, $\mathbf{K}$, $\mathbf{K}/\mathbf{E}$ für $q = 0\ (.01)\ 0.55$ mit $0'.01$ bzw. 8 D.
$1/(1-q)$, $\mathbf{K}$, $\mathbf{K}/\mathbf{E}$ für $-\log_{10} k' = -\log_{10}\cos\alpha = 0\ (.005)\ 3$ mit 8 D.

[12] M. Schuler und H. Gebelein: Fünfstellige Tabellen zu den elliptischen Funktionen. Berlin-Göttingen-Heidelberg 1955. 114 S.
Unter Verwendung der Bezeichnungen in [11] geben die Tafeln:
$\overline{G}(q, z)$, $\overline{H}(q, z)$ für $q = 0\,(.01)\,0.5$, $z = -1\,(.1)\,1$, 5 D.
$\log_{10}(\text{sn}\, u/\sin x)$, $\log_{10}(\text{cn}\, u/\cos x)$, $\log_{10} \text{dn}\, u$ für $q = 0\,(.01)\,0.5$, $z = -1\,(.1)\,1$, 5 D.
α, $-\log_{10}\cos\alpha$, **K**, **K**/**E** für $q = 0\,(.01)\,0.5$ mit 0′.01 bzw. 5 D.
α, $1/(1-q)$, **K**, **K**/**E** für $-\log_{10} k' = -\log_{10}\cos\alpha = 0\,(.01)\,2.5$ mit 0′.01 bzw. 5 D.

[13] L. M. Milne-Thomson: Die elliptischen Funktionen von Jacobi. Berlin 1931. 69 S.
sn u, cn u, dn u für $k^2 = 0\,(.1)\,0.5$, $u = 0\,(.01)\,2$; $k^2 = 0.6\,(.1)\,0.8$, $u = 0\,(.01)\,2.5$; $k^2 = 0.9$, $u = 0\,(.01)\,3$; 5 D.
K, **E** für $k^2 = 0\,(.01)\,1$, 7 D. q für $k^2 = 0\,(.01)\,1$, 8 D.

[14] L. M. Milne-Thomson: The zeta function of Jacobi. Proc. Roy. Soc. Edinburgh **52** (1932), 236–250.
zn u für $k^2 = 0\,(.1)\,0.6$, $u = 0\,(.01)\,2$; $k^2 = 0.7, 0.8$, $u = 0\,(.01)\,2.5$; $k^2 = 0.9, 1$, $u = 0\,(.01)\,3$; 7 D.

[15] L. M. Milne-Thomson: Jacobian elliptic function tables. New York 1950. 132 p.
Zusammenfassung von [13] und [14].

[16] E. P. Adams and R. L. Hippisley: Smithsonian mathematical formulae and tables of elliptic functions. Smithson. Misc. Coll. **74** (1922), 259–309; reprint 1939.
K, **E** für $\alpha = 0°\,(1°)\,10°\,(5°)\,80°\,(1°)\,90°$, 9 bis 10 D.
am u für $\alpha = 0°\,(5°)\,80°\,(1°)\,89°$, $x = \pi u/2\mathbf{K} = 0°\,(1°)\,90°$ auf 1′.
zn u für $\alpha = 0°\,(5°)\,80°\,(1°)\,89°$, $x = \pi u/2\mathbf{K} = 0°\,(1°)\,90°$, 10 D.
ϑ_2, ϑ_4 für $\alpha = 0°\,(5°)\,80°\,(1°)\,89°$, 10 bis 12 D.
$\vartheta_1(x)/\vartheta_2$, $\vartheta_2(x)/\vartheta_2$, $\vartheta_3(x)/\vartheta_4$, $\vartheta_4(x)/\vartheta_4$ für $\alpha = 0°\,(5°)\,80°\,(1°)\,89°$, $x = \pi v = \pi u/2\mathbf{K} = 0°\,(1°)\,90°$, 10 D.
q für $\alpha = 0°\,(5°)\,80°\,(1°)\,90°$, 14 bis 15 D.
$u = 2\mathbf{K} v = 2\mathbf{K} x/\pi$ für $\alpha = 0°\,(5°)\,80°\,(1°)\,89°$, $x = 0°\,(1°)\,90°$, 10 D.

[17] K. Hayashi: V, [11].
ϑ_1', ϑ_2, ϑ_3, ϑ_4, $\vartheta_1'''/\vartheta_1'$, $\vartheta_2''/\vartheta_2$, $\vartheta_3''/\vartheta_3$, $\vartheta_4''/\vartheta_4$, q, q^4, $q^{1/4}$, $q^{9/4}$, $q^{25/4}$ für $k^2 = 0\,(.001)\,0.5$, 8 D.
$\log_{10} q$, $\log_{10} q'$ für $k^2 = 0\,(.001)\,1$, 10 D; $k^2 = 0\,(10^{-7})\,10^{-5}\,(10^{-5})\,0.003$, 8 D.

Für weitere Tafeln vgl. auch: For further tables cf. also:

[18] R. v. Mises: Verzeichnis berechneter Funktionentafeln. Erster Teil: Besselsche, Kugel- und elliptische Funktionen. (Herausgegeben vom Institut für angewandte Mathematik an der Universität Berlin.) Berlin 1928. 30 S.

VII. Orthogonale Polynome
VII. Orthogonal Polynomials

[1] G. Szegö: Orthogonal polynomials. New York 1939. 401 p.

[2] F. G. Tricomi: Vorlesungen über Orthogonalreihen. Berlin-Göttingen-Heidelberg 1955. 264 S.

Tafeln **Tables**

[3] National Bureau of Standards, Applied Mathematics Series 9: Tables of Chebyshev polynomials $S_n(x)$ and $C_n(x)$. Washington 1952. 161 p.
Mit $T_n(x) = \frac{1}{2} C_n(2x)$, $U_n(x)/\sqrt{1-x^2} = S_{n-1}(2x)$ geben die Tafeln:
$C_n(x)$, $S_n(x)$ für $n = 2\,(1)\,12$, $x = 0\,(.001)\,2$, 12 D.
$C_n(x)$, $S_n(x)$, $T_n(x)$, $U_{n+1}(x)/\sqrt{1-x^2}$ explizit für $n = 0\,(1)\,12$, $T_n^*(x) = \frac{1}{2} C_n(4x-2)$ für $n = 0\,(1)\,20$.

[4] C. W. Jones, J. C. P. Miller, J. F. C. Conn and R. C. Pankhurst: Tables of Chebyshev polynomials. Proc. Roy. Soc. Edinburgh, Sect. A **62** (1946), 187–203.
$C_n(x)$ (vgl. [3]) für $n = 1\,(1)\,12$, $x = 0\,(.02)\,2$ exakt oder 10 D.

[5] O. A. Walther: Bemerkungen über das Tschebyscheffsche Verfahren zur numerischen Integration. Skand. Aktuarietidskr. **13** (1930), 168–192.
Nullstellen von $T_n(x)$ für $n = 1\,(1)\,7$, 10 D; $n = 8\,(1)\,10$, 5 D.

[6] H. E. Salzer: Tables for facilitating the use of Chebyshev's quadrature formula. J. Math. Physics **26** (1947), 191–194.
Nullstellen von $T_n(x)$ für $n = 3$ (1) 7, 9, 10 D; zugehörige Faktoren für numerische Integration, 9 S.

[7] F. G. Tricomi: Valori numerici di funzioni ortogonali di Laguerre. Atti Accad. Sci. Torino **90** (1956), 1–8.
$l_n(x)$ für $n = 0$ (1) 10, $x = 0$ (.1) 1 (.25) 6 (1) 14 (2) 34, 6 S.

[8] L. J. Slater: A short table of the Laguerre polynomials. Inst. Elec. Engineers, Monograph, London 1955. 5 p.
$L_n(x)$ für $n = 0$ (1) 10, $x = 0$ (.1) 5, 5 bis 6 D.

[9] J. W. Head and W. P. Wilson: Laguerre functions: Tables and properties. Inst. Elec. Engineers, Monograph, London 1956. 17 p. + 5 tables.
$e^{-x} L_n(x)$ für $n = 0$ (1) 20, $x = 0$ (.1) 1 (.2) 3 (.5) 6 (1) 14 (2) 40 (5) 100, 4 D oder 2 S.
Nullstellen von $L_n(x)$ für $n = 1$ (1) 20, 6 D.

[10] H. E. Salzer and R. Zucker: Table of the zeros and weight factors of the first fifteen Laguerre polynomials. Bull. Amer. Math. Soc. **55** (1949), 1004–1012. – Reprint in NBS, Applied Mathematics Series 37. Washington 1954.
Nullstellen von $L_n(x)$ für $n = 1$ (1) 15, 12 D; zugehörige Faktoren für numerische Integration, 12 S.

[11] N. R. Jörgensen: Undersögelser over Frekvensflader og Korrelation. Diss. Kopenhagen 1916.
$2^{-n/2} H_n(x/\sqrt{2})$ für $n = 1$ (1) 6, $x = 0$ (.01) 4, exakt.

[12] Harvard University, Computation Laboratory: vgl. III, [8].

[13] E. R. Smith: Zeros of the Hermitian polynomials. Amer. Math. Monthly **43** (1936), 354–358.
Nullstellen von $H_n(x/\sqrt{2})$ für $n = 3$ (1) 27, 6 D.

[14] H. E. Salzer, R. Zucker and R. Capuano: Table of the zeros and weight factors of the first twenty Hermite polynomials. NBS, J. Research **48** (1952), 111–116.
Nullstellen von $H_n(x)$ für $n = 1$ (1) 20, 15 D; zugehörige Faktoren für numerische Integration, 13 S.

[15] R. E. Greenwood and J. J. Miller: Zeros of the Hermite polynomials and weights for Gauss' mechanical quadrature formula. Bull. Amer. Math. Soc. **54** (1948), 765–769.
Erste 5 Nullstellen von $H_n(x)$ für $n = 1$ (1) 10, 9 bis 12 D; zugehörige Faktoren für numerische Integration, 9 bis 12 S.

VIII. Die Kugelfunktionen
VIII. The Legendre Functions

[1] E. Heine: Handbuch der Kugelfunktionen I, II. 2. Aufl., Berlin 1878–81. 484 und 380 S.

[2] E. W. Hobson: The theory of spherical and ellipsoidal harmonics. Cambridge 1931. 500 S.

[3] T. M. MacRobert: Spherical harmonics. 2nd ed., London 1947. 372 p.

[4] J. Lense: Kugelfunktionen. 2. Aufl., Leipzig 1954. 294 S.

[5] L. Robin: Fonctions sphériques de Legendre et fonctions sphéroïdales I–III. Paris 1957–59. 201, 384 et 289 p.

[6] E. Pascal: Repertorium der höheren Mathematik I_3. 2. Aufl., Leipzig und Berlin 1929. S. 1397–1420 (Verfasser: E. Hilb).

Tafeln **Tables**

[7] K. Hayashi: vgl. V, [11].
$P_n(x)$ für $n = 2$ (1) 8, $x = 0$ (.01) 1, exakt.
$P_n(\cos\vartheta)$ für $n = 1$ (1) 8, $\vartheta = 0°$ (1°) 90°, 10 D.

[8] British Association Mathematical Tables, Part-Volume A: Legendre polynomials. Cambridge 1946. 42 p.
$P_n(x)$ für $n = 2$ (1) 12, $x = 0$ (.01) 1, 7 D; $n = 2$ (1) 12, $x = 1$ (.01) 6, 6 bis 8 S; $n = 2$ (1) 6, $x = 6$ (.1)11, 7 bis 8 S.

[9] Hj. Tallqvist: Sechsstellige Tafeln der 16 ersten Kugelfunktionen $P_n(x)$. Acta Soc. Sci. Fennicae, n. Ser. A **2** No. 4, (1937), 43 S.
$P_n(x)$ für $n = 1$ (1) 16, $x = 0$ (.001) 1, 6 D.

[10] Hj. Tallqvist: Sechsstellige Tafeln der 32 ersten Kugelfunktionen $P_n(\cos\Theta)$. Acta Soc. Sci. Fennicae, n. Ser. A **2** No. 11, (1938), 43 S.
$P_n(\cos\vartheta)$ für $n = 1$ (1) 32, $\vartheta = 0°$ (10′) 90°, 6 D.

[11] G. C. Clark and St. W. Churchill: Tables of Legendre polynomials $P_n(\cos\Theta)$ for $n = 0\,(1)\,80$ and $\Theta = 0°\,(1°)\,180°$. Ann Arbor 1957. 92 p.

$P_n(\cos\vartheta)$ für $n = 1\,(1)\,80$, $\vartheta = 1°\,(1°)\,180°$, 6 D.

[12] Z. Mursi: Tables of Legendre associated functions. Fouad I University, Faculty of Science, No. 4, Cairo 1941. 286 p.

$P_n^m(x)$ für $n = 1\,(1)\,10$, $m = 1\,(1)\,n$, $x = 0\,(.001)\,1$, 8 bis 13 S.

[13] S. L. Belousov: Tafel der normierten assoziierten Legendreschen Polynome. Moskau 1956. 380 S.

$\overline{P}_n^m(\cos\vartheta)$ für $m = 0\,(1)\,36$, $n = m\,(1)\,56$, $\vartheta = 0°\,(2°.5)\,90°$, 6 D.

[14] National Bureau of Standards, Mathematical Tables Project [MT 18]: Tables of associated Legendre functions. Washington 1945. 306 p.

$P_n^m(\cos\vartheta)$, $dP_n^m(\cos\vartheta)/d\vartheta$ für $n = 0\,(1)\,10$, $m = 0\,(1)\,4$, $m \leqq n$, $\vartheta = 0°\,(1°)\,90°$, 6 S.

$\mathfrak{P}_n^m(x)$, $(-1)^m\,\mathfrak{Q}_n^m(x)$, $d\,\mathfrak{P}_n^m(x)/dx$, $(-1)^{m+1}\,d\,\mathfrak{Q}_n^m(x)/dx$ für $n = 0\,(1)\,10$, $m = 0\,(1)\,4$, $m \leqq n$, $x = 1\,(.1)\,10$, 6 S.

$i^{-n}\,\mathfrak{P}_n^m(ix)$, $i^{n+2m+1}\,\mathfrak{Q}_n^m(ix)$, $i^{-n}\,d\mathfrak{P}_n^m(ix)/dx$, $i^{n+2m-1}\,d\mathfrak{Q}_n^m(ix)/dx$
für $n = 0\,(1)\,10$, $m = 0\,(1)\,4$, $m \leqq n$, $x = 0\,(.1)\,10$, 6 S.

$\mathfrak{P}_{n+1/2}^m(x)$, $(-1)^m\,\mathfrak{Q}_{n+1/2}^m(x)$, $d\,\mathfrak{P}_{n+1/2}^m(x)/dx$, $(-1)^{m+1}\,d\mathfrak{Q}_{n+1/2}^m(x)/dx$
für $n = -1\,(1)\,4$, $m = 0\,(1)\,4$, $x = 1\,(.1)\,10$, 4 bis 6 S.
Verschiedene Hilfstafeln.

[15] G. Prévost: Tables des fonctions sphériques et de leurs intégrales. Paris 1933. 268 p.

$P_n^m(x)$ für $n = 1\,(1)\,8$, $m = 0\,(1)\,n$ und $(n, m) = (9,0), (9,1), (10,0)$, $x = 0\,(.01)\,1$, 5 bis 6 S.

$\int_0^x P_n^m(x)\,dx$ für $n = 0\,(1)\,8$, $m = 0\,(1)\,n$ und $(n, m) = (9,0), (9,1), (10,0)$, $x = 0\,(.01)\,1$, 5 bis 7 S.

Nullstellen von $P_n^m(x)$ für $n = 2\,(1)\,8$, $m = 0\,(1)\,n$ und $(n, m) = (9,0), (9,1), (10,0)$, 4 D.

Nullstellen von $P_n^m(\cos\vartheta)$ für $n = 2\,(1)\,10$, $m = 0$ und $n = 2\,(1)\,8$, $m = 1\,(1)\,n$, auf 1′.

[16] A. Schmidt: Tafeln der normierten Kugelfunktionen. Gotha 1935. 52 S.

$P_n(x)$, $\log P_n(x)$ für $n = 1\,(1)\,7$, $x = 0\,(.1)\,1$, 5 bis 6 D.

$P_n(\cos\vartheta)$, $\log P_n(\cos\vartheta)$ für $n = 1\,(1)\,7$, $\vartheta = 0°\,(5°)\,90°$, 5 bis 6 D.

$\frac{2}{\sqrt{2n+1}}\,\overline{P}_n^m(x)$, $\log\frac{2}{\sqrt{2n+1}}\,\overline{P}_n^m(x)$ für $n = 1\,(1)\,6$, $m = 1\,(1)\,n$, $x = 0\,(.1)\,1$, 5 bis 6 D.

$\frac{2}{\sqrt{2n+1}}\,\overline{P}_n^m(\cos\vartheta)$, $\log\frac{2}{\sqrt{2n+1}}\,\overline{P}_n^m(\cos\vartheta)$ für $n = 1\,(1)\,6$, $m = 1\,(1)\,n$, $\vartheta = 0°\,(5°)\,90°$, 5 bis 6 D.

Nullstellen von $P_n(x)$, $P_n(\cos\vartheta)$ für $n = 2\,(1)\,6$, 7 D bzw. 1″.

Nullstellen von $P_n^m(x)$, $P_n^m(\cos\vartheta)$ und ersten Ableitungen für $n = 2\,(1)\,6$, $m = 1\,(1)\,n$ auf 7 D bzw. 1″.

[17] E. W. Hobson: vgl. [2], p. 80–81.
Nullstellen von $P_n(x)$ für $n = 2\,(1)\,7$, 16 D.

[18] A. N. Lowan, N. Davids and A. Levenson: Table of the zeros of the Legendre polynomials of order 1–16 and the weight coefficients for Gauss' mechanical quadrature formula. Bull. Amer. Math. Soc. **48** (1942), 739–743. – Reprint in NBS, Applied Mathematics Series 37. Washington 1954.
Nullstellen von $P_n(x)$ für $n = 2\,(1)\,16$, 15 D; zugehörige Faktoren für numerische Integration, 15 D.

[19] E. R. Smith and A. Higdon: Zeros of the Legendre polynomials. Iowa State College, J. Sci. **12** (1938), 263–274.
Nullstellen von $P_n(x)$ für $n = 2\,(1)\,40$, 6 D.

[20] M. C. Gray: Legendre functions of fractional order. Quart. Appl. Math. **11** (1953), 311–318.
$P_\nu(\cos\vartheta)$ für $\nu = 0.1\,(.1)\,2$, $\vartheta = 10°\,(10°)\,170°, 175°$, 6 D.

[21] Le Centre National d'Études des Télécommunications: Tables des fonctions de Legendre associées. Paris 1952. 292 p.

$(-1)^m\,P_\nu^m(\cos\vartheta) = (-\sin\vartheta)^m\,d^m\,P_\nu(\cos\vartheta)/(d\cos\vartheta)^m$ für $m = 0\,(1)\,5$, $\nu = -0.5\,(.1)\,10$, $\vartheta = 0°\,(1°)\,90°$, verschiedene Genauigkeit.

Für weitere Tafeln vgl. auch: For further tables cf. also:

[22] R. v. Mises: Verzeichnis berechneter Funktionentafeln. Erster Teil: Besselsche, Kugel- und elliptische Funktionen. (Herausgegeben vom Institut für angewandte Mathematik an der Universität Berlin.) Berlin 1928. 30 S.

IX. Die Zylinderfunktionen
IX. The Bessel Functions

[1] N. Nielsen: Handbuch der Theorie der Cylinderfunktionen. Leipzig 1904. 408 S.

[2] G. N. Watson: A treatise on the theory of Bessel functions. 2nd ed., Cambridge 1944. 804 p.

[3] A. Gray, G. B. Mathews and T. M. MacRobert: A treatise on Bessel functions and their applications to physics. 2nd ed., London 1922. 327 p.

[4] R. Weyrich: Die Zylinderfunktionen und ihre Anwendungen. Leipzig und Berlin 1937. 137 S.

[5] N. W. McLachlan: Bessel functions for engineers. 2nd ed., Oxford 1955. 239 p.

[6] G. Petiau: La théorie des fonctions de Bessel exposée en vue de ses applications à la physique mathématique. Paris 1955. 477 p.

[7] E. Pascal: Repertorium der höheren Mathematik I_3. 2. Aufl., Leipzig und Berlin 1929. S. 1420–1448 (Verfasser: E. Hilb).

Tafeln Tables

[8] Harvard University, Computation Laboratory, Annals 3–14: Tables of the Bessel functions of the first kind of orders zero and one. Cambridge 1947. 652 p. – of orders two and three. 1947. 652 p. – of orders four, five, and six. 1947. 650 p. – of orders seven, eight, and nine. 1947. 646 p. – of orders ten, eleven, and twelve. 1947. 636 p. – of orders thirteen, fourteen, and fifteen. 1947. 614 p. – of orders sixteen through twenty-seven. 1948. 764 p. – of orders twenty-eight through thirty-nine. 1948. 694 p. – of orders forty through fifty-one. 1948. 620 p. – of orders fifty-two through sixty-three. 1949. 544 p. – of orders sixty-four through seventy-eight. 1949. 566 p. – of orders seventy-nine through one hundred thirty-five. 1951. 614 p.

$J_n(x)$ für $n = 0\,(1)\,3$, $x = 0\,(.001)\,25\,(.01)\,99.99$, 18 D; für $n = 4\,(1)\,15$, $x = 0\,(.001)\,25\,(.01)\,99.99$, 10 D; für $n = 16\,(1)\,111$, $x = 0\,(.01)\,99.99$, 10 D; für $n = 112\,(1)\,135$, $x = 0\,(.1)\,99.99$, 10 D.
Der letzte Band gibt ferner $J_n(100)$ für $n = 0\,(1)\,135$ und $J_n(n)$ für $n = 0\,(1)\,100$, 10 D.

[9] British Association Mathematical Tables VI: Bessel functions, Part I. Cambridge 1937; Reprint 1950. 288 p. – X: Bessel functions, Part II. Cambridge 1952. 255 p.

I: $J_0(x)$, $J_1(x)$ für $x = 0\,(.001)\,16\,(.01)\,25$, 10 D; $N_0(x)$, $N_1(x)$ für $x = 0\,(.01)\,25$, 8 D; Hilfstafeln für $x = 0\,(.01)\,0.5$ und $25 \leqq x \leqq 6000$.
$I_0(x)$, $I_1(x)$ für $x = 0\,(.001)\,5$, 7 bis 8 D; $K_0(x)$, $K_1(x)$ für $x = 0\,(.01)\,5$, 8 bis 9 S; Hilfstafeln für $x = 0\,(.01)\,0.5$ und $x = 5\,(.01)\,10\,(.1)\,20$.
Nullstellen $j_{0,s}$ und Werte $J_1(j_{0,s})$ für $s = 1\,(1)\,150$, 10 D;
Nullstellen $j_{1,s}$ und Werte $J_0(j_{1,s})$ für $s = 1\,(1)\,150$, 10 D.

II: $J_n(x)$ für $n = 2\,(1)\,12$, $x = 0\,(.01)\,10\,(.1)\,25$; $n = 13\,(1)\,20$, $x = 0\,(.01)\,5\,(.1)\,25$, 8 D.
$N_n(x)$ für $n = 2\,(1)\,11$, $x = 0\,(.01)\,10\,(.1)\,25$; $n = 12\,(1)\,20$, $x = 0\,(.1)\,25$, 8 S.
$I_n(x)$, $K_n(x)$ für $n = 2\,(1)\,11$, $x = 0\,(.01)\,5\,(.1)\,20$; $n = 12\,(1)\,20$, $x = 0\,(.1)\,20$, 8 S.
Zur Ermöglichung der Interpolation sind N, I, K teilweise durch $x^n N_n$, $x^{-n} I_n$, $e^{-x} I_n$, $x^n K_n$, $e^x K_n$ ersetzt.
$J_n(x)$, $N_n(x)$ für $n = 0\,(1)\,20$, $x = 0\,(.1)\,25$, 10 D bzw. 10 S.
$I_n(x)$, $K_n(x)$ für $n = 0\,(1)\,20$, $x = 0\,(.1)\,20$, 10 S.

[10] V. N. Faddeeva und M. K. Gavurin: Tafeln der Besselschen Funktionen $J_n(x)$ von ganzzahliger Ordnung 0 bis 120. Akad. Nauk SSSR, Moskau und Leningrad 1950. 440 S.
$J_n(x)$ für $n = 0\,(1)\,120$, $x = 0\,(.1)\,124.9$, 6 D; Nullstellen < 125 der $J_n(x)$, 5 D.
$J_n(x)$ für $n = 0\,(1)\,13$, $x = 0\,(.01)\,14.99$, 8 D.

[11] K. Hayashi: V, [11].
$J_0(x)$, $J_1(x)$ für $x = 0\,(.001)\,0.11\,(.01)\,25.1$, 12 bis 18 D.
$J_n(x)$ für n aus $0 \leqq n \leqq 135$, $x = 0.01\,(.01)\,0.05$, $0.1\,(.1)\,0.5$, 1, 2, 10 (10) 50, 100, 10 bis 103 D.
$J_{\pm 1/2}(x)$, $J_{\pm 3/2}(x)$ für $x = 0\,(.01)\,10\,(.1)\,20\,(1)\,100$, 9 bis 12 D.

[12] A. Gray, G. B. Mathews and T. M. MacRobert: IX, [3].
$J_0(x)$, $J_1(x)$ für $x = 0\,(.01)\,15.5$, 12 D.
$J_n(x)$ für $n = 0\,(1)\,N-1$, $x = 1\,(1)\,24$ [mit $J_N(x) < 5 \cdot 10^{-19}$ für alle x], 18 D.

[13] E. Cambi: Eleven- and fifteen-place tables of Bessel functions of the first kind, to all significant orders. New York 1948. 154 p.
$J_n(x)$ für $x = 0\,(.01)\,10.5$, 11 D; $x = 0\,(.001)\,0.5$, 15 D. Eingeschlossen sind alle J_n, die $> 0.5 \cdot 10^{-11}$ bzw. $> 10^{-15}$ sind.
Koeffizienten der Taylorentwicklung von $J_n(x+h)$ und der Entwicklung von $J_n(x+h)$ nach Besselfunktionen $J_k(h)$.

[14] L. A. Ljusternik, I. Ja. Akuschskij und V. A. Ditkin: Tafeln der Besselschen Funktionen. (Mathematische Tafeln 1.) Moskau und Leningrad 1949. 430 S.
$J_0(x)$, $J_1(x)$ für $x = 0\,(.001)\,25$, 7 D.
Nullstellen $j_{0,s}$, $j_{1,s}$, $j'_{1,s}$ für $s = 0\,(1)\,40$, 7 bis 8 D.
$J_0(j_{0,s}\,x)$, $J_0(j_{1,s}\,x)$, $J_1(j_{1,s}x)$, $J_1(j'_{1,s}\,x)$ für $s = 0\,(1)\,40$, $x = 0.01\,(.01)\,1$, 7 D.
$2\,[J_1^2(j_{0,s})]^{-1}$, $2\,[J_0^2(j_{1,s})]^{-1} = 2\,[J_2^2(j_{1,s})]^{-1}$, $2\,j'^2_{1,s}(j'^2_{1,s}-1)^{-1}\,[J_1^2(j'_{1,s})]^{-1}$ für $s = 1\,(1)\,40$, 7 S.

[15] E. T. Goodwin and J. Staton: Table of $J_0(j_{0,n}\,r)$. Quart. J. Mech. Appl. Math. **1** (1948), 220–224.
$J_0(j_{0,s}\,x)$ für $s = 1\,(1)\,10$, $x = 0\,(.01)\,1$, 5 D.

[16] National Bureau of Standards, Applied Mathematics Series 1: Tables of the Bessel functions $Y_0(x)$, $Y_1(x)$, $K_0(x)$, $K_1(x)$, $0 \leqq x \leqq 1$. Washington 1948. 60 p. – Reissued as NBS, Applied Mathematics Series 25. Washington 1952.
$N_0(x)$, $N_1(x)$ für $x = 0\,(.0001)\,0.05\,(.001)\,1$, 8 D oder 8 bis 9 S; Hilfstafeln für $x = 0\,(.0001)\,0.005$, 8 D.
$K_0(x)$, $K_1(x)$ für $x = 0\,(.0001)\,0.033\,(.001)\,1$, 8 D oder 8 bis 9 S; Hilfstafeln für $x = 0\,(.001)\,0.03$, 8 D.

[17] National Bureau of Standards, Mathematical Tables Project [MT 14]: Table of the Bessel functions $J_0(z)$ and $J_1(z)$ for complex arguments. 2nd ed., New York 1947. 403 p.
Real- und Imaginärteil von $J_0(r\,e^{i\varphi})$, $J_1(r\,e^{i\varphi})$ für $r = 0\,(.01)\,10$, $\varphi = 0°\,(5°)\,90°$, 10 D.

[18] K. Hayashi: Fünfstellige Funktionentafeln. Berlin 1930, 176 S.
Real- und Imaginärteil von $J_0(re^{i\varphi})$, $J_1(r\,e^{i\varphi})$ für $r = 0\,(.2)\,8$, $\varphi = \pi/16\,(\pi/16)\,\pi/2$, $\pi/2-0.001$, 4 D.

[19] National Bureau of Standards, Computation Laboratory: Table of the Bessel functions $Y_0(z)$ and $Y_1(z)$ for complex arguments. New York 1950. 427 p.
Real- und Imaginärteil von $N_0(r\,e^{i\varphi})$, $N_1(r\,e^{i\varphi})$ für $r = 0\,(.01)\,10$, $\varphi = 0°\,(5°)\,90°$, 10 D.
Hilfstafeln für $r = 0\,(.01)\,0.5$, 10 D.
Komplexe Nullstellen $z_{0,s}$ von N_0, $z_{1,s}$ von N_1, $z'_{1,s}$ von Y'_1 für $s = 1\,(1)\,15$, 5 D;
$z_{0,s}$ mit Werten von N_1 und N'_1 für $s = 1\,(1)\,3$, 9 D;
$z_{1,s}$ mit Werten $N_0 = N'_1$ für $s = 1\,(1)\,3$, 9 D; $z'_{1,s}$ mit Werten N_0 und N_1 für $s = 1\,(1)\,4$, 9 D.

[20] N. W. McLachlan: IX, [5].
$\mathrm{ber}_n x$, $\mathrm{bei}_n x$, $\mathrm{ber}'_n x$, $\mathrm{bei}'_n x$, $\mathrm{ker}_n x$, $\mathrm{kei}_n x$, $\mathrm{ker}'_n x$, $\mathrm{kei}'_n x$ für $n = 0$, $x = 0\,(.1)\,10$; $n = 1\,(1)\,5$, $x = 1\,(1)\,10$; meist 4 S.
$M_n(r)$, $\log_{10}\left(\sqrt{r}\,M_n(r)\right)$, $\Theta_n(r)$ für $n = 0$, $r = 0\,(.05)\,2\,(.1)\,4\,(.5)\,6\,(1)\,12\,(2)\,20\,(5)\,45$;
$n = 1$, $r = 0\,(.05)\,2.7\,(.1)\,3.8$, 4.0, 4.25, 4.5 (.5) 8 (1) 12 (2) 20 (5) 50; 4 S oder 4 D bzw. 0°.01.
$N_n(r)$, $-\Phi_n(r)$ für $n = 0{,}1$, $r = 0\,(.1)\,10$, 5 S bzw. 0°.001.

[21] F. Tölke: Besselsche und Hankelsche Zylinderfunktionen. Stuttgart 1936. 92 S.
$J_n(r\sqrt{i})$ und $\frac{i\pi}{2}H_n^{(1)}(r\sqrt{i})$ für $n = 0\,(1)\,3$, $r = 0\,(.01)\,21$, 4 S.

[22] British Association Report 1923, p. 295.
$M_0(r)$, $M_1(r)$, $\Theta_0(r)$, $\Theta_1(r) - 180°$ für $r = 0\,(.1)\,10$, 6 bis 5 D bzw. 0°.00001.

[23] National Bureau of Standards, Computation Laboratory: Tables of Bessel functions of fractional order I, II. New York 1948 – 49. 413 and 365 p.

I: $J_\nu(x)$ für $\nu = -3/4$ und $-2/3$, $x = 0\,(.001)\,0.9\,(.01)\,25$; $\nu = -1/3$ und $-1/4$, $x = 0\,(.001)\,0.8\,(.01)\,25$; $\nu = 1/4$ und $1/3$, $x = 0\,(.001)\,0.6\,(.01)\,25$; $\nu = 2/3$ und $3/4$, $x = 0\,(.001)\,0.5\,(.01)\,25$; 10 D.
Hilfsfunktionen $A_\nu(x)$, $B_\nu(x)$ für $x = 25\,(.1)\,50\,(1)\,500\,(10)\,5000\,(100)\,10000\,(200)\,30000$, 10 D.
Nullstellen $j_{\nu,s}$ für $s = 1\,(1)\,30$, 10 D.

II: $I_\nu(x)$ für $\nu = -3/4$ und $-2/3$, $x = 0\,(.001)\,1\,(.01)\,13$; $\nu = -1/3$ und $-1/4$, $x = 0\,(.001)\,0.8\,(.01)\,13$; $\nu = 1/4$ und $1/3$, $x = 0\,(.001)\,0.6\,(.01)\,25$; $\nu = 2/3$ und $3/4$, $x = 0\,(.001)\,0.5\,(.01)\,25$; 10 D oder 10 S.
Hilfsfunktionen $e^{-x} I_\nu(x)$ für $x = 25\,(.1)\,50\,(1)\,500\,(10)\,5000\,(100)\,10000\,(200)\,30000$, 10 D.

[24] National Bureau of Standards, Applied Mathematics Series 37: Tables of functions and of zeros of functions. Washington 1954. 211 p.
Nullstellen $j_{\nu,s}$, vgl. [23]. Nullstellen $j'_{\nu,s}$ für $\nu = \pm 3/4, \pm 2/3, \pm 1/3, \pm 1/4$, $s = 1\,(1)\,8$, 7 D.
Komplexe Nullstellen von N_0, N_1, N'_1, vgl. [19].

[25] British Association Report 1927, p. 252.
Nullstellen $j_{\nu,1}$ von $J_\nu(x)$ für $\nu = -1\,(.01)\,1$, 5 D.

[26] British Association Report 1928, p. 320.
$\partial J_\nu(x)/\partial\nu$ für $\nu = \pm 1/2, \pm 3/2$, $x = 0\,(.1)\,20$, 6 D.

[27] National Bureau of Standards, Computation Laboratory: Tables of spherical Bessel functions I, II. New York 1946–47. 378 and 328 p.
I: $\sqrt{\pi/2x}\; J_\nu(x)$ für $\pm\,\nu = \frac{1}{2}\,(1)\,\frac{25}{2}$, $x = 0\,(.01)\,10\,(.1)\,25$; $\pm\,\nu = \frac{27}{2}$, $x = 0\,(.01)\,10\,(.05)\,10.5\,(.1)\,25$; 8 bis 10 S für $x \leqq 10$, 7 S für $x > 10$.
II: $\sqrt{\pi/2x}\; J_\nu(x)$ für $\pm\nu = \frac{29}{2}\,(1)\,\frac{43}{2}$, $x = 0\,(.01)\,10\,(.1)\,25$; $\pm\,\nu = \frac{45}{2}\,(1)\,\frac{61}{2}$, $x = 10\,(.1)\,25$; 8 bis 10 S für $x \leqq 10$, 7 S für $x > 10$.
$\Lambda_\nu(x)$ für $\nu = \frac{1}{2}\left(\frac{1}{2}\right)\frac{41}{2}\,(1)\,\frac{61}{2}$, $x = 0\,(.1)\,10$, 9 D; $\nu = \frac{1}{2}\,(1)\,\frac{61}{2}$, $x = 10\,(.1)\,25$, meist 7 S;
$-\nu = \frac{29}{2}\,(1)\,\frac{61}{2}$, $x = 0\,(.1)\,25$, meist 7 S.
Nullstellen $j_{\nu,s}$, $j'_{\nu,s}$ von $J_\nu(x)$, $J'_\nu(x)$ mit entsprechenden Werten von J'_ν bzw. J_ν für $\pm\nu = \frac{1}{2}\,(1)\,\frac{39}{2}$, $s = 1\,(1)\,S$ mit $1 \leqq S \leqq 8$, 6 bis 10 D.

[28] H. K. Crowder and G. C. Francis: Tables of spherical Bessel functions and ordinary Bessel functions of order half an odd integer of the first and second kinds. Ballistic Research Laboratories, Mem. Report 1027, Aberdeen Proving Ground, Maryland 1956. 86 p.
$\sqrt{\pi/2x}\; J_\nu(x)$, $\sqrt{\pi/2x}\; N_\nu(x)$, $J_\nu(x)$, $N_\nu(x)$ für $x = 1\,(1)\,50$ und $\nu = n + \frac{1}{2}$, $n = 0\,(1)\,m$
$\left[\text{mit } N_\mu(x) < 10^{10} < N_{\mu+1}(x) \text{ für } \mu = m + \frac{1}{2}\right]$, 9 D für $n < x$, 7 S für $n \geqq x$.

[29] Royal Society Mathematical Tables Committee: Short table of Bessel functions $I_{n+\frac{1}{2}}(x)$, $K_{n+\frac{1}{2}}(x)$. Cambridge 1952. 20 p.
$x^{-\nu} I_\nu(x)$, $(2/\pi)\, x^\nu K_\nu(x)$ für $\nu = n + \frac{1}{2}$, $n = 0\,(1)\,10$, $x = 0\,(.1)\,5$;
$e^{-x} I_\nu(x)$, $(2/\pi)\, e^x K_\nu(x)$ für $\nu = n + \frac{1}{2}$, $n = 0\,(1)\,10$, $x = 5\,(.1)\,10$; meist 8 S.

[30] National Bureau of Standards, Applied Mathematics Series 28: Tables of Bessel-Clifford functions of orders zero and one. Washington 1953. 72 p.
$x^{-n/2} J_n(2\sqrt{x})$, $x^{-n/2} N_n(2\sqrt{x})$ für $n = 0, 1$, $x = 0\,(.02)\,1.5\,(.05)\,3\,(.1)\,13\,(.2)\,45\,(.5)\,115\,(1)\,410$, 8 bis 9 D.
$x^{-n/2} I_n(2\sqrt{x})$, $x^{-n/2} K_n(2\sqrt{x})$ für $n = 0, 1$, $x = 0\,(.02)\,1.5\,(.05)\,6.2$, 6 bis 9 D.
$e^{-2\sqrt{x}}\, x^{-n/2} I_n(2\sqrt{x})$, $e^{2\sqrt{x}}\, x^{-n/2} K_n(2\sqrt{x})$ für $n = 0,1$, $x = 6.2\,(.1)\,13\,(.2)\,36\,(.5)\,115\,(1)\,160\,(5)\,410$, 8 bis 9 D.

[31] G. N. Watson: IX, [2].
$\mathbf{H}_n(x)$ für $n = 0, 1$, $x = 0\,(.02)\,16$, 7 D.

[32] British Association Report 1924, p. 280.
$-\mathbf{E}_n(x)$ für $n = 0, 1$, $x = 0\,(.02)\,16$, 6 D.

Für weitere Tafeln vgl. auch: For further tables cf. also:

[33] R. v. Mises: Verzeichnis berechneter Funktionentafeln. Erster Teil: Besselsche, Kugel- und elliptische Funktionen. (Herausgegeben vom Institut für angewandte Mathematik an der Universität Berlin.) Berlin 1928. 30 S.

Zitate **References**

[34] D. Burnett: The remainders in the asymptotic expansions of certain Bessel functions. Proc. Cambridge Philos. Soc. **26** (1930), 145–151.

[35] J. R. Airey: The asymptotic expansions of Bessel and other functions. Arch. Math. Phys. **20** (1913), 240–244. – The calculation of the exponential, sine and cosine integrals and other functions from their asymptotic expansions. Arch. Math. Phys. **22** (1914), 213–225.

[36] F. Emde: Zur Berechnung der Zylinderfunktionen mit reellem Index. Z. Angew. Math. Mech. **17** (1937), 324–340.

[37] F. Emde: Paßintegrale für Zylinderfunktionen von komplexem Index. Z. Angew. Math. Mech. **19** (1939), 101–118.

[38] P. Beckmann und W. Franz: Asymptotisches Verhalten der Zylinderfunktionen in Abhängigkeit vom komplexen Index. Z. Angew. Math. Mech. **37** (1957), 17–27.

[39] W. Schöbe: Eine an die Nicholsonformel anschließende asymptotische Entwicklung für Zylinderfunktionen. Acta math. **92** (1954), 265–307.

[40] R. E. Langer: On the asymptotic solutions of ordinary differential equations, with an application to the Bessel functions of large order. Trans. Amer. Math. Soc. **33** (1931), 23–64.

[41] A. Kalähne: Über die Wurzeln einiger Zylinderfunktionen und gewisser aus ihnen gebildeter Gleichungen. Z. Math. Phys. **54** (1907), 55–86.

[42] A. N. Lowan and A. Hillman: A short table of the first five zeros of the transcendental equation $J_0(x)\, Y_0(k\,x) - J_0(k\,x)\, Y_0(x) = 0$. J. Math. Physics **22** (1943), 208–209.

[43] H. B. Dwight: Table of roots for natural frequencies in coaxial type cavities. J. Math. Physics **27** (1948), 84–89.

[44] S. Chandrasekhar and D. Elbert: The roots of $Y_n(\lambda\,\eta)\, J_n(\lambda) - J_n(\lambda\,\eta)\, Y_n(\lambda) = 0$. Proc. Cambridge Philos. Soc. **50** (1954), 266–268.

[45] L. Rendulic: Der hydrodynamische Spannungsausgleich in zentral entwässerten Tonzylindern. Wasserwirtschaft und Technik **2** (1935), 250–253, 269–273.

[46] B. P. Bogert: Some roots of an equation involving Bessel functions. J. Math. Physics **30** (1951), 102–105.

[47] D. Manterfield, J. D. Cresswell and H. Herne: The quick-immersion thermo-couple for liquid steel. J. Iron and Steel Institute **172** (1952), 387–402.

[48] P. und E. Brauer: Über unvollständige Anger-Webersche Funktionen. Z. Angew. Math. Mech. **21** (1941), 177–182.

X. Die Mathieuschen Funktionen
X. The Mathieu Functions

[1] M. J. O. Strutt: Lamésche, Mathieusche und verwandte Funktionen in Physik und Technik. Berlin 1932. 116 S.

[2] N. W. McLachlan: Theory and application of Mathieu functions. Oxford 1947. 401 p. Reprint 1951.

[3] J. Meixner und F. W. Schäfke: Mathieusche Funktionen und Sphäroidfunktionen mit Anwendungen auf physikalische und technische Probleme. Berlin-Göttingen-Heidelberg 1954. 414 S.

Tafeln **Tables**

[4] S. Goldstein: Mathieu functions. Trans. Cambridge Philos. Soc. **23** (1927), 303–336.
Eigenwerte α_0, β_1, α_1, β_2, α_2 und Fourierkoeffizienten der Funktionen ce_0, se_1, ce_1, se_2, ce_2 für $q = 0.1\,(.1)\,1\,(.2)\,4\,(1)\,5\,(5)\,30\,(10)\,40\,(20)\,100\,(50)\,200$, 5 D.

[5] E. L. Ince: Tables of the elliptic-cylinder functions. Proc. Roy. Soc. Edinburgh **52** (1932), 355–423. – Zeros and turning points of the elliptic-cylinder functions. ib. 424–433.

Unter Verwendung der Bezeichnung $a = 4\alpha$, $\Theta = 8q$ geben die Tafeln: Eigenwerte $a_n = 4\alpha_n$, $n = 0\,(1)\,5$; $b_n = 4\beta_n$, $n = 1\,(1)\,6$ und Fourierkoeffizienten der zugehörigen Funktionen ce_n, se_n für $\Theta = 8q = 0\,(1)\,10\,(2)\,20(4)\,40$, 7 D.
$\mathrm{ce}_n(x, q)$, $n = 0\,(1)\,5$; $\mathrm{se}_n(x, q)$, $n = 1\,(1)\,6$ für $\Theta = 8q = 1\,(1)\,10$, $x = 0°\,(1°)\,90°$, 5 D.
Nullstellen von ce_n, $n = 2\,(1)\,5$; se_n, $n = 3\,(1)\,6$ und Extremwerte von ce_n, $n = 1\,(1)\,5$; se_n, $n = 2(1)\,6$ in $0 < x < \pi/2$ für $\Theta = 8q = 0\,(1)\,10\,(2)\,20\,(4)\,40$ auf 0°.0001.

[6] K. Hidaka: Tables for computing the Mathieu functions of odd order $\mathrm{se}_1\,(x, \Theta)$, $\mathrm{ce}_1\,(x, \Theta)$, $\mathrm{se}_3\,(x, \Theta), \ldots, \mathrm{se}_7\,(x, \Theta)$, and $\mathrm{ce}_7\,(x, \Theta)$, and their derivatives. Mem. Imp. Marine Obs. **6** No. 2 (1936), 137–157; Kobe, Japan.
Eigenwerte $b_n = 4\beta_n$, $a_n = 4\alpha_n$, $n = 1\,(2)\,7$, und Fourierkoeffizienten der zugehörigen Funktionen und ihrer Ableitungen für $\Theta = 8q = 0\,(.1)\,2.3$, 7 D.

[7] National Bureau of Standards, Computation Laboratory: Tables relating to Mathieu functions. New York 1951. 278 p.
Unter Verwendung der Bezeichnung $s = 32q$, $b = 4\alpha + \frac{s}{2}$ für die Koeffizienten der Mathieuschen Differentialgleichung, $\mathrm{be}_r - \frac{1}{2}s = 4\alpha_r$, $\mathrm{bo}_r - \frac{1}{2}s = 4\beta_r$ für die Eigenwerte und $\mathrm{Se}_r\,(s, x) = \frac{1}{A}\mathrm{ce}_r\,(x, q)$, $\mathrm{So}_r\,(s, x) = \frac{1}{B}\,\mathrm{se}_r\,(x, q)$ für die gemäß $\mathrm{Se}_r\,(s, 0) = 1$, $[d\,\mathrm{So}_r(s, x)/dx]_{x=0} = 1$ normierten periodischen Mathieuschen Funktionen, geben die Tafeln:
$\mathrm{be}_r(s)$, $r = 0\,(1)\,15$; $\mathrm{bo}_r(s)$, $r = 1\,(1)\,15$ für den Bereich $0 \leqq s \leqq 100$ mit Schritten zwischen 0.2 und 10 auf 8 D.
Fourierkoeffizienten der zugehörigen Funktionen $\mathrm{Se}_r\,(s, x)$, $\mathrm{So}_r\,(s, x)$, die die Aufstellung der Fourierreihen im Bereich $0 \leqq s \leqq 100$ mit einer Genauigkeit von 9 bis 10 D zulassen.
Normierungsfaktoren A, B und Verknüpfungsfaktoren für die Berechnung der modifizierten Mathieuschen Funktionen.

[8] G. Blanch and I. Rhodes: Table of characteristic values of Mathieu's equation for large values of the parameter. J. Washington Acad. Sci. **45** (1955), 166–196.
In Vervollständigung von [7] gibt die Tafel $\mathrm{Be}_r\,(t) = \mathrm{be}_r(s) - (2r + 1)/t$, $\mathrm{Bo}_r(t) = \mathrm{bo}_r(s) - (2r - 1)/t$ für $r = 0\,(1)\,15$ und $s = 1/t^2 > 100$. Der Tafelschritt für das Argument t ist so gewählt, daß eine Entnahme der Werte mit einer Genauigkeit von 8 D möglich ist.

Zitate **References**

[9] E. R. Langer: The solutions of the Mathieu equation with a complex variable and at least one parameter large. Trans. Amer. Math. Soc. **36** (1934), 637–695.

[10] H. P. Mulholland and S. Goldstein: The characteristic numbers of the Mathieu equation with purely imaginary parameter. Philos. Mag. **8** (1929), 834–840.

XI. Die konfluenten hypergeometrischen Funktionen
XI. The confluent hypergeometric Functions

[1] H. Buchholz: Die konfluente hypergeometrische Funktion mit besonderer Berücksichtigung ihrer Anwendungen. Berlin-Göttingen-Heidelberg 1953. 234 S.

[2] F. G. Tricomi: Funzioni ipergeometriche confluenti. Roma 1954. 309 p.

Tafeln **Tables**

[3] British Association Report 1926, p. 279. – 1927, p. 221, 229.
1926: $M\,(\alpha, \gamma, x)$ für $\gamma = \pm 1/2, \pm 3/2$, $\alpha = -4\,(.5)\,4$, $x = 0\,(.1)\,1\,(.2)\,3\,(.5)\,8$, 5 D oder 6 bis 7 S.
1927: $M\,(\alpha, \gamma, x)$ für $\gamma = \pm 1/2, \pm 3/2$, $\alpha = -4\,(.5)\,4$, $x = 0\,(.02)\,0.08$, $0.15\,(.1)\,0.95$, $1.1\,(.2)\,1.9$, 5 D oder 6 S; und für $\gamma = 1\,(1)\,4$, $\alpha = -4\,(.5)\,4$, $x = 0\,(.02)\,0.1\,(.05)\,1\,(.1)\,2\,(.2)\,3\,(.5)\,8$, 5 D oder 6 bis 7 S.

[4] B. W. Conolly: A short table of the confluent hypergeometric function $M\,(\alpha, \gamma, x)$. Quart. J. Mech. Appl. Math. **2** (1950), 236–240.
$M\,(\alpha, \gamma, x)$ für $\gamma = 0.2\,(.2)\,1$, $\alpha = -1\,(.2)\,1$, $x = 0.1, 0.2\,(.2)\,1$, 11 D.

[5] L. J. Slater: On the evaluation of the confluent hypergeometric function. Proc. Cambridge Philos. Soc. **49** (1953), 612–622.
$M(\alpha, \gamma, x)$ für $\gamma = 0.1\ (.1)\ 1$, $\alpha = -1\ (.1)\ 1$, $x = 1\ (1)\ 10$, 8 S.

[6] P. Nath: Confluent hypergeometric function. Sankhyā **11** (1951), 153–166.
$M(\alpha, \gamma, x)$ für $\gamma = 3$, $\alpha = 1\ (1)\ 40$ und $\gamma = 4$, $\alpha = 1\ (1)\ 50$, $x = 0.02\ (.02)\ 0.1\ (.1)\ 1\ (1)\ 10\ (10)\ 50, 100, 200$, 7 S.

[7] S. Rushton and E. D. Lang: Tables of the confluent hypergeometric function. Sankhyā **13** (1954), 377–411.
$M(\alpha, \gamma, x)$ für $\gamma = 0.5\ (.5)\ 3.5, 4.5$, α ganz- und halbzahlig aus $0 \leqq \alpha \leqq 25$ bis $0 \leqq \alpha \leqq 50$ mit Schritt 0.5 oder 1, x wie in [6].

[8] R. Gran Olsson: Tabellen der konfluenten hypergeometrischen Funktion erster und zweiter Art. Ingenieur-Arch. **8** (1937), 99–103.
$M(\alpha, \gamma, k\varrho^n)$ für $n = 2, 4$, spezielle α zwischen -0.675 und 1.65, spezielle γ zwischen 0.5 und 3, $k = -2\ (.5)\ 2$, $\varrho = 0\ (.1)\ 1$, 4 D.

[9] R. Gran Olsson: Über einige Lösungen des Problems der rotierenden Scheibe, II. Ingenieur-Arch. **8** (1937), 373–380.
$M(1.3, 3, x)$, $M(0.65, 2, x)$, $M(0.325, 1.5, x)$, $x^{-1/2} M(-0.175, 0.5, x)$ für $x = 0.02\ (.02)\ 0.1\ (.05)\ 1\ (.1)\ 2.5$, 4 D.

[10] G. E. Chappell: The properties of a new orthogonal function associated with the confluent hypergeometric function. Proc. Edinburgh Math. Soc. **43** (1925), 117–130.
$M(\alpha, \gamma, x)$ für $\gamma = 1$, $\alpha = 1/2 - k$, $k = 1\ (1)\ 10$, $kx = 0.1\ (.1)\ 1.5, 2\ (1)\ 10$, 4 D.

[11] A. N. Lowan and W. Horenstein: On the function $H(m, a, x) = \exp(-i\,x)\, F(m + 1 - i\,a, 2m + 2; 2\,i\,x)$. J. Math. Physics **21** (1942), 264–283. – Reprint in NBS, Applied Mathematics Series 37. Washington 1954.
$H(m, a, x) = e^{-ix} M(m + 1 - i\,a,\ 2m + 2,\ 2\,i\,x)$ und $dH(m, a, x)/dx$ für $a = 0\ (1)\ 10$, $m = 0\ (1)\ 3$, $x = 0\ (1)\ 10$, 7 S.

Sachverzeichnis

$\alpha(x)$ 27
am(u, k) 72
Amplitude, Jacobische 72
Angersche Funktionen 251
— —, unvollständige 252

B_n 298
$\mathbf{B}(k)$ 67
ber$_\nu$(z), bei$_\nu$(z) 207, 210
Bernoullische Zahlen 298
Besselsche Differentialgleichung 131
— Funktionen 131, 134, s. auch Zylinderfunktionen
— Koeffizienten 134
Betafunktion $B(z, w)$ 9

C 298
$C(z)$ 28
$\mathbf{C}(k)$ 67
Catalansche Konstante 64
ce$_n(z, q)$ 263
Chi(z) 21
Ci(z), ci(z) 18–19
cn u 73
Cornusche Spirale 28

$D(\varphi, k)$ 43
$D_\nu(z)$ 102
$\mathbf{D}(k)$ 43, 62, 86
Debyesche Funktionen 290
— Reihen 148
$\Delta(\varphi, k)$ 43
dn u 73
Doppelt-periodische Funktionen 72

$E(\varphi, k)$ 43, 48
$E_n(z)$ 13, 26
$\mathbf{E}(k)$ 43, 62, 86
$\mathbf{E}_\nu(z)$ 251
Ei(z), Ei*(z), $\overline{\mathrm{Ei}}$(z) 17
Einsteinsche Funktionen, s. Planck-Einsteinsche Funktionen
Elliptische Funktionen 72
— —, Jacobische 72–73, 81, 89
— —, Weierstraßsche 79, 81
— Integrale 43, s. auch Legendresche Normalintegrale, Weierstraßsches Normalintegral
— Modulfunktion 86
Elliptischer Zylinder, Funktionen des 263
Erf x, Erfc x 27
Eulersche Konstante 298
Eulersches Integral 1. Gattung 9
Eulersches Integral 2. Gattung 5
Everett-Laplacesche Interpolationsformel 2, 299
Exponentialintegral, s. Integralexponentielle

$F(\varphi, k)$ 43, 48
Fakultät z! 4, s. auch Gammafunktion
Fehlerfunktion 26–27
Fresnelsche Integrale 28

G 64
γ 298
Gammafunktion $\Gamma(z)$ 4
—, logarithmische Ableitung 4, 11
—, unvollständige $\Gamma(a, z)$, $\gamma(a, z)$ 13
gd x 49

$H(x)$ 27
$H_n(z)$ 101
$H_\nu^{(1)}(z)$, $H_\nu^{(2)}(z)$ 131, 141
$\mathbf{H}_\nu(z)$ 253
Hankelsche Funktionen 131, 141
— Reihen 146
her$_\nu$(z), hei$_\nu$(z) 207, 210
Hermitesche Polynome 101

$I_\nu(z)$ 207
Integralcosinus 18–19
—, hyperbolischer 21
Integralexponentielle 17
Integrallogarithmus 18
Integralsinus 18–19
—, hyperbolischer 21
Interpolation 1–3, 299

$J_\nu(z)$ 131, 134
$\mathbf{J}_\nu(z)$ 251
Jacobische Amplitude 72
— elliptische Funktionen 72
— — — sn u, cn u, dn u 73
— — —, Ausartungen 73
— — —, Zusammenhang mit Thetafunktionen 89
— — —, Zusammenhang mit Weierstraßschen Funktionen 81
— Zetafunktion 79

$K_\nu(z)$ 207
$\mathbf{K}(k)$ 43, 62, 86
Kelvinsche Funktionen 207, 210
ker$_\nu$(z), kei$_\nu$(z) 207, 210
Konfluente hypergeometrische Funktionen 276–278

Kugelfunktionen 110, s. auch Legendresche Funktionen
—, zonale 110
Kummersche Funktion 276

$L(x)$ 288
$L_n^{(\alpha)}(z)$, $L_n(z)$, $l_n(z)$ 98, 100
Laguerresche Polynome 98
$\Lambda_\nu(z)$ 134
$\lambda(\tau)$ 86
Langersche Formeln 151
Langevinsche Funktion 288
Legendresche Differentialgleichung 110
— Funktionen 1. Art 110, 111
— — 2. Art 110, 113
— —, zugeordnete, 1. Art 111, 114
— — —, 2. Art 111, 115
— Koeffizienten 110
— Normalintegrale 43
— —, unvollständige 43, 47
— —, vollständige 43, 62
— — —, Zusammenhang mit Thetafunktionen 86, 89
— Polynome 110, 111
$\mathrm{Li}(x)$, $\mathrm{li}(z)$ 18
Lommel-Webersche Funktionen 251

$M(a, c, z)$ 276
$M_{\varkappa,\mu}(z)$ 278
Mathieusche Funktionen 263
— —, zugeordnete 267
Modifizierte Zylinderfunktionen 207
Modul eines elliptischen Integrals 43
Modulfunktion, elliptische 86

$N_\nu(z)$ 131, 138
Neumannsche Funktionen 131, 138
Nicholsonsche Formeln 151

$\Omega_\nu(z)$ 251
Orthogonale Polynome 96

$P(a, z)$ 13
$P_n(z)$ 110, 111
$P_n^m(z)$, $\mathfrak{P}_n^m(z)$ 111, 114–115
$\wp(u)$ 79
Parabolischer Zylinder, Funktionen des 102
Parameter eines elliptischen Integrals 43
$\Phi(z)$ 26
$\Phi(a, c, z)$ 276
$\Phi(x)$, $\varphi(x)$ 27
$\varphi_n(z)$ 102
Pifunktion $\Pi(z)$ 4, s. auch Gammafunktion
$\Pi(\varphi, n, k)$ 43, 63
Planck-Einsteinsche Funktionen 290
Plancksche Strahlungsfunktion 286
Psifunktion $\psi(z)$, $\Psi(z)$ 4, 11
—, Ableitung $\psi'(z)$ 12
$\Psi(a, c, z)$ 277
$\psi_n(z)$ 104

$Q(a, z)$ 13
$Q_n(z)$, $\mathfrak{Q}_n(z)$ 110, 113
$Q_n^m(z)$, $\mathfrak{Q}_n^m(z)$ 111, 115, 118
Quellenfunktionen der Wärmeleitung 295

Riemannsche Zetafunktion 37

$S(z)$ 28
$\mathrm{se}_n(z, q)$ 263
$\mathrm{Shi}(z)$ 21
$\mathrm{Si}(z)$, $\mathrm{si}(z)$ 18–19
Sici-Spirale 21
$\sigma(u)$ 80
$\mathrm{sn}\, u$ 73
Spirale, Cornusche 28
—, Sici- 21
Strahlungsfunktion, Plancksche 286
Struvesche Funktionen 253

$T_n(z)$ 96
$\Theta(x)$ 27
Thetafunktionen $\vartheta_n(v, \varkappa)$ 82
—, logarithmische Ableitung 82
—, Nullwerte 82
—, Zusammenhang mit elliptischen Funktionen und Integralen 86
Tschebyscheffsche Polynome 96

$U_n(z)$ 96

$W_{\varkappa,\mu}(z)$ 278
Wärmeleitung, Quellenfunktionen der 295
Watsonsche Formeln 151
Webersche Funktionen 251
— —, unvollständige 252
Weierstraßsche elliptische Funktionen $\wp(u)$, $\zeta(u)$, $\sigma(u)$ 79–80
— — —, Ausartungen 80
— — —, Zusammenhang mit Jacobischen Funktionen 81
Weierstraßsches Normalintegral 79
Whittakersche Funktion 278

$Y_\nu(z)$ 131

Zetafunktion, Jacobische, $\mathrm{zn}(u, k)$ 79
—, Riemannsche, $\zeta(z)$ 37
—, Weierstraßsche, $\zeta(u)$ 80
$\mathrm{zn}(u, k)$ 79
Zonale Kugelfunktionen 110
Zylinder, elliptischer 263
—, parabolischer 102
Zylinderfunktionen 131
— 1. Art 131, 134
— 2. Art 131, 138
— 3. Art 131, 141
— im Sinne von N. Nielsen 154
— modifizierte 207
— von halbzahliger Ordnung 142

General Index

$\alpha(x)$ 27
am(u, k) 72
Amplitude, Jacobi's 72
Anger functions 251
— —, incomplete 252

B_n 298
$\mathbf{B}(k)$ 67
ber$_\nu(z)$, bei$_\nu(z)$ 207, 210
Bernoulli numbers 298
Bessel coefficients 134
— functions 131, 134
— — of the 1st kind 131, 134
— — of the 2nd kind 131, 138
— — of the 3rd kind 131, 141
— —, modified 207
— — of order $\nu = n + 1/2$ 142
Bessel's differential equation 131
Beta function $B(z, w)$ 9

C 298
$C(z)$ 28
$\mathbf{C}(k)$ 67
Catalan's constant 64
ce$_n(z, q)$ 263
Chi(z) 21
Ci(z), ci(z) 18–19
cn u 73
Confluent hypergeometric functions 276–278
Cornu's spiral 28
Cosine integral 18–19
—, hyperbolic 21
Cylinder, elliptic 263
—, parabolic 102
Cylindrical harmonics, see Bessel functions
— — in the sense of N. Nielsen 154

$D(\varphi, k)$ 43
$D_\nu(z)$ 102
$\mathbf{D}(k)$ 43, 62, 86
Debye functions 290
Debye series 148
$\Delta(\varphi, k)$ 43
dn u 73
Doubly-periodic functions 72

$E(\varphi, k)$ 43, 48
$E_n(z)$ 13, 26
$\mathbf{E}(k)$ 43, 62, 86
$\mathbf{E}_\nu(z)$ 251
Ei(z), Ei$^*(z)$, $\overline{\text{Ei}}(z)$ 17

Einstein functions, see Planck-Einstein functions
Elliptic cylinder, functions of the 263
Elliptic functions 72
— —, Jacobi's 72–73, 81, 89
— —, Weierstrass' 79, 81
— integrals 43, see also Legendre's normal integrals, Weierstrass' normal integral
— modular function 86
Erf x, Erfc x 27
Error function 26–27
Euler's constant 298
— integral of the 1st kind 9
— — of the 2nd kind 5
Everett-Laplace, interpolation formula of 2, 299
Exponential integral 17

$F(\varphi, k)$ 43, 48
Factorial function $z!$ 4, see also gamma function
Fresnel integrals 28

G 64
γ 298
Gamma function $\Gamma(z)$ 4
— —, incomplete $\Gamma(a, z)$, $\gamma(a, z)$ 13
— —, logarithmic derivative 4, 11
gd x 49

$H(x)$ 27
$H_n(z)$ 101
$H_\nu^{(1)}(z)$, $H_\nu^{(2)}(z)$ 131, 141
$\mathbf{H}_\nu(z)$ 253
Hankel functions 131, 141
Hankel series 146
Heat conduction, source functions of 295
her$_\nu(z)$, hei$_\nu(z)$ 207, 210
Hermite polynomials 101

$I_\nu(z)$ 207
Interpolation 1–3, 299

$J_\nu(z)$ 131, 134
$\mathbf{J}_\nu(z)$ 251
Jacobi amplitude 72
— elliptic functions 72
— — — sn u, cn u, dn u 73
— — —, degenerations 73
— — —, relation with theta functions 89
— — —, relation with Weierstrass functions 81
— zeta function 79

$K_\nu(z)$ 207
$\mathbf{K}(k)$ 43, 62, 86
Kelvin functions 207, 210
$\mathrm{ker}_\nu(z)$, $\mathrm{kei}_\nu(z)$ 207, 210
Kummer function 276

$L(x)$ 288
$L_n^{(\alpha)}(z)$, $L_n(z)$, $l_n(z)$ 98, 100
Laguerre polynomials 98
$\Lambda_\nu(z)$ 134
$\lambda(\tau)$ 86
Langer's formulas 151
Langevin function 288
Legendre coefficients 110
— functions of the 1st kind 110, 111
— — of the 2nd kind 110, 113
— —, associated, of the 1st kind 111, 114
— — —, of the 2nd kind 111, 115
— polynomials 110, 111
Legendre's differential equation 110
— normal integrals 43
— — —, complete 43, 62
— — —, complete, relation with theta functions 86, 89
— — —, incomplete 43, 47
$\mathrm{Li}(x)$, $\mathrm{li}(z)$ 18
Logarithmic integral 18
Lommel-Weber functions 251

$M(a, c, z)$ 276
$M_{\varkappa,\mu}(z)$ 278
Mathieu functions 263
— —, associated 267
Modified Bessel functions 207
Modular function, elliptic 86
Modulus of an elliptic integral 43

$N_\nu(z)$ 131, 138
Neumann functions 131, 138
Nicholson's formulas 151

$\Omega_\nu(z)$ 251
Orthogonal polynomials 96

$P(a, z)$ 13
$P_n(z)$ 110, 111
$P_n^m(z)$, $\mathfrak{P}_n^m(z)$ 111, 114–115
$\wp(u)$ 79
Parabolic cylinder, functions of the 102
Parameter of an elliptic integral 43
$\Phi(z)$ 26
$\Phi(a, c, z)$ 276
$\mathbf{\Phi}(x)$, $\varphi(x)$ 27
$\varphi_n(z)$ 102
Pi function $\Pi(z)$ 4, see also gamma function
$\Pi(\varphi, n, k)$ 43, 63
Planck-Einstein functions 290

Planck radiation function 286
Psi function $\psi(z)$, $\Psi(z)$ 4, 11
— —, derivative $\psi'(z)$ 12
$\Psi(a, c, z)$ 277
$\psi_n(z)$ 103

$Q(a, z)$ 13
$Q_n(z)$, $\mathfrak{Q}_n(z)$ 110, 113
$Q_n^m(z)$, $\mathfrak{Q}_n^m(z)$ 111, 115, 118

Radiation function, Planck's 286
Riemann zeta function 37

$S(z)$ 28
$\mathrm{se}_n(z, q)$ 263
$\mathrm{Shi}(z)$ 21
$\mathrm{Si}(z)$, $\mathrm{si}(z)$ 18–19
Sici spiral 21
$\sigma(u)$ 80
Sine integral 18–19
— —, hyperbolic 21
$\mathrm{sn}\, u$ 73
Source functions of heat conduction 295
Spherical harmonics, see Legendre functions
Spiral, Cornu's 28
—, Sici 21
Struve functions 253
Surface harmonics, zonal 110

$T_n(z)$ 96
$\Theta(x)$ 27
Theta functions $\vartheta_n(v, \varkappa)$ 82
— —, logarithmic derivative 82
— —, relations with elliptic functions and integrals 86
— —, zero-values 82
Tschebyscheff polynomials 96

$U_n(z)$ 96

$W_{\varkappa,\mu}(z)$ 278
Watson's formulas 151
Weber functions 251
— —, incomplete 252
Weierstrass elliptic functions $\wp(u)$, $\zeta(u)$, $\sigma(u)$ 79–80
— — —, degenerations 80
— — —, relation with Jacobi functions 81
Weierstrass' normal integral 79
Whittaker function 278

$Y_\nu(z)$ 131

Zeta function, Jacobi's, $\mathrm{zn}(u, k)$ 79
— —, Riemann's, $\zeta(z)$ 37
— —, Weierstrass', $\zeta(u)$ 80
$\mathrm{zn}(u, k)$ 79
Zonal surface harmonics 110